Library of
Davidson College

La recherche littéraire

Objets et méthodes

sous la direction de
Claude Duchet et
Stéphane Vachon

Théorie et Littérature

La collection
THÉORIE ET LITTÉRATURE
est dirigée par
Simon Harel

Dans la même collection

Bernard Andrès, *Écrire le Québec: de la contrainte à la contrariété. Essai sur la constitution des Lettres*

Julia Bettinotti (sous la direction de), *La Corrida de l'amour. Le roman Harlequin*

Anne Élaine Cliche, *Le Désir du roman (Hubert Aquin, Réjean Ducharme)*

Jean Fisette, *Introduction à la sémiotique de C. S. Peirce*

Simon Harel (sous la direction de), *L'Étranger dans tous ses états. Enjeux culturels et littéraires*

Brigitte Purkhardt, *La Chasse-galerie, de la légende au mythe. La symbolique du vol magique dans les récits québécois de chasse-galerie*

Sherry Simon (sous la direction de), *Fictions de l'identitaire au Québec*

André Vanasse, *La Littérature québécoise à l'étranger. Guide aux usagers*

André Vanasse, *Le Père vaincu, la Méduse et les fils castrés*

•

« Les Grands Colloques »
du Centre de coopération interuniversitaire franco-québécoise
(Université Paris VII, tour centrale, 2 Place Jussieu, C.P. 7032, 75251 Paris cedex 05)

À paraître

Les Sciences de l'éducation, sous la direction de Michel Bernard (en 1993)

La France dans l'acte unique européen, le Québec face au libre échange nord-américain, sous la direction de Claude Emeri, Christian Deblock, Jean-Claude Gautron et Alex MacLeod (en 1994)

Accès à la retraite, entrée dans la vieillesse, sous la direction de Pierre Ansart, Anne-Marie Guillemard et Jacques Légaré (en 1994)

Les Organismes et les écosystèmes des hautes altitudes et des hautes latitudes comme indicateurs des changements climatiques, sous la direction d'Armand Pons (en 1995)

La recherche littéraire

La publication de ce livre a été rendue possible grâce à l'aide financière du Conseil des Arts du Canada et du ministère de la culture du Québec.

©
XYZ éditeur
1781, rue Saint-Hubert
Montréal (Québec)
H2L 3Z1

Presses universitaires de Vincennes
Université de Paris VIII
2, rue de la Liberté
93526 Saint-Denis Cedex 02
France

et

les auteurs

Dépôt légal: 3ᵉ trimestre 1993
Bibliothèque nationale du Canada
Bibliothèque nationale du Québec
ISBN 2-89261-086-9

Distribution en librairie:
Socadis
350, boulevard Lebeau
Ville Saint-Laurent (Québec)
H4N 1W6
Téléphone (jour): 514.331.33.00
Téléphone (soir): 514.331.31.97
Ligne extérieure: 1.800.361.28.47
Télécopieur: 514.745.32.82
Télex: 05-826568

Conception typographique et montage: Édiscript enr.
Maquette de la couverture: Guy Gervais

La recherche littéraire

Objets et méthodes

sous la direction de
Claude Duchet et Stéphane Vachon

Théorie **Littérature**
et

Table des matières

PRÉSENTATION

Claude DUCHET et Stéphane VACHON 13

PREMIÈRE PARTIE
Histoire et théorie de l'histoire littéraire

Jacques ALLARD
    Introduction : Entre le don des morts
    et le paradigme institutionnel 25
Bernard ANDRÈS
    Le texte embryonnaire ou l'émergence du littéraire
    au Québec : 1764-1815 29
Clément MOISAN
    Pour une histoire de l'histoire de la littérature :
    l'exemple québécois 41
Jacques MICHON
    Fondements d'une histoire institutionnelle
    de l'histoire littéraire 53
Lucie ROBERT
    Conditions d'émergence et d'institution d'une littérature 63
Denis SAINT-JACQUES
    Les pratiques littéraires des acteurs sociaux 73
Guy ROSA
    Intervention 81
Alain VAILLANT
    Conclusion 83

Bibliographies (Bernard Andrès, Clément Moisan) 87

DEUXIÈME PARTIE
Les discours et le poétique

Marc ANGENOT
    Analyse du discours et sociocritique des textes 95

Michel VAN SCHENDEL
  Idéologème et poétique 111
Wladimir KRYSINSKI
  Les avant-gardes et la réécriture de la modernité 121
Jocelyn LÉTOURNEAU
  Le texte historique comme objet de l'analyse littéraire 131
Joseph MELANÇON
  Une méthodologie d'analyse du discours critique 143
Antonio GÓMEZ-MORIANA
  Sociocritique et analyse du discours 155

Bibliographie (Jocelyn Létourneau) 169

TROISIÈME PARTIE
Nouveaux objets, objets construits

Normand DOIRON
  Genèse de l'éloquence sauvage.
  La renaissance française de Tacite 173
Jeanne DEMERS
  Les arts poétiques comme métadiscours 183
Monique MOSER-VERREY
  Chorégraphies narrées ou la question de l'*ekphrasis* 193
Paul BLETON
  La paralittérature québécoise :
  essai d'un panorama systémique 205
Juliette RAABE
  Approches de la sérialité 217
Fernand ROY
  Figures de l'écrit dans le roman 219
Jean Cléo GODIN
  Génétique et intertexte : éditer Alain Grandbois 229
Réal OUELLET
  Qu'est-ce qu'une relation de voyage ? 235

Bibliographies (Paul Bleton, Fernand Roy, Réal Ouellet) 247

QUATRIÈME PARTIE
Arts et littérature

Annie BECQ
  Introduction 255
Françoise SIGURET
  La lance et le bouclier : stratégies d'une image baroque 257

André GAUDREAULT
    De la narratologie littéraire
    à la narratologie cinématographique 267
Marie CARANI
    Le surplus de la représentation :
    la peinture du figuratif Jean Paul Lemieux 275
Josette FÉRAL
    Où en est la performance ?
    Post mortem pour un art bien vivant 289

Bibliographie (Marie Carani) 297

CINQUIÈME PARTIE
Langue et fiction identitaire

Régine ROBIN
    Introduction : un Québec pluriel 301
Sherry SIMON
    Traduction et représentation identitaire 311
Ginette MICHAUD
    Le Sujet-Nation : James Joyce et Jacques Ferron 321
Lise GAUVIN
    Poétiques de la langue et stratégies textuelles 333
Maïr VERTHUY et Lucie LEQUIN
    L'écriture des femmes migrantes au Québec 343

Bibliographie (Sherry Simon) 351

SIXIÈME PARTIE
Corps, rythme, pulsions

Pierre BAYARD
    Introduction : lecture kleptomane 355
Patrick MAHONY
    Champs d'exploration dans le texte freudien 361
Simon HAREL
    Le derme de l'écrit 369
Louise DUPRÉ
    La critique au féminin 379
Lucie BOURASSA
    Le temps du rythme 387
Henri MESCHONNIC
    Conclusion : Poétique et philosophie 399

Bibliographie (Lucie Bourassa) 403

SEPTIÈME PARTIE
Savoirs, transferts

Michel PIERSSENS
    Introduction 407
Jean-Claude GUÉDON
    Sciences, techniques et littérature au Québec :
    entre le déport et le porte-à-faux 411
Christie McDONALD
    Les transferts discursifs comme opérateurs de changement .. 421
Michel PIERSSENS
    Savoirs et littérature 427
Walter MOSER
    Recyclages culturels. Élaboration d'une problématique 433
Franc SCHUEREWEGEN
    Question 447

Bibliographie (Christie McDonald, Walter Moser) 449

HUITIÈME PARTIE
Littérature et cognition

Pierre OUELLET
    Introduction : la littérature comme activité cognitive 459
Bertrand GERVAIS
    Progresser, comprendre : des régies de lecture 467
Gilles THÉRIEN
    Lecture, cognition, mémoire 477
Jean-Guy MEUNIER
    Narration et cognition 487
Georges MOLINIÉ
    Sémiotique de la singularité 499

Bibliographie (Jean-Guy Meunier) 501

Remerciements

Notre entreprise n'aurait pas été possible sans l'aide de plusieurs personnes et institutions, parmi lesquelles la Délégation générale du Québec à Paris, le Centre national de la recherche scientifique, les Universités de Paris IV (Sorbonne), Paris VII (Jussieu) et Paris VIII (Vincennes à Saint-Denis). Que tous ceux et celles [1] qui, de près ou de loin, furent associés, à un moment ou à un autre, à la réussite de cet événement trouvent ici l'expression de notre gratitude. Nous tenons à remercier tout particulièrement M. Jean-Pierre Bardet, président du Centre de coopération interuniversitaire franco-québécoise, M. Germain Godbout, son secrétaire général, M. Richard Dozois, qui le précéda à ce poste, et, pour son soutien et son infatigable énergie, pour la part qu'il a prise à l'organisation de ces journées, notre collègue de l'Université de Paris IV, M. Georges Molinié. À l'Université de Montréal, enfin, nous remercions Natasha Lee pour la préparation du manuscrit : elle sut en faire un livre.

Pour le soutien financier — il nous fut nécessaire — qu'ils apportent à l'un des organisateurs, nous remercions le Comité d'attribution des fonds internes de recherche (C.A.F.I.R.) de l'Université de Montréal, le Conseil de recherches en sciences humaines du Canada (C.R.S.H.) et le Fonds pour la formation de chercheurs et l'aide à la recherche du Québec (F.C.A.R.).

C.D., S.V.

---

1. Dorénavant, l'emploi du masculin sera fait sans préjudice à quiconque, dans le but d'alléger le texte.

Présentation

L'entreprise fut pionnière et relevait de la gageure: réunir plusieurs dizaines de chercheurs et d'enseignants des universités du Québec et de France, auxquels s'étaient joints quelques collègues européens, dans les domaines concernant la littérature, pour présenter un panorama aussi complet que possible de la recherche au Québec, nouer ou prolonger le dialogue des deux côtés de l'Atlantique et donner l'information la plus large sur les travaux engagés, les chantiers et les programmes d'études en cours pour la dernière décennie du siècle.

Ce volume, qui ouvre la série des « Grands Colloques » du Centre de coopération interuniversitaire franco-québécoise (C.C.I.F.Q.), résulte en fait de la rencontre de plusieurs histoires et témoigne des orientations les plus récentes dans le champ de la recherche, qu'il s'agisse de la théorie ou de l'histoire littéraires, de leurs objets ou de leurs méthodes. On y trouvera donc l'essentiel des communications et interventions présentées à cette occasion [1], la plupart du temps remaniées et autrement distribuées. Sans doute bien des secteurs auraient mérité une exploration plus fouillée, et le nombre des exposés pouvait être facilement doublé sans redondance: chacune des universités québécoises manifeste une identité et des mélanges propres [2], et bien des recherches, individuelles et collectives sont ici seulement évoquées. Parmi les initiatives les plus récentes, nous avons dû nous en tenir à celles qui nous ont semblé les plus significatives en raison de leur divergence ou de leur convergence avec la recherche française et européenne, et privilégier quelques axes majeurs, de portée générale, au détriment des auteurs et des œuvres singulières. Pour ceux-là

---

1. À l'Université de Paris IV (Sorbonne), à l'Université de Paris VII (Jussieu) et aux Services culturels de la Délégation générale du Québec à Paris, du 30 septembre au 3 octobre 1991.
2. Les quarante et un participants québécois qui venaient de huit universités différentes — des universités Concordia (Montréal), Laval (Québec), McGill (Montréal), de Montréal, de Sherbrooke, du Québec à Montréal, du Québec à Chicoutimi, Télé-Université — appartiennent à des départements d'études anglaises, d'études féminines, d'études françaises, d'études littéraires, d'histoire, d'histoire de l'art, de littérature comparée, de philosophie.

ou celles-ci, qui témoignent aussi d'une littérature tout à la fois ancienne et jeune, en pleine réévaluation grâce à un commun effort d'édition et de réflexion, en plein développement en raison d'une politique de création et d'édition spécifique, en pleine redéfinition par la prise en compte des particularités transculturelles du Québec, il fallait, croyons-nous, un autre cadre. Celui que nous avons choisi privilégie les méthodes d'approche et les objets d'étude nouvellement délimités par le travail scientifique. Il met l'accent sur ce qui se prête le mieux à l'échange et au dialogue entre deux cultures en situation de transfert et d'interrelation constante, mais marque également ce qui diffère dans la ressemblance même.

L'un des organisateurs de cette rencontre s'est, en une dizaine d'années, familiarisé avec l'université française. Pour l'autre, voici plus de vingt-cinq ans qu'il s'est peu à peu initié aux particularités de la société, de la culture et des institutions québécoises, qu'il a assisté aux initiatives multiples qui ont pu mettre en place et adapter en peu de temps, et pour tout le pays, des enseignements et des recherches qui placent aujourd'hui le Québec en situation compétitive dans tous les secteurs de la littérature, à commencer par sa définition même. Qu'il lui soit permis de souligner ce qui l'a passionné au Québec: la jeunesse inventive, l'écoute sélective des voix autres, le souci de la distance créatrice et la conscience de toujours instituer en sachant à la fois se souvenir et innover, affirmer d'un même geste filiations et ruptures.

Qu'il leur soit à tous deux permis de souligner les difficultés d'un projet qui pouvait sembler aller de soi et n'être qu'un colloque parmi les quelque vingt autres qui rassemblent, bon an mal an, chercheurs français et québécois. Voici plusieurs années que l'idée première de cette rencontre fut conçue sans pouvoir aboutir: les instances officielles auxquelles nous nous sommes adressés parvenaient mal à dégager le littéraire du linguistique (seule discipline reconnue comme suffisamment consistante pour se mesurer avec les sciences dures), et, s'agissant du binôme « Québec » et « littérature », on nous renvoyait au domaine de la francophonie ou de la seule « littérature québécoise », savoureuse certes — on en convenait — mais connexe, marginale ou reproductrice, dont la lecture, à tout prendre, pouvait suffire, en dehors d'une spécialisation étroite. Ce qui était refusé, contesté ou ignoré, plus ou moins explicitement, c'était que la littérature québécoise puisse être un objet d'étude, engager des méthodologies propres, conduire à interroger et à problématiser l'ensemble des faits littéraires. En France, tantôt intégrés aux études canadiennes, tantôt insérés dans les programmes de littérature comparée, parfois constitués en enseignement distinct mais sans articulation académique, et comme supplément de cursus, les textes et auteurs québécois (anciens ou néo-) ont, en fait, longtemps échappé au travail critique et théorique. Un beau sujet de thèse serait du reste d'étudier les références à la littérature québécoise dans les ouvrages se réclamant peu ou prou d'une science du littéraire.

Notre objectif dans ce volume n'est cependant pas la défense et illustration de cette littérature, qui se passe fort bien, du moins dans d'autres pays, de manifestations de soutien. C'est plutôt de montrer que les analyses, investigations et interrogations développées à partir de cette littérature, ou dans son contexte, concernent directement tous les littéraires, les obligent à réfléchir sur leurs pratiques, leurs références et leurs présupposés, ou sur une définition trop étroite de leurs objets. Mais il s'agit aussi de montrer que l'Université au Québec n'est pas forte que de sa littérature. Les thèmes de nos journées dégagent des enjeux théoriques et méthodologiques quels que soient les exemples ou les secteurs retenus. Parmi les participants — dont certains se trouvent réunis ici pour la première fois dans des regroupements significatifs —, beaucoup sont engagés dans des programmes relevant de la littérature générale ou comparée, de disciplines autonomes, de domaines transverses, ou de l'interdisciplinarité.

C'est au reste ce qu'enseigne d'abord le Québec: la coexistence, l'interférence d'apports hétérogènes, sur le plan des cultures, des formations, des approches, dans un ensemble pourtant fortement structuré par l'affirmation ou la quête identitaire — fût-ce pour en mesurer les risques et les limites. De même que les programmes des départements d'études littéraires ou que la composition du corps enseignant, les livres et les revues publiés au Québec dessinent du savoir et de la création littéraires une autre carte que « provinciale ». Il ne s'agit pas simplement de la double appartenance du Québec à un ensemble nord-américain et européen, mais de son ouverture à toutes les littératures (latino-américaines, maghrébines, africaines, européennes), concomitante avec l'exploration patiente et minutieuse, sans cesse approfondie et renouvelée dans son esprit et ses démarches de son propre accès à l'autonomie et à la personnalité littéraires, et, au-delà, à l'universalité. Sur ce plan, les chercheurs regroupés dans le Centre de recherche en littérature québécoise (C.R.E.L.I.Q., Université Laval) ont entrepris une histoire de la littérature au Québec dans des perspectives neuves, que vient éclairer — et qui éclaire — un petit livre récent de Renée Balibar: *Histoire de la littérature française*; c'est-à-dire l'histoire de la façon dont une littérature s'est constituée, en partie hors de *la* littérature, à travers des circuits et des supports de diverse nature, dans un certain rapport à la langue et aux langues, en situation de « colinguisme ». La recherche est féconde autant par les discussions qu'elle engendre — et dont on trouvera quelques échos dans les pages qui suivent — que par les faits culturels qu'elle met au jour. S'il est vrai, comme le dit Renée Balibar, que « la personnalité linguistique française [répond] à la double attraction de son dehors et de son dedans, inspirée par son interlocuteur étranger autant que par l'étrangeté de sa langue civile[3] », ne peut-on songer à envisager ainsi la personnalité linguistique québécoise ?

Quoi qu'il en soit, le Québec est aussi, comme le dit l'un des participants de la rencontre, un « laboratoire extraordinaire », un terrain d'expérience privilégié pour la critique et l'histoire littéraires, pour l'élaboration, jamais achevée, toujours problématique de ce qu'on nomma un moment la science du littéraire. La spécificité de la recherche québécoise tient sans doute à la vigueur des idées et à leur brassage incessant, mais aussi à la rapidité des mutations socioculturelles qu'on observe au Québec, à la confrontation constante d'un héritage patrimonial et de sa réévaluation critique, volontiers radicale, à la coexistence d'une histoire longue, incertaine pourtant de ses lieux de mémoire et de ses points d'ancrage, et de multiples histoires brèves, accélérées, où se multiplient les angles d'attaque sous forme d'essais divers qui recourent souvent aux techniques d'investigation les plus élaborées. À société plurielle, culture plurielle, vivifiée autant par le métissage postmoderne (entendons ici celui des médias) que par les voix ou les images du pays. En quelques décennies la littérature québécoise a cessé d'être seulement une valeur-refuge pour proposer à l'analyse son propre développement, ses impasses comme ses avancées, et, au point de vue de la création, s'arracher au particularisme pour entrer dans le dialogisme. Rien d'étonnant à ce que l'œuvre de Bakhtine soit au Québec plus étudiée qu'en France[4], et surtout plus heuristique et fondatrice. Il y va, à tout prendre, d'une définition de la culture, tout à fait insérée dans les débats actuels du vieux continent[5].

Quant à la littérature, à tout ce qu'elle englobe et met en cause, on peut transposer, à la lumière de l'expérience québécoise, le mot d'un historien : « La connaissance [littéraire] est aussi toujours en même temps l'histoire de l'histoire [littéraire]. » Trois termes pourraient définir à cet égard la recherche québécoise la plus moderne en ce domaine : historicisation, contextualisation, socialisation. Un seul

---

3. *Histoire de la littérature française* (Presses universitaires de France, coll. « Que sais-je ? », 1991, p. 120). L'« Avant-propos » s'achève (humoristiquement) sur ces phrases : « De l'histoire écrite en latin par Nithard où apparaissent les Serments de Strasbourg, à la *Chanson de Roland*, aux aventures de Pantagruel, aux Tragédies, aux Essais, aux Contes, aux Romans, aux Poèmes comment être ou ne pas être en français ? *That is the question* » (p. 3).
4. Outre les travaux pionniers d'André Belleau, voir, entre autres, les numéros des revues *Études françaises* (Montréal), vol. XX, n° 1, printemps 1984 (« Bakhtine ») et *Discours social/Social Discourse* (Montréal), vol. III, n°s 1-2, printemps-été 1990 (« Bakhtin and otherness »).
5. Il y aurait aussi beaucoup à dire sur la lecture qui y est faite de Wittgenstein, ce qui relevait de la compétence de François Latraverse qui fut, comme Georges Leroux, malheureusement empêché.

exemple suffira, la boutade d'un des colloquants, d'une certaine résonance théorique : « Comment faire l'histoire littéraire d'un pays sans littérature ? » Autrement dit, que nous apprennent, pour une époque sans littérature instituée, ou reconnue comme telle, les pratiques qui la préfigurent ? Et, d'autre part, aujourd'hui que les études littéraires semblent faire l'épreuve de ce qu'elles pourraient être une activité sans objet, la littérature québécoise s'affirme comme objet constitué, non contesté, problématisé et non plus problématique, assuré de (et dans) sa spécificité et son autonomie. Il faut y voir la conséquence et le résultat d'un travail d'inventaire et de légitimation, de « rapatriement » et de récupération du « patrimoine » littéraire, d'un effort qui culmine sans doute au cours de la dernière décennie. Fut-il favorisé par le développement de l'institution universitaire elle-même depuis un quart de siècle, se prêta-t-il avec moins de difficultés que d'autres aux normes de productivité et aux systèmes rationnels d'évaluation dont l'importation depuis le champ des études scientifiques vers les études littéraires est régulièrement décriée, ce domaine d'activités fut sans conteste l'un des plus productifs. Les « grandes entreprises » — anthologies, dictionnaires des œuvres, dictionnaires des auteurs, les ouvrages d'histoire, ou, tout récemment, de « vie littéraire » — sont achevées, en voie d'achèvement ou en cours de parution. Quelques-unes des réflexions réunies ici montreront qu'il ne s'agit plus tant de faire l'histoire de cet objet désormais constitué, que de faire l'histoire, l'analyse ou la critique, voire la théorie, de l'histoire littéraire. L'historien de la littérature s'interroge sur les manuels d'histoire littéraire, sur la transmission d'un savoir de nature historique et les processus de canonisation ou de légitimation, sur le rôle des agents culturels, les tactiques éditoriales, les phénomènes de production, de diffusion et de distribution de la littérature, sur les appareils qui instituent cette littérature, les contraintes et les stratégies discursives qui visent le lecteur, veulent le capter, modifier ou lui dicter son rapport à l'œuvre littéraire, selon les propositions qu'on lira ci-après.

Cet objet désormais constitué, s'agrandit par le développement des éditions critiques [6] et des études génétiques, autant que par celui des études génériques qui intéressent aussi bien la théorie littéraire que l'analyse institutionnelle en rappelant — une nouvelle fois, s'il le faut — que la spécificité de la littérature québécoise tient aussi à la configuration originale de son système des genres, aux positions hiérarchiques, aux compétitions et aux relais inédits entre eux, qu'il

---

6. Que l'on songe à la « Bibliothèque du Nouveau Monde » créée par les Presses de l'Université de Montréal, ou, choix éditorial inverse, au projet de l'édition des œuvres d'Hubert Aquin (E.D.A.Q.), directement publié dans une collection de poche (la « Bibliothèque québécoise »).

s'agisse de l'antériorité du récit de voyage, de la forte présence du conte, de l'apparition tardive (relativement) du roman, de la place toute spécifique de la poésie.

Mais n'anticipons pas trop sur ce qu'on va lire dans l'une ou l'autre des huit sections de ce volume [7] — il y aurait encore beaucoup à dire de l'analyse du discours social ou de la réflexion sur l'idéologique (et l'idéologème), les phénomènes de rupture, de marginalité et de subversion, les effets de postmodernité, la notion de «transfert culturel», et tout ce qui relève de «l'écriture migrante» —, et résumons en vrac ce qui peut, pour un lecteur européen, constituer les caractéristiques de la recherche littéraire au Québec, de ses méthodes et de ses objets, et qui nous paraît de portée déontologique en même temps que sujet d'étude, et donc occasion d'un apport théorique:

— une organisation particulière de la recherche collective, qui se préoccupe autant de la formation que des objectifs et associe très tôt les étudiants à des projets soigneusement élaborés et contrôlés;

— une interaction constante entre la création et l'activité critique;

— une liaison vivante, organique, entre l'enseignement et la recherche, signifiant toujours sensibilisation et formation à la recherche, dont l'université est le lieu permanent;

— une liaison paradoxale entre la «québécité» (questionnée, décriée, affirmée, revendiquée, refoulée, ironisée...) et l'ouverture à l'autre (à cet égard l'université est devenue en peu d'années un puissant agent culturel de novation et de découverte);

— une réception critique des méthodologies, théories et systèmes exempte de tout *a priori* et dégagée aujourd'hui de ce que H. Bloom nommait «l'anxiété de l'influence». Les textes, les démarches, les idées sont jugés pour ainsi dire à leur rendement, et sans exclusive, quelle qu'en soit l'origine ou l'autorité. On songe parfois à l'emploi fort du mot bricolage («travail intellectuel non soumis à des règles théoriques»);

— une très grande attention aux phénomènes collectifs (sensibilités, mentalités, comportements) «intra» ou «trans» culturels, à l'interaction de l'individuel et du social, aux *habitus* de la société civile, aux «traverses», si l'on peut appliquer ce mot qui rencontre deux titres récents au Québec et en France

---

7. I. «Histoire et théorie de l'histoire littéraire»; II. «Les discours et le poétique»; III. «Nouveaux objets, objets construits»; IV. «Arts et littérature»; V. «Langue et fiction identitaire»; VI. «Corps, rythme, pulsions»; VII. «Savoirs, transferts»; VIII. «Littérature et cognition».

(*Traverses* de Jacques Allard et *Lectures traversières* de Louis Marin), à tout ce qui traverse l'écriture dans son devenir-œuvre;

— une extrême sensibilité aux problèmes de la langue et des langages, qu'il s'agisse des niveaux de langue, des phénomènes d'interlangue ou des marques de l'oralité. Si la littérature québécoise est un objet assuré, constitué, elle devient de plus en plus nettement objet d'analyses et de lectures « postnationales », objet d'une « dénationalisation », d'un « dépaysement ». Pour les uns, la langue est le lieu d'élaboration d'une poétique et d'une politique de l'identité; pour d'autres, s'y joue une expérience de l'altérité, s'y noue la confrontation avec l'autre; d'autres encore situent la littérature du côté de l'errance ou de l'exil plutôt que dans l'enracinement. Multiples, diverses et conflictuelles, ces approches postulent toutes que la littérature est génératrice d'espaces et de « fictions identitaires », sous le signe de l'hétérogène, dans l'éclatement des consensus qui se cherchent ou se déconstruisent. Dans tous les cas, lieu privilégié pour l'étude des concepts de sujet, individuel ou collectif, d'identité, de nation, de foule, et pour la recherche de leur problématique articulation, sur le mode de l'homologie ou de la métaphore, la littérature figure, donne forme, « met en texte » les différences — la diversité culturelle et la pluralité linguistique —, saisies non par comparaison ou simple mise en rapport, mais par traduction, comme transfert vers un nouveau lieu de naturalisation, dans le disparate des références littéraires, symboliques, culturelles, historiques;

— un équilibre sans complexe, ou du moins, des échanges féconds, dont ce volume porte la trace, entre des domaines trop souvent cloisonnés en France et en Europe : la philologie et la génétique, la rhétorique et la sémiotique, l'herméneutique et le déconstructionnisme, les disciplines du textuel, du social et de l'inconscient, l'analyse des discours et la science des textes semblent vivre (encore) en assez bonne intelligence avec l'histoire littéraire, avec pour chaque secteur, des inflexions particulières, et des différences significatives d'influence ou de réception. D'où l'attention accordée aux « transferts interdiscursifs » (voire aux « recyclages culturels », qu'ils soient parodie, pastiche, collage ou montage), dont l'analyse veut saisir ce qui « passe », ce qui migre d'un discours, ou d'une discipline à une autre, étant entendu que ce passage — mais il peut s'agir de décalages, de manipulations, de contre-emplois, de contresens — est, peut-être, une source de novation, un opérateur de changement, un producteur de nouveauté. Il en est ainsi entre la littérature et les sciences dès lors que l'on tente, en ce moment affirmé de crise des disciplines et de redéfinition de leurs frontières, de voir comment un texte littéraire use des savoirs qui lui sont accessibles pour se faire dispositif cognitif, comment la littérature produit, non pas un savoir positif, mais des « effets de savoir »;

— des références et une terminologie heureusement dépaysantes, d'abord par la présence relativement importante de théoriciens de diverses langues mais surtout par l'apparition multiple de la jeune recherche, de plus en plus connue en Europe et dans le monde, ignorée scandaleusement en France, en dehors de quelques spécialistes;

— des phénomènes de déport dans l'expérimentation des nouveautés, et de déplacement dans l'ensemble foisonnant des préoccupations et des questionnements théoriques et méthodologiques, idéologiques et esthétiques de la modernité, ou, dirons-nous plus prudemment, de la « contemporanéité ». Ainsi de la narratologie, qui migrerait des études littéraires vers les études cinématographiques, ou de la sémiotique, vers l'analyse de l'image. La sémiologie — dans son extension maximale, considérée comme théorie de la connaissance —, et la narratologie — désignant étroitement l'étude, la description, l'analyse des structures internes de l'œuvre —, déplacent leur intérêt vers les structures de perception et les processus de cognition que le texte littéraire met en jeu, révèle ou informe, vers les processus par lesquels le lecteur, capable de traiter des informations et des symboles, accède à l'univers de la représentation, vers les actes de lecture — que cette lecture soit travail ou divertissement, activité de « compréhension » ou de « progression ». Dans cette perspective cognitiviste, entre la contingence (le pôle des analyses historiques, sociologiques ou institutionnelles) et l'essence (les études formalistes s'attachant à la littérarité, à la poéticité des textes), la narration devient une mémoire d'événements, d'histoires et d'actions reconnaissables, et la sémiotique, une mémoire de modèles mobilisables par le lecteur susceptibles de créer un savoir. Ces tentatives de théorisation de l'acte de lecture, soumis à la discussion, mis à la question, surgissent dans un âge de la société, dont plusieurs signes indiqueraient qu'il n'est déjà plus celui du livre et de l'imprimé — comme si l'on ne pouvait théoriser que ce dont on éprouve la perte, ou dans le sentiment de la perte;

— de nouveaux objets enfin, théoriquement construits, des objets neufs produits dans la plus grande richesse et la plus grande diversité, qu'il s'agisse de la parole amérindienne et de sa représentation dans les récits de voyage ou de l'étude des « arts poétiques » d'auteurs, qu'il s'agisse encore du « geste narré » (de l'*ekphrasis*...) ou des figures de ce dont la nature est d'être, dans le texte romanesque, une chose écrite, etc.; que ces objets proviennent soit d'une mémoire ou d'une histoire propres — ainsi de « l'Indien imaginaire » ou de relations de voyages tout à fait spécifiques —; soit de la rencontre de plusieurs traditions nationales dans le creuset québécois, orientant autrement l'approche des littératures étrangères; soit d'une manière différente, parce que différemment informée, d'aborder les thèmes les plus éprouvés (ainsi de la littérature populaire) ou le travail scientifique le plus balisé (par exemple l'édition critique ou les études génétiques); soit encore de la pratique, en tant que lecteur, enseignant, critique ou créateur, d'une littérature en travail d'elle-même, désormais toujours un peu aventureuse, plus ou moins expérimentale, volontiers violente et atopique, « rapaillée », voire « maganée », mais ludique, bricoleuse, parodique... La question, du reste, n'est pas de savoir si les collègues du Québec sont toujours exactement conscients de la portée des déplacements qu'ils opèrent par leurs façons d'envisager les problèmes sur les objets traditionnels de la recherche littéraire, mais il est certain que leurs homologues français ont beaucoup à apprendre de ces déplacements, adaptations, « remodelages ».

Des journées d'études, aussi nourries qu'elles soient, ne sauraient prétendre tout dire. Notre projet écartait, *a priori*, toute restriction de champ, mais nous obligeait tout de même à choisir entre des propositions ou des souhaits également pertinents: nos critères furent de ne sacrifier que ce qui pouvait être par ailleurs suffisamment connu, du point de vue des méthodes ou des matières. C'est pourquoi, sauf exception, nous avons écarté les monographies, mais aussi ce qui était déjà bien intégré à des recherches internationalement identifiées et répertoriées, par exemple la sociocritique, les études sur le fantastique et la science-fiction, la littérature de série, l'épistolaire, les études féminines même (ici trop brièvement abordées par ce qui nous a semblé une voie originale). Même en tenant compte de ces sacrifices, il suffit de consulter les programmes des universités québécoises pour constater ici encore quelques lacunes, notamment en ce qui concerne les littératures créoles ou allophones, les littératures anciennes, les études médiévales... Il aurait fallu aussi s'interroger sur les références philosophiques, voire théologiques, de la recherche littéraire, compte tenu de son histoire propre, de la position longtemps dominante, sinon hégémonique, de l'Église, de l'impact, différé ou biaisé, des philosophies occidentales, directement reçues ou déjà filtrées par une réception américaine.

L'inventaire, même incomplet, de tous ces apports, convergences, différences, suffit, à nos yeux à justifier notre entreprise: l'essentiel était, répétons-le, de situer la recherche québécoise au sein de la communauté scientifique française et internationale dans un domaine où les murs, et les frontières nationales sont encore assez souvent considérés comme irréductibles, et de pallier aussi, si peu que ce soit, la quasi-inexistence d'une véritable diffusion en France de la recherche québécoise, qu'il s'agisse des ouvrages ou des revues.

Claude Duchet
Stéphane Vachon

PREMIÈRE PARTIE

Histoire et théorie de l'histoire littéraire

Introduction :
Entre le don des morts
et le paradigme institutionnel

Jacques Allard

Depuis 1960, la recherche littéraire a connu dans les universités du Québec un développement sans précédent. Caractérisée auparavant par des études aussi traditionnelles que marginales des littératures française (surtout) et canadienne-française, elle prit peu à peu une ampleur inédite, à la faveur d'une scolarisation accentuée, privilégiant l'analyse de l'expression autochtone (dite dorénavant québécoise) puis la réflexion théorique (dans le sillage d'abord dominant de la pensée française mais bientôt informée des autres démarches européennes et américaines). Ce phénomène d'appropriation du littéraire contemporain, proche et universel, sans doute le trait le plus important de l'évolution récente, marque la naissance et l'autonomisation progressive d'un nouveau discours critique d'expression française.

On peut dès lors imaginer la valse rapide des objets et des méthodes, si l'on songe que des amateurs (fréquemment journalistes), engagés dans une voie historienne d'origine cléricale, furent assez rapidement doublés par les expérimentateurs (davantage essayistes) d'une esthétique laïque et finalement par des spécialistes (majoritairement universitaires) adhérant aux plus récents modèles scientifiques (du structuralisme à la sociologie et à la génétique). Le fait que ces derniers se veulent encore souvent des écrivains signale la complexité soutenue des rapports à l'objet de la recherche et l'éventail des méthodes en découlant. Les mots clés? Texte, discours, pratique, institution et processus, mais tout de même encore œuvre, histoire, mais attention ! quelle histoire ?... On devinera donc que la richesse de cette nouvelle critique, sa convivialité même (son intertextualité, parfois son syncrétisme) qui souvent ponce des débats ailleurs coruscants, rendent encore malaisé le panorama pédagogiquement contrasté que l'on voudrait en faire. Il fallait d'ailleurs l'initiative dont cet ouvrage témoigne pour que les conditions d'une confrontation s'aménagent, dégageant des activités de pointe plutôt qu'un tableau des groupes, des « écoles » et de leurs orientations [1].

Ainsi, la première place donnée ici à « l'histoire et la théorie de l'histoire littéraire » témoigne des travaux considérables menés depuis une quinzaine d'années à l'Université Laval, au Centre de recherche en littérature québécoise (C.R.E.L.I.Q.), où l'on est passé d'un inventaire historié du corpus [2] à l'analyse institutionnelle et discursive propre à l'histoire des processus et des agents, des paradigmes, du culturel ou du social [3]. Les travaux menés par Clément Moisan [4] et les autres chercheurs du centre (sous la direction de Denis Saint-Jacques) ont des prolongements ailleurs, comme l'illustrent les contributions de Lucie Robert et de Bernard Andrès (à l'Université du Québec à Montréal), ou encore celle de Jacques Michon qui dirige à Sherbrooke une équipe vouée à l'histoire de l'édition.

L'histoire littéraire et sa théorie présentées ici peuvent à juste titre faire office de révélateurs des mutations du rapport au texte et à l'histoire. Comment s'étonner que le texte historique devienne à son tour objet de travail alors que s'affinent les outils de l'analyse discursive, sociocritique, idéogématique ou épistémocritique, sémiotique ou psychanalytique, dans le corps du texte ou en son débord même ? Comment se surprendre de voir le discours social supplanter finalement celui de l'écrivain puisque c'est le premier qui maintenant définirait vraiment, démocratiquement, le littéraire ?

Ainsi Bernard Andrès, s'inspirant d'abord de Michel Foucault, circonscrit un espace de fondation de la littérature du Québec, celui de l'après-conquête anglaise (1764) alors qu'un premier ensemble textuel et institutionnel émerge, fait des contributions de « néos » et de « natifs » où peuvent se repérer des régularités discursives et s'établir les principes ou les éléments constitutifs du littéraire. Cette problématique de « l'émergence du littéraire » donne un exemple de l'utilité de

---

1. Je ne reprends pas ici les éléments de réflexion que j'ai proposés dans *Traverses / de la critique littéraire au Québec*, Montréal, Boréal, 1991.
2. Voir, sous la direction de Maurice Lemire, le *Dictionnaire des œuvres littéraires du Québec*, Montréal, Fides, 1980-1987, 5 vol. (le sixième est en préparation, sous la direction de Gilles Dorion).
3. Voir *La Vie littéraire au Québec*, tome I: 1764-1805. *La voix française des nouveaux sujets britanniques*; tome II: 1806-1839. *Le projet national des Canadiens*, Québec, Presses de l'Université Laval, 1991 et 1992.
4. Clément Moisan (dir.): *L'Histoire littéraire. Théories, méthodes, pratiques*, Québec, Presses de l'Université Laval, 1989; *Qu'est-ce que l'histoire littéraire ?*, Presses universitaires de France, 1987; *L'Histoire littéraire*, Presses universitaires de France, coll. « Que sais-je ? », 1990.

se référer au spécimen québécois quand il s'agit de questionner les fondements de la littérature. Le choix, par exemple, de l'année 1764 (début de l'imprimerie au Québec) confirme une périodisation dorénavant axée sur l'événement littéraire plutôt que sur quelque fait extérieur au domaine.

Il en va d'ailleurs de même pour Clément Moisan qui proposera 1907 (année de la parution du *Tableau de l'histoire de la littérature canadienne-française* de Camille Roy) plutôt que 1895 (naissance de l'École de Montréal) pour le début de l'ère contemporaine. C'est que pour le théoricien, la « nouvelle » histoire littéraire passe par une histoire de l'histoire, laquelle lui permet de conclure que si la littérature se ramène en définitive au littéraire entendu comme « une institution au sens complet du terme », l'histoire littéraire « doit devenir pragmatique, c'est-à-dire embrasser le phénomène global » (pratiques d'agents d'un système légitimant et canonisant) pour éviter d'être « dogmatique », comme elle l'a été dans le passé. Dans ces conditions, l'arrivée de telle génération d'écrivains ne peut être aussi déterminante que la reconnaissance d'un corpus par une instance didactique comme l'incarne la publication de Camille Roy en 1907.

Ce sont aussi « les fondements d'une histoire institutionnelle » qui intéresse Jacques Michon et son groupe, pour privilégier cette fois celle de l'édition littéraire et de ses agents éditeurs qui ont droit à leur « part de création ». Dans ce qui devient ainsi une « histoire matérielle des idées et courants littéraires », la mutation du corpus devient inévitable, si l'on songe par exemple à ce que la tradition appelait les « œuvres mineures » ou, plus récemment, la « paralittérature ». Dorénavant, ce qui a été systématiquement mis de côté par les inventaires conventionnels (comme le *Dictionnaire des œuvres littéraires du Québec*) retrouve sa place dans un corpus qui n'est rien de moins que l'ensemble de la production imprimée.

Quand interviennent ensuite Lucie Robert et Denis Saint-Jacques, sont précisées d'autres caractéristiques du laboratoire québécois. Tous deux livrent les conclusions du travail mené par l'équipe qui rédigea le premier tome de *La Vie littéraire au Québec*. Se dégagent ainsi, d'après Lucie Robert, quatre étapes pour le développement de cette littérature: 1. « l'émergence d'un ensemble de pratiques et de discours » qui coïncide avec la naissance de l'opinion publique (dès la fin du XVIIIe siècle); 2. « la reconnaissance de certaines de ces pratiques comme littéraires » (par la lecture sélective, la critique et l'enseignement); 3. « la constitution du corpus en littérature nationale distincte » (au milieu du XIXe siècle); 4. « la désignation de cette littérature en objet d'études et de savoir » (dès 1907, mais surtout dans les années 1960).

Le principe fondamental qui guide le Centre de recherche en littérature québécoise (C.R.E.L.I.Q.) peut ensuite être rappelé par Denis

Saint-Jacques: dans cette nouvelle histoire, ce sont bien les acteurs sociaux qui importent d'abord et non les textes dits littéraires. Les acteurs sociaux et leur pacte public, leurs manipulations, leur consensus, leur discours inscrit dans l'ensemble des déterminations extra-textuelles, socio-historiques. La littérature est ainsi définie par la réception qui établit les paradigmes, la doxa [5].

Le débat devrait donc maintenant s'activer [6], particulièrement dans ces milieux universitaires nord-américains où cohabitent si souvent des chercheurs « savants » et « écrivains », les uns optant pour le paradigme institutionnel, les autres préférant « le don des morts » (Danièle Sallenave). Déjà, certains théoriciens prennent leurs distances. Après Tzvetan Todorov qui, dès 1984, recommandait de traiter la littérature comme œuvre d'art et comme discours « orienté vers la vérité et la morale [7] », Régine Robin, écrivain et théoricienne de l'analyse du discours remarquait, il y a déjà plusieurs années

> [qu']au moment où la littérature semble se dissoudre dans l'infini du discours [social, ou global] [...], les autres discours qui l'enserrent [...] reviennent à la littérature pour y puiser ce « paradigme de la complexité » et de la singularité que les sciences humaines n'arrivent pas à penser ni à formuler [8].

La séance est bel et bien ouverte.

(Université du Québec à Montréal)

---

5. La réflexion de Joseph Melançon, « Une méthodologie d'analyse du discours critique », que l'on trouvera dans la seconde section de ce volume fait d'ailleurs écho à toute la place que donnent maintenant des chercheurs au discours (le leur davantage que celui des écrivains) qui instituerait et légitimerait toujours déjà le littéraire.
6. Comme dans l'article de Robert Dion, « Critique universitaire et critique d'écrivain, le cas d'André Brochu », *Études littéraires* (Québec), vol. XXV, nos 1-2, été-automne 1992, p. 193-203. En note, l'auteur signale que son propos se rattache à un projet de recherche de l'Université du Québec à Rimouski : « L'adaptation des modèles théoriques étrangers dans la critique québécoise (1950-1980) ».
7. Tzvetan Todorov, *Critique de la critique, roman d'apprentissage*, Seuil, 1984, p. 188.
8. Régine Robin, « Extension et incertitude de la notion de littérature », dans Marc Angenot, Jean Bessière, Douwe Fokkema, Éva Kushner (dir.), *Théorie littéraire, problèmes et perspectives*, Presses universitaires de France, 1989, p. 49.

Le texte embryonnaire ou l'émergence du littéraire au Québec : 1764-1815 [1]

Bernard Andrès

> Il n'est [...] pas légitime de demander, à brûle-pourpoint, aux textes qu'on étudie leur titre à l'originalité, et s'ils ont bien ces quartiers de noblesse qui se mesurent à l'absence d'ancêtres. La question ne peut avoir de sens que dans des séries très exactement définies, dans des ensembles dont on a établi les limites et le domaine, entre des repères qui bornent des champs discursifs suffisamment homogènes.
>
> Michel Foucault [2]

J'examine ici, dans l'esprit de mon essai sur la constitution des lettres [3], les conditions de fondation d'une littérature québécoise à la fin du XVIIIe siècle. Il s'agit là de tout un pan négligé ou occulté de l'histoire des idées et des formes littéraires au Québec : l'époque de la première imprimerie, des premiers journaux et théâtres, des premières

---

1. Ce texte représente l'étape préliminaire d'un projet que je dirige avec l'appui du Conseil de recherches en sciences humaines du Canada. La version antérieure présentée au colloque « Objets et méthodes de la recherche littéraire dans les universités du Québec » portait le titre « L'archéologie du littéraire : une problématique de la fondation ».
2. Michel Foucault, *L'Archéologie du savoir*, Gallimard, 1969, p. 187.
3. Bernard Andrès, *Écrire le Québec : de la contrainte à la contrariété. Essai sur la constitution des Lettres*, Montréal, XYZ, coll. « Études et documents », 1990.

loges maçonniques et des premiers débats philosophiques et littéraires. Le corpus des Lettres sous la Conquête est assez restreint, on l'imagine : Pierre du Calvet, Valentin Jautard, Joseph Quesnel et Pierre de Sales Laterrière, pour les premiers « néos » d'origine française; Luc de La Corne, Charles-François Bailly de Messein et Henri Mézière, pour les premiers « natifs[4] ». À partir de ce corpus, il s'agit d'examiner les conditions d'émergence, de reconnaissance ou de rejet du littéraire à l'époque. Puis, montrer comment ces premiers textes écrits et publiés au Québec s'inscrivent dans des formations discursives européennes (et s'en démarquent déjà). Comment ils recoupent, sans toujours le citer explicitement le discours philosophique des « Lumières ». Il s'agit d'examiner ainsi les « arbres de dérivation énonciative » (Foucault) repérables chez des auteurs formés pour la plupart en Europe, mais dont la carrière se déroule en Amérique du Nord et dont l'œuvre concerne et interpelle d'abord et pour la première fois le Québec. Qu'il s'agisse de pamphlet, de polémique, de discours journalistique, juridique ou médical, de théâtre, de poésie ou de récit biographique, tous les « genres » sont pratiqués par ces auteurs. Mais ils le sont selon des stratégies discursives dont il convient de définir l'originalité. Des études croisées seront privilégiées, dans l'espoir d'établir des parallèles entre les données prosopographiques concernant les auteurs et les aspects formels et institutionnels de leurs œuvres.

Une telle recherche ne saurait faire l'économie d'une réflexion sur l'analyse du discours, la sociocritique[5] et l'institution littéraire. Non encore fondées, ni comme fait d'appareil, ni comme fait de discours, les lettres québécoises se cherchent encore à la fin du XVIIIe siècle. Dans quel état du « discours social[6] » les premières œuvres sont-elles composées, par quels relais sont-elles livrées, publicisées, reçues ou rejetées ? Est-il possible de les appréhender selon des modèles exclusivement européens[7], ou la perspective continentale (américaine et/ou latino-américaine) ne peut-elle pas compléter utilement la recherche ? La conception plus ouverte de l'histoire littéraire chez Clément Moisan convient à notre objet[8]. Pour cette archéologie de l'institution visant à dégager le statut de l'écrit et de l'écrivain au tournant du XIXe siècle, je retrouve aussi les préoccupations de Lucie Robert sur « l'exis-

---

4. On trouvera les références bibliographiques complètes sur ces auteurs à la fin de la section.
5. Claude Duchet, « Positions et perspectives », *Sociocritique*, Nathan-Université, 1979.
6. Marc Angenot, *1889. Un état du discours social*, Longueuil, Le Préambule, coll. « L'Univers des discours », 1989.
7. Jacques Dubois, *L'Institution de la littérature*, Paris/Bruxelles, Nathan/Labor, 1978.
8. Clément Moisan, *Qu'est-ce que l'histoire littéraire ?*, Presses universitaires de France, 1987.

tence sociale du littéraire⁹», ainsi que la perspective comparatiste des Brésiliens Silviano Santiago¹⁰ et Tania Franco Carvalhal¹¹.

Les Lettres sous la Conquête, donc, ou la conquête des Lettres au Québec. Car c'est bien sous la Conquête anglaise que s'effectue à la fin du XVIIIe un changement majeur dans les mentalités et les pratiques québécoises: pratiques sociales avec l'émergence d'un «espace public¹²», pratiques littéraires avec la circulation des premiers ouvrages d'imagination conçus localement. Bien entendu, pas question ici de raviver le mythe de la Conquête providentielle: du reste, en passant d'une couronne à l'autre, le Québec n'a pas échappé à la «décadence» qui guettait la France monarchiste catholique et apostolique. Trudel l'a bien montré (en le déplorant amèrement)¹³. Mais tout de même, avec la part de calcul inhérent à ses entreprises, le régime anglais n'a pas manqué d'introduire (ou de laisser s'implanter) à Québec puis à Montréal les premières imprimeries, les premières «gazettes» et «magasins» (pour magazines) de la colonie. La première «Académie», également, les premières loges maçonniques et sociétés de débat, la Bibliothèque publique: tout l'arsenal indispensable à l'avènement de cette «sphère publique» (inexistante en Nouvelle-France). Nous avons même échappé de peu, vers 1789-1790, à la première université du Québec.

La période de la Conquête m'apparaît éminemment propice à la formulation d'une problématique de la fondation littéraire. D'abord parce que la période — et le lieu — interdisent encore de parler d'une «littérature nationale» (qu'est-ce que l'idée de nation en Europe et *a fortiori* en Amérique avant les révolutions américaine et française?). La question de la «citoyenneté» de ces Lettres ne se posant pas (encore), la recherche peut se consacrer au problème plus fondamental de l'émergence du littéraire. Même si — *L'Archéologie du savoir* l'a bien montré¹⁴ — les questions de «précession», d'«origine» et d'«originalité» sont nulles et non avenues, même s'il n'y a jamais de «pur commencement», comme dit Pierssens, ce qui précède 1764 ne présente pas le même caractère d'évidence que ce qui suit, en matière de textualité littéraire. Peut-on concevoir une littérature dans une colonie veuve d'imprimerie où les seules productions discursives

---

9. Lucie Robert, *L'Institution du littéraire au Québec*, Québec, Presses de l'Université du Québec, 1989.
10. Silviano Santiago, *Uma literatura nos tropicos*, Sao Paulo, Perspectiva, 1978.
11. Tania Franco Carvalhal, «Literatura comparada e dependência cultural», dans *Literatura comparada*, Sao Paulo, Editora Atica, 1986.
12. Jürgen Habermas, *L'Espace public. Archéologie de la publicité comme dimension constitutive de la société bourgeoise*, Payot, 1978.
13. Marcel Trudel, *L'Influence de Voltaire au Canada*, Fides et Presses de l'Université Laval, 1945 (2 tomes).
14. Michel Foucault, *op. cit.*, p. 184-194.

sont le fait d'étrangers de passage informant alors la métropole (textes pour la plupart conservés sous forme manuscrite)? J'ai tenté ailleurs d'y répondre, ou du moins de reformuler la question à propos des écrits de la Nouvelle-France[15]: leur « littérarité » est d'autant moins assurée qu'en Europe même, comme le notait Foucault, « ni la littérature ni la politique, ni non plus la philosophie et les sciences n'articulaient le champ du discours, au XVIIe, au XVIIIe siècle, comme elles l'ont articulé au XIXe siècle[16] ». Question d'autant plus complexe que pour les jeunes littératures d'Amérique, les catégories métropolitaines, bien qu'inadéquates, furent très longtemps les seules convoquées par les historiens du cru, convaincus de discerner dans les productions locales autant de clones ou de manifestations attardées, aggravées ou affaiblies des chefs-d'œuvre européens.

Après une longue période (du XIXe siècle aux années 1980) consacrée à l'inventaire, au rapatriement, à la périodisation et à la légitimation des écrits « canadiens » (puis « québécois »), la recherche actuelle s'efforce de problématiser la question même du littéraire[17] et de l'histoire littéraire[18]. Elle est ainsi amenée à porter un second regard, plus critique, sur ce que j'appelle la « constitution des Lettres au Québec »: constitution d'un sentiment d'appartenance ou d'une « fiction identitaire[19] » au sein de la première génération d'écrivains, constitution d'un appareil éditorial et d'une instance critique au lendemain de la Conquête anglaise, et enfin production et diffusion des premiers textes écrits et adressés, reçus ou censurés au Québec même.

Je ne reviendrai pas ici sur les écrits de Nouvelle-France dont j'ai tenté ailleurs de cerner le statut, en me démarquant d'une certaine approche « institutionnelle », trop centrée selon moi sur la chose instituée ou sur les appareils de légitimation. Si j'emploie plutôt le terme de « constitution », c'est pour insister sur les phénomènes d'émergence et de fluctuation discursive qui caractérisent le champ littéraire québécois au tournant du XVIIIe siècle. Tirée du domaine juridique, la notion de « constitution » rend mieux compte du travail de mise en place des discours fondateurs (à condition de passer d'une méthodologie des modèles à une méthode des cas; à condition également d'élargir le champ comparatif, j'y reviendrai).

Deux mots encore sur la distinction à établir entre constitution et institution. Je passe sur l'effet de mode qui a sévi dans le discours

---

15. Bernard Andrès, op. cit., p. 25-41.
16. Michel Foucault, op. cit., p. 33.
17. Lucie Robert, op. cit.
18. Clément Moisan (dir.), L'Histoire littéraire. Théories, méthodes, pratiques, Québec, Presses de l'Université Laval, 1989.
19. Sherry Simon (dir.), Fictions de l'identitaire au Québec, Montréal, XYZ, coll. « Études et documents », 1991. [Voir encore, ici même, la section intitulée « Langue et fiction identitaire », N.D.E.]

journalistique — et parfois universitaire — à propos d'institution (désignant à peu près indifféremment l'objet institué, l'appareil de légitimation — revue, tribune, jury — ou tel ou tel cénacle). L'effet plus pervers de l'analyse institutionnelle, telle qu'elle s'est développée à la suite des travaux d'Althusser, Bourdieu et Dubois, c'est qu'elle reposait sur des modèles de développement littéraire européens et sur une norme précise: la France aux XIXe et XXe siècles [20]. C'est par rapport à cette échelle de référence que l'on situait habituellement les « littératures minoritaires ». Or, dans cette approche des lettres périphériques, priment souvent les faits d'appareil: sans imprimerie, sans édition, sans critique (ou avec des appareils par trop embryonnaires), la « littérature » ne saurait se concevoir, d'un point de vue strictement bourdieusien, par exemple. Dès 1979, Michel van Schendel dissipait pourtant la confusion entre les faits d'appareil et l'institution proprement dite, telle qu'elle s'inscrit, compose et travaille (dans) le discours littéraire [21].

Pour illustrer cette distinction que je ménage également entre les deux plans d'analyse, j'évoquerai rapidement le cas de la *Gazette de Montréal* entre 1778 et 1779. Ce phénomène éditorial montre bien qu'une pratique du littéraire voit le jour, alors que l'imprimerie vient tout juste d'apparaître sur les rives du Saint-Laurent. Voilà soudain que des discours apprennent à composer avec la censure, qu'une certaine idée de l'éloquence, du discours d'opinion et de la poésie anime déjà les premiers écrits de la sphère publique, alors que les infrastructures éditoriale, critique et scolaire n'en sont encore qu'à l'état embryonnaire (c'est un euphémisme). Le littéraire n'est donc pas encore institué que se constitue déjà, progressivement, une série de phénomènes allant du polémique au juridique (*L'Appel à la justice de l'État*, de du Calvet, *La Bastille septentrionale*, de Mézière) en passant par le didactique (articles de Jautard dans la *Gazette*), le poétique et le dramatique (Jautard, Quesnel, etc.). Considérés du strict point de vue de la norme et des traditions européennes, ces phénomènes méritent tout juste de figurer au rayon tératologique d'une théorie bien tempérée des genres littéraires. À nos yeux, ils figurent pourtant des « cas » patents de mise en place du littéraire, dans un contexte économique, idéologique et culturel des plus inédits (et des moins favorables).

Qu'on y pense: une poignée d'«intellectuels», mi-philosophes, mi-marchands, venus pour la plupart de l'ancienne métropole fantasment un lectorat francophone « éclairé » en profitant d'une certaine libéralité de la minorité anglophone. Et ce dans un pays nouvellement conquis dont la majorité francophone, peu alphabétisée, ne

---

20. Jacques Dubois, *op. cit.*, p. 11-13.
21. Michel van Schendel, « Appareils et institution (littéraire) », *Recherches et Théories*, Montréal, Presses de l'Université du Québec, 1979.

peut assurer la survie de l'entreprise. Quand on sait que les autorités — protestantes — ne tolèrent leurs agissements que pour mieux acculturer ou assimiler la majorité catholique (permettre la diffusion des Lumières, c'est réduire le pouvoir des « papistes [22] »); mais que, d'autre part, la garnison anglaise joue alors Molière et Beaumarchais en français; quand, de surcroît, ces Lumières françaises de nos intellectuels ont nécessairement transité par l'Angleterre (du double point de vue de l'importation des livres « subversifs » et de l'anglophilie bien connue des Philosophes); quand on se rappelle encore qu'en laissant se propager les Lumières outre-Atlantique, la Couronne britannique s'exposait à perdre ses colonies d'Amérique (ce qui arriva) et du Canada (ce qui faillit se produire); et qu'enfin, pour revenir à nos « intellectuels » de la *Gazette*, ces « factieux » avaient bel et bien transité par Boston (Mesplet arrive au Québec comme imprimeur du Congrès américain, alors que Jautard, déjà sur place, accueille Montgomery en héros dans les faubourgs de Montréal). Quand on étudie un à un tous ces points qui contextualisent la venue du Québec à l'écriture et aux grands débats du XVIIIe siècle, on réalise que la constitution des lettres s'y est bien effectuée en l'absence de toute *institution* (au sens fort du mot): comme au hasard des événements, des initiatives individuelles et en dépit des appareils d'État.

C'est pourtant dans cette joyeuse entropie, digne du démon de Maxwell, qu'émerge cette chose étrange et improbable: le littéraire. L'épistémocritique chère à Michel Pierssens semble tout indiquée pour appréhender ce phénomène. Ce qu'il écrit à propos du « texte embryonnaire » m'apparaît heureusement introduire l'exemple que je prendrai bientôt de la *Gazette de Montréal*:

> Le texte embryonnaire commence [...] par un événement aléatoire, microscopique, qui grossit tout seul et devient très vite tout un système qui évolue comme un tourbillon, en s'auto-organisant, improbable et fragile, loin de tout équilibre, mais d'une complexité croissante [23].

Il s'agira pour nous de cerner les lieux et les modalités d'apparition de ce texte en puissance, du « presque-texte » québécois. L'archéologie du littéraire, donc. Dans une perspective foucaldienne, on l'imagine, du moins pour la première phase de la recherche. Précisons qu'il n'est pas question ici de fouilles archéologiques destinées à

---

22. Sur les atermoiements de la politique du gouverneur Haldimand à l'égard de la *Gazette de Montréal* et des Lumières en général, sur la façon dont il manœuvre dans le dossier de la censure, en réponse aux pressions du sulpicien Montgolfier, de l'évêque de Québec, Mgr Briand, et du jésuite Well, voir Jean-Paul De Lagrave et Jacques Ruelland, *Valentin Jautard. 1736-1787. Premier journaliste de langue française au Canada*, Sainte-Foy, Le Griffon d'argile, 1985, p. 166-176.
23. Michel Pierssens, *Savoirs à l'œuvre. Essais d'épistémocritique*, Presses universitaires de Lille, coll. « Problématiques », 1990, p. 182.

exhumer des documents d'époque (l'essentiel de ce travail documentaire a déjà été réalisé par les bibliographes et les historiens de l'imprimerie). Il ne s'agit pas plus, à ce stade, de renouer avec l'histoire des idées ou des mentalités (même si, dans une étape ultérieure, une telle démarche est envisageable). Du reste, les politicologues, les constitutionnalistes et les historiens de la littérature ont déjà balisé le terrain, pour ce qui est du développement des idéologies et des pratiques culturelles à la fin du XVIII siècle [24].

Même si elle empiète à l'occasion sur l'histoire des idées — Foucault lui-même en était conscient, mais il insistait bien sur ce point — l'« archéologie » ne retrace pas le cheminement des mentalités. Ce n'est pas non plus une herméneutique. Elle n'épie pas ce qui se cacherait dans les discours en émergence (pensées, thèmes, images). Elle appréhende plutôt ces discours en eux-mêmes, en tant que pratiques non encore légitimées, mais déjà « régulées ». Ce sont ces règles, l'ensemble des contraintes, des lois plus ou moins tacites autorisant (ou entravant) l'énonciation des discours qu'il importe de décrire. Pour ce qui est de ces manifestations liminaires dans mon corpus, je ne cherche pas (dans un premier temps du moins) à établir le catalogue des pensées, représentations et topoï « hérités » de la France du XVIIIe : les publications récentes sur le bicentenaire de la Révolution française nous ont déjà éclairés là-dessus. Il faut lire notamment l'analyse très fouillée que donne Jean-Pierre Wallot des jeux d'influence, de diffraction et de réfraction qui s'opèrent entre les Lumières, la Révolution américaine et la Révolution française, de 1789 à 1838 [25].

Mais avant même de considérer ces jeux de transferts culturels, d'« influence » ou d'« autonomisation » par rapport aux métropoles, je me place du strict point de vue des pratiques locales pour envisager les *principes* du littéraire dans les pamphlets de du Calvet, les poésies de Jautard ou les articles de la *Gazette de Montréal*, par exemple. J'emploie « principe » au sens presque ontologique du terme : je m'interroge sur les éléments *constitutifs* de la chose littéraire à l'époque en question. À ce titre, peu m'importe qu'en 1778-1779, le principal animateur de la *Gazette de Montréal*, Jautard, alias « Le

---

24. Je signale dans notre champ la récente histoire de *La Vie littéraire au Québec, tome I : 1764-1805. La voix française des nouveaux sujets britanniques* (Québec, Presses de l'Université Laval, 1991), sous la direction de Maurice Lemire, entreprise dont l'esprit recoupe assez nos préoccupations lorsqu'elle s'attache à retracer « le paradigme du littéraire » entre 1764 et 1805.
25. Jean-Pierre Wallot, « La Révolution française au Canada », dans Michel Grenon (dir.), *L'Image de la Révolution française au Québec*, Montréal, Hurtubise H.M.H., 1989, p. 61-104. Voir aussi « L'Esprit de la Révolution », *Études françaises* (Montréal), vol. XXV, nos 2-3, automne 1989, et Pierre H. Boulle et Richard A. Lebrun, *Le Canada et la Révolution française*, actes du 6e colloque du Centre interuniversitaire d'études européennes (1987), Montréal, 1989.

Spectateur tranquille », impose tel ou tel modèle poétique à ses lecteurs. Par contre, le fait qu'il les invite à prendre la plume, à se risquer eux-mêmes à l'écriture, voilà bien du nouveau dans le « jeu littéraire » à Montréal. La *Gazette de Québec*, premier journal bilingue fondé, lui, en 1764 n'avait jusqu'alors considéré les lettres que comme un bouche-trou éditorial, se contentant surtout de les caser dans le « *Poet's corner* », portion congrue de chaque livraison (et encore ! les textes en question proviennent souvent de l'étranger — piratage oblige [26]). La *Gazette de Montréal*, elle, va puiser dans le bassin de ses propres lecteurs. Elle l'interpelle, ce lecteur, le *provoque* littéralement à l'écriture. Le fait que cette invite se fasse sous le mode de la provocation (et certains diront du mépris), introduit un premier système de régulation dans le discours journalistique naissant, celui de l'hétérogène et de l'antagonique.

L'hétérogène. Accoutumés sous le Régime français à plus d'homogénéité linguistique, ethnique et idéologique, les Québécois sont désormais de « nouveaux sujets » britanniques. Pour eux, Jautard et Mesplet l'imprimeur sont perçus comme Français et déistes. Pour eux, toujours, William Brown de la *Gazette de Québec* ainsi que toute la bourgeoisie marchande des « anciens sujets » fraîchement débarqués sont perçus comme Anglais et protestants. Cette découverte de l'hétérogène s'exerce aussi selon un mode agonistique particulièrement sensible dans le domaine littéraire. C'est même sur cette opposition, on l'a vu, entre Jautard et ses lecteurs que se constitue un espace de discussion publique. Sur cet antagonisme éminemment « porteur », l'objet littéraire se fonde donc, évolue et finit par se différencier des autres discours publics. Mais cet antagonisme fructueux (si j'ose dire, puisqu'il engendre une venue à l'écriture) est lui-même enchâssé dans une triple opposition :

— d'une part, entre les artisans de la *Gazette* et les sulpiciens du Collège de Montréal qui voient leurs plus brillantes recrues collaborer au « brûlot » voltairien; ainsi de Louis-Charles Boucher ou de François-Joseph Cugnet [27];

— d'autre part entre les autorités anglaises qui tolèrent la *Gazette* pour miner le pouvoir clérical et le clergé qui s'en offusque, agissant en coulisse pour ruiner l'entreprise. Le jésuite Bernard Well interviendra lui-même sous le pseudonyme de « L'Anonyme » pour faire publier des textes antivoltairiens, ou pour embarrasser l'imprimeur, qui s'en plaindra

---

26. Selon Trudel, le premier poème publié en français dans la *Gazette de Québec* (23 mars 1767), trois ans après sa fondation est un texte de Voltaire. « Et jusqu'en 1775, ajoute-t-il, les seuls vers publiés seront de Voltaire », *op. cit.*, p. 61.
27. Maurice Lemire (dir.), *La Vie littéraire au Québec*, tome I, *op. cit.*, p. 152-153.

au Gouverneur[28]. Un phénomène analogue se produira dans la *Gazette de Québec*, plus proche du pouvoir anglais, qui n'hésite pas à diffuser toute manifestation d'anglomanie des Philosophes; ainsi, en 1791, dans un poème commémoratif du 14 juillet 1989, on peut lire: « De l'esclavage, enfin, les chaînes sont brisées; / Nous admirons l'Anglois, il est plus qu'imité! »;

— enfin (troisième réseau d'antagonisme), entre l'équipe de la *Gazette de Montréal* soupçonnée d'intelligence avec l'ennemi américain et le gouverneur Haldimand qui finira par les jeter en prison[29].

On le voit, c'est dans ce réseau complexe d'antagonismes croisés que s'établit la première « régularité » du discours littéraire sous la Conquête. J'emploie « régularité » au sens de Foucault: système de règles de formation d'un discours dont l'analyse retrace l'ordre, ou le désordre, les corrélations, les positions et les modalités énonciatives. Dans cette optique, la *régularité* n'est pas un *modèle* structuralement fermé qui révélerait un déterminisme à l'œuvre dans le champ littéraire: telle cause dans l'infrastructure conduisant à tel effet dans la superstructure. Foucault parlait plutôt de «système de dispersion» pour évoquer les « conditions d'existence (mais aussi de coexistence, de maintien, de modification et de disparition) dans une répartition discursive donnée[30] ».

Cela me semble particulièrement convenir à la description du littéraire dans ses rapports avec les autres formations discursives à l'époque (les ordres scientifique, philosophique, juridique, etc.). Car notre approche ne vise pas à figer le littéraire dans un ordonnancement donné. Comme le note justement Michel Pierssens, la littérature dans ses rapports avec l'ordre des savoirs se place résolument du côté du désordre et du chaos[31]. À plus forte raison, dans le contexte québécois et nord-américain d'alors. Entre 1774 (Acte de Québec) et 1791 (Acte constitutionnel), aucun équilibre des savoirs ni des pouvoirs n'est encore clairement établi. Politiquement, culturellement, scientifiquement, rien de plus volatile que la « *Province of Quebec* »: politiquement, avec les invasions américaines de 1775-1776, tout peut basculer vers une révolution redoutée par les pouvoirs britannique et religieux; culturellement, avec les velléités d'anglicisation et d'anglicanisation (projet d'une université d'état, d'une bibliothèque publique, etc.), la sacro-sainte identité catholique et francophone de la province

---

28. Jean-Paul De Lagrave, *op. cit.*, p. 169-171.
29. L'espace me manque ici pour analyser de plus près ces cas de figure, mais on trouvera le détail et les références à ces tensions dans le volume déjà mentionné, *La Vie littéraire au Québec*.
30. Michel Foucault, *op. cit.*, p. 53.
31. Michel Pierssens, *op. cit.*, p. 13-14.

se trouve singulièrement menacée; scientifiquement, enfin, avec les efforts de réglementation des professions libérales (notariat, barreau, arpentage, médecine, etc.), les champs du savoir et des pratiques se restructurent continuellement.

C'est dans ce savant désordre dont il faut garder à l'esprit toute la dynamique, que se constitue donc la régularité du littéraire. Ce qui se dit ou qu'on laisse dire dans la *Gazette* (énoncés didactiques, d'opinions, discussions, lettres ouvertes, poèmes, etc.) ne prend sens que par rapport à cette *régularité* qu'il s'agit avant toute chose de décrire. Ce n'est qu'après ce repérage préliminaire, que l'analyse peut aborder la matière et la manière de ces échanges (pensées, thèmes, images) et les mettre éventuellement en relation avec ce que j'appelai plus haut le catalogue des pensées, représentations et topoï « hérités » de la France et de l'Angleterre. Une fois réalisé l'examen de ces *principes*, de ces éléments *constitutifs* du littéraire, on peut se livrer en toute quiétude à l'histoire des mentalités ou à l'étude comparée des thèmes ou des « fortunes » littéraires. Intervertir les deux phases de cette démarche m'apparaît aventureux, méthodologiquement, et dangereux idéologiquement.

Je terminerai sur ces deux points. Aventureux, car sans l'étude préalable des régularités discursives, on s'expose à comparer des séries hétérogènes quant aux types d'énonciation. Le discours des Lumières, par exemple, tel qu'il s'est développé en Europe, a certes rencontré des problèmes de censure et d'antagonismes (internes et externes). On trouverait sans peine à la même époque, des exemples de gazettes dont les rédacteurs interpellent eux aussi leurs lecteurs pour en publier les textes. Mais en France, en Angleterre, aux Pays-Bas, une telle pratique ne fonde en aucun cas parmi les lecteurs l'exercice du littéraire. Celui-ci est déjà constitué, transformé en *habitus* dans une frange autrement plus importante de l'aristocratie comme de la bourgeoisie. La pratique du littéraire a répondu à d'autres besoins, transité par d'autres relais énonciatifs, du salon au café, de la gazette à la loge ou à l'académie de province. À la *Gazette de Montréal*, parler de Boileau ou de Voltaire (en bien ou en mal), d'Être suprême, de Vertu ou de Raison, c'est autant « philosopher » que narguer les sulpiciens, braver le despote Haldimand et surtout (surtout!) apprendre à parler en public, s'initier à l'argumentation, à la poésie, à la prose même; c'est apprendre à écrire. L'équipe du C.R.E.L.I.Q. le dit bien:

> Grâce à la gazette [au Québec], à peu près n'importe quel lettré peut prendre la plume et s'exprimer publiquement. En Angleterre et en France, des écrivains chevronnés collaborent aux journaux et revues et pratiquent une forme de journalisme littéraire [...]. Ce qui fait l'originalité de la presse au Canada, c'est précisément la création d'une forme de journalisme sans grands noms [32].

---

32. Maurice Lemire (dir.), *op. cit.*, p. 238.

Cette configuration énonciative spécifique à l'époque et au pays interdit tout comparatisme trop hâtif.

C'est la deuxième raison pour laquelle on ne saurait à mon avis intervertir les deux étapes de la recherche. En se lançant dans les jeux d'influence à partir d'un relevé superficiel des rapprochements sémantiques et sans prendre soin d'établir les « différences énonciatives » (Foucault) entre les séries, on s'expose à une forme de néo-colonialisme fort dangereuse. Elle consiste à interpréter l'économie des échanges littéraires en termes d'« écarts », de « retards », d'« erreurs » ou d'« infidélités ». J'ai déjà souligné l'urgence de remettre en question le principe même d'une tradition comparatiste fondée sur les jeux d'influences et de hiérarchisation entre des œuvres (avec le sentiment de dépendance culturelle auquel mène fatalement ce type d'approche [33]). « Tout a été dit, mais pas par moi », affirme avec raison le Poète. Ce qui importe, c'est moins le propos que ses conditions d'énonciation ou de ré-énonciation.

La Brésilienne Tania Franco Carvalhal montre bien que dès qu'un jeu d'analogie s'établit entre deux œuvres, il se double d'une relation de débiteur à créancier. Selon elle, cette relation ne saurait favoriser que « les systèmes culturels consolidés, par rapport auxquels les systèmes plus récents feront toujours figure de " parents pauvres " ou de lointains héritiers [34] ». Si comparer, c'est faire comparaître les séries littéraires *a priori* débitrices, les jeunes littératures seront toujours insolvables. Délinquantes, même: soupçonnées de recel thématique, de détournement stylistique ou de plagiat. Le problème reste celui d'une échelle de référence commune autorisant les sauts comparatifs. Sans l'établissement de cette échelle au plan des régularités énonciatives, pas de parallèle possible. Et ces échelles communes, tout indique que nous les trouverons plus aisément dans une collatéralité américaine, auprès d'autres littératures frappées par la même contrainte: reprendre, redire un dire antérieur à leur propre énonciation. Loin de s'en apitoyer, André Belleau y voyait « une grâce exorbitante, [...] une chance inouïe [...] celle de dire ou de redire les choses là où elles n'ont pas encore été proférées [35] ». Voilà peut-être la meilleure façon d'aborder les questions de fondation ?

(Université du Québec à Montréal)

---

33. Pour une critique de ce type de comparatisme, voir Lilian Pestre de Almeida, « Regard périphérique sur la francophonie ou pourquoi et comment enseigner les littératures francophones dans les Amériques », *Études littéraires* (Québec), vol. XVI, n° 2, août 1983, p. 265 et *sqq.*, ainsi que Tania Franco Carvalhal, *op. cit.*, p. 71-82.
34. Tania Franco Carvalhal, *ibid.*, p. 72. Nous traduisons.
35. André Belleau, *Y a-t-il un intellectuel dans la salle ?*, Montréal, Primeur, 1984, p. 191.

Pour une histoire de l'histoire de la littérature : l'exemple québécois

Clément Moisan

> Pour comprendre l'histoire comme toute discipline de l'esprit humain (rien de mieux) que d'en rappeler l'histoire.
>
> Pierre Chaunu [1]

Depuis une ou deux décennies, on se plaint au Québec mais aussi sans doute ailleurs de l'absence ou de la disparition quasi systématique des cours d'histoire de la littérature dans les études de lettres au collège ou au lycée et à l'université. Bien sûr, on ne regrette pas les manuels comme tels ni les leçons qu'on en tirait qui conduisaient le plus souvent au psittacisme comme forme privilégiée de savoir. Gustave Lanson constatait au début du siècle que cet enseignement fondé sur les manuels dispensait les élèves de lire les œuvres. On a par la suite tenté de corriger cette erreur « pédagogique » comme l'appelle encore Lanson, en constituant des anthologies d'extraits ou de morceaux soigneusement choisis pour des fins d'analyse ou de dissertations scolaires. Il n'en reste pas moins que nos enseignants déplorent de plus en plus les lacunes de leurs étudiants qui ont du mal à situer un écrivain dans son siècle, ou sa période ou son mouvement, et qui ne connaissent de l'histoire de la littérature que quelques

---

1. Pierre Chaunu, *L'Histoire science sociale. La durée, l'espace et l'homme à l'époque moderne*, S.E.D.E.S., 1974, 2ᵉ éd., p. 21.

noms d'auteurs et des titres d'œuvres. Répondant à un intervieweur, Antonine Maillet fait la remarque suivante : « Je suis de la génération qui étudiait la *Satire Ménipée* et Agrippa d'Aubigné. Les étudiants d'aujourd'hui ne sauraient pas de quoi on leur parle, avec la *Satire Ménipée*; ce serait du chinois pour eux [2]. » On a tenu responsables de cette situation le structuralisme et le déconstructionisme utilisés dans les études littéraires. En réalité, le mal date de plus loin et s'enracine plus profondément dans l'histoire de l'enseignement de la littérature. Je ne raconterai pas cette histoire dont Joseph Melançon, Max Roy, nos divers groupes de recherche et moi-même avons commencé à brosser le tableau pour le Québec.

La solution la plus facile serait de revenir purement et simplement à un enseignement de l'histoire de la littérature inscrit dans des programmes d'études et sanctionné par des examens. Ce serait ignorer qu'on ne l'a pas abandonnée sans raison comme matière spécifique d'étude. Si l'intention était de choisir d'autres manuels plus récents pour renouveler des leçons ou des cours encore modelés sur des pratiques anciennes, nous n'aurions pas avancé d'un pas. D'ailleurs la production proliférante d'ouvrages destinés à la préparation du baccalauréat ou des examens oraux et écrits en France ne garantit pas nécessairement l'existence d'une nouvelle didactique de l'histoire littéraire et de moyens pédagogiques appropriés à la transmission de ce savoir historique. D'autres questions se posent aussi à nous : à quelle histoire littéraire doit-on revenir ? Si c'est la « nouvelle », quelle est-elle ? Car cette nouvelle histoire a pris bien des orientations parmi lesquelles il est devenu difficile de choisir. Celle qu'adopte *La Vie littéraire au Québec* du Centre de recherche en littérature québécoise (C.R.E.L.I.Q. [3]), dont le premier tome a paru en 1991, en est une. Celle que nous promet Laurent Maillot depuis plusieurs années sera sans doute différente. Je renvoie donc à des projets en cours ou à venir. Pour le moment, il faut traiter la question globale de l'enseignement et de la recherche de l'histoire de la littérature québécoise.

En attendant ces nouveaux ouvrages et peut-être pour aider à la réflexion nécessaire à leur élaboration, je propose de passer par une histoire de l'histoire de la littérature, ou une méta-histoire de l'histoire littéraire afin de constituer le cadre théorique d'une histoire qui risque d'être la mienne. L'examen des ouvrages d'histoire de la littérature (voir la bibliographie en fin de section) en tant que corpus d'analyse permet de centrer l'attention sur les problèmes que pose la discipline comme constitution et comme transmission de ce savoir particulier. De cette étude découle une série de considérations

---

2. « Antonine Maillet et l'Acadie », propos recueillis par Jean Sarrazin, *Forces* (Montréal), n° 44, 1978, p. 30.
3. Voir la présentation que fait Denis Saint-Jacques de ce volume [N.D.E.].

théoriques et pratiques qui servent à fonder cette « nouvelle » histoire dont je donnerai en terminant la structure d'ensemble.

Cette recherche prend sa source dans les travaux de Roger Fayolle qui m'a été une inspiration et un guide. J'aurais bien aimé qu'il nous donnât un ouvrage de synthèse de ses travaux parus en articles et dispersés dans de nombreuses revues spécialisées. C'est en suivant son exemple que j'ai tenté de rassembler le corpus des ouvrages d'histoire de la littérature québécoise et d'élaborer quelques procédures d'analyse dont on trouvera les éléments théoriques et méthodologiques dans *Le Discours d'une didactique* publié en collaboration avec Joseph Melançon et Max Roy[4]. Pour le corpus des manuels utilisés dans l'enseignement classique au Québec, de 1852 à 1967, nous avons proposé une double analyse du discours: une macro et une micro-analyse. La macro-analyse s'applique à un ouvrage dans son entier ou dans ses grandes parties, sa périodisation, son organisation d'ensemble. Elle considère en particulier les destinataires visés par l'auteur, les objectifs, les méthodes et toutes autres informations énoncées généralement dans l'introduction ou la préface. Cette analyse permet de repérer les différences de structures, de méthodes, d'intention et d'orientation des ouvrages à un même moment et d'une époque à une autre. La micro-analyse s'applique à un chapitre ou à une partie de chapitre consacré soit au contexte général, social, religieux, moral de la littérature, à la langue, nationale ou littéraire, soit à un écrivain, sa biographie, le jugement ou la critique de ses œuvres. Cette seconde analyse tente de découvrir les présupposés et les présuppositions du discours qui génèrent un système de valeurs souvent liées au contexte de l'époque de production et susceptibles de marquer des différences plus fondamentales parce qu'implicites d'un ouvrage à un autre et d'une période à une autre. De ces deux analyses se dégagent des configurations de méthodes et de valeurs qui répartissent les ouvrages en réseaux ou en séries. La conjugaison des résultats des deux procédures d'analyse permet ainsi la périodisation d'un corpus donné d'histoires de la littérature et la figuration de son évolution interne et externe.

L'objectif d'une telle entreprise est d'établir d'abord un objet de recherche, en l'occurrence une histoire littéraire au second degré, qu'on pourrait à la limite dénommer une historiographie littéraire, ou une partie d'une historiographie plus générale. Puis de poser l'hypothèse suivante: que l'histoire de la littérature comme discipline se constitue tout autant qu'elle est constituée à chaque phase de son développement. Et donc que le savoir qu'on en tire peut aussi

---

4. Joseph Melançon, Clément Moisan, Max Roy, *Le Discours d'une didactique. La formation littéraire dans l'enseignement classique au Québec (1852-1967)*, Québec, C.R.E.L.I.Q./Nuit blanche, coll. « Recherche », n° 1, 1988.

faire l'objet d'une recherche et d'un enseignement particuliers. En effet, les facteurs qui instaurent cette histoire sont également ceux qui déterminent ses états successifs. L'analyse des pratiques discursives doit en rendre compte et montrer que les présupposés idéologiques et axiologiques fixent la nature des ouvrages et ainsi déterminent les diverses phases de la pratique de l'histoire littéraire, lesquelles varient selon les types de valorisation (sociale, religieuse, nationale, etc.), les préférences accordées à tel siècle, telle période, tel aspect de la littérature (rhétorique, stylistique, fond, forme, etc.) et les axiomes non définis, souvent doxologiques, qui servent de concepts opératoires pour la discipline elle-même. Au terme de ce processus d'analyse, nous connaissons non seulement le déroulement de l'histoire, les faits, les événements, les écrivains, les mouvements, les œuvres, les contextes, mais aussi et surtout les modes et les modèles qui ont servi à leur construction dans une perspective diachronique pour des fins de connaissance à acquérir et à transmettre. Dès lors, nous pouvons voir comment et sur quelle base s'instituent les canons de la littérature. Dans ce système de contraintes discursives, l'engendrement des ouvrages est le produit de régularités discursives commandées plus ou moins par des institutions où ils servent d'instruments ou d'appareils. Les normes ainsi instituées sont implicitement axées sur le modèle institutionnel et social produit lui aussi par des régularités analogues, d'ordre structurel, fonctionnel ou discursif. Ces régularités donnent lieu à la régularisation qui, précisément, a pour fin de rendre les ouvrages conformes à la visée d'une instance autorisée à produire une régulation. Les ouvrages ont donc les mêmes propriétés que leur discours, d'une part une fonction régulatrice, d'autre part une fonction régularisatrice, les deux soumises à la régulation suprême des institutions scolaire, littéraire, sociale auxquelles ils renvoient et qui l'imposent.

   Je n'ai pas la présomption de présenter ici une analyse détaillée du corpus entier des ouvrages d'histoire de la littérature québécoise. Pour montrer toutefois de façon concrète les démarches et les résultats en cause, je prendrai quelques exemples tirés des ouvrages. Le premier est ce court texte que Mgr Camille Roy consacre en 1939 au recueil de Saint-Denys Garneau, *Regards et jeux dans l'espace*, paru en 1937. Comme dans l'édition de 1907, Mgr Roy n'avait pas jugé bon d'écrire la biographie de Nelligan, de même ici le texte ne concerne que l'œuvre du poète:

> Saint-Denys Garneau a publié *Regards et jeux dans l'espace*, recueil de poésies valéryennes, c'est-à-dire incompréhensibles. Il y a dans ces poèmes un effort certain, combien laborieux, soit d'introspection soit d'interprétation des choses extérieures. Mais cet effort aboutit le plus souvent à l'inintelligible. Pour d'aucuns l'hermétisme est du sublime. Le sublime est ici trop voilé. L'esprit français ne s'accommodera jamais d'une pensée qu'il ne peut apercevoir, le poète l'ayant

cachée sous le boisseau d'un symbole trop obscur. M. Garneau, par surcroît, écrit sans points ni virgules. Cela fait partie de son art étrange[5].

La classe principale de ce discours n'est pas l'esthétique, mais l'*intelligible* et son contraire, l'*inintelligible*. Le discours met en cause ce pouvoir qu'a le langage de référer, de renvoyer à un référent identifiable, réel ou imaginaire, et d'en permettre la compréhension rationnelle. L'hermétisme, le symbolisme poussés à l'extrême, sont pour Camille Roy des catégories poétiques contraires à cette intelligibilité qui devient la norme, la règle affichée et nécessaire de l'écriture et de la lecture. Le savoir littéraire est régularisé d'un point de vue particulier qui est ici historique (refus du symbolisme comme mouvement et de son esthétique identifiée par l'hermétisme), mais aussi scientifique (le non-intelligible est condamnable parce que contraire à l'entendement humain), et enfin linguistique ou grammatical (le texte ne tient pas compte des règles de la ponctuation). Tous ces éléments le conduisent à classer la poésie de Garneau sur des bases classématiques qui sont historiques, scientifiques et linguistiques ou grammaticales. Ainsi la poésie de Garneau n'a pas de figure, ni esthétique, ni thématique, ni stylistique, elle est la figure de la non-référence pure, du non-compréhensible. C'est bien ce que la poésie moderne ou contemporaine est devenue, en théorie et en pratique, et que les histoires suivantes vont valoriser.

Par la suite en effet s'institue un processus d'historisation qui va d'abord faire œuvre de légitimation et ensuite de consécration. L'analyse du discours permet de distinguer trois phases.

1. L'aventure artistique de Saint-Denys Garneau est une aventure spirituelle qui sont toutes les deux coordonnées et dont l'une est la conséquence de l'autre. « Le maître de la poésie abstraite, dans ces années où naît la guerre, se nomme Saint-Denys Garneau. Il est au Canada le poète de l'angoisse métaphysique » (Auguste Viatte, 1954). « Son œuvre est bien à part [...]. Il a fallu plus d'un siècle de tentatives poétiques avant que naisse une œuvre qui traduise sous une enveloppe artistique le drame d'une véritable aventure spirituelle » (Gérard Tougas, 1960).

2. Cette double aventure marque un tournant dans l'histoire de la poésie québécoise qui entre alors dans la modernité. Une légitimation s'instaure alors qui sert de périodisation de l'histoire de la poésie québécoise. « Saint-Denys Garneau marque la fin d'une époque et le

---

5. Camille Roy, *Manuel de la littérature canadienne de langue française*, Montréal, Beauchemin, 1939. On trouvera la liste des histoires de la littérature canadienne-française/québécoise en bibliographie, en fin de section. Dans le texte, les renvois sont au nom de l'auteur et à la date de la première publication.

commencement d'une autre » (Guy Sylvestre, 1964). « Nouveau langage poétique, le plus souvent habité par l'angoisse, naissait en 1937 avec *Regards et jeux dans l'espace* [...]. Et c'est toute une génération dont ce poète rendra compte » (Albert Le Grand, 1969).

3. Cette double aventure enfin se conjugue avec celle de trois autres poètes contemporains, Alain Grandbois, Rina Lasnier et Anne Hébert, que les historiens appellent les « grands aînés », ce qui donne un fondement plus large à cette modernité. L'idée de génération, si utile en histoire littéraire, intervient pour consacrer une période et un genre de l'histoire de cette modernité. Les historiens Gérard Bessette, Lucien Geslin et Charles Parent réunissent les quatre poètes dans leur chapitre consacré à Garneau, sous le thème de l'*aliénation* qui a mené Garneau au silence (Bessette, Geslin, Parent, 1968). Laurent Maillot boucle la boucle en répondant à Mgr Roy sans le nommer, lorsqu'il rappelle l'accueil «mitigé» fait au recueil au moment de sa parution. Ce recueil, note-t-il, était alors « trop neuf, trop léger et trop grave à la fois, pour être accepté d'emblée » (Laurent Maillot, 1974). Il poursuit: « Sa mort, son nom même et ses amis firent de Garneau (après Nelligan) un symbole du poète maudit tué par une société inculte, mercantile et bigote. »

Il vient d'être fait référence à Nelligan. Le texte que lui consacre Mgr Roy dans son édition de 1918 (reproduit en annexe), constamment repris sans modification dans les éditions de 1930 et 1939, se fonde sur quatre présuppositions fondamentales: 1. l'œuvre est l'homme, l'homme est l'œuvre (« Nelligan s'est défini lui-même dans deux poèmes infiniment tristes»); 2. l'écrivain est le produit d'une hérédité qui conditionne sa vie et son œuvre (la double hérédité raciale de la mère canadienne-française et du père irlandais prédisposait le jeune homme à la folie); 3. l'œuvre canadienne s'inspire des traditions nationales ou religieuses (dans la poésie de Nelligan il n'y a aucune référence « à nos traditions nationales et religieuses »); 4. l'œuvre parfaite doit être conforme aux règles (dans le cas présent, le pittoresque et l'harmonie qui sont énoncés dans les traités de rhétorique ou les préceptes littéraires appris dans les classes).

Si l'on tenait compte de cette seule histoire de la littérature, on pourrait croire que Nelligan, comme Saint-Denys Garneau, est encore loin de pouvoir entrer dans l'histoire et d'y prendre une place stratégique. Or, c'est la tradition institutionnelle de l'histoire littéraire qui institue le canon. En suivant les ouvrages dans leur évolution, depuis ce manuel de Roy, jusqu'à nos jours, on constate que les classes de discours sont restées l'hérédité et la folie. Mais de position négative où elles sont chez Roy elles vont petit à petit passer en position positive dans les discours ultérieurs, obéissant par là à la régulation des autres discours institutionnels et littéraires. La tradition se définit alors comme une régulation suprême qui oblige le discours didactique à diverses transformations en vue d'une stabilisation, d'une sorte d'entropie. La critique, l'histoire et l'institution littéraires, on le sait, ont depuis non seulement consacré Nelligan, mais l'ont canonisé et même sacralisé (objet de chansons, de recours intertextuels, sujet d'opéra, d'une biographie définitive (Paul Wyczinski [6]), d'une des premières éditions critiques québécoises (Luc Lacourcière [7]). Si l'on suit en diachronie les chapitres des histoires de la littérature québécoise consacrés à Nelligan, on voit s'esquisser une figure type de l'élaboration du canon littéraire. Toutes prennent l'*Histoire* de Mgr Roy comme référence ou comme matrice, les Sœurs de Sainte-Anne en 1925, pour la répéter, le père Samuel Baillargeon, en 1957, pour la prolonger sans la contredire. En 1960, Gérard Tougas entend le premier se démarquer de Mgr Roy et des auteurs précédents. Et pour indiquer la rupture, il affirme carrément que « Nelligan est le plus canadien des poètes ». En pratique, cette inversion du jugement de Roy signale l'entrée du poète dans l'histoire. Ce changement de classème correspond à un changement de valeurs. C'est ce que note Albert Le Grand en faisant explicitement référence à Roy :

> La critique récente, réévaluant l'œuvre de Nelligan, en arrive à des conclusions diamétralement opposées à celles [...] de Mgr Roy. Non seulement le *fond* de la poésie de Nelligan n'est pas étranger à notre milieu, mais si l'on sait en dégager la signification profonde, son œuvre reflète à la fois et, de façon émouvante, son drame personnel et le drame de la collectivité québécoise (Le Grand, 1970, 1032).

On retrouve dans ce discours l'idéologie des années 1960 et 1970, où les revendications nationales et la situation politique du Québec s'inscrivent dans l'histoire de la littérature. Éclairée de cette façon, « l'œuvre de Nelligan », écrit-on dans une *Anthologie des littératures de langue française* publiée par la Fédération internationale des professeurs de français, « marque une étape importante dans la poésie québécoise [...]. Sa poésie marque l'aliénation du jeune homme réduit au spasme de vivre dans sa patrie absente et dans son propre drame [8] ». « Aliénation » est un de ces termes (on l'a aussi noté à propos de Garneau) qui, dans les années 1960, ont fait fortune. La critique et l'histoire littéraires ont dû leur faire une place comme si, désormais, l'institution littéraire pouvait se permettre, en raison de son autonomie, d'intégrer comme naturellement un vocabulaire d'époque et de disciplines voisines. Dans le cas de l'histoire littéraire, le présupposé du texte de Roy, « l'homme est l'œuvre, l'œuvre est

---

6. Paul Wyczinski, *Nelligan, 1879-1941*, Montréal, Fides, 1988.
7. Luc Lacourcière, *Poèmes* d'Émile Nelligan, Montréal, Fides, coll. du « Nénuphar », 1952.
8. *Littératures de langue française. Anthologie didactique*, Sèvres, Fédération des professeurs de français (F.I.P.F.), 1976, p. 445.

l'homme », devient : « L'écrivain et son œuvre sont le miroir ou le reflet de la société ». L'autre présupposé, « l'œuvre est le reflet de la nation », devient : « L'œuvre est l'expression des préoccupations de la collectivité ». L'histoire littéraire des années 1960 se fait « sociologique », au sens où Georges-André Vachon l'écrit au début de l'*Histoire* de Pierre de Grandpré :

> La « littérature » québécoise doit s'entendre, historiquement, dans un sens particulier, les textes de prose et de poésie englobés sous cette dénomination n'étant guère plus « littéraires » que les mémoires, les correspondances, les discours politiques, les articles de journaux et même les écrits didactiques qui ont vu le jour, ici, entre le Régime français et la Seconde Guerre mondiale (Pierre de Grandpré, tome I, 1967, p. 31).

Ce qui entraîne comme second « postulat » selon les mots de Vachon « d'appliquer à ces textes, indifféremment, toutes les méthodes d'approche mises au point par les sciences de l'homme : la méthode "littéraire" et, — chronologiquement d'abord, — celles des sciences historiques et sociales ». Cette perspective, quelques années auparavant, en 1964, avait été proposée lors du colloque *Littérature et société canadiennes-françaises* organisé par Fernand Dumont et Jean-Charles Falardeau à l'Université Laval, auquel participait Georges-André Vachon [9].

L'une des faces de ce discours sur la littérature apparaît dans cette relation dialectique de transformation ou d'évolution allant vers une sorte de stabilisation sous la forme de la répétition. Quand les ouvrages ou les discours atteignent cette unanimité, nous nous trouvons en face de ce que l'on appelle le canon. L'uniformité se manifeste non pas seulement par la réitération, mais aussi sous la forme d'isotopies qui englobent à peu près toutes les variantes du discours sur les œuvres et les auteurs.

De cela nous tirons les conséquences suivantes : 1. les ouvrages constituent un système de discours dont les éléments sont en relation avec les autres discours institutionnels, scolaire, littéraire, social ; 2. ce système prend la forme d'une instance définissant et imposant cette définition de la littérature à une époque et par enchaînement d'effet de redondance pour la durée de l'histoire ; 3. par leur nature, leurs fonctions, leur discours et par leurs contradictions mêmes, les ouvrages constituent en diachronie le corpus-témoin de l'évolution des opinions sur la littérature d'une nation et les variations du modèle que chaque époque s'est donné pour en rendre compte.

---

9. Jean-Charles Falardeau et Fernand Dumont (dir.), *Littérature et société canadiennes-françaises*, Québec, Presses de l'Université Laval, 1964.

De là, je ne peux tirer ici qu'une seule conclusion pour la construction d'une « nouvelle » histoire de la littérature québécoise. Elle concerne la périodisation. En premier lieu, la macro-analyse que je n'ai pas faite et la micro-analyse dont je n'ai donné que deux exemples me permettent d'établir quatre séries dans le corpus des ouvrages d'histoire littéraire. Une première rassemble les deux ouvrages du XIXe siècle: le *Répertoire national*, première anthologie mais aussi première histoire en ce sens que, dans sa préface, James Huston justifie l'existence de ce corpus d'œuvres extraites des journaux de 1764 à 1848 dont il propose une périodisation; puis l'*Histoire de la littérature canadienne* d'Edmond Lareau qui répartit les œuvres en genres dont l'histoire est le genre dominant même si la poésie lui semble le plus noble. La préface du juge Adolphe-Basile Routhier à sa réédition du *Répertoire* en 1893 reprend la périodisation de Huston et y ajoute une période avant 1764 et une période après 1848. Routhier fait état surtout dans cette dernière période du mouvement de 1860 appelé depuis 1866 « mouvement littéraire » par l'abbé Henri-Raymond Casgrain.

Une seconde série commence en 1907 avec la parution du *Tableau de l'histoire de la littérature canadienne-française* de l'abbé Camille Roy et se termine en 1939 avec la dernière édition de ce manuel. Comme nous l'avons dit, l'ouvrage des Soeurs de Sainte-Anne ne fait que répéter presque mot à mot le manuel de Roy.

La troisième série commence avec l'ouvrage de Berthelot Brunet, *Histoire de la littérature canadienne-française* paru en 1946 mais élaboré durant les années de guerre. Il s'agit d'un anti-manuel, la contrepartie du manuel de Camille Roy, l'œuvre d'un critique, éditeur et écrivain qui rompt avec les critères scolaires et didactiques qui caractérisaient le manuel destiné à l'enseignement. Ses destinataires étaient des lettrés, ceux de la *Nouvelle Relève* en particulier, qui connaissaient bien les allusions constantes que Brunet fait à la littérature française. L'ouvrage de Viatte, *Histoire littéraire de l'Amérique française*, accorde évidemment une place importante à la littérature québécoise qu'il inscrit dans des perspectives nouvelles de nature cette fois plus académique et plus universitaire. Cette série se clôt par le manuel du père Samuel Baillargeon qui tente de réadapter à l'enseignement collégial l'ouvrage de Roy; mais sans succès.

La dernière série commence en 1960 avec la parution de l'ouvrage de Gérard Tougas. L'analyse du discours nous a révélé plus haut la rupture qu'établit le texte consacré à Nelligan avec celui des auteurs précédents. Dans son ensemble, l'ouvrage de Gérard Tougas renouvelle non seulement les jugements sur les œuvres mais établit une nouvelle hiérarchie des écrivains par mode de reclassement ou de déclassement, de même qu'une nouvelle périodisation. Tous les ouvrages parus de 1960 à 1974 appartiennent à cette même période, même s'ils possèdent des marques discursives, des structures, et des méthodologies parfois assez différentes.

En second lieu, ces séries correspondent à une périodisation générale de l'histoire de la littérature québécoise. La date du début, celle du *Répertoire* lui-même, soit 1764, est précisément celle qu'adopte le dernier ouvrage paru, *La Vie littéraire au Québec* et que d'autres avant lui avaient retenue, dont l'*Histoire* de Gérard Tougas. On y annonce des subdivisions pour le XIXe siècle qui se vérifieront à la lecture des cinq tomes prévus. Les dates du dernier tome sont 1895-1914, cette dernière rappelant le début d'un événement extérieur au Québec mais qui l'a touché. La date que je propose à partir de de l'historiographie littéraire, celle de 1907, me semble mieux convenir, en ce sens qu'elle marque la fin d'une première axiomatisation historique fondée sur le concept de la littérature comme corpus-témoin de la nation. Le texte de Casgrain de 1866, « Le mouvement littéraire en Canada », définit explicitement ce critère de reconnaissance de la littérature canadienne que la polémique entre Jules Fournier et Charles ab der Halden en 1906 va remettre en cause. Camille Roy le reprend dans sa conférence de 1904 sur « La nationalisation de la littérature canadienne [10] » mais pour conclure à la nécessité d'enseigner la littérature canadienne afin de lui donner sa véritable légitimité, de la nationaliser. La publication du *Tableau* en 1907 introduit cette nouvelle période où s'institue une instance didactique de reconnaissance de la littérature dont l'axiome devient: « La littérature est le corpus traduit, transmis, et légitimé par l'enseignement scolaire, ses modes et instruments appropriés. » La littérature canadienne qui prend place dans l'École avec le premier cours de littérature canadienne de l'abbé Camille Roy en 1906, prête ou impose aux écrivains et aux œuvres des modes d'exemplification et de distinction. On s'en aperçoit au moment de la querelle du régionalisme et de l'exotisme (1918: *Le Nigog*, *Le Terroir*, le *Manuel d'histoire de la littérature* de Mgr Roy) où les critères de production, de jugement et de partage des opinions s'appuient constamment sur des concepts et des notions scolaires. Dominique Garant l'a montré sans le dire dans son livre *La Griffe du polémique*[11]. La troisième période débute en 1940, l'année qui suit la parution de la dernière édition du manuel de Roy. La guerre a transformé les conditions de la littérature, en particulier par la création de maisons d'éditions qui se substituent aux maisons françaises paralysées par le conflit et par la situation d'après-guerre, où la faillite de nombreuses de ces maisons québécoises pose

---

10. Camille Roy, « La nationalisation de la littérature canadienne », *Essais sur la littérature canadienne*, Québec, Librairie Garneau, 1907, p. 355-374.
11. Dominique Garant, *La Griffe du polémique*, Montréal, l'Hexagone, 1990.

le problème de l'édition de la littérature et de sa promotion. L'École n'est désormais plus seule à définir la littérature. D'autres instances interviennent, l'édition précisément, mais aussi la critique, celle des créateurs dont Robert Charbonneau et son compagnon dans la querelle « La France et nous », Berthelot Brunet, l'auteur de l'*Histoire de la littérature* déjà citée. Deux événements souvent rappelés, la publication de *Refus global* en 1948 et la création de la commission Massey en 1949, « sur l'avancement des arts, lettres et des sciences au Canada », indiquent bien le changement d'orientation et de perspective. Le nouvel axiome serait: « La littérature est le corpus établi par une instance de plus en plus institutionnelle » (critiques, éditeurs, État, etc.).

On n'échappe pas à 1960 comme date qui ouvre la période de la modernité politique, sociale, morale, c'est-à-dire le moment d'une rupture dans les attitudes, les mentalités, les traditions. La profusion des ouvrages d'histoire de la littérature après la parution de l'ouvrage de Tougas en 1960 indique non seulement la reprise en charge de la littérature par l'institution didactique, universitaire cette fois, mais aussi la conjonction que les discours que j'ai analysés établissent avec d'autres institutions ou discours, littéraire, social, culturel, politique. La littérature est le *littéraire* au sens où l'entend Lucie Robert dans son bel ouvrage *L'Institution du littéraire*[12], une institution au sens complet du terme qui met en cause les pratiques littéraires des agents de ce que je considère comme un système vivant et agissant dans la vie littéraire, leurs normes, leurs décisions, leurs positions et leurs relations, cet ensemble servant à la légitimation et à la canonisation qui se fondent désormais sur des consensus entre les agents, les instances et les appareils en cause.

S'il faut se donner dans cette «nouvelle» histoire des séquences temporelles faisant office de sous-périodes, il n'est plus nécessaire de recourir aux procédés traditionnels, mouvements, genres, écrivains et surtout pas aux dates d'une autre histoire. Bien sûr ces données restent présentes mais elles ne sont plus pertinentes pour construire l'histoire. On doit désormais chercher dans l'histoire littéraire même des points d'ancrage, en particulier dans ces jeux de relations et de conflits entre les agents du système dont les historiens eux-mêmes font partie. L'histoire littéraire doit devenir pragmatique sans quoi elle continuera d'être dogmatique et catégorique.

(Université Laval)

---

12. Lucie Robert, *L'Institution du littéraire au Québec*, Québec, Presses de l'Université Laval, 1989.

Camille Roy, *Histoire de la littérature canadienne* (1918)

Émile Nelligan fut l'une des meilleures espérances de l'École littéraire. Son talent devait trop tôt sombrer dans le naufrage douloureux de son esprit. Né à Montréal, d'un père irlandais et d'une mère canadienne-française, il portait en lui l'intelligence vive, la fougue robuste du Gaulois et le mysticisme rêveur des Celtes. Ce mélange s'exaspéra dans les caprices d'une adolescence indomptée et par des lectures qui ne pouvaient qu'ébranler la sensibilité malade du jeune homme.

Il ne put terminer ses études classiques, et il se désespérait à la pensée de gagner prosaïquement sa vie. Il se mit à chanter dans des vers qui traduisaient toute l'inquiétude troublante de son âme.

Nelligan s'est défini lui-même dans deux poèmes infiniment tristes: *Mon âme* et *Le Vaisseau d'or*. Sa poésie, sortie toute en fièvre de son imagination et de sa pensée, tient au tempérament surexcité, malade, du poète, aux tristesses qui l'accablent, aux désirs qui le tourmentent, et nullement à nos traditions nationales ou religieuses. Mais cette âme impressionnable que la névrose secoue et ébranle, est une âme d'artiste. Elle s'inspire visiblement sans doute de Paul Verlaine, de Charles Baudelaire, ou de Maurice Rollinat, mais elle apporte à ces imitations un grand souci de la forme. Le poète cherche le mot pittoresque, original, qui fasse image ou harmonie. Des négligences qui paraissent voulues, des excentricités déconcertantes sont la rançon d'un art subtil qui n'est pas encore assez réglé.

Les poésies d'Émile Nelligan ont été groupées dans le recueil *Émile Nelligan et son œuvre* (1903). À dix-neuf ans, le poète malade s'abîmait dans la tristesse de son rêve inachevé. Il avait écrit quelques-uns de nos plus beaux vers. Il était promis à de succès meilleurs. Il reste comme la gloire et le deuil vivant de l'École littéraire.

Fondements d'une histoire institutionnelle de l'histoire littéraire

Jacques Michon

Les études sur le livre et l'édition se multiplient depuis quelques années et viennent éclairer d'un jour nouveau les processus sociaux liés à la création, à la production et à la diffusion de la littérature. Plusieurs chantiers mis sur pied récemment en France, au Québec, et aux États-Unis témoignent de ce nouvel intérêt pour une réalité longtemps négligée. Il faudra désormais tenir compte dans les études littéraires de ces mécanismes institutionnels qui régissent la production et la diffusion des œuvres. On peut voir dans cet essor l'aboutissement logique d'une démarche qui a commencé avec la remise en question des anciens critères de littérarité, entre autres, par les nouvelles sciences du texte dans les années 1960. Un changement de point de vue et d'objet, le remplacement de l'étude de la littérature et de l'œuvre par l'analyse du discours ont ouvert la voie à une remise en cause des anciens classements, à une révision des genres et de leur hiérarchie. On a donné à des œuvres dites mineures, à la paralittérature et aux discours sociaux pris dans leur ensemble une valeur et une fonction qui mettaient en perspective ou en crise le corpus littéraire lui-même.

L'historien de la littérature a été invité dès lors à recentrer son travail sur de nouveaux objets et à tenir compte de l'ensemble de la production imprimée d'une époque du moins sur le plan de la théorie et des hypothèses. C'est dans ce nouveau contexte que l'idée d'une histoire de l'édition littéraire a fait son chemin. En effet, comment expliquer l'émergence du littéraire, ou d'une littérature nationale, comment montrer sa valorisation à une époque donnée sans examiner en même temps le rôle des agents, et, entre autres, des éditeurs qui ont participé activement à cette évolution? L'éditeur peut à juste titre réclamer sa part dans la création d'une tradition littéraire. Toutefois, même si ce dernier est à la tête d'un processus au cours duquel le texte acquiert sa forme quasi définitive et s'institutionnalise, plusieurs questions se posent: comment peut-on mesurer l'intervention de l'éditeur? Comment la fonction éditoriale s'inscrit-elle dans le produit fini? Quels sont en amont et en aval du livre les stratégies et les prises de position qui engagent une maison ou déterminent l'émergence d'une série, d'un genre ou d'une mode littéraire? Comment cette action s'insère-t-elle dans l'histoire intellectuelle d'une société et le mouvement des idées? Voilà autant d'aspects à traiter et qui exigent des sources documentaires sûres et souvent difficiles d'accès. Je voudrais indiquer ici quelques voies de recherche pour une histoire de l'édition littéraire au Québec [1]. L'absence ou la dispersion des sources documentaires, leur caractère partiel lorsqu'elles existent, nous poussent le plus souvent à effectuer un travail d'archéologue pour établir et colliger des données sur la production et le parcours social de l'éditeur. Les banques bibliographiques informatisées facilitent heureusement la tâche dans la reconstitution des indicateurs: collections, maisons, villes, etc. Les limites de ces cueillettes sont celles des collections publiques et des bibliothèques elles-mêmes. Actuellement grâce à l'informatisation de l'Institut canadien des micro-reproductions historiques (I.C.M.H.) par la bibliothèque de l'Université de Sherbrooke, nous pouvons reconstituer presque tous les catalogues des éditeurs canadiens du XIXe siècle [2]. C'est un gisement considérable encore peu exploité. L'accès à ces données aide l'analyse de la production qui peut être ainsi rapidement quantifiée et périodisée selon divers paramètres. Cette banque presque exhaustive, du moins en ce qui a trait aux monographies à contenu canadien, assure un survol presque complet [3] de la production éditoriale et ouvre la porte à des analyses quantitatives relativement complexes en permettant des tris par année, par sujet, par catégories bibliographiques par auteur et par maison d'édition. Ces fonctions s'avèrent très utiles, entre autres, pour établir les grands cycles de production du livre. Nous avons exploité, pour notre part, cette source pour l'étude de la production de quelques grandes maisons littéraires du XIXe siècle comme Beauchemin et Eusèbe Sénécal [4].

---

1. Je pars surtout de l'expérience acquise dans le travail collectif du Groupe de recherche sur l'édition qui œuvre à l'Université de Sherbrooke depuis bientôt dix ans.
2. Plus de 18 000 titres de l'I.C.M.H. ont été saisis à l'heure actuelle dans le catalogue informatisé de la bibliothèque de l'Université de Sherbrooke sur une possibilité de 55 000 notices. Ce répertoire ne contient que les monographies à contenu canadien éditées au Canada.
3. Sont exclues de cette banque, entre autres, les réimpressions de titres français, contrefaits ou autorisés, publiés au Canada au XIXe siècle et qui représentent une partie importante de la production éditoriale surtout dans la seconde moitié du siècle. À ce sujet, voir mon article, « Contrefaçon et développement culturel », *Revue de bibliologie*, n° 34, 2e trimestre 1991, p. 38-44.
4. Les catalogues ainsi reconstitués mécaniquement doivent toujours être complétés par d'autres sources — extraits de catalogue, feuillets publicitaires et bibliogra-

Après une première exploration bibliographique et bibliométrique, viennent les études du paratexte — titres, sous-titres, raisons sociales, adresses, colophons, notices, dédicaces, préfaces[5] — c'est-à-dire tous ces éléments qui peuvent nous informer sur le discours de l'éditeur et sur les métamorphoses et la mobilité sociale et géographique de l'entreprise. Par exemple, les mentions d'enregistrement ou de copyright serviront d'indicateur dans l'étude de l'évolution des rapports avec l'auteur[6]. Au XXe siècle, une formulation plus précise du colophon permettra de retracer le rythme de production d'une maison presque au jour le jour et d'obtenir des indices sur les tirages et sur la fréquence des rapports d'un éditeur avec certains imprimeurs. Les variations dans les adresses imprimées sur les pages de titre ou sur les couvertures lorsqu'elles ont été conservées et les modifications dans la marque de commerce rendent possible d'autres observations relatives à l'histoire sociale de l'éditeur. À défaut d'archives, tous ces éléments se révèlent essentiels.

Les titres, considérés en eux-mêmes, ont suscité l'intérêt de plusieurs poéticiens, mais rarement en rapport avec les stratégies littéraires ou commerciales de l'éditeur qui signe tous ses livres et choisit ses ouvrages un peu comme l'auteur ses mots afin de composer son catalogue qui est son œuvre[7]. Si la formulation du titre et le contenu du livre font l'objet d'un contrat avec l'auteur, le titre, lui, est souvent modifié par l'éditeur et sa formulation motivée par des considérations propres au marché[8]. Le catalogue lui-même peut exercer une influence dans ce processus évolutif en inscrivant le titre dans une série déjà programmée. Tel succès, telle œuvre marquante infléchira à l'occasion l'orientation du catalogue ou en modifiera la composition.

---

phies — surtout lorsqu'on aborde le XXe siècle. Rappelons que le dépôt légal n'a été instauré au Québec qu'à la fin des années 1960 (1968).
5. Sans oublier les petits papiers, feuilles volantes, prière d'insérer, bandes-annonces, placards publicitaires, documents éphémères et rarement conservés.
6. Au Québec, la première loi sur le droit d'auteur remonte à 1832. La mention de propriété littéraire dans les livres semble toutefois plus fréquente après la Confédération (1867); ce que vient confirmer l'étude des archives de l'enregistrement. Voir à ce sujet Manon Brunet, « Reconnaissance sociale et droit d'auteur au Québec (1832-1867) », colloque sur la *Constitution de la littérature québécoise au XIXe siècle*, C.R.E.L.I.Q., Université Laval, 8 juin 1988 (communication inédite).
7. Nous paraphrasons ici Pierre Baillargeon, *Commerce*, Montréal, Éditions Variétés, 1947, p. 76. En ce qui concerne la responsabilité partagée de l'auteur et de l'éditeur dans le choix d'un titre, voir Gérard Genette, *Seuils*, Seuil, 1987, p. 71.
8. Exemple: le dernier roman d'Anne Hébert, *Le Premier Jardin*, Seuil, 1988, était d'abord intitulé *La Cité interdite*. Ce titre a été refusé par l'éditeur pour éviter une confusion chez le lecteur avec le film de Bertolucci, *Le Dernier Empereur*, qui sortait au même moment en France. À l'inverse, l'éditeur de la traduction hollandaise (Uitgeverij Thoth d'Amsterdam) pour des considérations semblables — l'éditeur des Pays-Bas était reconnu pour ses publications sur le jardinage — refusa le titre retenu par le Seuil et revint au titre initial *La Cité interdite (De Verbode Stadt)*.

Cette interaction fait partie de l'évolution d'une maison. L'étude des titres permettra de faire ressortir les grands courants esthétiques et idéologiques d'une entreprise et mettra aussi en évidence l'opposition, la rivalité et la spécificité de certaines entreprises dans la production des séries [9].

Le rapport auteur-éditeur contient la correction, mais parfois aussi la censure ou l'autocensure. À la fin du XIXe, à une époque où l'édition canadienne était moins réglementée qu'aujourd'hui, les firmes du roman populaire allaient assez loin dans ces modifications. Les éditeurs contrefaisaient les ouvrages de leurs collègues, changeaient les titres sans l'autorisation des auteurs, modifiaient le contenu des œuvres, tous ces changements étant dictés autant par un souci de moralité que par le goût du jour [10]. Plus proche de nous, l'étude des archives de certains écrivains québécois des années 1940 et 1950 nous montre les interventions des éditeurs et des imprimeurs qui exerçaient un contrôle sur les ouvrages susceptibles de leur apporter des ennuis avec le clergé, vieille habitude contractée au cours des décennies. Chez les mêmes éditeurs, les corrections imposées aux auteurs nous montrent encore l'effacement des marques de l'oralité dans le discours du narrateur motivé surtout par les conventions romanesques de l'édition littéraire de l'époque [11].

Pour aller plus loin dans ce genre d'enquête, il nous faudrait plusieurs éditions critiques qui permettraient de mesurer l'écart entre le texte proposé par l'auteur et l'œuvre publiée ou rééditée. On pourrait ainsi mieux mesurer la distance entre le manuscrit et ses transformations successives. De rééditions en nouvelles éditions, la multiplication des exemplaires et des instances vient souvent déformer, sinon défigurer, le texte initial. Projetée sur une longue durée, l'accumulation des éditions d'une même œuvre finit par rendre nécessaire le retour à l'édition princeps ou au manuscrit pour retrouver sous les

---

9. Nous avons abordé cette question dans une étude comparée des titres de deux maisons d'édition québécoises des années 1960, le Cercle du livre de France et les Éditions du Jour, pour dégager les séries contrastées de ces deux entreprises rivales dans le champ de la production romanesque de la Révolution tranquille, « L'édition du roman québécois, 1961-1974 », dans Louise Milot et Jaap Lintvelt (dir.), *Le Roman québécois depuis 1960, méthodes et analyses*, Québec, Presses de l'Université Laval, 1992, p. 299-316.
10. On retrouve aujourd'hui des pratiques semblables dans les pays de l'Asie du Sud-Est où fleurit la contrefaçon à l'abri des pouvoirs publics de ces régions.
11. On constate cet effacement des marques de l'oralité en examinant les différentes éditions ou encore les manuscrits d'écrivains des années 1940 et 1950 comme Gabrielle Roy, Jean-Charles Harvey, Charles Hamel. Concernant cette question et l'édition des romans de Germaine Guèvremont, voir entre autres l'édition critique du *Survenant* (Presses de l'Université de Montréal, 1989) d'Yvan G. Lepage, et du même, « Du manuscrit au livre imprimé: le cas du *Survenant* de Germaine Guèvremont», dans Jacques Michon (dir.), *L'Édition littéraire en quête d'autonomie*, Québec, Presses de l'Université Laval (à paraître à l'automne 1993).

couches accumulées, sinon le vrai texte, du moins ses variations dans le temps [12].

Des monographies détaillées consacrées aux maisons les plus importantes et couvrant toutes les périodes nous permettront de donner une image plus juste dans un avenir prochain de l'évolution de l'appareil d'édition [13]. On assisterait en général à une transformation du pouvoir et de l'influence de l'éditeur liée en partie au développement des industries de l'information. De simple agent au XIXe siècle, l'éditeur s'est progressivement mué en entrepreneur influent et en découvreur de nouveaux talents capable d'infléchir le cours des idées. Amplifié par la rumeur médiatique de la grande presse et le développement technique des moyens de communication dans l'entre-deux-guerres, son influence a grandi à la mesure d'un lectorat en expansion. L'ancien éditeur gagnant peu, qui avait une clientèle mais pas

---

12. À défaut de manuscrit, l'édition critique donnera le dossier des variantes sans nécessairement imposer une version unique, seule vraie et autorisée.
13. Les quatre dernières publications du G.R.E.L.Q. (Groupe de recherche sur l'édition littéraire au Québec, Université de Sherbrooke) n'ont pas d'autre objectif. *L'Édition littéraire au Québec de 1940 à 1960* (Jacques Michon et Richard Giguère, dir.) met l'accent sur le développement de l'édition littéraire durant la guerre et sur la crise qui a suivi le retour du livre « made in France ». Des études de cas (Fides, Valiquette, Variétés, Erta) permettent de souligner cette évolution et de dégager les grandes caractéristiques du marché du livre et de la culture au Québec durant cette période. *L'Édition du livre populaire* (Jacques Michon, dir.; illustré, avec figures et index), réunit des études sur quatre éditeurs qui ont participé à la production et à la diffusion du livre populaire au Québec depuis le début du siècle. Les séries populaires se sont développées à la suite de plusieurs changements sociaux et techniques : concentration de lecteurs francophones à Montréal, introduction de nouveaux procédés d'impression et développement de la presse à grand tirage. Les premières séries ont d'abord été dominées par la contrefaçon de romans français (1890-1905). Le mouvement nationaliste de l'après-guerre, associé à la réforme du droit d'auteur au Canada (1921), a favorisé l'émergence de nouvelles collections chez des éditeurs comme Édouard Garand, Granger Frères, Marquis et les Éditions de l'Étoile. *L'Édition de poésie* (Roland Giguère, dir., avec la collaboration d'André Marquis; illustré, avec catalogue et index) présente plusieurs petits éditeurs qui ont joué un rôle de premier plan dans la Révolution tranquille des années 1960. Des études sur les éditions de l'Hexagone, Erta, Orphée, Quartz, Nocturne et Atys nous montrent le dynamisme de jeunes éditeurs également poètes et écrivains (Gaston Miron, Roland Giguère, Gilbert Langevin, Micheline Sainte-Marie et Diane Pelletier-Spiecker) qui ont renouvelé non seulement la façon d'éditer un livre mais aussi la conception de la poésie au Québec. *Éditeurs transatlantiques* (Jacques Michon, dir.) se présente comme une suite du premier ouvrage consacré aux éditeurs des années 1940 avec d'autres études de cas, les Éditions de l'Arbre, les Éditions Fernand Pilon, B. D. Simpson, Serge Brousseau et Mangin. Le développement du marché du livre et de l'édition, qui a favorisé la circulation des idées nouvelles et la promotion de l'art et de la littérature d'avant-garde, s'est fait en correspondance et en synchronie avec l'action des écrivains européens exilés à New York et en Amérique latine durant la guerre. Après 1945, ces relations ont donné lieu à plusieurs ententes de coéditions et suscité plusieurs initiatives transatlantiques. Ce livre retrace quelques-unes de ces tentatives qui représentent autant de rencontres et de découvertes. L'histoire de l'édition s'ouvre ici sur une histoire matérielle des idées et des courants littéraires.

de public réel [14], a été remplacé par une sorte de grand patron capable de faire et de défaire les réputations. L'émergence de la figure moderne de l'éditeur est étroitement associée aux changements qui ont marqué le monde des communications.

Le pouvoir grandissant de l'édition commerciale (macro-édition) [15] ne doit pas nous faire oublier que l'éditeur est lui-même pris dans un réseau de concurrences et d'intérêts qui le dépasse. Il est associé souvent à la montée d'une génération ou d'un mouvement intellectuel. À ce titre, il participe au système des relations objectives orientées vers la conquête de la légitimité littéraire la plus grande. Les prises de position des auteurs vedettes d'une maison et les places que ceux-ci occupent dans la société engagent aussi, dans une certaine mesure, l'éditeur qui les appuie. L'analyse du profil social des écrivains attachés à une firme, leur formation scolaire, leur trajectoire socio-professionnelle, leur classe d'âge, permettra de cerner la présence d'équipes dominantes au sein de l'écurie ou des comités de lecture et de rédaction, et de mesurer le rayonnement du groupe et son importance par rapport aux grandes tendances de l'époque. L'émergence ou le déclin d'un éditeur sera souvent lié à l'évolution (renouvellement ou vieillissement) de la classe des écrivains qu'il représente.

Le fait qu'un même auteur puisse jouer successivement ou simultanément, et dans différents lieux, les rôles d'écrivain, de lecteur de manuscrit, de critique et de juré [16], contribue certainement au pouvoir d'une maison. Mais le cumul des fonctions, la cooptation des auteurs au sein de l'entreprise et l'intrusion dans les jurys, ne mettent pas celle-ci à l'abri des déplacements de population, des changements d'allégeance, du vieillissement du personnel ou de la perte de contact avec les forces vives du milieu. Ainsi une histoire ou une sociologie de l'édition tentera aussi d'expliquer la raison d'être des réponses esthétiques ou idéologiques apportées par l'éditeur aux changements culturels et à sa capacité d'adaptation aux transformations extérieures, sociales, politiques et économiques.

L'essor de l'édition littéraire au Québec dans les années 1940 offre un exemple éloquent de cette intervention de la fonction éditoriale

---

14. Voir Baillargeon, *op. cit.*, p. 76-77.
15. Terme utilisé par Stéphane Sarkany, *Théorie de la littérature* (Presses universitaires de France, coll. « Que sais-je ? », 1990, p. 37), pour désigner les grandes entreprises d'édition qui se développent par opposition à la micro-édition informatisée.
16. Comme l'écrit Jacques Dubois : « Cela revient à dire qu'il n'y a pas de position autonome dans le champs autonomisé; toute position est toujours et par avance fonction des autres. Aussi l'écrivain est-il toujours, dès le moment où il écrit, quelqu'un qui cherche sa place dans ce jeu de positions, et le statut de ses écrits, il le sait, passera immanquablement par la médiation des instances qui exercent l'autorité symbolique », *L'Institution de la littérature*, Paris-Bruxelles, Nathan-Labor, 1978, p. 87-88.

dans l'évolution intellectuelle d'une société. On constate, depuis le début des années 1940 — en examinant, entre autres, les cycles de la création déduits des courbes statistiques de production éditoriale —, que l'évolution de l'édition a presque toujours été associée à des facteurs externes de nature sociale et politique [17]. Dans une société à faible densité de population et en grande partie tributaire de l'importation dans le domaine de la culture et du livre, ces facteurs externes pèsent d'un poids plus lourd. L'industrie du livre est fragile et sensible aux fluctuations engendrées par les interventions de l'État (réglementation sur la propriété littéraire, taxes, subventions). Soumise à de fortes pressions extérieures, elle est un carrefour où les intérêts des écrivains et des éditeurs sont sans cesse confrontés aux contraintes d'un marché sous influence.

Pour suivre les changements de cap ou de tendances, il est également nécessaire de tenir compte de la production de l'imprimé dans ses rapports avec les autres médias et la diffusion de l'écrit en général. Maillon dans la chaîne de la communication écrite, le livre se trouve également affecté par les changements techniques qui surviennent dans l'un ou l'autre des secteurs de ce système. Pour une histoire de l'édition, il est aussi nécessaire de retracer ces changements qui ont affecté l'objet-livre, et qui ont modifié jusqu'à un certain point ce qu'il véhicule, et ce qu'il représente dans la culture dominante. Un changement en périphérie peut susciter des développements inattendus résultant d'une croissance dans un secteur particulier. Au XIXe siècle au Québec, l'imprimerie était au centre des activités de l'éditeur et cette domination colorait toute la production éditoriale. Aujourd'hui, ce sont surtout les grandes entreprises de distribution qui exercent sur elle leur hégémonie et modifient par le fait même le rapport au littéraire devenu une marchandise de grande surface [18].

Une maison d'édition est un lieu d'accueil pour l'auteur, mais elle est également un endroit où l'on traduit, transforme ou vulgarise ce qui a d'abord été conçu en privé ou en comité restreint. Situé entre la communauté des pairs et le grand public, l'éditeur multipliera les interventions auprès des instances médiatiques pour amplifier la rumeur autour d'un ouvrage susceptible de devenir par ses soins un événement. Bernard Grasset a bien défini ce système dans les années 1920 en relatant les transformations qui avaient affecté la profession

---

17. Comme la loi des mesures de guerres de 1939, qui est à l'origine de l'Arrêté exceptionnel sur le droit d'auteur et de l'essor de l'édition durant la guerre; ou, depuis 1960, les subventions de l'État qui assurent à l'édition littéraire une stabilité et un développement progressif. Voir, entre autres, mon article, « Croissance et crise de l'édition littéraire (1940-1959) », *Littérature*, n° 66, mai 1987, p. 115-126.
18. Nous avons abordé cette question dans « L'édition littéraire saisie par le marché », *Communication information*, vol. XII, n° 1, 1991, p. 28-47.

durant la première guerre mondiale [19]. En s'adressant à un public de plus en plus vaste, l'éditeur a besoin d'une image forte, d'un mythe qui lui permette de toucher l'imagination du grand public. Cette intervention va nécessairement transformer, déformer, peut-être trahir le message proposé par l'auteur, et c'est en ce sens que l'œuvre de l'écrivain deviendra aussi dans une certaine mesure l'œuvre de l'éditeur [20].

L'émergence de la figure moderne de l'éditeur et l'autonomisation de la fonction éditoriale date sans doute de ce moment et de cette prise de conscience. Au XIXe siècle, la fonction était souvent mêlée à plusieurs autres, la librairie, l'imprimerie, l'édition de journaux ou de périodiques. Celles-ci exerçaient sur elle une domination dont elle s'est progressivement affranchie alors que ces secteurs étaient de plus en plus engagés dans la voie de la spécialisation. L'innovation, la prise de risque et la recherche d'un public nouveau ont mis en jeu la transmission de valeurs et de croyances qui furent désormais assumées comme telles par l'éditeur dont le nom était étroitement associé à celles-ci.

Pour rendre compte de tous les aspects que je viens de survoler rapidement, on ne peut faire l'économie des préliminaires: relevés statistiques, reconstitution de catalogues, enquêtes orales, repérage des archives, tous ces travaux nécessaires qui doivent donner lieu, dans un premier temps à la production de monographies spécialisées et à des synthèses provisoires qui constitueront autant de jalons pour une histoire sociale de l'édition littéraire. L'étude comparée des divers paramètres constitutifs du champ éditorial, fondée sur la statistique bibliographique, l'analyse du paratexte, une sociologie des auteurs et des milieux intellectuels, sur les données de la textologie et l'étude de l'action politique dans le domaine du livre (loi sur le droit d'auteur, subventions), offrira la possibilité d'établir un corps d'hypothèses qui devront être vérifiées dans des études de cas.

Je me suis attardé ici à la production, au rôle de l'éditeur, à l'évolution de sa fonction, à ses rapports avec l'écrivain, mais il faudrait aussi, avant de terminer, dire un mot de la diffusion et de la distribution qui permet d'aborder la question de la lecture et du lecteur. Il ne suffit pas de produire des livres, encore faut-il qu'ils soient diffusés et lus. Si les courbes de production peuvent refléter en partie les fluctuations de la lecture, une étude des fonds de bibliothèques, des cabinets

---

19. *La Chose littéraire*, Grasset, 1929, 83 p.
20. Voir le cas de l'édition de *Maria Chapdelaine* étudié par G. Boillat, « Comment on fabrique un succès: *Maria Chapdelaine* », *Revue d'histoire littéraire de la France*, vol. LXXIV, n° 2, mars-avril 1974, p. 223-253, et par Nicole Deschamps dans la présentation de l'édition critique du roman de Louis Hémon (Montréal, Boréal, 1983).

de lecture ou des librairies s'impose. L'examen des archives de prêt, lorsqu'elles existent, et les listes de best-sellers donneront un aperçu plus juste encore des modes littéraires et de leur ampleur. Ces données, que nos collègues historiens et chercheurs du C.R.E.L.I.Q. compulsent depuis quelques années, permettront, entre autres, de combler plusieurs lacunes et de compenser dans une certaine mesure le manque de renseignements sur les tirages, les réimpressions et les rééditions.

Les approches institutionnelles et matérielles de la littérature ont connu au Québec depuis dix ans un essor certain, probablement parce qu'elles répondaient à un besoin d'élucidation dans un milieu universitaire préoccupé par la localisation de sa propre origine et par les conditions de possibilité de son identité intellectuelle. Le développement des appareils de promotion et de diffusion de la littérature, depuis la Révolution tranquille, a été un phénomène suffisamment remarquable pour forcer l'attention des chercheurs. Projeté sur le passé, cette préoccupation a donné lieu à de grands travaux de récupération du patrimoine imprimé (I.C.M.H., *Dictionnaire des œuvres littéraires du Québec*) et à la constitution d'instruments de travail nécessaires à l'exercice du métier d'enseignant et d'universitaire.

Dans la hâte compréhensible de ce mouvement rétrospectif, on s'est parfois limité à dresser des inventaires approximatifs qui ont perpétué une certaine conception de la littérature. En faisant l'économie d'une réflexion sur le statut sémiotique et sociologique du littéraire, on n'a pas toujours su éviter les vieux pièges positivistes. Après les aperçus généraux, les bilans provisoires, les inventaires rapides souvent tributaires des anciennes catégories esthétiques, le temps est venu de reprendre le dossier sur d'autres bases. L'étude institutionnelle de l'édition littéraire peut apporter une contribution importante à ce chapitre.

Si nous manquons encore d'analyses fouillées, de relevés topographiques et d'enquêtes sur le statut du livre et de la lecture, des projets en cours, comme la constitution d'un corpus d'édition critique, des travaux sur la paralittérature, des monographies sur les maisons d'édition littéraire représentent déjà des bilans provisoires susceptibles de déboucher sur des synthèses explicatives qui seront peut-être l'amorce, bientôt, d'études comparées touchant l'ensemble de l'espace littéraire francophone hors de France.

(Université de Sherbrooke)

Conditions d'émergence et d'institution d'une littérature

Lucie Robert

Dans son article synthèse sur « La démarche sociocritique au Québec », paru dans *Voix et Images* en 1983[1], André Belleau désignait l'histoire littéraire comme une des voies d'avenir pour la recherche sur la littérature québécoise. Il concevait cette histoire « nouvelle » comme Roland Barthes, c'est-à-dire non comme une « séquence de critiques closes[2] », mais plutôt comme une histoire de l'institution elle-même. Cette vision d'avenir s'est avérée juste, dans la mesure où nombre de chercheurs ont depuis lors travaillé à réécrire l'histoire littéraire du Québec dans la perspective qu'André Belleau avait souhaitée, tout en prenant en charge la réflexion théorique sur les conditions et les contraintes de cette réécriture.

Ce travail a pu être thématique (et porter sur l'édition littéraire par exemple) ou synthétique (brossant un tableau des XVIIIe et XIXe siècles dans leur ensemble). Il a donné naissance à des ouvrages de référence (c'est le cas du *Dictionnaire des œuvres littéraires du Québec*[3]), à des ouvrages généraux (tel *La Vie littéraire au Québec*[4], cinq tomes

---

1. André Belleau, « La démarche sociocritique au Québec », *Voix et Images* (Montréal), vol. VIII, n° 2, hiver 1983, p. 299-310.
2. Roland Barthes, « Histoire ou littérature ? », *Sur Racine*, Seuil, coll. « Points », 1979 [pour cette édition], p. 138.
3. Maurice Lemire (dir.), *Dictionnaire des œuvres littéraires du Québec*, avec la collaboration de Jacques Blais, Aurélien Boivin, Roger Chamberland, Gilles Dorion, Jean DuBerger, André Gaulin, Kenneth Landry, Alonzo LeBlanc, Michel Lord, Lucie Robert et Nive Voisine, Montréal, Fides, 5 vol., 1978-1987.
4. Maurice Lemire (dir.), *La Vie littéraire au Québec, tome I, 1764-1805. La voix française des nouveaux sujets britanniques*, avec la collaboration de Aurélien Boivin, Anne Carrier, Jacques Cotnam, Gilles Dorion, Kenneth Landry, Hélène Marcotte, Pierre Rajotte, Lucie Robert et Denis Saint-Jacques, Québec, Presses de l'Université Laval, 1991, 498 p. Voir la présentation du premier volume de cette entreprise [N.D.E.].

prévus), à des monographies et à une collection d'éditions critiques (comme la « Bibliothèque du Nouveau Monde » aux Presses de l'Université de Montréal). Un ensemble de questions d'ordre théorique et méthodologique a ainsi été soulevé qui concerne la difficulté de définir un objet aussi mouvant que la littérature.

Ces travaux, certains d'envergure, en particulier ceux qui ont été réalisés sur la littérature québécoise des XVIIIe et XIXe siècles, démontrent l'intérêt de cette recherche pour l'ensemble de la communauté francophone: le Québec y apparaît en effet comme un laboratoire exceptionnel où peuvent être étudiées les conditions d'émergence et d'institution d'une littérature. Aux XVIIIe et XIXe siècles, en effet, des pratiques que d'autres pays ont appris à considérer comme «normales» se sont développées en Amérique francophone de manière souvent inédite. C'est en grande partie du travail que nous avons réalisé dans l'étude de la constitution de la littérature québécoise, au moment de la préparation du premier tome de *La Vie littéraire au Québec*, que sont tirées les quelques propositions qui suivent.

Je rappellerai brièvement les conditions historiques générales qui ont fait du Québec un tel laboratoire. Le Québec fut d'abord une colonie française où l'écriture, comme le commerce, ne trouvait son sens que dans les échanges avec la métropole qui en établissait les règles. Si le statut institutionnel de la littérature de la Nouvelle-France fait problème, c'est précisément parce qu'elle est souvent l'œuvre de voyageurs explorant, décrivant et racontant cette terre nouvelle à un destinataire européen. Ainsi, la métropole a assuré l'édition, la diffusion et la lecture de la plus grande partie de cette production textuelle. L'autre partie, œuvre des Canadiens, de celles et de ceux qui sont nés au pays et qui perçoivent la distance qui s'est établie entre la nouvelle et l'ancienne France, est demeurée inédite jusqu'à sa reconnaissance, qui survient bien plus tard, au milieu du XIXe siècle. Elle est, pour la plus grande part, formée des diverses correspondances qui ont été conservées.

Au moment de la Conquête, en 1759, la francisation de la colonie est réalisée depuis près de cent ans et les patois ont disparu. Le départ des autorités françaises en 1760 entraîne avec lui la disparition des structures administratives et celui d'une grande partie de la population lettrée. Dans un premier temps, la domination britannique a pour effet d'interdire la vie publique aux Canadiens, francophones et catholiques, ce qui rend difficile l'émergence d'une écriture ou d'un discours autochtone. Par la suite, même quand on aura levé cette interdiction, la mise en place des institutions anglaises, l'imprimerie et les bibliothèques en particulier, rendra l'existence d'une littérature francophone encore plus problématique sinon improbable. Les Français, comme les Anglais, prévoient la disparition à court terme de la langue française en Amérique du Nord.

En matière de culture, le changement de métropole isole la colonie. Cette situation est créée par un ensemble de politiques qui, d'une part, réduisent les échanges avec la France et, d'autre part, conservent sa langue, sa religion et ses lois à la province de Québec, comme on l'appelait alors, freinant ainsi l'assimilation de la nouvelle colonie britannique, malgré tous les efforts qui seront déployés par la suite. Se trouvent ainsi créées les conditions d'un conflit permanent entre les Anglais, nouveaux arrivants qui cherchent à imposer leurs institutions, et les Canadiens, qui veulent conserver les leurs. Le conflit sera entretenu par les nombreuses fluctuations des politiques métropolitaines. Cette situation contribue à la formation progressive d'une conscience collective qui amène les Canadiens à se considérer comme un peuple autonome, sans que soient jamais reniées pour autant les origines françaises, ni remis en question les modèles culturels français. La première chose à remarquer, mais que l'on tend souvent à oublier, est que, malgré les nombreuses tentatives d'assimilation, et contre toute prévisibilité, la colonie est demeurée française après la Conquête.

C'est largement dans un désert, du moins en matière de culture savante, qu'apparaît la littérature dans la colonie. On doit donc envisager son émergence comme un travail de reconstruction, creusant dans les ruines du passé, les fondements d'une institution autonome. Quatre étapes marquent le développement de la littérature québécoise: l'émergence d'un ensemble de pratiques d'écriture et de discours; la reconnaissance de certaines de ces pratiques comme littéraires; la constitution du corpus en littérature nationale distincte; la désignation de cette littérature en objet d'études et de savoir.

I. Émergence d'un ensemble de pratiques d'écriture et de discours

L'idée même d'une pratique d'écriture et de discours suppose l'existence sociale d'une conception de l'individu qui le rend apte à prendre la parole en son nom propre. Une telle conception est fort peu compatible avec un univers théocratique, où la parole, venue de Dieu, est transmise au peuple par les prêtres, ou avec un univers autoritaire où la vérité est considérée comme immuable. L'émergence de pratiques d'écriture et de discours ne peut donc se réaliser que dans une société où existe la possibilité de penser le paradoxe, la métaphore, l'invention et la fiction. Aussi, les origines de la littérature québécoise se confondent-elles avec celles de l'opinion publique. Alors que l'Ancien Régime la prohibait dans ses colonies, le nouveau la considère comme un élément indispensable. Les adresses, pétitions, requêtes, mémoires et lettres forment l'essentiel d'un discours public que les citoyens adressent aux autorités locales et métropolitaines. Quand seront introduites les institutions de la démocratie parlementaire, à la fin du XVIIIᵉ siècle, l'éloquence et le journalisme connaîtront un développement considérable.

Ces premières formes de discours n'ont toutefois de valeur que dans la mesure où elles sont largement diffusées. Aussi considère-t-on, comme point de départ, dans l'histoire littéraire du Québec, l'introduction des infrastructures telles que l'imprimerie, la presse, les librairies et les bibliothèques: 1764. Les Canadiens, peu familiarisés avec ces appareils, restent plutôt à l'écart d'une vie littéraire que domine l'imprimé. Il faut dire que ceux-ci sont conçus d'abord à l'usage des Britanniques et que la méconnaissance de la langue anglaise en rend l'appropriation difficile. Quelques Français, récemment immigrés et connaissant mieux la presse, initient les coloniaux à la pratique de l'opinion publique.

Doit-on cependant rappeler encore qu'écrire demande une certaine compétence et que cette compétence n'est le fait que d'un nombre très restreint de Canadiens au XVIIIᵉ siècle? On ne peut en effet analyser l'émergence de pratiques d'écriture et de discours sans réfléchir du même coup à la nature et à la formation de *la compétence*. Les études sur l'alphabétisation de la population en Nouvelle-France font voir une société où la lecture et l'écriture sont des activités spécialisées, liées au travail et pratiquées par un petit nombre. Les écrivains et les lecteurs sont issus des professions libérales qui, plus que toute autre, nécessitent l'apprentissage, non seulement de la lecture et de l'écriture dans leurs formes élémentaires, mais également de ce que les anglophones désignent sous le terme *literacy*[5], c'est-à-dire la maîtrise des usages sociaux du texte. Cet état de fait ne sera guère modifié avant la seconde moitié du XIXᵉ siècle.

Le taux d'alphabétisation d'une société ne nous apprend toutefois que peu de chose quant à la nature de cette compétence, que je voudrais concevoir ici comme une compétence sociale, c'est-à-dire comme la capacité qu'a une société d'accumuler et de distribuer le savoir. Quand l'enseignement de la lecture et de l'écriture se fait à partir de la langue latine et que l'apprentissage de la langue maternelle ne peut être réalisé que par la lecture et l'imitation des œuvres contemporaines, quand la lecture habituelle est celle de journaux bilingues où la version française est une traduction dont la qualité laisse souvent à désirer, la compétence linguistique, on le conçoit, fait problème. Il en est de même en ce qui concerne la formation spécifiquement littéraire qui s'acquiert dans les collèges classiques, et qui est fondée sur la versification, la traduction et l'imitation des

---

5. Renée Balibar propose pour sa part celui de « grammatisation ». Voir *L'Institution du français. Essai sur le colinguisme des Carolingiens à la République*, Presses universitaires de France, 1985, p. 172.

modèles anciens, latins pour la plupart, ce qui rend tout aussi problématique la compétence rhétorique.

L'apprentissage individuel de l'écriture et du discours se fait alors « sur le tas », par tâtonnements. Les œuvres publiées sont souvent des œuvres de jeunesse, uniques contributions de leur auteur. On ne s'étonne guère de constater que les œuvres marquantes des débuts sont le plus souvent signées par des Français récemment arrivés qui, tels Valentin Jautard ou Joseph Quesnel, ont acquis leur formation dans une société où la littérature est déjà une pratique socialement reconnue. Dans ces conditions, il faudra soixante-dix ans d'essais poétiques, de journalisme, d'éloquence et d'expérimentations diverses avant que ne se trouve un écrivain capable de produire une œuvre de longue haleine et qu'apparaissent, dans la littérature québécoise, un roman, *L'Influence d'un livre* de Philippe-Ignace Aubert de Gaspé (1837), et une histoire générale, l'*Histoire du Canada*, de François-Xavier Garneau (1845).

On ne fait pas une littérature avec quelques œuvres éparses et il faut envisager les conditions qui engendrent la durée et l'accumulation de ces pratiques d'écriture et de discours, autrement dit, les conditions qui constituent ces pratiques d'écriture et de discours en un « ensemble ». Ces conditions sont indissociables de la formation d'un milieu qui favorise tant la production de textes que leur lecture. Au Bas-Canada, cette opération est liée au développement d'une vie politique active et au développement d'un projet collectif d'ordre national qui s'exprime dans les journaux et lors des campagnes électorales. La reconnaissance sociale de l'écriture et la professionnalisation du métier d'écrivain sont d'autres conditions.

II. Reconnaissance de certaines de ces pratiques comme littéraires

Quand commence-t-on à parler de littérature ? À propos de quels textes ? Les pratiques d'écriture et de discours donnent lieu à un ensemble d'abord indistinct. La reconnaissance de certaines de ces pratiques comme littéraires suppose que soit découpé un sous-ensemble appelé « littérature » distinct des autres, nommés, selon le cas et selon une liste non exhaustive, « science », « philosophie », « religion », « politique » ou même « rhétorique ». Il faut ensuite que ce découpage soit inscrit dans des formes socialisées telles le droit (en particulier dans la loi sur le droit d'auteur), les pages littéraires (dans les périodiques), les collections (chez les éditeurs et libraires), les fiches (dans les bibliothèques)[6], etc. Encore faut-il que ce découpage soit théorisé et justifié.

---

6. J'emprunte cette pratique de la liste à Michel van Schendel, « La balle des mots », *Change*, n°s 30-31, mars 1977, p. 210-220.

En somme, cette deuxième étape désigne l'établissement d'un corpus canonique fondé sur une valeur esthétique. Je ne reviendrai pas sur la difficulté que crée la définition de cette valeur. Ce qui importe ici est son existence, même si elle varie considérablement d'une époque à une autre. La littérature se détermine ainsi un espace propre qui reflète une définition fondée sur une pratique de sélection. On constate alors que cette sélection tend à privilégier l'écrit à l'oral, l'esthétique au politique, la culture restreinte à la culture commune. On constate également que l'institution du littéraire suppose la spécification de certaines pratiques. Ainsi en est-il notamment de la définition des genres, de l'identification des mouvements et des écoles, de l'apparition d'une édition spécifiquement littéraire.

La reconnaissance du littéraire opère en deux moments. Le plus évident et le plus étudié est celui de la lecture dont la finalité opère une première sélection. Le degré de spécialisation de cette lecture détermine son incidence sur l'établissement du corpus. La naissance de la critique littéraire manifeste l'émergence d'un corps de spécialistes. L'inscription du corpus sélectionné dans l'enseignement consacre tant les œuvres que la définition qui a présidé à leur sélection. La spécification du littéraire, au long de l'histoire, ira dans le sens d'une plus grande spécialisation de l'écriture et tendra à réduire le champ littéraire aux œuvres de fiction et à l'écriture poétique.

L'autre moment, moins souvent étudié, est celui de l'écriture. Au XIXe siècle, le discours d'accompagnement, manifestes, prospectus, préfaces, énonce les intentions du texte et précise la valeur que l'auteur désire lui voir accorder. Il nous a semblé de plus que cette valeur était inscrite dans le texte lui-même. Nous avons trouvé ses marques dans la thématique, dans l'emploi d'une figuration partielle ou générale du phénomène littéraire; dans la forme, par le recours à des genres et à des styles canoniques; dans leur intertextualité, par le renvoi à d'autres écrits de même nature. Certaines œuvres peuvent ainsi appartenir à plusieurs domaines — juridiques, religieux et didactiques —, tout en présentant des marques distinctives de littérarité.

La valeur littéraire peut alors être conçue comme un savoir, que partagent écrivains et lecteurs, savoir qui fait l'objet de discussions dans les périodiques, les prospectus, les avant-propos, les introductions et parfois dans les œuvres elles-mêmes. La définition de la valeur littéraire est en effet l'objet d'un débat constant dont la lecture et l'analyse permettent de retrouver tant les fondements consensuels que les sources de conflits. À mesure qu'elle se constitue, la littérature réfléchit sur elle-même et se projette dans un discours qui la justifie.

III. Constitution en littérature nationale distincte

Il nous faut envisager le processus par lequel la littérature atteint son autonomie et obtient sa légitimité, dans ses deux dimensions *esthétique* et *nationale*. On peut parfois noter l'apparition de pratiques de la littérature dans des pays où la littérature n'est pas nationalement instituée. C'est le cas dans les anciennes colonies comme le Québec, le Canada, les États-Unis, l'Australie, l'Afrique du Sud. C'est le cas également de certains pays que je dirai « périphériques », tels la Belgique et la Suisse, où l'affirmation d'une littérature nationale n'est pas assurée. On remarquera à ce propos que les conditions historiques dans lesquelles est apparue la littérature québécoise ont entraîné un double processus d'autonomisation. En conséquence, nous avons dû élargir les concepts de « champ littéraire » et d'« autonomie » pour qu'ils puissent rendre compte de cette dimension politique.

L'idée d'établir un corpus littéraire national apparaît pour la première fois en 1838, sous la plume de Napoléon Aubin qui annonce la publication prochaine d'un *Répertoire de la littérature canadienne ou Recueil choisi des divers écrits en vers ou en prose composés au Canada*. L'ouvrage ne vit jamais le jour, mais en 1848 paraît le *Répertoire national*, compilé par James Huston. Avant eux, certains avaient eu l'idée de conserver ces écrits, notamment Jacques Viger qui, tel un chiffonnier, collectionne dans sa *Saberdache* les manuscrits qui lui tombent sous la main. Le XIXe siècle, en effet, est traversé par cette volonté de retrouver et de conserver les écrits antérieurs. La publication du *Répertoire national* et la réédition du corpus des textes de la Nouvelle-France participent de ce mouvement.

La constitution d'un corpus littéraire national, au Québec comme ailleurs, suppose la conception d'un nouveau sujet de l'écriture non plus individuel, mais collectif, dont on doit pouvoir retrouver les marques dans le texte. La langue française, le sujet canadien, le patriotisme, le catholicisme, sont celles qui sont le plus largement répandues au XIXe siècle, qui tend à rejeter, surtout dans sa seconde moitié, tout ce qui est fictif, psychologique, sentimental ou moderne. Ainsi ces deux valeurs accordées au texte, la valeur littéraire et la valeur nationale, entrent-elles souvent en contradiction. Doit-on rappeler que, sous diverses formes, cette contradiction sera le moteur de l'histoire littéraire du Québec jusque bien avant dans le XXe siècle, jusqu'aux années 1960 ?

L'élément le plus intéressant de la constitution d'un corpus national est la distinction entre la valeur nationale et la langue, distinction qui, dans l'histoire littéraire du Québec, a entraîné plusieurs écrivains, d'Octave Crémazie à Michel Tremblay, à poser de diverses manières la nécessité d'une autonomie linguistique du Québec. En effet, la dimension linguistique de la littérature québécoise pose problème depuis toujours. D'un côté, on affirme un usage spécifique de la langue française au Québec qui justifie la constitution d'un corpus littéraire autonome. Et, de l'autre, une fois la « nationalisation » du corpus réalisé, se pose l'inévitable question, qui concerne la place que doit occuper la littérature de langue anglaise écrite sur le territoire du Québec. Au XVIIIe siècle, les relations littéraires entre les Anglais et les Canadiens sont si étroites que nous nous sommes crus obligés de rendre compte des « voix anglophones ». La spécification nationale de la littérature québécoise s'est toutefois réalisée en marge de la production anglophone et la plupart des travaux consacrés à la littérature québécoise ne traitent en réalité que de la seule littérature de langue française [7].

IV. Désignation en objet d'études et de savoir

Une littérature ne peut réellement exister que dans le temps. Il n'y a en effet aucun intérêt à élaborer le projet d'instituer une littérature nationale si elle doit demeurer éphémère. L'existence même d'une littérature, en tant que corpus canonique, sert en effet à construire une tradition, à établir une filiation entre les pratiques d'écriture et de discours provenant du passé, du présent et du futur. Le champ littéraire national n'a véritablement d'existence que lorsque les œuvres qu'il réunit servent de point de départ à la formation littéraire des générations qui suivent, et lorsqu'elles sont l'objet d'une lecture de la part des critiques et des écrivains qui en tirent une partie de leur inspiration. La désignation d'une littérature en objet d'études et de savoir sert d'abord à créer une mémoire, et cette mémoire servira de fondement dans l'élaboration d'une norme d'écriture à imposer ou à transmettre aux générations à venir, une norme qui soit enfin nationale. La nature de cette norme est un des enjeux les plus importants de l'histoire littéraire du Québec.

Il faut souligner à ce propos le rôle crucial de la didactique, qui assure la pérennité du texte, qui construit les traditions, qui fait en sorte que le travail entrepris par une génération soit poursuivi par la suivante. Au XVIIIe siècle, le savoir des gens de lettres se limite le plus souvent à la connaissance de la littérature latine classique et aux quelques lectures contemporaines, en français, plus rarement en anglais, qu'ils ont pu glaner. Quand l'enseignement classique prendra

---

7. Depuis quelques années, le statut linguistique de la littérature québécoise est redevenu problématique avec l'intégration plus étroite de la communauté anglophone et surtout avec l'apparition d'une littérature qui se dit québécoise tout en s'écrivant en italien ou en espagnol. [Voir, sur ce point, la réflexion de Sherry Simon et la section « Langue et fiction identitaire », N.D.É.]

en charge une formation en langue française, au début du XIXe siècle, la norme sera celle de la littérature française classique qui restera l'objet privilégié de l'enseignement littéraire, et qui demeurera l'aune à laquelle est mesurée toute la production locale. L'enseignement de la langue sera soumis à la même norme. Aussi, les pratiques d'écriture et de discours sont-elles généralement perçues comme la réappropriation des traditions de la métropole plutôt que comme l'émergence d'un champ nouveau. Les premiers travaux historiques entrepris sur la littérature nationale ne la remettront guère en question.

Ces premiers travaux de recherche, de divulgation et d'enseignement de la littérature canadienne-française ont pour objet premier la connaissance du sujet national et pour projet la formation patriotique des élèves, agissant alors comme complément à la formation historique. En effet, les lettres y sont davantage conçues comme « les archives d'une nation » ou comme le « recueil de notes » qu'un peuple présente pour sa reconnaissance que comme corpus où dominerait une quelconque esthétique. On demande à l'œuvre individuelle d'interpréter le sujet collectif, de le condenser et d'en assurer la pérennité. Premier artisan de ces travaux, Camille Roy entreprend de publier l'inventaire rétrospectif de la littérature canadienne. Il réunit ces articles en un volume, *Nos origines littéraires*, qu'il publie en 1909, et il annexe à ses analyses, la reproduction des prospectus des premiers journaux à caractère littéraire publiés au Canada français. Ces travaux, manuels d'histoire littéraire et anthologies, contribuent à mettre en place les catégories de l'histoire littéraire, développant les paramètres qui fixent la périodisation, identifient les écoles, caractérisent les mouvements et « canonisent » les grands auteurs du XIXe siècle. Ce savoir sera ensuite condensé en un manuel destiné aux élèves des collèges classiques, dont la première édition paraît en 1907, et qui offre, sous la forme d'une histoire littéraire, la réponse à la nouvelle question que le Congrès de l'enseignement secondaire vient d'ajouter au programme des examens du baccalauréat: « La littérature canadienne existe-t-elle [8] ? » Malgré ces tentatives, la littérature nationale demeure reléguée aux activités para-scolaires et aux concours d'amateurs. La formation linguistique et la formation littéraire dite « sérieuse » demeurent fondées sur la même norme canonique. Aussi constate-t-on que les écrivains ne montrent que peu d'intérêt pour la littérature nationale qu'ils prétendent toujours réinventer. Les sources d'inspiration et les modèles demeurent français, tel *Menaud maître-draveur* (Félix-Antoine Savard, 1937), qui entend les « voix » de *Maria Chapdelaine* (Louis Hémon, 1914).

---

8. On trouvera une analyse plus détaillée de ce manuel dans mon ouvrage, *Le « Manuel d'histoire de la littérature canadienne-française » de Mgr Camille Roy*, Québec, Institut québécois de recherche sur la culture, 1982, 196 p.

Le remplacement de cette forme de « savoir nationaliste » sur la littérature par un « savoir littéraire » sur le corpus national est long et difficile[9]. Faute de tradition, l'institution au Québec d'un « savoir littéraire » s'est réalisée le plus souvent à propos de la littérature française ou américaine, dans l'ignorance du corpus national. Par « savoir littéraire », j'entends le savoir qui a l'écriture pour sujet, savoir dégagé par des analyses qui ont pour objectif de faire connaître, comprendre et apprécier la valeur esthétique de l'œuvre et la démarche engagée par son auteur, ou par des analyses qui ont pour but de mettre en évidence le fonctionnement du texte. L'émergence d'un « savoir littéraire » sur la littérature québécoise suppose que l'enseignement de la langue, la formation littéraire et la recherche théorique soient fondés sur la littérature nationale, ce qui ne s'est réellement produit que dans les années 1960. La création des collèges d'enseignement général et professionnel a joué un rôle crucial dans la transformation de la norme.

En conclusion, je me contenterai de rappeler que l'institution d'une littérature est un processus complexe et que le résultat ne peut véritablement être atteint que lorsqu'il y a un consensus assez large qui opère à la fois sur le savoir et sur la création. Ce processus n'est entièrement réalisé que lorsque la nouvelle génération d'écrivains se réclame de la précédente, reconnaissant ainsi la dimension nationale de la norme et de la tradition, même si ce n'est que pour les déconstruire. On remarque ainsi avec intérêt que certains textes récents sont construits à partir de modèles québécois. Ainsi, les *Chroniques du Plateau Mont-Royal* de Michel Tremblay se font l'écho de *Bonheur d'occasion* de Gabrielle Roy; *La Vie en prose* de Yolande Villemaire utilise *Trou de mémoire* d'Hubert Aquin comme matrice; *La Mort de Marlon Brando* de Pierre Gobeil se souvient du *Survenant* de Germaine Guèvremont. Si cette pratique désigne une sorte de clôture institutionnelle qui, d'une certaine manière, garantit la légitimité de la littérature québécoise, on ne doit pas non plus oublier que cette clôture est fragile. Dans la mesure où la littérature est intégrée désormais aux industries culturelles, il faut s'attendre à ce que les lois du marché — c'est-à-dire la rentabilité économique, mais aussi la concentration et l'internationalisation du capital — jouent un rôle de plus en plus important dans sa détermination institutionnelle.

(Université du Québec à Montréal)

---

9. J'ai tenté de retracer l'histoire de ce «remplacement» dans «Sociocritique et modernité au Québec», *Études françaises* (Montréal), vol. XXIII, n° 3, hiver 1988, p. 31-41; et dans *L'Institution du littéraire au Québec*, Québec, Presses de l'Université Laval, 1989, 272 p.

Les pratiques littéraires des acteurs sociaux

Denis Saint-Jacques

> La littérature ici n'a pas d'existence individuelle, mais grégaire: elle est un Destin-collectif. À ce titre elle est toujours, déjà, une Histoire.
>
> Pierre Ouellet [1]

La réflexion de Lucie Robert sur les conditions d'émergence et d'institutionnalisation d'une littérature trouve une illustration dans le premier volume de l'histoire littéraire à laquelle nous participons tous deux au sein d'une équipe dirigée par Maurice Lemire. L'ouvrage s'intitule *La Vie littéraire au Québec 1764-1805. La voix française des nouveaux sujets britanniques*[2]. Cette démarche tire elle-même les conséquences des principes qui guident la programmation scientifique[3] du Centre de recherche en littérature québécoise connu sous l'acronyme C.R.E.L.I.Q. Je voudrais situer les fondements théoriques de cette programmation en ce qui concerne son rapport à la question générale du phénomène littéraire. J'examinerai aussi, brièvement, certaines des démarches méthodologiques qui en découlent.

---

1. Pierre Ouellet, *Chutes*, Montréal, l'Hexagone, 1990, p. 75.
2. Maurice Lemire (dir.), *La Vie littéraire au Québec, tome I: 1764-1805. La voix française des nouveaux sujets britanniques*, Québec, Presses de l'Université Laval, 1991. Ouvrage réalisé grâce aux subventions du Conseil de recherches en sciences humaines du Canada et du Fonds pour la formation de chercheurs et l'aide à la recherche du Québec.
3. Voir Clément Moisan et Denis Saint-Jacques, « Présentation » de « L'autonomisation de la littérature », *Études littéraires* (Québec), vol. XX, n° 1, printemps-été 1987, p. 9-16.

Objet : la littérature
La détermination sociale

Si on jette un coup d'œil à la table des matières de l'ouvrage que je viens d'évoquer, on peut constater que, sur les presque cinq cents pages de l'ensemble, moins d'une centaine rendent compte des œuvres proprement dites. Ce rapport, pourrait-on penser, tient à un déséquilibre explicable en raison de la rareté et de la pauvreté esthétique des textes littéraires de la période concernée. Mais, pour notre part, nous n'y voyons aucun déséquilibre, et sans garantir que ces proportions se maintiendront telles quelles dans les volumes à venir, nous croyons qu'elles correspondent à une répartition logique de la hiérarchie des espaces plutôt qu'à quelque carence textuelle due à la conjoncture. Étudiant les conditions d'émergence de la littérature, nous les recherchons bien ailleurs que dans les textes reconnus littéraires, car, quoi que l'on veuille parfois affecter de croire aujourd'hui, la littérature ne s'engendre pas d'elle-même. Des acteurs sociaux la réalisent : c'est sur ce modeste mais très ferme principe que nous fondons l'ensemble de nos recherches.

C'est sans doute pécher contre le sens le plus commun, celui par exemple du dictionnaire, qui définit la littérature comme « les œuvres écrites, dans la mesure où elles portent la marque de préoccupations esthétiques » (*Petit Robert*). Ces « préoccupations » apparaissent comme celles des œuvres elles-mêmes ; tout autre sujet possible est absent du définissant. La plupart des spécialistes, écrivains, critiques et professeurs, ne voient pas les choses très différemment, répudiant auteurs et lecteurs concrets pour privilégier avant tout le « texte », et les énonciateurs et les récepteurs idéaux que la pragmatique sémiotique actuelle permet d'envisager. Hors du texte, point de littérature !

Primauté de l'institution

Refusant cette doxa, nous portons une attention prioritaire à la vie littéraire : aux pratiques des acteurs sociaux qui écrivent, lisent et commentent le discours de la littérature, aux consensus où ces acteurs instituent et consacrent leurs entreprises, aux luttes par lesquelles ils se disputent l'hégémonie et la légitimité, sans oublier ces objets que l'on appelle les œuvres, objets auxquels les acteurs autorisés donnent, par le discours critique, la fonction de fétiches et une valeur transcendante. C'est le geste d'institution qui réalise l'idéalisation en « œuvres » des fragments du discours social que ces acteurs autorisés tendent à hypostasier en absolu autoréférentiel. Nous croyons que la compréhension de cette valorisation qui aboutit à la « littérarité » exige la prise en compte du geste de consécration que les littéraires modernes cherchent à dissimuler derrière l'illusion du « texte » autosuffisant.

Cette propriété distinctive, la littérarité, se révèle à l'analyse non seulement d'ordre conventionnel, mais encore garantie par une foi qui accorde davantage crédit à la tradition de grands auteurs canonisés en génies tutélaires et à l'autorité de grands critiques consacrés en porte-parole légitimes de la communauté qu'au doute méthodique qui a progressivement réduit à néant la validité scientifique des différents critères de littérarité formelle proposés à ce jour. Il n'existe plus aujourd'hui, en effet, de conceptualisation textuelle de la littérature qui soit applicable à l'ensemble du phénomène dont cette conceptualisation devrait rendre compte [4]. Le phénomène littéraire trouve sa réalisation historique comme formation discursive instable en évolution constante. La littérature se manifeste sous cet angle comme mode, aux deux sens du terme, d'appréhender certains fragments du discours social. Un tel mode, socialisé en institution, se révèle au tout premier fondement dans le geste du critique qui reconnaît la valeur aux « textes ». Avant tout, la littérature est réception: l'énonciateur et son discours ne se transforment en « auteur » et en « œuvre » que dans la sanction autorisée de la communauté des pairs.

La littérature comme textualité

L'institution de la valeur littéraire consiste donc en un pacte public entre des acteurs sociaux autorisés à propos du crédit attribué à certains ensembles discursifs; c'est un fait social et historique. Comment expliquer alors l'hégémonie actuelle des théories littéraires de l'autonomie du texte? La nature même de l'écriture en fournit le principe déterminant. Les textes, écrits dotés d'une certaine indépendance, présentent la caractéristique de découper des frontières explicites dans la circulation du discours social. Comme l'a analysé Jacques Derrida, l'écriture d'un fragment de discours quelconque arrache l'énoncé à ses conditions d'émission et de réception originales, elle l'espace de son contexte. L'écrit peut être réemployé dans des conjonctures toujours renouvelées et l'abandon de ses déterminations pragmatiques initiales lui procure une stabilité transhistorique. Ainsi, par exemple, s'évanouissent les auteurs et les lecteurs d'énoncés sans cesse relancés et reproduits qui paraissent bientôt ne nécessiter ni les uns ni les autres. Il suffit alors que les usagers des textes considèrent ceux-ci comme dotés de valeurs sémantiques immanentes et de propriétés pragmatiques essentiellement abstraites pour que ces productions paraissent se libérer de toute détermination socio-historique.

---

4. Voir mon article, « La reconnaissance du littéraire dans le texte », dans Louise Milot et Fernand Roy (dir.), *La Littérarité*, Québec, Presses de l'Université Laval, 1991, p. 59-69. Voir également la présentation de ce volume.

Aussi l'écriture fournit-elle le média par lequel l'information sociale se défend des altérations du temps. Si la parole vive appelle l'échange du dialogue, l'écriture va de soi vers la conservation et l'isolement des bibliothèques et des archives. Le texte s'impose comme mémoire, comme instrument de préservation des traces du passé. Et l'on voit s'y équilibrer l'extrême liberté acquise dans l'ordre pragmatique d'une extrême soumission aux contraintes formelles signifiantes de l'énoncé d'origine. L'usage courant ne définit-il pas le texte comme un « écrit considéré dans sa rédaction originale et authentique » (*Petit Robert*)? Les idées peuvent apparemment circuler et se transformer sans frein, ni maître; la forme, elle, relève du régime de la conservation. Le texte idéal doit pouvoir se maintenir inaltérable, sa valeur pour la mémoire se garantit dans la stabilité formelle.

Littérature/histoire

L'histoire a partie liée avec l'écriture, avec cette opération qui vise à fixer le flux du discours, que ce soit rédaction au sens propre ou encore scansion métrique et formes fixes de la mémoire folklorique. En revanche, la littérature dont les énoncés ne prétendent pas de façon générale faire référence véridictoire aux conditions concrètes de leur premier contexte d'énonciation devrait échapper à ce respect sacralisant de la forme initiale et authentique. N'est-elle pas le domaine même de la manipulation et de la transformation des formes, celui de la liberté de l'imagination? Il n'en est pourtant rien. Les littéraires ne cherchent pas vraiment à se soustraire à la fascination scripturale de l'origine. Au contraire, les auteurs défendent jalousement l'intégrité matérielle de leurs œuvres que protège une réglementation juridique acquise de haute lutte; les éditeurs savants établissent avec un soin méticuleux des versions originales de référence qui feront autorité; les écrivains et leurs critiques rappellent sans aucune cesse les écrits fondateurs avec lesquels ils dialoguent et les enseignants continuent d'introduire au musée patrimonial des Lettres les étudiants qu'ils veulent ainsi « cultiver ». Le geste par lequel les littéraires arrachent les textes qu'ils instituent non seulement à leur contexte énonciatif d'origine, mais aussi à la véridiction référentielle, n'empêche en rien qu'ils les constituent du même coup en mémoire, en histoire sacrée.

Ainsi l'institution de l'autonomie textuelle fonde du même coup une incontournable historicité du phénomène littéraire; par le texte, la littérature se fait histoire. Or, si la réactivation conjoncturelle de telle ou telle œuvre d'une autre époque nécessite l'oubli momentané de ses conditions d'origine pour permettre l'insertion du texte préservé dans un nouveau contexte, la structure signifiante inaltérée de l'œuvre en cause est menacée de ne transmettre qu'une information formelle vide offerte à tout investissement de sens. On courrait ainsi le risque d'assister à une désorganisation sémantique de l'historicité littéraire, limitée à une transmission de formes fixes librement disponibles. Toutefois, le respect de la version originale entraîne dans les faits celui de la signification qui lui était d'abord liée. En dernière instance, le tabou de l'intentionnalité de la parole garantit celui de l'intangibilité de la forme matérielle et les littéraires, se dissimulant leur fonction concrète d'énonciateurs et de destinateurs effectifs, choisissent de croire au sens immanent du texte qui s'accorde pourtant toujours avec leur propre point de vue. Il n'empêche que la littérature, mémoire de formes, se réalise donc aussi comme mémoire de significations.

Littérature et sujet individuel

Lieu de la liberté contextuelle, la littérature s'offre au désir qu'a le sujet individuel de se faire entendre, de se faire reconnaître dans les déguisements de la fiction et les investissements du jeu. La parole proférée en direction du lecteur virtuel de l'œuvre offre un support approprié au transfert, d'autant plus qu'ici celui qui écoute, c'est-à-dire le critique, le public, peut parfois répondre: « Votre discours nous intéresse », et même: « Nous vous aimons. » Contre les contraintes du discours social vu comme coercitif et homogénéisant, la littérature permettrait, à ce qu'il semble, la résistance et même l'affirmation du sujet individuel. Cette idée-là est reçue au moins depuis le romantisme. Fascination moderne de l'origine sans doute, elle donne la primauté d'intérêt à l'intentionnalité de l'auteur et fait perdre de vue le caractère public de la communication littéraire. Pourtant, quoi qu'il en ait, l'auteur met en marché son discours, il négocie avec un éditeur pour que celui-ci le diffuse auprès d'un public qui en aura libre usage, à la seule exclusion de ce qu'interdit le droit d'auteur, la republication. Le réemploi de l'œuvre dans les échanges sociaux doit donc en réduire l'écriture, en libérer le pouvoir de relance. Ainsi se développent irrépressiblement la paraphrase et le commentaire, suppléments au texte désiré clos, mais surtout médias collectivisateurs de la voix désirée individuelle. La vie littéraire ne s'active pas dans le texte, fossile de la voix subjective, mais dans les transformations et les manipulations auxquelles les acteurs sociaux le soumettent pour le réactiver dans le discours commun.

Méthode: l'histoire

La littérature, discours historique, s'analyse comme tout discours social. On comprend assez facilement dans cette perspective la volonté exprimée par Marc Angenot d'«en finir avec les études littéraires[5]», dans la mesure où celles-ci prétendraient à un cloisonnement qui leur donne droit à des démarches propres ou en invalide d'autres comme non spécifiques. Les diverses disciplines de l'histoire et particulièrement celle de l'analyse du discours doivent guider l'investigation scientifique du phénomène littéraire. Elles suffisent, si l'on comprend qu'elles intègrent l'ensemble des pratiques d'investigation proposées par les sciences humaines dans la poursuite d'objectifs visant à l'élucidation des conditions qui permettent la manifestation concrète d'un phénomène donné, ici la littérature, ou plutôt une ou des littératures.

Le problème est plutôt de stratégie. Il s'agit en effet de savoir mobiliser et d'engager à bon escient des moyens variés et complexes. Quels objectifs viser? Comment les atteindre? J'en donnerai ici une idée à propos des domaines de la réception et de la littérarité.

La réception

Si la littérature s'instaure dans le consentement à sa possibilité, la première opération consiste à faire la reconnaissance des traces attestées de cette reconnaissance. En effet, phénomène de convention, la littérature ne se trouve que là où elle est reçue concrètement. Les lieux en sont habituellement assez faciles à repérer: discours éditorial ou critique, académies, enseignement. Là s'institue la littérature dans le consensus qui intronise ou rejette et dans le conflit qui problématise la valeur contestée. Il faut prendre cette sanction au mot « La littérature, c'est ce qui s'enseigne sous ce nom », proposait Roland Barthes dans une boutade célèbre et qui n'avait tort que d'être incomplète. La littérature, c'est aussi ce qui se critique et ce qui se distingue par des prix et des cooptations d'auteurs dans des regroupements institués.

L'établissement de paradigmes historiques cohérents pose pourtant des difficultés nombreuses dues, pour une bonne part, aux divisions entre l'enseignement, la critique et la création, ainsi qu'aux conflits de légitimité entre les intervenants à l'intérieur de ces divisions. De plus, des transformations diachroniques constantes introduisent différents facteurs de dispersion. Il en est de la littérature comme de tout fait d'opinion: des agents de conservation la stabilisent en doxa, alors que des facteurs de transformation la dispersent en catastrophes. Il faut identifier les doxas tout en relevant les tensions qui produiront les mutations et les catastrophes.

---

5. Marc Angenot, « Pour en finir avec les études littéraires », *Liberté* (Montréal), n⁰ 158, 1985, p. 19-44.

Cette opération doit aussi tenir compte d'une contrainte historique particulière: celle qui conduit la postérité à modifier constamment le prisme de sa vision critique des œuvres du passé. Si l'historien doit analyser la réception de Racine à son époque, le sociologue doit aussi se pencher sur la fortune de Racine à la nôtre. Un autre problème surgit lorsque les consensus acquis ont une autorité telle que les acteurs n'éprouvent pas le besoin de les expliciter. C'est le cas, par exemple, pour la période de la fin du XVIIIe siècle au Canada, où fait largement défaut la critique. La situation coloniale du pays autorise une extrapolation en fonction du paradigme européen des Lumières, mais les ajustements pour les conditions particulières à la conjoncture de la colonie doivent être déduits des comportements des acteurs historiques.

On aurait tort toutefois de reconnaître *a priori*, et absolument, un pouvoir d'auto-institution au champ littéraire autonome. En définitive, la doxa commune attribue sa fonction sociale à la littérature. Le pouvoir politique, par exemple, réserve à la vie littéraire une attention que des interventions précises caractérisent: création d'appareils administratifs dits culturels et, à partir de ceux-ci, octroi de pensions, bourses, prix et distinctions. Mais, surtout, l'enseignement public réserve une place toute spéciale dans l'apprentissage de la langue maternelle aux pratiques littéraires qui y servent des objectifs divers où l'imitation de modèles discursifs exemplaires, l'initiation à l'esthétique verbale et l'identification nationalitaire se disputent la primauté. La détermination la plus décisive du statut social de la littérature émane de son rôle dans la formation obligatoire dispensée par les programmes scolaires. En ce sens, la littérature est bien ce qui s'enseigne.

La littérarité

Que dire alors des textes? Comment les caractériser? Sont-ils des objets dotés de propriétés absolument quelconques? Ou possèdent-ils plutôt des qualités particulières qui les rendent propres à la reconnaissance critique? J'ai déjà traité cette question dans « La reconnaissance du littéraire dans le texte», je ne ferai ici qu'en rappeler quelques propositions[6]. Le postulat de départ réaffirme la primauté de la réception: « Le littéraire n'est pas une qualité intrinsèque aux écrits et qui leur serait immanente. Le littéraire est une valeur donnée à certains écrits par ceux qui les pratiquent, producteurs ou consommateurs. » Il en résulte des actions prévisibles dans la mesure où cette valeur devient objet de quête: « S'il existe des textes sélectionnés par

---
6. *Loc. cit.*, p. 68.

la critique sans avoir été écrits par le champ de la littérature (par exemple, *Le Discours de la méthode*) la plupart des "œuvres littéraires" sont produites spécifiquement pour le champ et préformées pour lui. » Enfin, des procédés de mise en évidence de la scripturalité discursive permettent que « l'inscription du littéraire dans les œuvres, ou la transformation de discours quelconques en " textes ", se [fasse] par trois procédés d'identification principaux: formes-types, intertextualité et autoreprésentation thématique [7] ».

Conclusion

La consultation de *La Vie littéraire au Québec* devrait éclairer davantage ce que cette trop brève présentation ne fait qu'esquisser. On comprendra mieux, maintenant, pourquoi, dans l'histoire de la constitution de la littérature québécoise, nous avons voulu accorder une si grande place à ces facteurs dits extra-textuels que sont les déterminations socio-historiques. Je renverrai, enfin, à mon exergue, non sans y soustraire le déictique « ici » qui en limite la portée. L'auteur ironisait sur la littérature nationale du Québec, mais son énoncé, arraché de ce contexte, peut prendre une valeur véridictoire générale. Si les littérateurs se retrouvent ainsi grégaires, cela met au moins en évidence leurs liens avec les autres composantes du troupeau, à moins que cela n'illustre leur repli sur la famille littéraire.

(C.R.E.L.I.Q. et Université Laval)

---

7. Voir, pour de plus amples détails, l'article d'où viennent ces propositions.

Intervention

Guy Rosa

Pour prolonger l'intervention, si convaincue et convaincante, de Denis Saint-Jacques, j'observe que, les hommes vivant en société — sauf exception —, on peut toujours affirmer sans crainte d'être valablement contredit que tel ou tel de leurs actes est socialement défini. Que soit texte littéraire ce que les institutions affirment tel, cela s'expose aussi peu à la contestation que toute assertion de même type, qu'il s'agisse du football, du mariage ou du travail — et même de la mort. Un poème, seulement, n'est pas un match, ni un sacrement, etc. La question est donc manifestement moins du fait que de ses modalités: les institutions, aussi puissantes soient-elles, n'instituent pas en œuvre n'importe quel texte et les procédures qu'elles mettent en œuvre à cette occasion ne sont pas celles qu'elles appliquent à d'autres objets. Bref, la question de savoir ce qu'est la littérature n'est en rien résolue lorsqu'on y voit un phénomène socio-institutionnel. Elle est seulement déplacée, et pas au point de rendre caduque toute interrogation sur la particularité du texte littéraire en tant que texte.

Sur ce point, je proposerais une ou deux idées, si je ne les avais pas déjà publiées, dans le numéro 60 de *Romantisme*[1]. Mais je voudrais en indiquer une autre, toute simple. Une étude des procédures d'institutionnalisation des écrits en textes ne devrait-elle pas noter, en premier lieu, l'allure paradoxale de ce processus? La pleine dignité littéraire n'est reconnue qu'aux textes que s'ils la refusent, ou si elle leur est refusée en même temps que donnée. On ne reconnaît la valeur des classiques qu'une fois sorti des classes qui l'inculquent; les livres les plus étroitement soumis aux exigences des appareils — romans policiers ou sentimentaux, « œuvres » des étoiles médiatiques, livres d'académiciens élus avant complète caducité — sont

---

1. « Victor Hugo poète romantique ou le droit à la parole », *Romantisme*, n° 60, 1988-2, p. 37-56.

réputés dénués de valeur. Ce paradoxe apparaît clairement dans l'idée commune du génie, passé ou à venir: auteur ignoré — ne fût-ce qu'un temps, ou méconnu — au moins autant que consacré. Et l'activité des universitaires — mais ils ne sont pas les seuls — ne repose-t-elle pas tout entière sur l'affirmation initiale, du moins sur la postulation, d'une méconnaissance de l'œuvre, à laquelle nous tentons de remédier — sans espoir ?

C'est en quoi la notion de « légitimation » peut sembler insuffisante — sans même discuter son modèle politico-théologique. Une œuvre ne se « légitime » pas comme un roi, ne serait-ce que parce que, dans les deux derniers siècles du moins, sa légitimité commence par une bonne part de bâtardise. « Un génie est un accusé », dit Hugo. J'ajouterais, acquitté. Mais cela ne va pas sans mise en accusation préalable, sans présomption de culpabilité. Concluons que l'institution littéraire confère aux textes leur dignité en la leur retirant; elle agit sur le mode de la contradiction et joue à qui perd gagne.

(Université de Paris VII)

Conclusion

Alain Vaillant

En France, l'histoire littéraire est aujourd'hui prospère et dissolue. La diversité des objets qu'elle se donne manifeste presque insolemment son insatiable appétit: mythes, mœurs, images, sciences, brouillons, arts, correspondances, idéologies, livres, journaux, marginalités, etc. La liste, on le voit, tourne à l'énumération à la Prévert. Et, à se disperser ainsi en proposant un inventaire culturel à peu près infini, l'histoire littéraire risque de perdre, sinon son âme, du moins ses deux raisons d'être, l'histoire et la littérature. À cet égard, les articles de Jacques Michon, Lucie Robert et Denis Saint-Jacques nous contraignent, en partie à cause du contexte québécois, à nous interroger sur les fondements théoriques de l'histoire littéraire. Ce ressourcement est salutaire et on ne pourra qu'approuver, me semble-t-il, les trois postulats suivants:

1. Une histoire littéraire est toujours celle d'une nation — ou d'une collectivité donnée, si la nation n'est pas reconnue comme telle. Une littérature a donc partie liée — aussi ténus, indirects et confusément tissés que soient ces liens — avec la vie d'un peuple, autant pour ce qu'elle en reçoit que pour ce qu'elle apporte en retour, dans la constitution d'une identité commune. C'est évident au Québec, où l'activité culturelle s'accompagne souvent de revendications politiques. Plus généralement, je prendrais volontiers ce constat pour une mise en garde: l'approche comparatiste, encouragée par les efforts d'internationalisation qu'accomplissent de plus en plus systématiquement les institutions universitaires et de recherche, est riche d'enseignements lorsqu'elle prolonge ou questionne l'histoire littéraire; mais elle ne saurait substituer à l'histoire, fondée sur l'observation des faits observables, la notion molle de culture, aux contours flous et commodément extensibles.

2. L'historien de la littérature ne puise pas dans le corpus des textes comme dans une matière informe pour y sculpter son monument

personnel (c'est alors ouvrir la porte aux excès terriblement séduisants du thématisme): son premier travail consiste, suivant le titre de Lucie Robert, à analyser, les « conditions d'émergence et d'institution d'une littérature »; ces conditions, socio-culturelles et économiques, englobent des facteurs très nombreux et hétérogènes. En cette matière, la patience et la perspicacité sont de rigueur, comme le note Jacques Michon en praticien de l'histoire de l'édition littéraire: « Un changement en périphérie peut susciter des développements inattendus résultants d'une croissance dans un secteur particulier. » Il convient de s'intéresser non seulement, comme nous y a accoutumés Pierre Bourdieu, au fonctionnement du champ littéraire, mais aussi à l'institution scolaire, aux modes de diffusion de l'écrit, à la réception sous toutes ses formes, etc.

3. L'historien de la littérature s'occupe, en effet, de littérature, et ne doit nourrir aucun complexe à l'égard de ceux qui invoqueraient contre lui le statut du texte. C'est précisément, comme nous le rappelle Denis Saint-Jacques, parce que le texte préserve l'écriture du temps qui passe, donc de l'oubli, qu'il en fait un objet de l'histoire: « Ainsi l'institution de l'autonomie textuelle fonde du même coup une incontournable historicité du phénomène littéraire. »

Bien sûr, ces choses-là ne sont pas neuves, et rappellent des débats théoriques qui semblent s'être taris en France; on a jugé bon d'y renoncer par méfiance à l'égard des discours généraux et parce qu'on ne voyait pas clairement sur quelles applications littéraires pratiques ils débouchaient. Or le Québec nous rappelle que l'histoire de l'histoire littéraire dépend intimement de l'histoire intellectuelle et politique de ceux qui ont en charge l'étude de la littérature: « Les approches institutionnelles et matérielles de la littérature ont connu au Québec depuis dix ans un essor certain, probablement parce qu'elles répondaient à un besoin d'élucidation dans un milieu universitaire préoccupé par la localisation de sa propre origine et par les conditions de possibilité de son identité culturelle » (Jacques Michon). Sans doute ces interférences sont-elles très visibles au Québec; mais pourquoi seraient-elles moins réelles ailleurs qu'au Québec ?

La tentation est alors grande de façonner le passé en vue du présent, de se construire une histoire littéraire en fonction d'objectifs nationaux. L'intention clairement déclarée de Lucie Robert « d'instituer une littérature nationale » montre combien sa démarche se situe à la frontière étroite et poreuse qui sépare le savoir historique de la praxis politique. À partir du XIXe siècle, l'effondrement du mécénat et des élites aristocratiques, relativement faciles à cerner, l'augmentation et la diversification des publics, l'intrusion des médias et de logiques économiques nouvelles, l'instabilité politique, l'intensification du cosmopolitisme, le développement de l'enseignement et d'autres phénomènes encore font de l'histoire des littératures européennes un embrouillamini inextricable d'événements corrélés — ou plutôt corrélables, si nous disposions d'un modèle historique *ad hoc*. À défaut, nous construisons des hypothèses, jetons des passerelles d'un domaine à l'autre, échafaudons, suggérons. Finalement, nous faisons du mot de modernité le cache-misère de notre perplexité historique. Pourtant, en pleine époque moderne, mais dans un espace géographique, social et culturel relativement bien délimité, le Québec nous offre l'occasion d'étudier concrètement l'émergence d'une littérature, de construire un système historique sans renoncer à repérer des écrivains, des éditeurs, des critiques, des militants, « sujets individuels » (Denis Saint-Jacques) d'une aventure que continuent les chercheurs d'aujourd'hui et dont nous avons, *hic et nunc*, des leçons à tirer.

(Université de Saint-Étienne)

Bibliographies [1]

I. L'émergence du littéraire au Québec
A. Corpus critique

ANDRÈS, Bernard, *Écrire le Québec: de la contrainte à la contrariété. Essai sur la constitution des Lettres*, Montréal, XYZ, coll. « Études et documents », 1990.

ANGENOT, Marc, *1889. Un état du discours social*, Longueuil, Le Préambule, coll. « L'univers des discours », 1989.

BELLEAU, André, *Y a-t-il un intellectuel dans la salle ?*, Montréal, Primeur, 1984.

BOULLE, Pierre H. et Richard A. LEBRUN (dir.), *Le Canada et la Révolution française* (actes du 6e colloque du Centre interuniversitaire d'études européennes, 1987), Montréal, 1989.

DUBOIS, Jacques, *L'Institution de la littérature*, Paris / Bruxelles, Nathan / Labor, 1978.

DUCHET, Claude, « Positions et perspectives », *Sociocritique*, Nathan-Université, 1979.

———, « L'Esprit de la Révolution », *Études françaises* (Montréal), vol. XXV, nos 2-3, automne 1989.

FOUCAULT, Michel, *L'Archéologie du savoir*, Gallimard, 1969.

FRANCO CARVALHAL, Tania, « Literatura comparada e dependência cultural », dans *Literatura comparada*, São Paulo, Editora Atica, 1986.

HABERMAS, Jürgen, *L'Espace public. Archéologie de la publicité comme dimension constitutive de la société bourgeoise*, Payot, 1978.

DE LAGRAVE, Jean-Paul et Jacques G. RUELLAND, *Valentin Jautard. 1736-1787. Premier journaliste de langue française au Canada*, Sainte-Foy (Québec), Le Griffon d'argile, 1989.

LEMIRE, Maurice (dir.), *La Vie littéraire au Québec, tome 1: 1764-1805. La voix française des nouveaux sujets britanniques*, Québec, Presses de l'Université Laval, 1991.

---

1. Paris lieu d'édition est omis.

MOISAN, Clément, *Qu'est-ce que l'histoire littéraire?*, Presses Universitaires de France, 1987.

MOISAN, Clément (dir.), *L'Histoire littéraire. Théories, méthodes, pratiques*, Québec, Presses de l'Université Laval, 1989.

PESTRE DE ALMEIDA, Lilian, « Regard périphérique sur la francophonie ou pourquoi et comment enseigner les littératures francophones dans les Amériques », *Études littéraires* (Québec), vol. XVI, n° 2, août 1983, p. 253-273.

PIERSSENS, Michel, *Savoirs à l'œuvre. Essais d'épistémocritique*, Lille, Presses Universitaires de Lille, 1990.

ROBERT, Lucie, *L'Institution du littéraire au Québec*, Québec, Presses de l'Université Laval, 1989.

SANTIAGO, Silviano, *Uma literatura nos tropicos*, São Paulo, Perspectiva, 1978.

SIMON, Sherry (dir.), *La Fiction identitaire*, Montréal, XYZ, coll. « Études et documents », 1991.

TRUDEL, Marcel, *L'Influence de Voltaire au Canada*, 2 tomes, Fides et Presses de l'Université Laval, 1945.

VAN SCHENDEL, Michel, « Appareils et Institution (littéraire) », *Recherches et Théories*, Montréal, Presses de l'Université du Québec, 1979.

WALLOT, Jean-Pierre, « La Révolution française au Canada », dans Michel Grenon (dir.), *L'Image de la Révolution française au Québec. 1789-1989*, Montréal, Hurtubise H.M.H., 1989.

B. Corpus littéraire

BAILLY DE MESSEIN, Charles-François, *Copie de la lettre de l'évêque de Capsa coadjuteur de Québec...*, Québec, S. Neilson, 1790.

DU CALVET, Pierre, *Appel à la justice de l'État...*, Londres, [s.é.], 1784.

JAUTARD, Valentin [Le Spectateur tranquille], *La Gazette du commerce et littéraire. Pour la ville et District de Montréal*, 3 juin 1778-2 juin 1779. (Voir aussi ci-dessus Jean-Paul De Lagrave et Jacques G. Ruelland).

LA CORNE, Luc de [dit Lacorne Saint-Luc], *Journal de voyage de M. Saint-Luc de La Corne écuyer dans le navire L'Auguste, en l'an 1761*, Montréal, Fleury Mesplet, 1778.

MÉZIÈRE, Henri-Antoine, *La Bastille septentrionale, ou les Trois Sujets britanniques opprimés*, Montréal, Fleury Mesplet, 1791.

QUESNEL, Joseph, *Colas et Colinette ou le Bailli dupé. Comédie en trois actes*, Québec, J. Neilson, 1808.

———, *L'Anglomanie ou le Dîner à l'angloise. Comédie en un acte et en vers* (1802), dans *Le Canada français*, Québec, vol. XX, nos 4-5-6, décembre 1932-janvier 1933.

———, *Les Républicains français ou la Soirée au Cabaret. Comédie en un acte*, dans *La Barre du jour*, n° 25, été 1970.

———, *Quelques poèmes et chansons*, Montréal, « The Lawrence M. Lande Foundation », Université McGill, 1970.

SALES LATERRIÈRE, Pierre de, *Mémoires de Pierre de Sales Laterrière et de ses traverses*, Québec, Imprimerie de l'Événement, 1873 (posthume).

C. Indications bio-bibliographiques sur les auteurs principaux du corpus d'étude

DU CALVET, Pierre (Caussade, 1735 ou 1738 [?]; mort en mer en 1786). Réfugié huguenot, négociant, juge de paix, pamphlétaire, soupçonné d'intelligence avec les Bostonnais, emprisonné sous le gouverneur Haldimand, auteur notamment de l'*Appel à la Justice de l'État* (1784). Arrivé au Québec en 1775 il y a passé les onze dernières années de sa vie.

JAUTARD, Valentin (Bordeaux, 1736-Montréal, 1787). Avocat, premier journaliste francophone au Québec; arrive à vingt huit-ans dans les Illinois et à trente-deux ans à Montréal, associé à Fleury Mesplet (l'imprimeur du Congrès américain qui fondera la première gazette francophone au Québec), accueille Montgomery à Montréal en 1775, critique littéraire à la *Gazette littéraire de Montréal* [« Le Spectateur tranquille »], emprisonné sous Haldimand. Arrivé à Montréal en 1768, il y mourra dix-neuf ans plus tard.

QUESNEL, Joseph (Saint-Malo, 1746-Montréal, 1809). Négociant, poète, musicien et dramaturge, acteur et animateur de théâtre, auteur notamment de *Colas et Colinette* (1789), *L'Anglomanie ou le Dîner à l'angloise* (1802), etc. Arrivé au Canada en 1779, il meurt à Montréal trente ans plus tard.

SALES LATERRIÈRE, Pierre de (Albi, 1743-Québec, 1815). Employé puis directeur des Forges du Saint-Maurice, soupçonné d'intelligence avec les Américains, emprisonné sous Haldimand, médecin (premier diplômé en médecine de la jeune université américaine de Cambridge), auteur d'une thèse et de *Mémoires*. Arrivé en 1766 au Québec, il y est mort quarante-neuf ans plus tard.

Bernard Andrès

II. Pour une histoire de l'histoire de la littérature (corpus des histoires de la littérature canadienne-française / québécoise)

BAILLARGEON, Samuel, *Littérature canadienne-française*, préface de Lionel Groulx, Montréal, Fides, 1960 [1re éd. 1957].

BESSETTE, Gérard, Lucien GESLIN et Charles PARENT, *Histoire de la littérature canadienne-française par les textes*, Montréal, Centre éducatif et culturel, 1968.

BRUNET, Berthelot, *Histoire de la littérature canadienne-française*, Montréal, Éditions de l'Arbre, 1946; réed. suivie de *Portraits d'écrivain* avec un avant-propos d'André Major, Montréal, H.M.H., 1970.

DUHAMEL, Roger, *Manuel de littérature canadienne-française*, Montréal, Éditions du Renouveau pédagogique, 1967.

HUSTON, James, *Le Répertoire national*, ou *Recueil de la littérature canadienne*, Montréal, Imprimerie Lovell et Gibson, tomes I, II et III, 1848, tome IV, 1850, avec une « Préface ». Rééditions : Montréal, J. M. Valois et Cie, 1893, 4 vol. avec une « Préface » de Adolphe-Basile Routhier; Montréal, VLB éditeur, 1982, avec une « Introduction » de Robert Melançon.

GAY, Paul, *Notre littérature. Guide littéraire du Canada français à l'usage des niveaux secondaire et collégial*, Montréal, H.M.H., 1969.

———, *Notre roman. Panorama littéraire du Canada français*, Montréal, Hurtubise H.M.H., 1973.

———, *Notre poésie. Panorama littéraire du Canada français*, Montréal, Hurtubise H.M.H., 1974.

GRANDPRÉ, Pierre de (dir.), *Histoire de la littérature française du Québec*, Montréal, Librairie Beauchemin limitée, 4 vol.: tome I (1534-1900), 1967; tome II (1900-1945), 1968; tome III (de 1945 à nos jours. La poésie) et tome IV (de 1945 à nos jours. Roman, théâtre, histoire, journalisme, essai, critique), 1969.

LAREAU, Edmond, *Histoire de la littérature canadienne*, Montréal, John Lovell, 1874.

LEBLANC, Léopold, *Introduction à la littérature québécoise: guide de l'étudiant*, Montréal, Librairie de l'Université de Montréal, 1972.

LE GRAND, Albert, « La littérature canadienne-française », *Histoire de la littérature française*, tome II, Armand Colin, coll. « U », 1970.

LEMIRE, Maurice (dir.), *La Vie littéraire au Québec, tome I: 1764-1805. La voix française des nouveaux sujets britanniques; tome II: 1806-1839. Le projet national des Canadiens*, Québec, Presses de l'Université Laval, 1991 et 1992.

MAILHOT, Laurent, *La Littérature québécoise*, Presses universitaires de France, coll. « Que sais-je ? », 1974.

———, *Histoire de la littérature québécoise*, Montréal, Boréal (à paraître).

ROY, Camille, *Tableau de l'histoire de la littérature canadienne-française*, Québec, Imprimerie de l'Action sociale, 1907.

———, *Manuel d'histoire de la littérature canadienne-française*, Québec, Imprimerie de l'Action sociale, 1918.

———, *Histoire de la littérature canadienne*, Québec, Imprimerie de l'Action sociale, 1930 [rééd., Tremblay et Dion, 1936].

———, *Manuel d'histoire de la littérature canadienne de langue française*, Montréal, Beauchemin, 1939.

[SŒURS DE SAINTE-ANNE], *Précis d'histoire des littératures française, canadienne-française, étrangères et anciennes*, Lachine (Montréal), Procure des missions des Sœurs de Sainte-Anne, 1925 [rééd. en 1928].

———, *Histoire de la littérature française et canadienne*, Lachine, Mont-Sainte-Anne, 1944; édition refondue et mise à jour, Lachine, Procure des missions, 1951.

SYLVESTRE, Guy, *Panorama des lettres canadiennes-françaises*, Québec, ministère des Affaires culturelles, coll. « Art, vie et sciences au Canada français », 1964.

TOUGAS, Gérard, *Histoire de la littérature canadienne-française*, Presses universitaires de France, 1967 [1960]; rééd. sous le titre *La Littérature canadienne-française* en 1974.

———, *History of French Canadian Literature*, traduit par Alta Linda Cook, Toronto, Ryerson, 1966.

VIATTE, Auguste, *Histoire littéraire de l'Amérique française, des origines à 1950*, Québec / Paris, Presses de l'Université Laval / Presses universitaires de France, 1954.

Clément Moisan

DEUXIÈME PARTIE

Les discours et le poétique

Analyse du discours et sociocritique des textes

Marc Angenot

Il s'est fondé à Montréal en septembre 1990 un Centre de recherche interuniversitaire en analyse de discours et sociocritique des textes (C.I.A.D.E.S.T.). Il a été conçu et fondé par Antonio Gómez-Moriana, Régine Robin et moi-même. La création de ce Centre s'est appuyée sur une perception de l'évolution actuelle dans le domaine des lettres et des sciences humaines, tout particulièrement sur le développement considérable que l'analyse de discours est en train de prendre, au carrefour de nombreuses disciplines jusqu'ici cloisonnées. Elle se justifie également par la présence à Montréal et dans la région d'un nombre de chercheurs reliés à cette tradition nouvelle, qui ont une activité soutenue et originale, qui, pour certains, ont acquis une réputation internationale, mais qui cependant n'avaient pas encore trouvé le lieu institutionnel qui leur permette de confronter leurs méthodes, de se regrouper et de faire, peut-être, de notre ville un centre de rayonnement dans le domaine dont je parle [1].

S'il faut chercher à justifier à la fois de façon générale et dans la conjoncture intellectuelle des années 1990, la mise sur pied d'un centre de recherche en analyse du discours — je parlerai plus loin de l'« interface » analyse du discours/sociocritique littéraire —, c'est

---

1. Le présent texte est composé à la fois de thèses et de projets collectivement élaborés par les trois fondateurs du C.I.A.D.E.S.T. et, d'autre part, de convictions et de réflexions qui me sont personnelles et auxquelles il est possible que R. Robin et A. Gómez-Moriana n'adhéreraient pas sans réserve. Les convictions que je vais exposer quant à la nature de l'analyse du discours et sa disjonction, je dirais même l'antagonisme de démarche que je perçois avec les approches linguistiques, celles qui partent de l'objet « langue », ces convictions et ces thèses ne sont aucunement partagées par mes co-fondateurs et ne le sont pas nécessairement par d'autres membres encore du C.I.A.D.E.S.T. Elles sont justement un enjeu de débat et c'est certainement fort bien ainsi !

sans doute que l'intérêt qu'il y a à analyser les discours est une évidence dans la vie intellectuelle de cette fin de siècle poststructuraliste, mais une évidence qui prête à tous les éclectismes flous — « discours » pouvant désigner à peu près n'importe quoi, et tout commentaire ou glose et conjecture pouvant se baptiser « analyse ».

Tout le monde fait de l'analyse du discours: c'est-à-dire que tout le monde — monde savant ou monde ordinaire — est sensible, au moins occasionnellement, aux usages socialement réglés du langage, aux visions du monde qu'il peut exprimer ou qu'il fait passer plus ou moins en fraude (et parfois, semble-t-il, à l'insu de celui ou de celle qui parle), aux manipulations psychologiques qu'il permet, aux variations, parfois soudaines ou en tout cas observables sur la courte durée, d'« acceptabilité » de certains mots, de certains procédés argumentatifs ou « oratoires », de certaines images ou de certaines expressions, aux effets d'évidence et de « bon sens » que les usages institués du langage procurent et dont la lecture occasionnelle d'un journal d'il y a vingt ou trente années montre, avec le recul du temps, toute l'étrangeté et l'arbitraire. Étrangeté et arbitraire qui devraient faire sentir ou pressentir, par conséquence logique, toute l'étrangeté future (et parfois l'odieux ou la niaiserie) de *nos idées* à la mode, de *nos phraséologies* dominantes et des évidences de langage dans lesquelles l'hégémonie culturelle de notre époque nous fait baigner.

Mais enfin, si la plupart des chercheurs dans les sciences historiques et sociales font de l'analyse de discours par la force des choses, par la nature même du matériau sur lequel ces chercheurs travaillent, des archives orales ou écrites qu'ils interrogent, tout le monde ne fait pas de l'analyse du discours *en le sachant*. Il s'en faut en effet que tous les chercheurs dans les sciences de l'homme soient sensibles à la particularité et à la matérialité du fait *discours*, à son caractère littéralement « incontournable » pour qui prétend penser le social et l'historique. Beaucoup traversent, peut-on dire, les échanges de parole ou les pages écrites sur lesquelles ils travaillent pour y trouver avant tout des « informations », des données sur le monde empirique, sur le monde *dont ça parle*, et sans bien percevoir que le texte examiné (ou l'enregistrement) est tissu de mots, d'expressions, de manières de dire, de jargons et de styles, de stratégies pour convaincre ou pour narrer qui ne vont pas de soi, qui ne sont aucunement universels ni naturels, qui sont propres à l'institution, à la culture, à l'identité sociale ou socio-sexuelle dont le locuteur ou le scripteur sont à un moment donné les *porte-parole*. Beaucoup ne perçoivent donc pas, dans ces « manières de dire », un ordre de faits socio-historiques propre duquel les « informations » et les « données » prétendues sont d'ailleurs inséparables.

D'autres chercheurs au contraire voient depuis plusieurs années dans les discours, dans les façons instituées de se servir du langage (ou de subir à travers ses usages imposés l'épreuve sociale de la « servitude volontaire »), dans les manières langagières de connaître le monde et de se connaître soi-même sur le marché des identités sociales, un ordre propre, un ensemble corrélé et « co-actif » de faits qui ont une relative autonomie et qui appellent par là la constitution d'un corpus d'instruments d'analyse et d'interprétation. De ces derniers, on peut dire — sans éclectisme abusif et qu'ils se réclament d'ailleurs ou non de la désignation — qu'ils font de l'analyse du discours.

Ce domaine transdisciplinaire s'est beaucoup développé depuis vingt ans. Il a cherché constamment, avec des succès durables et des échecs, de fausses issues et des synthèses hâtives, à faire converger sur l'objet *discours* un large ensemble de démarches heuristiques et de moyens d'analyse, venus sans doute (et parfois *a contrario*, c'est-à-dire contre la problématique dominante de cette discipline) de la linguistique, mais en fait aussi de nombreuses autres traditions des lettres et des sciences humaines. Et cette convergence seule, portant sur un objet pourvu d'une réelle spécificité et d'une réelle consistance, n'est pas de l'ordre de la vaine conjecture syncrétique, fait de l'analyse du discours un des secteurs les plus intéressants et les plus prometteurs des sciences de l'homme, un des secteurs les plus dynamiques aussi comme en témoigne une bibliographie de plus en plus abondante et de nombreuses publications périodiques. L'analyse du discours forme aussi pour les disciplines au point de convergence desquelles elle se développe un lieu de renouvellement des problématiques et de réorientation féconde des intérêts.

On pourrait commencer par énumérer de façon désordonnée et éclectique les diverses méthodologies dont la confrontation ou la coexistence délimitent le champ intellectuel de l'analyse sociodiscursive: analyse de discours proprement dite, dans ses traditions française ou allemande notamment, protocoles multiples d'analyse des textes par ordinateur, *discourse analysis* de tradition anglo-saxonne et ethnométhodologie de la communication orale, travaux de logique naturelle, linguistique du texte, pragmatique et théorie de l'énonciation, théorie de la présupposition et de l'implicite, lexicologie et lexicométrie, sociolinguistique en certaines de ses démarches, socio-sémantique, sémiotique textuelle, rhétorique de l'argumentation, narratologie, typologie et histoire des « complexes discursifs » (P. Tort), épistémologie (lorsqu'elle consent à s'arrêter à la matérialité des textes savants et à leurs conditions de production et de diffusion), « publicistique » (pour emprunter à l'allemand) et analyses des contenus de presse, théories et sociologie de la communication et de la « sphère publique », traditions, diversement marxistes, de l'*Ideologiekritik*, sociocritique des textes littéraires, analyse interdiscursive et intertextuelle, analyses cognitivistes du langage...

Au contraire du vieil adage, « Abondance de biens ne nuit pas », une telle situation risque de conduire à bien des confusions ou d'inviter au syncrétisme sans principe. C'est à une critique en toute clarté et en toute rigueur des hypothèses et des concepts que l'état des choses, complexe, confus mais «prometteur», doit nous inviter au contraire. Mon énumération n'est pas en effet une invitation au syncrétisme brouillon; elle reconnaît simplement le caractère multiple et même hétérogène des traditions — les unes millénaires comme la rhétorique de l'argumentation et celle des figures et des tropes, les autres de formation toute récente — qui interrogent le langage en tant qu'il est utilisé dans des conditions institutionnelles et sociales, en tant qu'il sert à « schématiser », à mettre en arguments et en narrations la ou plutôt les façons dont une société se connaît et en tant qu'il remplit des fonctions sociales.

Il ne s'agit donc pas d'accueillir éclectiquement et indifféremment cette grande diversité et la diversité plus grande encore sans doute, de visées, de finalités et d'intérêts des différents chercheurs. Au contraire, il convient non seulement, dans la période actuelle de rapide développement, de recenser et de comprendre cette multiplicité de logiques intellectuelles, mais de poser un certain nombre de principes heuristiques qui, sans prétendre mettre tout le monde d'accord, confèrent une consistance à l'objet *discours*.

Cet objet est en effet interdisciplinaire, je l'ai suggéré depuis le début, dans le sens d'abord qu'il reflète, dans la dispersion même des démarches qui prétendent l'aborder, le cloisonnement arbitraire des disciplines instituées dans le champ universitaire. Les chercheurs qui se réclament expressément de l'analyse du discours se rencontrent selon les cas dans des départements de linguistique, de sciences sociales et politiques, d'histoire, de philosophie, de sciences de la communication ou (comme c'est mon cas) d'études littéraires. Ils sont venus à l'analyse du discours par des voies diverses; ils ont construit leurs paradigmes d'analyse à partir de traditions hétérogènes, ou du moins peu accoutumées à confronter leurs démarches; ils les ont intégrés à des disciplines qui entre elles dialoguent toujours peu ou mal.

Cette diversité cependant ne fait que refléter la multiplicité parfois antinomique des traditions et des visées dans cette vaste querelle de famille que sont les sciences historiques et sociales à la fin de ce siècle. Et c'est sans doute parce que l'objet *discours* est désormais situé en position centrale et « incontournable » dans ces sciences de l'homme, parce que tout leur questionnement passe par lui, que toutes leurs réévaluations tiennent depuis vingt ans à la façon dont il est pris en compte et mis en place, qu'autant et plus qu'ailleurs ses traditions d'analyse semblent rassembler, dans une certaine cacophonie, un grand nombre de terminologies, de démarches et de visées particulières.

Il me paraît évident d'abord que certains cloisonnements des questionnements, certaines spécialisations des paradigmes d'analyse qui persistent sous la forme de secteurs enfermés sur leurs particularités heuristiques n'ont pour effet que de démembrer le fait *discours* en différents aspects qui, pour faire sens, ne devraient pourtant être abordés que de manière convergente et concomitante. Qu'est-ce qui justifie de limiter l'examen de corpus socio-historiques aux seuls faits de lexicologie ou aux seules données narratologiques, ou encore aux éléments argumentatifs/rhétoriques qu'un ensemble de textes peut recéler ? Il me semble qu'il y a un *a priori* injustifiable à prétendre séparer les faits de logique « informelle » (exclusivement étudiés par les uns) des faits de lexique, de pragmatique, de composition argumentative ou narratologique, et des données sociologiques, dès lors qu'un complexe discursif, ce sont également des agents, des vecteurs et relais de communication, des institutions, des fonctions légimatrices, identifiantes, mobilisantes remplies. Tronçonner, diviser ceci qui forme un tout en des secteurs problématologiques renfermés sur leur spécificité technique, revient finalement à renoncer à voir le discours comme fait global de pragmatique socio-historique.

Prenons le cas du redéploiement plein de succès des études rhétoriques, particulièrement marqué en Amérique du Nord. Ces études tendent fréquemment à se refermer (conformément peut-être à leur tradition séculaire qui avait fait mourir l'ancienne rhétorique d'enflure taxinomique, *transiit classificando*) sur des typologies techniques et minutieuses, mais surtout purifiées de toute complexité sociale.

Disons-le donc en passant: 1. Il n'est pas d'analyse de discours possible sans prise en considération des argumentations, des tactiques persuasives. 2. D'autre part, il n'est pas de théorie de l'argumentation qui puisse subsister isolément, dans une autonomie heuristique suffisante ; l'analyse argumentative est inséparable de l'ensemble des faits de discursivité, comme elle est inséparable du dialogisme interdiscursif, de l'immersion des textes dans le discours social de son temps comme espace problématologique et de l'analyse herméneutique, c'est-à-dire celle de la constitution du texte lu comme stratification de niveaux de sens et comme potentiel de requestionnements infinis [2].

---

2. L'ancienne rhétorique avait bien senti que persuader relève aussi de l'ordre du pathos, de l'inscription discursive des passions. Herman Parret a eu raison de faire retour dans un ouvrage récent sur cette théorie classique des passions dont la connaissance était nécessaire au rhéteur. Mais il n'y a pas que cette vieille (et suspecte) complémentarité entre passion et raison. La fonction persuasive excède de loin le recours à des manipulations pathétiques et à des raisonnements plus ou moins présupposés ou inférables ; son analyse requiert une théorie globale des schémas cognitifs et « pathétiques » inscrits dans les textes, théorie qui englobe

Et donc en effet, argumentation *et* discours, cela forme un seul ensemble interactif. La principale difficulté dans le domaine des analyses discursives résulte de leur cloisonnement, de leur démembrement actuel en des problématiques trop restreintes pour rendre raison adéquatement des mécanismes discursifs. Les uns travaillent la présupposition dans une autolimitation aux marques linguistiques, laquelle évite de s'aventurer sur le terrain d'une topique et d'une doxa conçues comme des faits sociaux et historiques. Les autres limitent leur intérêt à l'argumentation « en forme » manifeste, comme enchaînement de propositions explicites censées accroître l'adhésion des esprits à une thèse. Les autres renvoient les moments argumentatifs à une « logique naturelle » extriquée des contingences culturelles et sociales. D'autres encore ne voient que des « parcours narratifs », scotomisent la pragmatique comme l'exégétique, assimilent l'ordre de l'argumentable à celui du narrable par un passez-muscade artefactuel qui a pour premier tort de réduire la polyphonie des discours et de fétichiser l'immanence de schémas sémiotiques apparents. Les modèles de type génératif d'analyse du discours, beaucoup pratiqués il y a dix ans, prônaient une réduction du corpus de discours à l'expansion en surface de propositions de base, opération réductionniste parfois clarifiante, mais qui, dans beaucoup de cas, revient à la vulgaire erreur de jeter le bébé avec l'eau du bain.

Il s'agit ici d'un cas particulier des misères ordinaires du travail académique, qui opère souvent le démembrement des totalités socialement pertinentes, la réduction doctrinaire, qui se donne pour naturelles des autolimitations qui visent à aseptiser l'objet d'étude, à le réduire à une entité technique, chimériquement homogène, et rendue idoine par le fait même à des manipulations mécaniques. En ce qui touche aux analyses des lexies persuasives ramenées à une typologie des arguments en forme manifeste, la critique de cette démarche est aisée; elle se base sur la discordance communément admise entre «argumenter» (comme stratégie discursive) et «persuader» (comme fonction illocutoire). En effet, si l'acte d'argumenter a pour visée pragmatique immanente la fonction de persuader ou, plus vaguement dit, d'augmenter le probable d'une thèse, tant s'en faut qu'on persuade avec seulement des arguments. On ne persuade pas d'abord avec des arguments exprimés en forme manifeste: le rhéteur ni le politicien ou le journaliste ne font constamment de syllogismes en trois points. Mais encore, on ne persuade pas seulement avec des enthymèmes, c'est-à-dire avec des énoncés qui peuvent être connus

---

toutes les schématisations et les dérivations dont les discours sont les moyens — théorie qui englobe donc linguistique, rhétorique, psychagogie, gnoséologie, narratologie, pragmatique, doxologie et herméneutique. Voir Herman Parret, *Les Passions*, Bruxelles, Mardaga, 1986.

dans le système culturel comme les conclusions de syllogismes implicites inscrits dans l'interdiscursivité.

Les faits de raisonnements et d'argumentation, justement parce qu'ils sont centraux, s'enclenchent sur la totalité des opérations linguistiques, discursives, cognitives, et interdiscursives par lesquelles du sens se produit dans un texte. Pas de rhétorique sans topique, c'est-à-dire, en termes modernes, sans une histoire du discours social, de la production historico-sociale du probable, de l'opinable et du vraisemblable. Pas de rhétorique ni de dialectique sans analyse linguistique de la réalisation en langage, du présuppositionnel comme de l'inférable et autres implicitations. Pas de rhétorique ni de dialectique séparables d'une narratologie et d'une sémiotique du descriptif, et plus généralement des schématisations qui sous-tendent le discours, et que le discours manifeste en énoncés. C'est dans la cooccurrence du descriptif, du narratif et de l'argumentatif que s'enclenchent les mécanismes de déduction et d'induction mais aussi (en suivant Peirce et Eco) de l'abduction à l'origine de tout processus intellectuel, puisqu'il s'agit de « cadrer » des faits hétérogènes en une coïntelligibilité d'ordre nomothétique, paradigmatique ou séquentielle[3].

Georges Vignaux, dès ses premiers travaux de théorie du discours a développé des concepts (schématisation, présentation, « micromonde ») qui visaient à intégrer pleinement l'argumentatif dans tous les autres dispositifs de modélisation qui font du discours un instrument cognitif dans sa particularité culturelle et historique[4].

Il ne faut pas chercher à tout prix le consensus et la bonne entente, ni aplanir les différends (qui peuvent être fructueux). Les conceptions que je vais exposer maintenant et qui aboutissent, si on simplifie, à faire de l'analyse du discours non pas le prolongement dans l'ordre de la *parole* de la linguistique de la langue, mais une approche à la fois

---

3. Enfin, la dialectique (au sens d'Aristote) est dialogique : l'énonciateur se construit un destinataire, mais aussi des adversaires, des témoins, des autorités, des objecteurs, et des interlocuteurs. Tout débat d'idées suppose non un espace vide où construire une démonstration, mais l'intervention dans un discours social saturé, cacophonique, plein d'idées à la mode, de préjugés, de platitudes et de paradoxes, où tous les arguments possibles sont déjà utilisés, marqués, interférés et parasités. Si, comme le pose Michel van Schendel, « l'idéologème est un quasi-argument » (voir, ici, sa contribution, « Idéologème et poétique ») on peut retourner la formule en rappelant que tout argument est un idéologème, un énoncé qui recèle des marques et des enjeux sociaux ; même les topoï quasi universels du type *Is fecit cui prodest* varient culturellement dans l'usage qui peut en être fait, dans les contraintes qui règlent leur invocation et leur acceptabilité. Les topoï des pragmaticiens — Anscombre, Ducrot, Berendonner et al. — sont des faits socio-discursifs, mais partiellement aseptisés par des linguistes peu soucieux de s'aventurer dans la jungle idéologique, choisis banals et « innocents » et réduits à des schémas formels.
4. On pourra se rapporter aussi à l'ouvrage essentiel de Georges Vignaux, *Le Discours, acteur du monde*, Gap, Orphys, 1988, ouvrage où les thèses que je mentionne sont excellemment développées et illustrées.

inverse et antagoniste de la linguistique, ces conceptions sont loin de rallier mes collègues et particulièrement les co-fondateurs du C.I.A.D.E.S.T. Il s'agit cependant, de mon point de vue, de thèses qui devraient former pour les analystes du discours leurs *lieux communs*, ces *topoï* à partir desquels les débats sur les fins et les moyens peuvent être bénéfiques et s'arbitrer rationnellement.

Dans ce qui se dit et s'écrit dans une société, le chercheur, l'analyste du discours va travailler à décrire et à rendre raison de *régularités*. Il va chercher à comprendre celles-ci comme ne résultant ni de l'usage personnel que les individus font du langage, ni de la langue comme code universel, code transcendant justement la diversité sociale et ses pratiques, ni directement et sans médiation de ces autres régulations universelles que serait par exemple la logique naturelle.

Dans les schématisations qui, à travers l'usage social du langage, narrent, argumentent et « performent » et qui, dans un état de société, sont dotées d'intelligibilité, d'acceptabilité, qui y remplissent des fonctions et recèlent des « charmes » particuliers, l'analyste de discours voudra déceler des fonctions et des enjeux sociaux. Les pratiques discursives sont des *faits sociaux* et, partant, des faits historiques. Ceci me semble le premier axiome. Ce qui ne veut pas dire que ces pratiques soient réductibles à du collectif, à du statistiquement répandu. Ce qui n'exclut pas non plus la recherche d'une anthropo-logique. Les pratiques discursives sont des « institutions sociales » et, dès lors, leur autonomie relative, leur spécificité ne se détachent qu'à l'horizon de l'ensemble des faits historiques et sociaux. Si, de façon éminente, la linguistique, mais aussi la logique et la théorie de la connaissance, sont indispensables à l'analyste, l'analyse du discours est d'une certaine manière antagoniste de la conception linguistique de la *langue* comme d'un système dont les fonctions sociales doivent être neutralisées et scotomisées. L'analyse du discours travaille directement sur la division du travail symbolique et, selon sa démarche, il n'y a pas des « sujets parlants » socialement abstraits qui parleraient « français », par exemple, avec des variations heuristiquement négligeables. Il y a des gens qui — dans des pragmatiques déterminées — parlent en mandement épiscopal, en homélie, en fait divers de journal « tabloïd », en propagande syndicale, en querelle de taverne, en conseil de médecin généraliste, etc.

L'analyse du discours s'intègre ici de droit dans l'ordre général des sciences sociales. Loin du « textocentrisme » qui a été un effet de mode intellectuelle des vingt dernières années dans les études de lettres et même en philosophie et en historiographie, l'analyse du discours pose comme principe heuristique la nécessité d'appréhender globalement les formes, les contenus et les fonctions, ce qui se dit, la manière dont cela se dit, qui peut dire quoi à qui et selon quelles fonctions apparentes ou occultes, en occupant quelles positions et avec quels résultats socialement probables. Second axiome donc : ce principe selon lequel les pratiques de langage forment des totalités fonctionnelles (ce qui revient toujours à dire sociologiquement : en partie dysfonctionnelles), — qu'on peut analyser sans doute selon des points de vue divers, mais dont on ne peut dissocier radicalement la globalité même.

L'objet *discours* ne se confond pourtant ni avec ses conditions de production et ses déterminations (contextes historiques au sens plus ou moins large; conditions socio-institutionnelles), ni avec les champs d'idées et de concepts à partir desquels il se définit (histoire des idées, analyse des idéologies, analyse de contenu), ni même encore avec l'ensemble des pratiques signifiantes qui structurent le champ social (sémiotique générale, sémiologies diverses, kinésique, etc.). Les chercheurs en analyse du discours postulent que l'émergence de notions, de syntagmes, de locutions, d'éléments langagiers composés, l'évolution de ces éléments, leurs oublis et leurs reprises dans des conjonctures diverses, leurs transformations sémantiques enfin, obéissent non seulement à des périodicités qui leur sont propres, mais encore, ils ne reflètent pas tout de go les déterminations lourdes qui à certains égards les engendrent, pas plus que les règles de la langue qui à d'autres égards les contraignent.

À première vue, la vaste rumeur des paroles et des discours qui coexistent et interfèrent dans une société, donne l'impression à la fois du brouhaha, du tohu-bohu et d'une diversité non maîtrisable de jargons, de styles particuliers et de fonctions remplies. Cependant l'analyste du discours, quand bien même il travaille d'ordinaire sur un objet circonscrit, sait que le produit social global des *dicibles* et des *scriptibles* forme un ensemble en interaction. Les discours sociaux ne sont pas *juxtaposés* les uns aux autres en «genres» et secteurs indépendants, ils ne sont pas non plus aléatoires et contingents à des moments de communication. Ils forment dans un état de société un système composé, interactif, où opèrent des tendances hégémoniques et où se régulent des migrations. L'analyse du discours, dans son ordre propre, semble conduire à une reconquête de l'idée de totalité ou y inviter, — ce qui ne veut pas dire à une recherche exclusive de l'homogène, du stable et de l'hégémonique, mais une totalité qui intègre le labile, l'émergent, le mouvant et l'antagoniste.

Je voudrais signaler au passage que mes recherches personnelles depuis dix ans visent justement à prendre «à bras le corps», à chercher à interpréter globalement tout ce qui se dit et s'écrit dans un état de société[5]. Mon objet d'étude qui, dans son autonomie relative

---

5. On pourra se reporter à certains de mes livres récents, *Le Cru et le Faisandé. Sexe, discours social et littérature à la Belle Époque* (Bruxelles, Labor, 1986); *Le Centenaire de la Révolution* (Documentation française, 1989); *Ce que l'on dit des*

en culture, forme une entité propre et un champ global d'interaction, c'est le discours social tout entier dans la complexité de sa topologie, de sa division du travail. Ce n'est que dans l'appréhension globale du discours social que peuvent, à mon avis, se réconcilier avec un certain degré d'objectivation et de « démonstrabilité », les trois étapes traditionnelles de la description, de l'interprétation et de l'évaluation des « manières de dire », des pensées, des écrits, et des genres et discours qui coexistent et interfèrent dans une culture donnée. Le discours social apparaît comme un dispositif problématologique, fait de leurres, d'énigmes, de dilemmes et de questionnements. Ce vers quoi il faut aller aujourd'hui — au-delà des constructions élitistes de l'histoire des idées et des interprétations mécanistes de la critique « idéologique » — c'est vers une théorie et une histoire du discours social, et la tâche que je me donne est de contribuer à cela, renonçant par là volontiers aux blandices du « texte pur » et concevant la tâche du doxographe, du critique socio-discursif, comme de caractère fondamentalement historiographique et sociologique.

L'analyse du discours, en domaine francophone, s'est à l'origine donné pour objets ces discours du domaine public, politiques, propagandistes, publicitaires, journalistiques —, tandis qu'en domaine anglo-saxon c'est sur l'oralité, le conversationnel qu'on voulait d'abord travailler. Tout se passait alors comme si l'analyse du discours s'emparait, avec des exigences de rigueur et de méthode, de secteurs triviaux, laissés en déshérence, loin des nobles domaines traditionnellement investigués, les genres littéraires, les doctrines philosophiques, les écrits scientifiques. Mais ce point de départ, celui des échanges quotidiens, de l'opinion, de la doxa, de l'idéologie au sens frustre et direct, de la manipulation sociétale et de l'industrie de la communication langagière qui n'était ni sublime ni éthéré était sans doute, d'une certaine manière, le bon. Celui qui allait justement permettre de réintégrer ultérieurement dans une interrogation globale, les champs discursifs *ésotériques*, nobles et légitimés, et de se demander : comment une société se connaît-elle, et objective-t-elle en langage cette connaissance et les intérêts conflictuels dont elle est chargée ? Tel est globalement notre objet.

C'est parce que tel est notre objet que je crois, avec beaucoup de chercheurs à Montréal, qu'il importe d'intégrer aujourd'hui au champ de l'analyse du discours le seul domaine qui semble jusqu'ici abandonné à ses seuls « spécialistes », la littérature. Nous partons de la thèse qu'il y a lieu de constituer en objet de savoir spécifique et de

---

Juifs en 1889 (Presses universitaires de Vincennes, 1989, 2ᵉ éd.); *Topographie du socialisme français, 1889-1900* (*Discours social / Social Discourse*, Université McGill, Montréal, 1989); *1889. Un état du discours social* (Longueuil, Le Préambule, coll. « L'univers des discours », 1989).

soumettre à une méthodologie globale la totalité des discours et des genres qui circulent dans un état de société, tant littéraires que journalistiques, politiques, savants, etc. De là l'articulation essentielle dans la désignation même du C.I.A.D.E.S.T., entre une analyse des discours et une sociocritique des textes, orientées vers les formes esthétiques. Nous prétendons intégrer à l'examen, dans leur grande diversité historique et culturelle, les textes et les genres que l'on nomme *littéraires*. La « sociocritique des textes », telle qu'elle s'est développée d'abord dans les années 1970 autour de la revue *Littérature* (Paris) et des premiers articles de Claude Duchet, se donnait pour programme de rendre raison de la « socialité » des écrits littéraires en n'isolant pas ceux-ci, dans leur aspect formel, du contexte culturel et discursif global dans lequel ils s'inscrivent ; elle se demande comment le texte littéraire devient un objet social et quelles fonctions sociales il assure.

> De la sociologie de la littérature à la sociologie de l'écriture, de l'interrogation sur la valeur d'échange des productions esthétiques au questionnement sur leur valeur d'usage, de la recherche des positionnements d'écrivains dans le champ littéraire et de la modification des genres que cette quête entraîne, ou des multiples inscriptions du discours social dans la fiction à l'analyse des processus de textualisation spécifiques et à l'étude de ces formes comme objet d'une histoire de l'imaginaire social ; c'est tout le déplacement opéré par la sociocritique, toute son ambition [6].

C'est ce projet sociocritique que nous voulons reprendre et intégrer. Nous ne prétendons pas, faut-il le dire, « déclasser » la littérature, ni traiter un recueil poétique avec le même regard qu'un manuel de cuisine. C'est tout au contraire. Nous demandons de façon concrète et dans des conjonctures culturelles spécifiques : « Que peut la littérature ? » Mais nous souhaitons défétichiser. Défétichiser la littérature, lui demander : « Que peux-tu en travaillant sur le discours social, qu'est-ce que tu connais et exprime qui ne se sait pas ailleurs, qu'est-ce que tu confortes et par aventure qu'est-ce que tu défais ou parviens à problématiser dans les représentations sociales ? » Ainsi donc : analyse du discours *et* sociocritique des textes non pas comme formant *deux* secteurs ou deux centres d'intérêt mais comme unification problématique, comme retotalisation d'un marché culturel interrogé dans sa globalité. Approche intertextuelle et interdiscursive généralisée pour laquelle la pensée de Mikhaïl Bakhtine, interprétée peut-être de façon infidèle à la lettre des écrits du grand penseur soviétique, a été déterminante, pensée de l'*hétérogène* qui demande parfois à être revue et corrigée par Freud, c'est-à-dire par tout ce qu'il

---

6. Régine Robin, « De la sociologie de la littérature à la sociologie de l'écriture ou le projet sociocritique », *Littérature*, n° 70, mai 1988, p. 109.

apporte à l'élucidation des mécanismes de l'inconscient: rêve, lapsus, mots d'esprit, déplacement et condensation. Si les textes, littéraires ou non, se réfèrent au *réel*, cette référence s'opère dans la médiation des langages et des discours qui, dans une société donnée «connaissent» différentiellement et même de façon antagoniste le réel duquel je ne puis rien dire antérieurement aux diverses manières dont il est connu [7]. Sans une théorie et une pratique d'analyse du discours social, lequel est bien plus et autre chose que l'intuition qu'on en a, il n'est guère possible d'aborder le domaine littéraire tout de go, sans tomber dans l'*a priori*, l'intuition incontrôlée, l'imputation aux caractères formels de l'objet des fonctions interdiscursives du texte.

Seuls se récrieront devant ce projet d'intégration, ceux pour qui le texte littéraire, «pur» et autotélique, ne doit être que le prétexte à des gloses infinies qui servent d'*alibi*, de rêve banal d'échapper à la pesanteur sociale [8]. Au reste (faut-il le redire?), le texte littéraire, comme essence, n'existe pas. Et les formalistes russes eux-mêmes le savaient bien. Il y a en abondance des traits de littérarité, et de la polysémie dans des énoncés et textes qui ne relèvent pas du champ littéraire [9] — dans des slogans politiques par exemple selon l'exemple fameux de Roman Jakobson sur «*I like Ike*». La «littérarité» d'un texte tient largement à une attitude de réception, on peut lire avec une attitude littéraire un fait divers du journal, une certaine lecture métamorphosera ce fait divers en texte littéraire. L'intérêt, le plaisir que l'on peut tirer d'un texte littéraire ne tiennent pas fondamentalement à leurs marques formelles de littérarité, mais à des effets

---

7. Voir mon article avec Régine Robin, «L'inscription du discours social dans le texte littéraire», *Sociocriticism*, vol. I, n° 2, juillet 1985, p. 53-82.
8. Le marché des méthodologies dites «littéraires» est de peu de secours pour disserter de la spécificité, toujours alléguée, du fait littéraire, en ceci que cette spécificité, historiquement variable, et multiple, est fonction de l'économie globale du discours social et ne se comprend pas en termes immanentistes, mais en termes de travail interdiscursif. Au contraire, les méthodologies littéraires sont des méthodologies sociodiscursives, perverties par leur application à un objet fétichisé. Impossible aujourd'hui de travailler à une narratologie en ne se référant qu'aux formes littéraires du récit, de même qu'il est impossible de produire une théorie de la métaphore en limitant ses analyses au domaine des belles-lettres. Il faut pour parler métaphores, parler argot, échange oral, catachrèses, néologies, jargons scientifiques et typologie des discours sociaux.
9. Il est certes possible de donner une définition relative et historique de l'objet «littérature»: c'est alors ce qu'une société en un moment donné a canonisé sous ce nom. Cette production, qui intéresse certains sociologues du «champ littéraire», n'intéresse cependant guère les théoriciens et historiens littéraires. Elle englobe empiriquement tout ce qui a été publié comme de la littérature avec quelques marques de légitimité (statut des éditeurs, réception, comptes rendus), mais justement cette masse, c'est ce dont les études littéraires ne veulent pas s'occuper (des cinq cents romans, des huit cents recueils de vers, des cent cinquante récits de voyage, etc., publiés dans le champ littéraire annuellement en France à la fin du XIXe siècle par exemple).

pathétiques, à des projections psychologiques, à des conjectures exégétiques, à des manipulations cognitives, à l'appréhension de schémas gnoséologiques qui se réalisent peut-être dans les textes littéraires de façon « curieuse », « étrange » et complexe, mais qui ne leur sont pas propres.

Ce qui peut se repérer occasionnellement dans un état de culture ce sont certains écrits — identifiés littéraires ou non — qui secouent l'entropie des « idées reçues » ou qui leur tendent un miroir déformant; ces textes qui inscrivent du discours social et le travaillent. Ce travail sur les discours sociaux n'est pas une tâche transhistorique qui aille de soi, il est toujours problématique et ses stratégies sont multiples, contraintes, et, dans une même société, divergentes par leurs moyens et leurs fonctions. Ce qui peut se repérer encore ce sont certains textes aussi qui cherchent à donner un langage à ces « choses » que les discours canoniques ne verbalisent pas — suivant le principe profondément sociologique que ce qui ne se dit pas n'existe pas. Ces textes *critiques* nous intéressent évidemment au plus haut point si le fait discursif doit en effet s'analyser à la fois comme répétition, redondance, compulsion à redire le déjà-dit, comme pré-jugé et méconnaissance, et comme mouvance, glissements subreptices, ironisation, émergence de logiques autres, émergence (pour transposer Ernst Bloch) du *noch-nicht-Gesagtes*, du pas-encore-dit. L'essentiel pour une herméneutique culturelle consiste à ne pas confondre ces nouveautés et ces ruptures authentiques avec ce qu'offre à tout moment en grande abondance le banal marché de la Nouveauté culturelle (et littéraire), avec ses leurres, ses « retapages », ses révolutions ostentatoires et ses effets de mode, son « toc » conformiste ou anti-conformiste, ses dispositifs de ressentiment et son « décrochez-moi ça » de l'identité ethnique, sociale, sexuelle qui se vend si bien ces temps-ci.

Tels sont, rapidement esquissés, les principes et les hypothèses qui guident la majorité des praticiens de l'analyse de discours à un moment où celle-ci connaît, dans les Amériques et en Europe, des développements nouveaux qui peuvent sembler le signe d'une maturité. Tels sont, sans intransigeance, les perspectives qui guident les membres fondateurs et les collègues qui les ont rejoint au Centre interuniversitaire d'analyse du discours et de sociocritique des textes [10]. Ces principes forment avant tout un terrain de discussion. Je l'ai noté d'emblée et le répète pour éviter tout malentendu:

---

10. Ce centre s'est ouvert sous les auspices des université de Montréal, université du Québec à Montréal et université McGill. Ses bureaux et son centre de documentation sont établis au pavillon Sainte-Catherine [Ouest] de l'U.Q.A.M., 515, rue Sainte-Catherine Ouest. [Adresse postale: C.I.A.D.E.S.T., Bureau X 3605, pavillon Sainte-Catherine Ouest, U.Q.A.M., C. P. 8888, succ. « A », Montréal, Québec, H3C 3P8. Téléphone: [1-514] 987-7719. Télécopieur: [1-514] 987-3523. Courrier électronique: CXMA@MUSICA.MCGILL.CA].

certaines des thèses que j'ai développées ici nous mettent tous d'accord, d'autres font l'objet de vigoureux débats et nul ne se plaint de cette situation complexe mais prometteuse. Sans renoncer aux remises en question, nous voulons aussi nous tourner vers l'immensité des tâches, vers le nombre de questions qui demeurent inabordées, inexplorées. L'analyse du discours en conjonction avec la sociocritique littéraire semble appeler une théorie générale des pratiques discursives, laquelle permettrait de comprendre quelles fonctions remplit la totalité des formes langagières par lesquels la société se connaît et se méconnaît. Il faut se méfier cependant de ces synthèses « à grandes enjambées » à quoi semble se prêter particulièrement l'étude de la culture et celle des conjonctures intellectuelles — autant qu'il faut redouter, je crois, l'*enfermement* de la recherche dans des problématiques idéalement minutieuses et pointues où la complexité du monde social se trouve en quelque sorte *aseptisée*.

L'analyse du discours ne recèle pas le trésor caché d'une grande théorie globale ou d'une méthodologie unificatrice. Mais il converge vers elle un immense potentiel de notions et d'approches des pratiques de langage et d'écriture. Ce potentiel doit être dominé par quiconque cherche à considérer l'immense rumeur de ce qui se dit et s'écrit dans une société — de la propagande politique et syndicale aux prononcés juridiques, de la chansonnette commerciale aux textes savants ou philosophiques, du slogan publicitaire au texte littéraire d'avant-garde, de la conversation de bistrot aux débats des colloques universitaires. Parce que ce qui se dit n'est jamais aléatoire ni « innocent »; parce qu'une querelle de ménage a ses règles et ses rôles, sa topique, sa rhétorique, sa pragmatique, et que ces règles ne sont pas celles d'un mandement épiscopal, d'un éditorial politique ou de la profession de foi d'un candidat député. De telles règles ne dérivent pas du code linguistique comme tel. Elles forment donc un objet particulier, autonome, essentiel à l'étude de l'homme en société.

L'établissement du C.I.A.D.E.S.T est d'ailleurs motivé, je l'ai dit, par le nombre appréciable de spécialistes et d'équipes de recherche œuvrant dans la région montréalaise dans les domaines de l'analyse du discours et de la sociocritique des textes littéraires. Ces chercheurs trouvent ainsi l'occasion de se regrouper et de confronter leurs problématiques et méthodes. Un certain nombre d'équipes subventionnées d'une part, et de chercheurs autonomes ou de boursiers postdoctorants de l'autre se trouvent d'ores et déjà intégrés au noyau fondateur. Le Centre souhaite s'ouvrir sans exclusive aux chercheurs intéressés, contribuer à la formation d'étudiants, entrer en dialogue et en collaboration avec divers analystes de discours et sociocritiques étrangers dont plusieurs l'ont déjà assuré de leur appui actif.

En plus de son rôle de foyer régional, le Centre se veut un point de ralliement international dans un domaine où il est à peu près la seule institution scientifique de son espèce. Sa position géographique autant que certaines traditions et certains « flux » intellectuels établis mettent le C.I.A.D.E.S.T. en mesure de servir de point d'échange sur l'axe Europe-Amérique et sur l'axe Nord-Sud, en considérant l'importance de l'analyse du discours dans plus d'un pays d'Amérique latine. Le Centre s'ouvre largement aux diverses approches de l'analyse des discours écrits et oraux, pour autant que ceux-ci soient bien appréhendés à la fois comme des faits de langage et des faits historiques et sociaux.

(Université McGill et C.I.A.D.E.S.T.)

Idéologème et poétique

Michel van Schendel

Idéologème, a-t-on dit ? Idéologème, oui. Mais revisité et transformé. La période est peu propice à la revenue des mastodontes et des totalités. On a beaucoup glosé sur l'idéologème. Je ne retiens pas les anciennes suggestions de Julia Kristeva qui, en 1969 encore, en faisait un monolithe textuel; même pas celles de Bakhtine, plus intéressantes, que Kristeva reprenait en sous-main. Je propose une orientation sensiblement différente et, je l'espère, des moyens d'analyse. Déjà publiée sous la forme d'articles et d'essais, et après ajustements de théorie et d'objet, la thèse est la suivante: « *Un idéologème est une unité discursive ou gestuelle à valeur propositionnelle dont les termes formant la proposition sont donnés pour identiques ou équivalents, lors même que les énoncés qui en dérivent sont formellement contradictoires. Il est composable sous l'espèce phénoménale d'un précepte ou d'un jugement apodictique à caractère doxal. Il forme un quasi-argument. L'ensemble des idéologèmes d'un texte est le réseau historisé qui oriente la constitution de ce texte.* »

La définition appelle de premiers éclaircissements. Ceux-ci ordonnent une poétique et ses moyens d'analyse, laissés ici en jachère. Je note point par point les éléments de la définition.

Un idéologème est une unité à valeur propositionnelle

Les apprentissages linguistiques ne devraient pas nous induire à penser qu'il s'agit d'une « unité minimale » comme le sont le phonème non significatif et le morphème significatif. La référence à une signification ou à une non-signification linguistique est ici de nature à entraver une recherche qui requiert néanmoins, mais comme en passant, ce type d'enquête. Les idéologèmes forment des *unités de sens* dont l'expression complexe agrège bien d'autres éléments. Ainsi la figure logique « $p: q$ » exprime une unité de sens. Mais l'emprunt des outils logiques ne facilite pas davantage le parcours. On ne pourrait soutenir, dans ce champ et selon cette instrumentation, que « *p: q* » équivaut à « *p: ~q* ». Et pourtant une construction idéologématique accepte l'équivalence de deux énoncés manifestes tels que « un homme est un homme » et « un homme n'est pas un homme » ou « un homme est une bête ». J'ai vérifié sur un récit, *Agaguk* du romancier Yves Thériault (1958), ce genre d'égalité qui rappelle de très anciens débats scolastiques sur les essences, les substances et les espèces [1]. L'idéologème désigne les éléments d'une proposition. D'une proposition ? Ce n'est pas sûr, non plus. Il vaudrait mieux parler d'une quasi-proposition, d'un *dicent* eût dit Charles S. Peirce. « Un homme est un homme » est un énoncé linguistique décomposable en plusieurs propositions logiques, voire en plusieurs groupes de propositions logiques. L'idéologème-*dicent*, quant à lui, reçoit les fonctions d'un sens doxal ou doxastique que ne recouvrent ni la signification linguistique de ce simple énoncé phrastique, ni le sens logique d'une ou de plusieurs propositions sujettes à vérification. *Mann ist mann*, titre comme on le sait d'une pièce de Brecht, suggère apparemment une évidence que l'histoire du « sens commun » confond avec une définition. Un homme, eh oui ! est un homme, comme deux et deux font quatre et comme la nuit n'est pas le jour. Et pourtant cette évidence n'apporte aucune preuve. Elle peut même accepter un énoncé de sens contraire qui n'est pas mieux vérifiable : « Un homme est une bête », par exemple. Posons la question autrement, par souci conjoint des catégories grammaticales et des orientations logiques : *Mann* est-il un homme, ou tout homme, ou l'homme ? S'il est l'homme, il n'est pas un homme ; et s'il est un homme, comment se fait-il qu'il soit une bête ? Le *dicent*, plus extensif que la proposition, n'a pas nécessairement à répondre à ce genre de question : il est simplement déclaratif, il n'asserte rien. Mais on observera que pour éclairer si peu que ce soit la position distinctive d'un sens doxal, j'ai fait intervenir deux *dicents*. J'aurais pu leur adjoindre un troisième, tel que « l'homme est une pierre », et bien d'autres à la suite, quelque chose comme un argument. L'idéologème, en effet, se développe en réseau et il n'est repérable que dans sa relation au réseau. J'anticipe à peine.

La notion toute relative d'unité de sens élémentaire ou nucléaire demeure utile. Je la préserve, ne serait-ce que pour marquer les limites de l'analyse et l'opposition à toute démesure conceptuelle. Bakhtine, Medvedev, Volochinov, plus tard Julia Kristeva, considéraient légitime l'existence de « l'idéologème de l'œuvre ». Pareille chose est introuvable. Il n'y a pas un idéologème unique, mais de

---

1. Dans « *Agaguk* d'Yves Thériault : roman, conte, idéologème », *Littérature*, n° 66, mai 1987, p. 47-77.

nombreux, d'innombrables idéologèmes qui se construisent en chaînes récurrentes, régulières et correspondantes. Aucun d'entre eux ne peut coïncider avec l'ensemble des phénomènes idéologiques, encore moins, s'il est possible, avec l'entier d'une œuvre ou d'un discours. La confusion instaurée par les premiers découvreurs du terme a longtemps détourné les chercheurs d'un concept mal formé, mal pensé, inapplicable. Si l'idéologème s'identifie à l'œuvre ou au discours, point n'est besoin d'en parler davantage. L'étude des œuvres et l'analyse de discours recourent à des méthodes plus particularisantes et plus efficaces. Mais en Amérique du Nord depuis une décennie, phénomène étonnant de prime abord en cette région du monde et en cette période, quelques indications liminaires de Fredric Jameson, des propositions du sémioticien Pierre Maranda (qui préfère « idéologémique » à « idéologématique », pourquoi pas ?) et les travaux de Anthony Wilden, Marc Angenot, les miens propres, tendent à réorienter le débat.

Une unité discursive ou gestuelle

Envisageons la question sous plusieurs aspects. L'idéologème est de l'ordre du discours. Du discours réalisé ? De l'énoncé discursif ? Oui, sans doute ultimement. Mais des idéologèmes n'apparaissent pas à tout bout de ligne, d'écoute ou de regard à la surface du texte ou de l'énoncé manifeste. Cela est même peu fréquent. Unité analytique, unité abstraite, forme construite de l'évidence doxale, l'idéologème désigne des traits constants dans l'acte de discours plus que dans le discours, dans l'énonciation plus que dans l'énoncé produit qui en retient les traces. Je parle par accord des organes phonatoires que la parole contraste selon des modes différents d'une langue à l'autre. L'idéologème n'est pas là. Je parle d'une langue que je n'ai pas inventée, mais que j'actualise à chaque instant de la parole. L'idéologème commence à poindre. Ce dont je parle, dans la circonstance où j'en parle, échappe largement à ma conscience. Ce que je dis ainsi dans cette circonstance retient des bribes d'énoncés préalables, parfois très anciens, dont je ne connaissais pas nécessairement la préexistence. Je le dis à quelqu'un ou pour moi-même, ou pour l'un et l'autre, et en toute circonstance j'attends un dialogue ou réponds à la circonstance du dialogue. Or l'autre, à qui je parle et qui me parle, tient un propos différent du mien, selon des durées et des hauteurs intonatives distinctes, et pourtant les mêmes restes d'énoncés préalables trament son discours, les mêmes types d'énoncés sentientiels. Chacune de ces traces ne manifeste pas un idéologème, mais elles ont des liens entre elles, un système de renvoi interne ; et si l'on décrit leurs liaisons en circonstance, il est presque sûr qu'un idéologème devient audible. Les idéologèmes ne sont pas des anagrammes au sens saussurien du mot, mais leur mode de dissémination dans l'énoncé latent est très voisin. J'insiste aussi sur la circonstance de l'énonciation, de la coénonciation devrais-je dire, de l'acte de dialogue. C'est la *circonstance d'énonciation* et son rapport à ce que j'appelle la *situation sociale d'énonciation* qui déterminent la formation des idéologèmes. Voilà bien le paradoxe, du moins l'un des paradoxes constitutifs de la doxalité discursive. Chaque acte énonciatif instaure ses propres idéologèmes, parfois les invente, bien que ces molécules de « sens commun » aient déjà une longue histoire au moment de l'interlocution. Des mots agrégatifs et syncrétiques, résumés de quasi-propositions, telle la balance des anciens changeurs, régissent encore la parole des marchés de plein air et le bilan des banques. La substance des scholastes continue d'occuper la linguistique post-hjelmslévienne. Même s'ils intègrent des reliquats de l'histoire des formations idéologiques, voire des fragments de mythes anciens, les idéologèmes conservent une plasticité, une adaptabilité aux circonstances de l'énonciation qui en modifient le sens habituellement latent. J'ai une certaine corpulence, supposons-le, et je marche d'un « pas de sénateur » (le sénateur est un sénateur, il est obèse) en compagnie d'un ami. L'ami, lui-même assez costaud et qui écrase mon épaule en marchant, m'observe et dit: « Ne marche pas comme ça, tu vas perdre l'équilibre. » Il ne se réfère que très indirectement à l'histoire de la balance et de ses avatars lexicaux, balancement, balançoire, balancelle, *balance* en anglais, bilan, *bilancio* en italien. Si je m'adresse, supposons-le encore, à un chimiste, et que je l'interroge sur la composition «des substances organiques du corps humain », je ne lui demande pas de distinguer la substance de l'accident. Il répondra par un autre usage du même mot, celui de matériau, de même époque, ou par un dérivé moderne aux acceptions apparentées.

La circonstance a besoin d'une médiation pour acquérir un sens, une portée modifiante. La situation sociale d'énonciation est ce terme médiat. Les dialogants n'en ont pas une conscience évidente. Diffuse et constamment historisée, elle propage des sédiments, pourrait-on dire métaphoriquement, la possibilité de nouvelles occurrences, assure la transmission d'idéologèmes relativement stables dont le sens varie en conjoncture. Si je dis: « Le drapeau, c'est le drapeau», exemple type d'un idéologème manifeste, ce drapeau n'a pas les mêmes valeurs symboliques qu'un emblème royal au XVIIe siècle — sauf peut-être pour un Anglais monarchiste, et encore ce n'est pas sûr —, mais j'emprunte la même locution conventionnelle. Elle peut recevoir en circonstance bien des orientations. Il se peut que j'énonce cette occurrence d'un ton solennel, j'y crois et j'accentue les hauteurs, ou sur le ton neutre d'un constat, ou au contraire avec une intonation dérisive. Dans ces divers cas de figure, admettons-le, la situation sociale d'énonciation informe l'intonation circonstancielle, l'infléchit. Mais je conserve mon *libre arbitre*, direz-vous, j'ai la faculté de me dresser *seul contre tous* ou contre une opinion dominante. Autres idéologèmes, pareillement transmis par la situation sociale d'énonciation.

Soit dit en passant, la proposition thétique détermine une prise en compte de la circonstance comme phénomène sémiotique. La plupart des sémioticiens européens modernes, Algirdas J. Greimas le premier, jugent la circonstance extra-sémiotique. Umberto Eco (est-ce sous l'influence de Peirce?) s'est efforcé de lui faire une place. Mais ses derniers schémas de la communication, notamment dans *Lector in fabula*, ne parviennent pas à la délatéraliser. Mais n'abandonnons pas le propos dont le souci des circonstances et des situations demeure le fil conducteur.

Trait constant d'un acte de discours, l'idéologème désigne aussi quelques formes gestuelles de cet acte, une proxémique. Lorsqu'il parle, un Italien du Nord a tendance à élever les deux mains à la fois à même hauteur, à délier légèrement les doigts, à saccader un geste qui apporte un supplément de sens à la parole. Un supplément ou un soulignement. Peut-être pas toujours un soulignement, mais chaque fois une itération rituelle et autonome du corps parlant. (On est en droit de penser que l'acte de peindre, de sculpter ou de réaliser un montage cinématographique présente une association étroite avec ce *gestus* du corps parlant, voyant et écoutant, du corps de parole, plus étroite qu'avec l'objet représenté s'il y a représentation d'objet.) Le mouvement itératif et réitératif des mains qui scandent le propos indique la présence d'idéologèmes alternatifs que le seul énoncé verbal ne suffit pas à déceler. Pour reprendre l'exemple initial, je peux énoncer l'idéologème manifeste « Un homme est un homme », *Un uomo è un uomo*, par accompagnement rapide des mains et des doigts. Je peux alternativement, dans une autre circonstance de discours, troubler l'énoncé d'un mouvement plus lent des mains et marquer la finale d'un écartement des deux index. Ce n'est plus alors tout à fait le même idéologème.

Le geste détermine l'*ictus* de l'énoncé verbal lorsque celui-ci ne constitue pas à lui seul, par suite de défaillances syntaxiques ou sémantiques, un sens autonome immédiatement compréhensible. Je n'oublie pas le rôle de l'intonation expressive, ainsi appelée par Bakhtine, ou son ami Volochinov, ou l'un et l'autre. Elle est un geste de la voix. On se souvient du *Journal d'un écrivain*, où Dostoïevski note la controverse de six hommes pris de boisson qui, dialoguant par reprise d'un même mot injurieux de cinq lettres, lui accordent intonativement la valeur d'énoncés opposés. Ce syncrétisme de l'injure avait en l'occurrence une portée idéologématique que l'intonation des uns et des autres infléchissait, dirais-je, en *dicents* doxaux différenciés. Intonation expressive, geste manuel ou digital, posture du corps parlant s'accompagnent et précisent ou modifient ensemble le texte parlé.

L'écriture poétique, pour sa part jamais réductible au texte d'un énoncé parlé, vivifie les traces mnésiques de cette matérialité intonative et gestuelle qu'elle transforme, selon sa prosodie et sa syntaxe, en accents de vers et condensations verbales — accents, condensations, symétries et dissymétries, emplacements soutenant un ensemble homogène qui ne cesse de différencier une unité prétendue. J'ai récemment constaté, à l'analyse de textes québécois de Claude Gauvreau, du franco-belge Henri Michaux[2], l'immanence des idéologèmes dans l'écriture poétique. Dans toute écriture poétique ? Je ne le sais pas encore avec assez d'incertitude, bien qu'il soit possible de convoquer des phénomènes constitutifs et généralisants. L'invention syntaxique, lexicale et phonémique de Gauvreau n'empêche pas, mais au contraire accentue une massivité idéologématique. Quant à l'écriture de Michaux, tout aussi inventive lexicalement mais plus conforme à la phonologie et à la morphologie du français, elle traite les idéologèmes, leurs dépôts de forme-sens, avec distance, humour, et dérision.

Équivalence et contradiction

Lorsqu'il se manifeste ou lorsque l'argumentateur le manifeste en paroles, en gestes, voire sans paroles, l'idéologème apparaît comme une quasi-proposition, un *dicent* unissant deux termes dont l'équivalence laisse à décider s'ils sont tautologiques ou contradictoires. Si je dis (et répète, hélas — la complexité des formes simples exige leur répétition): « Un homme est un homme », il semble à première écoute, en fonction de la copule attributive, que le deuxième terme /*Un homme*/, prédicat du premier ou simple rhème au sens de Peirce, soit le double identique du premier. Le même homme ? Cela n'est pas si sûr. Il se pourrait qu'un homme soit un autre homme, qu'un X soit un Y, que l'indistinction appellative confonde deux individus différents. Ceci pour une raison peut-être trop évidente: la circonstance et la doxalité de cet énoncé manifeste n'accordent pas à l'indéfini « un » la marque d'une singularité existentielle quelconque, d'une différence entre un homme et un autre. L'indéfini prend la valeur du défini « le ». Un homme devient l'équivalent de l'homme. L'élision de l'article dans l'énoncé « *Mann ist mann* » souligne précisément le passage à cette équivalence. Mais tandis que le système de l'allemand distingue *mann* et *mensch*, le français n'attribue qu'une seule entrée lexicale aux deux sens. On change alors de terrain, on passe à la généralité du genre humain. Et ce genre inclut hommes et femmes. Un quiproquo devient possible. Si « un » désigne autant l'indéfini que le défini, et si « homme » signifie « genre humain », on peut admettre « un homme est un homme et une femme », ou pour la concision d'un cas limite

---

2. Ces travaux sont à paraître.

« un homme est une femme ». La chose est improbable, abstraction faite des transsexués et des comportements dits efféminés, et sauf si l'on envisage un rapport métonymique entre les deux termes ou encore une part taoïste de yin et de yang chez les individus de l'un et l'autre sexes. Mais l'expérience habituelle des sujets singuliers la rend communément peu acceptable. Il n'en va pas de même pour l'idéologème. « Un homme est une femme » a autant de pertinence que « un homme est une pierre ». Ces deux unités assignent, tout notamment, une légitimité à la fiction, prose narrative ou poème, dont l'une des tâches paradoxales est de généraliser ce qu'elle particularise, trace de rêve ou dépôt historisé d'une forme-sens parfois archaïque.

Selon une vieille tradition logique, certes, de tels énoncés ne sont pas recevables, à moins que ne soient précisées et transigées dans un langage modélisant les conditions hypothétiques de leur recevabilité, des « si », des « pour autant que », voire des existants, ou leur équivalent axiomatique. Il s'ensuit d'ailleurs que plusieurs propositions logiques interviennent quand le texte manifeste n'en propose qu'une seule. Mais une ancienne règle encore présente veut que, si les conditions ne sont pas précisées ou précisables et vérifiables en un langage artificiel approprié, la confusion de deux termes distincts offre une contradiction; il faut exclure celle-ci.

Point de contradiction dans l'idéologème, point de tiers exclu. Toutes les possibilités du sens pratique sont intégrées. Je fais évidemment référence à la distinction que Kant proposait déjà entre contradiction formelle et contradiction réelle. La formelle ne concerne pas l'idéologème qui dispose autrement ses propres formes. Il se laisse au contraire investir d'une contradiction réelle qui, le soumettant aux situations d'énonciation et conservant un même énoncé manifeste, peut orienter celui-ci vers un sens différent, opposé, voire antagonique. Il est donc concevable, et ceci intéresse de près l'histoire des formes littéraires, en particulier celles des oxymores, qu'une même surface textuelle autorise ou intègre son contre-texte, ou devienne son contre-texte, en disséminant, délibérément ou non, des idéologèmes qui s'adaptent à la dialectique du même et du non-même. Alors, tautologie ou contradiction ? Non. Tautologie *et* contradiction.

Un quasi-jugement apodictique

Un quasi-jugement pour au moins deux raisons. Quasi-jugement, de même que les *dicents* sont des quasi-propositions. Quasi-jugement encore, car il ne s'agit pas vraiment d'un jugement évaluatif, lequel est d'ordre argumental et procède de l'enchaînement enthymémathique, épichérématique ou soritique de plusieurs propositions. Il s'agit d'un apodictisme qui, comme on sait, se passe de preuves. Mais cela n'est pas tout à fait certain. Un jugement apodictique dont l'énoncé se passe de preuves est à la limite susceptible d'en recevoir. Les nombreux utilisateurs du nom Socrate et qui assurent en connaître l'histoire savent que Socrate est mortel. Cela va de soi pour eux. Comme tel cet énoncé inclut sa preuve. On peut néanmoins le soumettre à démonstration, puisqu'il sert d'appui à un développement syllogistique *a barbara*. Or, un idéologème manifeste, probablement aussi tout énoncé tautologique, demeure indémontrable selon cette procédure. Qu'un homme qui est un homme puisse se changer en pierre n'est observable et vérifiable que dans les cas-limites des secousses volcaniques et de l'histoire soumise à cette légende (Pompéi). Il faudrait dire: « Un homme est un homme. — Or, les hommes sont mortels. — Donc un homme est mortel. » La preuve tourne en rond, n'apporte aucun supplément d'information, n'est pas une preuve, demeure un faux syllogisme. Tel serait le sort de tout énoncé idéologématique dès lors qu'on tenterait d'en faire la majeure d'un raisonnement.

Non point majeur d'un raisonnement traditionnel ou même rhétorique, mais reste ritualisé d'un argument disparu dont les preuves ne sont plus reconstituables, l'idéologème manifeste se prête aux formes préceptuelles et proverbiales. Leur grande plasticité se plie à toutes les sortes de situations d'énonciation qui en modifient chaque fois l'orientation, bien que cette plasticité préserve une longue stabilité formelle. Les proverbes anglo-normands du XIIe siècle, dont il existe plusieurs recueils fiables, se pratiquent encore dans les campagnes de France et du Québec ouvertes au marché moderne, voire à l'occasion de certaines commémorations urbaines. Ce sont en plus, apparemment, des universaux de langage. Un spécialiste anglo-canadien des proverbes angolais et en langue bakongo m'a montré un jour l'équivalence rythmique et sémantique de très nombreuses sentences angolaises de l'Est avec les échantillons que je lui présentais. Et l'on se souvient du temps peu éloigné où Krouchtchev ponctuait ses discours de proverbes russes ou ukrainiens assez voisins des anglo-normands.

Ceci intéresse également le discours poétique et un apodictisme logiquement indémontrable, mais selon un développement critique délicat qui instaure d'autres types de mise en preuve. Le célèbre vers aujourd'hui classique de Paul Éluard, dans *Capitale de la douleur*: « La terre est bleue comme une orange », éclaire la décomposition analytique possible d'une triple métaphore: /*la terre est ronde comme une orange*/, /*une orange est bleue*/, /*le bleu se substitue à l'orangé qui lui est chromatiquement opposé*/. Un oxymoron syncrétique autorise la métaphore[3]. Les condensations et déploiements du

---

3. Interrogé sur la signification et la quasi-fascination de ce vers, Éluard avait répondu naïvement. Sur sa table de travail, il y avait un plateau de fruits; une orange pourrissait, devenait bleue. La métaphore est chargée de référentialité. Mais la référentialité n'explique pas la métaphore.

texte poétique prévoient la preuve paralogique des idéologèmes dont il détaille le dépôt.

Un quasi-argument

Quasi-proposition indécidable, l'idéologème forme aussi un quasi-argument dans la mesure où, comme on vient de le noter, il n'a pas les qualités de démonstrabilité d'un jugement argumentatif. Mais tout de même quelque chose comme un argument dans la mesure où un idéologème ne se manifeste que dans sa coprésence avec au moins un autre. L'idéologème est de l'ordre d'un « quasi » qui requiert ses propres méthodes d'analyse. Je le construis par référence à une sémiotique peircienne qui accueille une diachronie et un mouvement spiraloïde des interprétants. (Toute sémiotique n'est pas forcément synchronique et anhistorisante.) Parmi les catégories de signes, on le sait, Peirce distinguait au troisième degré le rhème, simple virtualité ou potentialité argumentale, le *dicent* (quasi-proposition déjà évoquée) qui actualise le rhème et lui assigne une place, enfin l'argument abductif, inductif ou déductif, les trois catégories se répartissant entre plusieurs classes possibles, toutes dénombrées d'un multiple mais aléatoires. L'idéologème, s'il était un véritable argument, se trouverait proche de l'abduction, c'est-à-dire de la construction d'une hypothèse dont j'ai montré ailleurs, en deux analyses consacrées à la poésie de Paul-Marie Lapointe et à l'œuvre dramaturgique de Claude Gauvreau[4], qu'elle concerne de plein droit la fiction et le poème, moments argumentaux non spécifiés par Peirce bien que sa théorie de l'abduction permette d'en rendre compte.

L'exemple du vieil Anselme « L'homme est une pierre », qui correspondait selon lui à une « vérité propositionnelle », et que j'interpréterais en une proposition déclarative ayant la valeur d'un idéologème-*dicent*, peut être considéré comme la condition hypothétique d'une abduction, d'une hypothèse instanciée et conclusive, dont le déploiement argumental n'est pas explicite, reste en creux (*si* l'homme est une pierre, *alors* il s'intègre à la métaphore du monde minéral). Cet énoncé d'école, cet énoncé de grammaticien ou dialecticien comme on disait au Xe siècle, autorise par avance un extraordinaire développement de la fiction poétique, très bientôt, deux siècles plus tard, la poésie narrative de Chrestien de Troyes, son exploitation du fonds des romans de la Table ronde. Le terme fiction ne convient d'ailleurs pas. La poésie n'est pas fictice, ni fictive, elle ne fait pas comme si. Elle énonce l'être, le moment de l'hypothèse se confond

---

4. « Paul-Marie Lapointe et la matérialité du poème » et « Eulalie ou la malédiction du tout-à-dire [à propos de Claude Gauvreau] », dans *Rebonds critiques I. Questions de littérature*, Montréal, l'Hexagone, coll. « Essais littéraires », 1992.

avec celui d'une déclaration de l'être qu'elle étend et accroît prosodiquement. De même, l'énoncé-*dicent* de l'idéologème manifeste déclare l'une des possibilités de l'être dont il laisse le développement à d'autres instances.

Car l'idéologème délégué à ces instances argumentales ne forme pas lui-même le lieu d'un argument. Voilà pourquoi le « *quasi-argument* », argument possible et en même temps expression ultime et synchrétique d'un argument de type différent, relevant d'une logique des actes de discours, du πραγμα discursif (πραγμα: l'acte en train de se faire). Tel quel, en tant que *dicent*, quand on parvient à le manifester, il n'est encore qu'une quasi-proposition. Et cette quasi-proposition est syncrétique, elle consiste à réduire à un seul terme cristallisant le sens de l'énoncé possible. Les récurrences et la périodicité du terme ou de l'accent porté dans le texte manifeste aident à repérer la formation des idéologèmes. Voilà pourquoi je suis conduit à rebrousser l'argument peircien sur le *dicent*, et le *dicent* sur le rhème. Le quasi-argument est ce parcours à rebours d'une théorie qui, lacunaire sur ce point comme sur toutes les questions relatives aux formes idéologiques, justifie par avance leur inscription sémiotique.

Un réseau historisé

Un réseau. Il faudrait convoquer la chaîne de Boole, une mathématique des nombres infinis, et plus immédiatement la chaîne peircienne de l'interprétance. Il faudrait aussi expliciter le recours à l'histoire. L'histoire du πραγμα énonciatif en train de se construire et qui inscrit son parcours dans l'histoire longue des énonciations auxquelles ce pragma moléculaire demande un développement, une actualisation, une prise en défaut. Le réseau, en l'occurrence, c'est le clou. Il faut « patience et longueur de temps », ainsi que d'autres apprêts, pour planter le clou dans le bois de chêne. Mais j'ai dépassé l'espace qui m'est alloué pour le planter.

(Université du Québec à Montréal)

Les avant-gardes
et la réécriture de la modernité

Wladimir Krysinski

Comprendre les avatars du discours artistique au XXe siècle présuppose qu'on prenne en considération le sens axiologique du concept même de révolution dans sa double relation à l'avant-garde et à la modernité. Dans cette relation dialectiquement et historiquement posée se relativisent les extrapolations critiques, tout comme se différencie le sens des entreprises avant-gardistes au-delà des manifestes, emblèmes présupposés des avant-gardes. Car les critiques qui ont dénigré les avant-gardes et les ont liquidées ne jurent que par les manifestes et les activités ostentatoires. Toutefois, la pléthore d'oraisons funèbres n'entraîne pas nécessairement le foisonnement des cadavres. Le problème de l'avant-garde est toujours à reprendre, et plus que jamais dans l'aura théorique postmoderne sur le fond des nouveaux parcours que l'entropie universelle a assignés à la locomotive historique. Le renouveau récent des élans révolutionnaires nous laisse entrevoir de nouveaux commencements. Ceux qui ont voulu en terminer avec l'histoire s'aperçoivent qu'elle est en train de se déscléroser. N'en déplaise aux postmodernistes purs et durs, éprouvés par le retour du refoulé, la modernité se portera encore bien pendant des saisons à venir.

Quel type de discours critique a informé la révolution ? Employée par un certain langage critique, la révolution (« dostoïevskienne », « joycienne », « futuriste », « surréaliste », « du langage poétique ») renvoie à des changements supposément radicaux de formes, de discours ou de visions du monde, changements accomplis soit par un écrivain soit par un groupe d'avant-gardistes. Dès lors se pose le problème de l'évaluation du caractère radical de ces changements. Ponctuellement, la critique littéraire emploie des métaphores violentes (« subversion », « rupture », « désarticulation ») ou plus ou moins descriptives (« nouveau », « novation », « transgression »). Or, les récentes théories de la modernité et du postmoderne (Hassan, Lyotard, Vattimo, Scarpetta) remettent en cause la portée révolutionnaire des opérations discursives d'avant-garde, en particulier celles des avant-gardes historiques, ainsi que le bien-fondé d'une activité avant-gardiste aujourd'hui même. Par ailleurs, depuis une vingtaine d'années les différentes théories marquent le caractère aporétique de l'avant-garde (Hans Magnus Enzensberger [1]), la fin de la transgression (O. Paz [2]), le projet cognitif continu en-deçà et au-delà de la « modernôlatrie » (Renato Poggioli [3]). Dans certaines réflexions théoriques on observe que l'activité ostensiblement subversive fait place au caractère inorganique de l'œuvre d'avant-garde (Peter Bürger [4]) ainsi qu'à la persistance de l'avant-garde comme projet révolutionnaire (Sanguineti [5]) ou comme «trans-avant-garde» (Bonito Oliva).

Le problème de la révolution littéraire est donc aporétique à son tour: reconnaître ou ne pas reconnaître certains faits artistiques comme révolutionnaires et irréversibles contre la valeur indécidable des avant-gardes peut relever soit d'un excès de valeur idéologique, soit d'un rétrécissement singulier du champ d'observation.

Lorsque Walter Benjamin souligne le fait que les surréalistes sont les seuls à avoir compris « l'ordre que nous donne le *Manifeste communiste* » et que « l'un après l'autre ils échangent leur gesticulation pour le cadran d'un réveil qui sonne chaque minute pendant soixante secondes [6] », il semble vouloir signifier que la révolution est nécessaire, mais en même temps irréalisable, car la «gesticulation» surréaliste ne peut pas transformer la sonnerie du réveil en un acte réellement révolutionnaire. Toutefois, il convient de remarquer que l'échec de la «révolution surréaliste» n'est pas d'ordre artistique. Il est social et politique. Dans le numéro 5 (15 octobre 1924) de *La Révolution surréaliste*, les surréalistes signent une déclaration-manifeste intitulée «La révolution d'abord et toujours». Ils affirment que « l'idée de Révolution est la sauvegarde la meilleure et la plus efficace

---

1. Hans Magnus Enzensberger, « Les apories de l'avant-garde », dans *Culture ou mise en condition?*, U.G.E., coll. « 10/18 », 1973, trad. par B. Lortholary, p. 342-380.
2. Octavio Paz observe: « Nous sommes aujourd'hui témoins d'une autre mutation: l'art moderne commence à perdre ses pouvoirs de négation. Depuis des années, ses négations sont des répétitions rituelles: la rébellion devenue procédé, la critique rhétorique, la transgression cérémonie. La négation a cessé d'être créatrice. Je ne dis pas que nous vivons la fin de l'art: nous vivons celle de *l'idée d'art moderne* », *Point de convergence, du romantisme à l'avant-garde*, trad. par R. Munier, Gallimard, 1976, p. 190.
3. Renato Poggioli, *The Theory of the Avant-Garde*, New York, Evanston, San Francisco, Londres, Icons Editions, Harper & Row, 1971 (1968), p. 29, 35, 218.
4. Peter Bürger, *Theorie der Avantgarde*, Francfort, Suhrkamp, 1980 (1974), p. 76-80.
5. Eduaordo Sanguineti, « Pour une avant-garde révolutionnaire », *Tel Quel*, n° 29, 1967, p. 76-95.
6. Walter Benjamin, « Le surréalisme », *Mythe et violence*, trad. par M. de Gandillac, Denoël, 1971, p. 314.

de l'individu [7] », mais ils courent à l'échec dans la mesure même où aucune structure politique de l'époque ne garantit cette fulguration de l'histoire, cette émergence de la liberté qui, selon Hannah Arendt, définit la révolution : « L'idée centrale de la révolution est la fondation de la liberté, c'est-à-dire la fondation d'un corps politique qui garantit l'espace où la liberté peut se manifester [8]. » Il faut donc distinguer entre le champ artistique d'une révolution et son champ politique. Il faut déconstruire la métaphore de la révolution. En ce sens Trotsky a raison lorsqu'il essaie de dresser un bilan du futurisme russe en tant que mouvement qui se veut révolutionnaire :

> Dans le domaine de la combinaison des mots aussi bien que dans celui de leur formation, le futurisme est certes allé au-delà des limites qu'une langue vivante peut admettre. Cependant, la même chose est arrivée avec la Révolution, et c'est là le « péché » de tout mouvement vivant. Il est vrai que la Révolution, notamment son avant-garde consciente, fait preuve de plus d'autocritiques que de futuristes. En revanche, ceux-ci ont rencontré une assez grande résistance extérieure et, il faut l'espérer, en rencontreront encore. Les exagérations s'élimineront, et le travail essentiellement purificateur et vraiment révolutionnaire qui s'exerce dans le langage poétique restera [9].

Trotsky ne veut-il pas dire que la violence révolutionnaire dans l'art porte peu de fruits et que ce qui est révolutionnaire dans l'art se réalise dans la longue durée ? En posant le problème des apories de l'avant-garde et des variantes du nouveau, je me propose de théoriser la modernité selon les articulations suivantes.

I. Comme une temporalité double de « courtes durées » (*événement* au sens de Fernand Braudel) et de « longues durées » (*structure*) [10]. C'est la dialectique de l'événement et de la structure qui produit des transformations discursives durables dans le champ de la modernité. La modernité sera donc considérée comme un système transnational d'opérations discursives à vocation polémique et axiologique et dont la transgression ne serait qu'une des facettes. Elle est alors tout à la fois un programme à long terme, une utopie qui contrôle et relativise sa faisabilité, et une structure discursive récurrente, dotée d'un potentiel ironique et dialectique considérable.

II. Comme un système d'invariants poétiques de la subjectivité, de l'ironie, de la fragmentation et de l'autoréflexivité dont la dynamique est variable, mais constante.

---

7. « La révolution d'abord et toujours », dans *La Révolution surréaliste*, n° 5, p. 32, dans *La Révolution surréaliste*, Jean-Michel Place éd., 1975.
8. Hannah Arendt, *On Revolution*, New York, Viking Press, 1965, p. 47.
9. Léon Trotsky, *Littérature et révolution*, trad. par P. Frank, C. Ligny, J.-J. Marie, U.G.E., coll. « 10/18 », 1971, p. 162-163.
10. Fernand Braudel, *Écrits sur l'histoire*, Flammarion, 1969, p. 45 et 50.

Ce système de la modernité permettra d'articuler l'apport des avant-gardes en ce qui a trait aux fonctions axiologiques de la subjectivité, de l'ironie, de la fragmentation et de l'autoréflexivité et d'en évaluer l'irréversibilité et le caractère radical. Repenser aujourd'hui le problème de l'avant-garde sur le fond de la modernité ne peut se faire qu'en déconstruisant le sens du terme qui se joue entre ses extrapolations et ses opacifications. En règle générale les extrapolations banalisent à l'extrême le sens de l'avant-garde, discours et activité excessifs et d'une négativité inconditionnelle. En même temps, il se produit un mouvement contraire, c'est-à-dire une opacification sémantique du terme. Le concept d'avant-garde oscille entre le négatif et l'affirmation d'un projet esthétique ténu et conséquent qui vise à produire du nouveau par une dialectique de l'écriture plutôt que par la répétitivité de l'« écriture manifestante ».

Le portrait-robot de l'avant-garde, son image d'Épinal, opiniâtrement reproduits depuis une trentaine d'années dans les multiples études et discussions critiques, représentent celle-ci comme une pratique systématique, compulsive, voire prétentieuse ou du moins ostentatoire de la violence verbale appelée « manifeste ». Cette pratique est tournée contre la société bourgeoise et la tradition littéraire ou artistique qui la précède. Dans l'ordre des extrapolations, l'avant-garde serait donc une formation intellectuelle paramilitaire qui veut détruire l'ancien au nom du nouveau. L'avant-garde serait l'apanage d'une modernité éphémère dont les cris sont fatalement condamnés au silence. Si donc certains critiques annoncent la liquidation des avant-gardes historiques, c'est à la faveur de cette image simplificatrice. Il est certain que l'écriture manifestante accrédite cette image d'Épinal. Il suffit de rappeler quelques phrases des différents manifestes qui ont marqué la volonté de détruire: « Nous voulons détruire les musées, les bibliothèques, combattre le moralisme, le féminisme et toutes les lâchetés opportunistes et utilitaires », dit Marinetti en 1909 [11]. Maïakovski, Khlebnikov, Bourliuk et Kroutchenykh constatent en 1912:

> NOUS seuls sommes LE VISAGE DE NOTRE Temps. Par nous le cor du temps claironne dans le cor du verbe. / Le passé est étriqué. L'académie et Pouchkine sont plus incompréhensibles que les hiéroglyphes. / Jeter Pouchkine, Dostoïevski, Tolstoï, etc., etc., par-dessus le bord du Vapeur Contemporain [12].

Au mois de mai 1928, c'est-à-dire pour les anthropophages brésiliens, l'an 374 de la Déglutition de l'évêque Sardine, Oswald de Adrade constate dans le *Manifeste anthropophage*:

---

11. « Manifeste du futurisme » dans G. Lista, *Marinetti*, Seghers, 1976, p. 178.
12. Velemir Khlebnikov, « Gifle au goût public », *Choix de poèmes*, trad. par L. Schnitzer, Honfleur-Paris, Pierre Jean Oswald éd., 1967, p. 41.

Nous voulons la révolution caraïba. Plus grande que la Révolution Française. Unifier toutes les révoltes efficaces convergeant vers l'homme. Sans nous, l'Europe n'aurait même pas sa pauvre déclaration des droits de l'homme [...]. Nous avions la justice: codifier la vengeance. La science: codifier la Magie. L'anthropophagie: transformation permanente du Tabou en totem [13].

S'en tenir à la dimension provocatrice, excessive, de l'écriture manifestante, c'est se faciliter énormément la tâche. Compte tenu de la complexité du phénomène, aussi bien Octavio Paz qu'avant lui Hans Magnus Enzensberger et ensuite Guy Scarpetta (dans *L'Impureté*) insistent trop sur l'anti-traditionnalisme et sur la violence des attitudes et des programmes pour définir l'avant-garde par une totalisation exagérée et démesurée. Ils donnent, à leur corps défendant peut-être, dans le portrait-robot. Dire, comme Octavio Paz, que « l'avant-garde est la grande rupture, par quoi se ferme la tradition de la rupture [14] » ou dire, comme Guy Scarpetta que «nous enregistrons, depuis une dizaine d'années, dans le champ de l'art et de la littérature, une phase de mutation que l'on pourrait caractériser comme celle de la mort des avant-gardes [15] », c'est réduire le problème de l'avant-garde à sa dimension surtout médiatique. La complexité de ce problème vient du fait que chaque manifeste renvoie à des paramètres locaux, caractérisant par exemple l'Italie des années vingt ou la Catalogne des années dix, vingt et trente, etc. Ces paramètres différencient le geste négatif et imposent un examen critique de ses conséquences esthétiques. Derrière l'écriture manifestante, on trouve alors le discours futuriste comme le *paroliberismo* qui ébranle le discours poétique tout court, l'autonomie de la parole poétique pratiquée par Khlebnikov en Russie, ou bien celle de Maïakovski, la poésie de Mario de Andrade au Brésil ainsi que son roman *Macounaïma*. En Catalogne, il y a l'œuvre de J. V. Foix, poète qui, tout en faisant preuve d'une conscience révolutionnaire, préconise la révolution esthétique permanente pour transformer et actualiser l'inspiration poétique et le langage. Cette mise en valeur des transformations du langage littéraire vise à reposer le problème de l'avant-garde dans une perspective différente de celle qui accentue les traits négatifs et superficiels du phénomène. Cette perspective reconnaît le travail créateur systématique, la transformation stratégique de l'écriture manifestante en écriture théorisante ainsi que la persistance du projet esthétique d'avant-garde comme dialectisation nécessaire et cognitive du processus d'écriture replacé dans son environnement écologique, politique et littéraire. En tant que laboratoire de formes

---

13. Oswald de Andrade, « Manifeste anthropophage », *Anthropophagies*, Flammarion, 1982, trad. par J. Thériot, p. 269-270.
14. Octavio Paz, *op. cit.*, p. 142.
15. Guy Scarpetta, *L'Impureté*, Grasset, 1985, p. 13.

et de contenus branchés sur le réel immédiat et sur l'intertextualité dialectique du littéraire, l'avant-garde acquiert la continuité d'un projet esthétique qui dément les apories identifiées par Hans Magnus Enzensberger en 1962. Enzensberger dénonce toutes les usurpations de l'avant-garde, c'est-à-dire son concept même, ses postulats et son comportement. La prétention au nouveau, propre aux avant-gardes, serait aporétique, sans aucune solution, indécidable, un pur aveu de vouloir être nouveau. Bien qu'en 1962 son étude soit une des plus radicales et exhaustives, Enzensberger ne s'embarrasse pas de nuances et donne en plein dans le portrait-robot que nous avons décrit. Pourtant, et de toute évidence, le problème de l'avantgarde est bien plus complexe si on le replace dans son contexte historique et géopolitique et dans l'ensemble de ses manifestations artistiques.

Au portrait-robot simplificateur on peut opposer un discours de faits et de nuances, orienté vers une reconnaissance de plus en plus nécessaire de la complexité diachronique et synchronique, syntagmatique et paradigmatique, idéologique et axiologique du phénomène. Le sens révolutionnaire des opérations avant-gardistes se déchiffre ailleurs que dans les activités violemment ostentatoires, à savoir dans les œuvres mêmes. Il faut donc reconnaître la pluralité des avant-gardes, le retour de l'avant-garde et la continuité conséquente des projets esthétiques avant-gardistes. Dès lors le problème des rapports entre l'avant-garde et la modernité doit être posé comme dépassement des apories et comme variabilité ponctuelle du nouveau. Ce dépassement et cette variabilité sont garantis par la plasticité de l'avant-garde. Depuis la fin de la Seconde Guerre mondiale jusqu'à nos jours, se dessinent une ouverture et une disponibilité cognitives du travail organique, théorique et créateur, propres aux différents projets avant-gardistes. L'avant-garde c'est le discours dialectique à la hauteur des circonstances. Saul Yurkievich pose bien le problème: « L'avant-garde se charge périodiquement de rétablir le lien entre la conception et la représentation du monde, entre l'actualité cognitive et la représentation artistique [16] ». On ne saurait mieux dire. Cette façon de poser le problème nous aide à repenser les rapports entre la modernité, les révolutions artistiques et les avant-gardes. Par ailleurs, la position de plus en plus nuancée de Jean-François Lyotard sur le postmodernisme et l'avant-garde fixe un horizon herméneutique pertinent et dialectique. Dans sa « Note sur le sens de "post" », Lyotard observe: « Le véritable processus de l'avant-gardisme a été en réalité une sorte de travail, long, obstiné, hautement responsable, tourné vers la recherche des présuppositions

---

16. Saul Yurkievich, *Littérature latino-américaine: traces et rejets*, Gallimard, 1988, trad. par F. Campo-Timal, p. 70.

impliquées dans la modernité [17] ». Selon Lyotard, « on peut considérer le travail de Cézanne, Picasso, Delaunay, Kandinsky, Klee, Mondrian, Malevitch et finalement Duchamp comme une " perlaboration " (*durcharbeiten*) effectuée par la modernité sur son propre sens [18] ». Et dans «Réécrire la modernité», en se référant de façon plus élaborée à la catégorie freudienne de *Durcharbeitung*, Lyotard observe :

> Réécrire, comme je l'entends ici, concerne évidemment l'anamnèse de la Chose. Pas seulement de celle qui est le coup d'envoi d'une singularité dite « individuelle », mais de la Chose qui hante « la langue », la tradition, le matériau avec, contre et dans lequel on écrit [...]. La postmodernité n'est pas un âge nouveau, c'est la réécriture de quelques traits revendiqués par la modernité, et d'abord de sa prétention à fonder sa légitimité sur le projet d'émancipation de l'humanité tout entière par la science et la technique. Mais cette réécriture [...] est à l'œuvre, depuis longtemps déjà, dans la modernité elle-même [19].

L'évolution de l'écriture et de la création avant-gardistes depuis une trentaine d'années permet d'affirmer que la création artistique se voulant avant-gardiste, ou reconnue comme telle, procède d'un changement notoire de perspectives et pourrait être définie comme foncièrement polytélique. À l'avant-garde tapageuse et ostentatoire se substitue une création littéraire ou théâtrale dont la nouveauté découle d'un certain rapport à l'art, au réel et au langage. Ce qui domine dans ce rapport, c'est la quête cognitive fondée sur le déplacement continu de perspectives axiologiques et discursives. Au militantisme et au *showing-off* des avant-gardes dites historiques se substitue une attitude réflexive et problématisante. Au groupe et au manifeste succède l'œuvre. Au collectif pris dans une théâtralité ostentatoirement manifestante s'oppose souvent un créateur qui transforme l'héritage des avant-gardes en matériaux à « perlaborer ». On pourrait citer le concrétisme brésilien, *I Novissimi* en Italie, *Tel Quel* et *Change* en France, des créateurs tels que Tadeusz Kantor au théâtre, Hans Magnus Enzensberger, Juan Gelman et Eduaordo Sanguineti pour la prose et la poésie. Tous ces phénomènes artistiques donnent de l'avant-garde une perspective bien différente de celle qu'on lui connaît. L'expérience de l'avant-garde est celle de nouvelles formes, de nouveaux messages réalisés dans les conditions polémiques d'une scène sociale, politique et artistique conflictuelle, compulsivement médiatique. Les avant-gardes participent alors à la perlaboration de la modernité. Elles sont concernées par « l'anamnèse de la Chose qui hante la " langue ", la tradition et le matériau avec,

---

17. Jean-François Lyotard, *Le Postmodernisme expliqué aux enfants. Correspondance 1982-1985*, Galilée, 1986, p. 125.
18. *Ibid.*, p. 125-126.
19. Jean-François Lyotard, *L'Inhumain, causeries sur le temps*, Galilée, 1988, p. 42-43.

contre et dans lequel on écrit » (Lyotard). Les variantes du nouveau s'articulent sur les invariants de la modernité: la subjectivité, l'ironie, la fragmentation et l'autoréflexivité. De plus, elles participent à la dialectique intertextuelle entre les œuvres révolutionnaires, avant-gardistes et modernes.

Nous nous proposons d'investir ces trois types d'œuvres du sens déterminé par le fait que la modernité, en tant que formation discursive, perlabore ses présuppositions. Elle se nourrit de ce qui est révolutionnaire et de ce qui est avant-gardiste. Elle réécrit constamment sa tradition, ses matériaux, sa langue. Voici comment se définiraient l'œuvre révolutionnaire, l'œuvre avant-gardiste et l'œuvre moderne.

L'œuvre révolutionnaire opère une transformation irréversible du langage artistique propre à son genre. Elle est axiologiquement orientée et elle crée un paradigme, une matrice discursive auxquels les œuvres futures ne peuvent échapper. Par contrainte intertextuelle, elles doivent les utiliser. L'œuvre révolutionnaire subsiste au-delà de la courte durée où elle surgit comme événement. *Don Quichotte*, *Notes d'un souterrain* de Dostoïevski, *Ulysse* de Joyce et *L'Homme sans qualités* de Musil sont des œuvres révolutionnaires. *Les Fleurs du mal*, *Les Chants de Maldoror*, la poésie de Mallarmé et celle de Whitman sont révolutionnaires. Les variantes du nouveau que ces œuvres proposent prennent en charge les différents paradigmes discursifs et problématisent leur intertextualité au point où la transformation du langage artistique est une nécessité dialectique.

L'œuvre avant-gardiste surgit principalement dans la courte durée. Elle est idéologiquement orientée: elle propose une *Weltanschauung* qui se fonde sur un dérèglement formel suffisamment pertinent pour que le message idéologique soit entendu. L'œuvre avant-gardiste est indexée sur le réel immédiat. La voiture de course, le « Bombardement d'Andrinople », la « Navigation tactile » de Marinetti, « Le nuage dans le pantalon » de Maïakovski, *Altazor* de Huidobro et *Les Champs magnétiques* de Breton et Soupault sont des œuvres avant-gardistes. Mais l'œuvre avant-gardiste peut durer au-delà de l'événement et se transformer en structure. Tel est précisément le cas des *Champs magnétiques* qui réécrivent la modernité. Maurice Blanchot définit ce problème de la façon suivante:

> Ce que cherche Breton [...] c'est une relation immédiate avec lui-même, la « vie immédiate », une mise en rapport sans intermédiaire avec son existence vraie [...][20].

> Le surréalisme [...] est à la recherche d'un événement absolu, où l'homme se manifeste avec toutes ses possibilités, c'est-à-dire

---

20. Maurice Blanchot, *La Part du feu*, Gallimard, 1949, p. 93.

comme l'ensemble qui les dépasse. Événement absolu, la révélation du fonctionnement *réel* de la pensée par l'écriture automatique [21].

L'œuvre moderne surgit dans la courte durée, mais elle maintient un rapport intertextuel significatif avec les structures qui s'étendent sur de longues durées. L'œuvre moderne réactualise et problématise des valeurs sur le mode paradigmatique. Elle les situe axiologiquement. Elle questionne l'actuel dans la perspective des valeurs anti-idéologiques. Les visées de l'œuvre moderne sont principalement cognitives. *Les Faux-monnayeurs* de Gide, *Berlin-Alexanderplatz* de Döblin, *Les Irresponsables*, *La Mort de Virgile* de Broch, *Un, personne et cent mille*, *Six Personnages en quête d'auteur* de Pirandello, *Moi, le Suprême* de Roa Bastos, la poésie de Hölderlin, de Rimbaud, de Fernando Pessoa, de Pablo Neruda sont des œuvres modernes.

La description axiologique de ces trois types d'œuvres n'exclut pas le fait qu'une œuvre révolutionnaire est nécessairement moderne et que l'œuvre avant-gardiste peut devenir moderne alors que le contraire n'est pas vrai. L'œuvre moderne n'est pas avant-gardiste, si par ce terme nous devons entendre la réalisation et l'épuisement d'une œuvre dans la courte durée, avec un déréglement formel considérable, foncièrement inorganique. L'œuvre moderne tend naturellement vers une organisation thématique et formelle équilibrée.

Quelle a été la portée des variantes du nouveau dans l'espace des invariants de la modernité ? Comment les avant-gardes historiques et postérieures au surréalisme ont-elles manifesté et problématisé la subjectivité, l'ironie, la fragmentation et l'autoréflexivité ? Voici quelques éléments de réponse.

Depuis les futurismes italien, russe, polonais et portugais jusqu'au surréalisme européen et latino-américain, en passant par le constructionnisme et l'anthropophagie, les avant-gardes ont exalté le sujet extatique euphorique, débordant et agressif. En même temps, certaines avant-gardes ont transformé la subjectivité noologique, intérieure, en une subjectivité cosmologique, indexée sur le monde environnant. Les avant-gardes ont ironisé des canons littéraires dominants et ont désarticulé le normatif par le rire. Ainsi ont agi Khlebnikov et Maïakovski.

La fragmentation et l'autoréflexivité peuvent être vues comme deux paramètres et deux invariants de la modernité. Deux avant-gardes postsurréalistes, le concrétisme brésilien et le groupe 63 des *Novissimi*, les ont abondamment exploitées. La poésie concrète brésilienne réécrit la modernité poétique d'*Un coup de dés*, paradigme du Livre Total. Par ailleurs, les concrétismes brésiliens,

---

21. *Ibid.*, p. 100.

Haroldo et Augusto de Campos ou Decio Pignatari, s'inspirent de la poésie critico-narrativo-lyrique d'Ezra Pound et plus précisément de la poésie comprise comme danse de l'intellect. En s'inspirant de la musique dodécaphonique de Webern et de Schönberg, les concrétistes brésiliens ont créé une poésie sérielle. Dans leur pratique poétique se croisent deux codes : graphique-iconique et scriptural. Le premier produit le poème comme forme visible, variable, qui interprète l'écriture. Et l'écriture à son tour discipline le graphisme. Par exemple, *Galaxias* de Haroldo de Campos est une œuvre poétique sérielle, inspirée de Joyce, Pound et John Cage, une écriture sans cesse propulsée par sa structure galactique, mobile et infinie.

Le groupe des *Novissimi* auquel participaient Eduaordo Sanguineti, Balestrini, A. Porta et A. Giuliani, s'est proposé de retravailler, donc de perlaborer le langage poétique en fonction des structures schizophrènes, anomiques, aliénantes de la société moderne.

Par la triple vectorialité de l'avant-garde que Saul Yurkievich identifie comme vectorialité réaliste, formelle et subjectiviste[22], les poètes concrétistes brésiliens, les *Novissimi*, ainsi que les expérimentalistes italiens réécrivent la modernité postsurréaliste et postfuturiste. Leur langage est une perlaboration du langage précédent, matrice infinie de signes. C'est là où agit la dialectique incessante entre le révolutionnaire, le moderne et l'avant-gardiste.

(Université de Montréal)

---

22. Saul Yurkievich, *op. cit.*, p. 64-76.

Le texte historique comme objet de l'analyse littéraire [1]

Jocelyn Létourneau

> Il serait vain, de la part de l'auteur, de prétendre que ses personnages ont réellement existé. Ils ne sont pas nés d'un corps maternel, mais de quelques mots évocateurs ou d'une situation clé.
>
> Milan Kundera [2]

L'une des hypothèses orientant mes travaux consiste à dire qu'il existe une unité récitative entre la présentation que l'on fait du passé québécois entre les années 1950 et 1980, et l'histoire de la naissance, de l'ascension et de l'affirmation d'une communauté de communication — que je nomme technocratie — au sein de l'espace public québécois au cours de la même période. Il s'agit notamment de voir comment, pour rendre compte de la vie relationnelle des Québécois, on a utilisé des faits du passé pour les insérer dans une trame argumentative et narrative, en fonction d'une problématique générale et à des fins d'ordre politique et identitaire [3].

J'essayerai de montrer ici l'intérêt de coupler les approches de l'analyse littéraire et ceux de l'analyse contextuelle pour procéder à l'étude des textes historiques en tant qu'expression d'un genre littéraire particulier.

---

1. Je remercie mes collègues Bogumil Jewsiewicki-Koss et Réal Ouellet pour leurs commentaires sur une version antérieure de ce texte.
2. Milan Kundera, *L'Insoutenable Légèreté de l'être*, Gallimard, 1984, p. 53.
3. Voir, pour plus de renseignements sur mes travaux, la bibliographie en fin de section.

Texte historique et intertexte social

Les « écrivants » d'histoire regroupent l'ensemble de ceux qui mettent en forme et en intrigue la matière du passé. À cet égard, on distingue habituellement trois types: ceux qui prennent prétexte du passé pour bâtir des récits se situant résolument du côté de la fiction; ceux qui, à partir d'une perspective imposée par la fiction, veulent néanmoins injecter du sens dans la matière du passé; ceux qui se donnent ouvertement et légitimement pour mandat d'étudier méthodiquement, rigoureusement et systématiquement la matière du passé, de manière à mettre au jour sa dynamique causale (ses enchaînements événementiels), sa coïntelligibilité sous-jacente et donc sa rationalité constitutive. Par commodité, on classe ordinairement les deux premiers types dans la catégorie des littéraires, l'autre type correspondant à la catégorie des chercheurs. Les littéraires acquièrent leur notoriété par la puissance de leur prose (par leurs « effets de texte », a-t-on déjà dit); les chercheurs obtiennent la leur par la puissance de leurs démonstrations, c'est-à-dire par leur capacité à bien rendre compte de l'expérience vécue (donc par leurs « effets de thèse »). Le summum de l'« art », pour le chercheur, est de se distancer des figures de l'écriture pour exprimer le passé sans qu'il ait été (trop) contaminé par l'idéologie. Au total, si on endosse la thèse habituelle faisant état d'une antinomie entre le récit fictionnel et le récit historique, persiste l'idée d'une fracture épistémologique entre l'ensemble des écrits qui sont réputés appartenir au champ de la littérature et l'ensemble de ceux que l'on classe dans le champ de la science, « hors-lieu » de l'écriture.

Le point de vue que j'adopte est différent. Partant de l'idée d'intertexte, ma démarche vise à réinscrire l'écrit historique dans le réseau textuel auquel il appartient, celui-ci interagissant avec la circulation discursive générale de la société. Ce réseau textuel n'est pas constitué que par des écrits savants. En font partie tout un ensemble de textes qui, bien qu'ils appartiennent à des genres différents, s'influencent mutuellement, se renforcent les uns les autres et conditionnent leurs contenus respectifs. Seule la prise en compte du réseau textuel dans son entier permet de comprendre certaines configurations argumentatives et narratives qui sont développées dans l'écrit savant. En d'autres termes, le texte historique n'existe pas de manière séparée de son réseau textuel. Celui-ci trouve son unité et sa cohérence dans une formule axiale — une problématique[4] —, de

---

4. Par problématique, on entend une matrice de pensée et d'énonciation qui crée, dans son aire de balayage, une convivialité doxique (en réduisant l'hétéroglossie spontanée), un espace du pensable, du perceptible et du dicible, et une hégémonie de sens. Cette définition s'inspire des travaux de Marc Angenot, notamment de: *1889. Un état du discours social* (Longueuil, Le Préambule, 1989).

l'ordre du vraisemblable ou de la métaphore, qui marque de manière flagrante ou implicite tous les textes appartenant au réseau. Première idée-force: il existe une prégnance de l'intertexte dans le texte, y compris dans le texte historique. Cette proposition appelle d'autres questions: 1. comment cette prégnance s'exerce-t-elle? 2. comment peut-on prétendre que l'énonciation savante, celle que l'on retrouve dans le texte historique tout au moins, ne se développe pas de manière étanche et autonome par rapport à l'énonciation non savante, sachant que sa forme apparente est irréductible à celle qui caractérise d'autres genres littéraires? 3. corollairement, en quoi est-il possible de définir le texte historique comme l'expression d'un genre littéraire?

Prégnance de l'intertexte dans le texte historique

L'intertexte, ou groupe de textes formant réseau, est, à la base, constitué par un ensemble d'énoncés qui sont agglomérés de telle manière qu'ils donnent lieu à l'apparition de touts cohérents (textes). Plus ou moins élaborés, ces énoncés traversent l'espace discursif public et expriment une communauté de sens ou d'esprit (je parle ainsi d'énoncés propres à l'« intertexte technocratique »). Cela implique qu'ils ont été préalablement produits et diffusés par des personnes, acteurs politiques et sociaux (« entreparleurs »), qui appartiennent à une communauté de communication, c'est-à-dire par des personnes qui participent à une interaction et qui coordonnent leurs projets en s'entendant les unes les autres sur quelque chose qui existe dans le monde. Ces énoncés revêtent diverses formes, verbales, écrites, iconiques, allant des plus communes (injures, blagues, proverbes, sentences, préjugés, épithètes, platitudes, etc.) et des plus simples (graffiti, slogans, annonces publicitaires, clichés, caricatures, etc.) jusqu'aux plus célèbres et aux plus complexes (thèses, visions du monde, doctrines, etc.). Bien que l'on ait tendance à imaginer ces énoncés comme des entités d'affirmation pures (au sens d'authentiques et d'homogènes, possédant une origine et une appartenance uniques), ils existent en réalité en tant que combinaisons infiniment variées de mots, de préceptes, de concepts, de formules, de lexies, etc., qui transcendent, réunissent, confondent ou transgressent les genres littéraires et les modes d'expression. Ces combinaisons trouvent évidemment leurs conditions de formation dans l'activité communicationnelle qui, elle, est activité de persuasion et de séduction d'interlocuteurs entrant dans des rapports d'échanges marqués par l'acceptation mutuelle ou le désaccord. Dans le cours de ce processus, et par reconformations et glissements successifs, les mots, préceptes et concepts, d'une part, et les énoncés, d'autre part, acquièrent des formes et des sens considérablement altérés, nouveaux et même surprenants par rapport à leur état primaire (et parfois primitif) d'existence et de signification.

Les énoncés circulant dans l'espace public (et qui sont liés par une communauté de sens ou d'esprit) constituent, pour le locuteur participant de l'activité communicationnelle, une espèce d'« encyclopédie » (au sens d'éléments disponibles), si ce n'est une grammaire (au sens où existent et prévalent des règles de connexion des énoncés qui forment les contours de l'exprimable), dans lesquelles il s'approvisionne et dont il dépend pour construire son propos. Ce propos peut bien avoir pour noyau une information inédite (des énoncés qui s'avèrent originaux par rapport au bassin existant d'énoncés), ils devront, pour être insérés dans la communication, être réunis ou couplés à d'autres énoncés qui configureront le propos dans les limites d'un intertexte, c'est-à-dire le situeront par rapport à un état donné de la discursivité et du dicible, passé, présent et probable. En fait, l'activité même de construction d'un texte par recours à des énoncés pose les conditions d'une prégnance de l'intertexte dans ce texte. Une telle argumentation peut évidemment conduire à nier toute possibilité de modification des frontières de l'intertexte, au sens où le locuteur demeurant toujours prisonnier d'un ensemble de structures énonciatives et d'un bassin d'énoncés pour la construction de son propos, est incapable de sortir de l'« espace du pensable et de l'énonçable » posé par un intertexte. Disons que cette vision est inadéquate, puisque l'intertexte est lui-même une constellation d'énoncés en perpétuelle évolution, dont le mouvement est animé par l'ensemble des luttes se déroulant au sein de la société par interlocuteurs interposés, et qui peut être voué à une reconformation majeure ou à une désagrégation. Par ailleurs, il n'existe pas un seul intertexte traversant l'espace discursif d'une société. Au contraire, divers intertextes (donc divers bassins d'énoncés et divers réseaux d'« entreparleurs ») cohabitent, s'entrechoquent, fusionnent, s'opposent, et ce, dans des rapports d'hégémonisation ou de subordination, si bien que les frontières les démarquant sont elles-mêmes caractérisées par une certaine labilité. Deuxième idée-force: tout texte est hétérogène par nature, puisqu'il se construit dans la réunion d'énoncés et de combinaisons d'énoncés de différents genres. Cette opération de réunion d'énoncés est le lieu d'articulation de l'intertexte et du texte.

La spécificité du texte historique

D'entrée de jeu, on doit poser que le texte historique ne combine pas les énoncés de la même manière que le pamphlet, l'annonce publicitaire ou le poème. Cerner le mode de réunion des énoncés dans le texte historique devient donc une condition préalable pour définir sa spécificité par rapport à d'autres textes et une condition aussi pour préciser la nature particulière de la prégnance de l'intertexte en son sein. Pour formuler le problème dans des termes plus communs, posons la question suivante : comment la textualisation savante (historique en l'occurrence) n'est-elle pas simplement la mise en discours d'une idéologie, et comment la mise en discours idéologique passe-t-elle cependant au texte historique ?

Disons tout d'abord qu'il existe des énoncés qu'on appellera, par commodité, pour les distinguer des autres, scientifiques. On dira avec Mandelbaum[5] qu'un énoncé est scientifique parce qu'il exclut la possibilité que sa négation puisse être également vraie[6]. Le texte historique est une composition dans laquelle entre un nombre important d'énoncés de ce type. Cela dit, parce qu'il est produit par une personne elle-même sujette de plusieurs contextes conditionnants, parce qu'il est utilisé dans le cadre d'une démarche intelligente en vue d'un objectif d'intelligence, parce qu'il ne procède pas d'un espace du vide mais plutôt d'une cacophonie dialogique pleine d'interférences et de « parasitage », et parce que sa forme doit respecter certaines contraintes liées à la communication interpersonnelle, l'énoncé scientifique ne peut avoir d'existence autonome. Il ne peut exister que dans des situations de combinaison énonciative, de composition textuelle, de compréhension intelligente et de communication sociale, elles-mêmes surdéterminées par une culture cognitive et des schèmes d'intelligibilité (une « ethno-logique », dit Angenot[7]). Se pose dès lors le problème de déterminer comment s'opère, dans le texte historique, la réunion de l'énoncé scientifique à d'autres énoncés.

Au départ, celle-ci s'opère sous le couvert général d'une reconnaissance sociale de la validité de la démarche d'objectivation scientifique, démarche que l'on définira sommairement comme « la reproduction du monde sous une forme logique, en tant qu'un ensemble d'images propositionnelles[8] ». L'enchantement savant ne peut en effet

---

5. *The Anatomy of Historical Knowledge*, Baltimore, Johns Hopkins University Press, 1977, p. 150.
6. Par exemple : « C'est le 5 juillet 1960 que Jean Lesage est élu premier ministre de la Province de Québec. » Cela dit, malgré sa conformité apparente avec l'« avoir-été », cet énoncé n'en demeure pas moins un construit puisque sa forme le place en position d'être raconté, c'est-à-dire d'être inséré dans une structure configurationnelle (une histoire), et qu'il a été sélectionné pour être rattaché à un ensemble intelligible. Voir Paul Ricœur, « L'éclipse de l'événement dans l'historiographie française moderne », dans David E. Carr (dir.), *La Philosophie de l'histoire et la pratique historienne d'aujourd'hui*, Ottawa, Éditions de l'Université d'Ottawa, 1982, p. 159-177.
7. « Argumentation et discours », *Discours social/Social Discourse* (Montréal), vol. II, n° 3, automne 1989, p. 67-73.
8. Pierre Ouellet, « Le sens de la forme du sens », thèse, Université de Paris VII, 1983, p. 53, cité par Joseph Melançon, « Les seuils et les statuts de l'objectivité dans les sciences de la culture », dans Jacques Mathieu (dir.), *Les Dynamismes de la recherche au Québec*, Québec, Presses de l'Université Laval, 1991, p. 16.

« fonctionner », laisser croire en sa valeur, que si ses conditions, sa procédure, ses modalités et ses résultats font l'objet d'une créance publique, dont les termes sont du reste historiquement variables.

Cette réunion d'énoncés s'opère en outre dans le processus de transformation de l'énoncé scientifique en argument ou en élément narratif, c'est-à-dire dans sa mutation en tant que preuve, c'est-à-dire encore dans son rassemblement, avec d'autres énoncés, en fonction d'une finalité intentionnelle. Un argument ou un élément narratif, en effet, ne représente toujours qu'une pièce ajoutée à la mise en forme d'une démonstration ou d'une relation puisqu'il contient en germe tout le sens investi dans cette démonstration ou dans cette relation, sens dont il tire d'ailleurs sa pertinence si ce n'est son existence. L'énoncé scientifique est ainsi projeté dans un univers de sens et d'intrigue (dans la mesure où la *succession* dont il fait partie est en même temps une *configuration*[9]) qui recouvre et qui s'empare de sa positivité et de sa véracité originelles pour les mettre au service de la positivité et de la véracité de l'argumentation ou du récit (c'est-à-dire de la configuration d'ensemble). Cette transposition de positivité et de véracité d'un plan à un autre, qui paraît aller de soi et qui semble logiquement admissible, est pourtant l'un des lieux principaux de l'enchantement savant, celui où s'effectue le passage entre la science et la non-science et vice versa.

La réunion de l'énoncé scientifique à d'autres énoncés, dans le texte historique, se réalise également à travers cette pratique qui consiste à prendre pour acquis tout un ensemble d'informations, d'argumentations et de démonstrations dont on impose par le fait même la validité (en ne faisant que se référer aux auteurs accrédités) et qui étaient elles-mêmes le fruit d'un travail intelligent de mise en forme et de composition complexe marqué par des enjeux sociaux, discursifs et dialogiques. Le texte historique, en effet, s'insère toujours dans une chaîne textuelle à laquelle il emprunte beaucoup d'éléments (déjà dotés du « statut » et de la créance d'énoncés scientifiques) et qui, à leur tour, contribuent à fonder la légitimité du texte nouvellement créé. Il existe ce que l'on pourrait appeler une « génétique textuelle », un engendrement des formes énonciatives qui, d'un texte à l'autre, se renforcent et s'accréditent du fait de leur seule présence, sans que l'on s'interroge sur les conditions de leur apparition ou de leur évolution.

La réunion de l'énoncé scientifique à d'autres énoncés s'opère par l'intermédiaire d'un autre mode de fusion entre le discursif et le textuel, et que l'on appellera, en s'inspirant des travaux de Claude Duchet, le mode « sociogrammatique ». Marc Angenot et Régine Robin, qui ont partiellement repris ce concept à leur compte, enten-

---

9. Paul Ricœur, *loc. cit.* (note 6).

dent par là «l'ensemble des vecteurs discursifs thématisant un objet sociologique à un moment donné, ces vecteurs produisant un véritable nœud gordien de représentations intriquées dont l'enchevêtrement implique l'ensemble des discours d'une société à ce moment [10]». L'idée de sociogramme signifie en fait que les mécanismes d'induction et de déduction, d'adduction et d'abduction qui sont à l'origine de tout processus intellectuel, s'inscrivent dès le départ au centre de la socialité et de la discursivité, la conséquence en étant que l'objet construit intègre des éléments de socialité et de discursivité qui sont aussi structurants et puissants que les éléments de factualité et de scientificité [11].

Enfin, la réunion de l'énoncé scientifique à d'autres énoncés se réalise, ainsi que Patrick Tort l'a brillamment démontré dans un ouvrage marquant en épistémologie [12], par la présentation (ou la formulation) de l'énoncé non scientifique comme s'il était implicitement doté du statut scientifique (par exemple, l'idée selon laquelle les inégalités sociales s'enracinent dans l'aptitude différenciée des individus à faire face aux conditions ambiantes, l'ordre humain s'apparentant en ce sens à l'ordre animal — dans ce cas, on voit comment une position idéologique s'énonce à travers les canons rhétoriques de la science et prend appui sur le discours scientifique).

Texte historique et autres textes dans l'intertexte

Sachant que le texte historique s'insère lui-même dans un intertexte, il reste à voir quel est le principe de connexion des textes formant l'intertexte.

Certains travaux [13] ont mis en relief le fait que l'intertexte recelait des «textes fétiches» («textes tuteurs») qui jouaient un rôle majeur dans l'énonciation générale d'une problématique à laquelle se raccrochaient et dont dépendaient tous les textes interreliés. La notion de «série culturelle [14]» a même été proposée pour désigner cette configuration de textes qui, tous liés par un texte porteur, se situaient dans la continuité d'une énonciation fondamentale ou d'une unité de signification, le texte porteur étant souvent un texte artistique (c'est-à-dire

---

10. Marc Angenot et Régine Robin, «L'inscription du discours social dans le texte littéraire», *Sociocriticism*, vol. I, n° 1, 1985, p. 53-82.
11. Pour une démonstration concrète de cette hypothèse, voir Nadia Khouri et Marc Angenot, «Savoir et autorité: le discours de l'anthropologie préhistorique», *Littérature*, n° 50, mai 1983, p. 104-118.
12. *La Pensée hiérarchique et l'évolution. Les complexes discursifs*, Aubier, 1983.
13. Marc Angenot, «Le discours social. Une problématique», *Cahiers de recherches sociologiques*, vol. II, n° 1, avril 1984, p. 19-44.
14. Louis Francœur, «La fiction historique et l'histoire-fiction», dans Diane Vincent, *Des analyses de discours*, Québec, C.É.L.A.T./C.R.E.L.I.Q., 1988, p. 87-97.

un texte pour lequel l'auteur ne recherchait pas intentionnellement un statut ou un mandat d'objectivité). En d'autres termes, c'est dans des textes artistiques qu'il faut rechercher certaines configurations idéelles primaires, certaines modélisations esthétiques originelles, certaines matrices présuppositionnelles ou sociogrammatiques qui orientent décisivement la trame argumentative ou récitative des textes formant la série culturelle.

D'autres études, enfin, ont montré que les textes les plus récents arrivaient difficilement à s'arracher des matrices idéelles posées par les premiers auteurs [15] : en dépit des complexifications apportées par les nouvelles études, un précipité irréductible persistait toujours qui tendait à montrer combien la connaissance est aussi une mémoire.

Le texte historique comme genre littéraire du type récit

Sans l'établir formellement, on a maintes fois laissé entendre que le texte historique se voulait, en dépit d'apparences contraires, un genre littéraire, puisque l'ensemble des énoncés qui constituent sa matière première sont structurellement organisés ou composés sur le mode de chaînes argumentatives et narratives. Au premier chef, le texte historique relate des données en fonction d'une finalité explicative contenue (c'est le cas du récit positiviste) ou explicite (on pense ici à l'exposé analytique). Or l'argumentation déductive et la narration raisonnée constituent les deux matrices compositionnelles de base de la tradition scripturale de l'Occident. Cette situation ne procède pas du hasard mais découle de l'application, au mode communicationnel, des paramètres fondamentaux de la cosmogonie occidentale (conception particulière du rapport sujet / espace / temps). Argumentation et narration reposent en effet sur l'idée implicite d'une progression linéaire de toute entité vers une finalité, depuis un point de départ jusqu'à un point d'arrivée. Cette progression est par ailleurs cumulative, avançant par ajouts, emboîtements et enchaînements logiques (d'ordre causal). En ce sens, tant le mode argumentatif que le mode narratif concourent à la mise en forme de représentations d'ensemble (qu'elles soient abstraites ou concrètes) qui suivent un déroulement séquentiel constitué d'un début, d'une phase intermédiaire et d'une fin, les trois plans étant liés logiquement par ce que Ricœur, à la suite de Minck, a appelé « l'acte configurationnel » (l'opération de mise en intrigue). Cette contrainte narrative, à laquelle ne peut échapper le texte historique, impose une préséance du comment dire sur le dire. Pour être énoncée, l'idée doit se mouler dans des formes narratives particulières qui sont

---

15. Voir, pour un exemple convaincant, la thèse de doctorat de Patrick D. Clarke, « The Makers of Acadian History in the Nineteenth Century », Québec, Université Laval, 1986.

liées aux apories de la tradition cognitive (de l'«ethno-logique») occidentale. Le mode récitatif est une expression de la condition humaine. Aussi peut-on dire que le temps de la narration est, en Occident tout au moins — rendre universelle cette proposition serait périlleux —, la matrice figurative du temps perçu et représenté, celui-ci, dès lors, n'étant pas antinomique au temps vécu [16].

Le déroulement séquentiel dont je parlais exprime également une «mise en intrigue», notion qui demande à être définie plus longuement. Elle désigne le mode d'organisation et d'interconnexion des éléments entrant dans la représentation d'ensemble qui est construite, à coups d'arguments ou d'informations d'ordre factuel, par un auteur. Ainsi, qu'il prenne une forme argumentative ou descriptive, le texte part d'une mise en scène initiale (des entités mises en *succession*) dont il monte le potentiel tragique ou rhétorique par l'ajout continuel d'éléments abstraits ou concrets (mise en *configuration*). La construction de l'argumentation ou de la relation conduit à des dénouements partiels et, finalement, à une issue globale. Ce que l'on appelle habituellement le plan d'un texte est en réalité un scénario suivi par l'auteur pour bâtir son propos dans le cadre d'un dialogue imaginaire avec le lecteur, que ce dernier soit perçu comme un complice, une autorité, un objecteur ou un adversaire. Précisément parce qu'il s'agit d'un dialogue, ce scénario doit résoudre de manière implicite la contrainte communicationnelle et y répondre: les configurations argumentatives et descriptives doivent obéir à des plans d'exposition logiques et culturellement signifiants. De la même façon que le passé restitué est toujours narré, histoire et fiction s'entrecroisant dans la refiguration du temps [17], ce qui se représente est toujours une mise en intrigue d'arguments et d'éléments empiriques, complexes d'énoncés et plans d'exposition de ces énoncés s'entrecroisant dans l'effort de reconstitution du «réel».

Quel est le principe de construction du texte historique ?

Le raisonnement qui précède m'amène à la proposition suivante: le texte historique est une composition d'énoncés qui se structure suivant le mode de la mise en intrigue. Dans la mesure où l'énoncé fictif et l'énoncé scientifique ont un support d'expression commun, le texte, et que l'un et l'autre trouvent leur origine et leur finalité dans l'activité communicationnelle, ils possèdent une unité ontologique. En fait, la conscience du temps et de la vie dans l'*ordre humain* fait du passé une réalité qui ne peut être transposée que sur le mode narratif.

---

16. Cette position a déjà été avancée par David E. Carr dans son ouvrage *Time, Narrative and History*, Bloomington, Indiana University Press, 1986, 185 p.
17. Paul Ricœur, *Temps et récit*, Seuil, 1985, tome III.

Cela dit, il importe de tenir compte d'une distinction fondamentale entre le récit de fiction et le récit historique. Dans le récit de fiction, le mode de la mise en intrigue est en effet celui de la « construction cachottière », l'auteur visant à embrouiller le lecteur de telle manière que le dénouement final paraisse surprenant, sinon invraisemblable, compte tenu des éléments connus au départ ou ponctuellement révélés dans la narration. Dans le récit d'histoire, le mode de la mise en intrigue est plutôt celui de l'« occultation du vide [18] », l'auteur essayant surtout, par une argumentation infailliblement convaincante, d'établir des ponts, de signaler des pistes, de débrouiller le lecteur dans les méandres souvent indéchiffrables de l'expérience vécue, de manière que l'issue finale (la conclusion) paraisse s'accorder avec les prémisses de départ (hypothèses ou postulats). Autrement dit, dans ce dernier cas, l'auteur doit parer à l'indétermination de la praxis en créant des illusions de cohérence et de coïntelligibilité là où n'existe qu'une gigantesque cacophonie d'où s'élève des clameurs hétérogènes, entremêlées et indistinctes.

Il devient possible de développer des modes d'analyse conséquents pour le texte historique. Le défi devient celui de percer, à travers l'aménagement des énoncés scientifiques, les configurations narratives et dramatiques du récit, de même que son intrigue. Comment, par exemple, les personnages sont-ils mis en rapport et grâce à quels concours de circonstances? Comment, et même en utilisant des éléments biographiques indiscutables, sont-ils recréés en tant que figures archétypales, porte-normes et sujets fictifs incarnant l'ordre et la logique du récit? Comment les faits eux-mêmes, en tant que partie prenante de la matière indéfinissable et inséparable du passé, sont-ils découpés, donc créés, puis ordonnés ou hiérarchisés les uns par rapport aux autres, donc transformés en arguments, pour être ensuite utilisés comme autant d'éléments de décor, de contenus et de contextes pour recevoir, appuyer et mettre en relief le « jeu » des personnages, c'est-à-dire leurs mouvements dans l'ordre du temps humain, temps narré? Comment les raccordements entre les personnages, les éléments de décor et les situations d'action se font-ils? Comment l'action est-elle construite, comment le dénouement est-il amené? Comment des occurrences deviennent-elles coïntelligibles, c'est-à-dire portées au rang de récurrences?

Ces questionnements appartiennent à l'analyse littéraire, à la narratologie en particulier, qui cherche à mettre au jour la structuration interne d'un récit. On pourrait pousser l'analyse plus loin et rechercher comment l'intertextualité et l'interdiscursivité d'une époque (ou

---

18. Michel de Certeau, « Le roman psychanalytique: Histoire et littérature », dans *Histoire et psychanalyse entre science et fiction*, Gallimard, coll. « Folio essais », 1987, p. 118-140.

de diverses époques, si on analyse un texte du point de vue de sa genèse textuelle) se fixent aux configurations du récit. Par exemple, tel rapport entre personnages qui permet l'activation d'un antagonisme, donc d'un niveau d'intrigue, au sein du récit (et qui est donc un principe de construction de ce récit), prendra toute son extension signifiante dans la mesure où on le raccordera à la circulation discursive à travers laquelle se bâtit l'univers représentatif d'une communauté de communication. À ce niveau, la méthodologie veillera à rendre compte de la « procédure de transfert », des modalités d'inscription de la circulation discursive dans le récit du texte. Essentiellement, il s'agira, à travers une analyse serrée, de cerner les migrations idéelles, les inférences et interférences de toutes sortes qui s'effectuent entre les textes, notamment en identifiant les sociogrammes, topoï et présuppositions de toutes sortes qui facilitent l'imbrication ou la contamination réciproque des champs scientifiques et fictionnels.

Quelle valeur accorder au texte historique ?

La « perspective textuelle » que nous préconisons conduit-elle nécessairement à une espèce de nihilisme profond et de désenchantement qui rend impossible toute prétention à la compréhension du monde ? La réalité n'est-elle jamais autre chose que la raison qui se donne une conscience historique d'elle-même à travers l'élaboration d'un mégarécit de légitimation ? Doit-on conclure, sachant que le pouvoir persuasif d'un texte, donc son pouvoir de véracité relative, s'incarne et s'exprime principalement dans le degré de séduction auquel parvient l'auteur dans son rapport dialogique avec le lecteur, que toute la valeur d'un texte réside dans sa capacité inhérente à fasciner par ses jeux de langage ? Si tel est le cas, si tout n'est qu'affaire de croyance, de simulacre et de charme d'un côté, et de « réception » par le lecteur de l'autre, si donc toute thèse est également valable sur le plan de l'énonciation ou sur celui de la réception, où se trouve la pertinence de la démarche scientifique ? Comment s'exprime la valeur du texte d'historien si celui-ci n'est qu'une histoire construite suivant le mode du récit narratif et argumentatif ? En d'autres termes, comment et de quelle manière doit-on faire confiance à l'exposé scientifique d'histoire ?

Il n'est pas de réponse à cette question qui soit satisfaisante. Elle demeure un défi irrésolu pour la tradition philosophique occidentale. La position la plus communément acceptée, mitoyenne s'il en est une, a été récemment reformulée par Roger Chartier qui écrivait, en se ralliant à la position de Ginzburg [19] :

---

19. Dans « L'histoire ou le récit véridique », publié dans *Philosophie et histoire*, Centre Georges-Pompidou, coll. « Espace international, philosophie », 1987, p. 115-135.

> La question pertinente, en effet, est celle des critères permettant de tenir pour possible le rapport institué par l'écriture historique entre la trace représentante et la pratique représentée [...]. Cette relation peut être considérée comme acceptable, dit Carlo Ginzburg, si elle est plausible, cohérente et explicative. [...] Écrire l'histoire avec de telles catégories [...] paraîtra peut-être décevant. [...] Toutefois, il n'est pas d'autre voie, sauf à postuler [...] l'absolu relativisme d'une histoire identifiée à la fiction, soit les illusoires certitudes d'une histoire définie comme science positive.

En fait, répondre à cette question suppose que l'on résolve la fausse antinomie entre l'expérience vécue et l'expérience perçue, comme si la première pouvait exister de manière séparée de la seconde; il n'y a, à vrai dire, d'espace/temps que discursif. En d'autres termes, le discours, c'est-à-dire la mise en forme de l'expérience vécue en tant qu'expérience perçue et communicable, est une dimension fondamentale de l'expérience humaine. Le passé est, simultanément, un vécu-perçu se déployant dans l'espace/temps de la communication. Ce qui fait qu'il ne peut être étudié, donc réécrit, que comme partie prenante d'une démarche empirique et réflexive se déployant elle-même dans un espace/temps du vécu-perçu-communicable. Conséquemment, la question est peut-être mal posée qui veut que l'on doive attendre de la démarche historienne qu'elle nous projette au cœur d'un monde objectif coïncidant avec l'expérience vécue. Cette expérience n'existe tout simplement pas comme telle, dans cet état unidimensionnel. Pour reprendre les termes de Roger Chartier, mais en modifiant leur rapport, la «trace représentante» n'est en aucun cas séparable de la «pratique représentée». L'action est mémoire et la mémoire est active au sens où elle est elle-même matière du passé. Le texte historique est aussi un événement du passé en ce sens qu'il ne s'arrache pas de ce passé mais lui appartient. Écrire le passé n'est pas simplement le dire mais également le produire, et tout texte historique participe de l'expérience du vécu-perçu-communicable sur les deux plans simultanés et enchevêtrés du présent qui se fait et du passé qui est refait.

(C.E.L.A.T., Université Laval)

Une méthodologie d'analyse du discours critique

Joseph Melançon

Il y a sans doute une distinction à faire entre une critique et une étude littéraires, comme le pensait Roman Jakobson[1]. L'une se fonde sur une pratique éclairée de la lecture, l'autre, sur une méthodologie. Pourtant, ni l'une ni l'autre n'exclut la lecture des œuvres ni leur description méthodique. Ce qui les distingue serait donc au-delà du texte; du côté du projet, à mon avis.

Le projet des études littéraires est de tenter de décrire un phénomène plutôt qu'une œuvre, « un état de choses », pour parler comme Adolf Reinach[2], et non un texte. Un tel projet, toutefois, semble nous éloigner de la littérature. Mais ce n'est qu'en apparence. La littérature est bien phénoménale et c'est la réduire que de la restreindre à un corpus de textes.

La littérature, en effet, se constitue tout autant qu'elle est constituée. Elle se constitue, car elle s'engendre avec les textes de fiction qu'elle s'approprie et qu'elle classe. Parler de littérature, c'est alors parler des œuvres qu'elle accrédite et dont elle est la rubrique[3]. Pourtant, elle est elle-même constituée puisqu'elle résulte de l'action de divers agents qui lui sont extérieurs[4]. Décrire la littérature, c'est décrire, cette fois, les appareils qui l'instituent. Elle est donc à la fois un construit et une construction.

---

1. Roman Jakobson, *Essais de linguistique générale*, Minuit, 1963, p. 211.
2. Adolf Reinach, « States of Affairs », dans Barry Smith, *Parts and Moments. Studies in Logic and Formal Ontology*, Munich/Vienne, Philosophia Verlag, 1982, p. 332-377.
3. A. Kibédi-Varga, « Réception et classement: Lettres-arts-genres », dans Henri Hierche (dir.), *Théorie de la littérature*, Picard, 1981, p. 210-227.
4. Voir le chapitre « La sociologie des genres littéraires », dans Pierre V. Zima, *Manuel de sociocritique*, Picard, 1985, p. 44-114.

Cette conception n'est pas nouvelle. Elle est même devenue banale, bien qu'elle ait connu certains raffinements depuis la question sartrienne [5]. Il faut retenir, pour mon propos, que le produit et la production se superposent, ici, pour créer cette ambiguïté qui fait de la littérature un objet problématique comme tout phénomène humain. Elle est, à la fois, un état et une instance.

À cet égard, il y a des états littéraires, comme il y a des générations d'instances qui gèrent des classements et des savoirs, lesquels se transforment et s'adaptent pour mieux se perpétuer [6]. Il y aura sans doute encore longtemps une institution littéraire, dans le sens approximatif d'un processus d'accréditation et de légitimation [7], mais il faudra sans cesse la redéfinir en tenant compte des divers facteurs qui la constituent et qui spécifient les états successifs de son corpus. Au nombre de ces facteurs, il faut compter le discours critique qui a fait l'objet d'une recherche au C.R.E.L.I.Q. (Centre de recherche en littérature québécoise).

J'ai été amené à étudier, en effet, avec Clément Moisan, de l'université Laval, et Jeanne Demers, de l'Université de Montréal, la contribution de l'université à la constitution de la littérature québécoise. Cette contribution se manifestait de différentes façons. Il y avait des documents didactiques qui attestaient des choix et des préférences, des documents universitaires, tels les thèses et les mémoires, qui manifestaient des points de vue et des interprétations. Mais il y avait surtout des articles et des livres de professeurs qui utilisaient différents types d'arguments pour défendre, promouvoir, contester ou légitimer la littérature québécoise. L'objet de mon propos, toutefois, n'est pas de présenter les résultats de cette recherche, mais bien la méthodologie qu'elle a exigée pour décrire cette détermination universitaire de la littérature québécoise, de 1920 à 1985.

Le premier problème méthodologique que posait une telle entreprise était un problème de globalité. En dépit de tous les procédés de réduction, par échantillonnages, les textes critiques demeuraient trop nombreux pour faire l'objet d'une analyse exhaustive. Seule une méthodologie inspirée des sciences humaines ou, peut-être mieux, des « sciences de la culture » comme les entendait Max Weber [8], nous a semblé être en mesure de résoudre cette difficulté de façon quelque peu satisfaisante. Ce n'est pas *la* méthode, mais bien une méthode

---

5. Jean-Paul Sartre, *Qu'est-ce que la littérature ?*, Gallimard, 1948.
6. Clément Moisan, *Qu'est-ce que l'histoire littéraire ?*, chapitre II: « Pour ordonner les faits littéraires », Presses universitaires de France, p. 120-136.
7. Voir la discussion menée par Lucie Robert dans l'introduction de son ouvrage *L'Institution du littéraire au Québec*, Québec, Presses de l'Université Laval, 1989.
8. Max Weber, *Essais sur la théorie de la science*, Plon, 1965, p. 158.

parmi d'autres, et peut-être pas la meilleure. Je la présente, tout de même, brièvement avec ses postulats, ses objectifs et son protocole de lecture.

Les postulats

Une recherche ne peut remonter à l'origine de chaque concept qui motive et encadre sa démarche. Elle doit postuler un certain nombre de définitions qui ont été établies ailleurs et qui lui servent de références. Elle effectue ainsi une sélection de postulats dont la validité se fonde sur la pertinence des objectifs qu'ils autorisent et non sur l'autorité de leur statut.

Un postulat, en effet, ne vaut guère mieux qu'un autre, en lui-même. C'est sa fonction de mise en route par sa convenance et sa rentabilité qui justifie sa sélection. C'est pourquoi les résultats de la recherche doivent être appréciés dans leur cohérence avec les postulats qui l'ont fondée, tout autant que dans la justesse des descriptions des états de faits analysés. Il importe alors d'avouer et d'expliciter ces postulats qui, par définition, se présentent sans démonstration, pour marquer le point de départ d'une démarche, tout comme ses limites et sa portée. J'en retiens trois que je considère comme des lieux communs des études littéraires. Ils font l'objet présentement d'un large consensus.

1. Le premier postulat concerne la définition de l'œuvre littéraire elle-même. Il consiste à admettre que les textes produits dans une société donnée ne peuvent devenir des œuvres littéraires sans une instance de « consécration » et de « distinction » qui les accrédite et les classe, selon leur forme, dans le corpus de la littérature. Ce postulat se situe dans le prolongement des réflexions d'Eikhenbaum [9] sur la littérature et des considérations d'Escarpit [10], de Lourau [11] et de Bourdieu [12], entre autres.

2. Le deuxième postulat tient pour acquis que le qualificatif « littéraire » est un effet de valorisation produit par une lecture critique qui exprime des jugements, des préférences et des sélections. Il est déjà un postulat de l'analyse institutionnelle de la littérature, telle qu'elle a été inaugurée par Jacques Dubois [13] et largement explorée par

---

9. B. M. Eikhenbaum, « La théorie de la "méthode formelle" », dans Tzvetan Todorov, *Théorie de la littérature*, Seuil, 1961, p. 31-75.
10. Robert Escarpit, *Le Littéraire et le social*, Flammarion, 1970.
11. René Lourau, *L'Analyse institutionnelle*, Minuit, 1970.
12. Pierre Bourdieu, *La Distinction*, Minuit, 1979.
13. Jacques Dubois, *L'Institution de la littérature. Introduction à une sociologie*, chapitre IV: « Instances de production, instances de légitimation », Paris/Bruxelles, Nathan/Labor, 1978.

la suite. Il est particulièrement bien démontré dans l'ouvrage de Claude Lafarge sur la « valeur littéraire [14] » et, récemment, dans *Discours sur la lecture, 1880-1980* [15] de Chartier et Hébrard.

3. Le troisième postulat introduit dans le processus de la qualification littéraire les effets de légitimation de la didactique qui contribue par ses programmes et ses pratiques à l'instauration et à la spécification de la littérature. Les travaux de Barthes [16], de Kuentz [17], de Fayolle [18] et de Viala [19] sont, à cet égard, très convaincants.

Ces trois postulats constituent un cadre conceptuel qui nous permet de poser des objectifs de recherche bien définis.

Les objectifs

Notre objectif général a été d'étudier, comme je l'ai mentionné, la détermination universitaire dans la constitution de la littérature québécoise. Il nous a semblé que l'université, comme lieu d'une instance didactique et critique, a tenu un discours constitutif pour notre littérature. Elle a été le lieu d'une pratique instituante tout autant qu'une pratique instituée. Elle n'a pas été la seule, mais elle occupe un rang hiérarchique tel, qu'elle jouit d'une autorité institutionnelle [20] dans l'instauration et la spécification de la littérature. C'est pourquoi nous nous sommes tournés vers les pratiques universitaires du Québec avec l'objectif particulier de repérer et de décrire les traces lisibles du travail de « distinction » du discours critique.

Il nous est apparu important, cependant, de distinguer deux types de corpus. L'un était constitué de la somme des documents bruts recueillis. L'autre était construit avec les seules données qui se révélaient pertinentes pour notre étude. Le premier était proprement un corpus documentaire. Le second était un corpus d'analyse.

Le corpus documentaire des discours critiques était composé des travaux commandés par la nature même de l'université, tels les thèses de doctorat, les mémoires de maîtrise, les projets et les rapports de

---

14. Claude Lafarge, *La Valeur littéraire. Figuration littéraire et usages sociaux des fictions*, Fayard, 1983, 354 p.
15. A.-M. Chartier et J. Hébrard, *Discours sur la lecture, 1880-1980*, Bibliothèque publique d'information, Centre Georges-Pompidou, 1990.
16. Roland Barthes, « Réflexions sur un manuel », dans Serge Doubrovsky et Tzvetan Todorov, *L'Enseignement de la littérature*, Plon, 1971, p. 170-177.
17. Pierre Kuentz, « L'envers du texte », *Littérature*, n° 7, octobre 1972, p. 3-29.
18. Roger Fayolle, « La poésie dans l'enseignement de la littérature : le cas Baudelaire », *Littérature*, n° 7, octobre 1972, p. 48-72.
19. Alain Viala, « La naissance des institutions de la vie littéraire en France », thèse de l'Université de Paris III, citée dans « L'enjeu en jeu : lecture littéraire et rhétorique du lecteur », *La Lecture littéraire*, Clancier-Guénaud, 1987, p. 15-31.
20. Pierre Bourdieu, *Homo academicus*, Minuit, 1984.

recherches ainsi que des différentes publications des professeurs des universités échantillonnées: ouvrages critiques, articles de revue, communications, actes de colloque. Le corpus d'analyse, par contre, ne pouvait être constitué que des données qui sont en rapport avec l'objectif de la recherche. Pour ce faire, il fallait passer du niveau des informations au niveau de la cognition, en isolant les données pertinentes à l'aide d'un protocole de lecture. Ce protocole, que je décrirai plus loin, était au centre de notre méthodologie.

Méthodologie

Notre méthodologie consistait essentiellement, en effet, à transformer notre corpus documentaire en corpus de données analysables. Cette procédure apparaît fort simple, mais il s'agit d'une opération complexe qui exige des choix conceptuels et des classements justifiés des divers éléments que contient chaque document.

Le document le plus banal, en effet, fourmille d'éléments disparates qui peuvent se prêter à des analyses fort différentes. La simple analyse grammaticale d'un texte, par exemple, requiert d'isoler les fonctions linguistiques d'une phrase et de l'analyser avec des paramètres exclusivement grammaticaux. Il y sera question de sujet, de verbe, d'attribut, de complément; en somme, de toutes les fonctions qui assurent la cohérence linguistique de la phrase. La cohérence sémantique, par contre, sera ignorée. Une phrase peut être correcte grammaticalement sans pour autant être sensée. Il en sera ainsi de l'analyse logique et de toutes les autres procédures de déconstruction des textes que nous savons pratiquer depuis les premières années du cours primaire.

Il n'en va pas autrement pour constituer un corpus de données. C'est l'objectif spécifique d'une recherche qui détermine le type d'éléments à retenir en utilisant un protocole de lecture approprié. Disons plus adéquatement que l'objectif spécifique détermine le niveau de pertinence de la lecture des documents en cause.

L'objectif spécifique de l'analyse du discours critique, dans notre cas, était de mettre au jour les procédés de persuasion et de démonstration utilisés pour parler de la littérature québécoise de façon déterminante. Cet objectif commandait un niveau de pertinence qui était proprement celui de l'argumentation. Un protocole argumentaire s'avérait alors nécessaire pour isoler les données argumentatives des documents.

L'argumentation, comme l'a montré Georges Vignaux[21], est d'abord une stratégie. Elle est l'art de diriger une série d'opérations

---

21. Georges Vignaux, *L'Argumentation. Essai d'une logique discursive*, Genève/ Paris, Droz, 1976.

destinées à vaincre les résistances, à occuper une place et à gagner des adhésions. Elle est un combat. C'est pourquoi il ne suffit pas d'examiner ses moyens ou d'évaluer ses arguments. Il faut de plus prendre en considération la figure de l'adversaire, le lieu convoité et les quêtes d'adhésion.

L'argumentation, en effet, est une communication tout autant qu'une logique. Le mode de communication est alors aussi argumentatif que les procédés de démonstration. Comme tout discours, l'argumentaire cherche à influencer quelqu'un par sa forme et par son contenu. C'est pourquoi il faut prendre en charge tout autant les *stratégies discursives*, comme rapports entre partenaires, que les *stratégies cognitives*, comme articulations du savoir. Ces deux stratégies, du point de vue de l'argumentation, sont deux véhicules de procédés pour gagner l'adhésion, soit par la persuasion (problèmes de crédibilité, de légitimité, de compétence), soit par la démonstration (problèmes de conceptualisation, de raisonnement, de logique). Le protocole de lecture, à venir, sera l'instrument de cette sélection de données argumentatives.

Les stratégies discursives

Pour gagner le lecteur à sa cause, le critique doit d'abord soigner son image. L'efficacité de la communication argumentative est à ce prix. C'est la *captatio benevolentiæ* de la rhétorique. Dans le champ de la critique littéraire, tous les procédés qui construisent une figure de désintéressement, en neutralisant les formes discursives de la subjectivité, sont séduisants. L'utilisation de la forme impersonnelle, par exemple, si fréquente dans le discours critique, est déjà une forme argumentative. Elle tente de persuader le lecteur de l'objectivité du propos. « Il appert », « il arrive que », « il faut reconnaître » sont autant de formes d'une neutralité qui veut donner le change. Il y a toujours derrière ce désintéressement une instance qui a intérêt à gagner l'adhésion de son lecteur. Ainsi, la pose du critique qui n'a rien à défendre est déjà une pose argumentative. Le destinataire imaginaire ne peut être insensible à cette posture. Elle se réclame souvent de l'opinion dominante, de la doxa, et elle s'exprime par des expressions doxologiques comme « il va sans dire », « on a l'habitude », « il est acquis », « on ne saurait mettre en doute » ou « il est évident ». Les marques argumentatives, toutefois, seront davantage manifestes quand l'instance sera partiale ou autoritaire, car elle ne cachera pas ses tentatives de manipulation.

Il y a toujours, par ailleurs, en face du locuteur même dissimulé, un locutaire qui a la figure d'un lecteur à convaincre. Celui-ci a les caractéristiques, et seulement celles-là, que le discours lui prête. La caractéristique la plus générale, toutefois, dans l'argumentaire, est la résistance à l'adhésion. Elle constitue une sorte de lieu commun, un genre de topos. La stratégie discursive consistera à vaincre cette résistance sous toutes ses formes.

La figure du lecteur comme un résistant, au demeurant, n'a pas à être explicitée ou démontrée. C'est le grand confort du critique que de pouvoir imaginer librement son lecteur, au gré de ses intuitions, de son expérience, de ses besoins ou de ses humeurs. Il peut être un ennemi et il faudra vaincre son hostilité. Mais il peut être tout simplement ignorant et il sera perçu comme un lecteur réceptif, ou encore bienveillant et le locuteur exploitera la complicité. Les résistances, d'ailleurs, peuvent être de tout ordre, de l'opinable jusqu'à la plus rigoureuse certitude. Mais il faudra souvent les induire par des indices d'incitation, tels « vous conviendrez », « on est forcé d'admettre », « gageons ». C'est le rôle du protocole de lecture de capter et de classer ces données argumentatives du discours comme véhicule de communication.

Les stratégies cognitives

On peut parler des stratégies cognitives comme on parle des programmes narratifs. La visée est la même qui est la transformation d'un certain rapport entre un sujet et un objet. Sauf que le sujet, ici, est le lecteur. C'est la relation du lecteur à un objet de savoir, comme valeur désirable ou désirée, que l'argumentation tente d'imposer ou de renverser. Il y a donc, dans l'argumentation, des stratégies de conjonction et de disjonction d'un lecteur avec un objet de connaissance. Il faut donc partir des objets de savoir et des prédicats qui leur sont attribués pour repérer les raisonnements avec leur champ axiologique propre.

Les données cognitives que le protocole veut répertorier sont, en réalité, de quatre ordres :

1. Il y a d'abord les objets de savoir eux-mêmes qui résultent d'un travail de conceptualisation, car le concept est la face intelligible du réel. Il témoigne de notre prise sur la réalité. Conceptualiser, c'est parvenir à transformer les objets empiriques en objets de savoir. Ceux-ci, dans notre protocole, sont entendus comme figures d'intelligibilité. L'argumentation commence donc par créer de l'intelligible. Le discours critique a ses propres figures d'intelligibilité. Ses objets de savoir sont tantôt la langue, tantôt le style, tantôt le genre, tantôt l'originalité, tantôt l'époque, tantôt l'influence ou tout autre concept qui est une intelligibilité de l'œuvre de fiction par focalisation conceptuelle. La formation de ces concepts est une première stratégie de cognition. Elle projette du réel dans l'intelligible.

2. L'argumentation, en deuxième lieu, forme des jugements qui ne sont formellement que l'attribution d'un prédicat à un objet de savoir, puisque juger, c'est prédiquer. L'intelligible devient alors

cognitif. Les jugements font donc partie des stratégies cognitives. De simples jugements prédicatifs comme « ce roman est bien écrit », « ce personnage nous ressemble », « cette poésie est originale » orientent notre connaissance et créent des effets argumentatifs. D'autres, plus ou moins élaborés, sont des jugements délibératifs. Ils argumentent par prédicats successifs dans des parcours logiques, historiques, ou analogiques. Ils forcent à induire ou à déduire un jugement argumenté qui sollicite l'adhésion du lecteur.

3. Dans la critique littéraire, les jugements ne sont jamais des unités isolées. Ils se disposent en chaînes et ils engendrent des raisonnements. Ils acquièrent ainsi leur ultime valeur argumentative. Ils prennent place dans des grandes familles de raisonnement qui les classent et les spécifient. Dans notre protocole, nous avons créé une rubrique pour les figures de raisonnement.

4. Ces trois grandes classes de figures, à la surface du texte, comportent enfin des figures pré-construites de nature axiologique [22]. Elles se réfèrent implicitement, en effet, à des savoirs déjà constitués comme l'histoire, la sociologie, la littérature ou à des champs de valeurs tels l'esthétique, l'éthique, l'épistémique. De telles figures axiologiques, souvent systémiques, peuvent investir toutes les précédentes et créer des jugements de valeur qu'il faut entendre simplement comme jugements préférentiels, sans égard à leur véridiction. C'est pour autant qu'ils révèlent des stratégies argumentatives de cognition que nous les retenons. Un raisonnement logique ne recherche pas le même type d'adhésion qu'un raisonnement circonstanciel et il n'utilisera pas les mêmes figures de jugement.

Le protocole argumentaire

Il est de la définition d'un protocole, toutefois, de présenter des catégories qui ne désignent que des virtualités. Le protocole est de l'ordre des possibles, non des états de fait. Pour bien marquer ce niveau des potentialités, nous avons utilisé le vocabulaire de Hjelmslev [23], en glossématique, et nous avons parlé de « figure », dans le sens, transposé, d'une unité logiquement antérieure au lexème et privée de contenu propre. Cette conception de la figure, comme catégorie, est conforme à la logique de l'entendement qui suppose qu'une chose doit être possible avant d'être.

Un protocole de lecture doit également comporter des listes fermées de possibilités dans chacune de ses catégories. Il ne suffit pas

---

22. J'ai tenté de définir ce concept dans « Le statut de l'axiologie », *Recherches sémiotiques / Semiotic Inquiry [R.S.S.I.]* (Montréal), vol. IV, 1984, n⁰ˢ 3-4, p. 253-272.
23. Louis Hjelmslev, *Prolégomènes à une théorie du langage*, Minuit, 1943, p. 70.

d'indiquer qu'il y a des figures de l'énonciateur. Il faut indiquer tous les types possibles de cette figure pour saturer les choix et assurer une lecture homogène de tous les documents. Il doit en être ainsi des autres catégories. Mais on ne peut parvenir à cette saturation des choix par des classements empiriques. Il faut recourir à des classements logiques, au niveau profond des contradictions et des contraires.

La figure de neutralité de l'énonciateur, par exemple, comporte sa contradiction dans la figure de la partialité et son contraire dans celle de l'autorité. De même, la figure de réceptivité de l'énonciataire a sa contradiction dans la figure de la résistance et son contraire dans la figure de complicité. Ces six figures, comme données possibles du discours argumentatif, concernent des parcours de persuasion entre partenaires. Elles veulent rendre compte des divers types de stratégies de persuasion de l'instance textuelle. Il n'est pas exclu que ces parcours traînent avec eux des éléments hétérogènes, mais nous avons pu constater, par expérience, que ces derniers ne sont pas significatifs, car ils ne font pas dévier la ligne argumentative.

Stratégies discursives	
Figures de l'énonciateur	Figures de l'énonciataire
neutralité	réceptivité
partialité	résistance
autorité	complicité

Pour les stratégies cognitives, les contradictoires et les contraires n'auront pas de telles valeurs discriminatoires, car leur domaine est sémantique. Toutefois, il est possible de départager des aires figuratives nettement différenciées. Ainsi, les figures d'intelligibilité que comportent les objets de savoir, comme concepts, se divisent d'abord en figures de textualité, de contextualité et d'intertextualité. À ces figures interreliées, s'ajoutent deux autres catégories de concept dont l'une est infratextuelle, la langue, et l'autre, métatextuelle, les genres littéraires. Cette liste de cinq possibilités de figures est close et les données qu'elle sélectionne sont compatibles d'un document à l'autre.

Les figures de jugement, comme prédicats, se répartissent, à leur tour, selon leur relation aux objets de savoir. Ces relations peuvent être d'ordre logique et la figure sera déterministe, d'ordre temporel et la figure sera historiciste, d'ordre analogique et la figure sera comparatiste, d'ordre aléthique et la figure sera ontologique, d'ordre événementiel et la figure sera empirique.

Stratégies cognitives I	
Figures d'intelligibilité	Figures de jugement
textualité	déterministe
contextualité	historiciste
intertextualité	comparatiste
langue	ontologique
genre littéraire	empirique

Les figures de raisonnement qu'engendrent les chaînes de jugements débordent le texte car elles s'inscrivent dans les marques de la littérature. Un texte est reconnu comme littéraire par sa singularité. S'il imite, plagie ou recense un autre texte, il est disqualifié. La figure de l'originalité est donc une figure dominante dans la détermination de la littérature, comme corpus. Il en est de même de l'innovation. Une œuvre doit apparaître neuve pour commander l'attention. Cette figure de la nouveauté est distincte de celle de l'originalité. On peut faire dans le nouveau roman et être original.

Ces deux figures, cependant, n'excluent point les relations littéraires entre les œuvres du corpus. La figure de parenté fait bien partie des types de raisonnement qui peuvent être tenus sur la littérarité d'une œuvre, bien qu'elle soit contraire aux précédentes. Les éléments d'un même paradigme se côtoient nécessairement par leurs ressemblances et leurs différences. C'est la loi des classifications épistémiques, par genre et espèce. À cette figure, on peut ajouter celle de la pertinence ou de la prévisibilité. C'est la figure de la conformité. La conformité peut être revendiquée comme une marque littéraire, bien que ce critère soit à l'opposé des deux premiers. La liste des figures de raisonnement se boucle donc sur la contrariété.

Aux raisonnements, il faut associer les champs axiologiques comme lieux sémantiques de valorisation. C'est sur la base d'une opinion commune, d'un savoir ou d'une valeur que l'argumentation, en définitive, trouve son fondement. Il y a ainsi des raisonnements qui se fondent sur la doxologie comme opinion dominante, en particulier la valeur nationale au Québec, et d'autres, sur des savoirs constitués, tels les savoirs encyclopédiques sur la littérature, l'esthétique, l'éthique, la sociologie, l'histoire ou l'épistémologie sous toutes ses formes (voir tableau ci-contre, p. 153).

L'argumentation, comme stratégie de cognition, se fonde donc, en résumé, sur la formation des concepts et sur leur disposition à l'intérieur d'une axiologie pour susciter l'adhésion du lecteur par démonstration. La façon argumentée de les élaborer et de les conjuguer apparaît dans les sélections des diverses figures des quatre

Stratégies cognitives II	
Figures de raisonnement	Figures axiologiques
originalité nouveauté parenté conformité	doxologiques nationalistes littéraires esthétiques éthiques sociologiques historiques épistémiques

rubriques ci-haut décrites. Dans le cadre de notre méthodologie, ce sont les rapports entre les figures d'intelligibilité, de jugement, de raisonnement et d'axiologie qui constituent l'argument propre de chaque discours critique.

Chacune des figures d'une rubrique, en effet, peut être associée à toute autre figure des autres rubriques pour créer une configuration à quatre termes, laquelle devient le signalement d'une stratégie cognitive particulière. Le nombre des données est ainsi fort limité, mais leur validité compense les pertes d'informations. Pour un corpus documentaire large et varié, il n'y a guère d'autre choix que d'isoler un nombre restreint de données, établies par des niveaux de pertinence fondés sur des objectifs, pour permettre une analyse globale des documents.

Le profit d'analyse de cette méthodologie, en conclusion, est de permettre de localiser les effets de valorisation des stratégies discursives et cognitives dans le champ rhétorique de l'argumentation et les lieux axiologiques des arguments. Elle nous a été imposée par la masse critique des documents et l'étendue de l'objectif qui débordait les textes singuliers et les personnes. C'est le discours de la conjoncture universitaire qui nous intéressait, rien de plus et rien de moins. Et cette conjoncture universitaire a produit des effets de distinction qui n'ont pas toujours été exprimés, ni totalement souhaités. Ils sont restés masqués. Ils sont apparus derrière les points de vue des instances critiques. « La nuque, disait Valéry, est un mystère pour l'œil [24]. »

(Université Laval)

---

[24]. Paul Valéry, « Mauvaises pensées et autres », *Œuvres*, Gallimard, coll. « Bibliothèque de la Pléiade », 1960, tome II, p. 797.

Sociocritique
et analyse du discours[1]

Antonio Gómez-Moriana

C'est au XXe siècle, et sous l'impact exercé presque simultanément par le structuralisme linguistique, par la sémiotique et par le formalisme russe, que les études littéraires centrent leur attention sur les principes de composition des textes en tant que totalité organisée et structurée. Il s'agissait de dépasser l'historicisme qui alimentait aussi bien le biographisme et l'histoire des idées que la traditionnelle recherche des « sources » des éléments isolés de l'ensemble textuel. Le texte restait fragmenté, ou tout simplement ignoré au nom d'une préoccupation pour des facteurs extérieurs au même. Mais les approches immanentistes, dans leur violente réaction contre toute considération diachronique, isolent le texte de tout ancrage spatial, temporel ou social, le transformant ainsi en une entité autosuffisante et

---

1. Je présente ici les bases théorico-méthodologiques des travaux du groupe « Marginalisation et marginalité dans les pratiques discursives » (M.A.R.G.E.S.). Sous le nom «Marginalisation et marginalité dans les littératures d'expression espagnole», il a été créé en 1980 grâce à une subvention du Comité d'attribution des fonds internes de recherche de l'Université de Montréal (C.A.F.I.R.). Il visait à établir les sources des manifestations littéraires de la marginalité dans l'Espagne impériale, qu'il s'agisse ou non de la lecture dite canonique; à établir les grilles d'une lecture idéologique des textes pour arriver à une sociocritique fondée sur l'analyse discursive plutôt que sur la sociologie des faits littéraires; à repérer enfin et à comparer les procédés discursifs de la marginalisation et ceux de la marginalité dans le monde hispanique pour — en incluant d'autres aires culturelles dans une étape ultérieure, aujourd'hui largement entamée — viser le phénomène global de la marginalité discursive, phénomène qui dépasse bien sûr les limites du monde hispanique. Des subventions du Conseil de recherches en sciences humaines du Canada (C.R.S.H.) et du Fonds pour la formation de chercheurs et l'aide à la recherche du Québec (F.C.A.R.) ont permis la création, au sein de l'Université de Montréal d'une équipe de chercheurs comprenant deux chercheurs en littérature comparée (Antonio Gómez-Moriana et Amaryll Chanady) et deux collègues de langues et littératures modernes (Monique Sarfati-Arnaud et Catherine Poupeney-Hart).

autotélique. Pour ce faire, on le réduit en outre, dans un scientisme néo-positiviste, à sa matérialité (verbale) quantifiable et on ignore la convention sociale au sein de laquelle fonctionne tout texte, que ce soit en reproduisant fidèlement ses stéréotypes ou en les transgressant plus ou moins fortement.

Ainsi, si la philologie traditionnelle, imprégnée du positivisme historiciste, entravait la compréhension du texte en tant que totalité cohérente et articulée, les approches immanentistes, en ignorant la tradition dans laquelle s'inscrit tout usage de la parole ou de la plume, entraveront la compréhension de l'écriture comme transgression ou, tout au moins, comme dialogue avec la convention sociale. La possible tension dialectique entre système et procès, tradition et acte (d'écriture comme de lecture), norme et usage, « modèle » et « écart », leur échappe ainsi, inaptes qu'elles sont à rendre compte des processus historiques et des changements — y compris ceux qui agissent sur les systèmes mêmes en tant que structures dynamiques, génératrices des textes dans leurs formes temporelles de réalisation. De plus, les approches immanentistes seront également incapables de saisir les *effets esthétiques* que la tension dialectique entre norme et transgression sera amenée à produire dans toute œuvre qui ne se limite pas à la pure reproduction mimétique d'un modèle. C'est le cas de l'ironie, de la parodie, de la subversion totale par (ab)us d'éléments culturellement marqués (le *discours rituel*, par exemple), comme de tout processus de signification basé sur la dialectique entre ce que le signe (plus ou moins complexe) signifie *en soi* et le sens qui lui est donné dans un contexte déterminé, aliénant, ou encore, entre la réserve de son utilisation (de l'ordre du sacré, du tabou, etc.) et la profanation qui en démystifie l'usage.

Deux écoles, dans ce mouvement pendulaire des études littéraires, me paraissent dignes d'être mises en évidence pour les efforts de dépassement et d'intégration, dans une esthétique de la production verbale, des dimensions oubliées par les deux positions antithétiques que je viens de décrire: le Cercle Bakhtine en Union soviétique dans les années 1920 et, plus près de nous, Theodor W. Adorno, dont la *Théorie esthétique* résume l'héritage de l'École de Francfort. Sans les efforts de ces deux groupes, on comprendrait difficilement l'objet de la sociocritique des textes, tout comme l'analyse même du discours dont j'essaierai ici de rapprocher la sociocritique.

En effet, les premières tentatives de dépassement des anciennes catégories de « création » (artistique ou littéraire), « originalité » et « génie créateur » (de l'auteur individuel transformé en une espèce de « héros épique », aussi admirable qu'inimitable), « influences » reçues (« sources ») ou exercées (la *Wirkungsgeschichte* allemande) et « intentions » (subjectives) de l'auteur en tant qu'objectif « philologique » des études littéraires, aboutissent, au début du XXe siècle, à une double orientation « empirique » : l'étude (descriptive) de la matière esthétique, représentée par les écoles allemandes de stylistique et par le formalisme russe d'une part; et d'autre part, l'« objectivisme abstrait » (Bakhtine) de la « synchronie » saussurienne et ses séquelles, les structuralismes immanentistes. Le Cercle Bakhtine surgit à la suite du refus dialectique, *dialogique*, des uns et des autres au nom d'un dynamisme socio-historique qui est à découvrir dans toute utilisation du langage, en explorant peut-être le chemin ouvert en Allemagne par Wilhelm von Humboldt et poursuivi en Russie par A. Potebnia. Considéré sous cet angle, Bakhtine serait cet « espace dialogique » qu'il postule lui-même comme base pour l'étude de tout texte en sa qualité de *carrefour*. C'est de là que naît ma proposition d'une lecture de l'héritage de Bakhtine et de son Cercle dans la conjoncture historique qui le conditionne et le dynamisme dialogique qui le caractérise [2].

Qu'il s'agisse de l'analyse stylistique individualisée (esthétique de l'expression personnelle observable dans l'œuvre d'un auteur particulier) ou de la systématisation des procédés linguistico-stylistiques (style d'une langue, d'un genre, d'une époque), Bakhtine reprochera à Vossler et à Spitzer, tout comme à Vinogradov et aux formalistes, un retour au subjectivisme individualiste qui contredit leurs postulats d'objectivisme empirique. En outre, toutes ces écoles tendraient à confondre la partie (le matériau linguistique) et le tout (l'expression, littéraire ou autre), en faisant de ce qui n'est que le moyen qui réalise la communication intersubjective un tout autonome, autosuffisant et autotélique [3]. Mais surtout, la méthode formelle — tout comme Saussure et l'école genevoise en laquelle il s'inspire — n'aurait pour objet qu'une abstraction. En effet, pour Bakhtine les « grammaires générales » ont en commun le défaut de se proposer comme objet d'étude le système, cette forme abstraite de la langue *construite par l'analyste* et sans autre valeur, par conséquent, que celle d'un *simulacre scientifique*. La « conscience collective » de ceux qui parlent une langue (lieu où Saussure situe la « synchronie ») n'est donc pas

---

2. Prenant en compte la synecdoque déjà largement répandue, j'utilise ici le nom de Bakhtine pour désigner l'ensemble de son Cercle, en particulier Volochinov-Medvedev-Bakhtine. J'évite ainsi le problème de paternité de chaque texte, problème d'ailleurs peu pertinent dans un corpus si cohérent et si clairement marqué par la conjoncture historique qui le sous-tend.
3. Conformément à la note précédente, je me référerai indifféremment aux travaux sur la méthode formelle, poétique et linguistique, sur le marxisme et la philosophie du langage, la théorie du roman (incluant Dostoïevski et Rabelais), et l'esthétique de l'expression verbale sans nécessairement préciser le ou les auteurs. Les points plus concrètement développés ici se trouvent en particulier dans « Les frontières entre la poétique et la linguistique », publié à Leningrad en 1930 sous la signature de Volochinov (version française chez Todorov, *Mikhaïl Bakhtine, le principe dialogique*, Seuil, 1981, p. 243-285).

autre chose pour Bakhtine que le produit d'une réflexion théorique, pure idée qui ignore la réalité socio-historique des langages sociaux. Ainsi, « ce système n'existe à aucun moment réel du temps historique ». Dans son expression extrême — qu'évite le groupe d'Antoine Meillet pour être « plus critique » et avoir reconnu « le caractère abstrait, mais également conventionnel de tout système de signification » — le Cercle Bakhtine en arrive à accuser cette école d'« hypostatrice de l'objectivisme abstrait [4] ». À l'intérieur d'un tel système, les signes n'établissent des relations qu'entre eux, et se définissent uniquement et exclusivement par les traits pertinents qui les opposent et les différencient des autres signes du même système. Il n'y a aucune relation entre un tel système et la réalité objective du langage (toujours sociale), ni également — et c'est l'erreur la plus grave pour le groupe Bakhtine — avec « le point de vue intersubjectif », l'idéologie, la gnoséologie et l'axiologie, sous-jacentes dans toute convention historico-sociale. Cependant, une telle convention est *conditio sine qua non* du fonctionnement réel du système, de toute utilisation de la parole (ou de la plume), car tout énoncé est incomplet en lui-même. C'est donc une erreur de l'isoler de la situation énonciative, de « l'ici et maintenant » de son énonciation où ont communiqué (dans le cas du discours rapporté, mais aussi du texte-document) ou communiquent (dans le cas des actes de parole quotidiens, mais aussi dans toute « réception » des textes du passé) un sujet énonciateur et un destinataire (pour le moins prévu) dans une telle utilisation de la parole (écrite ou parlée). Volochinov nomme donc « *entimema* » toute utilisation de la langue, car tout énoncé présuppose plus qu'il ne dit. Chacune de ses informations explicites (*partie verbale actualisée*) n'est rien d'autre, en effet, qu'une sorte de touche susceptible de faire évoquer, de mettre en mouvement chez celui qui la reçoit (l'auditeur ou le lecteur) tout un monde où elle s'intègre comme *fragment* : le monde des représentations et des souvenirs partagés par les sujets émetteur et récepteur de cet énoncé (*partie sous-entendue*). Le *contexte* devient ainsi *partie intégrante* de

---

4. Voir en particulier «Les courants les plus récents de la pensée linguistique en Occident», publié sous la signature de Volochinov dans *Literatura i marksizm*, V, 1928 (version anglaise dans *Bakhtin School Papers*, Ann Shukman éd., *Russian Poetica in Translation*, n° 10, 1983, p. 31-49). Les études sur la méthode formelle publiées sous la signature de Medvedev (en version anglaise: « The formal (morphological) method or scholarly Salierism », dans *Bakhtin School Papers*, p. 51-64; *The Formal Method in Literary Scholarship*, trad. par A. J. Wehrle, Baltimore et Londres 1978), de Volochinov (en particulier dans *Marxisme et Philosophie du langage*, Leningrad, 1929 — version française, Minuit, 1977) et de Bakhtine lui-même (en particulier dans « Problèmes du contenu, de la matière et de la forme dans la création artistique verbale », publié dans *Problèmes de littérature et d'esthétique*, Moscou, 1975 [1924] — version française sous le titre *Esthétique et théorie du roman*, Gallimard, 1978) envisagent cette même problématique d'une façon presque identique.

ce *tout*, bien plus vaste et complexe que la somme des phonèmes, morphèmes ou lexèmes, micro- ou macro-syntagmes que le sujet énonciateur émet dans l'acte de communication. Parallèlement au contexte, l'« horizon » partagé par les interlocuteurs est également intégré dans ce tout : tant l'horizon social, que le spatial et le temporel, le cognitif et l'axiologique [5].

Le mot, le texte, considérés comme des *énoncés* deviennent ainsi des faits socio-historiques analysables, non comme des expériences mystiques ou psychiques (qui ne sont pertinentes qu'à l'intérieur d'un subjectivisme individualiste), mais comme des « phénomènes sociaux ». « Objectivisme abstrait » et « subjectivisme individualiste », *thèse* et *antithèse* par lesquelles le Cercle Bakhtine résume les grands courants de la linguistique européenne occidentale dont l'influence se faisait toujours sentir en Union soviétique au moment où il s'agissait de jeter les bases d'un matérialisme critique, sont ainsi dépassées simultanément, non pas à la suite d'un compromis syncrétiste mais d'une *synthèse dialectique* qui détruit la base épistémologique qui leur est commune : le fait de considérer les actes de *parole individuelle* (ce qui est déjà une *contradictio in adjecto* pour le groupe Bakhtine) comme un phénomène qui ne se laisse analyser que du point de vue de la psyché subjective.

Comme Marc Angenot l'a mis en évidence, la polémique de *Marxisme et Philosophie du langage* « procède par l'opposition et le double rejet de deux idéologies linguistiques tenues pour idéalistes ». Marc Angenot attire l'attention sur les similitudes entre cette stratégie et celle du traditionnel pamphlet marxiste :

> On commence par la mise en regard de deux erreurs antagonistes qui semblent, par leur antagonisme même, occuper tout le champ d'une discipline ; on interpose ensuite ce qu'il faut appeler en toute rigueur un *tiers exclu* : ce tiers qui vient troubler la fête étant de nature critico-matérialiste, ici formulé dans les termes : « L'énonciation est de nature sociale », ce qui conduira à l'équation : tout le langage est idéologie [6].

---

5. Voir en particulier « Le discours dans la vie et le discours dans la poésie », publié par Volochinov en 1926 (version française chez Todorov, *Mikhaïl Bakhtine, le principe dialogique*, *op. cit.*, p. 181-215 ; version anglaise dans *Bakhtin School Papers*, p. 5-30). La même problématique est également l'objet des études de Volochinov sur la stylistique littéraire (version anglaise dans *Bakhtin School Papers*, p. 93-152 ; version française, de la deuxième partie seulement — « La structure de l'énoncé » —, chez Todorov, *ibid.*, p. 287-316) et de Bakhtine sur « Le problème des genres discursifs » et « Le problème du texte dans la linguistique, la philologie et les autres sciences humaines », tous deux dans *Esthétique de la création verbale* (Moscou, 1979 — version espagnole de Tatiana Bubnova, Mexico, Siglo Veintiuno édit., 1982, p. 248-293 et 294-323).
6. Marc Angenot, « Bakhtine, sa critique de Saussure et la recherche contemporaine », dans *Études françaises* (Montréal), vol. XX, n° 1, printemps 1984, p. 7-19 (ici, p. 9 et 10).

Tout en reconnaissant la modalité (pamphlétaire ?) de l'argumentation, je ne partage pas le point de vue de Marc Angenot sur *Marxisme et Philosophie du langage*, comme si cette œuvre était une œuvre qui rejette beaucoup plus qu'elle ne construit [7]. J'y vois bien plutôt, comme dans l'ensemble des écrits du Cercle Bakhtine de cette période, le mûrissement de toute la base théorique de cette *esthétique de l'interaction verbale* qui marque tout d'abord le groupe, et ensuite Bakhtine, lors de sa réapparition dans les années 1960. Il y aura donc lieu d'examiner plus en détail ces deux écoles tel qu'elles sont perçues par Volochinov-Medvedev-Bakhtine dans leur dialogue avec elles au travers même de la polémique.

Notons en premier lieu que les deux courants antithétiques ont été sélectionnés et décrits en fonction d'une perspective déterminée: l'identification et la délimitation du langage en tant qu'objet spécifique d'étude d'une esthétique de l'interaction verbale qui reçoit le nom de « *métalingvistika* ». Todorov traduit ce terme par *translinguistique*, non sans reconnaître que le terme qui, de nos jours, traduirait le mieux le point de vue de Bakhtine serait *pragmatique*; ce qui en ferait le fondateur de la pragmatique au sens actuel de cette discipline [8]. Il ne s'agit donc pas de rejeter d'autres perspectives (partielles) possibles dans l'étude du même objet, le langage. De telles perspectives sont légitimes, mais à l'intérieur de certaines limites que l'on doit nécessairement reconnaître: celles de leur propre perspective. Car une science ne se définit pas par son objet (*objectum materiale*), mais par son point de vue dans l'approche de celui-ci (*l'objectum formale* de la vieille scolastique). Par conséquent, ce qui est criticable dans la linguistique saussurienne telle qu'elle fut perçue par Bakhtine et telle qu'elle s'est réalisée dans les différentes écoles de linguistique post-saussurienne — à laquelle Bakhtine oppose sa métalinguistique —, c'est de faire de son propre point de vue *l'objet* de la (seule véritable) *science du langage*. Elle ne reconnaît pas ses propres limites et s'érige en science unique du langage. Ce que l'on dénonce ici c'est donc la fétichisation de certains modèles, et la négation d'autres tout aussi légitimes selon une autre perspective ou une perspective globale.

Analysons les quatre points qui résument, dans *Marxisme et Philosophie* du langage, ces deux théories antagoniques, depuis la

---

7. Voici le texte de Marc Angenot : « La valeur critique et polémique de *Marxisme et Philosophie du langage* est plus forte, on l'admettra, que sa valeur de construction théorique alternative » (*ibid.*, p. 11). Sur la rhétorique du pamphlet, voir l'excellente étude du même auteur, *La Parole pamphlétaire. Contribution à la typologie des discours modernes*, Payot, 1982. Pamphlétaire ou non, peu importe; je soulignerai pour ma part la présence ici de l'organisation dialectique de l'argumentation que Marx reçoit de Hegel (affirmation — négation — négation de la négation ou *Aufhebung*).
8. Tzvetan Todorov, *op. cit.*, p. 42.

pespective des cinq points par laquelle Volochinov/Bakhtine formulent leur propre proposition à la fin du chapitre sur l'interaction verbale[9]. Nous y verrons que ce qui est rejeté dans ces deux théories, c'est la position doxique absolue, au nom précisément de la pertinence d'une certaine dimension du point de vue contraire, qui est ainsi légitimée (mais à l'intérieur toujours d'un procédé de relativisation). Ainsi, dans l'opposition langue en tant que système stable (*ergon*) et activité créatrice (*energeia*), on accepte la valeur heuristique de la systématisation, mais on refuse à une telle *abstraction* la capacité de rendre compte d'une façon appropriée de la *réalité concrète*, empirique de la langue. Celle-ci consiste dans un processus d'évolution ininterrompue qui se réalise dans l'interaction verbale de ceux qui la parlent, et qui est donc social. De cette manière, on accepte le principe humboldtien de la langue *energeia*, tout comme on refuse celui de la langue *ergon*. Mais on conteste que les lois qui gouvernent la créativité du langage soient celles de la psychologie individuelle (deuxième point du «subjectivisme individualiste»). Au contraire, on accepte les lois internes du système, mais sans les hypostasier ni les isoler de la réalité sociale laquelle, en dernière instance, impose son évolution continue à de tels systèmes au travers de ses propres lois. Conséquemment (troisième point), on en déduit l'étroite connexion que garde toute activité de la langue avec les contenus et leurs valeurs idéologiques tout en insistant sur la spécificité de l'œuvre d'art du langage (que le subjectivisme individualiste met en corrélation analogique avec toute création artistique, tout en la réduisant au processus psychique de la création individuelle). On refuse ainsi le troisième postulat de l'objectivisme abstrait au nom d'une acceptation partielle du troisième postulat du subjectivisme individualiste mais en modulant ce dernier au nom, précisément, de la spécificité objective du système de communication verbale. Enfin, face à la critique du caractère *fortuit* des *distorsions individuelles* qui donnent lieu à l'évolution « irrationnelle et sans aucun sens » des langues (quatrième postulat de l'objectivisme abstrait), on proclame le caractère social de toute utilisation ou utilisation abusive d'une langue et on exclut la possibilité même des actes individuels de parole comme une *contradictio in adjecto*.

C'est l'éventuelle tension dialectique entre système et événement, norme et utilisation, tradition et acte (d'écriture comme de

---

9. On trouve la formulation des deux théories antagoniques réduites à quatre points antithétiques tout d'abord dans «Les courants les plus récents de la pensée linguistique en Occident» (dans la version anglaise citée en note 4: p. 33, les thèses du *subjectivisme individualiste*; et p. 34, les thèses de l'*objectivisme abstrait*) et à nouveau dans *Marxisme et Philosophie du langage*, chapitre IV (p. 71-95 de la version française); la position de Volochinov/Bakhtine est résumée dans le chapitre VI: « L'interaction verbale » (p. 121-141 de la version française).

lecture) qui échappaient à ces deux théories antithétiques tout comme aujourd'hui encore au structuralisme immanentiste. De là leur incapacité à rendre compte de ce qui intéresse au premier chef le groupe Bakhtine: la compréhension des processus historiques et des effets esthétiques de la transgression. En brisant tout à la fois la rigidité du système et le subjectivisme créateur, ces jeux sémiotiques historico-sociaux font référence en même temps à l'histoire du signe verbal en question et à ses utilisateurs « légitimes » à l'intérieur d'une société donnée, avec ses groupes antagoniques[10]. Car telle que la conçoit le groupe Bakhtine — telle que la conçoit le marxisme dans son principe de la lutte des classes et dans la dialectique en tant que dualité produisant l'unité conflictuelle du corps social —, toute société est plurielle, ou tout au moins *duelle*, puisqu'elle ordonne des éléments antagoniques et « régularise » leurs intérêts en conflit. Ainsi la parole doit porter la « marque » idéologique du groupe social qui l'utilise et impose les règles et restrictions de son usage, l'« ordre du discours » dont parlera plus tard Michel Foucault. Mais surtout elle porte — en outre — la marque socio-idéologique de la lutte des intérêts. Si d'une part, elle tend à unifier les efforts de tous dans l'« intégrité » et l'« efficacité » du système, à partir d'une « cohérence », d'une « vérité » unitaire et totalisante, monologique; d'autre part, cette tendance génère celle qui lui est opposée: la « dysphonie » dialectique, dialogique, du groupe ou des groupes dominés face au groupe dominant, celui aux intérêts duquel servent cette « cohérence » et « vérité » absolutisées [11].

En ce qui concerne l'arrivée tardive en Europe (au monde occidental) de la critique saussurienne que formulent Bakhtine/Volochinov dans *Marxisme et Philosophie du langage*, Marc Angenot observe encore qu'à l'époque où ce texte fut écrit (la publication russe date de 1929), il n'aurait pas pu être lu en Europe occidentale. L'explication, brève et pertinente, est la suivante: « Le fonctionnalisme structuraliste n'y avait pas encore acquis la place qui eût justifié une réfutation en règle et un marxisme critique n'aurait pu s'y faire entendre faute de conditions d'intelligibilité [12]. » Le moment le plus

---

10. Sur cette problématique, voir mon livre *La Subversion du discours rituel*, Longueuil, Le Préambule, coll. « L'univers des discours », 1985, et mon article: « Hacia una re-introducción de la dimension diacrónica en el análisis del texto », dans le numéro spécial de *Dispositio* sur *Semiotics and Philology*, vol. XII, n°s 30-32, 1987, p. 213-226.
11. La double dynamique sociale a donné lieu à deux courants antagoniques dans la théorie sociale: la fonctionnaliste (unitaire) et la dialectique (duelle). Voir sur ces deux courants et le « bilan » actuel de celles-ci le chapitre IV (« La nature du lien social: l'alternative moderne ») du livre de Jean-François Lyotard, *La Condition postmoderne*, Minuit, 1984 (avec une bibliographie choisie sur ces deux courants).
12. Marc Angenot, *Critique de la raison sémiotique*, Montréal, Presses de l'Université de Montréal, 1985, p. 10.

opportun pour l'arrivée du texte de Bakhtine en Europe aurait été, selon Angenot, lorsque, trente ans plus tard, le structuralisme européen occidental transforme le « pseudo-Saussure » du *Cours de linguistique générale* en dogme des lettres et des sciences sociales. Cependant, la traduction française est de 1977, moment où — sauf rares exceptions [13] — « la linguistique et plus encore les sémiologies semblaient s'être installées à demeure dans la forclusion de l'histoire et de l'idéologie ». Ainsi, malgré la « mode » Bakhtine, le moment continue d'être, selon Angenot, peu propice pour qu'on prenne véritablement en considération son matérialisme critique; au lieu d'accepter le défi, on a créé une atmosphère intellectuelle qui invite « à s'installer dans le confort et le syncrétisme [14] ».

Pierrette Malcuzynski, face également à la « fantastique » projection des écrits et de la personne de Bakhtine sur la théorie et la critique contemporaines dans l'ensemble des sciences humaines — et, parallèlement, de tous les malentendus et compromis effectués pour aboutir à un Bakhtine « acceptable » — lance l'hypothèse suivante:

> Il ne semble pas trop osé de penser que si Bakhtine avait été traduit plus tôt, notamment en France, l'impact du structuralisme *et* de la sémiotique en sciences humaines aurait pris une toute autre allure. De même et plus spécifiquement en matière de théorie littéraire, les constellations migratoires de la notion d'intertextualité auraient manifesté d'autres configurations [15].

Ces constatations qui se réfèrent toutes deux plus au monde français peuvent s'appliquer *servatis servandis* à l'Allemagne. Les premiers écrits de Bakhtine publiés dans ce pays sont, que je sache, ceux qui sont réunis sous le titre de *Literatur und Karneval: Zur Romantheorie und Lachkultur* (Munich, 1969) [16]. On ne peut dire que ces textes aient exercé une influence marquante ni dans la théorie ni dans la pratique des études littéraires germano-occidentales ou dans d'autres secteurs des sciences humaines (de l'« esprit » comme les désignent les allemands: *Geisteswissenschaften*). En 1980, un symposium organisé à l'Université de Constance se proposait de combler ce vide [17]. Son objet devait être, comme le déclare Hans Robert Jauss

---

13. Parmi les exceptions, Marc Angenot souligne de façon expresse H. Lefebvre et Pierre Bourdieu.
14. Marc Angenot, *Critique de la raison sémiotique, op. cit.*, p. 11.
15. Pierrette Malcuzynski, « Critique de la (dé)raison polyphonique », dans *Études françaises* (Montréal), vol. XX, n° 1, printemps 1984, p. 46.
16. Suit de très près *Probleme der Poetik Dostoevskijs* (Munich, 1971); en 1974 apparaît sous forme d'article un résumé de l'étude sur le cronotopos dans le roman (dans *Problèmes de littérature et d'esthétique*): « Zeit und Raum im Roman », dans *Kunst und Literatur*, 22 (1974) p. 1161-1191; en 1975, *Marxismus und Sprachphilosophie*, à Francfort; en 1979, *Aesthetik des Wortes*, également à Francfort.
17. Voir Renate Lachmann (dir.), *Dialogizitaet*, Munich, Fink, 1982. Le symposium — dont ce livre publie les actes — a eu lieu du 8 au 11 juillet 1980.

dans son discours d'ouverture, la théorie de Bakhtine et, en particulier, le principe dialogique développé dans l'*Esthétique du mot*. Mais il y eut davantage (d'une façon implicite ou explicite) Schleiermacher, Gadamer et Jauss; Winnicott et Lacan, les formalistes russes et le structuralisme de Prague, en particulier Mukarovski mais aussi Zirmunskij et Durisin, Ingarden et Grappin. En résumé : les théories herméneutiques, psycho-analytiques ou philosophiques s'occupant du phénomène de la réception. C'est ainsi que la *préhistoire* de l'esthétique de la réception passe au premier plan, réduisant Bakhtine à un théoricien de la réception, une réception qui prend davantage en compte la relation directe texte-lecteur que les médiations idéologiques du contexte (ou des contextes changeants) de communication [18].

C'est l'hypothèse formulée par Adorno dans son *Aesthetische Theorie* (1970) sur le « caractère double de l'art, dans son autonomie et en tant que fait social » (« *Doppelcharakter der Kunst als autonom und als* fait social »), ainsi que sur son caractère énigmatique (*Raetselcharakter*), qui, à une époque récente, a réintroduit en Allemagne occidentale les problèmes qui ont tant préoccupé le groupe Bakhtine, même si désormais au sein des postulats de la « théorie critique » (*Kritische Theorie*) caractéristique de l'École de Francfort, les chemins sont bien différents, et l'on ne peut pas parler d'influence ou de présence de Bakhtine dans ces réflexions. Les coïncidences au niveau des résultats montrent, cependant, une base marxiste commune.

Le problème de l'ambiguïté du texte littéraire dans sa polysémie, comme celui du caractère *énigmatique* que renferme toute œuvre artistique, conduit les sociologues et les philosophes de la culture à deux positions opposées qui sont en réalité complémentaires. D'un côté, la *réduction monosémique du texte* dans la recherche de l'« intention » de l'auteur, de son « message », par des philologues historicistes, mais aussi par ces philosophes des idéologies et des sociologues des contenus qui (tout en dépossédant l'auteur de son « emprise » sur l'œuvre et sa signification) étudient l'œuvre d'art et le texte littéraire comme s'il s'agissait de documents historiques dénotatifs. De l'autre côté, l'*exclusion du sens* en tant qu'objet pertinent (scientifique) des études littéraires (et esthétiques) de la part d'un (néo-)positivisme scientifique qui, soit se limite à l'étude du texte (de

---

18. Pour une telle critique de la théorie de la réception, voir mes études « Spécificité du texte vs vocation universelle de la littérature », dans *Mémoires de la Société royale du Canada*, 4e série, XVIII, 1980, p. 171-185, et « L'histoire littéraire : ses rapports avec la pragmatique du discours », dans *Renouvellements dans la théorie de l'histoire littéraire / Renewals in the Theory of Literary History*, Ottawa, Société royale du Canada et Association internationale de littérature comparée, 1984, p. 211-219.

l'œuvre d'art) en tant que *fait social*, déviant ainsi l'attention du chercheur vers des facteurs extérieurs *quantifiables* — typologies de lecteurs, d'éditions, de marchés et de *circulation* des œuvres artistiques — soit refuse au texte (à l'œuvre d'art) tout ancrage social et limite son étude *scientifique* à l'analyse des *éléments* (tout aussi quantifiables) *de style*: formes, structures, règles (dans le cas du texte, linguistiques et stylistiques) de son *fonctionnement interne*.

Même s'agissant de positions irréconciliables, la sociologie empirique de la littérature et de l'art coïncide ici avec les différents structuralismes immanentistes dans leurs conceptions (néo-)positivistes de la connaissance scientifique et dans *l'exclusion du sens* du champ scientifique. En plus, ces deux positions coïncident également dans l'acceptation (pour le moins implicite) de la dualité «*hors texte*» (social) / «*immanence textuelle*» (indépendante de toute «contrainte» sociale), ce qui leur permet d'accepter la *Wertfreiheit* postulée par la philosophie positiviste des valeurs. Enfin, ces deux conceptions ont en commun le rejet justifié de l'ingénuité avec laquelle les philologues historicistes et certaines analyses (marxistes ou non marxistes) des contenus réduisaient le texte littéraire et l'œuvre d'art à des documents monosémiques à partir desquels on «interprétait» la personnalité de l'auteur, de l'artiste, ou son milieu socio-historique — réduction contre laquelle Adorno proclame le premier principe de son esthétique, à savoir le caractère énigmatique, connotatif et par conséquent polysémique de toute œuvre d'art.

Mais ce caractère énigmatique de l'art n'exclut ni le problème du sens ni la sociabilité de l'esthétique. Bien au contraire. Et c'est justement pour faire face à cette question qu'Adorno s'oppose aux conceptions sociologiques hors-textuelles et aux formalismes immanentistes, refusant leurs postulats et proposant de la sorte — tout comme l'avait fait Bakhtine en son temps — une théorie esthétique (synthèse de ces deux conceptions antithétiques) qui reconnaît tout autant une *autonomie relative* de l'expression artistique (littéraire) que la *nécessité de sa réalisation sociale*. Une véritable *sociologie des formes* surgit ainsi, qui insiste à la fois sur la spécificité de l'art et sur sa participation dans les processus socio-historiques. Dans le cas de la littérature, ce double postulat se traduirait — formulé en des termes actuels — par une étroite relation interdiscursive entre le langage communicatif («conceptuelle», selon la terminologie d'Adorno) et sa reproduction littéraire ludique («mimétique», selon la terminologie d'Adorno).

Le texte littéraire est donc pour Adorno *polysémique* (ou connotatif, non dénotatif ou monosémique) et *mimétique* (ou fictionnel, non-réel); un «*als ob*» (comme si) susceptible de faire front tout à la fois à la norme linguistique et à la logique du «réel». Il est donc erroné de le lire comme un texte dénotatif, en le considérant comme un document social direct, immédiat et monosémique; ou de lui retirer tout sens, en le réduisant à une « pure technique verbale »; ou, finalement, de réduire son étude à la sociologie de la production et de la circulation de l'écrit en tant que « marchandise ». L'analyse de contenus et certaines analyses marxistes qui réduisent le texte à l'expression simple et directe d'une idéologie coïncident avec le formalisme (dans ses différentes cristallisations historiques) en ne relevant pas le défi que le double caractère signalé par Adorno dans le texte littéraire implique dans son étude véritablement scientifique: elle doit tenir compte tant de sa sociabilité que de sa spécificité ludique.

L'étude du texte littéraire comme *espace dialogique* constitue donc un authentique défi à l'analyse textuelle, celui de rendre compte du mode sur lequel le texte lit l'histoire et s'inscrit en elle. C'est que le texte littéraire ne travaille pas uniquement sur le système littéraire, qu'il contribue à stabiliser ou à faire évoluer, ni sur le sub-système ou genre auquel il appartient. Le texte littéraire travaille sur la langue même et sur toutes les pratiques d'interaction verbale ou non verbale, artistiques ou non artistiques, de la société dans laquelle il est produit et/ou reçu.

En sa qualité de *convention*, toute parole (socialement) réglée s'inscrit dans un cadre social conformément à la « logique » que toute parole « cohérente » devra respecter, dans la « norme » qui régit son usage, en fonction aussi des valeurs (socialement) reconnues aux actes, aux gestes, à la parole. En somme, tout acte de parole est ainsi soumis à un répertoire d'impératifs de conduite (aussi bien éthiques que linguistiques) et d'aspirations (individuelles ou collectives) que tout individu intériorise inconsciemment dès sa plus tendre enfance (dans l'acquisition même du langage) et qui constituent l'instance parentale, sociale du sur-moi. En outre, si tout discours, toute parole socialement réglée, porte la marque idéologique inhérente à toute convention sociale, de même ses utilisateurs participent, en général sans le savoir, aux tensions que toute organisation (hiérarchisation) sociale implique. Par ce fait même, l'usage de la parole n'est jamais innocent: ou bien il contribue, en renforçant sa cohérence unitaire et totalisante, à l'intégrité et à l'efficacité du système, tel un écho fidèle, ou bien il met en cause une telle cohérence dans une dysphonie plus ou mois transgressive.

Pour la plupart, nos actes de parole se limitent en fait à la simple reproduction mimétique de modèles acceptés dans notre entourage social, d'après un « rituel » commandé par les différentes circonstances ou « situations ». C'est que l'interaction sociale que suppose tout usage de la parole (ou de la plume) n'est possible qu'à l'intérieur de fonctions préétablies pour un type déterminé de « texte ». C'est ainsi que fonctionnent les formules consacrées dans les *performatifs*, mais également dans les autres formes d'interaction sociale par communication linguistique. Siegfried J. Schmidt[19] et Harald Weinrich[20], par exemple, découvriront l'existence d'actes communicatifs structurellement préétablis et dotés d'une fonction socio-communicative liant leurs utilisateurs. De telles formules socio-communicatives sont intériorisées par les membres de toute société, qui s'en servent continuellement en respectant et les règles de leur fonctionnement et les règles de leur pertinence. Ces actes communicatifs fonctionnent donc toujours d'après une sorte de « rituel » précis. En réalité, toute formation discursive fonctionne en tant que pratique socialement réglée à l'intérieur d'une communauté donnée, constituant de ce fait une organisation ritualisée de signes verbaux. Les pratiques littéraires n'échappe pas à cet « ordre du discours », même si elles ne respectent pas toujours les contraintes des éléments entrant en jeu dans la composition du texte. C'est ainsi que le texte littéraire, en raison de son caractère ludique, sera doublement orienté (dans une référentialité croisée) : vers le système ou sub-système à l'intérieur duquel il se produit et vers les processus historiques et sociolinguistiques auxquels *nolens, volens* il participe. Cette double orientation du texte exige une lecture intertextuelle et interdiscursive capable de le situer par rapport à la « marque » des éléments empruntés de traditions antérieures, afin de pouvoir reconnaître les mutations possibles ou même les violations aliénantes auxquelles le nouveau texte soumet parfois ces éléments (motifs, actions, situations, etc.) empruntés à un autre texte ou à toute une tradition textuelle. En outre, cette lecture doit permettre de reconnaître aussi la (ou les) pratique(s) discursive(s) calquée(s) par le texte lors de la disposition stratégique de ses composantes. C'est ainsi qu'on sera en mesure d'évaluer le degré de fidélité ou d'infidélité à la convention, de la part d'un texte, dont l'intentionnalité peut aller de la simple reproduction mimétique à la distanciation ironique, à la parodie, à la subversion totale.

En réalité, la caractérisation du langage littéraire comme transgression n'a rien de neuf. Les traités rhétoriques de tous les temps constituent de véritables inventaires d'anomalies linguistiques rangées sous les catégories de « tropes » et « figures ». Mais je ne partage pas la considération — très répandue — de l'histoire littéraire comme l'histoire du « montage », « démontage » et « remontage » des artifices (toujours les mêmes) rhétoriques, pas plus celle de l'analyse du texte ne reposant que sur sa qualité d'« ensemble d'artifices » ou une définition des genres littéraires ne les considérant que comme des « types spécifiques » de tels ensembles. L'étude littéraire, telle que je la postule ici,

---

19. Voir S. J. Schmidt, « Texttheorie und Pragmalinguistik », *Lexikon der Germanistischen Linguistik*, Tübingen, Niemayer, 1973, p. 223-244 ; *Pragmatik*, 2 tomes, Munich, Fink, 1974 et 1976.
20. Voir H. Weinrich, *Sprache in Texten*, Stuttgart, Klett, 1977 ; « Les temps et les personnes », *Poétique*, n° 39, septembre 1979, p. 338-352.

ne peut se limiter à l'identification de modèles dans des traditions littéraires qui s'auto-alimentent et s'enchaînent historiquement, soit à travers des réalisations mimétiques les plus fidèles ou encore des ruptures ou transgressions les plus radicales. Il s'agit d'établir l'action dialectique entre l'intrinsèque et l'extrinsèque dans chaque texte, en examinant les stimuli de tout ordre avec lesquels il dialogue dans son caractère ludique.

Une conclusion se déduit, s'impose, de ce que je viens de dire : aux dimensions temporelle (diachronie) et spatiale (diatopie) du signe idéologique, il faut ajouter la dimension sociale (diastratie) lorsqu'il s'agit de comprendre les jeux sémiotiques historico-sociaux mentionnés plus haut. C'est précisément dans cette dimension diastratique du signe verbal que je situe l'objet de la sociocritique et c'est pour cette raison que je fais appel à l'analyse du discours — du langage incarné, social — comme instrument de travail [21].

(Université de Montréal)

---

21. On trouvera quelques applications tirées de ces principes dans « *Don Quichotte* ou l'évocation comme procédé narratif », dans *La Subversion du discours rituel, op. cit.*, p. 109-154; et dans « Pragmatique du discours et réciprocité de perspectives (à propos de *Don Quichotte* et *Don Juan*) », dans Antonio Gómez-Moriana et Catherine Poupeney Hart (dir.), *Parole exclusive, parole exclue, parole transgressive. Marginalisation et marginalité dans les pratiques discursives*, Longueuil, Le Préambule, coll. «L'univers des discours», 1990, p. 11-49. De ces postulats procèdent en effet, mes explications du texte *Le Lazarillo de Tormes* et de l'apparition, dans l'Espagne des XVIe et XVIIe siècles, de l'autobiographisme picaresque en tant que genre, en partant du « modèle » subverti dans la confession autobiographique de Tormes: les confessions autobiographiques destinées, de façon directe ou indirecte, au tribunal de l'Inquisition et réalisées sous son ordre direct ou indirect. Voir aussi, plus récemment: « Mimésis transgressive. Sur la fonction linguistique et sociale des pratiques littéraires », dans Christian Vandendorpe (dir.), *Le Plagiat*, Presses de l'Université d'Ottawa, 1992; et « Christophe Colomb et l'invention de l'"Indien" », dans *L'« Indien », instance discursive*, Montréal, Éditions Balzac, coll. «L'univers des discours», 1993.

Bibliographie

Le texte historique comme objet de l'analyse littéraire

LÉTOURNEAU, Jocelyn, « La mise en intrigue. Configuration historico-linguistique d'une grève célébrée: Asbestos, P.Q., 1949 », *Recherches sémiotiques / Sémiotioc Inquiry [R.S. / S.I.]*, vol. XII, nos 1-2, 1992, p. 53-71.

———, « Le " Québec moderne " : un chapitre du grand récit collectif des Québécois », *Discours social / Social Discourse* (Montréal), vol. IV, nos 1-2, hiver 1992, p. 63-88.

———, « La grève de l'Amiante entre l'histoire et ses mémoires », *Journal of the Canadian Oral History Association*, vol. XI, automne 1991, p. 8-16.

———, « Québec d'après-guerre et mémoire collective de la technocratie », *Cahiers internationaux de sociologie*, vol. XC, juillet 1991, p. 67-87.

———, « La saga du Québec moderne en images », *Genèses*, vol. I, n° 4, mai 1991, p. 44-71.

———, « Des personnages dans une histoire : les colloques de l'U.Q.A.M. et la reconduction de l'univers symbolique de la technocratie », dans Robert Comeau (dir.), *Daniel Johnson. Rêve d'égalité et projet d'indépendance*, Sillery, Presses de l'Université du Québec, 1990, coll. « Leaders du Québec contemporain », p. 379-387.

———, « The Unthinkable History of Québec », *Oral History Review*, vol. XVII, n° 1, printemps 1989, p. 89-115.

———, « L'imaginaire historique des jeunes Québécois », *Revue d'histoire de l'Amérique française*, vol. XLI, n° 4, printemps 1989, p. 553-574.

Jocelyn Létourneau

TROISIÈME PARTIE

Nouveaux objets, objets construits

Genèse de l'éloquence sauvage.
La renaissance française de Tacite

Normand Doiron

À Jean-François Allard

Un examen, même superficiel, de la littérature de voyage en Nouvelle-France permet de formuler l'observation suivante : ces récits accordent une grande importance à la représentation de la parole amérindienne, ils rapportent, en traduction, les très nombreuses harangues des capitaines sauvages, à tel point qu'ils versent parfois dans l'anthologie oratoire. Or il n'existait à toute fin pratique aucune étude qui permît de dégager les règles et les modèles de cette rhétorique. Encore moins d'études de sources qui eussent décrit la genèse et l'évolution en France des représentations de cette éloquence primitive. Car nul doute que les voyageurs empruntent aux rhétoriques de l'Antiquité des modèles qu'ensuite ils projettent simplement sur l'éloquente Amérique. Ils poursuivent la quête cicéronienne de l'*optimus orator*[1], du parfait orateur, et découvrant un nouveau continent ils inventent une éloquence inouïe. Sans approfondir ici l'analyse, je propose donc, dans une perspective génétique, de dresser la liste sommaire des sources latines où puisèrent les humanistes pour construire cet idéal de l'éloquence sauvage.

Les historiens espagnols paraissaient déjà captivés par les performances oratoires des Amérindiens, et l'on sait, pour ne citer que

---

1. Je pense au traité *De optimo genere oratorum*. Mais Cicéron est partout hanté par cette idée d'un parfait orateur que nul n'aurait jamais entendu. Dans le *De oratore* (I, 94-96), Antoine déclarait déjà n'avoir encore jamais rencontré d'homme vraiment éloquent. Dans l'*Orator* (9-10), Cicéron donne une allure platonicienne à cette recherche.

cet exemple, quelle place donne Tzvetan Todorov, dans sa *Conquête de l'Amérique*[2], à l'éloquence d'une Malinche.

De même, dès la fondation d'une Nouvelle-France, les récits insistent sur le rôle que joue la parole dans les sociétés sauvages. S'il ne rapporte pas de discours en style direct, le *Brief Récit* (1545) qui relate le second voyage de Jacques Cartier ne cesse de revenir sur les « predications et les preschements », sur les « merveilleux sermons » ou sur les « grandes harangues » des capitaines[3]. Deux paradigmes élémentaires donc, l'un religieux, l'autre militaire, avec une nette préférence pour le premier. Tandis que les jésuites, plus tard, dramatiseront l'éloquence sauvage grâce au vocabulaire du théâtre profane, le *Brief Récit*, quand il en décrit la mise en scène, évoque le « jeu d'un mystère[4] ». Mais si l'on considère d'une manière plus générale le style du *Brief Récit*, le modèle militaire paraît avoir été plus déterminant à long terme. C'est le mot « harangue », en concurrence avec « discours », qui désignera dans la majorité des récits la parole sauvage, et bien qu'on ne trouve pas de référence explicite, on ne peut que rapprocher des *Commentaires* de César ce récit au style plus que sobre, accroché à la description des faits, au déroulement de l'action.

Je passerai rapidement sur l'œuvre par ailleurs importante de Champlain. Elle innove essentiellement en ceci qu'elle rapporte des discours, quoique presque toujours en style indirect. Dans le *Quatriesme Voyage* de 1613, le capitaine Tessoüat déploie une redoutable dialectique, empêchant le découvreur de passer outre l'Îles aux Allumettes[5]. Mais nous n'entendons pas encore ses mots mêmes. Il

---

2. Tzvetan Todorov, *La Conquête de l'Amérique. La question de l'autre*, Seuil, 1982.
3. Jacques Cartier, « Deuxième relation », dans *Relations*, édition critique par Michel Bideaux, Montréal, Presses de l'Université de Montréal, coll. « Bibliothèque du Nouveau Monde », 1986, p. 137 et *sqq.* : « Et commança ledict *agouhanna* le travers du plus petit de noz navyres à faire une predication et preschement à leur modde en demenant son corps et membres d'une merveilleuse sorte qui est une serymonie de joye et asseurance »; p. 144 : « Ladite barque où estoient lesdits troys hommes apparessent estre troys diables ayans de grandes comes sur leurs testes et faisoit celluy du meilleu ung merveilleux sermon en venant »; p. 145 : « Et eulx estans retirez audit boys commencerent une predication et preschement que nous oyons de noz navires qui dura envyron demye heure »; p. 147 : « Y vint ung grand seigneur dudit pays qui fit ung grand sermon »; p. 142 : « Fist ledit Donnacona mectre tous ses gens d'un cousté et fict ung cerne sur le sablon et y fict mectre notre cappitaine et ses gens et lors commança une grande harangue tenant une fille de l'aige d'envyron dix ans en l'une de ses mains »; etc.
4. *Ibid.*, p. 154 : « Apres lesquelles choses faictes les hommes firent retirer les femmes et se assirent sur la terre tout alentour de nous comme si eussions voullu jouer ung mistere. »
5. *Quatriesme Voyage*, ch. IV, dans *Les Voyages du Sieur de Champlain*, à Paris, chez Jean Berjon, 1613, p. 306 et *sqq.*; dans *Œuvres de Champlain*, éd. Ch.-H. Laverdière, Québec, 1870, Montréal, Éditions du Jour, 1973, tome I, p. 454 et *sqq.*

arrive que Champlain donne directement la parole aux Sauvages, encore que ce soit le plus souvent d'une manière anonyme et collective[6]. Il faut attendre les *Voyages* de 1619 pour que retentisse enfin la voix d'un capitaine nommé La Ferrière. Telle que la rapporte Champlain, sa plaidoirie stoïque n'a pour elle que la brièveté sublime: « L'apprehension de la mort ne m'a point tant saisi le cœur, qu'il m'aye empesché de la venir recevoir pour l'avoir merité, selon vostre loy, me recognoissant bien coulpable[7]. » Il n'y aurait pas d'intérêt à noter que Champlain rapporte souvent plus longuement ses propres discours, si ce n'était que ses « remonstrances[8] » possèdent déjà quelques-uns des caractères qui définiront l'éloquence sauvage.

On pourrait croire, à première vue, que Marc Lescarbot, avocat au Parlement de Paris, se contente d'émailler son *Histoire de la Nouvelle-France* (1617) de mots étranges, suivant la technique rudimentaire qu'on trouvait déjà chez Cartier. Mais, consacrant tout un chapitre du sixième Livre aux langues amérindiennes, Lescarbot leur porte une attention nouvelle. Surtout, le premier, il convoque pour les comprendre toute sa culture d'historien humaniste. Au travers des centaines de citations qu'il produit, il scrute la mémoire des siècles, à la recherche de repères qui lui permettraient d'interpréter la parole primitive qu'il découvre. Dans un contexte religieux, son exégèse le conduit à préférer l'Ancien au Nouveau Testament, à citer surtout la Genèse et les livres sapientiaux; quand il se tourne vers les Apôtres, à privilégier les Actes et les Épîtres de Paul. Dans le contexte de la culture profane, Pline, et de loin, occupe le premier rang, suivi par Tacite[9] dont on ne saurait exagérer l'importance pour la

---

6. *Voyages et descouvertures faites en la Nouvelle-France*, à Paris, chez Claude Collet, 1619, p. 88; dans *Œuvres, op. cit.*, tome II, p. 576: « Ils escoutoient avec attention en leurs conseils, nous disans quelquefois, tu dis choses qui passe nostre esprit, & que ne pouvons comprandre par discours, comme chose qui surpasse nostre entendement. »
7. *Ibid.*, p. 612.
8. *Ibid.*, p. 554, la « remonstrance de l'autheur aux Sauvages pour les induire à la paix » (en manchette).
9. *Histoire de la Nouvelle-France* (troisième édition), à Paris, chez Adrian Perier, 1617; par W. L. Grant, Toronto, The Champlain Society, 6 livres en 3 tomes, 1907-1914. Une première citation de Tacite dès l'épître « À la France», tome I, p. 218. Le Livre sixième, « Contenant les mœurs, coutumes, & façons de vivre des Indiens Occidentaux de la Nouvelle-France », compte à lui seul onze références à Tacite. Pour Pline, l'index de W. L. Grant donne 34 citations pour les six livres. Mais les mentions sont nettement plus nombreuses. Retenons sur Tacite, J. Cousin, « Rhétorique et psychologie chez Tacite. Un aspect de la *deinôsis* », *Revue des études latines*, 29, 1951, p. 228-247; M. Fumaroli, *L'Âge de l'éloquence. Rhétorique et « res literaria » de la Renaissance au seuil de l'époque classique*, Genève, Droz, 1980, p. 63-70; A. Michel, *Le « Dialogue des Orateurs » de Tacite et la philosophie de Cicéron*, Klincksieck, 1962; R. Ullmann, *La Technique des discours dans Salluste, Tite-Live et Tacite*, Oslo, 1927.

question qui nous occupe ici d'une genèse des représentations de l'éloquence sauvage.

En effet, Lescarbot trouve chez Tacite non seulement le modèle d'un genre littéraire, mais un cadre idéologique dans lequel il fait entrer son *Histoire*, une morale faite de vifs contrastes entre une civilisation décadente et des Sauvages vivant encore selon les lois de la nature. Il oppose à l'irrémédiable corruption de l'Europe, la pureté barbare de l'Amérique. Il trouve chez Tacite un thème moral, empreint de pessimisme, qui infléchira le zèle missionnaire de maints voyageurs. Dans les forêts hantées de sombres rites, ils éprouvent la nostalgie des premiers âges, et fustigent au retour les vices de l'ancienne France, le luxe et l'hypocrisie des lecteurs:

> C'est beaucoup qu'on y puisse vivre [en Nouvelle-France] en repos & joyeusement, sans se soucier des choses superflues. L'avarice des hommes a fait qu'on ne trouve point un païs bon s'il n'y a des Mines d'or. [...] Ilz ne considerent point [...] l'Allemagne, de laquelle Tacite disoit, *qu'il ne sçavoit si ç'avoit eté par cholere, ou par une volonté propice que les Dieux avoient dénié l'or & l'argent à cette province*[10].

Par l'intermédiaire de Tacite, qui lui-même est largement tributaire de la documentation de Pline l'Ancien, Lescarbot renoue avec les plus vieilles traditions anthropologiques[11]. Avec celle, d'abord, qui étudie les relations unissant un peuple et le sol qu'il habite, et qui dans une large acception peut recevoir l'appellation de « théorie des climats ». Très tôt la sévérité du froid qu'affrontent des corps parés de plumes et de pauvres fourrures, l'austérité des paysages confèrent aux orateurs de l'Amérique, pour user de la rime dont usera Scarron dans son « Epistre chagrine » (1652), un tempérament mélancolique[12]. Se mêlant aux souvenirs du naturalisme stoïcien, et Lescarbot cite plus d'une fois Sénèque[13], se mêlant surtout aux récentes théories d'un docteur Huarte dont on remarque des traces dans les arts de

---

10. Lescarbot, *Histoire*, VI-XXIII, *op. cit.*, tome III, p. 442. Parmi les références à Tacite qui vont dans le même sens, retenons la suivante, VI-XIII, p. 396, « Ils ont cette charité mutuelle, laquelle a eté ravie d'entre nous depuis que Mien & Tien prindrent naissance. Ils ont aussi l'Hospitalité propre vertu des anciens Gaullois [selon le témoignage de Parthenius en ses Erotiques, de Cesar, Salvian, & autres] [...] Tacite donne la méme loüange aux Allemans, disant que chés eux toutes maisons sont ouvertes aux étrangers. » Cette question du « Tien » et du « Mien », que Lescarbot associe à Tacite, aura une influence cruciale sur la perception des voyageurs, et notamment sur Lahontan.
11. Pour le reste de ce paragraphe, je suis de près le plan de l'introduction de Jacques Perret à *La Germanie* de Tacite, Les Belles Lettres, 1949.
12. Paul Scarron, « Epistre chagrine », dans *Poésies diverses*, éd. par Maurice Conche, Didier, 1960, tome II, p. 65, vv. 245-246 : « Il faut porter dans l'Amerique / Un chagrin si melancolique. »
13. Quatre citations, dont l'une au *De vita beata*, dès l'épître « À Monseigneur Messire Pierre Jeannin », *Histoire, op. cit.*, tome I, p. 214.

voyager [14], cette humeur conduit à la conception d'un *ingenium*, d'un génie sauvage de l'invention, d'autant plus étonnant que l'éloquence du nouveau monde est strictement orale. Cette rhétorique morale s'appuie du reste sur le second préjugé de l'anthropologie antique : l'excellence de l'état de nature, l'idéalisation de la barbarie, la légende d'Anarchasis, philosophe scythe, transmise par Strabon [15] dont Lescarbot encore une fois se souvient. Se conjuguant enfin avec un troisième préjugé qu'on transpose rapidement sur un plan rhétorique, le préjugé des origines qui poussait Tacite à se demander de tout peuple s'il était autochtone, immigré ou hybride, l'éloquence sauvage est présentée comme une forme de primitivisme [16].

Tacite du reste avait déjà vu que les traditions historique et anthropologique supposaient une tradition rhétorique, et Lescarbot ne fait que retrouver ce lien qu'il établissait dès le *Dialogus de oratoribus* [17] entre l'histoire, la rhétorique et la poésie. À son *Histoire*, Lescarbot joint les *Muses de la Nouvelle-France*, qui comprennent un spectacle fluvial, le *Théatre de Neptune*. Ce vaste poème épique, aussi publié séparément, n'était pas le premier qu'eût donné la plume de Lescarbot [18]. De retour de voyage, il fait immédiatement paraître *La Défaite des Sauvages Armouchiquois* (1607), et plus tard une *Conversion des Sauvages* (1610). Licencié en lois, Lescarbot avait du reste fait ses classes. Sa *Harangue d'action de grâce*, composé lors de la conclusion du traité de Vervins, ses traductions d'ouvrages latins, deux *Discours* de Baronius, un *Guide* de Charles de Borromée, nous présentent un Lescarbot depuis longtemps rompu aux subtilités de la rhétorique. Il n'existe pas dans son œuvre de figure divine et salvatrice qui, comme le Virgile du *Dialogue des orateurs*, lui permettrait de toucher à la beauté déchirante des origines perdues. Son *Histoire* n'en cite pas moins *L'Énéide* [19] à plusieurs reprises. Elle n'en cite pas

---

14. Baudelot de Dairval, *De l'Utilité des voyages*, Paris, 1686, tome I, p. 17, « Et l'Autheur de *l'examen des esprits* tient qu'il est si important à l'homme de laisser son pays natal, pour devenir vertueux, qu'il ne croit pas que les leçons des plus habiles maîtres soient si efficaces » (je souligne).
15. C'est Strabon, VII, 302-303, qui « nous apprend la part qu'a prise Éphore au développement de la légende du sage Anarchasis » (J. Perret, *op. cit.*, p. 17 n. 2).
16. Georges Boas et Arthur O. Lovejoy, *Documentary History of Primitivism and Related Ideas*, Baltimore, Johns Hopkins University Press, 1935; E. H. Gombrich, « The debate on primitivism in ancient rhetoric », *Journal of the Warburg and Courtauld Institutes*, 29, 1966, p. 24-38; Alexander Riese, *L'Idéal de justice et de bonheur et la vie primitive des peuples du nord dans la littérature grecque et latine*, 1885.
17. Tacite, *Dialogue des orateurs*, texte établi par H. Goelzer et traduit par H. Bornecque, Les Belles Lettres, 1985.
18. Je suis la notice bibliographique que René Baudry consacre à Lescarbot dans le *Dictionnaire biographique du Canada*, Québec, Presses de l'Université Laval, 1966, vol. 1, p. 480-482.
19. Lescarbot, *Histoire*, VI-xxv, *op. cit.*, tome III, p. 455, *Aeneis*, livres VI et XI. Pour une autre citation de Virgile, p. 452.

moins un vers d'Ovide qui résonne comme un manifeste esthétique [20]. Surtout, Lescarbot, comme Tacite, conçoit cette éloquence primitive dans le registre pathétique.

La place qu'occupait la lecture publique d'un *Caton*, pièce écrite par Curiatus Maternus, l'hôte des orateurs dans le *Dialogue* de Tacite, c'est maintenant l'éloquence sauvage qui l'occupe. Le caractère dramatique, voire tragique, qu'elle conférait à la rhétorique de Tacite passera bientôt dans les discours des capitaines, fortement marqués par le vocabulaire du théâtre et, peut-être davantage encore, du forum, devenu clairière remplie d'échos. Car c'est au moment où les contraintes de la monarchie deviennent incontournables, où les robins reconnaissent comme impossible en France leur idéal de la grande éloquence délibérative [21], et Montaigne avait déjà perdu cette illusion, que naît l'idéal rhétorique d'une éloquence sauvage servant une démocratie à l'antique. Or les sociétés amérindiennes permettaient cette confusion entre le mode de vie tribal et le culte humaniste de la république [22].

Enfin de la renaissance de Tacite découlait une tradition stylistique, un mode de composition par associations, chaque chapitre, chaque paragraphe en poussant un autre au rythme apparemment désordonné de la découverte du voyageur. Il appartenait à Gabriel Sagard, dans son *Grand Voyage* (1632), puis dans son *Histoire* (1636) en quatre volumes, de tirer toutes les conséquences rhétoriques. Pour des raisons religieuses, il condamne la vaine curiosité du grand voyageur Thianeus Appolonius, et plaide, dès l'épître « au lecteur », en faveur de « la naïveté et simplicité d'un style ordinaire [23] ». Il retrouve les termes de Montaigne qui se serait présenté « tout nud », s'il eût « esté entre ces nations qu'on dict vivre encore sous la douce liberté des premières loix de nature ». C'est dire qu'il existe en France, du moins dès 1588, une tradition rhétorique du primitivisme sauvage.

Elle trouve une première fois sa pleine expression dans les *Relations des jésuites*, prenant appui sur l'atticisme dévôt d'un Gabriel

---

20. *Ibid.*, p. 405, « Si valeant homines ars tua Phoebe jacet ».
21. Marc Fumaroli, « Rhetoric, Politics, and Society: From Italian Ciceronianism to French Classicism », dans James Murphy (dir.), *Renaissance Eloquence. Studies in the Theory and Practice of Renaissance Rhetoric*, Berkeley, University of California Press, 1983, p. 253-273.
22. Lescarbot, *Histoire*, VI-XXIV, *op. cit.*, tome III, p. 446, « Mais ce Sagamos n'a point entre eux authorité absoluë, ainsi telle que Tacite dit des anciens Rois Allemans : " La puissance de leurs Rois [dit-il] n'est point libre ni infinie, mais ilz conduisent le peuple plutot par exemple, que par commandement ". »
23. Gabriel Sagard, *Le Grand Voyage du pays des Hurons*, à Paris, chez Denys Moreau, éd. par Marcel Trudel, Montréal, Hurtubise H.M.H., 1976 (« Au Lecteur », p. XLII). Dans une perspective différente, Réal Ouellet avait vu l'importance de la rhétorique pour Sagard, « Voyage en Nouvelle-France et rhétorique : comment se fabriquent les héros », *Letteratura francofona del Canada*, Olschki Editore, Florence, 1983, p. 99-106.

Sagard, mais plus encore sur cette dynamique tacitéenne qui anime dans tous les registres la quête des origines. Je ne peux ici que brièvement résumer l'étude que j'ai proposée des modèles rhétoriques de Paul Lejeune [24]. Je nomme simplement les trois grandes figures qu'il retient: Cicéron, le Cicéron fasciné par Caton l'Ancien qu'il pose en fondateur de la rhétorique latine; Tite-Live et saint Augustin. Tous trois répondent chez Lejeune à cette même aspiration vers les origines, celle de l'éloquence, de l'histoire et enfin du verbe chrétien. On discerne très bien dans ses *Relations* la courbe de cette évolution qui va de 1632 à 1642. Exprimant d'abord un enthousiasme humaniste qui, comme chez les robins, reçoit son impulsion de la renaissance de Tacite, le jésuite, avec remords, revient aux sources d'un augustinisme qui ne sera pas non plus sans problèmes. Entre les périls de la grâce qui risque de saper tout l'édifice rhétorique, et ceux du mysticisme auquel les traditions magiques exposent naturellement les Amérindiens, et qui risque d'entraîner aux pires excès oratoires, les jésuites maintiennent un savant équilibre, rompu d'un seul coup par un dialogue publié en 1703 par le baron de Lahontan: le *Dialogue curieux entre l'Auteur et un Sauvage de bon sens qui a voyagé*.

Certes le capitaine Adario, alias Kondiaronk, alias le Rat, incarne l'affranchissement de l'éloquence sauvage, mais le ton parodique suffirait à confirmer la vigueur d'une tradition rhétorique. La forme du dialogue inscrit l'œuvre du baron de Lahontan dans la même dynamique tacitéenne. Dans sa magistrale édition, Réal Ouellet reproduit une lettre de Leibnitz qui montre bien à quel point le philosophe allemand reste tributaire, dans sa compréhension des Hurons, de la description des Allemands par l'historien latin [25]. Mais Lahontan éprouve une implacable haine pour les jésuites. Il déplace complètement les enjeux rhétoriques en prenant Lucien de Samosate pour modèle. Réal Ouellet signale l'influence probable du *Cynique* dans la traduction de Perrot d'Ablancourt [26]. Du reste, chez les jésuites, la recherche d'un atticisme sauvage avait toujours été dominée par les questions de traduction, et donc était restée en étroite relation avec les spéculations rhétoriques qui devaient conduire à la définition d'un classicisme français. Il ne suffirait pas, pour saisir l'originalité

---

24. Normand Doiron, « Rhétorique jésuite de l'éloquence sauvage au XVIIe siècle. Les *Relations* de Paul Lejeune (1632-1642) », *XVIIe siècle*, 1991, 4.
25. Lahontan, *Œuvres complètes*, éd. par Réal Ouellet, Montréal, Presses de l'Université de Montréal, coll. « Bibliothèque du Nouveau Monde », tome II, 1990, « Appendice I », p. 1152: « Jadis Tacite, à propos des Germains, parlait de leurs nombreuses rixes en état d'ivresse; rien de tel chez ceux que nous appelons des hommes sauvages par la plus grande injustice » (Leibniz à Bierling, le 30 janvier 1711).
26. *Ibid.*, tome I, p. 33, n. 49.

des *Dialogues* de Lahontan, de souligner qu'ils inversent les valeurs, en situant l'Âge d'Or de la rhétorique à l'époque de la seconde sophistique. Il faudrait étudier l'éloquence du sophiste vagabond comme l'aboutissement d'une tradition de l'éloquence sauvage, et montrer que, par-delà les modèles jésuites, elle remonte à la lecture humaniste de Tacite, c'est-à-dire à l'histoire des rhétoriques françaises du primitivisme.

Au cours des premières décennies du XVIIIe siècle, le Sauvage monte sur la scène, il y trouve un lieu, pourrait-on dire naturel, celui que sa parole recherchait depuis toujours. Avant la naissance de l'ethnologie ou de la linguistique comparée qui n'apparaissent qu'avec Charlevoix et Lafitau [27], la parole sauvage n'est toujours restée qu'une pure représentation. Elle permet sur la scène, et déjà dans les ballets de cour, l'avènement d'une critique sociale. Au XVIIe siècle, elle correspondait à l'idéal du parfait orateur, à la mesure de tous les fantasmes humanistes. De l'éloquence au théâtre, cet héroïsme oratoire procède cependant de la même rhétorique pathétique, véhémente ou sublime, qui naît chez Tacite d'une intersection de la rhétorique, de l'histoire et de la poésie. Ce mélange se rapprochait de la spiritualité ignatienne, de la rhétorique des peintures, de la chaire conçue comme théâtre populaire, et les jésuites tirèrent le meilleur parti des potentialités de l'éloquence sauvage. Dès les *Relations* de Paul Lejeune, on devine la carrière théâtrale promise aux éloquents capitaines. En sens inverse, on trouve partout dans la littérature du XVIIe siècle des traces d'une influence de la rhétorique sauvage sur l'histoire de la rhétorique française. Nous avons déjà relevé chez les poètes du début du siècle le motif de la mélancolie sauvage. Il paraît si puissamment ancré dans la réflexion rhétorique de l'époque que Boileau, dès ses premiers vers, peut songer à lui donner un tour satirique :

> Allons du moins chercher quelque antre ou quelque roche
> D'où jamais ni l'Huissier, ni le Sergent n'approche [28].

Ce départ de Paris que nous annonce solennellement le Damon de la Première Satire, maintes fois Scarron l'avait lui-même annoncé sans l'accomplir [29]. Seule l'ironie d'un Huron pouvait aller plus loin. Mais cette « vertu sauvage », qui selon Boileau « n'est plus en usage [30] », avait nourri depuis un siècle toute une rhétorique de la retraite qui, sans doute, correspond au point de contact entre l'éloquence sauvage

---

27. Charlevoix, *Histoire de la Nouvelle-France*, Paris, 1744. Lafitau, *Moeurs des Sauvages Amériquains, comparées aux moeurs des premiers temps*, Paris, 1724.
28. Boileau, Satire I, v. 25-26, dans *Œuvres complètes* [1701], textes établis par F. Escal, Gallimard, coll. « Bibliothèque de la Pléiade », 1966, p. 13.
29. Scarron, *Poésies diverses, op. cit.*, tome II, p. 52, n. 1.
30. Boileau, Satire I, v. 57-58.

représentée par les voyageurs et l'histoire de la rhétorique française. La mythologie de la retraite, que Bernard Beugnot [31] a si brillamment étudiée, ne serait alors que la face visible d'un travail obscur et continu de réflexions sur l'éloquence primitive. Le récit, rédigé dans un studieux repos, donne un terme au curieux périple dans le monde. La dialectique classique du voyage et de la retraite serait au fond la formule thématique d'une question qui relève avant tout de l'histoire de la rhétorique: celle de l'éloquence sauvage ou, si l'on préfère, de l'atticisme primitif.

De ce point de vue, les rhétoriques sauvages pénètrent les plus importants débats de la rhétorique française. Dès la publication de ses *Lettres* en 1624, Guez de Balzac, dans une célèbre épître (XXXIV) à Boisrobert, exploitait toutes les ressources rhétoriques de la vie hors du monde [32]. De même, il place les *Entretiens* (1657) sous le signe d'une réflexion initiale sur « les plaisirs de la vie retirée », d'une invocation « aux forests & aux rochers [33] ». Il reprend des motifs, il revient aux sources du primitivisme, à Tacite [34] notamment qu'il interprète à travers sa lecture de Montaigne.

Et sans doute Montaigne est-il à l'origine en France de cette tradition des rhétoriques sauvages. Il avait certainement remarqué, chez Horace qu'il plaçait en tête des poètes, ce parti pris en faveur de la vertu sauvage [35], cette attitude hostile envers la navigation qu'on retrouve chez les voyageurs pénitents goûtant les délices de la retraite. Montaigne par ailleurs empruntait à Sénèque l'inspiration d'un naturalisme stoïcien. Le dépouillement, du moins en principe, du style sénéquien s'approchait déjà des rhétoriques sauvages. Dans l'épître C, à Lucilius, si importante pour la rhétorique, Sénèque fait mine de rejeter l'*horridus*, la nudité sauvage [36]. Partout cependant, et notamment dans la lettre 90, il tire d'un principe incessamment répété (*sequere naturam*: « suivre la nature »), des conséquences non

---

31. Pour ne retenir qu'un titre, Bernard Beugnot, « L'imaginaire de la retraite: tradition et invention d'un mythe », *La Mythologie au XVIIe siècle*, colloque du C.M.R. 17, 11, 1981, p. 7-15.
32. Guez de Balzac, *Les Premières Lettres*, édition par H. Bibas et K.-T. Butler, Droz, 1933, tome I, p. 143-148.
33. Guez de Balzac, «Entretien I», *Les Entretiens*, édition critique par Bernard Beugnot, Didier, 1972, tome I, p. 52 l. 35.
34. Sur l'oisiveté, sur l'amitié de Tacite et de Pline, *Les Entretiens, op. cit.*, p. 60, n. 8. Sur la formule *arbiter eruditæ voluptatis* forgée sur Tacite et Sénèque, *ibid.*, p. 150, n. 12.
35. Voir par exemple la 24e ode civique, du troisième livre. T. Zielinski, *Horace et la société romaine du temps d'Auguste*, Les Belles Lettres, 1938, p. 97 et *sqq.*, à propos des « coches » scythes.
36. Sénèque, *Lettres à Lucilius*, texte établi par F. Préchac, traduit par H. Noblot, Les Belles Lettres, tome IV, 1971, lettre 100, 6 : « *Quidam illam uolunt esse ex horrido comptam* » (« Certains y [la phrase] veulent pour toute parure une nudité sauvage »).

seulement morales mais rhétoriques. Il termine une longue description des douceurs de la vie primitive par une citation des *Géorgiques* de Virgile, où l'agriculture offre l'image d'un art décadent:

> La terre produisait d'elle-même toutes choses
> d'autant plus libéralement que personne ne la sollicitait [37].

Mieux encore, une page célèbre de la lettre 41 proposait à Montaigne une vision sublime et sauvage: des « troncs antiques » (*vetustis arboribus*) qui s'élèvent dans un ciel qui n'est plus fait que de branches; des « ombres secrètes qui abritent des dieux »; de « grands fleuves » (*magnorum fluvium*) où la parole du sage puise sa source. Ce paysage sacré [38] est celui-là même, en terre de Canada, qui sert de décor à l'éloquence sauvage.

Mais sans doute l'influence de Tacite sur Montaigne est-elle encore plus déterminante pour les questions qui nous occupent. Ainsi que l'avait bien vu Pierre Villey, cette influence est sensible dès les premières éditions des *Essais* [39]. Dès 1580, trois citations de Tacite, et sept allusions; trois emprunts, notamment, au *Dialogue des orateurs*. Mais c'est au cours des années qui séparent cette première édition de l'édition en trois livres de 1588 que Montaigne approfondira Tacite. Dans « De l'Art de conférer » (III-VIII), il développe considérablement sa pensée. Mais dès les premiers livres (I-LI: « De la vanité des paroles »), il y avait chez Montaigne une désillusion tacitéenne, une prise de conscience de la dimension historique de la rhétorique, et cette puissante rêverie autour du primitivisme qu'on trouve à l'origine des représentations de l'éloquence sauvage.

Dès 1580, la France est prête à voir dans le mot de Caton l'Ancien, dans le *vir bonus dicendi peritus*, un Sauvage non seulement bon, mais éloquent.

(Université McGill)

---

[37]. Sénèque, lettre 90, 37: « [...] *ipsaque tellus / Omnia liberius nullo poscente ferebat* » (*Géorgiques*, I, 127-128).
[38]. Sénèque, Lettre 41, 3, *op. cit.*, tome I, 1985.
[39]. P. Villey, *Sources et évolution des Essais de Montaigne*, Hachette, 1908, tome I, p. 224-227.

Les arts poétiques
comme métadiscours

Jeanne Demers

> La recherche d'un modèle est le fondement de toute investigation scientifique[1].
>
> P. Watzlawick

À côté de l'œuvre — poétique, romanesque, théâtrale — qui comporte toujours, ne serait-ce que de façon implicite, une réflexion sur l'écriture et une vision du monde, il existe des textes dont la fonction, très ponctuelle, est d'annoncer/d'imposer une conception de la littérature et plus largement de l'art, dans le cadre d'une éthique, d'une esthétique et d'une politique. Il s'agit des arts poétiques et des manifestes. N'est-ce pas ce que reconnaissait un poéticien comme Karl Viëtor qui, concentrant sa réflexion sur ce qu'il appelle « l'impulsion à mettre en forme », écrivait :

> L'impulsion à mettre en forme se renouvelle sans cesse, et se vit toujours comme un acte originaire et unique; mais elle trouve dans la tradition littéraire des ouvrages formels qui ont été créés et développés par une impulsion à la mise en forme, parente de la précédente, et qui guidait d'autres artistes aux prises avec des problèmes analogues dans d'autres situations historiques[2].

Ces textes ont été peu étudiés jusqu'à maintenant, du moins dans leur spécificité générique. Notre recherche s'intéresse aux textes dits

---

1. P. Watzlawick, J. Hemick Beavin et Don D. Jackson, *Une logique de la communication*, Seuil, coll. « Points », 1979, p. 31.
2. « L'histoire des genres littéraires » dans *Théorie des genres*, Seuil, coll. « Points », 1986, p. 13-14.

« art poétique » ainsi qu'aux métadiscours voisins — la poétique d'auteur, par exemple mais en autant seulement que ceux-ci prétendent à un certain degré de généralisation. Son projet étant tout d'abord théorique, elle écarte la critique tournée par définition vers l'œuvre individuelle dont elle constitue toujours une lecture parmi d'autres, quand elle ne se veut pas, elle-même, écriture. Dans un premier temps, et pour des raisons de rigueur et d'efficacité, elle se limitera au domaine français et dans les textes, à ce qui concerne la poésie. Elle devrait déboucher sur la rédaction d'un petit ouvrage de poétique qui tente de cerner les dimensions programmatiques et législatives de certains écrits théoriques à portée littéraire, de définir le rapport de ces écrits au texte reçu comme œuvre, d'en mesurer l'impact dans le temps et dans l'espace. Qui tente en somme de mieux comprendre le phénomène nommé « littérature », tant dans sa dimension textuelle, opérale, qu'institutionnelle proprement dite.

Vers une définition-modèle de l'art poétique

Un tel projet[3] suppose la poursuite d'un objectif précis, soit la mise au point d'une définition-modèle de l'art poétique, c'est-à-dire l'établissement d'une problématique de genre. Ce qui implique, le problème de frontières se posant inévitablement, de dresser une typologie du métadiscours poétique, de le situer face à « l'ancienne rhétorique » — pour emprunter à Roland Barthes[4] —, et, si nécessaire, à la nouvelle rhétorique de Chaïm Perelman et de ses collaborateurs[5], au genre « manifeste » qui se développe à la fin du XIXᵉ siècle, aux réflexions de poètes révélatrices de leur conception de la poésie, à la poétique-science de la littérature enfin, qui, à l'image de l'ouroboros, nous ramène peut-être à la *Poétique* d'Aristote après avoir glané du côté de la linguistique.

Cette recherche s'inscrit à l'intérieur d'une réflexion que je mène depuis plusieurs années déjà sur les extrêmes discursifs que sont le discours juridique[6], le manifeste[7] et des formes brèves de revendica-

---

3. Ce projet est subventionné par le Conseil de recherches en sciences humaines du Canada sous le titre *Du traité législatif au manifeste et à la poétique d'auteur : l'art poétique comme genre*. À ses tout débuts, il l'a été par les Fonds internes de recherche de l'Université de Montréal.
4. Roland Barthes, « L'ancienne rhétorique / Aide-mémoire », *Communications*, nº 16, 1970, p. 172-229.
5. *Traité de l'argumentation / La nouvelle rhétorique*, Bruxelles, Éditions de l'université de Bruxelles, 1970, 734 p.
6. Deux articles dont « La justice par la justesse ou les exigences formelles du jugement de cour », Montréal, *Thémis*, mai 1990, p. 91-97.
7. Seule ou en collaboration avec Line McMurray, deux livres, dont *L'Enjeu du Manifeste / Le manifeste en enjeu* (préface de Wlad Godzich), Longueuil, Le Préambule, 1986, 155 p., trois numéros de revue et plusieurs articles, le plus

tion ou de subversion comme le graffiti[8]. Elle recoupe également mon intérêt de toujours pour le langage poétique, en particulier pour les questions de phonostylistique[9]. Elle souhaite combler un vide : le discours théorique sur les traités d'art poétique et les poétiques d'auteur est en effet inexistant. À peine trouve-t-on à l'occasion des critiques des arts poétiques les plus célèbres. Et encore ceux-ci sont-ils utilisés plus souvent qu'autrement pour illustrer un style, une école, une période de l'histoire de la poésie, fonder le rapprochement de deux époques, établir la tradition d'un genre poétique ou même éclairer l'histoire de la langue.

Plus conformément peut-être à leur fonction initiale — mais cela reste à démontrer — les arts poétiques fournissent à la critique les critères de base pour évaluer, commenter, « juger » dans leur contexte les poètes contemporains de ces arts poétiques[10]. Quant aux études d'ensemble, elles sont d'autant plus superficielles qu'elles sont la plupart du temps issues de dictionnaires, d'encyclopédies ou de préfaces. En aucun cas, elles ne s'attardent véritablement à une perspective historique ou générique. La définition qu'elles donnent de l'art poétique reste succincte : elle se borne au contenu, s'appuie sur un échantillonnage plus ou moins représentatif, ne mentionne pas les critères de choix d'un titre plutôt que d'un autre[11]. L'idée de « genre »

---

récent étant de Jeanne Demers, « Le manifeste, "un discours de la demande" ou la parole exemplaire de Michèle Lalonde » dans *Préfaces and Literary Manifestoes / Préfaces et manifestes littéraires. Towards a History of the Literary Institution in Canada*, Université de l'Alberta, 1990, p. 181-190.

8. Seule ou en collaboration avec Line McMurray et la photographe Josée Lambert, trois livres-albums et plusieurs articles, le plus récent étant de Jeanne Demers, « Écrire la ville / s'écrire dans la ville », *Études canadiennes / Canadian Studies*, n° 29, 1990, p. 133-142.
9. Jeanne Demers, « Les sonorités dans le poème "en acte" », *Études françaises* (Montréal), février 1969, vol. V, n° 1, p. 31-49.
10. Un bon exemple, cet article de W. J. A. Bots, « Joachim du Bellay et Olivier de Magny jugés à la lumière des arts poétiques du XVIe siècle et de la rhétorique vivante », dans *Neophilologus Groningen*, 64, 4 (1983), p. 481-502.
11. Voici les listes des arts poétiques cités dans cinq dictionnaires : Aristote, Batteux, Boileau, Boissière, Colletet, Horace, La Mesnardière, Laudun, Marmontel, Peletier, Scalinger, Vauquelin, Vida, Sébillet (dans la rubrique « Poétique » de Bachelet, *Dictionnaire général des lettres, des beaux-arts et des sciences morales et politiques*, 2e partie, p. 1141-1145) ; Aneau, Boissière, Delaudun, Du Bellay, Peletier, Ronsard, Sébillet, Vauquelin (dans la rubrique « Arts poétiques », Mgr Grente, *Dictionnaire des lettres françaises*, XVIe siècle, p. 54-59) ; Boileau, Claudel, Horace, Juan de la Cueva, Luzan, Max Jacob, Ronsard, Vauquelin, Villena, et des rubriques individuelles sous « Art [ou l'Art] poétique de... » (*Dictionnaire des œuvres de tous les temps et de tous les pays*, p. 177-178) ; Baudelaire, Boileau, Claudel, Horace, Ronsard, Sébillet (dans la rubrique « Art poétique » du *Dictionnaire universel des lettres*, p. 42-44) ; Boileau, Caillois, Claudel, Colletet, Deimier, Lamy Laudun, Max Jacob, Peletier, Ronsard, Sébillet, Vauquelin, Verlaine (dans Chauveau, « Art poétique », *Dictionnaire des littératures de langue française*, p. 1767-1772). D'autre part, sous ce terme, Hugo-Paul Thième cite plusieurs dizaines de noms dans son *Essai sur l'histoire des vers français*, ouvrage

avancée parfois, relève de l'intuition ou de l'évidence; elle n'est jamais fondée sur les résultats d'une analyse systématique [12].

Hypothèses et méthodologie

La mise au point d'une définition-modèle de l'art poétique et l'établissement d'une typologie du métadiscours théorique concernant la poésie supposait en premier lieu la constitution de deux corpus: un corpus de textes formé des textes français — au sens élargi de textes francophones, incluant des textes belges, québécois et autres — qui se disent explicitement ou non « arts poétiques », ainsi que des métadiscours qu'il est convenu de regrouper sous le terme « poétique d'auteur »; un corpus critique réunissant des critiques et des analyses dont l'objet est un (des) art(s) poétique(s) ou une (des) poétique(s) d'auteur. Cette étape est franchie. J'y reviendrai. Reste maintenant à faire l'examen de la grammaire, c'est-à-dire du déroulement syntagmatique et de l'organisation fonctionnelle des textes du corpus de textes, l'étude de leur rhétorique particulière, l'analyse comparative de leur contenu, la lecture de leurs rapports avec l'institution littéraire, perçue à la fois comme l'ensemble des structures sociales, économiques et autres qui prennent en charge le « marché » de l'écriture et le système toujours en équilibre instable des œuvres elles-mêmes.

Il s'agit en fait de poser les questions suivantes: peut-on parler d'un genre « Art poétique »? d'un genre qu'il est possible de suivre à la trace tout au long de l'histoire? Lui préciser une fonction spécifique dans l'institution littéraire? Débusquer d'une part ses choix et ses idéologies, variables selon les époques, d'autre part son poids d'autorité? Mesurer ses dimensions de recherche, d'ouverture, mais aussi de fermeture, de maintien de la tradition et même à l'occasion, de sclérose? Vérifier l'intuition voulant qu'il se situerait du côté de la raison, de l'analyse, du didactisme et du législatif, alors que le manifeste, très proche de la fiction, relèverait, lui, de l'imaginaire de

---

très riche qui contient notamment un chapitre sur les arts poétiques définis comme « les premiers ouvrages de critique et les premiers guides littéraires », avec une suite de noms marquant l'évolution de la poésie et une bibliographie chronologique et analytique fournie.
12. Une exception peut-être, l'article « Art poétique » de J.-P. Chauveau dans J.-P. De Beaumardrais, D. Couty et A. Rey, *Dictionnaire des littératures de langue française*, III, Bordas, 1984, p. 1767-1772. Cet article, le plus intéressant que nous ayons rencontré du point de vue de l'histoire du genre, définit l'Art poétique par son dessein didactique et critique et en situe l'apparition, en français, avec la traduction par Sébillet de *L'Épitre aux Pisons*, en 1545. Après un aperçu historique de sa fréquence jusqu'à nos jours, il insiste sur la conception du traité d'Art poétique — partagé entre l'affirmation de la nature divine de la poésie et la nécessité de recourir à la technique — ainsi que sur son caractère de « bilan ». Les titres « Art poétique » actuels ne proviendraient que d'une « survivance ».

l'institution, à la limite, de son désir; et que la poétique d'auteur se rapprocherait, bien que par un discours différent, de la dimension expérimentale de la poétique-science de la littérature.

Plusieurs hypothèses soutendent ce projet de recherche. *Au plan historique* d'abord: héritier de l'Antiquité classique et de l'Italie, l'art poétique français aurait été remplacé au XIXe siècle par le manifeste et la poétique d'auteur; le poème de Verlaine intitulé « Art poétique » mais reçu comme le manifeste du symbolisme, constituant le point tournant de ce phénomène. Quant aux arts de seconde rhétorique des XVe et XVIe siècles, ils ne répondraient pas encore aux caractéristiques du genre.

Au plan de la grammaire et de la rhétorique ensuite: l'art poétique correspondrait aux phases explicatives et démonstratives du manifeste, ce dernier comportant trois phases, la première, déclarative, la deuxième, explicative et la troisième, démonstrative [13]. Chacune de ces phases privilégie une rhétorique: la phase déclarative que l'on peut associer à la perlocution (de la série pragmatique locution-illocution-perlocution) insiste *via* l'injure sur la dénomination-condamnation de l'autre, sur l'autonomination et sur la projection violente d'un programme nouveau; aussi sa rhétorique s'appuie-t-elle essentiellement sur le véridictif-exercitif. La phase explicative pour sa part va de l'exercitif à l'expositif: son rôle est de déployer le programme et de le rendre opératoire. Quand à la dernière phase, elle démontre et impose en passant de l'expositif au promissif. De type didactique et législatif, l'art poétique utiliserait surtout l'exercitif-expositif et peut-être le promissif. De plus, sa grammaire qui doit beaucoup au découpage par rubriques, serait plus statique que dynamique.

Au plan de la relation à l'institution: alors que le manifeste, plus souvent d'opposition qu'autrement, met en crise le système, l'art poétique, du moins « première manière », confirme celui-ci un peu à la façon du manifeste d'imposition, apologétique par essence. Sera-t-il possible de distinguer plusieurs rapports à l'institution comme Line McMurray et moi croyons avoir réussi à le faire pour le manifeste ? Seule la poursuite du travail de recherche permettra de le dire.

Au plan du contenu: deux grandes thématiques paraissent traverser tous les arts poétiques ou textes voisins — traités de seconde rhétorique comme poétiques d'auteur: celle de l'inspiration ou « fureur poétique » qui va du simple bonheur d'écriture à rien de moins qu'une sorte de don du Ciel (ou des dieux) transformant le poète en médium mystique et celle du travail à bien faire grâce à un savoir technique transmissible et améliorable. Mon hypothèse est que les

---

13. *L'Enjeu du manifeste / Le manifeste en jeu, op. cit.* (note 7).

choix idéologiques de l'art poétique varient selon les époques mais en maintenant toujours un équilibre précaire entre ces deux thématiques et les *topoï* qui en découlent.

Pour ce qui est de la *méthodologie*, on l'aura compris, je m'appuierai principalement sur la pragmatique américaine pour les raisons suivantes: cette approche qui pose l'*a priori* « quand dire c'est faire[14] », insiste sur les circonstances d'énonciation d'un texte et se trouve ainsi incorporer à son analyse des éléments indispensables quand il s'agit de textes indissociables de leurs hors-texte (modes de diffusion, destinataires visés, phénomènes de réception, etc.) comme le manifeste et l'art poétique, pour des raisons évidentes d'action sur l'Autre. Cette approche implique l'examen systématique des pronoms afin de pouvoir délimiter le type de relation créé par le discours, le relevé des modes verbaux et de toutes les formules injonctives, l'étude des figures, l'analyse également des diverses formes d'appui sur l'*auctoritas*, citations, phénomènes intertextuels, etc.

L'établissement d'une bibliographie raisonnée

Sans pouvoir en garantir l'absolue exhaustivité, nous croyons, mon auxiliaire de recherche Yves Laroche et moi, avoir terminé la phase de constitution du corpus critique et du corpus des textes. Nous disposons de plus de trois cents titres pour le volet corpus et d'une centaine pour le volet critique. Chacun des textes a, à ce jour, fait l'objet d'une double saisie-fiche par ordinateur. Afin d'assurer à notre travail la plus grande objectivité possible, nous avons en effet choisi de procéder en deux temps: une première mise en fiche tient compte de tous les éléments nous paraissant pertinents, vu les questions que nous souhaitons poser aux deux types de textes; sa transformation en un texte publiable ensuite conserve les informations obtenues. Les rubriques de la fiche-recherche sont: « Référence », « Disponibilité », « Auteur(s) », « Statut de l'auteur/des auteurs », « Date de parution », « Dédicace », « Contexte éditorial », « *Incipit*, Finale », « Langue », « Forme », « Référent(s) », « Énonciation », « Commentaires ». La fiche à publier n'en comporte que deux — « Référence » et « Description » — mais reprend l'essentiel de la fiche-recherche. Plus qu'un aide-mémoire, ce système de fiches permet de classer et d'interpréter les données recueillies. Il nous est en effet facile de relever les faits récurrents, d'établir des relations, de noter des lacunes, etc. On trouvera en annexe un exemple de deux fiches.

Il reste à préciser les rubriques de cette double bibliographie. Je compte m'inspirer de la manière de faire que j'ai déjà utilisée avec

---

14. John Austin, *Quand dire c'est faire*, Seuil, 1970.

mes collègues Lise Gauvin et Micheline Cambron à l'occasion d'une bibliographie sur le conte, préparée il y a plusieurs années déjà, pour la revue *Littérature*[15]. Il s'agissait alors de regrouper sous des rubriques (numérotées de 1 à 9) la diversité formelle des écrits concernant le conte[16], et sous neuf autres (de A à I) les catégories d'approches critiques identifiées[17]. La catégorie « Diversité des écrits » présente un intérêt certain pour ce qui est du corpus. Assez simple à établir — quelle que soit leur forme, les textes « s'annoncent » volontiers, que ce soit par le titre, le sous-titre, l'avant-propos ou quelque autre biais —, elle comportera vraisemblablement les rubriques suivantes ou des rubriques apparentées: « Critique », « Discours », « Essai », « Guide », « Lettre », « Manuel », « Poème », « Préface », « Traité ».

Quant aux approches méthodologiques, au point où en est la recherche, on peut imaginer qu'il faudra les remplacer par les fonctions du texte à l'étude. Ces fonctions n'étant pas nécessairement exclusives l'une à l'autre, leur ordre signifierait leur importance relative. Nous retenons pour le moment, mais à titre hypothétique, les fonctions analytique, didactique, heuristique, incitative, informative, législative, poétique. Le choix définitif de ces fonctions dépendra des résultats de nos analyses. Lorsque celles-ci seront complétées, peut-être nous sera-t-il possible d'en arriver à cerner les critères qui nous permettront de distinguer art poétique et poétique d'auteur — donc d'en arriver à une définition opératoire, c'est-à-dire à un «modèle» (pour revenir à l'exergue placé en tête de cette brève description de notre projet en cours).

En guise de conclusion, on me pardonnera de reprendre la réflexion sur la notion de genre que je signais il y a peu[18]. Cette notion étant fortement décriée, il me paraît important en effet de bien faire comprendre ma conception du modèle théorique ou de la définition-modèle vers laquelle je tends pour ce qui est de l'art poétique. Que

---

15. « Les Contes. Oral / écrit. Théorie / pratique», *Littérature*, n° 45, février 1982, p. 79-113.
16. 1. Bibliographie, catalogue, dossier et répertoire. 2. Historique du conte comme forme ou d'un type de conte. 3. État présent ou aperçu de recherche. 4. Exposé d'une (de) théorie(s), d'une (de) hypothèse(s), d'une (de) méthode(s). 5. Essai de définition et / ou de classification du conte, d'un type de conte ou des contes d'un auteur; d'un recueil. 6. Mise en pratique d'une (de) méthode(s); étude ou analyse « exemplaire » de texte (corpus précis). 7. Critique d'une (de) méthode(s). 8. Présentation critique d'un corpus. 9. Étude de composition ou de thèmes (*ibid.*, p. 83).
17. A. Anthropologie structurale / sémiotique. B. Ethnologie / sociocritique. C. Folklorique. D. Générique. E. Morphologique. F. Narratologique / rhétorique. G. Pragmatique. H. Psychanalytique. I. Autres: historico-littéraire, philosophie, stylistique... (*ibid.*).
18. Avec mon auxiliaire de recherche d'alors, Thérèse Marois, dans un article intitulé « L'art poétique comme genre. Prolégomènes à un état présent », *Études littéraires* (Québec), vol. XXII, n° 3, hiver 1989-1990, p. 113-125.

faut-il entendre par modèle théorique ? Et en quoi un modèle théorique peut-il collaborer à l'identification d'un genre ? Si l'on en croit Tzvetan Todorov, le modèle théorique, cet « objet abstrait qui n'a jamais existé empiriquement », est l'une des deux faces incontournables de l'« étrange unité » genre, l'autre étant constituée des « œuvres particulières inscrites dans l'histoire et dans la culture d'un pays où elles sont apparues et qui appellent l'interprétation critique [19] ». Définition qui n'est pas pour faciliter le travail du poéticien: ne se trouve-t-elle pas indirectement rappeler le dilemme déjà cerné par Günther Müller et dont Karl Viëtor assure qu'il est le dilemme de l'histoire des genres, soit la nécessité de « savoir déjà ce qui est générique » pour pouvoir « décider de ce qui appartient à un genre », alors que « nous ne pouvons pas savoir ce qui est générique sans reconnaître que tel ou tel élément appartient à un genre [20] ».

Dilemme que seule peut résoudre, me semble-t-il, une approche méthodologique qui privilégie un constant va-et-vient analyse/synthèse, synthèse/analyse et qui, par conséquent, propose un protocole de recherche tenant compte autant des particularités de chaque texte que des invariants ou phénomènes récurrents de texte à texte. C'est le défi que nous nous sommes donné. Et y a-t-il recherche sans défi ?

(Université de Montréal)

---

19. Tzvetan Todorov, « Poétique », dans *Encyclopædia Universalis*, vol. XIV, 1985, p. 871-874.
20. Karl Viëtor, *op. cit.*, p. 29.

I. Fiche « recherche ». II. Fiche « à publier »

I. *Référence*: CAILLOIS, Roger: « Art poétique » et « Commentaires », in *Art poétique* (« Art poétique » suivi de « Commentaires », « Préfaces aux poésies » et « L'Énigme et l'image »), Gallimard, 1958, 202 p. (p. 1-125).

Disponibilité: Livre disponible à l'Université de Montréal, cote: PQ 2613 U46 A89. Le *Larousse des littératures* consacre une notice à Caillois.

Auteur(s): CAILLOIS, Roger (1913-1978).

Statut de l'auteur: Professeur, Caillois fonde en 1937, avec Bataille puis Leiris, le Collège de sociologie. Il publie *Le Mythe et l'homme* (1938) puis *L'Homme et le sacré* (1939). En 1948, il crée, chez Gallimard, une collection latino-américaine, « La croix du Sud ». Il y traduira Borges. Il fonde également en 1952 la revue *Diogène*. En 1959, il n'a pas encore publié de poèmes.

Date de parution: 1950 (pour l'« Art poétique ») et 1958 (pour le recueil).

Dédicace: —

Contexte éditorial: Quant à l'« Art poétique » lui-même, le texte, intitulé d'abord « Confession négative du poète », a été écrit pour servir de préface à un recueil de traductions en français de poèmes de José Carner (*Paliers*, Bruxelles, 1950). Il a été républié à plusieurs reprises, chaque fois avec de minimes variantes. (Voir « Note bibliographique » à la fin du livre).

Incipit: « Comme l'âme égyptienne énumère devant Osiris les fautes qu'elle n'a pas commises, afin de prouver qu'elle mérite la béatitude éternelle, [...]. »

Finale: « [...], que d'avoir réussi en dévouant à quelque autre discipline une ténacité nostalgique et rebelle. [Fin du dernier commentaire]. »

Langue: Le français.

Forme: Cinq parties: « Art poétique », « Commentaires », « Préface aux Poésies », « L'Énigme et l'image », « traductions ». « Art poétique » est constitué de 23 articles (au sens presque juridique ou biblique du terme) plus ou moins longuement commentés.

Référent(s): Émotion poétique et sensation, harmonie, rythme, vers libre, vocabulaire et syntaxe, inspiration, style, image, etc. Poésie et morale.

Énonciation: Les « articles » adoptent le « je » du défendant et les commentaires le « il » impersonnel de l'avocat (pourtant passionné par sa cause: la vérité poétique).

Commentaire: Le cas de Roger Caillois est assez singulier. En effet, bien téméraire est celui qui, sans écrire (du moins sans publier) de poèmes, se permet de conseiller ceux qui « se commettent ». Position d'un lecteur, selon qui le langage a été donné à l'homme pour qu'il ne fasse pas de bruit. Voir l'article de P. Jaccottet dans la *Nouvelle Revue française*, juil.-sept. 1959.

II. *Référence*: CAILLOIS, Roger. « Art poétique » et « Commentaires » in *Art poétique* (« Art poétique » suivi de « Commentaires », « Préface aux Poésies » et « L'Énigme et l'image »), Gallimard, 1958, 202 p. (p. 1-125).

Description: Professeur, Caillois (1913-1978) fonde en 1937, avec Bataille puis Leiris, le Collège de sociologie. Il publie entre 1938 et 1939, *Le Mythe et l'homme* ainsi que *L'Homme et le sacré*. D'abord écrit pour servir de préface à un recueil de traductions en français de poèmes de José Carner (*Paliers*, 1950), « Art poétique » se présente comme une suite de règles (23) accompagnées d'un commentaire. Dans ces textes, d'abord intitulés « Confession négative d'un poète », « Le poète se disculpe devant un juge idéal », les règles énoncées par Caillois — qui n'a pas encore publié un seul poème — sont moins d'ordre technique que moral : « Je ne me suis pas servi de la cadence, de la rime, des mots inaccoutumés et de la musique des syllabes pour donner le change à l'esprit sur la valeur de mon discours » (article II). En tout (du choix du sujet au mode d'expression), Caillois prône le juste milieu, la mesure, laissant entendre au lecteur ou au poète (confondus ?) que toute poésie naît de l'accord des contraires.

Chorégraphies narrées
ou la question de l'*ekphrasis* [1]

Monique Moser-Verrey

Dans le cadre d'une recherche sur la portée du geste narré dans les romans et les récits de Kafka, j'ai été conduite à concevoir mon objet, le geste, comme manifestation partielle d'un phénomène communicatif reposant sur l'articulation textuelle de plusieurs canaux d'interaction humaine. Je crois, en d'autres termes, que le geste, arraché à son contexte immédiat et considéré comme entité discrète, n'a pas plus de signification dans une fiction qu'il ne peut en avoir dans la réalité. En cela je souscris aux vues de l'anthropologue américain Ray Birdswhistell et de l'école de pensée qui constitue selon Winkin le collège invisible de « la nouvelle communication [2] ». Au demeurant, l'approche contextuelle de la gestualité n'est pas le seul fait de la kinésique américaine; elle est prônée par la majorité des spécialistes du geste quelle que soit la discipline dans le cadre de laquelle ils situent leurs recherches [3].

Pour découvrir la portée du geste narré il faut donc s'appliquer à des analyses de contexte. Les analyses de contenu des gestes kafkaïens n'ont d'ailleurs jamais donné de résultats très concluants, car les gestes les plus marquants sont généralement ambigus [4], fonctionnent

---

1. Ce travail a été réalisé en collaboration avec Paul Fortier et Hélène Trépanier grâce à une subvention du Conseil de recherches en sciences humaines du Canada.
2. « Pour Birdswhistell, la signification d'un texte n'existe pas » (Bateson *et al.*, *La Nouvelle Communication*, textes recueillis et présentés par Yves Wilkin, Seuil, 1981, p. 74).
3. Ces disciplines sont en fait nombreuses, car les langages du corps sont un objet de savoir « transhistorique et multidisciplinaire », comme en témoigne un tour d'horizon proposé par Philippe Dubois et Yves Winkin dans *Rhétoriques du corps*, De Boeck-Wesmael, Bruxelles, 1988, p. 7-10.
4. Karl J. Kuepper, « Gesture and Posture as Elemental Symbolism in Kafka's *The Trial* », dans James Rolleston, *Twentieth Century Interpretations of "The Trial"*, N. J. Prentice-Hall, Englewood Cliffs, 1976, p. 60-69.

de façon peu systématique[5] et ne se laissent pas aisément classer[6]. Les études qui leur ont été consacrées confirment au fond l'idée de Walter Benjamin selon laquelle l'œuvre de Kafka présente un code de gestes dont le sens échappe à l'auteur lui-même[7]. Mais qu'est-ce qu'un code dont personne ne peut saisir le fonctionnement? Est-ce bien un code ou ne s'agit-il pas plutôt d'un espace propice à l'« effet d'indécidable » qui constitue selon Régine Robin le « créneau kafkaïen » par excellence. Pour Kafka, écrit-elle, « les mots sont inadéquats, fragiles, et les genres codés ne servent qu'à être déplacés et subvertis, parodiés, ironisés[8] ». Voilà sans doute pourquoi les analyses de contenu du geste kafkaïen sont vouées à l'échec et doivent faire place aux analyses de contexte.

Or, qu'est-ce que le contexte d'un genre narré? La question est fort embarrassante si l'on ne distingue pas au moins deux niveaux contextuels différents dans lesquels le geste occupe simultanément une place à déterminer. D'une part, il y a la diégèse à l'intérieur de laquelle le geste figure l'interaction des personnages en compagnie de plusieurs autres éléments verbaux et non verbaux[9]. La prose kafkaïenne évoque en effet tous les canaux sur lesquels repose l'orchestration globale de l'interaction humaine. Il faudra donc s'intéresser à ce contexte pour juger de la portée interactive du geste. D'autre part, il y a le récit dont l'enchaînement donne à voir le geste dans des séquences variées. Sur ce plan, la visualisation du geste doit se poser en termes de poétique et trouver sa place dans les contextes de la narratologie et de la rhétorique. Je tenterai d'articuler l'un avec l'autre les contextes interactif et poétique dans le cadre desquels il faut situer la portée du geste narré.

Le contexte de la narration

Dans son ouvrage récent sur *La Parole romanesque*, Gillian Lane-Mercier s'attaque au problème de la représentation de l'oral par

---

5. David E. Smith, *Gesture as a Stylistic Device in Kleist's « Michael Kohlhaas » and Kafka's « Der Prozeß »*, Berne, Herbert Lang, 1976.
6. Harmut Binder, *Kafka inneuer Sicht: Mimik, Gestik und Personalgefüge als Darstellungsformen des Autobiographischen*, Metzler, Stuttgart, 1976.
7. Walter Benjamin, *Gesammelte Schriften*, II, 2, p. 427.
8. Régine Robin, *Kafka*, Belfond, 1989, p. 134. Les gestes sont pour Régine Robin « un langage au-delà ou en deçà de la parole, un hors-parole » (p. 133).
9. Stimulés par les travaux de Birdswhistell, Trager, Hall, Goffman et autres pionniers de la nouvelle communication, de nombreux chercheurs, répertoriant tous à leur façon les différents canaux de la communication non verbale, ont proposé depuis les années cinquante une gamme variée de taxinomies. Après avoir analysé près d'un millier d'études sur la question, Roger G. Harper, Arthur N. Wiens et Joseph Matarazzo (*Nonverbal Communication: The State of the Art*, New York, Wiley, 1978) proposent un modèle représentatif de l'ensemble de ces recherches. Ce modèle tient compte des cinq canaux suivants: la kinésique, le paralangage, la proxémique, la mimique et le regard.

l'écrit, problème qui est en sorte aussi le mien, puisque le geste est intimement lié à l'oralité [10]. Lane limite cependant son étude à la dimension verbale de l'oralité et prend pour acquises les « déperditions suprasegmentales nécessairement déclenchées par la mise en texte d'un échange dyadique oral [11] ». Il m'importe de mettre en doute ces prétendues déperditions, car le contexte narratif de toute parole romanesque peut suppléer, en les nommant, les éléments pertinents de la prosodie. Lane n'ignore pas ce fait et concède qu'il n'y a rien « de plus naturel, effectivement, que de décharger les responsabilités illocutoires, présuppositionnelles, phonostylistiques et mimogestuelles sur la composante diégétique [12] », mais les éléments mimogestuels du dialogue ne l'intéresse que dans la mesure où il sont signalés par quelque moyen typographique à l'intérieur du discours direct lui-même [13]. Son objectif est, en effet, de circonscrire les règles d'un préconstruit générique, trop longtemps négligé par la narratologie, qu'il lui plaît d'appeler le « discursif », par opposition au « narratif » et au « descriptif [14] ».

Cependant, la visibilité textuelle du geste s'étend aux trois préconstruits génériques distingués par Lane, préconstruits qui ne sont dès lors que des contextes partiels de l'inscription du geste. Pour bien saisir sa visibilité dans le texte, il est nécessaire de se poser la question de sa représentation verbale d'une façon plus globale. Comme le geste met en scène le corps il soulève toujours le problème de la transposition de l'image visuelle en paroles. Or le rapport de l'image au texte intéresse depuis toujours la rhétorique. Voilà pourquoi je préfère situer l'analyse de mon objet tout d'abord à l'intérieur des anciens paramètres de la rhétorique qui pourra éclairer le problème narratologique posé par le geste romanesque.

La figure qui semble convenir le mieux au type de représentation appelée par la mise en texte de la gestualité est à mon sens l'*ekphrasis*. Dans la poésie classique l'*ekphrasis* est un genre de poème consacré à la représentation d'objets d'art. Mais elle est une figure de rhétorique qui sert, selon Lausberg, à détailler de façon vivante des objets concrets [15]. Fontanier la classe, avec d'autres types de descriptions, parmi les figures qui servent à développer la pensée [16]. Elle peut

---

10. Paul Zumthor en tient compte dans *Introduction à la poésie orale*, Seuil, 1983, p. 193-206. Il reconnaît à la gestualité un effet structurant qui est, en fait, valable pour toute prestation orale.
11. Gillian Lane-Mercier, *La Parole romanesque*, Klincksieck, 1989, p. 11.
12. *Ibid.*, p. 144.
13. *Ibid.*, p. 162-163.
14. *Ibid.*, p. 22, note 2.
15. Heirich Lausberg, *Elemente der Literarischen Rhetorik*, Max Hueber Verlag, Munich, p. 118.
16. Pierre Fontanier, *Les Figures du discours*, Flammarion, 1977, p. 420.

ainsi jouer un rôle notable dans la prose. L'intérêt particulier de cette figure par rapport à la représentation verbale du geste, c'est qu'elle présuppose un double travail de mise en représentation. Il y a d'abord une mise en image sur laquelle s'appuie ensuite une mise en paroles. Cette double médiatisation du contenu d'un message non verbal narré me semble être absolument inévitable. Dans ce sens, le geste narré est toujours déjà le fait d'une lecture, d'une interprétation et d'une compréhension particulière d'un contexte visuel donné. Or la nature culturellement prédéterminée de ce contexte visuel ne fait pas de doute lorsqu'on observe de près la prose kafkaïenne.

Sans vouloir entrer ici dans le débat qui oppose depuis des siècles les partisans du verbe [17] aux partisans de l'image [18], j'aimerais pourtant souligner que l'histoire de la description romanesque n'est pas étrangère à la façon dont l'*ekphrasis* s'est insérée dans l'épopée puis dans le roman. De tous temps sa réalisation a défié la spécificité des préconstruits génériques de la description et de la narration. C'est ainsi que Raymonde Debray-Genette parle d'une « description-récit » ou d'une « description-narrativisée » pour caractériser la fameuse *ekphrasis* consacrée au bouclier d'Achille dans le dix-huitième chant de *L'Iliade* [19]. À plus forte raison, l'apparition d'un geste dans un récit chevauche les champs de la narration et de la description puisque le geste, qui est un mouvement du corps, investit et l'espace et le temps. Si l'on en croit la distinction de Lessing qui assigne la représentation de l'espace aux arts plastiques et celle du temps à la poésie, le geste trouve sa place des deux côtés de cette limite, puisqu'il est et image et action. En tant qu'action il peut conférer une dimension narrative aux arts visuels [20], et en tant qu'image il ajoute à la dimension visuelle de toute narration. Dès lors sa portée a de meilleures chances d'être analysée valablement dans le contexte d'une *ekphrasis*, à savoir d'une figure de rhétorique pouvant rendre compte de ce que l'on a déjà appelé « une image gestuelle [21] », cette image pouvant être convoquée par tous les préconstruits génériques propres au roman : le descriptif, le narratif et même le discursif.

Si l'*ekphrasis* est, à l'origine, la représentation verbale d'un objet d'art, on la comprend aujourd'hui plus généralement comme « la représentation verbale d'une représentation visuelle [22] ». Cette définition très large permet d'étendre cette figure à la représentation de

---

17. Gotthold Ephraim Lessing l'exalte dans son *Laokoon order über die Grenzen der Malerei und Poésie*, faisant du verbe l'allié de la temporalité et de l'histoire.
18. Léonard de Vinci plaçait au contraire la peinture au-dessus de la poésie (*paragone*).
19. Raymonde Debray-Genette, *Métamorphoses du récit*, Seuil, 1988, p. 212.
20. Il existe plus d'études du geste en peinture que sur le geste en littérature.
21. David E. Smith, *op. cit.*, p. 12.
22. Je reprends ici la définition qu'en donnait W. J. T. Mitchell au second congrès international sur *Le Texte et l'image*, 29 août 1990.

toutes sortes d'œuvres et de spectacles, mais aussi à « la mise en scène de la vie quotidienne » dans la mesure où les acteurs sociaux produisent, selon Goffman, des représentations qui donnent à voir leur rôle et leur statut [23]. C'est ainsi que j'en suis venue à découper le texte kafkaïen en trois types d'*ekphrasis* exposant le corps humain et ses gestes, soit la représentation verbale d'un tableau, d'une photo, d'une statue, d'une illustration, d'un dessin, soit celle d'un spectacle public, soit finalement celle d'une « représentation » propre à la vie quotidienne. « Le spectateur de la galerie » fournit par exemple une illustration très parlante de ces trois types d'*ekphrasis* : le tableau, le numéro de cirque et finalement une représentation relevant de la vie quotidienne [24].

Le contexte de l'interaction

Avant de montrer comment ces trois types d'*ekphrasis* exposent non seulement des gestes isolés, mais bien de véritables chorégraphies, il me faut réfléchir brièvement au contexte diégétique de ces gestes et de ces chorégraphies. Comment penser en d'autres termes la réalisation romanesque de la communication multi-canale ? Je conçois cette réalisation comme la figuration d'une compréhension particulière, ou d'une lecture donnée d'actes communicatifs singuliers. Dans la mesure où la communication multi-canale frappe tous nos sens, chaque décodage d'un acte singulier s'opère par la sélection d'éléments remarqués, retenus et dès lors déterminants pour la suite de l'interaction. Cette sélection d'éléments pertinents est très difficile à noter dans une recherche portant sur l'interaction réelle [25].

L'avantage d'une recherche axée sur des romans et des récits plutôt que sur des performances théâtrales, ou encore sur « la mise en scène de la vie quotidienne », c'est qu'elle peut s'appuyer sur une sélection de données déjà opérée par l'écriture. Cette sélection est bien sûr très révélatrice par rapport à la psychologie de l'auteur et par

---

23. Goffman entend par « représentation » toute l'activité d'un acteur visant à influencer, dans une situation donnée, l'un de ses partenaires ou observateurs. Erving Goffman, *La Mise en scène de la vie quotidienne*, tome I : *La présentation de soi*, Minuit, 1973, p. 23-24.
24. Monique Moser-Verrey, « Die Wirkung des eksphrastischen Prinzips in Kafkas Erzählprosa », communication au congrès des germanistes canadiens, Kingston, mai 1991.
25. Décrire les activités simultanées des divers canaux de l'interaction qui, de plus, se manifestent dans un espace tridimensionnel a toujours été l'un des principaux problèmes méthodologiques posés par l'étude de la gestualité. L'écriture étant, par sa nature linéaire, incapable d'une prise en compte globalisante du phénomène, les chercheurs en sciences humaines ont tenté de résoudre le problème en inventant des systèmes de notations symboliques. Paul Bouissac offre un aperçu de ces systèmes dans *La Mesure des gestes*, La Haye, Mouton, 1973.

rapport aux données culturelles qui règlent l'interaction humaine à son époque et dans son milieu. Mais avant de se prononcer sur les conséquences psychologiques et sociologiques des gestes notés, il faut trouver le moyen d'analyser la mise en texte de l'interaction et le rôle qu'y jouent les gestes.

Les études sur la communication non verbale proposent de nombreux modèles pour l'analyse des divers canaux d'interaction humaine [26]. Ces canaux prennent appui sur nos sens qui reçoivent des impressions visuelles, auditives, olfactives, tactiles et gustatives. Telles qu'elles sont ordonnées ici ces impressions supportent des canaux interactifs toujours plus intimes. Il n'est donc pas étonnant que les impressions gustatives soient négligeables en ce qui concerne l'interaction des personnages kafkaïens. Je ne retiendrai point de canal interactif qui prenne appui sur de telles impressions. Les impressions tactiles et olfactives sont par contre déterminantes quant à la distance que les personnages observent les uns par rapport aux autres dans l'espace. Ces impressions peuvent donc être pertinentes en ce qui concerne la proxémique inscrite dans les romans et les récits de Kafka. L'initiateur des recherches américaines sur la proxémique, Edward T. Hall, utilise justement un passage du *Procès* pour illustrer l'existence d'une distance olfactive qui s'établit entre Joseph K. et son client italien [27]. Cette sorte de distance est à mi-chemin entre le rapport tactile, intime, et une distance plus protocolaire reposant davantage sur les impressions de l'ouïe et de la vue.

La proxémique (X) est à retenir en tant que canal privilégié de l'interaction romanesque. Elle sous-tend les chorégraphies dont je veux pouvoir rendre compte de façon raisonnée pour bien mesurer la portée du geste narré [28]. Quant aux impressions auditives, elles peuvent déterminer des données proxémiques mais elles servent surtout de support à deux autres canaux d'interaction: les échanges verbaux, la parole, le discours (D) et le paralangage [29], ou les effets de sens dus

---

26. En m'appuyant sur l'état de la question dressé par Roger G. Harper, Arthur N. Wiens et Joseph Matarazzo (*op. cit.*), j'observerai les manifestations textuelles des cinq canaux de la communication non verbale correspondant à leur modèle, mais je diviserai la kinésique en deux types de réalisations: le geste dynamique et la posture statique. En plus des manifestations non verbales de la communication je tiendrai également compte, pour mes analyses, du discours.
27. Edward T. Hall, *La Dimension cachée*, Seuil, coll. « Points », 1989.
28. Deux premiers essais sur cette question ont paru. Voir « Gestualité et proxémique dans *Le Procès* de Kafka », dans *Le Journal canadien de recherche sémiotique*, vol. VIII, nos 1-2, 1980-1981, p. 51-62; et « Zur Choreographie der Begegnungen in Kafkas Roman *Der Prozeb* », dans *Seminar*, vol. XXIII, no 4, 1987, p. 341-354.
29. Georges L. Trager, « Paralanguage: A First Approximation », *Studies in Linguistics*, no 13, 1958, p. 1-12. Trager propose un cadre d'analyse fondateur pour les recherches sur la voix et ses manifestations signifiantes.

aux modulations de la voix (V). Tous les autres canaux interactifs qu'il m'importe de retenir reposent sur des impressions visuelles: les gestes (G), les postures (P), les mimiques (M) et les regards (R). On voit d'ores et déjà que le canal proxémique est plus englobant que les autres canaux interactifs, non seulement parce qu'il peut prendre appui sur les impressions de tous les sens, mais parce qu'il joue sur l'espace auquel l'écriture de Kafka accorde, on le sait, une importance particulière.

Lire l'interaction romanesque

Pour illustrer ce que je viens d'avancer, je proposerai maintenant quelques réflexions sur *La Métamorphose*. Cette nouvelle peut aisément se lire comme l'histoire du dérèglement progressif des divers canaux propres à la communication humaine. Gregor Samsa se découvre un matin « métamorphosé en monstrueux insecte[30] ». Le destin de cet homme-insecte commence donc un matin, lors de son réveil. Il s'achèvera quelques mois plus tard, lorsque Gregor sera définitivement rejeté par ses proches et mourra dans sa chambre vers trois heures de la nuit. Les scènes de ce réveil et de cette mort ne s'adressent à nul autre personnage du monde de la diégèse qu'à Gregor lui-même, car il s'observe et s'étonne de posséder un corps réduit à un gros abdomen bordé de petites pattes. Malgré cette métamorphose, sa pensée demeure humaine et s'articule comme un discours cohérent. Voici donc comment se présentent le réveil et la mort de Gregor, lorsqu'on analyse l'*ekphrasis* que Kafka offre de ces scènes en tenant compte des sept canaux de la communication humaine que j'ai choisi de considérer:

L'*ekphrasis* du réveil (p. 23)		L'*ekphrasis* de la mort (p. 90-91)	
P	il était sur le dos	P	ses pattes cédèrent sous lui
R	il vit son abdomen	D	« Et maintenant ? » se demanda Gregor
GX	en relevant un peu la tête	R	en regardant... dans l'obscurité
R	ses pattes grouillaient (*flimmerten*) sous ses yeux	G	il ne pouvait plus bouger... avoir pu...
D	« Qu'est-ce qui m'est arrivé ? »	GX	sa tête retomba tout à fait
		V	ses narines laissèrent s'échapper... son dernier souffle

---

30. Franz Kafka, *La Métamorphose*, suivi de *Description d'un combat*, avant-propos, préfaces et traductions de Bernard Lortholary, Flammarion, 1988, p. 23. Les

Dans les deux cas la posture (P) initiale connote la vulnérabilité de Gregor, mais au réveil il est sur le dos, tandis qu'à sa mort il est sur le ventre. Sa pensée s'articule sous forme d'une question (D) qui clôt l'*ekphrasis* du réveil et annonce celle de la mort. Le premier geste (G) de Gregor sert à mettre en place son regard (R) tout en opérant un déplacement de la tête vers le haut dont la valeur est nettement proxémique (X). En effet, ce mouvement de la tête de Gregor peut être lu comme un signe de vitalité par opposition à son dernier geste qui donne à voir sa mort. Au moment du réveil le regard semble indépendant du corps dont il est issu et celui-ci lui apparaît comme un pur spectacle, pire, comme un papillotement (*flimmerten*: le texte allemand ne nomme pas les gestes que la traduction française, « grouillaient », dénote). Tout se passe comme si Gregor était en quelque sorte étranger à lui-même. À sa mort son regard scrutateur se perd dans l'obscurité. Ses gestes sont également évoqués sous le signe de la négativité. Il est immobilisé et se souvient avec étonnement d'avoir pu avancer sur ses pattes grêles. L'exhalaison de son dernier souffle vide enfin son ventre qui était « bombé » au réveil. Sans insister davantage sur les symétries textuelles que révèle ici l'analyse des canaux de l'interaction, je remarquerai simplement que la confrontation de l'*ekphrasis* du réveil avec celle de la mort fait apparaître des enchaînements et des renversements de postures et de gestes qui correspondent à ce que l'on nomme généralement une chorégraphie.

Le corps de Gregor donne donc des représentations visuelles intelligibles de scènes de la vie quotidienne dont l'*ekphrasis* se borne à donner une représentation verbale. À qui s'adressent les représentations visuelles données par le corps de Gregor, si ce n'est au lecteur qui est le seul témoin de Gregor, son observateur privilégié, au moment de son réveil et de sa mort ? C'est lui qui voit ses postures (P), ses gestes (G), ses déplacements (X) et ses regards (R), qui saisit l'articulation verbale (D) de sa pensée et perçoit son souffle (V). Le seul canal qui reste inactif est celui de la mimique (M), car Gregor n'a plus de visage et n'esquissera que de rares sourires avec ses mandibules. Il semble légitime de postuler que le lecteur possède les compétences nécessaires pour saisir l'impact des messages non verbaux transmis par les *ekphrasis* rendant compte des comportements de Gregor. Cette compétence met le lecteur dans la situation d'un partenaire de Gregor dans la mesure où il se voit impliqué dans un jeu exploratoire sur les limites de l'interaction humaine. Dans les moments de focalisation interne il découvre avec Gregor le corps-animal de celui-ci, et dans les moments de focalisation externe il perçoit des positions et des gestes

---

références paginées renvoient à cette édition bien que je fasse mes analyses à partir du texte allemand établi par Paul Raabe dans Franz Kafka, *Sämlitche Erzählungen*, Frankfurt am Main, Fischer Taschenbuch Verlag, 1970, p. 56-99.

pertinents dans toute interaction humaine. C'est ainsi que la fiction de l'homme-insecte pourra être soutenue à travers toute la nouvelle et produira des effets angoissants, lorsque le lecteur adoptera la perspective de Gregor, et comiques, lorsqu'il s'en tiendra à la focalisation externe.

Kafka se plaît à exploiter les handicaps physiques de son héros. Ainsi on trouve une série d'*ekphrasis* consacrées à son incapacité de sortir du lit. La minceur de ses pattes et la grosseur de son corps l'empêchent de faire les mouvements normaux du saut du lit: « Il aurait eu besoin de bras et de mains pour se redresser » (p. 28). Après bien des tentatives infructueuses, il se jette littéralement « de toutes ses forces hors du lit » (p. 31), se frappe la tête et aura toutes les peines du monde à atteindre la porte qu'on lui demande d'ouvrir. Le comique de situation généré par les *ekphrasis* du saut du lit tient au fait que Gregor est incapable de mettre en œuvre des représentations goffmaniennes propres à convaincre ses partenaires qu'il est bien un voyageur de commerce consciencieux et un pourvoyeur fiable comme il le prétend. L'orchestration des différents canaux de la communication humaine est nettement perturbée, ce qui nuit à la crédibilité de l'acteur social. En fait, chaque handicap de Gregor en entraîne un autre. Son comportement gestuel défaillant trouble ses rapports proxémiques. Comme la qualité de sa voix se modifie et laisse entendre « un chouinement douloureux et irrépressible » (p. 26), il renonce à expliquer verbalement aux autres ce qui lui arrive, etc. En définitive sa métamorphose compromet toutes ses compétences communicatives sauf celle du regard. Celui-ci reste intact et enregistre impitoyablement les moindres gestes des autres.

Voici donc ce que perçoit Gregor en ouvrant finalement la porte de sa chambre. J'hésite à classer l'*ekphrasis* en question parmi les scènes de la vie quotidienne tant le fondé de pouvoir, venu chercher Gregor, puis sa mère et son père se donnent en spectacle en apercevant le « monstrueux insecte ». C'est une scène de grande frayeur digne du théâtre ou, plus précisément, du drame bourgeois. Gregor est à la fois la cause et le témoin du comportement inattendu et révélateur de ses partenaires.

L'*ekphrasis* de la grande frayeur (p. 38-39)

Gregor:
    X ouvrir la porte
    X contourner le panneau
    (X) faire son entrée
    (X) tomber
Le fondé de pouvoir:
    D « Oh! »
    V le bruit du vent

- X plus près de la porte
- G porte (*drückt*) la main à sa bouche
- M la bouche ouverte
- X reculer lentement, comme repoussé par une force invisible

La mère :
- P est là (*stand hier*)
- M les cheveux défaits qui se dressaient sur la tête
- R regarder le père
- G en joignant les mains
- X fit deux pas vers Gregor
- X s'effondra
- P la face tournée vers la poitrine

Le père :
- M un air hostile
- G serra le poing
- (X) comme s'il voulait repousser Gregor
- R regarda autour de lui (*unsicher*)
- G se cacha les yeux derrière ses mains
- V se mit à pleurer
- G sa poitrine tressautait

Gregor :
- X n'entra pas dans la pièce
- P s'appuya au battant fixe de la porte
- X son corps n'était visible qu'à moitié
- G sa tête inclinée de côté
- R pour observer les autres

Le canal proxémique (X) est le plus abondamment illustré. À lui seul il clarifie les rapports de force entre personnages. Gregor n'entrera pas dans la pièce où se trouve son père, lequel est le seul à ne pas se déplacer. Par contre, Gregor mettra en fuite le fondé de pouvoir, et sa mère s'évanouira à sa vue. À trois reprises les indications proxémiques ne sont pas effectives, mais seulement imaginées (ce qui est signalé par une parenthèse dans le schéma). Gregor craint de tomber ou, en d'autres termes, de se mettre dans une position d'infériorité en faisant son entrée. Il ne veut surtout pas laisser apparaître sa faiblesse comme le ferait une femme, sa mère par exemple, qui s'effondre littéralement. Il croit d'autre part que son père veut le repousser, alors que ce n'est pas encore le cas. La direction des regards (R) traduit également l'état de dépendance des personnages entre eux. Le regard de Gregor suit la manœuvre du fondé de pouvoir, tandis que celui de la mère s'adresse au père qui, n'ayant visiblement pas de personne de référence, laisse errer son regard sans but. Les deux messieurs cherchent à occulter l'émotion qui se peint sur leur visage. Tous deux couvrent leur mimique (M) expressive d'un geste (G) de la main. Par honte ? Par politesse ? Bref, l'abondance de détails touchant le comportement non verbal des personnages est très révélateur du trouble de chacun. Ici encore les représentations goffmaniennes susceptibles de confirmer les rôles de fondé de pouvoir, de mère et de père sont compromises. Mais l'*ekphrasis* de la grande frayeur pose clairement les thèmes chorégraphiques principaux que l'on retrouvera en plusieurs variations tout au long de la nouvelle, à savoir l'approche de Gregor, le retrait du fondé de pouvoir, la prédominance du père et l'effacement de la mère.

Après cette scène, Gregor a des raisons de se croire en position de force, mais il ne se lancera à la poursuite du fondé de pouvoir qu'après avoir un instant posé son regard sur une photographie « datant de son service militaire et le représentant en uniforme de sous-lieutenant, la main posée sur la poignée de son sabre, souriant crânement et entendant qu'on respectât son allure et sa tenue » (p. 39-41). L'*ekphrasis* de la photographie ne rend explicitement que le geste (G) et la mimique (M). Cependant l'allure assurée du sous-lieutenant évoque implicitement une posture (P) droite, une exposition entière du corps (X) et un regard (R) imposant qui servent de correctif à la timidité du « monstrueux insecte ». Voici les *ekphrasis* qui se font face dans le texte :

	Portrait de l'insecte		Portrait du lieutenant
P	S'appuya au battant fixe de la porte	G	la main posée sur la poignée de son sabre
X	son corps n'était visible qu'à moitié	M	souriant crânement (*sorglos*)
G	sa tête inclinée de côté	(PX	tenue militaire et visibilité complètes)
R	pour observer les autres	(R	exige le respect comme la mimique)

Il est bien évident que Gregor observe dans son portrait, vu en focalisation interne, les attributs qui lui manquent à cause de sa métamorphose, puisqu'il n'a plus ni mains, ni visage. Pourra-t-il encore s'imposer comme voyageur de commerce, alors qu'il ne contrôle plus que sa pensée (D) et son regard (R), regard simplement scrutateur et non pas imposant ? L'allure martiale que l'insecte retrouve dans le portrait du sous-lieutenant déclenche dans le récit une offensive verbale, puis physique de Gregor, s'adressant au fondé de pouvoir qui ne cessera cependant de reculer : sa disparition anéantira le statut de voyageur de commerce auquel Gregor s'accrochait. L'empire du groupe familial reprendra alors ses droits et le père renverra Gregor dans sa chambre.

Dans *La Mise en scène de la vie quotidienne*, Goffman cite un long passage du *Procès* pour illustrer ce qui se passe, lorsqu'un acteur social perd le contrôle du décor qui lui est propre[31]. En effet, l'appartement où loge Joseph K. est envahi le matin de son arrestation par des brigadiers qu'il ne connaît pas et qui questionnent tout ce qui lui appartient. Saisi dans son décor familier, K. est incapable d'imposer son image d'employé de banque honnête. À plus forte raison, Gregor, qui ne maîtrise plus les canaux de l'interaction humaine, perd bien vite toute crédibilité en tant qu'acteur social.

Si Hall et Goffman se sont inspirés de leur lecture de Kafka pour développer l'analyse scientifique de la communication multi-canale, un juste retour des choses nous permet de puiser dans les théories de la nouvelle communication des instruments conceptuels utiles à l'étude de la gestualité en littérature. Jusqu'ici les instruments propres à la théorie et à la critique littéraires n'ont pas permis de rendre compte efficacement de chorégraphies narrées, qu'elles mettent en jeu la gestualité ou encore la proxémique. On a toujours cru que la présence du corps en littérature relevait du descriptif et on a traité le corps comme un objet de musée au lieu d'en observer le dynamisme à l'œuvre sur le plan de l'action et de la communication.

Les exemples d'interaction romanesque étudiés ci-dessus montrent à l'évidence que pour bien appréhender le corps parlant en littérature il faut se donner les moyens de le connaître dans la réalité du face à face et de l'oralité. Alors seulement on peut reconnaître dans le récit des segments de texte qui représentent verbalement les messages que le corps transmet visuellement dans des circonstances précises. Ce sont les *ekphrasis* de scènes de la vie quotidienne, de scènes théâtrales et de scènes sculptées, peintes, dessinées ou photographiées. Il apparaît que, dans *La Métamorphose* par exemple, de tels segments se combinent et se répondent, formant ensemble de véritables chorégraphies narrées.

(Université Laval)

---

31. Erving Goffman, *op. cit.*, p. 95-96.

La paralittérature québécoise :
essai d'un panorama systémique

Paul Bleton

Devant la double nécessité de rendre compte du gigantesque corpus paralittéraire du Québec des années 1940-1960[1] et de le faire de façon synthétique, on suivra la suggestion de C. Moisan[2] de recourir à une description systémique. On considérera donc la paralittérature québécoise des années 1940-1960 comme un polysystème comprenant trois systèmes interactifs — le système des formats, celui des origines des textes paralittéraires et celui de leurs genres —, polysystème inscrit lui-même dans le système de la littérature québécoise de cette époque — ou quatrième système, celui des circuits.

Le système des formats

Si le récit paralittéraire relève bien d'une histoire de l'édition, il ne s'y réduit toutefois pas. Au croisement du récit et des mass-médias, sa culture propre amène à prendre en compte la matérialité même de ses supports et les pratiques de réception qu'il détermine, à concevoir non pas une rupture mais une zone de transition, un jeu d'hybridations sémiotiques, entre le livre et les avatars visuels et audio-visuels du récit paralittéraire (« B.D. », films, séries télévisées, jeux vidéo, etc.).

---

1. La recherche dont ce texte est une émanation a été rendue possible par une subvention du Conseil de recherches en sciences humaines du Canada. Elle a été menée par Richard Saint-Germain, Julia Bettinotti et l'auteur. On trouvera dans la bibliographie quelques titres exposant des résultats partiels. Tous mes remerciements à Richard Saint-Germain dont les connaissances encyclopédiques ont nourri le présent essai.
2. Clément Moisan, *Qu'est-ce que l'histoire littéraire ?*, Presses universitaires de France, 1987.

La paralittérature québécoise des années 1940-1960 s'est incarnée en un système de quatre formats complémentaires, le livre de poche, deux des formes du magazine et le fascicule. Le plus proche de la conception traditionnelle du livre, le *paperback* (les « Penguins » datent de 1935, les *paperbacks* de Simon & Schuster de 1939, les « Petit format » québécois de 1944) « mass-médiatisaient » déjà la culture lettrée, réduisant le volume — cet autre nom du livre — en hauteur et en largeur. En la miniaturisant, ils la rendait affectivement et financièrement accessible[3]. Aussi, rapidement, ce format devait-il devenir le lieu de croisement, de coexistence, de la littérature et de la paralittérature. Ainsi, en 1953, à son apogée, la collection « Petit format » publiait-elle des classiques (*Les Mille et Une Nuits, La Chartreuse de Parme*), mais aussi des classiques pour la jeunesse de la comtesse de Ségur, un best-seller (le *Ben Hur* de L. Wallace), des classiques populaires (R. de Navery, P. Féval, G. Leroux).

Sous le vocable de « magazine » se cachaient en fait deux formats assez différents qui, chacun à sa façon, s'éloignaient plus notablement de la forme canonique que le livre de poche. Formats que l'industrie américaine distinguait en *pulps* et *slicks*, c'est-à-dire en recourant à une caractéristique matérielle — le second imprimé sur du papier moins grossier et pourvu d'une couverture plus noble que le premier. Du point de vue du récit, *pulps* et *slicks* différaient en ce que les premiers étaient spécialisés dans le récit paralittéraire, alors que les seconds ne le véhiculaient que secondairement. Les *slicks* étaient essentiellement des magazines féminins[4]. Ils étaient d'ailleurs souvent antérieurs à la guerre[5]. Le format proposait généralement, outre les nombreuses publicités, un éditorial, des articles et des entrevues, des chroniques (cuisine, mode, beauté) et, pour un bon tiers, du récit — un roman complet par livraison, un roman en feuilleton, deux ou trois nouvelles, plus rarement des « B.D. ».

Pas de tels mélanges dans les *pulps*, dont la fonction primordiale était de présenter du récit paralittéraire; récit destiné au public masculin si l'on en croit les genres: *Romans détective* d'Édouard Garand, un vieux routier de la paralittérature, présentant à chaque livraison depuis 1937 un « roman complet » et quelques nouvelles; *Mon magazine d'aventures*, depuis janvier 1941, qui ne devait durer que cinq numéros avant de fusionner avec *Mon magazine policier*, du même éditeur (même présentation, même politique éditoriale), sous

---

3. Sur culture lettrée et format de poche, voir Yvonne Johannot, *Quand le livre devient poche*, Grenoble, Presses universitaires de Grenoble, 1978.
4. Au Québec, *La Revue populaire, La Revue moderne, Le Samedi, La Petite Revue, Bonne Soirée*, etc.
5. Ainsi, *La Revue moderne* avait-elle débuté en 1919 et devait-elle moins s'éteindre que se muer en *Châtelaine* aux débuts des années 1960.

le titre *Mon magazine policier et d'aventures* jusqu'en 1948. Depuis janvier 1941, le mensuel montréalais *Le Masque noir*, illustration noire sur fond rouge, offrait des romans policiers de grands auteurs, très souvent en traductions québécoises, et, pour faire bonne mesure, des magazines mensuels traduits à Montréal de *pulps* américains à partir de 1946[6]: *Histoires de détectives* et *Loup noir*. En outre, avec *Livre d'amour* et *Romance*, on cherchait à rejoindre un public féminin. Généralement, le contenu consistait en un «roman complet», un récit à suivre découpé en deux ou trois épisodes et une ou plusieurs nouvelles, le tout en cent trente pages sur deux colonnes.

Livre de poche, *slicks*, *pulps*: le fascicule allait encore s'éloigner d'un cran du livre canonique[7], du livre objet-fétiche de la grande culture, toujours susceptible de « mallarméisation », ce qui justement intimide le semi-lettré, le nouveau lettré, qui a certes acquis une compétence de lecture, mais qui sent encore que la culture lettrée lui échappe. Aussi, une culture de masse qui voulait faire acheter des livres à un lectorat intimidé par la culture lettrée devait-elle tout spontanément encore réduire le format, en adoptant le fascicule de trente-deux pages.

Quatre formats donc, avec similarités et complémentarité. Tous servaient en effet de vecteur au récit paralittéraire, tous étaient destinés à une grande diffusion par leur prix. Mais, alors que le prix des fascicules et des livres de poche devait rester assez stable[8], celui des *slicks* allait augmenter plus rapidement[9] et, explication probable de la rapide disparition du format, celui des *pulps* était passé de 15 cents pendant la guerre à 25 cents en 1945. Complémentaires, les quatre formats l'étaient par le ciblage de leurs publics. Si l'on excepte la politique tous azimuts de « Petit Format », la segmentation du public s'effectuait autour de deux axes: par sexes et par niveau de complexité. Obvie pour les magazines (si l'on excepte *Romance* et *Livre d'amour*: *pulps* pour hommes, *slicks* pour femmes), la segmentation par sexe explique la multiplication des séries et la ségrégation des genres aussi bien dans le livre de poche (chez Paris-Tour Eiffel, par exemple) que dans les fascicules — le roman d'amour devant bien se distinguer du reste.

Complémentaires en outre parce que, leur espace médiatique formant une zone de transition sémiotique entre le livre et les supports audio-visuels du récit paralittéraire, les quatre formats offraient

---
6. Éditées par Popular Publications Inc. à Toronto.
7. Sur le format fasciculaire par rapport au livre, voir Paul Bleton, « Services secrets québécois. Les espions de la paralittérature des années 1940-1960 », *Voix et Images* (Montréal), vol. XVIII, n° 1, automne 1992, p. 118-141.
8. Les livres restèrent à 25 cents pour presque toute la période et il aura fallu attendre 1959 pour que l'un des premiers passe à 12 cents.
9. De 15 cents pendant la guerre, les magazines féminins sont globalement passés à 20 cents à la fin des années cinquante.

différents niveaux de difficulté de lecture. Ainsi, outre le « véhiculaire fasciculaire », cette solution à l'aspect linguistique de difficulté de lecture [10], le fascicule offrait-il aussi une solution technico-commerciale à la question du volume intimidant : le canon de trente-deux pages, avec couverture sur papier *gloss* [11]. Le lecteur sériel qui aurait suivi la totalité des aventures de « Guy Verchères » n'aurait pas eu conscience de l'effort cognitif imposé : à trente-deux pages hebdomadaires et avec la possibilité de laisser tomber la lecture sans vraiment perdre le fil, ces quelque trente mille pages de lecture n'avaient plus rien d'intimidant, d'autant qu'elles étaient ponctuées à chaque numéro par une image, une illustration de couverture. En outre, si le fascicule réduisait bien le volume et offrait parfois des récits brefs, complets dans leur trente-deux pages, le plus souvent la rencontre du récit paralittéraire et du format court, d'origine mass-médiatique (fascicule, mais aussi bien roman-feuilleton), devait générer une relative autonomisation du récit par rapport à l'unité de son support commercial. À l'unité commerciale et matérielle — le fascicule — ne correspondait plus qu'une portion, quantitativement aléatoire, du récit véhiculé. Et puisque dans le trente-deux pages canonique le lecteur ne savait pas *a priori* s'il tenait en main un récit complet, un épisode complet ou pas (et dans ce dernier cas, quelle portion de récit ou d'épisode représentait ce trente-deux pages), son acte de lecture devait intégrer une compétence que l'apprentissage scolaire ne lui avait pas fourni : la lecture à géométrie variable — compétence en fait issue de la pratique mass-médiatique : romans-feuilletons, *serials* hollywoodiens, romans radiophoniques.

Le système emprunts / traductions / créations

À ce premier système se superposait un second, celui de l'origine des récits publiés : récits empruntés, récits traduits et récits originaux. Alors qu'il aurait pu troubler le système des formats, celui des origines venait en fait largement le confirmer. Récits empruntés et récits traduits constituaient en effet l'essentiel du contenu des trois premiers formats — livre de poche, *pulps* et *slicks* —, contrairement au format fasciculaire constitué quasi exclusivement de récits originaux.

Signe que la sérialisation était encore bien mal acquise, la politique éditoriale d'emprunt de « Petit Format » s'avérait tout à fait fan-

---

10. Sur cette notion de « véhiculaire fasciculaire », voir Paul Bleton et Richard Saint-Germain, « Culture fasciculaire et déterritorialisation. Espions, mais aussi aventuriers, détectives et amoureuses du Québec paralittéraire des années 1940-1960 », *Discours social / Social Discourse* (Montréal), vol. V, nos 1-2, 1993, p. 75-88.
11. Un peu plus flatteur pour l'illustration, à peine plus solide – ce qui importait peu d'ailleurs, puisque c'était là de la culture jetable, l'obsolescence rapide faisant partie du programme éditorial.

tasque, imprévisible d'une année à l'autre, mais aussi erratique quant aux types de textes empruntés (on a évoqué les classiques des belles-lettres et de la littérature populaire; mais on n'a encore mentionné ni livres de cuisine ni livres de mots croisés!) — seul le format se répétait. Déjà, Paris Tour-Eiffel signait des ententes pour des séries complètes avec les éditeurs français. La même contrainte d'homogénéité s'appliquait *a fortiori* aux magazines [12]. Dans les livres de poche, les récits traduits étaient le fait du seul « Petit Format ». Il concernait quasi exclusivement le roman policier, avec une proportion de trois romans américains pour un roman britannique (et encore, ce roman britannique était-il une fois sur deux un titre du très américanomorphe P. Cheyney). Faites en France pour les livres édités avant-guerre, les traductions devaient, à partir de la guerre, revenir à des traducteurs québécois. Les *pulps* recouraient aux « services professionnels d'une organisation de traductions, proéminentes [sic] à Montréal, pour traduire, écrire et éditer le texte de nos éditions anglaises [13] », signe d'une sérialisation plus intégrée du mode de production — équipe de traducteurs, travail en série, traduction de numéros entiers de *pulps*.

Tout ceci évoque plus des contingences commerciales que des intentions culturelles — comme celle de se pourvoir d'une institution paralittéraire nationale. Du coup, la variante québécoise du fascicule allait s'inscrire dans une histoire économique du format. Malgré la relation de pouvoir inégale entre le centre et la périphérie francophonique, l'âge d'or des fascicules québécois aura duré deux décennies. Cette recette d'un lectorat sériel captif requérant des coûts de conception et de production réduits au minimum, recette qui avait imposé le format-fascicule à la littérature populaire européenne d'avant-guerre, cette recette donc avait dû y composer, dans un nouveau contexte — hyper-compétion due à la reconstitution de l'appareil éditorial paralittéraire —, avec une autre solution technico-commerciale: le format-poche. Très rapidement désinvesti par la paralittérature importée, le créneau fasciculaire permit au Québec une complémentarité commerciale des formats jusqu'à ce que se produise le même ajustement, qui s'était progressivement fait aux États-Unis avec la disparition des *dime novels* et en Europe avec la disparition des fascicules [14].

Même s'il est hasardeux de risquer des chiffres sur les écrivains paralittéraires d'alors, on peut supposer que c'est une petite vingtaine

---

12. Quant aux modalités d'emprunt, légales (réimpression, rejaquettage, retitrage) et illégales (piratage), on consultera R. Saint-Germain, « Une industrie québécoise: le rejaquettage », *Voix et Images* (Montréal), vol. XV, n° 2, hiver 1990, p. 236-246.
13. *Loup noir*, vol. I, n° 1, avril 1944, p. II.
14. Ajustement d'ailleurs raté par les éditeurs québécois de fascicules et de livres de poche qui allaient abandonner complètement la paralittérature à l'importation au début des années soixante.

qui publia dans les magazines féminins, une dizaine pour les *pulps*; ce qui rend plus surprenante la petite vingtaine d'auteurs responsable des milliers de titres de fascicules, publiés par vingt-cinq éditeurs !

Dépassement de l'ancêtre direct, le nationalisme littéraire de Garand ? Réinvention d'une conception déterritorialisée de la culture à la Eichler, première multinationale paralittéraire et fasciculaire[15] ? Avant que la culture du « roman à 10 cents » ait puisé dans des univers de référence étrangers à la fois aux belles-lettres et à l'histoire du Québec (songeons que l'un des genres les plus prolifiques devait être le roman d'espionnage), le recours au système des formats et l'appropriation du fascicule ne déclaraient-ils pas son américanité ? Américanisation de l'industrie paralittéraire ?

Le système des genres

Si l'on veut explorer dans le troisième système superposé aux premiers, la pertinence de cette hypothèse américaine, inutile de s'imaginer, comme G. Bouchard, une paralittérature à 1344 genres[16]. Suivons plutôt G. C. Hoppenstand[17] qui, reprenant les notions de genres et de *formulæ* avancées par J. G. Cawelti[18], identifie trois genres dans la paralittérature américaine: *fantasy*, *romantic-adventure* et *mystery*, et détaille *mystery* en six *formulæ*: « surnaturel », « vengeance et pathos urbain », « gangsters en bande », « bandits solitaires », « *thriller and political suspens* » et « détection ». Cela devrait donc permettre d'évaluer l'américanité de l'inspiration fasciculaire québécoise — on comprend donc qu'il s'agira maintenant moins d'une discussion formaliste sur la définition de ces genres que de leur sens dans ce système en regard du précédent.

Les correspondances n'étaient qu'approximatives, et ces approximations bien révélatrices des aires culturelles dans lesquelles l'américanisation pouvait se sémantiser: pas du tout dans le domaine du roman d'amour, peu dans celui de la science-fiction, alors que la négociation était forte autour de la thématique policière et que la déterritorialisation affectait le plus l'espionnage et le western.

Le fantastique avait lui-même une tradition que la paralittérature ne devait pas retoucher et, si la science-fiction offrait bien un modèle

---

15. Voir Paul Bleton et Richard Saint-Germain, *loc. cit.* (note 10).
16. G. Bouchard, « Généalogies spontanées et raisonnées de la littérature québécoise en fascicule », *Imagine*, n° 31, 1985.
17. G. C. Hoppenstand, *In Search of the Paper Tiger: a Sociological Perspective of Myth, Formula and the Mystery Genre in the Entertainement Print Mass Medium*, Bowling Green (Ohio), Bowling Green University Popular Press, 1987.
18. J. G. Cawelti, *Adventure, Mystery and Romance, Formula Stories as Art and Popular Culture*, Chicago / Londres, University of Chicago Press, 1976.

typiquement américain, il devait s'avérer mal transposable — la science-fiction n'allait que très faiblement s'implanter: presque pas de livre et une chiche série fasciculaire, « Les aventures futuristes de deux savants canadiens-français ».

Modèle culturellement moins spécifique, le roman sentimental, devait en outre composer avec une tradition antérieure (l'histoire d'amour mélodramatique, l'innocence persécutée) d'autant plus difficilement délogeable qu'elle était moralement conformiste. Dans les livres, deux constats: il n'y avait presque pas de traduction et le roman d'amour se retrouvait sur le catalogue de presque tous les éditeurs, avec une ou plusieurs séries. Ailleurs, c'étaient *pulps* et séries fasciculaires spécialisées — *Romance* et *Livre d'amour*, « Roman d'amour », nom le plus porté de toutes les collections du temps, « Romances histoire vraie », « Passion d'amour », etc. Quant aux magazines féminins, ils recouraient souvent aux classiques du genre — *Mitsi de Delly* pouvait ainsi être lu en roman détachable (*Revue moderne*), en feuilleton (*Bonne Soirée*), en roman complet (*Revue populaire*)!

Passant au *mystery*, abondamment représenté dans les quatre formats, on voit clairement se dessiner un espace idéologiquement et culturellement hybride, transactionnel. Les magazines féminins et *Roman détective*, le *pulps* d'Édouard Garand, favorisaient largement le roman de détection à l'anglaise; genre représenté, avec la tradition policière française, dans des *pulps* éclectiques comme *Mon magazine policier et d'aventures* et *Le Masque noir*. Déjà, dans les livres de « Petit Format », cette inspiration européenne devenait minoritaire. Paris-Tour Eiffel, sans même offrir de traductions, présentait une version française de l'américanisation du roman policier (style « cigarettes-whisky-et-p'tites-pépées ») avec les séries « Blankie et Blondie », « Môme DoubleShot », « Aventures de Zodiaque ». Enfin, on l'a vu, des *pulps* comme *Loup noir* et *Histoires de détectives* n'étaient que des traductions-adaptations de *pulps* américains.

Mais c'est le format fasciculaire qui incarnait le mieux le tiraillement de la culture paralittéraire entre l'Europe et les États-Unis. Les *formulæ* « vengeance et pathos urbain » et « gangsters en bande » n'étaient pas représentées (la vengeance n'est pas sérialisable, ce qui est sans doute rédhibitoire pour l'inspiration fasciculaire; et dans le Montréal de cette époque, la Ville n'apparaissait pas comme un être noir, à l'instar de New York ou Los Angeles). Le fantastique de la brève série « Monsieur Mystère » n'était que prétexte à une intention clairement pornographique. C'est la *formula* « détection », représentée par de brèves séries comme « Phantasma », « Simon Legrand [19] »,

---

19. Des Éditions populaires.

« Tom Lenoir [20] », « Luc Berville [21] », « Luc Duroc » et « Jean Lecoq [22] », et une série d'environ mille titres, « Albert Brien [23] », qui était idéologiquement informée par la territorialisation la plus forte. Ainsi, devenu petit patron après avoir débuté dans la police, Albert Brien gardait-il d'excellentes relations avec cette institution par le truchement de Théo Belœil. Veuf de Rosette, il avait épousé la jeune Gertrude pour donner une mère à son charmant bambin, Robert, qui, après des études aux États-Unis allait devenir l'associé de son père. Enfin l'ancrage emblématisé par son épithète homérique, Albert Brien « détective national des Canadiens français » complétait son programme « travail-famille-patrie ».

Le plus remarquable de la *formula* des « bandits solitaires » était indéniablement le succès de sa variante « apprivoisée » par rapport à sa variante « sauvage ». S'il y eut bien en effet des séries dont les héros étaient d'authentiques bandits (« L'Ombre » et « Rapax » I et II [24], « Le Capitaine [25] »), c'était le type de « l'aventurier-réconcilié-avec-la-Loi » qui allait clairement avoir le plus de succès : « Guy Verchères », ex-gentleman-cambrioleur, avant le début du récit, séducteur, avec de petits résidus « famille-patrie » (la figure avunculaire du même flic Théo, son épithète homérique « l'Arsène Lupin canadien-français [26] »); mais aussi « Rapace [27] », « Arsène Lupien [28] », riche aventurier mondain, as du déguisement, célibataire jusqu'à sa rencontre avec la fille du chef de police (Morneau-l'écœurant qui voulait arrêter Lupien, lequel devait secourir sa fille); et un proche parent, « Domino noir [29] » aux multiples facettes (millionnaire au loup, Alain de Guise, célibataire séducteur, mais aussi Sam Goldman, petit détective juif).

Idéologiquement fort déterritorialisés, restent l'espionnage et le western, c'est-à-dire une des plus productives *formulæ* du genre mystery, « *thriller and political suspens* », et la seule *formulæ* du genre *adventure* de cette paralittérature. Comme les nombreuses séries d'espionnage ont été décrites et analysées ailleurs [30], on se contentera

---

20. Des Éditions Les Romans du cœur.
21. Des Éditions Irène.
22. Des Éditions du Bavard.
23. De Police-Journal. Cet éditeur publiait aussi « Police-Mystère », qui n'était pas une série, mais une collection de récits policiers complets.
24. Des Éditions populaires.
25. De Luan Asslani, aux Éditions Nova, petite série de dix numéros.
26. De Police-Journal; série d'environ mille titres, au début signée Paul Verchères.
27. Des Éditions Irène; sans doute deux cents titres.
28. Des Éditions populaires; environ trois cents titres.
29. De Police-Journal, environ mille titres. On y retrouvait même la figure avunculaire du flic Théo que dans « Albert Brien » et dans « Guy Verchères ».
30. Paul Bleton, « Services secrets québécois. Les espions de la paralittérature des années 1940-1960 », *loc. cit.* (note 7); Paul Bleton et Richard Saint-Germain, « Culture fasciculaire et déterritorialisation. Espions, mais aussi aventuriers, détectives et amoureuses du Québec paralittéraire des années 1940-1960 », *loc. cit.* (note 11).

ici d'un rapide survol du western. Genre américain par excellence, présent dans la culture depuis Fenimore Cooper (1823), thème obligé des *dime novels* puis des *pulps* depuis leur invention [31], mais aussi inépuisable inspiration des industries du cinéma et de la télévision [32], un peu comme la musique *country*, le western devait se substituer à une tradition antérieure plus typiquement canadienne — les histoires de Madeleine de Verchères, des martyrs jésuites, de Dollard des Ormeaux, mais aussi des « Romans canadiens » de Garand [33]. Substitution complète, à l'exception de la curieuse série fasciculaire « Les amours de Radisson [34] ». Peu fréquent dans les livres de poche, les *slicks* ou les *pulps* (quelques G. Aimard dans « Petit Format », « Les aventures de Pistol Peter » chez Paris Tour-Eiffel, quelques récits dans *Mon magazine policier et d'aventures*), le western s'est, comme l'espionnage, surtout incarné en fascicules. Et singulièrement, certes dans les romans complets du « Coucou, Histoire de cow-boys [35] », mais surtout dans « Les aventures de cow-boys [36] ».

L'expatriation probable du premier héros de la série, portant dans son nom et non pas dans son épithète homérique son essence de Canadien français — Jean-Baptiste Verchères — n'avait pas empêché une reterritorialisation: Jean-Baptiste Verchères était en effet le fondateur et le chef de police de Squeletteville, région de Calgary ! Toutefois, alors qu'il devait être remplacé assez rapidement par son fils Pit (« le roi de l'Ouest canadien »), la déterritorialisation du travail, de la famille et de la patrie se fit aussi forte que dans les séries d'espionnage. Travail ? Qu'on en juge: son grade vague de « capitaine fédéral » fait sans doute de Pit, comme les espions de papier, un fonctionnaire fédéral. Famille ? Qu'on apprécie. Fils de Jean-Baptiste, Pit n'en avait pas moins été adopté par une tribu indienne. Ses amours

---

31. Sur l'histoire du genre, voir A. Johannsen, *The House of Beadle and Adams and its Dime and Nickel Novels. The Story of Vanished Literature*, 2 tomes, Norman, University of Oklahoma Press, 1950; D. Jones, *The Dime Novel Western*, Bowling Green, Bowling Green University Press, 1978; J. A. Dinnan, *The Pulp Western (A Popular History of the Western Fiction Magazine in America)*, San Bernardino, The Borgo Press, 1983.
32. Avant d'être offerte à la syndication dans les années cinquante, une série comme *The Cisco Kid* avait été une série radiophonique dès 1943 et une série de bandes dessinées. *Death Valley Days* avait même débuté à la radio dès 1930 avant d'être offerte à la syndication entre 1952 et 1970. Qu'il suffise de mentionner des séries télévisées comme *The Lone Ranger*, 1949-1957 (A.B.C.); *Hopalong Cassidy*, 1949-1952 (N.B.C. / Synd.); *Cheyenne*, 1955-1963 (A.B.C.); *Wyatt Earp*, 1955-1961 (A.B.C.); *Gunsmoke*, 1955-1975 (C.B.S.); *The Californians*, 1957-1959 (N.B.C.); *Wagon Train*, 1957-1965 (N.B.C. / A.B.C.); *The Rifleman*, 1954-1959 (A.B.C.); *The Rebel*, 1959-1961 (A.B.C.); *Daniel Boone*, 1964-1970 (N.B.C.).
33. Comme H. Doutremont, *Nipsya*, Montréal, É. Garand, Roman canadien, 1924; J. Féron, *La Métisse*, ibid., 1926; J. Féron, *Jean de Brébeuf*, ibid., 1928.
34. De Police-journal.
35. Des Éditions du Bavard.
36. De Police-journal, environ huit cents titres.

devaient s'avérer lestées de fatalité, plusieurs de ses femmes mourant assassinées. Ainsi, alors que Pit et Mary Larose étaient au pied de l'autel, leur mariage devait être interrompu pour que le héros puisse voler au secours d'une tribu indienne, y épouser la fille du chef, y voir cette épouse bientôt sacrifiée par quelque méchant sorcier, et y venger la pauvrette. Devoirs d'assistance et de vengeance bien nécessaires, on en conviendra, qui auront malheureusement repoussé encore le retour à Mary Larose — laquelle, entre-temps devenue tenancière de saloon, s'était mise à « haïr Pit à mort »...

Le système littérature / paralittérature

On a vu à chacun des trois niveaux systémiques comment un sens socio-culturel se dégageait des formats, des origines des textes et des genres de cette paralittérature. Aussi bien, un sens serait à dégager pour cette paralittérature dans son ensemble, dans le polysystème global de la pratique littéraire québécoise de cette période. Reprenons donc plus largement ces trois niveaux systémiques.

Contrairement à la littérature où l'invention passe par des tentatives très marginales, par le livre d'artiste, par des objets au tirage très limité, la culture mass-médiatique réfléchit en acte à la question de la matérialité du format, en s'exposant dans tous les sens du terme. Usages conventionnels et inventions y ont une tout autre incidence, une tout autre sanction que dans les belles-lettres. En outre, c'est par les formats eux-mêmes que s'introduisait cette tentation américaine à laquelle allait céder, inégalement, d'autres éléments relevant des deux autres registres systémiques de l'édition paralittéraire — tentation américaine pour le coup bien plus nette que celle apparaissant concomitamment dans les belles-lettres.

À l'évidence, le système de l'origine des textes est verticalement co-pertinent. Toute histoire de la littérature et de l'édition pour le Québec de cette période — et toute histoire de la lecture — devrait tenir un compte comparatif des emprunts, des traductions (et de leurs origines) et des créations originales.

Enfin, littérature et paralittérature québécoises devaient s'approprier les genres dont elles héritaient. Étudiant la littérature de cette période, Maurice Arguin[37] repère les traditions réaliste et psychologique, la première prenant pour sujet l'aliénation socio-économique du Canadien français et, complémentaire, son désir d'évasion; la seconde, la dépossession du monde résultant du conservatisme de la volonté collective, incarné dans le trio axiologique « passé, religion,

---

37. Maurice Arguin, *Le Roman québécois de 1944 à 1965*, Montréal, l'Hexagone, 1989.

famille ». Or, non seulement les récits paralittéraires présupposaient-ils cette même double aliénation, mais encore la paralittérature, en bonne cafétéria idéologique, y proposait des solutions romanesques. Par des thématisations allant du plus territorialisé au plus déterritorialisé : depuis l'aliénation intime, représentée mais chérie, dans la *fabula* du martyr féminin du roman sentimental, jusqu'à l'évasion possible par le travail — l'aventure entre l'occupation professionnelle et le loisir de dilettante —, par une sexualité en délicatesse avec le familialisme — c'est bien le sens de « avoir une aventure » à la fois pour les gentlemen-cambrioleurs et les espionnes du bon camp — et par une affirmation superlative de la condition canadienne-française redoublée de son dépassement glorieux. Solutions toutes individuelles, certes, bien loin du dernier genre repéré par Arguin dans les romans littéraires de l'époque, dans lequel le héros « associe sa propre libération à celle de la collectivité tout entière [38] », mais bien significatives de par leur place dans le polysystème global.

De cette paralittérature, jusqu'ici, l'institution littéraire ne veut rien savoir. Dans quelle mesure le peut-elle ? En faisant le choix politique d'ignorer une « esthétique libérale » ? En faisant le choix esthétique d'ignorer la culture médiatique ? En faisant le choix méthodologique de l'hypothèse du développement séparé, de l'apartheid culturel ? Comme on le constate, la question des relations systémiques entre les deux circuits ne peut pas être seulement réglée par la seule volonté de ne pas savoir de l'institution littéraire.

(Télé-université et C.R.E.L.I.Q.)

---

38. *Ibid.*, p. 171.

Approches de la sérialité

Juliette Raabe

Considérée comme légitime durant des siècles, l'imitation établissait un lien explicite entre des auteurs et des œuvres de différentes époques, constituant ainsi un véritable «jeu» littéraire, comme on peut le voir, par exemple, dans les préfaces aux recueils de fables postérieurs à La Fontaine.

Les bouleversements politiques et culturels qui marquent la fin du XVIIIe siècle et le début du XIXe siècle imposeront une nouvelle vision de l'auteur et de l'œuvre dont la spécificité, l'unicité, deviennent la qualité première. Malgré l'existence d'œuvres «en constellation» (*La Comédie humaine*, *Les Rougon-Macquart*), malgré l'importance prise par le récit éclaté sous la forme du feuilleton, il faut attendre ces dernières années pour noter une véritable modification de l'approche. Toutefois, dans le domaine du feuilleton par exemple, l'étude se porte encore majoritairement sur le roman reconstruit en volume, et ne prend qu'exceptionnellement en compte l'organisation des épisodes des différents feuilletons publiés dans une même livraison hebdomadaire ou mensuelle.

L'apparition et la multiplication des collections paralittéraires numérotées, à parution — et donc à lecture — régulière, n'a pas véritablement modifié les méthodes d'analyse qui restent centrées sur l'auteur et l'œuvre, souvent considérés au travers de rééditions sélectives. Paradoxalement, c'est, sans doute, le développement de la fiction télévisée sous la forme du feuilleton ou de la série (et de leurs diverses formes intermédiaires) qui attirera l'attention sur la sérialité en tant que telle.

Ainsi, si j'avais, il y a plus de vingt ans, et non sans susciter un certain scandale, mis en avant l'aspect « collection » dans le roman criminel [1], je m'en étais tenue, à cette époque, à une vision de la « Série »

---

1. Juliette Raabe, « Le phénomène " Série noire " », dans *Entretiens de Cerisy sur la paralittérature*, Plon, 1970.

comme d'un vaste texte parcellaire, dans lequel on pouvait faire apparaître un certain nombre de traits pertinents (fréquence des auteurs, récurrence des thèmes, etc.), sans pour autant reconnaître la pertinence de l'aspect chronologique qui me semble aujourd'hui fondamental.

Attestée par les différents modes de conservation et de classement adoptés pour ce type d'ouvrages (par auteurs ou héros par exemple), la difficulté à accepter la série en tant que suite numériquement et chronologiquement orientée se manifeste même lorsque la reconstitution du corpus dans son intégralité a pu être assurée (ce qui s'avère parfois presque impossible) et que le classement des ouvrages s'est effectué selon l'ordre strict des parutions, facilitant ainsi la mise en contexte historique et la perception de l'enchaînement des textes les uns aux autres, dans un ordre dont il faut répéter qu'il n'est aucunement aléatoire.

De même qu'il ne viendrait à l'idée de personne de mélanger les pages d'un roman pour les étudier ensuite sans tenir compte de la pagination (bien que l'on sache fort bien que le lecteur peut parfaitement transgresser cet ordre), de même, il me semble indispensable aujourd'hui de formuler les éléments d'une méthodologie d'étude des textes sériels qui se fonderait sur une reconstruction de l'ensemble des éléments « livres » en fonction de la suite numérotée qui les organise. Ainsi, étudier des romans publiés en « Folio » ou en « 10/18 » constitue de fait l'étude d'une nouvelle série aux lois d'organisation totalement différentes.

La successivité gouverne toutes les étapes de la vie du livre sériel. L'écriture d'abord, car l'auteur utilise les ouvrages précédemment édités comme modèles de référence et, lorsqu'il s'agit d'ouvrages étrangers de provenance parfois très diverse, c'est le directeur de collection qui choisit textes et titres, décide de l'ordre de publication, transmet les consignes de traduction et de rewriting, et procède ou fait procéder aux coupes (dont l'usage est général dans le passage de l'anglais au français). La diffusion ensuite, l'acte d'achat et de lecture enfin sont fondamentalement et prioritairement ancrés dans la chronologie, même si des phénomènes de tris, relectures, lectures différées existent également.

Une approche véritablement sérielle, amènera à percevoir de manière tout à fait différente les phénomènes généralement mis en avant de répétition et de stéréotypie, qui ne peuvent être ramenés à une fréquence mesurée globalement sur un corpus s'étalant parfois sur plusieurs dizaines d'années.

C'est seulement alors que l'on pourra tenter de faire apparaître, parallèlement aux phénomènes de modélisation, les évolutions (toujours plus importantes qu'on ne croit) et tenter d'en définir la signification et peut-être les règles.

(Université de Paris VIII)

Figures de l'écrit dans le roman

Fernand Roy

Mon objectif sera double. Premièrement, faire état des résultats du premier volet d'une recherche poursuivie au C.R.E.L.I.Q., en collaboration avec Louise Milot, et portant sur la fonction des figures de l'écrit dans l'organisation des textes romanesques québécois jusqu'en 1960. Deuxièmement, tester les orientations à donner à la seconde phase du projet, qui concerne plus directement l'histoire littéraire.

Nous avons exclu les romans d'après 1960. Notre corpus est en effet constitué de vingt-cinq romans parus entre 1837, année de la publication de *L'Influence d'un livre* d'Aubert de Gaspé fils, et 1960, date dont on convient généralement qu'elle marque le début d'un nouvel élan du roman québécois. En travaillant exclusivement sur des romans dits de la représentation, nous voulions démontrer que, contrairement à ce qui a été postulé en théorie littéraire après 1960, la mise en discours explicite de l'activité d'écriture, au-delà des modes et des écoles, est inhérente au genre romanesque même. Nos analyses le démontrent à souhait, tous les textes romanesques reconnus par l'institution littéraire québécoise avant 1960 racontent des aventures qui, en dernière instance, adviennent à des écritures. Nous travaillions indifféremment sur des romans québécois ou français. Il nous apparaissait important de nous assurer que nous ne mettions pas simplement en évidence une caractéristique qui serait particulière au roman québécois. À ce jour, ont été publiés[1] les résultats parallèlement obtenus à partir de romans aussi variés que *La Princesse de Clèves*, *La Terre* et *L'Étranger*.

---

1. Voir, en fin de section dans la bibliographie, mes articles parus dans le collectif *La Littérarité*, dans la revue *Francofonia* et dans la revue *Protée*; voir aussi les travaux, articles et communications réalisés dans le cadre de ce projet sur les figures de l'écrit.

Roman et simulacre d'interaction verbale

La méthodologie mise au point pour l'analyse des vingt-cinq romans retenus peut paraître lourde, à première vue, mais elle demeure tout de même relativement accessible et simple. Dans un premier temps, nous étudions l'organisation d'un roman à partir du schéma narratif greimassien, que nous utilisons toutefois dans une perspective d'énonciation et non d'énoncé. Nous constituons, par ailleurs, le réseau des figures de l'écrit qui sont explicitement « inscrites » dans l'anecdote du roman. Dans un troisième temps, la mise en parallèle de l'organisation narrative et du réseau des figures de l'écrit facilite le travail d'identification de la fonction des figures de l'écrit dans l'organisation énonciative du roman. Au terme de trois années d'analyse, nous sommes en mesure d'affirmer que les textes romanesques québécois d'avant 1960 obéissent tous à une contrainte énonciative qui, selon notre évaluation, relève de leur littérarité. Ensembles narratifs plus ou moins échevelés — je pense ici tout particulièrement à *Au pied de la pente douce*[2] —, leur mise en discours est toujours liée à des contradictions dont il est possible de rendre compte sociologiquement, mais un des repères importants de leur consistance textuelle est assuré par ces figures de l'écrit organisées en réseau, et qui surdéterminent l'anecdote jusqu'à faire de celle-ci le contexte intratextuel de ce que nous désignons comme un simulacre d'interaction verbale.

Ce point s'avère, à notre sens, fondamental. Il confirme que Todorov a eu raison de questionner la notion de littérature mais, parallèlement, il oblige à remarquer une faille dans sa démarche. Compte tenu de la perspective d'analyse de discours qu'il entendait privilégier, son questionnement de la notion de «fiction» est demeuré par trop général. Étant donné qu'une signification, sémiotiquement parlant, est le résultat d'une interaction verbale, si on donne à entendre qu'un type de discours est étiqueté « fiction », cela ne peut que vouloir dire qu'il s'agit du résultat d'une interaction verbale « simulée », fictive. « Fiction » n'avait pas, par conséquent, à être opposé à « vérité » ou à « utilité », mais bien au résultat d'une interaction verbale effective, qui a déjà prouvé son utilité. Pour bien marquer la pertinence de la notion de « littérarité » ainsi recatégorisée, je prendrai comme exemple la première légende publiée par l'abbé Henri-Raymond Casgrain, l'un des fondateurs des *Soirées canadiennes*. On sait la fortune littéraire de cet historien et l'étendue de son pouvoir sur l'institution littéraire: vers la fin du XIXe siècle, il contrôlait la production des livres distribués en prix aux élèves du Québec.

---

2. Roger Lemelin, *Au pied de la pente douce*, Montréal, Stanké, 1988 [1944].

La première légende qu'il a publiée est intitulée *La Jongleuse*[3]. C'est l'histoire de l'enlèvement puis de la mise à mort d'une Française, madame Houel, par un groupe d'Iroquois ayant à leur tête une sinistre sorcière, ladite Jongleuse. Influencée par le scepticisme cartésien, madame Houel refuse de croire à la tradition orale qui atteste l'existence de la sorcière. Avec son jeune fils, elle entreprend un voyage sur le fleuve, une nuit, avec pour seuls compagnons deux voyageurs, un canotier et son ami, un Indien. Au fil du récit, le point de vue de l'instance narrative se déplace, et s'instaure entre le point de départ et le point d'arrivée de la narration ce que Macherey a appelé « un décalage[4] ». En première partie, est racontée au plus près des événements l'attaque des Iroquois et l'enlèvement de madame Houel et de son fils. L'attaque survient juste au moment où, suite à son ami indien, le Canotier tente de convaincre madame Houel de l'existence de la sorcière. Dans la seconde partie, ce qui s'est passé après l'attaque est raconté quelques années plus tard à des paysans paisibles, qui ne vivent plus sous la menace iroquoise. Le résultat de cette rupture narrative, de ce décalage, est que l'existence de la Jongleuse ne sera pas attestée explicitement par le canotier lui-même. Un écrit de missionnaire, précise rétroactivement l'instance narrative, nous apprend qu'il a un jour été appelé au chevet d'une Iroquoise mourante. C'était, selon toute vraisemblance, la Jongleuse qui se serait repentie sur son lit de mort. La preuve de l'existence de la sorcière tient ainsi à un écrit de missionnaire et, détail déterminant, cette preuve donne à lire sa conversion, c'est-à-dire, l'abolition définitive du terme « sorcière », la transformation par l'écriture de ce terme en fonction élevée à la puissance « -1 », pour reprendre l'expression utilisée par Lévi-Strauss dans sa célèbre formule du mythe. La lecture d'un écrit de missionnaire fait ainsi de l'instance narrative le premier lecteur, le premier interprète, de l'histoire de la Jongleuse.

La fin du récit suggère évidemment qu'il convient de réciter un *Ave* pour le repos de l'âme de la pauvre sorcière. De la sorte, une Jongleuse réputée parler au diable, mais jamais réellement vue en action, est remplacée par une Vierge médiatrice auprès de Dieu et dont l'existence est largement attestée par des écrits. La mise en discours de l'anecdote abolit radicalement la fonction négative d'abord attribuée à l'oralité, et à la langue indienne qui renvoyait, au mieux sur le mode de l'onomatopée, à des sons émis par des animaux. Cette fonction négative est remplacée, au fil de l'anecdote, par la fonction positive de la foi chrétienne qui, elle, renvoie à une langue intelligente, le latin. Madame Houel aurait, avant de mourir, obtenu de

---

3. Henri-Raymond Casgrain, *La Jongleuse*, dans Œuvres complètes, tome I, Québec, Typographie C. Darveau, 1873 [1861].
4. Pierre Macherey, *Pour une théorie de la production littéraire*, Maspero, 1966.

Dieu qu'il prenne sa vie en échange de celle de son fils (la Jongleuse était réputée s'en prendre habituellement aux fils des chefs blancs). D'où l'utilité énonciative de la figure de l'écrit que constitue l'*Ave*, sur lequel se termine la narration. La légende met déjà en place le programme littéraire que devait par la suite privilégier Casgrain: en se hâtant de sauver de l'oubli les légendes du passé, en les écrivant dans une langue intelligente et qui tient sa pérennité du latin, on poétiserait l'avenir de progrès et de civilisation techniques qui s'annonçait maintenant que la menace iroquoise était chose du passé. Ce qui ne pouvait pas ne pas être efficace. À preuve, le fils de madame Houel avait effectivement été épargné.

Une absence immédiate d'interlocuteur, pour problématique qu'elle soit dans le quotidien, devient un outil de connaissance à la condition que le « scripteur » parvienne à tenir fictivement, dans un temps et un lieu autres, le rôle de « premier lecteur ». L'anecdote racontée fait dès lors office de contexte. Pour marquer cette particularité des textes romanesques, nous ne parlons pas de « signification » et de résultat d'une interaction verbale effective, mais bien de « structure de signification » et de résultat d'un simulacre d'interaction verbale. Une signification est, par définition, fermée, c'est-à-dire tournée vers le passé, vers le contexte qui l'a rendue « nécessaire ». Une « structure de signification » est, par définition, partiellement ouverte, parce que l'interaction verbale effective qui l'actualisera dépend toujours du lecteur à venir; mais elle est aussi partiellement fermée, puisque l'anecdote qui la rend possible lui tient lieu de contexte, et ce contexte interne est déjà scellé quand un lecteur en commence la lecture. Voila pourquoi, dans une perspective d'analyse de discours, nous suggérons d'entendre « littérarité » au sens de *structure de signification résultant d'un simulacre d'interaction verbale*.

Dans les romans que nous avons étudiés, une telle structure est rendue opératoire par la mise en réseau de ce que nous appelons des figures de l'écrit. Dans vingt-quatre des vingt-cinq romans de notre corpus, il s'agit d'écrits au sens propre du terme. Ce peut tout aussi bien être une citation de la Bible qu'une simple lettre de recommandation, une plaque de médecin qu'une petite annonce dans un journal. Le récit qui a résisté, *La Fille laide* d'Yves Thériault[5], où il n'y a pas un seul écrit, nous a rendu un grand service pour préciser la notion de « figure ». Ce qui y tient lieu d'écrit, c'est, pour aller rapidement, un « fait divers » qui est raconté en quelques mots et qui, bien sûr, constitue, on en prend conscience à la fin, le pivot de toute l'histoire. Quand est raconté ce « fait divers », il est précisé qu'il en existe diverses versions, mais qu'il s'agit en l'occurrence de la version la

---

5. Yves Thériault, *La Fille laide*, Montréal, Cercle du livre de France, 1965 [1950].

plus intéressante, à cause de l'habileté du conteur. L'affirmation de cette supériorité assure momentanément une autonomie et une pérennité relatives au « fait divers » retenu, et cette pérennité est ensuite vérifiée par le reste de l'anecdote. Le roman *La Fille laide* justifie le maintien de l'idée de «figure», au sens hjelmslévien. Notre critère ultime pour identifier une figure de l'écrit est que l'anecdote qui contient la « figure » insiste pour lui attribuer explicitement une autonomie, de contenu ou d'expression, avant de lui attribuer une «fonction» particulière dans le déroulement de l'histoire. La figure est ainsi élevée, au fil de l'anecdote à l'intérieur de laquelle elle joue par ailleurs un rôle déterminant, au rang de pivot d'ancrage, sinon de paradigme. Le point important est évidemment que la « figure » fonctionne à la fois dans le temps de l'anecdote et dans le temps de la mise en discours de cette anecdote; d'où la possibilité que sa relecture au fil de cette anecdote puisse relever d'un contexte différent de celui de son « écriture ». À la fin du récit de Thériault, le « fait divers » qui semblait d'abord un peu gratuit a pris un sens nouveau, une recatégorisation sémantique a ainsi été rendue possible, qui appelait la réception du texte par l'institution littéraire.

Soit, à titre d'exemple plus orthodoxe, *Poussière sur la ville*[6], un roman écrit par André Langevin du temps où il dénonçait la tour d'ivoire dont les intellectuels avaient hérité des curés qui se cachaient, selon lui, derrière l'Écriture pour justifier tous les malheurs. La figure de l'écrit qui a retenu notre attention pouvait facilement passer inaperçue. Il s'agit des plaques de médecin que Madeleine trouve trop nombreuses au cours de la première promenade du couple, le soir même de leur arrivée à Macklin. La lecture quantitative qu'elle fait des plaques de médecin rend problématique l'identité sociale du médecin en début de carrière qu'est Alain. Madeleine fait ainsi prendre une direction inattendue aux aspirations premières de son mari. Le résultat de ce détournement nous a particulièrement intéressés. Vers la fin du texte, après le suicide de Madeleine, les gens de Macklin réagissent à la petite annonce que fait paraître Alain pour prévenir de son retour à la pratique médicale. Ils viennent lui signifier qu'à leurs yeux il n'est qu'un lâche, puisqu'il acceptait que sa femme reçoive son amant dans sa propre maison. La lecture que fait Alain de cet avis plutôt négatif est étonnante: il y voit une promesse de réponse positive, la « qualité » qu'on lui reconnaît n'est pas celle qu'il avait espéré au départ, mais c'est une « identité » sociale qui, au moins, n'est pas inspirée par la charité chrétienne. Alain restera à Macklin parce qu'il décrypte dans l'attitude de ses éventuels clients un début de dépassement de la perspective surhumaine du curé auquel il s'est heurté pour permettre à Madeleine d'aller jusqu'au

---

6. André Langevin, *Poussière sur la ville*, Montréal, Pierre Tisseyre, 1984 [1953].

bout de sa passion amoureuse. Le hasard aidant, il peut espérer des jours meilleurs, puisque les gens de Macklin s'humanisent petit à petit, et puisque, par définition, sa profession l'oblige à travailler sur l'humain.

Dans tous les romans que nous avons analysés, des figures de l'écrit rendent ainsi possible un simulacre d'interaction verbale dont l'achèvement coïncide avec la fin de l'anecdote. En travaillant parallèlement avec les catégories narratives greimassiennes, nous en sommes venus à la conclusion que l'organisation narrative d'un roman motive effectivement toujours une re-catégorisation sémantique, ce qui nous semble caractéristique du genre. Contrairement, par exemple, à la légende de Casgrain qui réaffirmait la pertinence pour l'avenir d'un sens posé comme déjà là au départ, le roman de Langevin produit une possibilité de sens nouveau, encore à actualiser par les lecteurs éventuels.

La signification d'un roman varie évidemment selon ses lecteurs. Une personne peut même au fil des années donner des significations fort différentes à L'*Étranger* de Camus. Mais chacune de ces lectures aura été rendue possible par la machination qui fait que la seconde partie de ce roman, le procès, est posée comme une lecture, en termes de malentendu, du meurtre raconté dans la première. Il ne se peut pas que le lecteur du roman saute le passage de la lecture du fait divers par Meursault : la lecture de ce fait divers en seconde partie est le pendant de la lettre écrite par le même Meursault dans la première, lettre qui avait permis à son ami de tendre un piège à une femme en créant un premier malentendu. Ce simulacre d'interaction surdétermine l'anecdote qui autrement reste sans consistance : comment en effet arriver à faire un lien entre le meurtre de l'Arabe et la condamnation de Meursault pour ne pas avoir pleuré le jour de l'enterrement de sa mère ?

Rapport imaginaire à l'écriture et histoire littéraire

C'est une chose que de reconnaître une certaine efficacité à une méthodologie, c'en est une autre que d'en tirer les conséquences pour le devenir de la réception critique des textes dont entend rendre compte l'histoire littéraire. Si la hiérarchisation dont j'ai parlé mérite d'être retenue, s'il est bien exact que l'anecdote d'un roman est toujours surdéterminée énonciativement par un simulacre d'interaction verbale, alors se pose la question de savoir si ce n'est pas l'histoire littéraire elle-même qui, à partir des rapports imaginaires à l'écriture que tissent les romans, extrait ce que, depuis Goldmann notamment, il est convenu d'appeler les « visions du monde » propres aux divers groupes sociaux.

Nos préoccupations de recherche immédiates sont nombreuses. En collaborant avec des spécialistes de l'essai et de la poésie, il sera important d'élargir notre problématique aux autres genres littéraires institutionnalisés. Un coup de sonde du côté de l'essai nous a permis d'entrevoir que l'intégration de ce genre à notre corpus ne modifierait sans doute pas l'essentiel de ce qui vient d'être exposé. Cela, on s'en doute évidemment un peu depuis Montaigne. En travaillant sur les essais préfaciels commis par les romanciers du XIXe siècle, nous faisons par ailleurs l'hypothèse qu'en rabattant subrepticement toujours les mots sur les choses, les romantiques, les réalistes et les naturalistes ont pavé la voie à la théorie du reflet et contribué à la création d'une histoire positiviste, alors même que cette notion d'histoire naissait par ailleurs[7].

Soit, encore une fois, l'anecdote de *Poussière sur la ville* qui interpose entre la carrière du jeune médecin d'origine urbaine, Alain, et les mineurs du gros village minier, Macklin, une femme originaire d'un milieu ouvrier urbain, Madeleine. Soit également le fait que le suicide de Madeleine justifie finalement la prétention du médecin à opposer aux valeurs surnaturelles du curé, qui prévalent dans Macklin, des valeurs humanitaires plus adaptées à leur vie quotidienne. Le titre du roman va d'ailleurs déjà dans cette direction: la poussière mortelle qui tombe sur la ville est le résultat de l'exploitation minière qui constitue le principal moyen de subsistance des gens. Dans l'immédiat, nous arrivons mal, non pas à parler de contradictions et de lutte hégémonique dans le champ culturel, mais à le faire sans risquer de confondre les deux isotopies que notre méthodologie permet de distinguer clairement, celle de l'anecdote d'une part, et celle des figures de l'écrit qui surdéterminent celle-ci d'autre part. Même si la lutte dans le champ culturel dont témoigne l'anecdote était bien réelle au début des années cinquante au Québec, il faut aussi, par ailleurs, remarquer que l'anecdote du roman donne tout autant prise à une interprétation psychanalytique passablement englobante. Le problème que nous voyons est que le simulacre d'interaction verbale que nous avons mis en évidence est justement ce qui permet de conjoindre textuellement les perspectives psychologique et sociologique qui sont constitutives de l'anecdote: c'est la mise en discours, par la problématique de la lecture de la plaque d'identité du médecin, qui, en dernière instance, homologue l'histoire amoureuse, celle de Madeleine à Macklin, et l'histoire sociale, celle d'Alain dans la même ville. À privilégier la lutte hégémonique

---

7. La précision avec laquelle notre méthodologie permet de cerner la vision de l'écriture véhiculée par un roman pourra, croyons-nous, intéresser les historiens et les théoriciens de l'institution littéraire. Il nous faudra faire coïncider notre méthodologie avec la perspective ouverte par Bourdieu, illustrée par Viala, et qui est familière à plusieurs chercheurs du C.R.E.L.I.Q.

dans le champ culturel, on finirait — c'est là que nous résistons — par l'oublier, et par oublier du même coup que le texte ne tient pas à l'humanisation progressive de personnages de papier. Il tient à la transformation d'une première lecture simplement quantitative, celle de l'addition des quatre plaques de médecin par Madeleine, à une lecture qualitative qui a été faite suite à cette simple addition; ce dont témoigne l'énigmatique destinateur qu'est Kouri quand il se présente finalement pour inviter Alain à venir, à l'occasion, se reposer à sa résidence d'été. À terme, en effet, Alain pourrait maintenant compter sur ses collègues pour le remplacer de temps à autre.

Nous ne saurions évaluer, à partir d'outils sémiotiques, ni les mérites de la philosophie psychanalytique, ni ceux de la philosophie sociologique. Il me semble plus prudent, compte tenu de notre objet d'étude, de simplement reconnaître que la mise en place d'une « structure de signification » verbale implique en soi un projet qui, anthropomorphisé, revient généralement à imaginer une lutte entre un « anti-sujet » et un « sujet en devenir ». Dans cette lutte imaginaire, l'enjeu n'est pas le pouvoir dans le champ culturel même si la question du pouvoir y est toujours conjoncturelle. La spécificité de l'enjeu doit être défini, nous semble-t-il, en termes de re-production de l'outil langagier dans une société d'écriture. Dans cette forme de re-production du symbolique, le remplacement d'un sens devenu caduc par une proposition de sens nouveau se fait au moins partiellement depuis quelques siècles par la mise en anecdote d'une lutte anthropomorphisée entre un anti-sujet, en l'occurrence Madeleine et non pas le curé qui est un opposant, et un sujet en devenir. Ce que nous tenons à affirmer, c'est qu'il est forcé, sémiotiquement parlant, que l'instance narrative « assume » successivement les deux rôles, celui de l'anti-sujet, puis celui du sujet en devenir. Et cette nécessité est d'abord d'ordre cognitif. Qu'il y ait ou non lutte de pouvoir dans le champ culturel, l'esprit humain est ainsi fait qu'il procède toujours en construisant des rapports analogiques complexes.

Pour faire déboucher notre recherche sur l'histoire littéraire, nous faisons l'hypothèse que la spécificité historique du roman revient à homologuer, dans une anecdote qui les conjugue comme allant tout naturellement de pair, l'isotopie amoureuse et de l'isotopie sociale. La forme romanesque serait en somme une actualisation particulière du processus de re-catégorisation sémantique; le roman naissant au moment où, la scolarisation devenant nécessaire, il s'est évidemment trouvé des gens de lettres pour illustrer « fictivement » les possibilités cognitives « concrètes » et « quotidiennes » de l'écriture, en racontant des histoires qui anthropomorphisent le processus langagier. Sa particularité tiendrait à ce qu'au lieu d'homologuer le monde de l'oral sur celui de l'écrit en opposant le monde des humains et celui des dieux, comme le faisaient les gens d'Église, il homologue deux visions de l'écriture en opposant la vie privée et la vie collective, la vie amoureuse et la vie sociale, créant ainsi la possibilité du «réalisme» comme façon de rendre compte de la signification.

Dans l'immédiat, nous nous proposons de travailler à l'étude de la réception critique des romans de notre corpus. Nous voulons analyser de façon systématique ce qu'a fait l'institution littéraire du rapport imaginaire à l'écriture que nous avons mis au jour et qui est particulier pour chacun des romans de notre corpus. Préalablement, la question se pose de savoir reconnaître les différences entre la vision de l'écriture proposée par Laure Conan et celle mise en place par Claude-Henri Grignon. Mais nous espérons aussi comprendre comment on a fait, par exemple, pour étiqueter le roman *Marie Calumet* d'une façon et *La Bagarre* d'une autre. Idéalement, j'imagine personnellement qu'il sera possible de relire les grandes catégories retenues par l'histoire littéraire jusqu'à les entendre en termes de théorie du langage[8]. En ces matières, nous comptons sur les travaux en cours des historiens de l'institution littéraire québécoise.

(Université du Québec à Chicoutimi)

---

8. Un exemple: *L'Étranger* est un roman qui anthropomorphise le rapport entre le signe et l'interprétant jusqu'à affirmer que l'absurde tient non pas à l'absence de sens du monde mais bien à la contradiction qu'il y a entre cette absence de sens et le besoin de rationalité qui caractérise l'être humain. Une lecture sémiotique menée en prenant en compte les figures de l'écrit du roman permet de comprendre l'existentialisme de Camus en termes de rationalisation de l'arbitraire qui résulte de la double articulation des signes.

Génétique et intertexte:
éditer Alain Grandbois [1]

Jean Cléo Godin

C'est en 1981 qu'une équipe de chercheurs de l'Université de Montréal a entrepris l'édition critique de l'œuvre d'Alain Grandbois [2]. Ce travail a été réalisé à partir des manuscrits et documents divers déposés particulièrement à la Bibliothèque nationale du Québec et aux archives nationales d'Ottawa: certains documents ont également été trouvés dans d'autres fonds publics — ceux de Lionel Groulx, Marcel Dugas, Gaston Miron, Simone Routier — ou privés. Parmi ces documents, plusieurs manuscrits ont été photocopiés ou microfilmés. Ils sont conservés au Centre d'études québécoises de l'Université de Montréal, où l'équipe a travaillé.

L'équipe qui a réalisé l'édition critique estime avoir apporté une importante contribution à l'institution littéraire du Québec. L'œuvre éditée, particulièrement pour les quatre premiers volumes et le dernier, fait connaître de très nombreux inédits. Pour en donner un

---

1. Ce texte a été préparé avec Nicole Deschamps, responsable avec moi d'un projet de recherche portant sur les intertextes grandboisiens, projet subventionné par le Conseil de recherches en sciences humaines du Canada jusqu'en 1994. Ce projet fait suite à une première recherche, également subventionnée par le C.R.S.H., dans le cadre du projet « Corpus d'éditions critiques » dirigé par Roméo Arbour et Jean-Louis Major de l'Université d'Ottawa et Laurent Mailhot de l'Université de Montréal.
2. Les trois premiers volumes (*Poésie I*, *Poésie II* et *Visages du monde*) ont paru en 1990, dans la collection « Bibliothèque du Nouveau Monde » des Presses de l'Université de Montréal. Le quatrième volume, *Avant le chaos*, a paru en octobre 1991. Deux autres volumes, *Né à Québec* et *Les Voyages de Marco Polo* paraîtront en 1994. Le dernier volume prévu, *Proses diverses*, est également très avancé, le choix des textes étant complété, de même que l'établissement des variantes. Il reste cependant à compléter les notes et les références, travail qui s'est révélé beaucoup plus long que prévu à cause des nombreuses citations difficiles à identifier.

aperçu statistique, disons que les poèmes passent de quatre-vingt-quatre à cinq cent soixante-deux, le nombre de nouvelles d'*Avant le chaos* a doublé et les textes radiophoniques de *Visages du monde*, présentés dans un ordre différent de celui de l'édition H.M.H., sont augmentés de plus du tiers. Le volume prévu sous le titre de *Proses diverses* présentera un ensemble d'au moins cent trente textes, dont la série des quatre-vingt-quatre textes sur les « Écrivains du Canada français », des inédits sur la littérature et sur l'enfance de l'écrivain, deux textes dramatiques et quatre textes importants sur l'Orient. Le « corpus Grandbois » doit donc être réévalué en conséquence.

Qu'on songe par exemple que les deux volumes de *Poésie* édités par Marielle Saint-Amour et Jo-Ann Stanton révèlent de très nombreux poèmes inédits dont plusieurs peuvent être considérés comme des premières versions de ces poèmes qui, dans les années cinquante, ont exercé une influence déterminante sur le groupe de l'Hexagone. Gaston Miron, Jean-Guy Pilon, Jacques Brault et Fernand Ouellette ont explicitement reconnu leur dette envers Grandbois. Qu'on songe aussi que le nom de Grandbois est surtout associé à la poésie alors que le nouveau corpus désormais constitué montre clairement qu'il a été un prosateur plus prolifique et plus important qu'on ne le dit généralement. Qu'on songe enfin au rôle que Grandbois a joué dans une institution littéraire et culturelle encore en gestation et où on constate que, par ses relations d'amitié — avec Dugas, Pellan, Garneau, Beaulieu, Choquette, Morisset, Chevalier, Simone Routier, Ringuet, etc. — autant que par ses origines familiales — Rousseau par sa mère, il était le cousin de Jacques Rousseau —, il s'est trouvé au cœur d'un réseau dont l'influence allait être déterminante pour la société québécoise à partir de la « Révolution tranquille ».

L'édition critique, celle de *Visages du monde* notamment, met également en lumière l'importance d'activités dites « alimentaires » mais qui ont joué un grand rôle: Grandbois a participé à la création de Radio-Canada International et tous ses textes lus à la radio, de 1942 à 1952, ont beaucoup contribué à rehausser le niveau culturel de ce média. Mais on ne peut bien comprendre l'apport de Grandbois dans cette perspective que si on considère tout le bagage culturel qu'il rapporte d'Europe où, de 1925 à 1939, il a fréquenté presque tous les artistes qui ont marqué la première moitié du siècle et, surtout, de nombreux écrivains — Supervielle, Morand, Cendrars — qui ont influencé sa propre œuvre davantage, sans doute, que les paysages du monde qu'il a parcourus (on parle surtout, d'habitude, de la Chine). Si Grandbois peut être considéré à juste titre comme le grand artisan de la modernité québécoise, c'est parce que ses séjours et voyages à l'étranger lui ont permis de bien assimiler la culture européenne de l'époque.

Les chercheurs qui ont préparé l'édition critique ont acquis une connaissance exceptionnelle de l'ensemble de l'œuvre de Grandbois et ils disposent d'un fond documentaire privilégié. Leur nouvel objectif est maintenant d'utiliser ces ressources pour procéder à une *interprétation* de cette œuvre, en la mettant en relation avec la vie de l'écrivain, avec les œuvres d'écrivains québécois et étrangers qui ont pu influencer la sienne, ou qu'il a influencées et, enfin, en examinant les relations entre son œuvre poétique et son œuvre en prose. Tous ces aspects ont déjà été abordés dans les introductions et notes critiques des sept volumes de l'édition critique, mais le protocole d'édition ne permet pas de poursuivre l'analyse jusqu'à un véritable examen critique et comparatiste: c'est ce que nous nous proposons de faire dans le cadre du présent projet. Les principales étapes de la recherche, correspondant à autant de facettes de l'étude à poursuivre, sont les suivantes.

Bio-bibliographie et chronologie de l'œuvre

Le premier volume de l'édition critique contient une chronologie et diverses notes qui permettent de dater les textes et qui présentent une synthèse des faits connus de la vie de Grandbois. Il reste que de nombreuses zones d'ombre subsistent dans cette chronologie, zones que seul un examen croisé de certaines données peut éclairer. Ainsi, nous n'avons pas encore été en mesure de reconstituer la bibliothèque de l'écrivain comme nous l'aurions souhaité, cette bibliothèque ayant été dispersée et sa plus grande partie acquise par une personne qui ne nous a permis d'en faire l'inventaire qu'en juin 1991. Il comporte plus de mille titres qui nous donnent une idée plus précise de certaines affinités littéraires — avec Éluard et Supervielle notamment — mais nous n'avons pas été étonnés de ne pas retrouver tous les titres ou auteurs attendus: outre qu'une partie de la bibliothèque a été dispersée dans la famille, on peut supposer que plusieurs ouvrages (et peut-être ceux qui l'ont nourri le plus pendant les années de préparation) ont été perdus au cours des nombreux déplacements de Grandbois entre 1925 et 1939, ou laissés en France lorsqu'il a été rapatrié au début de la guerre.

Nous souhaitons également compléter l'inventaire et la collecte des lettres de Grandbois. Les *Lettres à Lucienne* ont levé sur la correspondance un pan d'ombre et l'un des membres de notre équipe, Bernard Chassé, a pu retrouver plus de deux cents lettres à divers écrivains québécois[3]. Nous espérons réunir le plus grand nombre de

---

3. Pour les problèmes que pose l'édition de la correspondance de Grandbois, voir Bernard Chassé, « Genèse d'une édition critique de la correspondance d'Alain Grandbois. Sur quelques " lettres-fantômes " », dans *Les Facultés des lettres. Recherches récentes sur l'épistolaire français et québécois*, Publications du Centre universitaire pour la sociopoétique de l'épistolaire et des correspondances, Département d'études françaises, Université de Montréal, 1993, p. 193-210 [N.D.E.].

ces lettres avant la disparition de tous les contemporains de Grandbois. Nous sommes également convaincus que certaines lettres doivent se trouver dans les fonds d'archives français, à Paris ou en province. Une première exploration, en juin dernier, nous a confirmé l'ampleur de l'opération et l'on n'a rien trouvé, par exemple, dans les archives de Paul Morand et de Jean Paulhan. Pour Éluard et Supervielle, ce sont les fonds d'archives que nous n'avons pas trouvés! Seule piste intéressante, à suivre: les archives de Mme de Faucamberge qui tenait sous le nom des «Jeudis d'Aurel» un salon littéraire entre 1917 et 1948. Nous savons que Marcel Dugas le fréquentait et qu'il y a traîné Grandbois, qui a sans doute trouvé dans ce cadre littéraire son premier éditeur: Messein (où a paru *Né à Québec* en 1933), qui publiait justement les poèmes d'Aurel.

Le biographique et le littéraire se croisent ici et montrent l'importance d'une connaissance précise de la vie de l'auteur. Or, malgré les travaux substantiels de Jacques Blais, de Léopold Le Blanc ou de Jacques Brault élaborés du vivant de Grandbois, ainsi que des découvertes inédites de notre équipe, nous ne disposons pas d'une véritable biographie de cet écrivain important dont la vie est franchement fabuleuse. C'est pourquoi nous comptons reprendre les recherches dans cette perspective, à partir d'un examen serré des carnets et de la correspondance, et en poursuivant de nouvelles recherches auprès des familiers de l'écrivain et dans les fonds d'archives d'autres écrivains qu'il a connus.

Textes et intertextes: de la génétique textuelle à la fortune littéraire

Un premier travail de repérage des brouillons et de mise en ordre génétique ayant été réalisé pour l'établissement des textes, il reste à en faire l'analyse critique afin d'en dégager des interprétations. L'étude de la genèse du poème — particulièrement en poésie moderne — est un domaine relativement nouveau de la critique génétique et il nous reste à préciser la méthodologie adaptée à cette recherche particulière. Si les sources essentielles ont pû être identifiées, rien n'a encore été fait pour établir une genèse de l'œuvre à partir des influences subies. Ainsi, Grandbois a lui-même indiqué que la Bible et Stendhal l'avaient marqué, mais ces sources ne sont pas encore établies et démontrées. En poésie, on a souvent fait état d'une influence probable de Jules Supervielle: où en sont les traces? N'y a-t-il pas d'autres sources (Éluard ou Saint-John Perse par exemple) jusqu'ici négligées et qu'un examen systématique de ces corpus, appuyé sur des concordances, pourrait mettre en lumière? Et quel a véritablement été l'impact, sur l'œuvre de Grandbois, de ses amis Marcel Dugas, René Garneau et d'autres écrivains québécois?

Autre aspect non négligeable de cette question: ce qu'on pourrait appeler l'autofécondation de l'œuvre. L'édition critique a démontré que l'écrivain se cite lui-même, empruntant à son *Marco Polo* des passages qui sont intégrés à *Visages du monde* et reprenant dans ce dernier ouvrage certains extraits des nouvelles d'*Avant le chaos*. Mais qu'en est-il des rapports entre la prose et la poésie ? Et pour certains blocs de textes en prose — notamment tous les écrits sur la Chine, dont les principaux paraîtront dans *Proses diverses* mais dont plusieurs, et particulièrement les « Chroniques de l'Empire» et sa biographie de Sun-Yat-Sen, ne seront pas publiés parce qu'ils sont inachevés —, il faut ajouter à l'examen du système autoréférentiel une recherche approfondie des sources réelles, que l'inventaire de la bibliothèque de Grandbois permet de mieux identifier. Ajoutons que des circonstances nouvelles nous permettraient sans doute de réaliser un objectif que nous n'avons pas eu les moyens de réaliser dans la première étape des travaux : d'une part confronter les *Voyages de Marco Polo* aux sources originelles (italiennes, mais de langue française, le texte ayant été dicté par l'auteur en cette langue et retranscrit par Rusticien de Pise en 1298) et, d'autre art, confronter les versions données par Granbois de l'histoire ancienne et récente de Chine avec les perspectives des Chinois contemporains, et même les sources qu'il utilise (et qui sont forcément étrangères à la Chine et généralement d'inspiration coloniale) avec celles que fournissent les auteurs chinois eux-mêmes.

Il sera en outre important d'analyser certains aspects particuliers de la fortune littéraire de Grandbois. Au-delà du rôle qu'il a joué dans notre milieu, rôle qu'il faudrait réévaluer compte tenu du nouveau corpus, nous croyons qu'il faut définir sa place dans la francophonie. Depuis l'hommage que lui a rendu Pierre Emmanuel en 1950, on sait que Grandbois a été reconnu comme l'un des grands poètes du XXe siècle; mais nous estimons qu'il y a lieu d'examiner plus systématiquement la réception critique de son œuvre, non seulement auprès des poètes québécois du groupe de l'Hexagone, mais en France même. À ce propos, il sera utile de comparer la trajectoire de son œuvre à celle d'une autre œuvre très bien établie dans l'institution littéraire française, celle d'Anne Hébert. Des découvertes inattendues du côté de la correspondance de Grandbois nous portent à croire que le volet biographique prendra plus d'ampleur (et de temps) que ce que nous avions prévu [4].

---

4. Pour l'étude des intertextes, nous comptons faire appel à la collaboration de l'Institut des textes et manuscrits modernes à Paris et à la banque de textes de Nancy-Chicago, afin d'établir certaines concordances. Pour la poésie, le travail sera poursuivi par Yves Bolduc, spécialiste de la poésie de Grandbois, à l'Université de Moncton, alors que l'équipe de Montréal travaillera davantage sur les textes en prose et la correspondance. Au printemps 1992, des membres de notre équipe ont participé au congrès de l'A.C.F.A.S. à Montréal (voir note 3), où ils ont pu soumettre leurs travaux en cours à l'examen critique des spécialistes, avant les publications à venir.

Les perspectives d'analyse, dans l'étude des intertextes, nous apparaissent immenses. À travers Grandbois et au-delà de son cas particulier, elles nous entraînent vers une nouvelle mise en relation de la littérature québécoise et des autres littératures contemporaines. Une approche semblable se pratiquait dans les années soixante — on multipliait alors les rapports entre Langevin, Sartre et Camus — mais a disparu dans les années soixante-dix, emportée par le grand souffle nationaliste qui a entraîné une sorte de huis clos de la littérature « canadienne-française » devenue québécoise. L'émergence des littératures francophones permet de redéfinir certains paramètres critiques et nous invite à reprendre l'examen des liens véritables entre les écrivains québécois et leurs contemporains français.

(Université de Montréal)

Qu'est-ce qu'une relation de voyage ?

Réal Ouellet

Récit d'une aventure, inventaire d'une richesse exotique et discours fortement dramatisé sur le contact avec un monde nouveau, la relation de voyage constitue, depuis une vingtaine d'années, un champ d'investigation fort riche pour les sciences humaines et la théorie littéraire[1]. C'est sur cette triple dimension que j'insisterai, en prenant mes exemples dans les textes de la période coloniale française en Amérique du XVIe au XVIIIe siècle.

Le pacte viatique

La relation de voyage des XVIe-XVIIe siècles procède d'un double pacte : l'un, *actantiel*, avec le pouvoir qui la fonde ; l'autre, *littéraire*, avec le lecteur virtuel, qui donnera sens à l'entreprise de publication.

Dans ses pièces liminaires, Champlain rappelle à plusieurs reprises le pacte actantiel par lequel le roi chrétien l'a chargé de découvrir des terres et de convertir les Sauvages d'Amérique[2]. De la même manière, le jésuite Lejeune rappelle la mission, attestée par une pièce officielle, dont l'a chargé le cardinal-ministre Richelieu : « Monseigneur le Cardinal [...] nous donna un escrit signé de sa main, par lequel il témoignoit que c'estoit la volonté de mondit Seigneur que nous passassions en Nouvelle France » (*J.R.*, 1632, t. V, p. 10[3]). Une citation

---

1. Je signale quelques études importantes en bibliographie (en fin de section). On y trouvera par ailleurs les références complètes de toutes les relations de voyages citées.
2. Voir « Au Roy » dans *Voyages*, 1613. En 1632, Champlain évoquera les « Descouvertes » accomplies « sous l'auctorité de nos Vices-rois » et « de vostre Grandeur ». Voir aussi les nombreuses pièces officielles reproduites au début et à la fin de sa relation par Claude d'Abbeville, *Histoire de la mission des Pères capucins en l'Isle de Maragnan* (1614).
3. Nous abrégeons ainsi les références des citations tirées des *Relations des jésuites* dans *The Jesuit Relations and allied Documents*, R. G. Thwaites (éd.), Cleveland, Burrows, 1896-1901.

biblique viendra rappeler que, par-delà la puissance temporelle, le pacte rejoint Dieu lui-même: « Toute puissance m'a été donnée au ciel et sur la terre; allez donc enseigner toutes les nations, baptisez-les, au nom du Père, etc. Je suis avec vous, etc. » (Matt. XXVIII, 19). Par cette délégation de pouvoir le missionnaire devient donc un agent de Dieu et du roi sur terre.

C'est dans la dédicace que ce pacte s'exprime habituellement, à travers tous les clichés du discours d'escorte traditionnel, qui oscille entre la prétérition suggestive et la parataxe hyperbolique[4], car l'hommage rendu à un puissant de la terre, est en réalité demande de protection et de patronage, en échange d'une prestation de service, comme le marque bien Champlain dans la dédicace de ses *Voyages* de 1619. Le voyageur s'y affirme le mandataire d'un pouvoir qui l'a chargé d'explorer ou de coloniser un territoire, de l'administrer, de convertir les Sauvages. Cette dédicace de 1619 montre à quel point le contenu du pacte actantiel change d'un voyage à l'autre. Il ne s'agit plus comme l'exprimait la formule vague de 1603, de « rendre fidele temoignage de la verité » ni, de manière plus précise, en 1613, de présenter un « Journalier des Voyages & descouvertures », mais de rendre compte des mœurs des Sauvages:

> Voicy un troisiesme livre contenant le discours de ce qui s'est passé de plus remarquable aux voyages par moy faits en la nouvelle France, à la lecture duquel j'estime que V. M. prendra un plus grand plaisir qu'aux precedents, d'autant qu'iceux ne designent rien que les ports, havres, scituations, & autres matieres plus propres aux Nautonniers, & Mariniers, que non pas aux autres. En celuy-cy vous y pourrez remarquer plus particulièrement les mœurs & façons de vivre de ces peuples, tant en particulier que general, leurs guerres, munitions, façons d'assaillir, & se deffendre, leurs expeditions, retraicte en plusieurs particularitez, servant à contenter un esprit curieux [...].

Plus qu'un élargissement de la matière traitée, se manifeste ici la présence d'un moi diégétique (« par moy faits ») et d'une instance énonciative qui exprime nettement le double objectif de la relation de voyage: communiquer un savoir et relater une aventure. Le savoir contentera une légitime curiosité et le récit tiendra le lecteur en haleine. En suggérant de lire son texte avec plaisir, Champlain déborde son rôle de voyageur-relateur pour se poser comme écrivain: d'une part, il annonce la visée conative de sa relation (le plaisir du roi garantira l'appui à l'entreprise); d'autre part, il veut nouer avec la Cour un second pacte, d'ordre littéraire.

---

4. « Je n'entreprendrai pas, Sire, de faire ici le détail de tout ce que vôtre rare prudence, & vôtre invincible valeur ont fait [...] » (Hennepin, « Au Roy de la Grande Bretagne », *Nouvelle Découverte*, 1697).

Si l'épître présente l'entreprise de voyage comme la réalisation d'un contrat de service avec le pouvoir, la préface et les divers avis liminaires proposent au lecteur le pacte par lequel le voyageur-relateur devient écrivain: par-delà le pouvoir qui l'a mandaté, en effet, l'auteur de la relation de voyage veut rejoindre un destinataire plus large qui, à son tour, le mandate pour publier un livre relatant son expérience de l'étranger. De nombreuses préfaces rappellent cette demande du public, métonymisé sous la figure des amis ou des « gens de goût ». Presque malgré lui, le P. Dutertre cède aux « tres-instantes, & presque importunes prieres » de ses amis; Lahontan se laisse convaincre par « plusieurs Anglois, d'un merite distingué » et par « divers autres [...] amis » de donner « une plus ample Relation des mœurs & coutumes » des Sauvages. Sagard théâtralise cette mise en place du pacte littéraire en lui donnant la forme d'un double débat, avec lui-même d'abord, puis avec un représentant du public.

Sa prétendue «naïveté» n'empêche pas Sagard de voir qu'en devenant *écrivain* il change de destinataire et, par conséquent, transforme l'organisation et le contenu de son message. S'adressant désormais « à toutes conditions de personnes », et non plus aux seuls dévots et bonnes âmes attirées par la conversion des Sauvages, il parsème son livre « de diversité de choses: les unes belles & remarquables dans un peuple Barbare & Sauvage, & les autres brutales & inhumaines ». Évitant le « vain » et le «superflu », il écrira «tout ce qui se peut dire du pays & de ses habitants ». En visant le public lettré plutôt que le pouvoir mandateur, la relation de voyage publiée ne cherche plus seulement à rendre compte d'une mission ou dresser un inventaire, elle veut *plaire* à des lecteurs plus intéressés par les curiosités exotiques et le suspense d'une aventure que par la stricte exactitude historique ou encyclopédique. Par le fait même, elle s'inscrit naturellement dans le champ littéraire que l'époque classique spécifiait par sa double fonction didactique et divertissante.

La relation d'une aventure

La relation de voyage est d'abord le récit d'une aventure exploratoire ou missionnaire visant à glorifier l'action du protagoniste; mais, en même temps et de manière paradoxale, elle raconte habituellement un échec[5]. Après son périple autour du monde, Bougainville sait bien que le capitaine Cook l'a devancé dans le Pacifique sud et que, dans son île édénique de Tahiti, ses compagnons de voyage ont attrapé la

---

5. À l'inverse, tout voyage pourrait être vu comme une expérience initiatique: aller vers le pays fabuleux, semé de dangers; insertion dans le pays inconnu, avec une forme quelconque d'adoption ou d'ensauvagement; retour en Europe, transformé par son expérience.

petite vérole. Les missionnaires jésuites des années 1630-1640 savaient aussi qu'ils n'avaient baptisé que quelques enfants et adultes mourants; peut-être même avaient-ils conscience d'apporter la maladie et la mort aux Hurons qu'ils prétendaient conduire à la vie éternelle. Au lieu de l'or et des diamants, Cartier n'a rapporté que de la pyrithe de fer et du mica; Champlain, qui rêvait de faire de Québec un poste de douane entre l'Europe et l'Orient, ne découvre jamais la route vers la Chine fabuleuse. Mais d'où vient qu'on ne ressente habituellement pas cet échec quand on lit une relation de voyage? C'est qu'une stratégie d'écriture très habile réussit à le faire oublier en construisant, dans l'implicite du texte, la figure d'un héros triomphant. Je prendrai mes exemples surtout chez les missionnaires, parce que, ne pouvant s'héroïser sur le registre des actions guerrières, ils devront ruser davantage sur le plan du discours.

À travers l'énorme corpus constitué par les relations de voyage en Nouvelle-France, du XVIe au XVIIIe siècle, j'ai cru découvrir trois procédés utilisés par les auteurs pour héroïser leur protagoniste. J'ai appelé le premier le micro-récit hypothétique. Voulant expliquer l'échec de son apostolat missionnaire, le père Lejeune écrit, dans sa *Relation* de 1634: « Si ce miserable Magicien [le sorcier] ne fust point venu avec nous ces Barbares auroient pris grand plaisir à m'escouter » (*J.R.*, t. VII, p. 88)[6]. L'échec est avoué, certes, mais le missionnaire n'en peut porter la responsabilité. À ce premier type de micro-récit hypothétique, que je qualifierais de défensif, le narrateur en préférera manifestement un autre, dynamique celui-là, qui fera du protagoniste un acteur et non plus un simple discoureur: « Le feu se prit pendant la nuit dans nôtre Cabanne, qui n'estoit composée que de Nattes de joncs. Nous y eussions tous esté bruslez, si je n'avois renversé fort promptement la Natte qui servoit de porte à nôtre petit logis, lequel étoit tout en feu » (*Nouvelle Découverte*, p. 180). Que les occupants de la tente aient risqué de brûler, on veut bien le croire; mais présenter une possibilité comme un événement arrivé, n'eût été le geste du protagoniste, relève de la fiction héroïsante qu'utilisent volontiers les hommes publics... Employé abondamment, ce procédé mue graduellement le protagoniste en acteur indispensable à la survie de l'entreprise. Un autre type de micro-récit hypothétique, que je nommerai déshistoricisant, créera un effet tout contraire lorsqu'il s'attaquera au héros avéré de l'histoire officielle, de l'*Histoire*: « A l'embouchure de la Riviere de Niagara le Sieur de la Salle avoit dessein

---

6. Voir tome VI, p. 125: « Si l'impudique sorcier ne fust pas venu dans la Cabane où j'estois, j'avois gaigné cela sur mes gens, qu'aucun n'osoit parler des choses deshonnestes en ma presence. » Cette analyse m'a été suggérée par une étude de la syntaxe temporelle dans la *Description de la Louisiane* par Hélène Vachon: « L'implicite comme langage publicitaire », *Études littéraires* (Québec), vol. X, nos 1-2, avril-août 1977, p. 175-194.

d'y commencer un Fort. Il en seroit venu aisement a bout, s'il avoit seu se borner, & s'arrêter là pendant une année » (*ibid.*, p. 47). On mesure immédiatement l'efficacité de ce contre-récit s'il se répète souvent: en minant la crédibilité du héros attesté historiquement (La Salle), il substitue à celui-ci l'image du protagoniste victorieux, patiemment construite par la rhétorique du texte.

Si le micro-récit hypothétique valorise le voyageur sur le plan de l'action, la manipulation du dialogue[7] joue le même rôle sur le plan des échanges verbaux. Je mentionne seulement le procédé courant qui consiste à donner la parole au Sauvage pour lui faire tenir un discours colonisateur. Ce subterfuge rhétorique culmine dans les scènes d'adieu pathétiques où la voix collective des Sauvages clame les louanges d'une figure tutélaire, capable de repousser les assauts du diable et d'assurer aux Amérindiens un commerce avec les Blancs dont ils affirment ne pouvoir se passer[8]. Mais le récit de parole est habituellement beaucoup plus subtil et retors dans les dialogues nombreux qui rythment le texte. Apparaissant souvent lors d'un temps fort de l'action, au moment où le protagoniste est confronté à une réalité extérieure qui met en cause son projet, le dialogue est fortement orienté par ce que j'appellerais la vectorialité narrative, qui oriente l'énoncé dans la perspective du protagoniste-relateur. Par exemple, au début de son *Voyage* de 1603 (*Des Sauvages*, p. 8-11), Champlain ponctue sa relation du dialogue avec le « Grand Sagamo » de Tadoussac par des expressions comme « je luy repliquay », « Il ne me dit rien, sinon, qu'il advoüoit [admettait] plustost ce que je luy disois, que ce qu'il me disoit », qui veulent montrer une victoire verbale facile du voyageur, alors que, de toute évidence, celui-ci ne baragouine même pas quelques mots de la langue «algoumequine». On comprendra l'importance à la fois psychologique et narrative de cette prétendue victoire verbale quand on se rappellera que le père Lejeune n'hésite pas à poursuivre dans l'hypothétique un dialogue qu'il rapporte avoir eu avec le sorcier:

> Mon sorcier demeura court à cette demande; & comme il a de l'esprit, voyant qu'il s'alloit enferrer, s'il me respondoit directement, il esquiva le coup: car s'il m'eust dit que ceste ame mouroit entierement, je luy aurois dit que quand on tuoit premierement l'animal son ame mouroit à mesme temps; s'il m'eust dit que ceste ame avoit

---

7. J'ai abordé ce sujet de manière un peu différente dans « Quelques aspects du dialogue dans la relation de voyage », *Les Chemins de la connaissance*, ouvrage collectif en hommage à E. Balmas, Klincksieck, 1993; voir aussi, évidemment, le texte de Normand Doiron.
8. Sur la portée symbolique et thématique de cette cérémonie des adieux voir l'introduction au *Grand Voyage* (*op. cit.*, p. 34-36); voir encore une scène assez semblable à la fin de la *Nouvelle Relation de Gaspésie*, quand Leclercq quitte les Micmacs (p. 538-555).

une ame qui s'en alloit en un autre village, je luy eusse fait voir que chaque animal auroit selon sa doctrine plus de vingt, voire plus de cent ames, et que le monde devoit estre remply de ces villages où elles se retirent, et que cependant on n'en voyoit aucun (*J.R.*, 1634, t. VI, p. 178-180).

La sélection et la mise en place des fragments de paroles amérindiennes s'effectuent donc à partir de leur possibilité d'enchâssement dans la logique de l'énoncé européen. Même quand il ne vise pas un effet exotique (le style fleuri à la sauvage), l'enchâssement de la parole amérindienne, utilisant fréquemment le style indirect et en multipliant les conjonctions de type oppositionnel ou causal, plaque une structure d'apparence logique sur un énoncé lourdement métaphorique et, de ce fait, rend celui-ci parfaitement incongru.

Le troisième procédé, enfin, que j'appellerais un peu pompeusement *énallage pronominal*, consiste à employer un pronom différent de celui que semble exiger le contexte. Les religieux, par exemple, utilisent en tant que narrateurs un *nous* extensif qui renvoie tour à tour aux quelques Pères de la mission canadienne, à toute la communauté à travers le monde, ou au petit groupe formé du missionnaire protagoniste et des Amérindiens qui l'accompagnent. D'autre part, en tant qu'acteurs, ils possèdent un statut particulier: s'ils participent aux actions collectives, ce n'est qu'indirectement, comme conseillers ou porteurs d'informations; leur inaptitude physique les empêche de partager les tâches quotidiennes (chasser, pagayer, portager), tandis que leur morale leur interdit de prendre part aux actions guerrières. Ce statut ambigu se reflète dans l'utilisation de diverses combinaisons pronominales. Ainsi, dans son *Grand Voyage du pays des Hurons*, Gabriel Sagard cache le plus souvent son impuissance à prendre part à l'action sous le voile du *nous* collectif: « Nous partîmes... nous trouvâmes... nous nous embarquâmes et tous ensemble fûmes loger... » Significativement, le *nous* disparaît lorsque le canot se brise sur les roches, parce que le narrateur attribue implicitement cette mésaventure aux seuls Hurons, incapables de maîtriser les éléments naturels: « Mes sauvages furent contraints de prendre terre » (p. 337). Mais survienne une rencontre, immédiatement le *je* se détache du *nous*: « Nous traitâmes des Épicerinis un morceau d'esturgeon, pour un petit couteau fermant que je leur donnai » (p. 336). L'action est collective, mais le geste est attribué à l'individu, de manière à dégager le protagoniste relateur des figurants amérindiens.

L'encyclopédie du monde découvert

Toute relation de voyage doit rendre compte d'une richesse, *spirituelle* (les conversions, les qualités des Sauvages) et *matérielle* surtout (les mines, la faune et la flore proliférantes). Mais comment ordonnancer cette richesse foisonnante sans jeter le lecteur dans la confusion du pêle-mêle ? Le journal de bord de l'explorateur, avec ses notations quotidiennes en style télégraphique, permet à Champlain de sélectionner et de sérier la réalité géographique sur l'axe spatio-temporel. Les repères chronologiques et spatiaux tissent une trame serrée sur laquelle s'inscrivent un itinéraire et une observation qui dépendent autant des conditions naturelles que de la volonté des explorateurs. Aimanté par le « passage » vers l'Orient, le regard observateur suit le rythme du bateau, s'accroche au relief côtier, cherche à percer le brouillard qui trouble la vision. Un autre procédé, d'ordre parataxique, la liste[9], si fréquente chez Colomb et Cartier, permet aux premiers explorateurs de donner à voir cette abondance et constitue une première prise de possession du territoire en même temps qu'elle célèbre une « incréable richesse ». De ce procédé, il reste quelque trace chez Champlain, qui distribue la matière descriptive sur l'axe chronologique de l'aventure exploratoire :

> Ces isles sont remplies de pins, sapins, boulleaux & de trembles. [...] Aux deux autres il y a une telle abondance d'oiseaux de differentes especes, qu'on ne pourroit se l'imaginer si l'on ne l'avoit veu, comme Cormorans, Canards de trois sortes, Oyees, Marmettes, Outardes, Perroquets de mer, Beccacines, Vaultours, & autres Oyseaux de proye: Mauves, Allouettes de mer de deux ou trois especes; Herons, Goillans, Courlieux, Pyes de mer, Plongeons, Huats, Appois, Corbeaux, Grues, & autres sortes que je ne cognois point, lesquels y font leurs nyds. Nous les avons nommees, isles aux loups marins.

Mais au lieu de se fermer sur elle-même, de constituer un ensemble autonome, l'énumération a plutôt tendance à devenir embrayeur narratif, comme le montre la suite du passage :

> Elles sont par la hauteur de 43. degrez & demy de latitude, distantes de la terre ferme ou Cap de Sable de quatre à cinq lieues. Apres y avoir passé quelque temps au plaisir de la chasse (& non pas sans prendre force gibier) nous abordâmes à un cap qu'avons nommé le port Fourchu [...] (*Voyages*, 1613, p. 12-13).

La profusion, qui incite d'abord au plaisir de la chasse, motive la poursuite de l'entreprise et relance le rêve de conquête.

La richesse des Terres neuves s'exprime encore dans la *diversité*, que ne cesse de célébrer Sagard, comme une manifestation de l'infinitude de Dieu. Si cette surabondance d'une nature généreuse

---

9. La liste énumérative implique d'abord une procédure de nomination cohérente pour les objets inconnus en Europe. Elle permet aux relateurs de montrer, non seulement leur compétence lexicale en français, mais aussi leur maîtrise du monde sauvage qu'ils peuvent nommer en langue autochtone. Voir, par exemple, Sagard, « Les enfans du Diable [les pécans ?], que les Hurons appellent *Scangaresse*, et les Canadiens *Babougi manitou* » (*Le Grand Voyage*, p. 309).

s'ordonne dans des ensembles peu complexes, fondés sur la juxtaposition («il y a..., ils ont..., il y a encore...»), une certaine forme de hiérarchisation rudimentaire tend à se faire jour, qui déroule sous les yeux du lecteur le riche tapis des merveilles exotiques: «Ils ont aussi trois sortes et espèces d'écureuils differends [...]. Les plus estimés sont [...] la troisième espèce» (Sagard, *Le Grand Voyage*, p. 307-308).

Chez d'autres voyageurs, dont le rapport au territoire est plus colonisateur qu'osmotique, les énumérations auront tendance à distribuer la matière encyclopédique dans des grilles où se laisse déjà deviner un souci taxinomique élémentaire. Diverses tables classent la faune, la flore, les tribus sauvages d'après leur répartition géographique (les arbres «orientaux» et «occidentaux»), leur appartenance à une vaste catégorie (oiseaux, insectes, poissons), leur fonctionnalité. La diversité sauvage se trouve ainsi domestiquée, distribuée dans des ensembles différenciés qui tiennent autant à la nature du projet colonisateur, à l'orientation idéologique de l'auteur qu'à une taxinomie élémentaire. Décrivant les environs de Québec, Champlain mentionne les «bonnes terres pleines d'arbres, comme chesnes, cypréz, boulles, sapins & trembles, & autres arbres fruictiers, sauvages et vignes», en pensant au radoub des navires, à la construction des maisons et à la nourriture, comme le confirme partiellement la suite de la phrase: «à mon opinion, si elles estoient cultivees, elles seroient bonnes comme les nostres» (*Des Sauvages*, 1603, p. 15). Chez Sagard, la sélection et la hiérarchisation des données, tout en se fondant sur un motif d'ordre fonctionnel, procède d'une tendance culturelle qui voit le monde sauvage comme un espace édénique à admirer plutôt qu'à exploiter. Plutôt que sur l'immense forêt qui fascine et effraie les autres voyageurs, Sagard s'attarde sur les arbustes fruitiers qui offrent, à portée de main, leurs fruits comme un don de Dieu: bleuets, framboises, groseilles, raisins sauvages, baies d'amélanchier, atocas. Les seuls arbres décrits sont l'*atti* dont les Hurons tirent des fils, des cordes et des lanières pour «envelopper leurs plaies et blessures» et l'*Ononhasquara*, dont ils tirent «un très bon chanvre» pour fabriquer leurs filets de pêche (p. 323-326). D'autres relateurs, plus proches de la Renaissance, ne pourront s'empêcher de projeter le topos du *locus amœnus*. Si Cartier et Laudonnière aiment mettre en lumière la prolifération d'une nature généreuse, ils n'hésiteront pas parfois à représenter l'espace américain comme ce «lieu agréable» si fréquent dans la littérature du Moyen Âge finissant [10].

Une fois assurée cette opération dénominative et classificatoire de l'exotique, il faut encore le rendre assimilable au lecteur virtuel.

---

10. Voir par exemple Laudonnière, *Histoire notable de la Floride*, p. 96.

Autrement dit, comment communiquer un savoir nouveau ? Le seul recours possible réside dans l'utilisation des référents culturels du destinataire. Quand Lescarbot, Sagard ou Charlevoix veulent décrire le castor ou l'orignal, ils utilisent tout naturellement l'analogie zoologique pour constituer une figure hétérogène dont la morphologie tient davantage du monstre que de l'animal concret: « Le castor est un animal à peu pres de la grosseur d'un mouton tondu [...]. Il a les pieds courts, [...] ceux de derriere à nageoires, comme les oyes; la queuë est comme écaillée, de la forme presque d'un Sole[11]. » Ils reprennent ainsi un procédé déjà utilisé par Hérodote et que ne dédaignent pas les auteurs modernes de science-fiction.

Le recours à la référence culturelle symbolique interviendra quand la réalité à décrire ne pourra composer un mixte morphologique assimilable à l'hétérogénéité du puzzle. Lors de sa première rencontre avec les Sauvages à Tadoussac en 1632, le jésuite Lejeune écrit:

> il me sembloit, les voyant entrer dans la chambre de nostre Capitaine, où j'estois pour lors, que je voyois ces masques qui courent en France à Caresme-prenant. [...] Leur couleur naturelle est comme celle des gueux de France qui sont demy rostis au Soleil [...]. J'en ay veu de vestus de peau d'Ours, justement comme on peint S. Jean Baptiste. [...] Il y en a de vestus entierement, ils ressemblent tous à ce Philosophe de la Grece, qui ne portoit rien sur soy qu'il n'eut fait (*J.R.*, 1632, t. V, p. 22-24).

Certes, Lejeune utilise certains référents de la réalité sociale de son époque, un peu comme Sagard et Hérodote avaient recours à la zoologie comparée, mais il y ajoute des référents culturels fort différents: les images de saint Jean-Baptiste et de Diogène. Ce qui donne au « tableau » de Lejeune son caractère homogène, c'est la visée missionnaire qui l'innerve. Si éloignés les uns des autres que soient les comparants, ils n'en constituent pas moins la figure d'une humanité susceptible de conversion.

On voit par cet exemple que l'observation et la représentation objectives du réel sont une fable. L'observateur, aussi bien que le descripteur, a une culture, appartient à un groupe qui a sa mentalité. Surtout, il a un projet. Si je viens, comme Gauguin, peindre en m'éloignant de la civilisation, je n'aurai pas sur les Tahitiens le regard d'un noble du XVIIIe siècle, tenté par l'action, la philosophie et la découverte, je n'aurai pas le regard de Bougainville. Rappelons simplement l'une des scènes les plus attendues de la relation de voyage en Nouvelle-France: celle du supplice amérindien trouvant son apothéose dans l'anthropophagie. Prenons encore une fois l'exemple du

---

11. Lescarbot, *Histoire de la Nouvelle-France*, 1609, p. 814; repris textuellement par Sagard dans son *Grand Voyage*, p. 318.

jésuite Lejeune. Il appartient à un ordre qui a une mystique militaire: soldat du Christ, il a pour mission de combattre les suppôts de Satan. Chaque jour, dans ses exercices spirituels, il se représente le Christ sanglant en croix, dont il espère suivre l'exemple dans ce qu'il appelle le martyre. Il n'est donc pas surprenant qu'à peine débarqué, il fasse, dans sa courte *Relation* de 1632, deux descriptions hautement dramatisées de ce supplice, tellement l'image du sang versé occupe son univers mental. Alors qu'un Sagard admire les chatoiements de la dorade au soleil ou que d'autres voyageurs se plaisent à observer la prolifération de la morue sur le grand Banc de Terre-Neuve, Lejeune prend «plaisir de voir une si grande tuerie, & tant de ce sang répandu sur le tillac de nostre navire» (*J.R.*, t. V, p. 14). Cette fascination de la mort violente et du sang versé dirige son regard avide sur le corps du Sauvage supplicié et le porte à une dramatisation extrême comme dans cette scène où un prisonnier échappe à ses vainqueurs: «Ils le reprirent, luy firent encor endurer le feu une autrefois, il estoit tout noir, tout grillé, la graisse fondoit & sortoit de son corps & avec tout cela il s'enfuit encor pour la seconde fois, & l'ayans repris, ils le bruslerent pour la troisiesme [...]» (*ibid.*, p. 54).

J'ai tenté de montrer ailleurs [12] comment la graisse dégoulinant du corps représente le féminin, l'hétérosexuel, le plaisir du boire et du manger, car, chez Lejeune, saleté / graisse / sexe / cuisine constituent un réseau serré de connotations liées à la femme, dont les «discours sont puants comme des cloaques» (*J.R.*, 1634, t. VI, p. 252-253). À la saleté du corps gras des femmes, ou du corps gonflé de nourriture et de désirs du sorcier, s'oppose le corps purifié, réduit à sa maigreur essentielle, du Sauvage supplicié, qui n'est autre que le corps souffrant du Christ — ou celui du missionnaire, quand il imagine sa propre mort de la main des Indiens.

À cette conception antinomique du corps de l'homme et de la femme, il faudrait opposer celle d'un récollet, disciple de saint François d'Assise, Sagard, qui présente les jeunes Honqueronnnes comme des représentations picturales de la Renaissance: «Les jeunes femmes et filles semblent des nymphes, tant elles sont bien accommodées, et des biches, tant elles sont légères du pied» (*Le Grand Voyage*, p. 344). Il faudrait opposer aussi celle du protestant Jean de Léry, qui, dans son voyage au Brésil, évoque une double image des Indiennes: les esclaves qui se baignent «à toutes les fontaines & rivieres qu'elles rencontrent» (p. 111), puis la nuit venue, se promènent «toutes nues parmi nostre isle», «pour leur plaisir» (p. 112), et les femmes libres qui «hurloyent» autour du voyageur, «sautans en l'air de grande violence faisoyent branler leurs mamelles & escu-

---

12. «Sauvages d'Amérique et discours hétérologique», *Études littéraires* (Québec), vol. XXII, n° 2, automne 1989, p. 121-122.

moyent par la bouche » (p. 242-243). Comment ne pas voir alterner ici l'image d'une figure printannière à la Botticelli et celle de la sorcière dont le corps en transe est habité par le diable ?

La dramatisation de l'énoncé

Je relèverai un dernier point de ce que peut être une analyse « littéraire » de la relation de voyage, celle de la dramatisation extrême de l'énoncé. Le premier effort de dramatisation portera sur les limites de l'information apportée, car l'entreprise encyclopédique ne saurait jamais prendre en compte la totalité du réel. D'une part, comme on l'a vu, la réalité nouvelle ne trouve pas toujours un référent dans l'univers du destinataire ; d'autre part, aucun observateur ne pourrait prétendre avoir tout vu ni tout consigné. Dans les deux cas, l'auteur tournera à son avantage les limites de son information en avouant « naïvement » son impossibilité de transmettre son savoir, ou en utilisant la prétérition, qui permet de dire un peu, par allusion, tout en affirmant qu'on ne dira pas. Le vide diégétique ou informatif ainsi créé sollicite l'intervention fabulatrice du lecteur virtuel.

Les limites de l'enquête amèneront encore l'auteur à s'inscrire dans le sillage d'une tradition dans laquelle il puise mais qu'il dénonce du même coup. Sagard emprunte largement à Lescarbot qui s'inspire de Cartier et de Léry. Mais de peur que l'emprunt mine l'intérêt de la relation de voyage qui fonde son pouvoir sur la nouveauté, le relateur aura tendance à combattre ses prédécesseurs lors même qu'il leur emprunte. Ainsi verra-t-on Lafitau, Lebeau et Charlevoix condamner vivement Lahontan au nom de la véracité ethnographique. Dès 1609, Lescarbot polémique avec Champlain à qui il reproche de se contredire. Il lui reproche encore de « bailler » des « fables » comme telle description invraisemblable des Armouchiquois ou encore cette « plaisante histoire » du monstre « *Gougou* qui fait peur aux petits enfans » (*Histoire*, 1609, p. 415). Champlain répliquera vivement à son tour dans ses *Voyages* de 1613 en affirmant que son contradicteur n'avait pas quitté Port-Royal et Lescarbot reviendra à la charge dans la dernière édition de son *Histoire*, en 1618 (p. 359).

Si la dramatisation polémique vise à asseoir l'autorité du relateur aux dépens de ses prédécesseurs, certains procédés touchent le geste même d'écrire. « J'ai tracé fort à la hâte cette relation, écrit le père Lejeune en post-scriptum à sa *Relation* de 1636, tantôt en un endroit, tantôt en un autre ; quelquefois sur les deux, d'autres fois sur la terre ; enfin je la conclus en la Résidence Notre-Dame des Anges, proche de Kébec en la Nouvelle-France. » Dans une autre *Relation*, celle de 1633, nous lisons : « Il m'est arrivé qu'écrivant fort près d'un grand feu, mon encre se geloit. » Un autre Jésuite, le père Bressani ne craint pas d'écrire en 1642 : « Ma lettre est mal écrite et assez sale, parce que, entre autres infirmités, celui qui l'écrit n'a plus qu'un doigt entier à la main droite et ne peut empêcher le sang qui découle de ses plaies encore ouvertes de salir le papier. Son encre est formée de poudre à fusil délayée et la terre lui sert de table. »

Cette dramatisation sait aussi abandonner le gros plan pour suivre le travail de l'écriture, qui assemble les matériaux, les critique et les ordonne. Dans un passage qu'on dirait sorti d'un anti-roman du XVIIe siècle, Lescarbot se livre à une spectaculaire mise en scène textuelle:

> Ayans ramené le Capitaine Jacques Quartier en France, il nous faut retourner querir le sieur Champlein, lequel nous avons laissé à Tadoussac, à fin qu'il nous dise quelques nouvelles de ce qu'il aura veu & ouï parmi les Sauvages depuis que nous l'avons quitté. Et à fin qu'il ait un plus beau champ pour rejouïr ses auditeurs, je voy le sieur Prevert de Sainct Malo qui l'attent à l'Ile percée en intention de lui en bailler d'une (Lescarbot, *Histoire*, 1609, p. 415).

Autant que l'acte d'écrire, c'est la relation avec le destinataire qui se trouve éloquemment dramatisée. Ou bien le relateur accumule les formules monstratives («vous voyez», «vous diriez», d'Abbeville, *Histoire de la mission des Pères capucins*, 1614, p. 30-31), incitatives («Vous pouvez excuser ce Sauvage», d'Evreux, *Voyage*, p. 260) ou carrément prescriptives («Écoutez le reste de son discours», *ibid.*); ou bien il fait mine d'instaurer un dialogue avec le lecteur virtuel lorsque la situation didactique le permet: «Pour vous le faire voir, vous devez remarquer que [...]. Si vous me dites que [...]. Partant, il faut conclure que [...] » (*ibid.*, p. 172-173); ou bien encore il utilise toutes les ficelles du roman: lettres sans réponse, manuscrits perdus, rencontres ratées, autocensure: «Je n'oserois vous écrire cette affaire, de crainte que ma Lettre ne soit interceptée», écrit Lahontan, bien conscient du suspense qu'il provoque (*Nouveaux Voyages*, p. 382).

Cette double dramatisation, de l'écriture et de la communication avec le lecteur virtuel, est bien illustrée par Sagard, qui écrit, vers la fin de son *Grand Voyage*: «Continuons notre voyage et prenons le chemin à main droite» (p. 340), marquant par là que la véritable aventure est celle de l'écriture. Une semblable affirmation de la primauté de l'écriture sur l'aventure coloniale se trouve aussi chez Lejeune, qui, à la fin de sa *Relation* de 1633, s'excusera, auprès de son supérieur, de se perdre «dans les écritures»: «Ce n'estoit pas mon dessein de tant escrire. Les feuillets se sont multipliés insensiblement, & m'ont mis en tel point qu'il faut que j'envoie ce brouillard, pour ne pouvoir tirer & mettre au net ce que je croirois debvoir estre presenté à V[otre] R[évérence] » (*J.R.*, t. VI, p. 26). Comment mieux dire que naît la littérature quand la visée didactique et autojustificative se perd dans le « brouillard » de l'écriture libérée ?

(Université Laval)

Bibliographies [1]

I. La paralittérature québécoise (1940-1960, études citées)

ARGUIN, Maurice, *Le Roman québécois de 1944 à 1965*, Montréal, l'Hexagone, 1989.

BLETON, Paul et Richard SAINT-GERMAIN, « Culture fasciculaire et déterritorialisation. Espions, mais aussi aventuriers, détectives et amoureuses du Québec paralittéraire des années 1940-1960 », *Discours social / Social Discourse* (Montréal), vol. V, nos 1-2, 1993, p. 75-88.

BLETON, Paul, « Services secrets québécois. Les espions de la paralittérature des années 1940-1960 », *Voix et Images* (Montréal), vol. XVIII, n° 1, automne 1992, p. 118-141.

BOUCHARD, G., « Généalogies spontanées et raisonnées de la littérature québécoise en fascicule », *Imagine*, n° 31, 1985.

CAWELTI, J. G., *Adventure, Mystery and Romance. Formula Stories as Art and Popular Culture*, Chicago / Londres, University of Chicago Press, 1976.

DINNAN, J. A., *The Pulp Western (A Popular History of the Western Fiction Magazine in America)*, San Bernardino, The Borgo Press, 1983.

GOULART, R., *Cheap Thrills: An Informal History of the Pulp Magazines*, New Rochelle, Arlington House, 1972.

HOPPENSTAND, G. C., *In Search of the Paper Tiger: a Sociological Perspective of Myth, Formula and the Mystery Genre in the Entertainment Print Mass Medium*, Bowling Green (Ohio), Bowling Green University Popular Press, 1987.

JOHANNOT, Yvonne, *Quand le livre devient poche*, Grenoble, Presses universitaires de Grenoble, coll. « Actualités-recherches / Sociologie », 1978.

JOHANNSEN, A., *The House of Beadle and Adams and its Dime and Nickel Novels. The Story of a Vanished Literature*, 2 tomes, Norman, University of Oklahoma Press, 1950.

JONES, D., *The Dime Novel Western*, Bowling Green, Bowling Green University Press, 1978.

---

1. Paris lieu d'édition est omis.

MICHON, Jacques (dir.), *L'Édition du livre populaire: études sur les éditions Édouard Garand, de l'Étoile, Marquis, Granger Frères,* Sherbrooke, Ex Libris, coll. « Études sur l'édition », 1988.

MOISAN, Clément, *Qu'est-ce que l'histoire littéraire?*, Presses Universitaires de France, 1987.

SAINT-GERMAIN, Richard, « Une industrie québécoise: le rejaquettage », *Voix et Images* (Montréal), vol. XV, n° 2, hiver 1990, p. 236-246.

SAINT-GERMAIN, Richard, Julia BETTINOTTI et Paul BLETON, *Littérature en poche. « Petit Format » 1944-1958. Répertoire bibliographique,* Sherbrooke, Ex Libris, 1992.

Paul Bleton

II. Figures de l'écrit dans le roman

DUCHAINE, Richard, « L'Écriture d'une naissance / La naissance d'une écriture. L'inscription des figures de l'écrit dans *La grosse femme d'à côté est enceinte* de Michel Tremblay », mémoire de maîtrise, Université Laval, Québec, 1990.

LAMY, Catherine, « *W ou le souvenir d'enfance* de Georges Perec: le savoir par l'écriture », mémoire de maîtrise, Université Laval, Québec, 1991.

MILOT, Louise, « Comment la fiction d'*Angéline de Montbrun* produit une écriture », dans G. Dotoli et P. Zoppi (dir.), *Ieri et oggi 2*, Bari, Schena, 1990, p. 247-260.

———, « La lecture et ses contextes. De Jean Chrétien à Charles Baudelaire », colloque international sur « Les traditions de lecture », C.R.E.L.I.Q., Université Laval, 1991 (à paraître).

———, « Le sens critique de la critique: le cas des *Demi-civilisés* de Jean-Charles Harvey », dans A. Hayward et A. Whitfield (dir.), *Critique et littérature québécoise*, Montréal, Triptyque, 1992, p. 31-37.

MILOT, Louise, Richard DUCHAINE et Dominique THIBAULT, « Le cas de la poésie mise en discours dans un roman: *Le Nez qui voque* de Réjean Ducharme », *Urgences* (Rimouski), n° 28, mai 1990.

MILOT, Louise, François OUELLET et Fernand ROY, « L'inscription de l'écriture dans *Marie Calumet* », *Voix et Images* (Montréal), vol. XVI, n° 1, automne 1990, p. 80-95.

MILOT, Louise et Fernand ROY, « On Textual Reference to Writing and its Correlation to Literary History Discurse », *Poetics Today*, vol. XII, n° 4, hiver 1991.

———, « Des *Mille et Une Nuits* au *Vieux Chagrin* », dans L. Milot et J. Lintvelt (dir.), *Le Roman québécois depuis 1960, méthodes et analyses*, Québec, Presses de l'Université Laval, 1992, p. 119-132.

——— (dir.), *La Littérarité*, Québec, Presses de l'Université Laval, 1991.

———, « La réception critique du premier roman québécois au féminin », introduction à *Angéline de Montbrun* de Laure Conan, Montréal, Fides, coll. « B.Q. », 1990.

MILOT, Louise et Sophie WAMPACH, « L'alchimie de l'oral et de l'écrit dans *L'Influence d'un livre* de P.-A. de Gaspé », colloque « L'institution littéraire au XIXe siècle », C.R.E.L.I.Q., Université Laval, 1989 (inédit).

ROY, Fernand, « L'inscription du littéraire dans les textes de fiction : l'écrit dans *La Terre* d'Émile Zola », *Francofonia*, 16, printemps 1989, p. 37-53.

———, « D'*Angéline de Montbrun* à *La Sève immortelle* : rupture malheureuse ou habile continuité ? », colloque « L'écriture au féminin et l'institution littéraire », Université d'Edmonton, automne 1989 (à paraître).

———, « Analyse du discours / Discours d'une analyse. Lecture d'*Un homme et son péché* de Claude-Henri Grignon », dans A. Hayward et A. Whitfield (dir.), *Critique et littérature québécoise*, Montréal, Triptyque, 1992, p. 241-253.

———, « *Marie Calumet* et l'institution littéraire », introduction à *Marie Calumet* de Rodolphe Girard, Montréal, Fides, coll. « B.Q. », 1990.

———, « Le récit comme agent informateur du sujet. Lecture de *L'Étranger* d'Albert Camus », *Protée* (Chicoutimi), vol. XIX, n° 1, hiver 1991, p. 45-50.

———, « Sous le décolleté plongeant, quelle stratégie d'écriture ? », *Protée*, vol. XIX, n° 2, printemps 1991, p. 22-29.

ROY, Fernand et Lucie ROBERT, « De la "pensée magique" au "romantisme littéraire". *La Jongleuse* de H.-R. Casgrain : une conception romantique de l'écriture », colloque « Le Romantisme au Canada », C.R.E.L.I.Q., Université Laval, automne 1990 (à paraître).

Fernand Roy

III. L'écriture de la relation de voyage
A. Études sur les relations de voyage

BERTHIAUME, Pierre, *L'Aventure américaine au XVIIIe siècle: du voyage à l'écriture*, Ottawa, Presses de l'Université d'Ottawa, 1990.

CARILE, Paolo, *Lo Sguardo impedito*, Fasano, Schena, 1987.

CHUPEAU, Jacques, « Les récits de voyage aux lisières du roman », *Revue d'histoire littéraire de la France*, vol. LXXVII, n°s 3-4, mai-août 1977, p. 536-553.

CERTEAU, Michel de, *L'Écriture de l'histoire*, Gallimard, 1975.

DOIRON, Normand, « L'art de voyager. Pour une définition du récit de voyage à l'époque classique », *Poétique*, n° 73, février 1988, p. 83-108.

DUCHET, Michèle, *Anthropologie et histoire au siècle des Lumières*, Maspero, 1971.

HARTOG, François, *Le Miroir d'Hérodote*, Gallimard, 1980.

JACOB, Christian, Frank LESTRINGANT (et coll.), *Arts et Légendes de l'espace*, Presses de l'École normale supérieure, 1981.

LESTRINGANT, Frank, *Le Huguenot et le Sauvage*, Aux amateurs de livres, 1990.

———, *L'Atelier du cosmographe ou l'image du monde à la Renaissance*, Albin Michel, 1991.

OUELLET, Réal, « Le discours fragmenté de la relation de voyage en Nouvelle-France », *Saggi e ricerche di letteratura francese*, vol. XXV, 1986, p. 175-200.

———, « Le statut du réel dans la relation de voyage », *Littératures classiques*, n° 11, 1989, p. 259-272.

———, « Sauvages d'Amérique et discours hétérologique », *Études littéraires* (Québec), vol. XXII, n° 2, automne 1989, p. 109-122.

———, « Le paratexte liminaire de la relation de voyage en Amérique », *Cahiers de l'Association internationale d'études françaises*, n° 42, mai 1990, p. 177-192.

VIBART, Éric, *Tahiti, naissance d'un paradis au siècle des Lumières*, Bruxelles, Complexe, 1987.

On trouvera encore un certain nombre d'études importantes dans les collectifs suivants:

« Sur la Nouvelle-France: documents et questionnements », *Études littéraires* (Québec), vol. X, n°s 1-2, avril-août 1977.

Voyages, récits et imaginaire (actes de Montréal), Biblio 17, Paris/Seattle/Tubingen, 1984.

Scritti sulla Nouvelle-France nel seicento, dans *Quaderni del seicento francese*, Bari, Adriatica, Nizet, 1984.

« Voyages en Nouvelle-France », *Études françaises* (Montréal), vol. XXII, n° 2, 1986.

Métamorphose du récit de voyage (actes du colloque de la Sorbonne et du Sénat, 2 mars 1985), recueillis par François Moureau, Paris/Genève, Champion/Slatkine, 1986.

L'Exotisme, textes réunis par Alain Buisine et Norbert Dodille, Cahiers du C.R.L.H.-C.I.R.A.O.U.I., n° 5, diffusion Didier-Érudion, 1988.

B. Relations de voyages (textes cités)

DUTERTRE, *Histoire generale des isles de S. Christophe*, Jacques Langlois, 1654.

CHAMPLAIN, *Des Sauvages, ou Voyages de Samuel de Champlain*, Claude de Monstr'oeil, 1603; réédition par A. Beaulieu et R. Ouellet, Montréal, l'Hexagone, coll. « Typo », 1993.

D'ABBEVILLE, *Histoire de la mission des Pères capucins en l'Isle de Maragna et terres circonvoisines*, François Huby, 1614.

D'EVREUX, *Voyage au nord du Brésil fait en 1613 et 1614*, présentation et notes d'Hélène Clastres, Payot, 1985.

HENNEPIN, *Nouvelle Découverte d'un très grand pays*, Utrecht, Broedelet, 1697.

LAHONTAN, *Nouveaux Voyages dans l'Amerique septentrionale*, La Haye, L'Honoré, 1703; *Suite du Voyage de l'Amerique*, Amsterdam, Veuve Bœteman, Londres, David Mortier, 1704; réédition: *Œuvres complètes*, édition critique par R. Ouellet, avec la collaboration d'A. Beaulieu, Montréal, Presses de l'Université de Montréal, « Bibliothèque du Nouveau Monde », 1990.

LAUDONNIÈRE, *Histoire notable de la Floride*, dans *Les Français en Amérique pendant la deuxième moitié du XVIe siècle*, tome II: *Les Français en Floride*, textes choisis et annotés par S. Lussagnet, Presses Universitaires de France, 1958.

LECLERCQ, *Nouvelle Relation de la Gaspésie*, Amable Auroy, 1691.

LESCARBOT, *Histoire de la Nouvelle-France*, Jean Milot, 1609 [rééditions en 1611, 1612, 1617 et 1618].

Relations des jésuites, dans *The Jesuit Relations and allied Documents*, R. G. Thwaites (éd.), Cleveland, Burrows, 1896-1901.

SAGARD, *Le Grand Voyage du pays des Hurons*, Denys Moreau, 1632; réédition par R. Ouellet et J. Warwick, Montréal, Leméac, coll. « B.Q. », 1990.

Réal Ouellet

QUATRIÈME PARTIE

Arts et littérature

Introduction

Annie Becq

Cet ensemble consacré à la réflexion théorique sur les beaux-arts peut sembler placé sous le signe du disparate, puisqu'il réunit des spécialistes de domaines aussi divers que l'histoire de la fortune littéraire et plastique d'une fable (Françoise Siguret), la narratologie cinématographique (André Gaudreault), la sémiotique de l'image (Marie Carani), le théâtre (Josette Féral). Des axes de problématiques et de préoccupations communes se dessinent néanmoins.

Au premier chef, le questionnement de la relation entre verbal, discursif et pictural, ou plutôt visible, afin de grouper sous cette dernière catégorie plus générale tout ce que donnent à voir les tableaux, enluminures et autres illustrations, mais aussi la *performance-art*, le théâtre et le cinéma: collaboration féconde, ou possibilité de réactivation et d'affinement de la narratologie littéraire par celle qui travaille le matériau visuel filmique; exploration de convergences, dans le cas de la prolifération des textes et des images de tout ordre autour de la fable d'Andromède et de ses avatars chrétiens; ou bien, dans celui du peintre québécois Jean Paul Lemieux, étude subtile et précise, du point de vue de la constitution des jeux, des tensions entre l'iconicité d'une peinture figurative, étayée par la médiation verbale d'une langue, et l'évidence figurative, la picturalité proprement dite, propre à produire un « effet-plus », par l'exploitation résolue de l'essence bidimensionnelle de la peinture. Tension entre place et valeur, déjà à l'œuvre, pourrait-on remarquer, dans les difficultés rencontrées par la peinture dite plate d'Ingres, au contact des anatomies sculpturales de David qui, lui-même habité par la nostalgie d'une certaine Grèce primitive, aplanissait déjà les fonds. L'effort d'autonomisation du pictural dont Marie Carani met en évidence les stratégies et les moyens chez Jean Paul Lemieux, loin d'aboutir à quelque enfermement autarcique formel, ouvre en quelque sorte une brèche dans l'expérience « immédiate », c'est-à-dire, en fait, culturellement codée, pour faire accéder le spectateur, en une expérience visionnaire, à un niveau second de signification.

S'il est vrai que l'iconicité, compromise avec le mode des signifiés du langage, est une production idéologique, le pictural proprement dit se voit doté d'une vertu critique et la figuration s'élève, avec Lemieux, à la condition de « sujet critique de la peinture ». Inversement, c'est la récupération du potentiel critique de la performance par la théâtralité de la représentation mimétique, répétitive et institutionnalisée et la banalisation de sa nouveauté « révolutionnaire » qui peuvent susciter le questionnement; mais certains aspects propres à la performance qui se prête à la libération d'un moi avide de vivre dans le présent, en font le lieu privilégié de l'expression individualiste qui caractérise la société contemporaine et rendent compte de sa survie sous d'autres formes et avec d'autres enjeux.

C'est, en effet, dans une forte conscience de l'historicité des effets de représentation que convergent les travaux dont on présente ici les résultats et les perspectives, qu'il s'agisse de textes et d'images simples véhicules non critiques de savoirs et de valeurs sur des pratiques à vertus transgressives. Se manifeste le souci constant d'interroger les relations d'affect ainsi que la logique des formes et leurs transformations en fonction de leur situation dans l'histoire et les courants idéologiques, de leur production et de leur réception — éventuellement, de leur relecture — à l'occasion d'expositions propres à déplacer l'œuvre dans l'histoire en l'incorporant à un champ symbolique en apparence étranger, comme Claude Filteau (Université de Paris XIII) a pu le suggérer à propos de Lemieux, relu par les Russes à la lumière de l'icône religieuse et de Malevitch figuratif.

Ce qui est dit de la performance actuelle, proposant l'image d'un sujet qui refuse d'éliminer les tensions entre son moi et l'histoire, la politique et l'esthétique, pourrait s'appliquer à la démarche de ces analyses, face momentanément émergée de travaux pour la plupart collectifs et en cours (le « projet Andromède » de Françoise Siguret, la narratologie cinématographique), sur lesquels tout, évidemment, ne peut être dit.

(Université de Caen)

La lance et le bouclier: stratégies d'une image baroque [1]

Françoise Siguret

Observant une forte récurrence de la figure d'Andromède parmi les figures mythologiques qui reprennent vie et couleurs à la Renaissance, nous avons cherché à en comprendre les raisons. Cela supposait la constitution préalable et l'ordonnance du vaste corpus que nous nous proposons d'analyser, pour connaître les mécanismes et les stratégies du discours qu'il manifeste.

La période qui s'étend du maniérisme au baroque est « l'âge de l'éloquence » (Fumaroli), l'âge d'une profonde réflexion sur l'art et le politique. De là vient que la disposition d'une œuvre digne de ce nom ne devra rien au hasard: son propos est de frapper l'oreille ou le regard pour instruire et ravir l'esprit. Qui plus est, tous s'entendent pour « conduire par force le regardant » (Chapelain) là où il convient de le mener. Bien des fables ont servi à ce dessein, mais certaines semblent s'y être prêtées plus que d'autres et plus longtemps. Il se trouve que

---

1. Au nom de l'équipe de recherche dont j'assure la direction administrative, je présente un projet pluridisciplinaire, dit *Projet Andromède*, parce qu'il s'attache au récit légendaire de la délivrance d'Andromède par Persée, rapportée aux livres IV et V des *Métamorphoses* d'Ovide. (En annexe, le document I rappelle l'épisode, ainsi que la légende de saint Georges combattant le dragon, colligé dans *La Légende dorée* de Jacques de Voragine, transposition chrétienne du mythe antique.) Mené conjointement par Alain Laframboise, professeur au Département d'histoire de l'art et moi-même, professeur au Département d'études françaises de l'Université de Montréal, ce projet a franchi une première étape de 1988 à 1991 sous le titre *La Figure d'Andromède du Maniérisme au Baroque, 1550-1650*, grâce aux subventions du gouvernement du Québec (F.C.A.R.) et de l'Université de Montréal. La seconde étape, de réflexion poétique et esthétique, sous le titre ici avancé, reçoit jusqu'en 1994 une subvention du gouvernement du Canada (C.R.S.H.). Un troisième professeur s'est jointe à l'équipe, Marie-France Wagner, de l'Université Concordia (Montréal). Elle s'occupe plus spécialement des aspects politiques du projet.

celle de Persée et Andromède a connu pendant un siècle environ, de 1550 à 1650, une carrière qui s'étend à tous les champs possibles de la représentation. Elle semble alors hanter l'imaginaire, puis elle retombe peu à peu dans l'oubli. On peut dire qu'à la mort de Louis XIV, elle a regagné définitivement les arcanes célestes qu'elle occupait au Moyen Âge. Il convient de s'interroger sur les raisons de cette fulgurance, d'autant plus que les critiques contemporains n'ont porté qu'une attention relative et ponctuelle à la fortune du mythe.

Il est clair que la propagande politique et religieuse s'accommodait parfaitement d'un sujet héroïque où le Bien triomphe du Mal et la Vertu du Vice, mais encore peut-on chercher à savoir dans quels cercles académiques, comment et pourquoi le motif s'est développé, car il ne suffit pas d'évoquer l'univers baroque et le goût du merveilleux pour rendre raison de la convergence des formes en un même lieu rhétorique et figural à travers l'Europe: il faut qu'une pulsion du désir et un projet esthétique et/ou moral se rencontrent. L'imaginaire ne se soutient pas sans objet ni discours qui le porte, et le ministre, le peintre, le poète, l'honnête homme et l'homme de cour ne parlent pas *nécessairement* le même langage; leur recours à la même image qui ne saurait être de *fortuite inventio*, est donc intéressant.

Entre l'utile et l'agréable, entre la parole mimée par un combat de forces antagonistes et l'indicible beauté du nu, entre la pulsion et la stase, le Verbe et la Chair, il se pourrait bien que cette fable de Persée et Andromède ne participe pas qu'aux « mythes de l'eros baroque » (Mathieu-Castellani) ni qu'aux jeux emblématiques des doctes, mais bel et bien à l'immense réflexion sur le langage qui s'opère aux XVIe et XVIIe siècles: combat déceptif des formes et des discours, mensonge et merveille de l'imitation, fureurs héroïques et contemplation, résolution harmonique des discordances. Dès lors, tous et chacun, purifiés par l'épreuve cathartique du désir conjuré par la parole, peuvent être « transportés et ravis » jusqu'à l'Olympe de l'Idée [2].

L'originalité du corpus littéraire et iconographique que nous avons constitué pour cette étude tient à trois facteurs: 1. un rassemblement de textes très divers, qui va des grands textes littéraires aux épigrammes politiques, de Corneille et l'Arioste à de petits poèmes insipides, de livrets d'intermèdes anonymes à de grands opéras, des emblèmes jésuites au fragment, à la citation; 2. une précieuse collection thématique de 1500 documents photographiques, dont bon nombre sont inédits; 3. son caractère européen, en ce que ce double corpus

---

2. Cette première page, présentation d'ensemble du projet, paraît simultanément dans « La figure d'Andromède, du maniérisme au baroque. Problématique d'un corpus », dans *Images de l'Antiquité dans la littérature française*, Presses de l'École normale supérieure, 1993.

de textes et d'images est français et italien, et ne négligera ni des œuvres espagnoles ni des œuvres anglaises [3].

Problématique d'Andromède

Les épisodes de la délivrance d'Andromède par Persée ou de la princesse de Trébizonde par saint Georges, ont des structures narratives rigoureusement identiques au point qu'elles conduisent à une superposition des images les représentant. Le schéma se prête à la dramatisation. Acte I: une princesse est vouée à la mort par un oracle cruel, comme victime expiatoire; Acte II: le monstre arrive pour la dévorer; Acte III: apparition d'un cavalier envoyé du ciel, combat furieux, mort du monstre et délivrance de la princesse.

Seule, la toute fin varie. Chez Ovide, noces charnelles: Persée épouse Andromède. Saint Georges, lui, conduit la princesse et tout le royaume à des noces spirituelles, par le baptême, la fondation de l'Église et le martyre. Cette structure narrative se prête aussi à une spectaculaire scénographie, tant théâtrale que picturale, et l'on devine à travers de telles péripéties, la congruité et la valeur emblématique de la lance et du bouclier. Nous nous proposons de montrer que ces instruments nécessaires au récit, travaillent poétiquement l'image, c'est-à-dire qu'ils ne relèvent pas seulement d'une vraisemblance ordinaire ou extraordinaire (*raconter*), mais d'une nécessité intrinsèque et extrinsèque (*faire voir*).

Au théâtre, ces instruments d'une mimésis servant à imiter le combat, jouent la poétique même de la tragédie qu'Aristote définit comme un renversement du bonheur en malheur. Le héros, armé de sa *harpè* ou de sa lance, pourrait bien, et devrait même, selon toute logique, succomber à la violence du monstre qui a tué, *jusqu'à ce jour*, tous ceux qui l'ont affronté. La lance porte la dynamique de la catastrophe. En somme, elle conduirait d'un *trait* le héros à la mort dans un combat inégal, s'il n'était pas fils de Jupiter ou l'envoyé de Dieu. Un dieu, caché dans la substance même du héros, conduit le drame. Nous montrer *aujourd'hui* le combat, c'est donc dire d'avance qu'il va se passer quelque chose d'extraordinaire, de *jamais vu*: *le rideau se lève pour une révélation*. Dieu caché mais qui paraît en machine. Si la lance prolonge un « bras toujours vainqueur », c'est parce que le bouclier qui protège Persée ou saint Georges est un don divin qui décuple leur force et les conduit à la victoire: bouclier d'Athéna prêté par Minerve, avec sa pétrifiante figure de Gorgone, ou bouclier de la Foi dont se pare fièrement saint Georges; celui-là trouve une forme réelle et une forme symbolique dans l'auréole dont est

---

3. En annexe, le document II donne un aperçu de son contenu.

couronné le saint. Véritable *deus ex machina*, le bouclier opère le retournement de la tragédie en comédie, pastorale héroïque ou mystère, retournement du malheur en bonheur et de l'horreur en merveilleux païen ou chrétien.

Le héros est donc à la croisée de ces deux signes qu'il manipule à bout de bras symboliquement. L'un le condamne, l'autre le sauve. À cette extériorisation manifeste des forces du destin qui le conduisent, s'ajoutent, pour comble de merveilleux, côté lance, le Monstre, et côté bouclier, Pégase; la Bête noire et écailleuse contre la Bête blanche et lisse. Le combat alors prend une dimension cosmique, que ces deux machines *font voir* hors de toute mimésis raisonnable, de toute vraisemblance. Elles jouent le merveilleux, l'échappée du temps, l'illusion du donné à voir en un trompe-l'œil fabuleux, où bascule la tragédie contrainte par le temps. S'ouvre une béance où s'abîme le discours. L'œil n'est alors que parole sublimée. S'ajoutant à une emblématique et une symbolique où s'opposent les forces antagonistes ancrées et couplées en l'homme-microcosme (le vice et la *virtù*, la terre et le ciel), tout cela constitue la mise en évidence d'une mécanique dramatique démonstrative qui évoluera vers le pur expressionnisme baroque des opéras italiens. La contre-épreuve se trouve en Racine, qui saura, contre Quinault et Lully, conserver la tragédie en intériorisant les combats. Celui de Thésée contre le Minotaure, d'Hyppolite contre le monstre de Neptune, sont rapportés dans des tableaux qui ne tiennent qu'à la vision intérieure du spectateur, déplacée vers une secrète scénographie du discours qui absorbe au-dedans ses éclats et ses preuves démonstratives. C'est pourquoi ces deux *lieux figuraux* me semblent exemplaires et propres à l'exploration d'un théâtre de la rhétorique dramatique en général et du discours d'éloge comme théâtre en particulier.

Nous passons ainsi tout naturellement au politique. Dans ce domaine, toute représentation tient à la fois de l'hagiographie et de l'épopée. Le roi est divin et il est le plus grand, ce qui lui donne d'emblée la stature extraordinaire du héros et les pouvoirs miraculeux du saint. Sur les tableaux et gravures qui choisissent toujours l'instant du triomphe pour représentation, on observe la même stratégie de glorification: une habile mise en place des tensions dynamiques de la (ou des) lance(s) guide le regard vers la figure corporelle du roi ou sa figure emblématique, le bouclier, l'écu-miroir, qui lui-même peut renvoyer à la figure corporelle. Par effet de renversement, ces parcours conduisent le regard vers le monstre terrassé, celui de l'Hérésie. Ces deux signes constituent, dans toute représentation triomphale, des embrayeurs du regard et leur mécanique fonctionne comme dans la scénographie théâtrale.

Mais dans le cas de l'Histoire, les enjeux fictionnels se trouvent déplacés. Pour être figuré, le discours épidictique ou épigrammatique qui sous-tend l'image politique n'en est pas pour autant illusoire. Il se veut vérité. Situation paradoxale: au théâtre, la fiction mime l'Histoire en un raccourci exemplaire; là, l'Histoire joue la fiction, l'amplification, l'ornement, le détour, parce qu'en soi la Geste ou le Portrait du Roi est indicible. Les figures peintes sont bel et bien des *figures parlantes*, définition même de l'Emblème. Elles disent la *virtù* du héros dont le discours direct est occulté. Muet, montré et secret tout ensemble, c'est un véritable « roi de théâtre ». Cette fonction emblématique reproduit la leçon finale du théâtre et la gloire de l'opéra, elle porte le spectateur à *l'admiratio*, doit ou devrait interdire toute mise en doute.

Mais l'allégorie mythologique, passe constamment d'une valeur sémantique originelle portée par des attributs comme la lance et le bouclier, à une valeur ponctuelle ramenée à des circonstances et des instants précis, passage de faits de mémoire à faits d'histoire qui finit par affaiblir les effets de représentation. La machine du panégyrique évide la métaphore, la rend artificieuse et reporte l'artifice sur la vérité qu'elle prétend servir. Louis XIV vieillissant, mari de la Maintenon, vaincu sur ses frontières, en Persée, on n'y croit plus! Le dragon de l'Hérésie, si terriblement efficace sous Henri IV crève lamentablement en 1685. C'est ce processus d'évidement et de décomposition progressive de la métaphore que nous étudierons à travers ce thème et les signes *édifiants* qui en structurent le signifiant.

Abordons enfin une problématique purement picturale: la lance et le bouclier ont servi les enjeux narratifs et la stratégie rhétorique d'un grand nombre d'images, conduisant le regard comme le dispositif albertien de l'admoniteur, censé impliquer l'observateur en des termes s'adressant à son intellect (*l'istruzione*) et son affect (*il diletto*). Par ailleurs, les charges compositionnelles et colorées des tableaux baroques visent une médusation du spectateur et conduisent à une réflexion sur le travail de la peinture. La lecture de l'image paraîtra d'autant plus complexe que les formes s'hybrident par contamination et entraînent toujours plus loin un décodage qui appartiendra finalement au plaisir des doctes. Le spectateur, pour peu qu'il soit rompu à l'exercice jésuitique de la pratique de l'image, d'une même vision tirera trois leçons, littérale, morale, allégorique ou anagogique.

La lance de saint Georges peut donc être vue comme son arme de combat, si l'on prend le récit pour vrai et l'image pour mimésis, en un mot *figurer la lettre*. Faire voir la lance comme une lance de tournoi, c'est prendre le récit pour fiction ludique à valeur morale: il s'offre pour l'homme de cour comme combat à la quintaine. Cette force terrifiante n'est qu'un mannequin mobile dont les coups ne sont pas *vraiment* redoutables; le combat n'était qu'un *jeu de saint Georges* dont triomphe la fortitude. Et quand le saint s'apprête, alors que la lance brisée est piquée comme une banderille dans la gueule du monstre, à lui infliger ce que l'on n'appellera pas en vain *le coup de grâce*, nous franchissons le seuil anagogique: la lance ou l'épée, selon les images, c'est le fléau de la balance divine que le combat de saint Michel a si souvent représentée, c'est l'Épée du Cavalier de l'Apocalypse qui tranchera entre le Bien et le Mal et réduira à jamais la Bête à l'état de simulacre.

Méduse, quand elle apparaît, peut elle aussi se tenir dans les limites d'une mimésis, portant dans l'image cette trace du récit ovidien. Mais c'est Méduse, et sa présence qui satisfait un désir curieux pourrait bien porter le plaisir beaucoup plus haut: la contemplation de l'objet de la peinture limitée en son cadre comme la tête sur le bouclier, exerce sur le regardant une sidération qui est la fonction même de Méduse. Œil-bouclier, œil-miroir, œil caché de l'artiste qui peint le corps de Méduse, ou le corps nu d'Andromède comme un bas-relief ou une statue, dérobant à la sculpture son bien. « Comme », car cette tromperie capable de figer le corps le remet en mouvement grâce aux artifices du coloris. L'art trouve dans ce geste sa sublimation et le spectateur la stase. Pourtant, s'il est d'abord pieux, fidèle, attentif à l'enseignement qui touche au secret de la fable et au divin, il s'éloignera peu à peu. Son œil, d'abord émerveillé par la plate peinture, creuse bientôt la profondeur, son regard se métamorphose. De voyant, il devient voyeur, voyou.

Nous voulons montrer que l'organisation du récit dans l'image, sa disposition stratégique mise au point depuis Alberti et revue minutieusement après les recommandations du Concile de Trente, vont d'abord forcer le spectateur au consentement puis lui offrir des échappées où s'installera sa réticence. Du XVIe à la fin du XVIIe siècle, les images de saint Georges se feront moins nombreuses et celles de la délivrance d'Andromède par Persée ne joueront plus qu'un rôle épidictique (Mignard), ou décoratif (Lemoyne), à moins que la fable ne soit que l'occasion de froids exercices académiques sur le motif (Le Brun). La peinture se connaît: elle n'a plus besoin d'embrayeur du regard, ni de marque explicite de sa nature ou de son fonctionnement. Elle ne cherche plus à *édifier* sa poétique non plus que le spectateur.

Quant à l'effet de représentation, si l'on veut en dire un mot pour conclure, à travers toutes ces formes que nous nous proposons d'analyser, il va de la saisie de l'horreur (voir le monstre ensanglanté, la lance brisée dans la gueule) à son occultation (voir la gloire du héros, la force de son bras et de son bouclier) selon ce que l'on veut montrer. Ce peut être la mécanique spectaculaire ou la leçon morale ou esthétique à en tirer, portant la fable de la tragédie à l'opéra, l'*istoria* de la bande dessinée des bois gravés à une poétique de la peinture (voir Titien, Vasari, Carrache). Cet effet de représentation conduit le spectateur de la répulsion à l'assomption, en parcourant tous les degrés des émotions. Il se voit instruit des processus violents qui s'opèrent hors de lui, sur le théâtre du monde, et qui doivent le ramener à Dieu, à travers un réseau de figures à la fois éternelles et immédiates: les deux corps du roi, réel et héroïque, sublime et emblématique, et le corps mystique des saints. Hors de lui et en lui, figurativement, dans l'élan des affections qui le poussent, le blessent et le tuent, le miroir des vanités, le bouclier illusoire du mensonge.

Toute cette rhétorique persuasive de la contre-réforme fera naître en fait une rhétorique déceptive où s'épuisera l'illusion et grandira le doute comme si la pointe du sens devait finalement crever le bouclier de l'allégorèse. Si cette constatation n'est pas neuve, l'exploitation systématique de quelques lieux où elle s'exerce, ne pourra, je crois, que l'affirmer de façon exemplaire.

(Université de Montréal)

I. Légendes de Persée et de saint Georges

A. Ovide: Les Métamorphoses. Livres IV et V (Persée)

Cassiopée, l'épouse du roi d'Éthiopie, Céphée, vante excessivement sa beauté au point d'en offenser les nymphes qui demandent à Neptune de les venger. Neptune décide d'envoyer un monstre marin qui dévastera le royaume. Les oracles sont formels: pour apaiser les dieux, il faut offrir une victime expiatoire, et le sort tombe sur Andromède, la princesse royale. Conduite au bord de la mer, elle est liée aux rochers. Bientôt le monstre s'approche pour la dévorer. Lamentation d'Andromède et de ses parents. Mais Persée, fils de Jupiter et de Danaé, qui fuit le royaume d'Atlas, après l'avoir métamorphosé en montagne grâce à la tête de Méduse fixée sur le bouclier qu'Athéna a remis à son frère, Persée, volant de ses propres ailes ou caracolant sur le cheval Pégase né du sang de Méduse, entend une voix qui le guide vers le rocher. Séduit, il s'approche, découvre Andromède qu'il eût pris pour un corps de marbre, n'eussent été ses pleurs. L'interrogeant, il apprend son triste sort. Il conclut avec les parents le marché des noces, s'il vainc le monstre. Un combat violent s'engage; le monstre est trucidé et pétrifié. On s'apprête pour les noces quand surgit Phinée, oncle d'Andromède, à qui la jeune fille était promise. Nouveau combat à l'issue duquel Phinée et ses troupes sont eux aussi massacrés et pétrifiés. Finalement, Jupiter agréant l'hymen, reçoit en l'Olympe Persée, Andromède et Cassiopée qu'il métamorphose en constellations.

B. Voragine: La Légende dorée (saint Georges)

Dans une ville de Lybie un « dragon pernicieux » caché dans un lac sort chaque jour et de son souffle puant tue hommes et bêtes. Pour apaiser sa fureur, il reçoit son tribut de moutons. Quand il n'y a plus de moutons, jeunes gens et jeunes filles sont désignés par le sort et dévorés. Vient le jour où le sort tombe sur la fille du roi; le roi refuse d'abord ce sacrifice puis doit céder sous la pression du peuple lassé des ravages qu'il subit. Lamentations du roi. La jeune fille, parée d'habits royaux, s'avance vers le lac en pleurant. Saint Georges qui passait par hasard lui demande la cause de ses larmes. Elle le supplie de fuir pour ne pas subir un triste sort. Il insiste et elle finit par l'instruire de sa tragique situation. Il l'apaise et l'assure qu'au nom de Dieu il aura raison du monstre qui s'avance. Georges enfourche son cheval, se recommande à Dieu, prend sa lance et abat le dragon. Il demande alors à la jeune fille de passer sa ceinture autour du cou du dragon et de le conduire en laisse jusqu'à la place de la ville. Là, il promet d'achever la bête si le roi et son peuple reçoivent le baptême. Ils acceptent. Saint Georges tue le monstre et baptise vingt mille personnes « sans compter les femmes et les enfants ».

II. Corpus

A. *Corpus de textes*

— Les textes fondateurs des mythologies grecque et romaine, en particulier les livres IV et V des *Métamorphoses* d'Ovide, les *Tableaux* de Philostrate, *L'Âne d'or* d'Apulée où se trouve le récit de la délivrance d'Andromède par Persée. De là, traductions, adaptations et commentaires des mythographes tels que Lodovico Dolce, Blaise de Vigenère, Nicolas Renouard.

— La légende de saint Georges dans *La Légende dorée* de Jacques de Voragine, considérée comme une christianisation du mythe antique.

— L'épisode de la délivrance d'Angélique par Roger dans le *Roland furieux* de l'Arioste — autre adaptation d'un Ovide chrétien —, inspire aussi directement bon nombre d'œuvres qui finissent par confondre leurs traits.

— Une quarantaine de textes littéraires, pièces de théâtre, livrets de ballets, intermèdes, poèmes, opéras français et italiens, désignés (avec variante) *Andromède* ou *Persée* ou *saint Georges*, auxquels il faudra ajouter des pièces anglaises et espagnoles. D'autres œuvres se greffent à celles-ci où le héros est confronté à la même situation, Bellérophon combattant la Chimère, Thésée, le Minotaure, Hippolyte, le monstre de Neptune. Cette similitude dramatique servira à conforter ou nuancer l'analyse.

— Des textes de propagande politique, essentiellement les livrets des fêtes d'Entrée, des feux d'artifice, célébrations des collèges de jésuites pour les triomphes royaux.

— Une anthologie de strophes ou épigrammes, de pages satiriques ou apologétiques, constituée au fil des lectures en une collection de fragments qui montrent parfois en des lieux inattendus les résurgences de l'image.

— Enfin une page de codex illustré et annoté invite à explorer et exploiter textes et images du côté de l'astrologie et des tarots, à Mantoue et à la cour des Este en particulier.

B. *Corpus d'images*

Il reste ouvert mais compte actuellement environ mille cinq cents documents photographiques dont une bonne partie est inédite. Il comprend:

— des centaines de documents primaires représentant *Persée délivrant Andromède, saint Georges combattant le dragon* (à cheval ou en pied), *Roger délivrant Angélique*: enluminures de livres et d'antiphonaires, tableaux, estampes, majoliques, livres ornés (éditions d'Ovide, des *Métamorphoses figurées*, de l'Arioste);

— des documents secondaires, de source mythologique ou chrétienne tels *Hercule délivrant Hésione, saint Michel combattant le dragon* ou des combats du Cavalier et du Monstre; d'autre part des saints et des saintes liés au poteau du martyre à la manière d'Andromède. Enfin de nombreuses représentations de l'*Allégorie de la Foi terrassant l'Hérésie*. [Ces documents permettent de voir comment s'opère le glissement des motifs iconiques et le fonctionnement des enjeux narratifs dans l'image];

— des documents tertiaires qui se rapportent à des motifs importants, comme d'autres épisodes du récit ovidien, la figure de Méduse, des emblèmes, des études de monstres, de chevaux ou de cavaliers;

— une abondante iconographie théâtrale.

De la narratologie littéraire à la narratologie cinématographique (et vice-versa)

André Gaudreault

On sait que la narratologie littéraire se ressent aujourd'hui d'une certaine forme d'essoufflement. Pareille situation est tout à l'opposé de ce qui se passe dans le champ des études cinématographiques. Ainsi Dominique Chateau écrivait-il récemment :

> Quant à la narratologie, elle est sans doute la branche actuellement la plus florissante de la sémiologie du cinéma. Elle perpétue une tradition qui veut que la théorie sémiologique [du cinéma] ait une propension à s'intéresser au cinéma narratif (peu ou prou classique) plutôt qu'aux formes cinématographiques. Son maître-mot est l'énonciation, s'agissant de savoir si le film, à l'instar du récit écrit, possède quelque instance narrative ou filmique qui assume la responsabilité du récit ou de sa mise en image [1].

Les problèmes de l'énonciation et ceux de la narration sont aujourd'hui au premier plan des préoccupations dans le champ des études cinématographiques [2], et ce n'est peut-être qu'une question de temps avant que la narratologie ne reprenne sa vigueur d'antan dans le champ des études littéraires. Il reste à souhaiter, cependant, que ceux et celles qui la pratiqueront tiennent un compte serré des plus récents développements de la narratologie *extra-muros*, ce qui n'est apparemment pas encore le cas, si l'on en croit François Jost :

> Vue du côté littéraire, la multiplication des travaux d'inspiration narratologique sur le cinéma et les arts visuels au cours de la

---

1. Dominique Chateau, « La sémiologie du cinéma : un bilan », *Degrés*, nº 64, hiver 1990, p. b7.
2. Voir par exemple Christian Metz, *L'Énonciation impersonnelle ou le site du film*, Méridiens Klincksieck, 1991.

dernière décennie est plus souvent considérée comme une preuve de succès de cette discipline issue du champ romanesque, la narratologie, que comme un apport [3].

Il s'agira ici de rendre compte de cette extraordinaire poussée d'intérêt dans le champ des études cinématographiques pour les questions du récit. On tentera de montrer comment et pourquoi l'étude narratologique du phénomène cinématographique peut permettre de résoudre quelques-unes des apories actuelles de la narratologie littéraire. Pour ce faire, on présentera certaines hypothèses particulièrement attirantes récemment formulées par de jeunes chercheurs. Comment, en effet, ne pas se sentir interpellé par une hypothèse voulant que le narrateur ne soit qu'une figure de rhétorique pour laquelle l'action de narrer ne serait que le dernier des soucis (Jean Châteauvert)? Ou, encore, par l'hypothèse voulant que, contrairement à ce que nous enseigne une certaine *doxa*, la plupart des perceptions dites internes du narrateur de *À la recherche du temps perdu* commanderait en fait un régime de focalisation externe (Glenda Wagner)? Ou, enfin, par cette autre hypothèse non orthodoxe qui ferait de la fonction traditionnellement enchâssante qu'est le narrateur une fonction enchâssée dans une nouvelle instance qui serait le « régulateur » (Brigitte Martin) [4]? Bien vivantes au Québec dans le champ du cinéma, les études narratologiques doivent nous convaincre de la nécessité et de l'importance qu'il y a à multiplier les passages et les ponts entre les chercheurs en littérature et les chercheurs en cinéma.

Depuis la publication, en 1972, de l'important article de Marie-Claire Ropars-Wuilleumier sur la problématique des instances narratives dans *Citizen Kane* [5], l'année même où la narratologie littéraire connaissait son premier aboutissement avec *Figures III* de Gérard Genette, la narratologie littéraire s'est développée en gardant le film à distance. Or, les cas de figure proprement narratifs qu'offre le cinéma permettent de résoudre certaines questions narratologiques fondamentales, qui se posent et s'imposent au narratologue, quel que soit son champ d'appartenance [6].

---

3. François Jost, « Pour une narratologie impure », *Protée* (Chicoutimi), vol. XIX, n° 1, hiver 1991, p. 19.
4. Nous avons codirigé la recherche de Jean Châteauvert avec Marc Vernet de l'Université de Paris III, et celle de Glenda Wagner, entreprise récemmment, avec Jaap Lintvelt, de l'Université de Groningue. Nous dirigeons les travaux de Brigitte Martin.
5. « Narration et signification », *Poétique*, n° 12, 1972, p. 518-530.
6. Il existe au sein des études cinématographiques, une longue tradition de réflexion sur la thématique « cinéma et littérature » dont le premier « mouvement », d'avant la narratologie, va de Paul Léglise (*Une œuvre de pré-cinéma: « L'Énéide »*, Nouvelles Éditions Debresse, 1958), à Albert Laffay (*Logique du cinéma*, Masson, 1964), à Étienne Fuzellier (*Cinéma et littérature*, Éd. du Cerf, 1964), à Marie-Claire Ropars-Wuilleumier (*De la littérature au cinéma*, Armand Colin, 1970).

Prenons le cas, fameux, des niveaux de récit ou de ce que l'on pourrait appeler l'« intradiégéticité ». Cette configuration diffère du tout au tout selon qu'on l'examine à partir du récit scriptural ou du récit cinématographique. Dans un récit scriptural, lorsqu'un premier narrateur (un narrateur premier) raconte que tel ou tel de ses personnages raconte telle ou telle chose, le sous-récit qui est ainsi produit est rapporté par le moyen du même véhicule sémiotique que celui qu'utilise le narrateur premier: le langage verbal. Voici donc un narrateur verbal qui raconte verbalement qu'un autre narrateur verbal a raconté verbalement. Nous sommes devant ce que j'ai proposé de nommer la « délégation narratorielle isomorphique » puisqu'il y a identité entre le véhicule sémiotique du rapportant et le véhicule sémiotique du rapporté. On remarquera qu'une telle délégation narratorielle entraîne une invisibilisation pratiquement complète du narrateur premier. C'est un peu comme si celui-ci était noyé, littéralement, dans le flot des paroles du narrateur second.

Il s'agit, on en conviendra, d'une situation tout à fait commune et habituelle dans un récit scriptural, qui est due à l'unicité du matériau utilisé par le récit scriptural, la langue, et aussi, bien sûr, à son caractère strictement monodique. Un narrateur scriptural n'a, « ontologiquement », accès qu'à un seul canal de transmission. Dès lors qu'il doit rapporter les paroles proférées par un personnage de sa diégèse, il doit laisser sa place, toute sa place. C'est ce que fait, par exemple, le narrateur fondamental de *L'Odyssée* toutes les fois qu'il cède, ici et là, et pour quelques instants seulement, la parole à certains personnages de la diégèse. C'est la même situation qui prévaut lorsque ce même narrateur cède la parole, pour quatre longs chapitres, à Ulysse (*Chants* IX à XII)[7], qui devient alors, à son tour, un narrateur, ou, pour être plus précis, un sous-narrateur, un narrateur délégué dont la première caractéristique sera — en raison de la durée de sa prestation — son extrême facilité à occulter la voix, la présence et même l'apparence d'existence de l'instance par le truchement de laquelle, pourtant, sa propre voix à lui nous est venue.

Si pareille configuration va de soi dans un récit scriptural, tel n'est pas le cas du récit cinématographique. Il n'y a en effet pratiquement que le « film dans le film » qui permette une situation dans laquelle une instance de premier niveau cède la place à une instance de deuxième niveau. Le cinéma paraît ainsi avoir une grande valeur heuristique pour la narratologie puisqu'il est presque impossible d'y invisibiliser complètement la présence de cette instance première que j'ai suggéré d'appeler le « méga-narrateur », et guère davantage de

---

7. Sur cette question, voir le chapitre VI (notamment p. 87-88) de André Gaudreault, *Du littéraire au filmique. Système du récit*, Paris/Québec, Méridiens Klincksieck/Presses de l'Université Laval, 1988.

procéder à des débrayages énonciatifs au sein desquels la présence de l'instance responsable en premier de ce débrayage soit acculée au silence. C'est que le récit cinématographique nous parvient par un média essentiellement polyphonique, qui s'appuie sur les cinq matières de l'expression que sont les images mouvantes, les paroles, les mentions écrites, les bruits et la musique. Le caractère polyphonique de ces matériaux différencie les débrayages narratifs du récit cinématographique de ceux du régime scriptural. Dans le premier, au moment où un narrateur délégué se met à parler, pour raconter, le narrateur fondamental continue généralement lui aussi à parler, à « parler cinéma » s'entend, puisque c'est lui qui continue à montrer le narrateur délégué et à nous le faire entendre.

Au-delà de la seule configuration du film dans le film, somme toute assez rare, un autre cas présente certaines caractéristiques de la délégation narratoriale caractéristique du régime scriptural : c'est lorsque l'image du narrateur second s'estompe pour amener progressivement au premier plan le monde même de la diégèse supputée par son discours narratif. À ce moment, le récit audiovisuel qu'est le film cède la place, toute la place, à un sous-récit lui-même audiovisuel. Le narrateur premier du récit cinématographique semble alors se trouver dans une situation analogue à celle du narrateur premier du récit scriptural, appelé à céder sa place à un narrateur second qui, tout aussi polyphonique que lui, occupe les cinq canaux de transmission du narrable filmique, les cinq matières de l'expression. Il s'agit d'un autre cas de délégation narratoriale isomorphique, puisqu'il y a identité entre le véhicule sémiotique du rapportant et le véhicule sémiotique du rapporté. Pareille délégation narratoriale isomorphique entraîne ici, tout comme pour le récit scriptural, une apparente invisibilisation du narrateur premier [8].

Face aux nombreux sous-récits transvisuels que contiennent de nombreux films (pensons, par exemple, à *Citizen Kane* qui n'est au fond qu'un amalgame de sous-récits), il est de la toute première importance, pour la narratologie cinématographique, de poser la question : « Qui parle ? » ou, pour mieux dire, « Qui raconte ? » Quelle est l'instance qui parle, ou qui raconte, dans un film, au moment justement où le récit oral du narrateur délégué subit sa transmutation, son transcodage dans un langage audiovisuel dont le narrateur verbal n'est, par définition, pas un usager ? Quel est le statut de ce qui est vu comme transvisualisation ? Ce qui est donné à voir au spectateur représente-t-il ce que le narrateur a vu, ou bien ce qu'il imagine qu'il

---

8. À la suite d'une communication à l'Association canadienne-française pour l'avancement des sciences (A.C.F.A.S.) en 1989, j'ai développé ces hypothèses dans un article à paraître intitulé « Système du récit d'un film à narrateur verbal : *Citizen Kane* d'Orson Welles ».

s'est passé ? La transvisualisation est-elle au contraire imputable à cette instance fondamentale qu'est le méga-narrateur filmique ? Le point de vue que traduit la transvisualisation est-il celui du sous-narrateur, ou celui du « méga-narrateur » faisant mine, par endroits, d'épouser le point de vue du sous-narrateur ? La responsabilité « méga-narratorielle », pas plus que la responsabilité « sous-narratorielle », ne se trouve engagée de la même manière selon la réponse que l'on donne à ces questions.

Ce sont précisément des questions de ce type qui ont fait l'objet des travaux de Jean Châteauvert[9], qu'il a consacrés au problème du narrateur en voix *over*. Il s'applique à décrire ce narrateur verbal inscrit dans l'énoncé non pas comme source de la narration, mais comme « choix rhétorique » correspondant à « un mode de focalisation du récit cinématographique ». La « pierre angulaire » de cette recherche réside précisément dans la problématisation de l'opération discursive que constitue, dans bien des films de fiction, le fameux passage du discours narratif verbal à sa visualisation, opération qui « introduirait dans le segment visualisé le narrateur verbal non pas comme sujet-locuteur du matériel cinématographique mais bien comme énonciateur, comme point de vue sur les événements [10] ».

Ces thèses sont importantes dans la mesure où elles permettent de résoudre certains paradoxes apparents que la spécificité même de la narration filmique a problématisé de façon toute particulière. En s'appuyant sur les travaux de Ducrot[11], et à la suite de ce qu'avait déjà proposé François Jost notamment [12], Jean Châteauvert élabore un modèle narratologique qui trouve son fondement dans une théorie « polyphonique » de la voix narrative. Ce modèle lui permet de distinguer différents registres de responsabilité énonciative qui lui servent à questionner avec précision la fonction du narrateur verbal dans la structure narrative du film. D'où la facilité avec laquelle il arrive à montrer comment l'on peut, au cinéma, mettre « en scène un point de vue visuel d'un personnage sans lui attribuer le matériel énonciatif [13] ». En effet, le narratologue ne doit pas, selon lui, considérer la vision du personnage comme une énonciation, mais plutôt comme « l'inscription de sa subjectivité dans le matériel énonciatif [14] ». Même s'il peut être considéré comme « énonciateur d'un segment audiovisuel », le personnage ne saurait en être le « responsable »

---

9. Jean Châteauvert, *Propédeutique à une pragmatique du narrateur cinématographique en voix over*, thèse de doctorat, Université Laval, Québec, 1991.
10. *Ibid.*, p. 64.
11. Oswald Ducrot, *Le Dire et le dit*, Minuit, 1984.
12. Dans André Gaudreault et François Jost, *Le Récit cinématographique*, Nathan, 1990.
13. Jean Châteauvert, *op. cit.*, p. 68.
14. *Ibid.*

sur le plan narratif; « la responsabilité du lacis audiovisuel revenant [plutôt] au sujet-locuteur du discours filmique [15] ». Jean Châteauvert compte poursuivre le développement d'une approche plus pragmatique encore, si l'on peut dire, fondée sur les sciences cognitives [16]. Son intention est de fonder un modèle au sein duquel la responsabilité énonciative du narrateur figurerait comme une structure cognitive conceptuelle appelée à subsumer les structures cognitives perceptuelles. Il s'agira dorénavant pour lui de déterminer le type de schémas inférentiels qu'induit la présence du narrateur en voix *over* et de voir comment ces schémas influent sur la perception et la compréhension du spectateur.

Avec pour objectif d'esquisser un essai comparatif entre la narratologie littéraire et la narratologie cinématographique, Glenda Wagner [17] s'est penchée sur l'étude des caractéristiques générales de la voix et du mode dans les corpus scriptural et filmique. Elle se proposait, en premier lieu, de définir les critères à partir desquels aurait pu s'appliquer au récit cinématographique la distinction naguère opérée par Genette pour le récit scriptural, entre voix et mode. Elle fut bientôt amenée à s'intéresser au problème de la focalisation, et appelée à retravailler les concepts de focalisation-sujet et de focalisation-objet (suggérés par Bal et repris par Vitoux), afin de livrer une définition spécifique du fonctionnement narratif du film qui tienne compte de l'apport différentiel de la bande-image et de la bande-son.

Dans sa recherche doctorale [18], Glenda Wagner concentre son attention sur le problème du mode du récit en faisant intervenir la notion de temps qui lui serait intimement liée. Selon elle, en effet, on ne saurait définir de façon adéquate le mode du récit d'une œuvre narrative sans d'abord tenir compte de la « distance temporelle » qui sépare le « détenteur » du point de vue impliqué dans la narration de l'événement narré. Relevant deux types de perception chez le narrateur de *À la recherche du temps perdu*, les moments où Marcel se perçoit dans le *hic et nunc* de sa narration, et ceux où il se perçoit plutôt en rapport avec un « jadis », Glenda Wagner conclut que l'on pourrait, d'une certaine manière, envisager les perceptions internes situées dans l'« autrefois » comme des perceptions externes. La confusion viendrait de ce que l'interposition temporelle du percepteur actuel,

---

15. *Ibid.*, p. 63.
16. Dans le cadre d'une recherche postdoctorale sous la direction de Pierre Ouellet, à l'Université du Québec à Montréal.
17. *La Narratologie à la recherche d'un nouveau souffle. Essai comparatif entre la narratologie littéraire de Gérard Genette, Mieke Bal et Pierre Vitoux et la narratologie filmique de André Gaudreault et François Jost*, mémoire de maîtrise, Université Laval, Québec, 1989.
18. Intitulée *À la recherche des modes narratifs au cinéma. Prolégomènes à une théorie de la focalisation filmique*, Université Laval, Québec (entreprise en 1990).

entre l'événement narré et la perception lointaine, ferait plus ou moins écran. Même si le percepteur d'« aujourd'hui » (il s'agit de l'aujourd'hui du Je-narrant) semble en savoir autant que le personnage d'hier (il s'agit de l'hier du Je-narré), ce que Glenda Wagner veut démontrer, c'est qu'il en sait, en fait, beaucoup moins que lui. Le regard que le narrateur de *La Recherche* poserait sur le passé, fût-il le sien propre, serait ainsi toujours en quelque sorte un regard extérieur, et ressortirait de la focalisation externe; à l'exception, bien sûr, des réminiscences provoquées, par exemple, par les petites madeleines. Une réminiscence est, en effet, un phénomène du présent plus que du passé. Proust le dit lui-même, par Marcel, lorsqu'il parle de ces « impressions bienheureuses [...] qui avaient entre elles ceci de commun qu'[il] les éprouvai[t] à la fois dans le moment actuel et dans un moment éloigné, jusqu'à faire empiéter le passé sur le présent [19] ».

De son côté, Brigitte Martin a essayé de jeter les bases de ce que l'on pourrait appeler une « narratologie générale » capable de rendre compte du récit littéraire *et* du récit cinématographique [20]. Sa première proposition est d'instituer une nouvelle instance, qui serait responsable de la régulation de l'information narrative. Situé au-dessus du narrateur, le « régulateur » jouerait un rôle si important qu'il reléguerait le narrateur dans un rôle de second plan. Brigitte Martin établit ainsi une série de distinctions entre les degrés de fiabilité des divers agents narratifs. Ces distinctions sont d'une très grande finesse et permettent de jauger toute la différence qui sépare un récit (ou une portion de récit) en régime de *diégèsis* mimétique d'un récit (ou une portion de récit) en régime de *diégèsis* non mimétique [21]. Brigitte Martin étudie notamment le célèbre roman *Le Meurtre de Roger Ackroyd*, que Gérard Genette donne comme l'exemple par excellence de la paralipse, et réussit de manière assez spectaculaire à dénouer l'écheveau de l'« intrigue narratologique » que présente ce roman à intrigues. Ses conclusions montrent que paralipse et paralepse sont deux types d'infraction narrative qui diffèrent de façon notable: la paralipse n'implique pas nécessairement un changement de régime de focalisation. Ainsi Brigitte Martin tente-t-elle de démontrer que la fameuse paralipse du roman d'Agatha Christie s'avère n'être, dès lors qu'on l'analyse d'un peu près, qu'une vulgaire ellipse. De toutes les distinctions opérées à la faveur de cette recherche, il faut aussi mentionner celle qui fait le partage entre l'« information factuelle simple » et l'« information

---

19. Glenda Wagner travaille sur un corpus réduit, mais dense, sur deux romans de Anne Hébert ayant été portés à l'écran: *Kamouraska* et *Les Fous de Bassan*.
20. *Problématique de la régulation de l'information narrative dans le texte scriptural et dans le texte filmique*, mémoire de maîtrise, Université Laval, Québec, 1990.
21. Sur ces notions, voir le chapitre IV de mon ouvrage *Du littéraire au filmique. Système du récit*, op. cit.

factuelle médiatisée ». Cette distinction, qui peut sembler toute simple, est de première importance lorsqu'il s'agit d'étudier l'information narrative, cet élément qui est à la base de l'action de narrer. Brigitte Martin démontre bien que l'information narrative simple et l'information narrative médiatisée ne sont pas le fait d'instances de même niveau. Elle propose donc un système de focalisation fonctionnant sur deux régimes seulement, l'opposition interne-externe.

Dans la mesure où elles permettent une avancée théorique indubitable, ces propositions de trois jeunes chercheurs, qui ont des incidences autant littéraires que filmiques, sont du premier intérêt pour la narratologie. Elles démontrent bien, du moins, les divers avantages qu'offrent à cette discipline les formes et configurations narratives des médias autres que la seule écriture romanesque.

(Université de Montréal)

Le surplus de la représentation : la peinture du figuratif Jean Paul Lemieux

Marie Carani

La sémiotique est une science qui est caractérisée par une certaine façon de voir le monde. Dans ce contexte, le signe et la signification sont dès l'abord des objets de perception. Il n'y a de sens que perçu, qu'il soit nommé ou non. Dans la sémiotique, l'objet d'étude est donc la signification (au sens large), et l'imagerie visuelle est l'une de ces significations concrètes. La sémiotique des images étudie plus spécifiquement les moyens visuels qui font de l'image plastique un signe, ou plus justement ce qui en définit formellement le contenu.

Pour l'histoire de l'art, l'iconique, c'est le motif artistique tel qu'il a été défini théoriquement par Erwin Panofsky; il s'intègre dans les structures du récit allégorique ou de l'*istoria* imagée. Mais depuis les travaux de Meyer Schapiro, d'Umberto Eco et de Hubert Damisch, on s'intéresse aussi, sémiotiquement parlant, à l'espace entre ces motifs iconiques, donc au non iconique trop longtemps ignoré et méprisé. Cela aura été l'apport décisif du modernisme pictural de le travailler en surface, tant en deçà qu'au-delà du référent. C'est pourquoi, pour aller plus loin que le sens commun, je voudrai m'appuyer d'entrée de jeu sur une théorie du signe qui n'est pas celle du mot linguistique ou du discours, mais qui relève d'une méta-interprétation d'affects en ce qu'elle permet avantageusement de traiter une peinture d'effet, soit une sémiotique des passions liée à la relation entre créateur et spectateur.

La question de l'iconicité

En sa modernité postbaudelairienne, la recherche artistique de la peinture contemporaine a été gouvernée par le mécanisme de

« l'expérience » qui engage non seulement la transformation de la matière plastique par l'artiste, mais aussi de celui qui la regarde. Dans la pratique picturale figurative du XXe siècle, la notion même de signe-surface imagiste est problématique, puisque la ligne, la forme, la masse ou le plan plat moderniste et bidimensionnel n'ont pas permis de saisir toute la complexité inventive de l'œuvre réalisée. D'où cette hypothèse qui constitue notre point de départ: la représentation figurale peut être un espace « plus », fait d'un surplus ou d'une transgression de signification, plutôt que la (re)production d'un modèle clos, celui de la représentation mimétique.

De là l'idéal, pour la critique et l'histoire de l'art figuratif contemporain, d'un objet pictural étrange et familier en lui-même qui ne se livre que par bribes de signification, qui retient et conserve une part critique, alors que la peinture d'histoire et la peinture religieuse des siècles précédents avaient été le plus souvent des véhicules importants de translation non critique des savoirs et des valeurs donnés par la tradition. Là, s'insère toujours en cette fin de siècle la question clé de l'iconicité imagière comme discours du visible réglé, instruit par la tradition artistique, comme code inventé ou méga-texte imagiste de la représentation du monde. Cette iconicité est loin d'être une simple abstraction intellectuelle. Sa portée est plus immédiate et contraignante. C'est au contraire, pour tous les peintres qui sont confrontés, à travers le temps, au problème de la représentation sur la toile vierge, bidimensionnelle, d'une réalité tridimensionnelle du monde naturel, une dimension fondamentale et difficilement contournable de la transmission de la culture. L'iconicité comme valeur esthétique primordiale est associée directement à un dogme, celui de la copie, par l'objet pictural en particulier, de la réalité des formes du réel: ceci est une pomme, ceci est une montagne, ceci est un homme, etc. Il s'agit d'un exercice de traduction vers la langue naturelle qui codifie cette représentation en fonction de l'aléatoire de la sémantique verbale où la relation logique/causale est seule dépositaire de la signification. L'iconicité est donc une production idéologique, qui dénote et connote en même temps dans l'image une direction, une finalité, et une fin, bref un sens « réaliste » tout à fait accompli, fermé, qui s'origine dans le perçu et le nommé. Ainsi l'importante variable visuelle « figure-contour », dessinée ou peinte, si elle est fermée, semble pointer matériellement une réalité imagière permanente du niveau de la perception et de la vision [1].

C'est dans ce contexte que je veux prendre à témoin l'iconicité d'une représentation visuelle archiconnue, surcodée, au Québec au

---

[1]. D'où l'intérêt fondamental qu'elle présente pour la théorie de l'art et pour la méthode d'interprétation iconographique et iconologique développée par l'historien d'art Erwin Panofsky qui a fait école en Amérique du Nord et en Europe depuis les années 1930-1940, et qui domine encore la discussion aujourd'hui.

moins, soit l'œuvre du peintre figuratif canadien Jean Paul Lemieux, décédé en décembre 1990 à l'âge de quatre-vingt-six ans [2]. Dit autrement, par l'œuvre de Lemieux, si « accrocheuse » au plan de notre imaginaire collectif, avant tout par le biais de son édification comme savoir iconique moderne, je veux discuter des rapports extrêmement complexes qui lient l'image artistique au public, abordant du même coup le problème de la reproduction, de la consolidation ou de la transformation des valeurs individuelles ou collectives par l'art.

Dépasser l'arrêt sur l'iconicité stricte

Pendant plus de cinq cents ans de peinture figurative, le lieu du signifié a été associé *grosso modo* à ce que l'observateur de l'œuvre est capable ou se permet de nommer. Lire, décrire et comprendre une peinture figurative a passé très longtemps par les seuls contours des figures représentées dans l'image peinte ou par des rendus graphiques à haut degré d'iconicité, ce qui a constitué le contenu, l'*istoria* ou le « sujet » même du tableau. Dans ce contexte iconique le plus strict, la signification d'une image concernait essentiellement les choses reconnaissables pour le spectateur, c'est-à-dire ressemblantes par « degrés d'iconicité », comme l'a défini, le premier, le sémioticien américain Charles Morris dans la foulée de Peirce. Depuis, pour la plupart des regardeurs tant amateurs que spécialistes, c'est le « littéraire », véritable credo de la rationalité, qui préside à la clarté du tableau. En vertu du pouvoir quasi universel de cette lecture iconique, on s'est limité à comprendre la structure et les éléments constitutifs du champ pictural à travers simplement ce qui est perçu et reconnu comme des entités iconographiques déchiffrables. Ce faisant, on a escamoté l'essentiel pour conserver l'accessoire, soit l'évidence figurative qui ne renvoie qu'à elle-même, à rien d'autre.

À cet égard, il faut noter que ce qui est vrai pour l'art figuratif l'est également au plan de l'œuvre an-iconique. La peinture abstraite du XXe siècle, tout en réalisant la plus importante révolution dans le domaine de l'iconique, n'a cessé de signifier par la présence d'agrégats graphiques ou de masses d'énergies peu ou pas discernables au premier abord, s'agglomérant, s'agglutinant, dont l'association a rendu possible l'édification du sens en fonction de certaines « boniformisations » gestaltistes relevant de la pensée visuelle qui les produit et les manipule. Autrement dit, même dans l'art abstrait, la recherche de la « bonne forme » a généralement prévalu et réinstallé une certaine manière de penser iconiquement. Cette médiation verbale instruite,

---

2. J'ai rédigé récemment le catalogue et organisé l'exposition rétrospective qui s'est tenue en 1992-1993 au Musée du Québec, au Regina Art Museum, à l'Art Gallery of Hamilton et au Musée des Beaux-Arts de Montréal.

même éduquée par le réglage du référent naturel, supposait qu'entre le spectateur/regardeur et le tableau s'institutionnalise *hic et nunc*, depuis le niveau élémentaire de la perception imagière jusqu'aux signes de la rhétorique visuelle, un langage iconique fixant l'œil de l'observateur sur la « forme » de surface qui y apparaît. Mais comme l'a enseigné ces dernières années la sémiologie topologique, la situation du tableau est beaucoup plus complexe que cette saisie fondée sur la figure nommée, élément para-mimétique du tableau qui n'a pu imposer sa domination que parce que le spectateur a été disposé (programmé) à ne voir que lui et à tout lui rapporter.

En résulte que, contrairement à cette orientation, il ne s'agit plus pour nous de lire des contenus visuels selon le mode de décodage de la chaîne parlée. On ne peut plus rester sous l'empire de l'interprétation proprement verbale, privilégiant le mode du signifié littéraire, négligeant d'un même souffle l'univers tridimensionnel et les structures particulières de l'espace non verbal de la peinture. Plutôt, en creusant autour des codes iconiques, mais sans les éliminer, on ne veut pas se limiter à des régions-formes susceptibles de recevoir une nomenclature verbale; on voudrait explorer ainsi l'invisible du visible.

La signification ne serait plus convoquée, comme en histoire de l'art traditionnelle, en référence exclusive à la forme proprement iconique du contenu, mais elle serait plutôt évoquée pour comprendre l'inscription et l'enchaînement spatial du texte visuel figuratif. Le statut heuristique accordé à la forme iconique ne doit plus occulter l'importance primordiale de son contexte spatialisant d'inscription, de ce que Marcelin Pleynet a caractérisé si intuitivement dans un autre contexte de « situation idéologique de la figure peinte dans l'espace du tableau ». La médiation des langues naturelles dans le processus de lecture du tableau peint doit être récusée pour que s'accomplisse la picturalité.

En considérant les composantes morphologiques de l'image-plan, on peut reconnaître chez Jean Paul Lemieux la présence d'une grammaire visuelle où le schéma, comme les enjeux et la définition même, ne sont pas fondés en priorité sur le référent. Passons outre aux figures-formes iconiques de la surface qui ont orienté trop longtemps le décodage du tableau: tout semble se passer comme si la lecture iconique se révélait à l'usage exclusivement centré sur les rapports énonciatifs du lisible et du visible dans la construction de la culture. Comme modèle culturel, l'iconicité aura répondu en ce sens de l'existence d'un schéma orienté réinstallant le credo de l'illusion référentielle.

Picturalement, tout écart inventif par rapport au monde pressenti selon un procès de reconnaissance mimétique se posera alors, vis-à-vis du tableau, comme un travail de dé-figuration, comme un procédé de dé-iconisation; ce dont l'œuvre de la maturité de Lemieux réalisée après 1955, préoccupée du renouveau de la figuration *via* un naturalisme moderne, témoigne avec force et caractère. On peut retrouver une rhétorique dans l'imagerie de Lemieux, car il y a une norme iconique et sa transgression artistique. À y regarder de plus près, on peut même déceler une fonction de représentation *plus* qui construit un nouveau langage imagier en usant de métaphores.

L'effet *plus* des images de Lemieux

Le message des images de Lemieux est efficace, tel est du moins le constat qu'on peut avancer à partir de leur caractère des plus persuasifs. Elles semblent faites pour être partagées, adressées, prises par d'autres. Leur reproduction constante dans les livres d'art, dans les revues ou les médias les rendent d'ailleurs accessibles au plus grand nombre [3].

Les approximations suivantes, émises aussi bien par la critique ou les historiens d'art que par le grand public: « Ceci est un train qui siffle dans le lointain », « ceci est un personnage solitaire », « ceci est une maison », « ceci est un champ enneigé », « ceci est un ciel trouble », « ceci est la terre et l'horizon », ou « ceci est une ville détruite », ont été le plus souvent les seules explications avancées pour tenter de prendre en charge cette imagerie insolite. Au mieux, certains ont parlé d'un « peintre du silence », d'un « peintre de l'hiver », sans s'attarder davantage sur cet aspect pathétique des choses, sur ce qui dérange, déroute, dans le champ de l'image, mais revenant tout de suite aux seuls objets représentés dans le tableau peint comme fondement de la signification. À première vue, les personnages pétrifiés, l'habitat humain, le décor architectural ou naturel feraient sens de l'image Lemieux, dont l'idée métaphorique de base serait un commentaire humaniste sur la place incertaine de l'homme dans l'univers. Mais ce symbolisme premier n'épuise pas toute la poéticité du travail. Il faut penser autre chose que l'allégorie. Lemieux n'est pas qu'un peintre figuratif qui a recours à la métaphore de la condition humaine. Cela dit, on n'a rien compris d'une pensée de peintre qui dit (et fait) plus que cela, qui ne pratique pas une pédagogie simpliste de l'imagerie facilement accessible à tout un chacun; on n'a même pas entrepris d'élucider l'incertitude qui prend place constamment dans ou aux alentours de ses images dépouillées qui semblent pourtant « vides » à plusieurs ou même parfois « banales ».

D'entrée de jeu s'imposent les grands paysages nostalgiques et désertiques des années 1960-1970, où Lemieux inscrit émotivement

---

3. Leur capacité particulière réside dans un pouvoir singulier de communication depuis longtemps validé, pas seulement au Canada ou au Québec, mais aussi à travers le monde comme l'exposition itinérante pan-européenne de 1974 nous l'a montré, de Moscou à Paris en passant par Leningrad, Prague et Anvers.

l'humain et le cadre bâti dans une géographie des plus familières. L'on s'aperçoit que la nature est cet instant de silence et d'immobilité qui donne un air insolite et lointain au territoire. Si ces images connues, qui présentent généralement des figures humaines dressées, positionnées devant des horizons nostalgiques, ont commandé jusqu'ici la lecture et l'interprétation de l'œuvre du peintre, c'est en raison de leur très forte charge affective. Par voie de conséquence, on a négligé de s'intéresser à autre chose. Il faut regarder au plus près du métier pictural pour reconnaître le dense réseau textuel qui trafique le système iconographique proposé par Lemieux. L'image montrée visuellement n'est pas la peinture, car Lemieux pense que pour rendre compte de la réalité dans son essence même, dans ses mouvements comme dans ses êtres ou ses paysages, il faut se servir d'elle, c'est-à-dire la trafiquer imaginativement. La volonté proprement expressive de l'artiste l'emporte toujours sur toute tentation strictement réaliste. Ainsi quand le peintre semble fixer l'émotion et le rêve avec la précision et l'exactitude d'un paysagiste, on a l'impression de contempler des personnages et des lieux pétrifiés à partir d'une coupe d'espace-temps. L'emprise des emblèmes familiers risque cependant de reconduire aux lieux communs, car ce paysagisme hypercodé peut faire écran à une authentique compréhension du tableau réalisé. Chez Lemieux en effet, le savoir iconique de l'image peut finir par faire oublier les opérateurs et les moyens particuliers du voir qui interviennent contre le représenté, contre le référent.

Hormis les figures proprement « figuratives » dont les implications dans le récit imaginaire sont celles que propose l'humanisme classique, rien d'autre n'est vraiment donné à voir, si ce n'est pour celui dont le regard sait se rendre attentif aux ambiguïtés légèrement voilées des figures et des lieux. On constate chez Lemieux qu'une conception éminemment dramatique de la peinture ouvre la surface du tableau à la présence active du spectateur. Les toiles ne renferment pas tout l'espace dans le cadre de la surface peinte, il y a un certain quelque chose, ou quelqu'un, au-delà, même en deçà. Les images connotent un excès, un trop-plein. Qu'en est-il de cette présence si intense qui frappe tous les contemporains ?

Cet impact quasi inégalé peut être abordé par le biais d'un effet iconique « plus », lequel n'est pas strictement désignatif, descriptif, dans son acception conventionnelle, mais aussi d'ordre méta-représentationnel. « Plus » au sens de surplus expressif, de « dépense critique » qui désengage l'image construite par l'artiste — et qu'il nous fait partager en tant que spectateur ou consommateur de l'image — du simple rendu iconique fabriqué dans l'esprit mimétique, analogique. Peut-être une « saveur plus » qui transcende ce répertoire-code culturel auquel l'artiste comme le spectateur sont encore confrontés épisodiquement en cette fin de XXe siècle, où les écarts volontaires par rapport à l'iconisme ont été considérés par l'avant-garde artistique comme un acte d'invention et de nouveauté, comme un acte d'autonomie créatrice vis-à-vis des contraintes idéologiques, sociales, culturelles. Dès le début du siècle, Charles Peirce avait eu le pressentiment de ce qu'il nomme avec pertinence la « saveur particulière » d'une production artistique, qui ne peut être seulement d'ordre iconique, indiciaire ou symbolique. Dans ses textes tardifs de 1903-1905, il discute d'une notion assez vague d'*hypoicône* qui engagerait l'interprétant, plus justement l'acte d'interprétance objet-interprète-signe, dans un *effet plus* de sens, dans un *autrement* de la surface travaillée. On rappellera que chez Peirce, cette *hypoicône* se greffe d'entrée de jeu à la notion d'icône en tant que *representamen* ou signe iconique : Peirce précise que « toute image matérielle, comme un tableau, est largement conventionnelle dans son mode de représentation, mais [qu']en soi, sans légendes ni étiquettes, on peut l'appeler une hypoicône [4] ». Peirce définit ensuite *per se* cette notion encore vague d'hypoicône en la basant principalement sur la métaphorisation qui permet l'émergence d'une nouvelle symbolique et qui est dotée d'une fonction cognitive. Outil rhétorique et visuel en même temps, doublement efficace en vertu de sa puissance métaphorique, l'hypoicône devient ainsi un embrayeur, un révélateur, un enracinement de la plastique [5].

Ce que je nommerai ici faute d'un meilleur terme, « l'effet Lemieux », me permettra d'aborder ce que pourrait être ce méta-contenu artistique, par rapport au signifié visuel iconique. Ce qui fait la valeur de l'œuvre de Jean Paul Lemieux, ce sont ses forces particulières qui rendent compte, par-delà l'histoire racontée, aussi bien de la portée critique d'une démarche de contemplation, que de la matière picturale, des touches, des coups de brosse où l'on décèle la poussée du corps, les pulsions, les projections. Il faut mentionner encore un format, des lignes, et des couleurs associés au pouvoir de séduction des images. On peut donc reposer maintenant le problème de l'image Lemieux, de son fonctionnement visuel et de son organisation spatiale.

Formes et formalismes

Si le point de départ de Lemieux est encore iconique, de l'ordre de ce qui ressemble à tel type d'objet définissable, c'est-à-dire des

---
4. *Collected Papers*, 2.276.
5. Peu après, pour son insertion définitive dans le système philosophique du trois, apparaît la tripartition par Peirce de cette hypoicône symbolique en image, diagramme et métaphore : l'image étant les signes du récit apparent/fictif fondé sur l'*analogon* comme procédure de visualisation, le diagramme l'ontologie visuelle et plastique installée devant l'image, la métaphore la relation aux choses désignées comme message métaphysique.

paysages, des montagnes, des objets proprement dits, des personnages humains, l'artiste ne se satisfait pas de cette lecture issue du sens commun. Il ne fait pas que décrire le paysage canadien, les mœurs de ses contemporains, l'hiver désertique ou l'homme tourmenté. Il veut aller bien au-delà pour transmettre une émotion universelle. Puisant dans ces thématiques des éléments, des supports qu'il met en scène, Lemieux veut mettre en avant leur caractère d'emblèmes, et donc celui de traces, d'indices, de vestiges, aux fins d'une construction de mystère, d'un effet de médiation, de symbolicité. La mélancolie, en tant que critique hautement insécurisante du réel réaliste, est particulièrement sollicitée. On peut la repérer à certaines émotions suscitées par les tableaux. On ressent dans les « grands espaces désertiques » de Lemieux une fertilité émotive et une portée spirituelle qui en appellent à des sentiments subtils et profonds : le remords, la remémoration, la vénération. La plupart de ces tableaux semblent réserver une part de ce qu'ils donnent à voir, se ménager une certaine intensité visuelle, pour réifier et confondre l'ordre réaliste qui les contraint. Un sens plus opère par-delà le rendu du motif iconique, comme un moyen de représentation mis en œuvre afin de doter le tableau d'une vie immuable, quasi éternelle. Par cette mutation, les œuvres deviennent les lieux virtuels d'une contemplation, une façon de faire rêver à une certaine invisibilité poétique, la représentation iconographique d'un « vide » où persiste cependant une tension. Le spectateur est comme dérouté par la mise en scène dépouillée de l'image, et donc entraîné par l'énergie suggestive proposée. Lemieux est un peintre qui est conscient des bouleversements apportés dans ce siècle par la civilisation industrielle et le rationalisme, il ne veut pas chercher ses sujets ou ses thèmes dans la réalité de la nature visée comme telle, mais dans la métamorphose de ses paysages, soit tout d'abord, au cours des années 1930-1940, par la satire et l'imagination, soit ensuite par le rêve ou le fantasme, puis enfin *via* la structure formelle.

    La nature n'est au début que le sujet de la peinture. Rapidement elle se trouve muée en « cosmos » qui embrasse les trois axes de la représentation artistique du monde naturel, l'horizontalité, la verticalité et la profondeur plus ou moins rapprochée. D'où l'émergence d'un jeu complexe, qui fait passer de l'horizontalité du paysage rêvé à la verticalité et la diagonalité de l'espace sidéral, de l'immatérialité atmosphérique à la picturalité de la matière. En particulier, Lemieux prend en compte les possibilités offertes par le travail de la forme et du fond colorés qui permet, dans le rendu visuel de la nature, une lecture artistique de l'objet et de son environnement, et s'engage à travers le paysagisme et la figure humaine, dans la voie d'un nouveau schème plastique.

    À la fois principe et acte d'engendrement, la stratégie d'un fond qui existe comme planéité du plan de l'image, et qui semble nettement mis en évidence vers l'avant au même titre que les figures nommées au premier plan, renforce les possibilités transitives des signes picturaux au-delà de l'histoire racontée et de ses valeurs anecdotiques ou iconographiques. Des structures formelles appartenant à cet effet d'aplatissement ou de dimensionnalité réduite, plus proxémiques qu'ouvertes sur le lointain, donc en profondeur rapprochée par rapport à la profondeur renaissante, sont sélectionnées en regard de cette nouvelle conception de l'espace. Intégrées et adaptées à cette nouvelle cohérence, elles constituent un modèle très particulier et significatif de peinture qui veut conjurer l'iconisme.

Lemieux diminue la distance qui le sépare du motif pour imposer une vision rapprochée qui accroche le regard, qui emprisonne davantage l'attention. La présentation frontale des figures et du lieu géographique est le moyen le plus simple qui est employé par l'artiste pour produire une telle surface de projection et de contemplation. L'effet frontal chez Lemieux constitue une formidable *présence* moderne, déclinée métaphoriquement sous le mode pathétique du rêve éveillé. En résulte un événement bouleversant, comme un inconscient collectif qui traverserait l'aspect montré des choses, et voudrait jeter un pont vers le sacré. L'incarnation de la vérité spirituelle est ici définie comme un contact vrai, un contact qui fascine, et la surface de l'image devient une matrice de révélations par laquelle s'instaure une dialectique des regards. De là, dès le départ, le drame des œuvres de Lemieux qui s'avèrent une façon de proposer au jugement des hommes les images de leur destin. Un autre moyen, complémentaire de la frontalité de l'image, intervient à ce niveau. Il concerne la place du jeu des plans dans l'espace. Dans le tissu matériel des tableaux de Lemieux se déploient des instants féconds de communication qui sont noués sur la surface seule par l'énergie intrinsèque du plan pictural. On sait depuis Kandinsky que le plan originel de la toile peinte le dispute en importance au volume du sujet représenté. D'où une nouvelle notion formelle de planéité qui a été avancée dans l'art contemporain pour signaler son opposition à la profondeur héritée de la tradition picturale. Ce paradoxe planéité du plan / profondeur soustend l'effet frontal développé par Lemieux.

C'est l'importance accordée par l'artiste au vecteur horizontal, c'est-à-dire aux puissants horizons, inclinés, redressés, dissous, qui se veut le facteur d'organisation de cette présentation du motif figural, réglementant les relations ou les tensions qui en résultent. Tout en se faisant parfois mystérieux, ambigus, légèrement accidentés, les horizons demeurent toujours parfaitement visibles comme signes picturaux. Cette permanence de l'horizon concourt à entretenir l'effet très important de mise à plat de l'image peinte, ce qui répond aux recherches formalistes contemporaines en peinture. Souvent en accord avec un format rectangulaire lui aussi exagérément allongé, l'horizontalité de cet espace sous-tend un sentiment tout nouveau d'harmonie avec le paysage. La proportion (grandeur) et l'orientation (horizontale, verticale) du format renforcent la saisie des images et leur impact émotif sur le spectateur.

Ajoutons que le mode de traitement et de composition emblématique des figures-formes, peintes en surface sur les fonds déserts, s'oppose à la méthode synthétiste d'accumulation anecdotique des détails des paysagistes plus conventionnels. La manière dont Lemieux isole, détache, met particulièrement en évidence, dans l'image, chaque motif figural — tant les figures humaines proprement dites, que les figures du décor naturel ou architectural (les maisons, la ville) — le rattache à une certaine culture fabulatoire des livres d'emblèmes qui lui plaisait dans sa jeunesse par son caractère artistique populaire, quasi folklorique[6]. Dépouillées après 1956 de tout encombrement pittoresque, décrites avec un minimum de détails, fortement schématisées, ces figures stylisées sont transformées résolument en signes cinématographiques par Lemieux. Profils finement dessinés ou visages nobles, fermés, yeux espacés, bouches soulignées, en font des personnages hiératiques, sans physionomie personnelle, dont l'échelle est sans rapport avec celle de l'œuvre, et profondément statiques par rapport au mouvement qui se développe autour d'elles, mais laissant pressentir une vie intérieure intense. En tranchant nettement sur ce qui les entoure dans la surface peinte, ces figures participent d'une nouvelle définition ou articulation presque hiéroglyphique des motifs représentés, qui fait de l'image plus qu'une simple représentation.

L'impression brumeuse, ou enneigée, ou trouble, grisaillée, de plusieurs images, semble une sorte de leitmotiv technique à la Léonard. Mais chez Lemieux, l'atmosphère n'est plus recherchée comme une manière picturale de dissoudre les contours des formes du fond (le décor naturaliste, ou architectural) dans un magma indéfini greffé à la perspective linéaire, comme elle l'était pour Léonard. Elle apparaît plutôt comme une valeur en soi, comme l'espace même entre les formes plastiques, renforçant l'équilibre des rythmes internes, ou au contraire accentuant les tensions de la surface. Cette sensation d'un effet profond qui soutient l'observation joue un rôle essentiel de « liant » chez Lemieux. Par cette qualité des formes qu'il peint, l'artiste met en valeur une façon inédite de décrire la combinaison des éléments formels de la surface: Lemieux rejoint par ses atmosphères hiératiques, qui semblent englober les spectateurs dans leur picturalité même, la portée sublime des surfaces abstraites nord-américaines.

---

6. Cette culture hiéroglyphique des signes fit de même, au tournant du siècle, le plaisir des formalistes russes, dont le rayonniste Larionov et le suprématiste Malevitch.

Véritable propriété structurante de l'image, l'atmosphère permet en ce sens l'interdépendance des figures et des horizons, c'est-à-dire la combinaison des formes humaines simplifiées, découpées, et des lignes perspectivistes horizontales plus ou moins nettes et précises. C'est un premier niveau d'exhibition et de définition des états d'âme que Lemieux recherche. Les tableaux tirent toute leur originalité et leur contemporanéité de cet enveloppement topologique unique, assez souvent harmonieux, éminemment projectif, qui enchâsse la figure humaine et/ou son habitat de vie dans la nature.

En outre, cette touche spéciale constitue en surface, tel un filtre opacifiant, une luminosité uniforme, tamisée, presque monochrome, d'une coloration généralement pâle, en demi-teintes, qui contribue grandement à l'équilibre, l'harmonie et la symétrie de l'ensemble. Pas d'impressionnisme cependant, car Lemieux n'est pas un coloriste, mais un *valoriste* qui recherche les nuances au détriment des couleurs, qui s'en tient à des tons souvent saturés d'ombre. La palette étendue des années 1930-1940 fait place par la suite à un nombre limité de couleurs. Celles-ci ne sont pas le ciel bleu et l'éventail des tons de la nature et du sol. Plusieurs ont été éliminées, dont ce bleu, pour n'en conserver que cinq ou six: le noir, le blanc, l'ocre, le vert olive, le brun et le vermillon. D'où la brume empourprée du soir, le gris fer d'un ciel menaçant ou le blanc d'un champ enneigé, masses d'ombre ou plaines désolées qui colorent et entourent les personnages emblématiques en contrepoint, qui concourent à l'uniformité spatiale de l'ensemble, qui fonctionnent comme liants intimistes. En raison de son pouvoir réfléchissant trop exagéré, trop brillant, le peintre refuse toujours l'acrylique, matière préférée des abstraits, optant au contraire pour l'huile sur toile de lin qui permet les nuances qu'il recherche, le travail sur la couleur pure, seule, ne pouvant remplacer l'analyse de la forme, ce que Lemieux développe à satiété après 1956. Lemieux applique alors avec soin ses couleurs en jus clairs, dans une pâte mince, sans texture aguichante comme dans ses huiles paysagistes des années 1930, sans empâtement ou surplus de matière. S'ensuit la réalisation d'un espace unifié, plat, qui enfonce peu le plan pictural, et dont la forme et la couleur contredisent l'élaboration conventionnelle de la profondeur impliquée, en termes de rendu visuel, par la disposition des objets peints sur le sol et la hiérarchisation des formes. Depuis 1970, par contre, la pesanteur de la touche et la rugosité manifeste des coups de pinceau sont mises au service d'un métier chargé d'expressivité matérielle. Une structure de composition en étagement qui appuie l'affirmation de la surface du support, concourt à renforcer cette platitude.

De plus, Lemieux ne se contente pas d'un regard qui limiterait son inspection au milieu de la toile. En multipliant les points de focus sur toute la surface — personnages, architecture urbaine, ligne d'horizon par exemple — Lemieux bouleverse les habitudes qui privilégiaient une exploration par coup d'œil général au centre de l'image. À cet égard, l'œuvre de Lemieux est l'illustration de la notion tout à fait contemporaine d'ouverture de l'image, à cause du caractère décentré, indéterminé, en perpétuelle mouvance, de toute activité perceptive, liée aux déplacements du regard du spectateur, confondu par l'aspect insolite de ce qui est visuellement représenté. Il ne s'agit plus d'une réception focalisée mais d'une vision démultipliée, envahissante, relevant du surplus hypoiconique.

D'une architectonique de la visualité

Sous l'action de ces formalismes, l'espace du tableau devient celui d'une mise à nu qui nous prend à témoin. Les immenses étendues horizontales sous des ciels troubles, les champs de neige dans lesquels le spectateur est entièrement absorbé, où Lemieux cherche à exprimer de la tristesse et de la solitude extrêmes, s'émeuvent à la fois comme un cri et comme une attente. L'image est là devant nous comme beaucoup trop loin ou beaucoup trop proche, indéfiniment positionnée, créant d'un seul coup un rapprochement et une distance qui captent les spectateurs, et qui bouleversent la profondeur et la hiérarchie classiques. Partout s'étend symboliquement le désert traversé par la figure de l'humain.

Le langage visuel de Lemieux se réalise ainsi dans une construction spatialisée qui maintient la pérennité de la figure nommable, sans nier en amont le besoin d'une structure sous-jacente de l'image. Lemieux semble s'approprier l'idéal cézannien et cubiste d'une qualité architectonique des choses qu'il représente en peinture, et d'une symétrie organisant les éléments visuels et plastiques du tableau. La vie intérieure des formes l'accapare en tant qu'exploration des profondeurs de toute existence. Car, si Lemieux se rapproche dans l'image des atmosphères romantiques et expressionnistes, formellement, il met en avant des procédés de stylisation et de simplification dérivés de Cézanne, des cubistes et de l'art abstrait, malgré ses réticences déclarées pour cette dernière pratique. Il manifeste en ce sens des qualités structurantes « puristes », minimalistes presque, qu'il greffe à ses préoccupations pour le sujet du tableau. La réalité figurative de l'œuvre de Lemieux comporte en ce sens dans l'optique singulière de l'hypoicone peircéenne une triple dimension constitutive, soit 1. le construit spatial, diagrammatique ou architectonique (au sens de Cézanne); 2. le réseau d'insertion imagiste d'ordre iconographique; 3. celui proprement métaphorique, instances qui constituent le fondement de la communication entre l'artiste et les observateurs. Les variables graphiques ou perspectivistes les plus formelles (horizons, diagonales, etc.) aussi bien que les figures les plus identifiables, très nommables (un garçon, un train, une ville, etc.) sont convoquées et mises au service du message à transmettre. L'instauration de ce parcours, à la fois spatialisant et linéaire, aboutit à un développement visuel assez complexe, où des signes-transits, des opérateurs matériels et psychologiques assurent le passage ou le transfert entre l'artiste et le spectateur. C'est ainsi que le message prend corps et que s'affirme le symbolisme des représentations.

On pressent déjà qu'à l'encontre d'une opinion critique qui s'est imposée de longue date, l'originalité et le mérite du travail de Lemieux ne proviennent pas seulement de souvenirs ou d'impressions devant l'être et la vie, qui feraient sens à partir d'une facture et d'un contenu expressifs. Du point de vue de l'histoire de l'art contemporain, la valeur particulière de sa démarche résulte plutôt d'une pratique artistique qui, tout en demeurant à l'écoute des grandes tendances de l'art réaliste canadien, s'est appropriée en même temps des problématiques plastiques plus contemporaines générées par l'art abstrait géométrique. Car, un peu confusément peut-être, si l'on reconnaît d'abord devant l'œuvre l'intérêt de l'artiste pour les rendus mimétiques et les évocations métaphoriques, au fil de la découverte de l'ensemble de sa production, on devine encore un non-dit irrépressible, soit ce qui se révèle être l'attachement passionné de Lemieux pour la composition géométrique, formelle, voire formaliste de l'image peinte.

Une œuvre fétiche comme Le Visiteur du soir (1956, Musée des Beaux-Arts du Canada) n'est pas un exercice didactique, pédagogique, doté d'un simplisme de l'imagerie qui conduirait directement du visible à l'intelligible. Au contraire, l'image bouleversante du Visiteur fragilise les certitudes. Le tout premier contact impose un effet saisissant que rien ne peut conjurer. L'image donne l'impression curieuse qu'il y a là peu de choses à voir: un personnage dressé devant un horizon vague. Mais quand l'œil s'arrête davantage, on découvre que les traits individuels du visage de ce personnage ont été supprimés, que ses vêtements sont rudimentaires et traités dans un coloris sombre, et surtout qu'il est placé devant un fond plutôt blanc grisâtre, légèrement ombragé d'une même teinte atmosphérique. Détails, relief et mouvement sont absents de cette figure qui se présente comme un symbole immuable, mais non dépourvu d'impact. C'est bien en ce sens que, chez Lemieux, on est pris au piège du regard, impuissant, comme hypnotisé par ce que l'artiste nous donne à voir. D'une œuvre à l'autre, la dissémination des figures et des horizons, le jeu des apparitions, des absences, des répétitions en surface, des variations du même motif, signalent et participent de cette procédure visuelle. Cet exercice de la mélancolie (tel que le définit Starobinski) permet de fixer une expérience, de l'arracher par la mémoire à l'oubli, et de métamorphoser une image du monde en une icône quasi universelle qui est déjà autre chose, une hypoicône peut-être. Une telle vision fait omettre le niveau premier de la représentation du sujet — le train qui file dans le lointain, l'homme dressé devant l'étendue — au profit d'un niveau second de signification qui rejoint la paraphrase mythique et intemporelle. La mélancolie s'accommode ici et n'a du reste de meilleur lieu qu'une histoire métaphorique. Par là, Lemieux intervient pour imprimer un sens et une finalité à l'exercice même de la peinture: elle peut connecter et organiser des expériences appartenant à des temps et des parcours discontinus, ceux du créateur et du public spectateur.

Le sens immédiat de la nature est ainsi un leurre, il renvoie à un espace autre, intérieur celui-là, qui nous inclut tous, où nous nous retrouvons comme observateurs mélancoliques. Toujours, le spectateur est intrigué, même bouleversé, par cet attrait caché qui le happe, qui l'envahit affectivement et psychologiquement. Les tableaux de Lemieux satisfont des besoins émotifs fondamentaux à partir de cette substitution permise par la représentation symbolique. Celle-ci peut aider à la résolution des tensions qui proviennent de l'expérience humaine. L'espace cosmique développé par le peintre est investi de moments de laxité qui alternent avec des moments de tension. Cette opposition est figurée, spatialement, par le contraste des espaces ouvert et fermé, dont le premier correspond à l'univers cosmique proprement dit, et le second à l'activité de l'être. La concentration dramatique de l'image comporte donc un aspect formel qui permet de traduire visuellement l'intensité de ce contenu. Double état par lequel l'hypoicône (dé)fait l'image iconique, codée dans la culture, faisant (réservant) une part importante à l'autonomie. Se conjugue là l'aspect pathétique, tragique, du tableau de figure et de paysage chez Lemieux.

(Université Laval)

Où en est la performance ?
Post mortem pour un art bien vivant [1]

Josette Féral

Cette réflexion part d'une interrogation et d'un paradoxe. En effet, né d'un mouvement de contestation des valeurs établies qui était celui de toute une époque (refus de la notion de représentation, de répétition, de mémoire, refus d'une pratique sans interrogation et sans risque tant pour l'artiste que pour le spectateur), le « *performance art* » a connu son apogée dans les années 1970. Venus à la performance d'horizons très divers (arts plastiques, musique, architecture, etc.), les « performeurs » ont tout d'abord investi avec enthousiasme cette nouvelle forme d'art qui leur offrait un moyen d'expression renouvelé.

Au fil des années, les données idéologiques se sont transformées et les artistes, venus à la performance à partir d'autres disciplines, ont peu à peu réintégré leur art respectif, laissant dans le champ de la performance deux catégories de praticiens: les « vidéastes », qui ont récupéré la performance à leurs propres fins en en faisant un art autonome, et les « performeurs », que je définirais comme « théâtraux», dont l'art et la démarche restent proches de ceux des années 1970 même si leurs questionnements et leurs objectifs ne sont plus les mêmes.

Pourquoi cette survivance du phénomène de la performance ? Quelle place occupe encore celle-ci dans les schémas de pensée et dans les pratiques artistiques? Comment se fait-il qu'une pratique artistique qui se fonde sur un questionnement des valeurs, ne disparaisse pas dès que tous les présupposés idéologiques qui lui donnaient sens ont, eux, disparu ?

---

1. Cet article est la première étape d'une réflexion qui s'est poursuivie et développée ultérieurement, en particulier dans « What Is Left of Performance Art ? Autopsy of a Function, Birth of a Genre », dans *Discourse*, vol. XIV, n° 2, été 1992, p. 142-162.

Née d'une théorisation du phénomène artistique

Pour comprendre l'évolution de la pratique de la performance et le rapport qu'elle entretient avec la théorie, il faut l'inscrire dans la problématique plus vaste qui touche la question de la modernité. « Modernism is dominant but dead », disait ironiquement Habermas, prenant position contre cette idée qui veut que notre époque soit le témoin de la fin de la modernité. La modernité serait en décadence parce que l'idéologie qui la fonde serait elle-même battue en brèche par l'évolution de nos modes de pensée qui réfutent les fondements sur lesquels la modernité avait elle-même bâti son emprise : refus de la notion de progrès, de norme, d'anhistoricité, etc.

La performance comme pratique artistique, relevant d'une démarche essentiellement moderne, participerait-elle de cette vaste remise en question ? Et pourrait-on dire, pour reprendre ici l'expression de Habermas : « Performance art is dominant but dead » ? Poser la question c'est déjà y répondre partiellement. Il est vrai que le phénomène de la performance s'est beaucoup répandu depuis la fin des années 1970 mais, tout répandu qu'il soit, il attire désormais si peu l'attention que nombre d'artistes et de critiques ont annoncé sa mort : la performance n'existe plus, dit-on, et ce qui en tient lieu relève davantage du théâtre que de la performance proprement dite.

Pourtant le nombre de performances que l'on peut répertorier en Europe et en Amérique du Nord, le nombre des artistes qui s'y consacrent, révèlent que cet art, loin de disparaître, perdure et s'institutionnalise. Certes, il soulève moins de questions qu'autrefois, il étonne et choque beaucoup moins que par le passé (voir les premières performances de Vito Acconci, Hermann Nitzch, Chris Burden) ; soit que les « performeurs » se soient eux-mêmes beaucoup assagi avec les années, soit au contraire que le public ne possède plus cette faculté d'étonnement, d'enthousiasme ou de rejet violent qu'il avait pour certaines expérimentations fracassantes dans les années 1970.

Notre regard s'est plié à ce qui est devenu en ce domaine, la norme. Le nouveau, le différent, l'original ne suscitent plus automatiquement l'intérêt, pas même l'attention. Est-ce vraiment notre regard qui s'est blasé, ou la nouveauté qui est elle-même devenue une norme, si bien que le nouveau n'est plus tout à fait neuf ? W. Reich a répondu à la question en montrant comment notre société réussit à récupérer toute dissidence en son sein rendant inopérante, de ce fait, la révolution recherchée. L'émergence de la performance a donc coïncidé avec la grande époque du modernisme triomphant dont elle a endossé certains comportements et certains actes de foi. Or, parmi les caractéristiques de la modernité (que je ne reprendrai pas toutes ici), il en est une sur laquelle je me pencherai parce qu'elle touche plus spécifiquement la performance: c'est le rapport que celle-ci entretient avec la théorie.

La modernité, depuis ses origines, qu'on les fasse remonter au début de notre siècle, à l'époque romantique, ou même à la Renaissance, a entretenu des rapports privilégiés avec la théorie, y cherchant toujours le refus du passé, la justification du changement et l'assurance du progrès à venir. Nombreux sont les mouvements artistiques qui ont été précédés, accompagnés ou suivis de théories: les diverses avant-gardes, le surréalisme, le romantisme, le naturalisme même. Faut-il rappeler la vague de terrorisme théorique des années 1970...? Ce rapport à la théorie a été fortement présent dans la performance, du moins à ses débuts. Il en a même constitué le soubassement sur lequel s'est édifiée la pratique. Il en a justifié les objectifs et expliqué les diverses modalités. Vue sous cet angle, la performance ne peut être que moderne.

En effet, si l'un des signes de la modernité en art est bien l'opposition à la fonction normative des traditions esthétiques, la performance est certes la forme artistique qui a le plus théorisé ses objectifs. Depuis Kaprow et Cage jusqu'aux expériences de Rachel Rosenthal, de Rose English, de Meredith Monk à la fin des années 1970 en passant par des «performeurs» montréalais comme Monty Cantsin, Louise Mercille, Robert Racine, Michel Lemieux, Marie Chouinard, etc., la performance s'est faite contre une certaine conception de l'art et de son rapport à la société: réfutation de la notion de représentation pour une présence «réelle» du «performeur» (ce qui entraîne le refus de tout rôle, de tout personnage, ainsi que le refus de rejouer une performance, donc de répéter et/ou d'enregistrer l'événement); opposition à la valeur commercialisable de l'art (d'où le refus d'entrer dans les musées, de laisser des traces, de transformer l'œuvre d'art en marchandise); primauté accordée au processus plutôt qu'au produit; inscription de l'art dans la vie et refus d'un clivage qui faisait de la pratique artistique une sphère autonome sans incidence sur le réel; refus, bien sûr, de toute catharsis, le spectateur n'ayant aucune empathie avec le spectacle qui lui est présenté.

La performance a aussi perdu sa valeur d'expérimentation (comme le théâtre expérimental d'ailleurs), soit que l'expérimentation est devenue le mode habituel de fonctionnement de l'art et s'est trouvée alors dotée d'une nouvelle légitimité non subversive, soit que l'expérimentation ait simplement disparu comme concept. Il est évident que les pratiques actuelles de la performance tendent à nous convaincre que la réalité se situe entre ces deux extrêmes.

La performance a également perdu certaines caractéristiques distinctes qui faisaient son originalité: le travail sur la temporalité de la représentation, sur la durée, qui était spécifique à la performance a investi les autres arts (le cinéma surtout); le travail sur le *corps*, qui était au centre de l'acte performatif, s'est déplacé vers l'image, vers l'écran télévisé : il n'est plus au centre de la performance même s'il continue à y occuper une place importante; il est devenu un élément de la performance parmi d'autres. Le travail sur l'espace (investissement de lieux différents, hors des musées) s'est recentré sur les lieux habituels de représentation (galeries, salles de spectacles, salles polyvalentes). Il a définitivement quitté les lieux originaux: zoo (Alberto Vidal), cage (Joseph Beuys), piscine (Chris Burden), etc. Il est revenu à une confrontation traditionnelle avec le public dans des espaces eux-mêmes traditionnels : musées, galeries (Marina Abromovic).

Par ailleurs, la performance a perdu ce qui faisait l'une de ses forces à ses débuts : le refus de considérer l'œuvre d'art comme marchandise. La performance, à l'instar du happening, devait être unique. Elle ne devait pas laisser de traces, refusant de se doter ainsi d'une mémoire, recommençant toujours l'entreprise de l'origine. Nécessairement inscrite dans l'intensité du présent, elle n'avait ni passé, ni avenir, renonçant à tout lien. Le marché de l'art a fini par rejoindre la performance, par créer des vedettes prises dans des circuits commerciaux: c'est l'exemple de Laurie Anderson, de Michel Lemieux, de Meredith Monk. Wendy Woodson, une « performeuse » en danse faisait remarquer, il y a quelques années, qu'elle évitait autrefois cette étiquette (*performance artist*) parce que la notion était alors souvent liée, dans les esprits, aux performances masochistes et violentes. Aujourd'hui, elle évite toujours le mot parce que la performance est devenue « *slick* », commerciale et plus « théâtrale » (dans le mauvais sens du terme)[2].

Ajoutons, pour finir, à cette liste qui ne se veut nullement exhaustive, que la performance a également perdu cette primauté qu'elle accordait au *processus*, à la création en train de se faire, pour se concentrer sur le produit. Le souci de l'œuvre achevée, polie, est de nouveau présent. L'acte de production lui-même est voilé aux yeux du public, il a réintégré les coulisses, laissant sur scène une œuvre dont on accepte l'imperfection mais d'où toute trace de bricolage tend à disparaître.

De toutes ces remarques, il apparaît essentiellement que la performance des années 1970 a correspondu à un vaste mouvement de subversion qui véhiculait lui-même une idéologie dont la force tenait à l'importance des structures et des pratiques qu'elle cherchait à renverser. Or, cette idéologie — et la théorie qui la fonde — a disparu, emportant avec elle la force de subversion qui agitait la performance.

---

2. Remarques faites lors d'une table ronde sur la performance (23 octobre 1987, Hampshire college, Amherst, Massachussets) et citées par Jeanie Forte, « Women's Performance Art », dans Sue-Ellen Case (dir.), *Performing Feminisms*, Baltimore, Johns Hopkins University Press, 1990, p. 266-267.

Cette disparition s'explique sans doute par l'évolution d'une époque dont J.-F. Lyotard, G. Vattimo, E. Morin, G. Lipovetsky et bien d'autres, ont montré la méfiance qu'elle accorde désormais aux grands ensembles (idéologiques ou théoriques). Elle a affecté la performance dans la mesure où la performance a perdu dans cette évolution ce qui lui donnait à la fois son sens et sa justification.

Une performance sans théorie

Si nous voulions ébaucher une explication à la disparition de tous ces phénomènes, nous dirions sans doute, avec G. Vattimo, qu'ils sont d'abord liés à l'évolution d'une époque sans idéologies (politiques, économiques, esthétiques) fortes ni projets artistiques communs. La disparition de ces vastes idéologies, ainsi que la désaffection des grands systèmes de sens, a été compensée par l'émergence des individualismes qui affirment la différence des sujets. Et la performance des années 1980 se prête admirablement à cette vision. Elle se prête à une libération du Moi, d'un moi qui veut vivre dans le présent, en intégrant dans ses préoccupations immédiates un futur qu'il imagine nécessairement en crise. Désertant la *res publica* sur laquelle il a de moins en moins de prise, le « performeur » actuel illustre cet affaiblissement de l'être dont Vattimo affirme qu'il est indispensable à la positivité de l'ère moderne.

Ce faisant, nous touchons à l'une des raisons de la survie de la performance dans les années 1980. C'est que, sans le savoir, la performance a problématisé l'individu alors qu'elle croyait, à ses débuts, problématiser le corps et ses pulsions. Elle faisait donc irruption au moment même où des sociologues comme Daniel Bell et Christopher Lasch théorisaient l'émergence d'un nouvel individualisme.

Cet individualisme s'accompagne d'une « nouvelle » forme de narrativité. Aux grands récits dont Lyotard a signalé la fin se substituent désormais des micro-récits dont la performance se fait plus que jamais l'écho. L'expérience de l'individu, son rapport au monde et à lui-même, son caractère unique, son originalité sont au centre de la scène. Au « il faut être absolument moderne » de l'avant-garde s'est substitué le mot d'ordre « il faut être absolument soi-même ». La performance devient le lieu privilégié de l'individualisation généralisée qui caractérise notre société. Le « performeur » met ainsi l'accent sur son expérience personnelle dotée de toute sa charge émotionnelle absente des performances des années 1970. Cette dimension personnelle n'est plus politique, elle est devenue essentielle. Apparaît une institutionnalisation de l'expression de soi[3].

---

3. Remarquons, sur ce point, que les femmes ont eu souvent recours à la performance. « Il faut écrire le corps », disait Hélène Cixous. Plus que le corps, les

L'importance accordée à ces micro-récits de vie, leur fréquence qui impose un nouveau mode de narration, une narrativité autre, ont produit l'émergence d'un nouveau genre de performances qui se fondent tout naturellement sur la tradition retrouvée des *stand up comedians*. Le « performeur » devient une forme de *comedian* qui raconte sa vie comme tout individu pourrait le faire (voir Spalding Gray dans *Swimming to Cambodia*, ou Marty Pottenger, San Diego, mai 1991), retrouvant ainsi les récits de vie que les psychologues, les sociologues et les anthropologues utilisent comme base de leur exploration.

Les micro-séquences s'enfilent les unes à la suite des autres pour constituer une narration non linéaire qui nous invite à refaire le parcours de leur fabrication (voir *The Dinner Party* de Judy Chicago). Elles renvoient par ailleurs à d'autres textes, et débordent le cadre strict de la performance établissant un dialogue avec ces autres textes, avec d'autres micro-récits. Une intertextualité s'installe, la lecture se fait sous la forme du décodage d'un palimpseste.

Contrairement à l'image d'un sujet essentiellement pulsionnel qui était celui de la performance des années 1970, la performance des années 1980 a donc substitué l'image d'un sujet refusant d'éliminer les tensions entre son moi et l'histoire, entre le politique et l'esthétique, réinstituant les complexités de l'énonciation.

Paradoxalement, de ce parcours on ne peut plus narcissique, émerge un retour aux anciennes mythologies (voir Rachel Rosenthal, *Pangée*, San Diego, mai 1991). Comme l'affirme Edgar Morin: « Nous sommes dans le nécessaire désenchantement qui apporte souvent le découragement, lequel entraîne le repli cynique sur soi ou remet en scène ou en selle les anciens mythes abandonnés[4]. »

Ce n'est pas l'un des moindres paradoxes de la performance que cet art, qui s'est édifié contre tout contenu, y revient aujourd'hui sous la forme du rituel[5], d'une quasi-cérémonie. Henry M. Sayre[6], adoptant les distinctions de Victor Turner et de Richard Schechner, a montré comment la performance des années 1980 se situe entre le rituel et le récit, non comme création mais comme le résultat d'un dialogue vaste et ininterrompu avec les autres textes. La position du spectateur a donc nécessairement changé: il n'a plus besoin d'être un expert. Le regard du spécialiste devient d'ailleurs quasi insupportable

---

« performeuses » d'aujourd'hui écrivent le sujet parlant (« speaking subject »). Voir Jeanie Forte, *loc. cit.*
4. Dans *Pour sortir du XXᵉ siècle*, Nathan, 1981, p. 25.
5. Selon V. Turner, le rituel est l'un des moyens les plus élémentaires d'introduire un élément de désordre dans le processus de l'histoire. C'est l'un des premiers moyens utilisés par les diverses cultures pour modifier le sens même de l'histoire.
6. Henry M. Sayre, *The Object of Performance*, Chicago, University of Chicago Press, 1989.

au sein de la performance. Paradoxe également, dans cette intertextualité qui s'installe dans la performance, le « performeur » accepte pour la première fois de se remettre à jouer (*acting*)[7].

Disons, en guise de conclusion provisoire, que si nous cherchons à savoir quels sont les fondements qui rendent la performance encore possible aujourd'hui alors que la plupart des paramètres qui ont prévalu lors de son émergence ont, eux, disparu, il faut reconnaître que la performance est avant tout une forme. Or, avec les années 1970, la théorie de la forme a disparu.

Ce qui a changé depuis ces années, ce sont les raisons qui ont déterminé, causé, conditionné l'émergence de cette forme nouvelle à la suite de l'évolution des formes artistiques. Mais une fois l'aspect révolutionnaire de cette forme admis et même banalisé, la performance pouvait se mettre à signifier « autrement ».

Une seconde raison, d'ordre esthétique, tient au fait que les procédés auxquels la performance a eu recours à ses débuts, ont été dépassés, absorbés tout en marquant leurs limites; ainsi des procédés d'éclatement, de fragmentation, de répétition qui ont correspondu à une époque qui s'est faite contre l'unicité et les dogmes que cette dernière véhiculait. Ces procédés, abondamment utilisés, ont amené à leur tour un retour vers une certaine unicité, non totalitaire.

En fait tous les acquis des années 1970 n'ont pas été réfutés mais excédés, la performance apparaît comme présentant des caractéristiques « postmodernes » (j'utilise le mot avec prudence, tout en gardant présent à l'esprit cette réflexion d'Habermas, qui affirme que le « post modernism does not emit any clear signal [8] »).

La performance n'a plus de théorie parce qu'elle n'a plus besoin de théorie, parce que la théorie contemporaine lui en tient lieu. Aujourd'hui tout individu est un individu préoccupé par son corps, par son rapport à l'autre, par l'implosion du collectif, l'évaporation des idéologies, la fin des subversions. Le « performeur » apparaît à ce titre comme un individu qui n'est pas différent des autres quant aux préoccupations qu'il affiche dans sa pratique artistique. Ce faisant, il est postmoderne. Ceci reconnu, la performance entretient une inquiétude: qu'est-ce qu'on oublie, qu'est-ce qu'on étouffe, qu'on expulse? Quel est le prix à payer pour cette nouvelle évidence du moi?

(Université du Québec à Montréal)

---

7. Ce retour au jeu de l'acteur est d'autant plus intéressant que dans un texte polémique vivement discuté, Michael Fried avait écrit que « l'art se dégénère au fur et à mesure qu'il se rapproche du théâtre ».
8. « Neoconservative Culture Criticism in the United States and West Germany. An Intellectual Movement in Two Political Cultures », dans R. Berstein, *Habermas and Modernity*, Cambridge, M.I.T. Press, coll. « Studies in Contemporary German Social Thought », 1985, p. 90.

Bibliographie [1]

I. Le surplus de la représentation : la peinture du figuratif Jean Paul Lemieux

BARTHES, Roland, *L'Obvie et l'obtus*, Seuil, 1983.

———, « Rhétorique de l'image », *Communications*, n° 4, 1964, p. 40-51.

CARANI, Marie, *L'Œil de la critique*, Sillery (Québec), Septentrion, 1990.

———, « Sémiotique de l'abstraction picturale », *Semiotica*, vol. LXVII, n°s 1-2, 1987, p. 1-39.

———, *Jean Paul Lemieux*, catalogue de l'exposition rétrospective, Québec, Publications du Québec / Musée du Québec, 1992.

———, *De l'histoire de l'art à la sémiotique visuelle*, Sillery (Québec), Septentrion, 1992

DAMISCH, Hubert, *L'Origine de la perspective*, Flammarion, 1987.

———, *Fenêtre jaune cadmium*, Seuil, 1984.

DIDI-HUBERMANN, Georges, *Devant l'image*, Minuit, 1990.

———, *Dissemblance et figuration*, Flammarion, 1990.

ECO, Umberto, *A Theory of Semiotics*, Bloomington, Indiana, Indiana University Press, 1976.

FLOCH, Jean-Marie, *Petites Mythologies de l'œil et de l'esprit*, Paris / Amsterdam, Hadès / Benjamins, 1985.

GOMBRICH, Ernst, *Les Moyens et les Fins*, Marseille, Éditions Rivages, 1988.

———, *Méditations sur un cheval de bois*, Mâcon, Éd. W, 1986.

LÉVI-STRAUSS, Claude, *Anthropologie structurale*, Plon, 1958.

MORRIS, Charles, *Writings on the General Theory of Signs*, La Haye / Paris, Mouton, 1971.

PANOFSKY, Erwin, *Essais d'iconologie*, Gallimard, 1967.

———, *L'Œuvre d'art et ses significations*, Gallimard, 1969.

---

1. Paris lieu d'édition est omis.

PEIRCE, Charles Sanders, *Collected Papers*, p.p. Charles Hartshorne et Paul Weiss, Cambridge, Belknap, Harvard University Press, 1960.

SAINT-MARTIN, Fernande, *Sémiologie du langage visuel*, Sillery (Québec), Presses de l'Université du Québec, 1987.

———, *La Théorie de la Gestalt et l'art visuel*, Sillery (Québec), Presses de l'Université du Québec, 1990.

SCHAPIRO, Meyer, *Words and Pictures*, La Haye, Mouton, 1973.

———, « Sur quelques problèmes de sémiotique de l'art visuel : champ et véhicule dans les signes iconiques », *Critique*, n°s 315-316, août-septembre 1973, p. 843-866.

STAROBINSKI, Jean, *La Mélancolie au miroir*, Julliard, 1989.

Marie Carani

CINQUIÈME PARTIE

Langue et fiction identitaire

Introduction :
Un Québec pluriel

Régine Robin

On se souvient d'un texte de Jacques Godbout qui eut son heure de gloire :

> Nous n'en sommes pas encore à la littérature individualiste ou anarchique, chaque texte doit rentrer dans le *rang* sans quoi il tombe dans l'oubli [...]. Un écrivain québécois ne peut chercher à exister en dehors du texte québécois, il lui faut participer à l'entreprise collective, autrement c'est le néant. Quand ce qui nous entoure aura été nommé alors, mais alors seulement, pourront s'épanouir des écrivains complets [1].

Ce texte, sur le plan symptomal, replaçait la littérature québécoise dans le cadre d'une littérature mineure au sens que Kafka donne à ce terme lors de sa réflexion de Noël 1911. La littérature mineure est en allemand *kleine Litteratur*, soit en traduction littérale, « petite littérature » avec l'ambiguïté qui joue aussi bien sur « littérature mineure » que sur « petite littérature », à savoir la littérature d'un petit peuple, peu nombreux, qui n'est pas dans la légitimité des grandes puissances, peuple souvent dominé et qui a dû lutter pour s'imposer ; mais aussi mineure ou petite par la qualité, n'arrivant pas ou difficilement à sortir de la nécessité où historiquement cette culture s'est trouvée d'avoir à parler d'abord de ses problèmes, de son enfermement, de son imaginaire défensif et souvent paranoïaque. Cette littérature, nous dit Kafka, est immédiatement politique. Tout y est national, elle est comme le journal tenu par la nation ; les écrivains sont choyés par le peuple. Même s'ils n'ont pas un énorme talent, ils sont promus, placés au premier plan, considérés comme importants, étant donnée la fonction sociale qu'ils remplissent. L'absence de traditions

---

1. Jacques Godbout, *Le Réformiste. Textes tranquilles*, Montréal, Quinze, 1975, p. 150 (« Écrire », 1971).

leur laisse le champ libre. Ils ne sont pas traumatisés par la stature d'un Gœthe par exemple. Ils peuvent innover à leur guise. S'il est vrai que durant longtemps, la littérature québécoise a eu tendance à se constituer comme littérature mineure et à évoluer dans ce cadre, depuis de nombreuses années les choses ont bougé, transformation qui s'est accélérée dans les années quatre-vingt. En vrac, si l'on veut bien me suivre: un référendum perdu (celui de 1980), une entrée furieuse dans le *high-tech*, la société du fric, de la performance, des technocrates et des bureaucrates, une société de l'instrumentalisation et des nouvelles formes de normalisation. Partie du peuple-classe, de la petite nation dominée, des *Nègres blancs d'Amérique*, la société québécoise se retrouve avec une vraie bourgeoisie, de vrais pauvres, et des Amérindiens qui lui contestent sa place dans la hiérarchie du malheur et sa place dans le mythe de la fondation de ce lieu. Les Québécois deviennent des immigrants comme les autres à cette différence près, qu'arrivés au XVIIe ou au XVIIIe siècle, ils ont eu le temps de se forger un imaginaire collectif et des mythes de fondation, de se constituer un vernaculaire qui n'appartient qu'à eux et qui est la marque identitaire par excellence, le stigmate qui sera retourné en valeur suprême; ils ont eu le temps de se forger un imaginaire de « peuple » et non pas de « minorité ». Puis, un nouveau référendum confus (celui de 1992), presque pour rien, une demi-victoire. On efface tout et on recommence. Un Québec-Pénélope qui tisse et détisse ce qu'il fait, un pas en avant, deux en arrière. L'entrée aussi dans la postmodernité avec de nouvelles interrogations, des essais, des fictions, de nouvelles écritures, une nouvelle interrogation sur l'identité. La prégnance aussi de l'immigration et de ses problèmes, une plongée dans l'hétérogène et l'obligation d'y aller voir de plus près, de Kafka à Bakhtine, de *Vice versa* aux théories de la traduction, de « l'épreuve de l'étranger » du regretté A. Berman à la figure emblématique du flâneur chez Walter Benjamin. Des interrogations se sont déplacées. Non que le « texte-national » ait été renversé, ce n'est pas comme cela que l'imaginaire social évolue. Pas renversé, non, mais déplacé, déconstruit-reconstruit autrement; les pièces du puzzle identitaire se sont disposées autrement.

Quatre sociogrammes[2] majeurs traversent la fiction québécoise depuis au moins un siècle: le pays, Montréal, l'américanité et la langue d'ici. Or, ces socles discursifs, ces noyaux d'images, de représentations, d'affects, d'intertextes, chargés d'idéologie, stratifiés, sont parfois pétrifiés, parfois ouverts, ces ensembles métaphoriques ont beaucoup varié. Traversent ces sociogrammes, la thématique de la menace ou de l'inachèvement: la langue menacée, la langue « déglinguée », le pays

---

2. Voir, sous la direction de Régine Robin, « Le sociogramme en question », *Discours social / Social Discourse* (Montréal), vol. V, n°s 1-2, hiver 1992-printemps 1993.

inachevé, menacé avant même d'être achevé, ou de façon plus banale mais plus insidieuse et plus illusoire, le pays menacé *parce qu'inachevé*; la ville menacée par les Anglais, par les étrangers, toujours sur le point de perdre son identité; québécité menacée par l'Amérique terre du modernisme, du capitalisme sauvage mais aussi de la séduction, de la liberté, des fantasmes d'évasion et de redémarrage.

Or, tout ce cortège de mythes fondateurs, de fantasmes collectifs, tout cet ensemble d'images fortes est en voie de reconfiguration aujourd'hui, dans un réaménagement encore confus, mais où jouent de façon massive le décentrement, le déport et l'écart. Une première raison en est la pression indirecte et souvent inconsciente de l'« écriture migrante ». Insidieuse, secondaire, elle se fait de plus en plus massive, accompagnant le mouvement même du social et les problèmes de la société québécoise. De Marco Micone[3] à Mona Latif-Ghattas[4], de Dany Laferrière[5] à Émile Ollivier[6] et à moi-même[7], en passant par Naïm Kattan[8] ou Monique Bosco[9] qui furent des pionniers, cette littérature a une voix qui se fait de plus en plus forte. Qu'il s'agisse de souvenirs d'enfance, de nostalgies des lointains, de l'ailleurs, de l'autrefois, du contact brutal ou euphorisant avec la société québécoise, les paysages du Québec, ses hivers ou son histoire, cette littérature inscrit toujours du transitoire, de la dualité, de la double appartenance, de l'inquiétante étrangeté, de la pluralité, de l'hybridité. Elle est, au-delà de la multiplicité des écritures et de la diversité du travail formel, interrogation sur les stéréotypes, sur les évidences, sur les mythes de fondation qui prévalent ici. Au classique « comment peut-on être Persan ? », elles substituent toutes à leur façon: « Qui est Québécois aujourd'hui ? » Par là, elles érodent la vieille antienne du pays-forteresse assiégée, la conception culturaliste et/ou ethniciste de la culture, le passage lisse de la culture canadienne-française à la culture québécoise avec quelques excroissances périphériques (les Autres). Elles obligent à des décentrements, à des réaménagements du dispositif identitaire. Plusieurs réponses conflictuelles peuvent être données à cette nouvelle disposition des cartes identitaires: la relance de la menace, le repli et un nouveau nationalisme encore plus agressif que l'ancien[10]; l'ouverture et le

---

3. Voir en particulier son dernier livre, *Le Figuier enchanté*, Montréal, Boréal, 1992.
4. Voir en particulier, *Le Double Conte de l'exil*, Montréal, Boréal, 1990, et *Les Voix du jour et de la nuit*, Montréal, Boréal, 1988.
5. *Comment faire l'amour avec un Nègre sans se fatiguer*, Montréal, VLB éditeur, 1987.
6. Émile Ollivier, *Passages*, Montréal, l'Hexagone, 1991.
7. *La Québécoite*, Montréal, Québec/Amérique 1983; nouvelle édition, Typo, 1993.
8. Nouvelles publications: *La Fortune du passager*, Montréal, HMH, 1989, et *La Reprise*, HMH, 1985.
9. Voir *Clichés*, HMH, 1988, et *Boomerang*, HMH, 1987.
10. Participeraient de ce courant multiforme (on pardonnera l'amalgame, les gens que je cite sont très divers; je ne les réunis sous une seule rubrique que par leur fermeture

passage d'une conception culturaliste de la culture à celle d'un projet civique, pluraliste, un abandon de l'agrippement à l'origine et à l'identitaire, ce qui implique au niveau de l'imaginaire un tremblement des vieux dispositifs.

C'est bien ce qui se dessine au cœur de la fiction québécoise légitime. Depuis quelques années s'y creuse le travail de l'étrangéité, de l'écart, de la non-coïncidence. De Monique LaRue[11] à Jacques Poulin[12], de Jacques Godbout[13] à Pierre Nepveu[14], toute une américanité se cherche, se déploie, se redéfinit, se reproblématise. De la côte ouest canadienne ou américaine, de San Francisco à l'*American Trail*, tout un imaginaire se redispose afin de permettre à l'écrivain québécois de se trouver une place, de s'approprier ces espaces, de se creuser, au sein de ce continent, une spécificité, de jouer avec l'ambiguïté des références, des traditions et des intertextes. Un passage du roman de Jacques Poulin est caractéristique à cet effet :

> De vieilles factures que Jack avait trouvées dans le coffre à gants en faisant le ménage, révélaient que le Volks avait été acheté en Allemagne; il avait parcouru l'Europe et traversé l'Atlantique sur un cargo, ensuite il avait voyagé le long de la côte est, depuis les Provinces maritimes jusqu'au sud de la Floride. Au fond du compartiment à bagages, on voyait des coquillages et des pierres de couleur. Dans l'armoire qui se trouvait à l'arrière de la banquette, il y avait une odeur de parfum bon marché qui se balançait parfois dans le véhicule durant la nuit, lorsque le temps était chaud et humide. Et on remarquait ici et là, sur les murs et à l'intérieur des portes en contre-plaqué, toutes sortes de graffiti: une mystérieuse inscription en allemand, sous le pare-soleil du conducteur, se lisait comme suit: *Die Sprache ist das Hauss des Seins* [...]. Le vieux Volks avait parcouru 195 000 kilomètres dans sa vie, et, il entendait faire respecter son âge, ses expériences et ses petites habitudes[15].

On voit comment le vieux Volks se transforme en une image de la culture québécoise hybride, dans la déambulation, et une série de traces que l'on ne peut ni hiérarchiser ni ordonner. Nouvelle culture métissée. D'autres fictions mettent l'accent sur le problème de la tra-

---

à la redéfinition de l'identité québécoise aujourd'hui dans les diverses formes du symbolique), aussi bien Yves Beauchemin que Claude Jasmin, aussi bien Serge Turgeon dont le texte soumis à la commission Bélanger-Campeau était un chef-d'œuvre d'esthétique réaliste socialiste et de nationalisme content de lui, et le fameux *Disparaître* de Lise Payette, etc.

11. *Copies conformes*, Montréal, Lacombe, 1989.
12. Voir en particulier *Volkswagen Blues*, Montréal, Québec / Amérique, 1984.
13. *Une histoire américaine*, Seuil, 1986.
14. *L'Hiver de Mira Christophe*, Montréal, Boréal, 1986.
15. *Volkswagen Blues*, p. 85-86. On trouvera une belle analyse de ce passage dans Pierre Nepveu, « Qu'est-ce que la transculture ? », dans *Autrement le Québec*, « Paragraphes », vol. II, Publications du Département d'études françaises de l'Université de Montréal, 1989, p. 15-31.

duction et le rapport complexe qui s'établit par là à l'altérité [16]. Dans l'essai et la critique, cette reproblématisation de l'identité s'opère. De Jean Larose [17] à Michel Morin [18], en passant par Simon Harel [19], quelque chose de nouveau se fait jour, un ton, une réflexion plus libre, des prises de position qui ne craignent pas de sortir de la vulgate implicite, une véritable sortie de l'unanimisme. Ce n'est pas que cette sortie se fasse si facilement; B. Roy le rappelait récemment:

> Mais alors que le Canada anglais a pu faire des apports majeurs à une éthique postlibérale de la communauté, un tel travail d'approfondissement philosophique n'a guère d'équivalent au Québec francophone, qui serait pourtant bien placé pour fournir à la postmodernité une phénoménologie de l'être historique, susceptible de contribuer à une résolution constructive de l'actuelle crise des nationalités de par le monde. C'est comme si l'idéologie nationale tenait lieu ici de cette réflexion à laquelle son identité problématique a contraint le Canada anglais, l'identité étant reçue au Québec comme une évidence à illustrer par l'image de marque d'un État-nation moderne, « outil-de-notre-développement-collectif ». [...]
>
> Le Québec a intégralement part à la situation existentielle caractérisant l'ensemble du Canada: au cœur de l'espace historique de la modernité tel que défini par les Révolutions atlantiques, étendu aujourd'hui aux dimensions planétaires de l'Empire américain, les peuples du Canada ont ceci en commun d'être en même temps en retrait par rapport à lui, ne pouvant pourtant pas plus l'ignorer (comme l'avait naïvement rêvé le Canada français) qu'y adhérer sans réserve (selon le projet du Québec de la « modernisation globale »), sous peine de ne plus être eux-mêmes. Cette distance intérieure par rapport à une modernité concrètement assumée est ce qui place le Canada dans une position unique au monde pour jeter les jalons d'un dépassement réfléchi des antinomies mutilantes de sa logique nihiliste de conquête du monde comme image. Il est possible que le Québec (comme y songeait Grant) ait à assumer seul cette tâche, puisque l'incapacité du Canada anglais à accommoder sa différence marquerait son oubli effectif au plan politique des fondements de son identité, c'est-à-dire le sens d'une communauté historique plurielle irréductible à la somme des volitions individuelles. Mais le Québec ne sera en tout cas vraiment une nation digne de ce nom,

---

16. Je ne citerai dans ce cadre que *Le Désert mauve* de Nicole Brossard (Montréal, l'Hexagone, 1987); ou encore, comme dans le dernier roman de Francine Noël, *Babel, prise II* (Montréal, VLB éditeur, 1990), dont le personnage principal est une orthophoniste, quelqu'un qui « redresse » les défauts de langue, ce qui permet de faire de la langue le véritable actant du roman et de faire bouger le sociogramme « langue d'ici ».
17. *L'Amour du pauvre*, Montréal, Boréal, coll. « Papiers collés », 1991; et, auparavant, *La Petite Noirceur*, Montréal, Boréal, 1987.
18. *Souveraineté de l'individu*, Montréal, Les Herbes rouges, 1992.
19. Voir sa très belle étude *Le Voleur de parcours. Identité et cosmopolitisme dans la littérature québécoise contemporaine*, Longueuil (Montréal), Le Préambule, 1989.

fidèle à une vocation singulière ne se ramenant pas au simple aménagement local de processus globaux, que dans la mesure où il aura su prendre en charge pour lui-même la problématique canadienne de l'image et de l'identité. Elle pourra prendre à sa source historique tout son sens comme creuset d'une postmodernité, en autant que le Québec arrive à se penser dans la tension d'une hétérogénéité constitutive[20].

La littérature est précisément ce qui vient défaire les identités, ce qui déconstruit, érode les certitudes identitaires, met à mal le familialisme sécurisant dans lequel il est si facile de s'enfermer. On se souviendra de la boutade de H. Heine en réponse à Théophile Gautier, lequel après avoir beaucoup écrit sur l'Espagne, faisait part à son ami de son intention d'y aller: « Gardez-vous bien d'y mettre jamais les pieds, répondit Heine, vous ne pourrez plus rien écrire sur l'Espagne après. » Ce n'est pas un Andalou qui a composé la chanson emblématique de l'Andalousie *Granada*. Un des fondateurs de la mythologie des grands espaces de l'Ouest américain, nous rapporte Jacques Godbout, est un Canadien français. Will James, auteur de *Lone Cowboy*, n'était autre qu'Ernest Dufault, né à Saint-Nazaire d'Acton au Québec. Et Jean Larose de nous rappeler dans un très beau texte

> [qu'à] l'aventure de Will James, à l'écriture continentale de ses chevauchées traçantes, répond dans notre Québec l'histoire du Survenant, l'une des plus belles. Du survenant, l'auteur ne nous laissera jamais savoir le nom. J'aime pour ma part à m'imaginer que le grand-dieu-des-routes, c'était Will James, revenu par curiosité dans un coin perdu de son pays pour y faire étalage de sa force nouvelle, acquise aux États, et pour se donner l'allègement, bientôt l'enivrement d'un nouveau départ[21].

Alors, en ces temps où tout devient clôture, où chacun veut son *État-Volksgeist* par tous les moyens, il nous faut de nouveaux survenants sans identité assignable. Peut-être aussi de nouveaux coureurs de bois redéfinis récemment par Michel Morin comme

> celui qui lâche délibérément le fond ancestral, les religions et les morales établies, les codes communs (aussi bien civil que linguistique), celui qui se détache de tout fond, de tout fondement et s'enfonce sans recours dans l'inconnu de la nature sauvage et des mœurs étranges. C'est le déserteur qui s'assume, le dérivant qui ne se veut point autre. De par sa trajectoire, son périple infini, le coureur de bois rend possible une reformulation des termes anciens au contact de ce qui les met au défi, une réinvention et, en ce sens, un recommencement de la culture[22].

---

20. B. Roy, « Regards croisés sur le cinéma et la société », *Vice Versa*, n° 36, 1992, p. 29-30.
21. Jean Larose, « Le cheval du réel », *L'Amour du pauvre, op. cit.*, p. 99-100.
22. Michel Morin, *Souveraineté de l'individu, op. cit.*, p. 90.

La littérature est précisément ce qui opère un deuil de l'origine, une transmutation de l'origine. L'écriture permet aux identités de se jouer et de se déjouer les unes des autres. Elle constitue des frontières poreuses, traversées par les rêves. Elle détotalise, elle institue un droit au fantasme d'être autre, d'ailleurs, par-delà, en deçà, en devenir. Qu'est-ce qu'un écrivain ethnique ? Il n'y a pas de réponse à cette question. Tout dépend de la façon dont on se situe par rapport à l'assimilation, à l'intégration, à l'insertion et aux multiples modalités du vouloir-vivre ensemble. Écrivain d'origine « A », « B », « C » ? Quelqu'un qui vient d'ailleurs ? ou dont les parents viennent d'ailleurs ? ou les grands-parents... À quelques générations près, presque tout le monde en Amérique du Nord est ethnique, mais bien au-delà, Joyce est ethnique en Angleterre, Kafka bien entendu partout, Nabokov est ethnique, Philip Roth aussi.

On voit bien à quel point le problème est miné. Carl Sandburg, le poète d'origine suédoise, est bien un « ethnique » d'origine. Mais une étude sur la littérature américano-scandinave de Dorothy Burton Skärdal ne le prend pas en compte, malgré ses origines et sa thématique pourtant largement « ethnique ». Skärdal dit qu'il est totalement assimilé. Elle ne garde dans son étude que les écrivains qu'elle ne considère pas comme assimilés, malgré ou au-delà de leur thématique. Ce qui fait dire à Werner Sollors [23] que dès qu'un écrivain se fait connaître, a du succès, ou simplement du talent, il cesse d'être ethnique et tant qu'il se confine au folklore, à la petite patrie, au particularisme, au provincialisme, il est « ethnique ». Tout cela n'est pas très sérieux. On peut distinguer à ce propos trois positionnements d'écrivains :

— *l'origine etnique, stricto sensu*, dans un sens douteux, est la pire des positions, mais clairement identifiée : on est écrivain ethnique parce qu'on est ethnique. Tautologie remarquable. Qui n'est pas «pure laine» est « néo- », donc ethnique ;

— *la thématique* : ce n'est pas l'origine qui compte mais les sujets abordés. Éternel écartèlement de l'immigré : nostalgisme pour le pays d'origine, dialectes ou langues autres, incorporés, qui mettent de la couleur locale, imaginaire double ou triple, inscription de l'exil, rêveries sur l'avenir dans le nouveau pays,

---

23. Dans *Beyond Ethnicity: Consent and Dissent in American culture*. Voici une anecdote tirée de ce livre : à un colloque où on a invité un professeur italien d'Italie, un orateur explique en quoi le roman de Mario Puzo, *The Godfather*, tout en ayant été écrit par un Italien d'origine, n'est pas simplement un roman ethnique mais un roman tout court. En réalité, dit-il, il y en a qui affirment que c'est un roman ethnique, mais moi je peux le dire ou ne pas le dire parce que je suis un ethnique moi-même, un Italo-Américain moi-même, etc. Le professeur venu d'Italie, interrogé, répondit que, pour lui, cette façon d'interroger un roman était singulière, que *The Godfather* lui avait paru un roman bien sûr et, avait-il ajouté, de surcroît très américain.

expériences douloureuses ou exaltantes dans le nouveau pays, rapport à l'espace, rapport à une nouvelle temporalité, etc.;
— *l'écriture*, enfin, tout bêtement, l'écriture comme on disait autrefois, la forme plutôt que le fond. Le *déplacement* et ses figures; l'immigration inclinant plus à l'expérimentation formelle qu'à la continuité institutionnelle. Écriture immigrante, écriture migrante, écriture nomade.

Mais, en fait, il n'y a pas de loi, pas de règle. Toutes sont simplificatrices. Il y aura toujours différentes positions d'écriture en face d'une société pluriculturelle en conflit:

— des écrivains porte-parole de leur communauté d'origine, jouant le jeu du «mineur» (au sens kafkaïen), jouant aussi le jeu de l'ethnicité, à la périphérie et non au centre, l'Italien de service, le Juif de service, le faux marginal reproduisant la structure de l'ethnicité institutionnalisée. C'est la problématique de l'interculturel;

— à l'inverse, des écrivains d'origine étrangère cherchant à se *fondre* complètement dans l'imaginaire social de l'autre. Phénomène européen, de cultures centralisées ou universalistes, difficilement concevable en Amérique du Nord, mais qui peut exister;

— des écrivains dits «pluri-culturels», qui assument au niveau conscient (ce que donne le produit fini est une toute autre chose) le fait d'être à cheval sur plusieurs cultures, plusieurs pays, plusieurs langues, plusieurs imaginaires avec des expérimentations formelles pour donner de la cohérence à cette multiplicité ou à ces clivages;

— des écrivains dits «trans-culturels» qui (au niveau conscient toujours) ne se pensent pas à cheval sur plusieurs cultures mais comme des hybrides, des métis, des centaures, des formes étranges de mélange et qui vont mettre l'accent, comme le préfixe l'indique, sur le «trans» plus que sur «l'inter». Celui-ci ménage un trait d'union, celui-là se rapproche davantage du précipité chimique. On m'accordera cependant qu'il y a toutes sortes de transitions, de nuances, de finesses entre ces différentes positions, tout cela revenant à creuser en soi et dans l'écriture une *position d'étranger, d'étrangéité*, d'inquiétante étrangeté, et cela est propre à toute forme d'écriture dès qu'elle abandonne des positions de certitude identitaire, dès que l'identité se décompactifie et se problématise [24].

---

24. Deux livres ont récemment mis en avant cette problématique, celui de Julia Kristeva, *Étrangers à nous-mêmes* (Fayard, 1988) et celui de Simon Harel, *Le Voleur de parcours* (op. cit.). Je n'ai donc pas besoin de m'appesantir; j'y renvoie: ils sont essentiels.

Les quatre communications de cette section sont toutes en prise sur ce mouvement. Maïr Verthuy et Lucie Lequin présentent des femmes écrivains, aussi bien des Amérindiennes que d'autres d'origines diverses, dans une problématique féministe. Elles nous font part de ce corps à corps avec l'écriture. Sherry Simon s'interroge sur la traduction et sur les figurations de la pluralité culturelle dans le roman québécois. À travers les toutes dernières productions romanesques, elle scrute « l'étrangeté logée au cœur de l'identité » et montre le travail de l'autre au sein même de la fiction québécoise.

Les travaux de Lise Gauvin et de Ginette Michaud montrent les déplacements au cœur même de la légitimité québécoise, les repositionnements, les décentrements, les déplacements. Lise Gauvin, poursuivant sa réflexion socio-linguistique sur la langue, montre que malgré tous les phénomènes de *surconscience* que l'on continue à observer, quelque chose a bougé: « En même temps que la langue se reterritorialise, l'écriture prend ses distances avec la problématique identitaire. »

L'écriture se fait autre inscrivant de l'hybridité, de la langue étrangère, jouant de tous les registres, sans se sentir automatiquement gardienne d'un foyer identitaire. Même remarque chez Ginette Michaud qui s'attaque au « Sujet-Nation », non que le texte national ait disparu, répétons-le, mais il s'est problématisé. En tentant de comparer l'œuvre de Jacques Ferron et celle de James Joyce, Ginette Michaud dégage la complexité de ces diverses démarches. Se réclamant de Julia Kristeva et de la psychanalyse, elle voit dans la Nation quelque chose d'ouvert, un objet transitionnel, une zone de jeu, de liberté, de création, espace de représentation de l'œuvre littéraire permettant à la fois la prise et la déprise, l'ironie, la parodie, la mise à distance et la problématisation des discours.

Étrange Québec pluriel qui se cherche. La littérature ne serait-elle pas, loin des problématiques consuméristes et communicationnelles, le seul lieu où le nouveau pourrait émerger, où l'écriture migrante rejoindrait les problématisations de l'identité opérées par l'écriture fictionnelle légitime et où pourrait s'inscrire un nouveau projet ? Il n'y aurait plus de littérature québécoise « pure laine » ni d'écriture néo-québécoise, pas d'ethnicisation ni de catégorisation des écrivains et des écritures, simplement des écrivains d'ici ? On verrait bien le nom qui leur conviendrait. Pénélope devant son métier ? Écriture *patchwork* ? Un autre type d'unité et d'identité qui finira bien par se trouver sans qu'on ait à le catégoriser. Un pari difficile. Pourquoi pas!

(Université du Québec à Montréal)

Traduction et représentation identitaire

Sherry Simon

Littérature et pluralisme culturel

C'est au cours des années 1980 que s'est imposé dans la conscience publique — comme dans les projets de recherche universitaire — le constat de l'hétérogénéité culturelle du Québec. Aux débats historiques sur l'identité québécoise, il s'est ajouté une nouvelle dimension, exigeant que l'on rouvre le dossier de l'identitaire et qu'on en réexamine les fondements. En effet, le constat du pluralisme culturel implique bien plus que la seule présence de multiples groupes habitant un même territoire: il ouvre une interrogation sur le mode de partage identitaire qui existe — et que l'on voudrait voir exister — parmi ces groupes.

Un premier fait s'impose: la pluralité culturelle ne peut plus se concevoir comme un assemblage, un amoncellement d'unités culturelles autonomes et closes. Le pluralisme culturel n'est pas « l'interculturel », l'échange tolérant et confiant de groupes considérés comme seuls maîtres d'un territoire de références culturelles immuables. En fait, il est impossible de parler aujourd'hui de la pluralité culturelle sans interroger la notion même de culture: l'ensemble des représentations, des institutions et des affiliations qui en constituent le fondement. Toute unité identitaire, le national comme l'ethnique, est soumise à « l'épreuve » de la culture, c'est-à-dire le caractère mouvant, de plus en plus hybride des références et des symboles.

Nous savons donc que la culture n'a rien d'une enveloppe sécuritaire, d'un « déjà-là » de la signification dans lequel on entre ou d'où on sort: les espaces identitaires sont continuellement en voie de construction et de déconstruction. La carte des affiliations serait à dessiner beaucoup moins comme une configuration de cercles autonomes (qui distinguerait les Italo-québécois des Gréco-québécois, etc.) que comme une prolifération d'arcs qui se croisent en de nombreux points d'intersection. Cette cartographie doit entrer en rivalité avec les représentations du discours politique, dont la tâche est très souvent de refermer les cercles identitaires, de donner l'illusion organique de l'appartenance dans le but de gagner des objectifs stratégiques.

Comment le texte littéraire contribue-t-il à explorer et à façonner la thématique du pluralisme culturel? La modernité nous a légué un puissant modèle du rapport identitaire qu'il s'agit pour nous d'approfondir et de raffiner. Pour les tenants de la modernité, le texte littéraire est d'abord le refus d'un chez soi naturalisé et organique; c'est l'expérience de l'errance et de l'exil. Guy Scarpetta, dans un livre utile, *Éloge du cosmopolitisme*, décrit ce refus moderniste comme la contestation de tout « dispositif de l'enracinement ». Mais comme l'explique Fredric Jameson [1], ce refus s'appuie sur l'existence implicite d'une norme qui permet la réalisation du projet transgressif. Que se passe-t-il quand les conforts identitaires des autres sont aussi mis en question ? Il faut donc dégager la problématique identitaire de son ancrage dans une relation d'altérité. Il s'agit de questionner la production même des différences dans un contexte où les repères traditionnellement fondateurs de l'identité — la nation, la classe sociale, la race, l'identité sexuelle — ne relèvent plus de l'évidence.

Éléments d'un contexte nouveau

Ce que nous entendons explorer dans le roman québécois contemporain, ce sont les « figurations » de la pluralité culturelle. L'émergence, au cours des années 1980, d'un certain nombre d'écrivains d'origines culturelles diverses, s'affiliant à la littérature québécoise, est un phénomène relativement nouveau dans le contexte littéraire québécois. Jusque dans les années 1970, la littérature d'immigration, principalement juive, s'écrivait souvent en anglais. L'institution littéraire québécoise se montre très attentive à cette écriture qui, avec un grand nombre d'autres productions des années 1980, met à l'épreuve les frontières de l'espace culturel québécois — en jouant des langues et des altérités dans la texture de l'écriture même. On voit également, vers la fin des années 1980, de nouvelles approches critiques qui amorcent la relecture « postnationale » du texte québécois. Des critiques tels que Pierre Nepveu, Simon Harel, Patricia Smart, Pierre Ouellet relisent le corpus en empruntant des concepts analytiques tels que « altération », « cosmopolitisme », « exil intérieur », « migrance ».

---

1. Fredric Jameson, *Postmodernism or the Cultural Logic of Capitalism*, Caroline du Nord, Duke University Press, 1990.

Nous avons cherché à nous affilier à ce mouvement de relecture du corpus québécois en posant la question: « À partir de quels axes discursifs l'espace identitaire se construit-il [2] ? » L'axe que j'ai choisi de suivre concerne la langue, le plurilinguisme et plus particulièrement ici la thématique de la traduction comme révélateur des frontières mouvantes de l'espace culturel.

La traduction inachevée et pluralité culturelle

En conclusion à son importante étude sur la littérature québécoise contemporaine, *L'Écologie du réel* (Boréal, 1988), Pierre Nepveu identifie le motif de la traduction, au même titre que le thème du voyage et du dialogue, comme opérant, dans des textes récents de fiction québécoise, une « véritable redéfinition du lieu », une « traversée des apparences et des identifications », ouvrant à de nouvelles architectures de l'espace social. Il y voit l'indice d'une pensée du pluralisme « fort » dans la littérature et la société québécoises. Je voudrais situer mon travail dans le prolongement de ces réflexions. En effet, nous savons que la traduction n'est pas toujours le déplacement confiant et entier d'un message depuis son lieu d'origine vers un nouveau lieu de naturalisation. La traduction révèle souvent les failles, les non-coïncidences, les impossibilités de transfert total, et elle reste ainsi parfois inachevée. Je voudrais suggérer que c'est sous la forme de ce que l'on pourrait appeler « la traduction inachevée » que nous pouvons imaginer la pluralité culturelle. La traduction inachevée nous donne un texte où subsistent des traces du processus d'échange qui lui a donné lieu. Il est compréhensible au destinataire même s'il porte des éléments hétérogènes appartenant à d'autres codes. Il témoigne d'un processus d'assimilation qui n'est pas complet et qui transforme légèrement la langue d'accueil. Ainsi se met en évidence la perméabilité du propre à l'étranger, ou plutôt le caractère toujours incertain et mouvant de l'espace linguistique ou culturel propre. La langue se révèle porteuse d'hétérogénéité, accueillant des éléments disparates dans un ensemble qui demeure cohérent et fortement structuré.

---

2. Puisque j'expose ici le travail d'un groupe de recherche, je me permets de renvoyer aux études publiées dans *Fictions de l'identitaire au Québec* (Montréal, XYZ, 1991) qui expose les jalons théoriques de notre projet. Il s'agit d'un recueil de quatre articles, Sherry Simon, « Espaces incertains de la culture »; Pierre L'Hérault, « Pour une cartographie de l'hétérogène: dérives identitaires des années 1980 »; Robert Schwartzwald, « (Homo)sexualité et problématique identitaire »; Alexis Nouss, « Jacques Ferron, portrait d'une écriture en mineur ».

Le *topos* de la traduction

Je voudrais indiquer quelques moments d'une recherche en cours qui prend pour objet quelques articulations de la thématique de la traduction à partir des années 1940 dans divers discours littéraires du Québec.

Lire, comme nous proposons de le faire, une partie de l'histoire culturelle québécoise à travers la problématique de la traduction peut prendre l'allure d'une provocation. Nous savons que la topique de la traduction dans l'histoire québécoise jouit d'une fort mauvaise presse, la traduction étant associée plus souvent qu'autrement à l'asservissement et aux contacts culturels imposés par la domination. C'est sur un ton bien amer que l'historien Michel Brunet aurait montré que c'est la carrière de traducteur qui s'est ouvert aux nobles français après la Conquête (1760), ou que Léon Lorrain et Pierre Daviault qualifieront les Canadiens français de « peuple de traducteurs », les significations linguistiques et politiques de la traduction se confondant dans une longue et persistante frustration à l'égard des rapports entre le français et l'anglais au Québec[3]. La traduction administrative, qui donne aux institutions britanniques une réalité française, sera de plus en plus accusée de la détérioration du français canadien. « Voyez l'œuvre funeste de la traduction », clame R.-Albert Benoît en 1922: « On y dénature le sens propre des mots. On allie des vocables qui n'ont pas l'habitude de voisiner et on oublie d'en réunir qui demandent à l'être pour rendre clairement une idée[4]. » Et, puisque dans l'esprit de très nombreux commentateurs au cours du siècle la capacité d'expression de l'individu (et du groupe) est signe de sa culture, la traduction est ennemie de la culture canadienne-française. Peu nombreux sont les commentateurs tels que le linguiste Marcel Boudreault qui, en 1973, suggérait que c'est en partie à cause de la traduction (ou le contact des deux langues) que la langue québécoise a évolué différemment de la langue française, exprimant ainsi un processus normal d'adaptation de la langue aux conditions sociales. Combien de lettres adressées aux journaux, de chroniques linguistiques, ont dénoncé les anglicismes et les écarts de langage qui pénètrent la langue française à partir de la traduction. Et si de très nombreux hommes (*sic*) de lettres canadiens-français ont occupé un poste de traducteur dans l'administration fédérale (Pamphile Le May, Louvigny de Montigny, Guy Sylvestre, Jean LeMoyne, Jean Simard,

---

3. Pour les sources de ces références et une élaboration de la discussion historique autour de la traduction, voir mon étude, *L'Inscription sociale de la traduction au Québec*, Office de la langue française / Éditeur officiel du Québec, coll. « Langue et société », 1989.
4. R.-Albert Benoît, «L'influence de la traduction sur notre parler», *Le Canada français*, vol. VIII, n° 4, 1922, p. 253-271.

etc.), peu ont choisi d'intégrer cette expertise à leur travail littéraire. Trop liée au discours libéral et humaniste du bilinguisme officiel, trop associée aux vertus de tolérance et de transparence peu soucieuses d'écarts de pouvoir, la traduction est depuis toujours un topos de négativité dans le discours public au Québec.

Au-delà de la négativité

Toutefois, ce discours de la place publique est doublé de discours ponctuels obéissant à d'autres impératifs, et qui montrent de quelle façon la culture québécoise se construit en rapport avec l'altérité linguistique.

Dans les années 1940 par exemple, la traduction s'installe au cœur du débat sur l'américanité de la littérature du Québec. Robert Charbonneau, dans *La France et nous*, constate l'influence des écrivains américains sur les écrivains québécois[5], et demande : « Pourquoi, nous qui possédons deux langues, attendrions-nous pour nous enrichir de la substance des écrivains américains ou anglais qu'ils aient été traduits et assimilés par les Français[6] ? » L'engouement des Français pour le roman américain est, d'après Charbonneau, un signe non équivoque de la stérilité du roman français. La traduction relève d'une obligation, elle «indique à la fois que le peuple n'a pas perdu le sens des valeurs et qu'il est prêt à les demander à l'étranger s'il ne peut les trouver chez lui. Il implique en outre que les Français ont fait fausse route depuis 50 ans[7] ». Charbonneau reprend dans sa perspective canadienne-française un topos sur la traduction qui resurgit périodiquement depuis au moins le fameux discours de Mme de Staël devant les Italiens en 1816 (et qui a provoqué une émeute) auxquels elle recommandait de traduire les littératures du Nord comme remède à la sclérose de leurs lettres. La traduction apporterait le salut aux littératures en besoin de ressourcement.

Louis-Marcel Raymond, traducteur lui-même d'Erskine Caldwell, insistera également sur l'accès « direct » qu'ont les Canadiens français à la littérature d'Amérique :

> Au carrefour de deux grandes civilisations, la française et l'anglo-saxonne, les Canadiens français, par leur origine, leur allégeance, leur fidélité, occupent une place culturelle privilégiée, ayant accès directement aux littératures française, américaine et anglaise et produisant une littérature autochtone, tant d'expression française qu'anglaise. Aussi, faut-il à peine leur présenter Erskine Caldwell,

---

5. Robert Charbonneau, *La France et nous*, Montréal, Éditions de l'Arbre, 1947, p. 22.
6. *Ibid.*, p. 31.
7. *Ibid.*

dont ils lisent les œuvres dans la langue originale, au fur et à mesure de leur parution [8].

Raymond souligne les similitudes culturelles entre le Québec et les États-Unis :

> Il m'a semblé que traduire en français une œuvre comme *Georgia Boy* pouvait en quelque sorte enrichir le domaine folklorique canadien, tant les résonances familiales et sociales se ressemblent des deux côtés du 45e parallèle. Bien souvent même, au cours de cette traduction, je n'ai eu, pour rendre l'atmosphère de certaines parties, qu'à penser à des scènes de familles auxquelles j'avais assisté à la campagne ou dans les quartiers ouvriers, saisissant en même temps la portée universelle d'un écrivain comme Caldwell [9].

Par contre, Jean LeMoyne donnera une coloration plutôt morbide et tragique à cette interpénétration des deux univers linguistiques. Dans « Lectures anglaises [10] », LeMoyne explique les conséquences de l'état du bilinguisme culturel qu'il vivait en tant qu'intellectuel nord-américain. Alors que son essai débute sur un ton quasi ludique (il est question de lectures qui forment l'existence), il devient à la fin la confession d'un homme et d'une société fracturés, écartelés entre deux mondes (matériel et spirituel). Le problème pour LeMoyne, c'est justement qu'il ne traduit pas, qu'il est coincé entre ces deux mondes et que cet état double, même s'il est à la rigueur tolérable pour un individu, est mortel pour une société :

> Il y a une dizaine d'années, j'étais quelque part dans l'univers jamesien lorsque je me suis rendu compte que vraiment je ne traduisais plus, de cette traduction qui était référence à ma mentalité française. Je m'étais émerveillé de cette aisance mais sans penser à l'interpréter. Depuis, elle n'a fait que s'approfondir : lisant de l'anglais, ma saisie et ma critique se produisent dans le monde où je me trouve et selon lui, sans aucun dépaysement ni besoin de vérification extérieure — ma lecture engage ma pensée et ses façons [11].

Ne pas traduire : c'est-à-dire vivre dans un univers bilingue qui est intolérable, puisqu'il témoigne du divorce entre le monde spirituel et le monde terrestre. L'Amérique, pense-t-il, n'est pas terre française :

> Plus que par tout autre facteur je m'explique donc mes croissantes familiarités anglo-saxonnes par la recherche de la correspondance du milieu et de l'expression, d'un accord intime entre l'ambiance et la conscience, recherche qui devenait de plus en plus impérieuse à

---

8. Louis-Marcel Raymond, « Présentation », *La Nouvelle Relève*, vol. V, n° 6, 1947, p. 497.
9. *Ibid.*, p. 498.
10. Texte de 1956 reproduit dans *Convergences*, Montréal, HMH, coll. « Constantes », 1961, p. 23-31.
11. *Ibid.*, p. 25-26.

mesure que notre lieu se caractérisait et s'imposait et que, subissant son action, je l'habitais mieux [12].

LeMoyne, en fin de compte, refuse de traduire puisqu'il choisit d'habiter un espace double. Si la traduction est l'appropriation vers soi d'une réalité autre, elle est impossible ici puisque LeMoyne se réclame des deux espaces, refusant d'abandonner l'un pour l'autre. Ce refus découle de la dichotomie absolue qu'il établit entre la culture anglo-américaine et la culture française, dichotomie que peu de commentateurs endosseraient aujourd'hui. L'essai de LeMoyne est utile, justement, dans la mesure où il fournit les paramètres d'une distinction éculée: celle qui sépare les mentalités américaine et française, la culture matérielle et la culture spirituelle. C'est parce que les codes de ces deux réalités sont pour LeMoyne impénétrables l'un à l'autre que la traduction est impossible. Comme presque toujours, le postulat de l'intraduisibilité relève d'une pensée mystique qui sacralise la langue.

C'est à partir d'une toute autre constellation conceptuelle que la traduction intervient dans l'univers poétique et critique de Jacques Brault. Pour Brault, la traduction est déplacement, épreuve de l'altérité, figure même de l'écriture puisque témoignant de la distance entre le sujet et son écriture, entre la collectivité et sa langue. Brault s'en prend à « l'idéologie traductionnelle du pareil au même, avec le critère de reproduction ou de duplication [13] » :

> La traduction poétique, cessons de nous leurrer là-dessus, doit être trahison ou tromperie. Je préférerais dire: dépaysement... On m'objectera qu'il ne s'agit plus là de traduction au sens habituel du mot, et qu'il vaut mieux, pour désigner ce genre d'entreprises, employer un autre terme, sous peine de tomber dans les pires abus et les pires malentendus. C'est pourquoi j'ai utilisé, faute de mieux, un néologisme fort simple: la non-traduction [14].

Brault donne à la traduction une vocation multiple, essentielle:

> Depuis que je navigue dans toutes sortes d'eaux étrangères, chargées d'alluvions (et d'allusions) historiques, culturelles, sociales, symboliques, de toutes provenances et de toutes destinations, je me sens plus profondément chez moi et je me sens guéri du mal de terre. Car c'est autant ma condition de Québécois que ma passion pour la poésie qui m'a obligé à me rapatrier par le détour du dépaysement. Mal dans ma langue comme on est mal dans sa peau, j'ai fini par admettre en pratique que le rapport vital de soi à soi passe par la médiation d'autrui. Tel est le nœud du non-traduire. [...] La traduction de la poésie, au Québec, si elle était perçue comme une reculturation

---

12. *Ibid.*, p. 27.
13. Jacques Brault, *Poèmes des quatre côtés*, Saint-Lambert, Noroît, 1975, p. 204.
14. *Ibid.*, p. 212.

vivifiante, comme une véritable odyssée désaliénante, cela, je crois, libérerait les poètes du Québec et leur permettrait peut-être de se faire entendre dans le monde [15].

Entre l'original et la traduction, une béance, la même béance qui sépare le sujet écrivant de sa matière « originale » :

> Je flotte dans une inter-langue, des mots-buées voilent mon regard; un texte, ni d'un autre, ni de moi, se dessine en forme de chiasme. Je m'y pends. Je m'y perds; je m'y trouve. Et je me dis que je n'ai rien à dire. Un inter-texte, voilà ce que dévoile la non-traduction. Et dans ce « différent » les différences s'accusent autrement qu'à l'accoutumée [16].

Pierre Ouellet résume bien le travail de Brault : « Voilà, c'est d'un grand étrangement qu'il en va — jamais de soi. Car rien, jamais, ne va vraiment de soi — de soi à l'autre, de soi à soi, ni de personne à personne : toujours un autre prend la communication pour nous, à qui l'on parle secrètement [17]. » Et citant Gabrielle Roy dans *La Détresse et l'enchantement*, « de la naissance à la mort, de la mort à la naissance, nous ne cessons, par le souvenir, par le rêve, d'aller comme l'un vers l'autre, à notre propre rencontre, alors que croît en nous la distance [18] ».

Une variante nouvelle de la problématique de l'étrangeté de la langue par l'épreuve de la traduction sera formulée par Fulvio Caccia et par d'autres, dans la revue *Vice versa*, qui proposent de penser la *lingua franca* de la modernité qui est la rencontre de deux langues historiquement caractérisées par la faiblesse : la langue aliénée du Québec colonialisé et la langue fragile des écritures immigrantes :

> En se confrontant à d'autres langues, en se laissant volontairement traverser par elles, le français acquiert ainsi les vertus d'une langue *forte* qui préside à la circulation et à la transformation des autres cultures. C'est l'assomption de sa faiblesse qui retourne ici en force, nommant le réel sans l'interpréter, s'assumant dans son miroitement infini, dans ses fractures, ses accents détournés, dans sa liberté totale [19].

L'évocation de la faiblesse fait écho à la revendication de la non-maîtrise caractéristique du discours anticolonialiste du Québec des années 1960. Recevoir l'apport de l'autre langue, subir son influence, c'est en effet choisir une forme de traduction inachevée.

---

15. *Ibid.*
16. *Ibid.*, p. 50.
17. Pierre Ouellet, *Chutes*, Montréal, l'Hexagone, 1990, p. 45.
18. Gabrielle Roy, *La Détresse et l'enchantement*, Montréal, Boréal Express, 1984, p. 80.
19. Fulvio Caccia, « Notes sur la transculture », *Le Devoir*, Montréal, 28 juillet 1986.

La traduction fictive

Le privilège de la fiction est d'être performance et mise à l'épreuve matérielle des frontières mouvantes de la culture. La confrontation des langues est devenue un champ bien fréquenté du roman québécois contemporain [20]. La traduction apparaît comme l'activité privilégiée par où le rapport à l'altérité est questionné et *travaillé*. C'est dans sa figuration détaillée de la traduction comme travail, corps à corps, manipulation à la fois savante, inspirée et impuissante de la langue, que *Le Désert mauve* de Nicole Brossard fait de cette thématique une performance exemplaire [21].

Le roman est composé d'un espace triple. Le premier texte, intitulé « Le désert mauve », est un récit qui s'écrit à partir d'absolus (la vie intense et rapide de Mélanie, la lumière éblouissante du désert, le mal de « l'homm'long », le meurtre de Angela Parkins). Le deuxième texte, « Un livre à traduire », propose un espace hybride, la rencontre entre la traductrice Maude Laure et le récit de Laure Angstelle, qui prend la forme implicite, et même explicite, du dialogue. La traductrice cherche à remplir les silences du récit, à donner corps et substance aux personnages dessinés de traits rapides dans le récit. « Mauve, l'horizon » est le titre du troisième texte, qui est un récit « traduit » du français vers le français de la traductrice. Des changements très mineurs différencient le dernier texte du premier: des modifications d'intensité, de souffle, de phrasé, « une voix autre et ressemblante [22]. »

Contrairement au procédé habituel de la traduction, le texte traduit ici ne vient pas annuler le texte de départ, mais s'ajouter à lui: il est commentaire, prolongement du texte. (Le procédé ressemble à celui de la traduction du texte sacré, où la traduction n'est jamais un succédané de l'original mais plutôt une lecture, une variante, une représentation, qui fait partie d'une suite potentiellement infinie de commentaires.) Le processus de naturalisation qu'entraîne la traduction n'est donc réussi qu'à moitié, puisque la nouvelle version

---

20. Voir, dans *Spirale* (Montréal, n° 104, mars 1991, p. 3), mon article « Tours de Babel » au sujet de *Babel, prise II* de Francine Noël (VLB éditeur, 1990), d'*Avril ou l'anti-passion* d'Antonio d'Alfonso (VLB éditeur, 1990) et de *La Mauvaise Foi* de Gérard Tougas (Québec/Amérique, 1990). Pour ce qui est des romans qui adoptent une thématique de la traduction, voir *Une histoire américaine* de Jacques Godbout (Seuil, 1986), *Copies conformes* de Monique LaRue (Denoël, 1989), *Jérôme ou la traduction* de Jean Marcel, *Les Grandes Marées* de Jacques Poulin (Québec/Amérique, 1978) et bien sûr *Le Désert mauve* de Nicole Brossard (l'Hexagone, 1987).
21. Cette dernière partie de la présente réflexion a paru, sous une forme légèrement différente, dans « La traduction inachevée », Simon Harel (dir.), *L'Étranger dans tous ses états*, Montréal, XYZ, 1992.
22. Nicole Brossard, *op. cit.*, p. 176.

prend place à côté de l'original. La traduction n'est *qu'une* version, une possibilité de sens et de transformation, qui invite à envisager les autres.

La traduction sera répétition de l'original, mais en même temps nouveauté, puisque la répétition est productrice de différences. Rappelons ici le célèbre « Pierre Ménard, auteur du *Quichotte* », de Borges : « Le texte de Cervantes et celui de Ménard sont verbalement identiques, mais le second est presque infiniment plus riche[23]. » Le fait d'être placé dans un rapport de succession au premier texte, de se définir donc comme une conséquence du premier texte, donne un sens nouveau au texte *secondaire*.

L'évacuation de l'étrangeté

Que penser, cependant, de ce travail de traduction qui laisse si peu de traces dans le produit final? Que signifie cette entreprise de médiation à peine troublée par une altérité qui pourrait porter atteinte aux codes de la maîtrise? L'altérité ne s'installe pas en tant que signe visible dans le texte. En fin de compte, le travail de la traduction, son investissement à la fois affectif et artisanal au niveau des mots, n'aurait eu que peu d'effet sur le produit final, qui se lit en langue d'arrivée à peu près comme l'original, sauf pour des différences d'intensité et de rythme. La lectrice, le lecteur, ne bute pas sur l'étrangeté du produit, n'est finalement pas conscient d'avoir affaire à une traduction. C'est dans ce sens que l'on peut dire que le roman propose une attitude classique du processus de la traduction comme passage, comme transport de sens, ou, encore mieux, qu'il suggère un univers optimiste qui s'inscrirait dans la logique du féminisme utopique de Nicole Brossard. D'autre part, et c'est l'autre versant du paradoxe, la coexistence de l'original et de la traduction dans le même « Livre » suggère la possibilité d'un espace pluriel, habité de l'hétérogène. Le Livre n'est plus un espace unitaire.

Pour traduire ces mots dans le vocabulaire de la problématique culturelle qui est la nôtre, nous pourrons conclure : *Le Désert mauve* propose un espace identitaire, un Livre, pluriel et fragmenté. Son langage lisse, en apparence monologique, fait parler une double voix, l'étrangeté logée au cœur de toute identité.

(Université Concordia)

---

23. J. L. Borges, « Pierre Ménard, auteur du *Quichotte* », Gallimard, *Fictions*, coll. « Folio », 1980 [1956], p. 71.

Le Sujet-Nation :
James Joyce et Jacques Ferron

Ginette Michaud

Si l'on pensait en avoir fini avec la question de la nation, en terme d'idéologie, plus que jamais cette idée fait aujourd'hui retour avec force comme objet de savoir. L'épreuve de l'étranger, pour reprendre le beau titre d'Antoine Berman [1], le rapport à l'autre, la question de l'altérité, les transferts culturels activés par les minorités, les situations mouvantes issues par exemple de l'immigration et d'une intégration difficile à un ensemble plus vaste qui ne serait pas seulement totalisant, autant de traits qui nous engagent au contraire à reprendre aujourd'hui l'idée de nation (et pas seulement son idéologie, le nationalisme) d'un autre point de vue, et indiquent, qu'à travers des mots clés tels que communauté par exemple, la question de la nation, la nation en tant que forme de la question identitaire, n'a jamais vraiment cessé d'être retravaillée depuis les trois dernières décennies dans tous les champs des sciences humaines. Notre projet s'inscrit donc dans une constellation de recherches en cours, sur la genèse des nationalismes, ou mieux, sur l'analyse comparée des transferts culturels à l'œuvre dans la constitution du Sujet-Nation, aussi bien en France (on pense par exemple aux ouvrages d'Antoine Berman, de Tzvetan Todorov, de Julia Kristeva, de Françoise Gaillard, de la sociologue Dominique Schnapper), qu'aux États-Unis (Timothy Brennan, Edward Said), en Angleterre (Homi K. Bhabha, Geoffrey Bennington, Benedict Anderson), en Allemagne (János Riesz, Hans-Jürgen Lüsebrink; le centre de recherches sur la question de l'identité à Bayreuth), ou même en Australie (Sneja Gunew).

Précisons d'entrée de jeu que le Sujet-Nation [2] dont nous évoquerons ici les contours, loin de se présenter comme une évidence, une

---

1. Antoine Berman, *L'Épreuve de l'étranger. Culture et traduction dans l'Allemagne romantique*, Gallimard, coll. « Essais », 1984.
2. Ce travail s'inscrit dans le cadre d'une recherche intitulée « Famille, nation, folie : politiques du sujet dans l'œuvre de Jacques Ferron ». Cette recherche est

donnée positiviste de type sociologique ou politique, se donne essentiellement comme un objet de savoir à construire qui, émergeant d'un réseau mouvant d'images, de figures (l'Étranger, l'exil, les marges, le mineur, etc.), de métaphores (*amor patria*, mère-patrie, langue maternelle, par exemple) ou de structures fantasmatiques, allant de l'affrontement à la soumission, de l'affirmation souveraine à la dissémination, agit en retour sur l'objet conceptuel, sur l'idée que nous nous faisons de la nation. On ne saurait donc rabattre tout simplement la nation « réelle » sur le Sujet-Nation qu'on définira plutôt, avec Homi Bhabha, par une série d'approximations qui le font bouger: le Sujet-Nation, tel que nous l'entendons ici, est donc

> plus complexe que ce que le terme de communauté suggère, plus symbolique que celui de société, plus connotatif que celui de pays, moins patriotique que celui de patrie, plus rhétorique que celui de raison d'État, plus mythologique que celui d'idéologie, moins homogène que celui d'hégémonie, moins centré que celui de citoyen, plus collectif que celui de sujet, plus psychique que celui de « civility », plus hybride dans son articulation des différences culturelles et des identifications — genre, race, ou classe — que ce qui peut être représenté par n'importe quel type de structure hiérarchique, binaire ou polaire des conflits sociaux[3].

Problématique et objectifs généraux

Commençons donc par dire que ce projet de recherches reprend à nouveaux frais, à l'occasion d'une relecture globale de l'œuvre de l'écrivain Jacques Ferron, la question du Sujet-Nation telle qu'elle se représente à travers trois instances opérant dans des registres différents mais constamment entrelacés dans l'œuvre de cet écrivain polygraphe qui a pratiqué tous les genres. Ces instances, que nous condensons autour de noyaux sémantiques qui s'enveloppent les uns les autres sans se recouvrir totalement et que nous désignons par les termes de « Famille, nation, folie », circonscrivent la singularité du sujet québécois qui s'élabore de manière complexe dans cette œuvre comportant, comme on le sait, deux versants assez différents, une rupture survenant autour de 1973. Cette œuvre est considérée par plusieurs critiques comme un texte fondateur de la littérature québécoise contemporaine, et aussi, de manière plus significative pour notre propos, comme une œuvre fondamentale marquant l'entrée de la littérature

---

subventionnée par le comité d'attribution des fonds internes de recherche (C.A.F.I.R.) de l'Université de Montréal et par le Conseil de recherches en sciences humaines du Canada (C.R.S.H.).
3. Homi K. Bhabha, « DissemiNation: Time, Narrative and the Margins of the Modern Nation», dans *Nation and Narration*, Londres et New York, Routledge, 1990, p. 292. Nous traduisons.

québécoise dans le projet culturel de la modernité. C'est donc l'articulation, à la fois conceptuelle et théorique, mais tout aussi bien littéraire et politique, de ce sujet, interceptant des questions relevant à la fois d'une scène privée (notamment autobiographique) que d'une autre scène psychique élargie (politique, socio-historique, nationale), pour reprendre l'analyse dont René Major a jeté les bases dans son important ouvrage, *De l'élection*[4], qui constitue l'objet essentiel de cette recherche.

Avant de sérier plus précisément les questions qui nous retiendront, quelques remarques préalables s'imposent quant à la définition même de notre problématique. D'abord, il est clair qu'une telle recherche, surtout dans le domaine actuel des études québécoises, s'inscrit à l'intérieur d'une certaine tradition critique, dont elle prend le relais, tout en s'en démarquant. Disons d'emblée qu'il ne s'agit aucunement de faire table rase de tout ce qui a pu s'écrire sur ce sujet, mais bien plutôt d'établir une continuité critique, une transmission qui n'exclut pas la transformation des questions. (Re)poser aujourd'hui la question du Sujet-Nation implique nécessairement un déplacement des enjeux, une reformulation et une refonte des modèles et des formes, surtout au moment où un peu partout dans le monde occidental et tout particulièrement en Europe, des situations politiques nouvelles soulèvent encore une fois l'idée de la nation et la projettent à l'avant-scène. Or, il nous paraît, pour cette raison, tout à fait essentiel de retourner à cette idée de la nation, en cessant de la considérer de manière réductrice seulement comme une idéologie politique, pour la lire plutôt comme une image elle-même issue d'un système culturel plus vaste, comme une forme de narration impliquant l'analyse de « stratégies textuelles, de déplacements métaphoriques, de sous-textes latents et de figures[5] » : on aperçoit d'emblée l'apport précieux de la psychanalyse pour une telle analyse du lien social et des politiques du sujet, privé et collectif, qui en découlent; j'y reviendrai. Autrement dit, à quoi sert de fait la nation aujourd'hui, sinon à élaborer des fictions identitaires? Ceci dit, il va de soi que, pour pallier le risque de repli narcissique qui guette toute critique en matière d'identité nationale ou collective, il est désormais nécessaire d'opter pour une perspective résolument comparatiste et internationale. Ainsi, dans notre cas, l'œuvre de Jacques Ferron n'est-elle pas

---

4. René Major, *De l'élection. Freud face aux idéologies américaine, allemande et soviétique*, Aubier-Montaigne, coll. « La psychanalyse prise au mot », 1986.
5. C'est là la voie explorée par la majorité des collaborateurs du collectif, *Nation and Narration* (*op. cit.*, n. 3). Se déplaçant selon tous les axes (est-ouest, nord-sud, conditions néo ou postcoloniales), cet ouvrage constitue, notamment à cause de sa perspective internationaliste qui n'aplanit pas pour autant les différences culturelles, un point de référence obligé pour toute réflexion croisant les questions de la nation, de la modernité et de la narration.

seulement retenue pour son exemplarité, mais parce qu'elle est un lieu privilégié — privilégié, parce que donnant une forme précisément littéraire à une question politique — servant de point d'ancrage à une réflexion gardant une portée théorique plus générale centrée sur les rapports de la nation et de la narration.

Cette perspective comparatiste est donc à nos yeux essentielle et constitue l'un des aspects originaux de cette recherche: l'un de ses points nodaux consistera en effet en une lecture croisée de l'œuvre de Ferron et de celle de James Joyce (*Gens de Dublin*, *Ulysse*). Précisons tout de suite qu'il ne s'agit pas de forcer quelque conjonction artificielle entre ces deux œuvres, encore moins de les subordonner l'une à l'autre: leur manière de traiter la question de la nation (à travers, par exemple, l'idée du peuple élu, l'accent mis sur un fonds commun mémoriel, ou le messianisme national) sont aussi différentes que leur choix respectif le suggère (l'exil pour Joyce, la décision arrêtée pour Ferron de ne pas sortir du Québec, manière d'exil intérieur). Loin de vouloir en rester à des correspondances superficielles entre les deux œuvres, c'est donc un transfert culturel d'un autre genre qui nous intéressera ici: par leur capacité à générer des mythes, par leur manière de dialectiser le nouveau et l'ancien, par leur rapport à l'histoire et, entre autres, à une religion qu'on peut qualifier dans les deux cas de « politico-nationale », par leur situation politique enfin (le Québec colonisé, l'Irlande coloniale) qui détermine un certain rapport à la langue maternelle comme toujours-déjà étrangère, ces deux œuvres soulèvent chacune à leur manière une façon de poser les rapports du politique, de l'esthétique, et, plus largement, de l'éthique, qui résiste toujours à toute image de la nation comme lieu de rassemblement, de liaison ou d'authentification du sujet.

Cette politique du sujet est sans doute plus claire, d'une certaine manière, chez Joyce que chez Ferron où, plus modeste, elle passe par toute une série de stratégies, allant de l'affrontement à l'autre jusqu'à l'identification avec lui, passant de l'espace psychique de la haine à l'amour-propre, de la projection au repli, utilisant diverses ruses et feintes. Si l'œuvre de Jacques Ferron a bien tenté de lier le politique à la littérature, mieux, d'élever le politique à une certaine idée de la littérature — une profonde interrogation culturelle traverse toute l'œuvre, de *La Nuit* (1965) à *La Conférence inachevée* (posthume, 1987), en passant par le monumental *Ciel de Québec* (1969) —, c'est en reconnaissant, comme il l'avouera à son correspondant anglophone John Grube, que lorsqu'« on mêle le politique et la littérature, il faut s'attendre à ces malentendus[6] ». Jacques Ferron, comme bien d'autres écrivains préoccupés par la question de l'identité nationale,

---

6. Jacques Ferron, *Une amitié bien particulière. Lettres de Jacques Ferron à John Grube*, Montréal, Boréal, 1990, p. 59.

confirmait lui-même l'importance de ce lien dans l'un des derniers textes publiés de son vivant, « L'alias du non et du néant », en déclarant à l'occasion de cette enquête « pré-référendaire » sur les rapports de l'écrivain et du politique, que

> [m]es livres, je les ai faits pour un pays comme moi, un pays qui était mon pays, un pays inachevé qui aurait bien voulu devenir souverain, comme moi un écrivain accompli, et dont l'incertitude est même devenue mon principal sujet, ce qui m'a forcé à mêler au beau livre dont je rêvais de la rhétorique, un discours politique plus ou moins camouflé [7].

C'est l'adéquation complète présupposée par Ferron entre la question nationale et le destin de l'œuvre individuelle, entre le salut collectif et l'œuvre individuelle, entre l'identité incertaine d'un Sujet-Nation québécois et celle, tout aussi fragile, de la psyché d'un écrivain (élaborant dans ses derniers livres une « théorie du moi » de plus en plus complexe), qui retient aujourd'hui notre attention. Cet aveuglement, ce malentendu, pourtant prévus par Ferron, auront longtemps empêché le lecteur de percevoir le renversement subtil dont faisaient ici l'objet le politique et le littéraire, et qui ouvre selon nous une reformulation de leur rapport. En effet, il ne s'agirait plus, comme dans les années soixante (on pense par exemple à l'idéologie « décolonisatrice » de la revue *Parti pris* inspirée par les réflexions de Fanon et de Memmi), de mesurer l'œuvre littéraire à l'aune du discours politique, mais bien de voir que c'est le pays qui, à défaut d'être encore dans les années quatre-vingts une référence ayant le pouvoir de structurer du dehors l'œuvre et de soutenir sa cohérence symbolique, devient une image, une figure, une métaphore du sujet : « Un pays comme moi », écrit de fait Ferron, indiquant peut-être par là, mais de manière *camouflée*, à quel point en l'espace de vingt ans, une génération à peine, ces deux propositions tendant à identifier le sujet individuel au collectif, la nation et la narration, seront devenues étranges, sinon étrangères l'une à l'autre. Dans le cas de Joyce, il est clair que le problème était d'emblée posé de manière différente, plus radicale. Résumée dans la formule célèbre de Léopold Bloom dans *Ulysse* : « We can't change the country. Let us change the subject [8] », la position de Joyce se révèle d'entrée de jeu éminemment critique par rapport à tout « dispositif d'enracinement » (selon l'expression de Scarpetta, dans *Éloge du cosmopolitisme*, Grasset, 1981) qui viserait une quelconque adéquation entre les destins du pays et de l'écrivain. Plus que toute autre œuvre de la modernité sans doute, l'œuvre de

---

7. Jacques Ferron, « L'alias du non et du néant », *Le Devoir*, 19 août 1980.
8. James Joyce, *Ulysses*. The Corrected Text. Edited by Hans Walter Gabler with Wolfhard Steppe and Claus Melchior, Londres et New York, Penguin Books, « Student's Edition », 1986 [1983], p. 527.

Joyce aura questionné toute appartenance à une communauté, un groupe, et déplacé les frontières de l'espace culturel, mais non sans faire fond de manière ambivalente sur l'Irlande comme lieu privilégié de sa formation.

C'est précisément cette transformation du sujet que nous voudrions examiner chez deux écrivains dont les œuvres ont souvent été perçues, selon les termes d'un nationalisme romantique, comme la « libération spirituelle de son pays [9] » pour l'un, comme l'expression de « l'âme d'un peuple en ce qu'elle a de plus authentique [10] » pour l'autre. Cette lecture comparée, et tout particulièrement l'exploration de la filière irlandaise comme modèle soutenant la configuration de notre propre image du Sujet-Nation, n'ayant jamais été tentée de manière systématique [11] nous nous proposons d'en faire ici un examen d'abord dans l'œuvre de Ferron, mais aussi dans d'autres textes de la littérature québécoise. Par ailleurs, cet examen inclut également le repérage et l'analyse des identifications labiles avec les images d'autres sujets-nations (on pense particulièrement au modèle de la nation à l'allemande, mais aussi aux images ambivalentes, fluctuantes, des États-Unis ou de la Pologne).

Car à reprendre aujourd'hui la question nationale comme nous voudrions le tenter ici, il faudra désormais se demander non pas si les discours politique et littéraire peuvent se recouper et se superposer, mais bien à quelles conditions le « pays inachevé » et l'« écrivain inaccompli » peuvent s'imiter, et surtout si leur « souveraineté » respective peut être pensée en termes analogues. Quels sont les enjeux d'une telle analogie ? L'accès à la souveraineté d'un Sujet-Nation peut-il être de fait pensé dans une stricte correspondance avec la psyché d'un sujet individuel, qui ferait bien plutôt l'expérience de l'accès à la modernité sous la forme de la division, de la perte et de la fragilité narcissique, si l'on en croit la conception psychanalytique ? Le pessimisme de Ferron à la fin de sa vie, sa mélancolie, voire un certain pathos, quant à cette

---

9. Lettre de James Joyce à Grant Richards, datée du 23 juin 1906, dans *Selected Letters of James Joyce*, éd. par Richard Ellmann, New York, The Viking Press, 1975, p. 88. Le passage se lit de la façon suivante: «I like to retain them [il s'agit de passages de *Gens de Dublin* que l'éditeur Richards cherche à faire retirer] because I believe that in composing my chapter of moral history in exactly the way I have composed it I have taken the first step towards the spiritual liberation of my country».
10. Jean-Marcel Paquette, *Jacques Ferron malgré lui*, Montréal, Parti pris, coll. « Frères chasseurs », 1978.
11. Mises à part quelques réflexions d'André Beaudet dans *Littérature/Imposture* (Montréal, Les Herbes rouges, 1984), quelques numéros de revues et des articles ponctuels. Voir, entre autres, Katherine O'Sullivan See, *First World Nationalisms. Class and Ethnics Politics in Northern Ireland and Quebec*, Chicago, University of Chicago Press, 1998, 215 p., et « Québec-Irlande », *Écrits du Canada français*, n° 61, 1987.

conjonction devenue à ses yeux impossible, en disent long sur l'investissement du sujet individuel en jeu ici. Glissant à son corps défendant vers une emprise autobiographique qu'il jugeait de plus en plus envahissante, menaçante même, parce qu'elle le détournait de l'invention, de la construction positive que représentait pour lui l'œuvre de fiction, Ferron ressentait en termes d'échec le déplacement majeur qui s'était produit à l'intérieur de son œuvre, au moment où la problématique du pays « incertain » s'était détachée d'une cartographie encore précise, d'une topographie et d'une délimitation territoriale encore marquées (la Gaspésie, Ville Jacques-Cartier), des mythes des origines et des fondements (*Le Ciel de Québec*, *Le Salut de l'Irlande*, la généalogie du *Saint-Élias*), pour se perdre, avec beaucoup plus de « désarroi », dans le domaine indéterminé de l'errance et de la folie dans les derniers textes (*Le Désarroi*, *La Conférence inachevée*, mais aussi les précédant, *Du fond de mon arrière-cuisine*, « La créance » et autres textes autobiographiques). Le « beau livre » dont Ferron rêvait, auquel il travailla plus de quinze ans (publié, de manière très partielle, sous forme de fragments dans *La Conférence inachevée*), vient en effet doubler et diviser l'œuvre de fort étrange manière et engage le lecteur à réarticuler différemment sa signification. Le retrait des genres « épiques » ou « archaïques » (contes, grande fresque du *Ciel de Québec*) coïncide également avec un repli sur les genres du récit, de la correspondance, des fragments, textes épars mettant en échec le projet du Grand Œuvre totalisant, dont il faudra également prendre la mesure.

Perspectives théoriques, stratégies de recherche, démarches méthodologiques

Le réexamen des rapports politique/esthétique au cœur des œuvres de Ferron et de Joyce ouvre donc des perspectives théoriques très larges et aura tout avantage à croiser, autant que faire se peut, plusieurs approches méthodologiques (au premier chef, des analyses textuelles bien entendu, mais également une certaine psychanalyse du lien social, telle que pratiquée par René Major ou, dans un autre registre, philosophique, par Philippe Lacoue-Labarthe et Jean-Luc Nancy [12]). L'analyse d'un tel sujet, Sujet-Nation dont les résonances politiques, philosophiques, sociologiques et historiques, sont immédiatement perceptibles, nécessite donc d'emblée des stratégies de lecture pluridisciplinaires et plurielles.

Les questions qui nous servent ici de fil directeur — à quoi sert la nation? quels sont le rôle, les fonctions de ces fictions identitaires

---

12. René Major, *De l'élection*, op. cit.; Philippe Lacoue-Labarthe, *L'Imitation des Modernes. Typographies II*, Galilée, 1986; Philippe Lacoue-Labarthe et Jean-Luc Nancy, *Le Mythe nazi*, Galilée, 1991.

pour le sujet qui s'y projette ? comment l'idée de nation traduit-elle non seulement un discours ou des idéologèmes politiques, mais une véritable *construction imaginaire* qui permet au sujet de lier des éléments, qui resteraient autrement disparates, et de (se) composer une image ? —, ces questions gardent une portée théorique générale ; ce que nous voudrions maintenant examiner à partir de quelques aspects plus proprement méthodologiques relatifs à une psyché dite nationale et reposant sur une analogie — insistons sur ce fait, une analogie non une homologie — entre sujet individuel et sujet collectif, analogie qui est toujours posée comme le fondement de cette construction imaginaire qu'est le Sujet-Nation, comme si elle allait de soi. Parmi ces questions théoriques, mentionnons-en trois qui, opérant sur les plans différents, mais interreliés, du politique, de la psychanalyse et du littéraire, nécessitent une élaboration plus complexe, que nous ne pouvons développer ici. L'analyse des figures et des métaphores du Sujet-Nation passe souvent par la comparaison, voire la confrontation, de modèles différents et de diverses théories (par exemple, la polarisation polémique entre le modèle de la nation à la française et le modèle à l'allemande qui a été au cœur de plusieurs ouvrages ces dernières années [13]). Je ne reviens pas ici sur ce débat. Ainsi, la question du Sujet-Nation ne se pose évidemment pas dans les mêmes termes à l'époque de la formation des nations européennes ou à celle de la décolonisation contemporaine, par exemple. Par ailleurs, c'est la définition de la nation récemment élaborée par Julia Kristeva, à partir d'une analogie avec la situation psychanalytique que j'aimerais rapidement commenter car elle est, je crois, très suggestive pour notre propos, surtout en regard d'une articulation entre littérature et psychanalyse pour la construction de l'objet qui nous occupe, le « Sujet-Nation ». Enfin, si comme l'écrivait Balzac, le roman raconte la vie privée des nations, nous accordons une grande importance à l'assise proprement littéraire de cette problématique : comment, et dans quelle forme, dans quel genre, le Sujet-Nation (se) raconte-t-il une histoire ?

J'aimerais également, avant de conclure, évoquer trois aspects méthodologiques sur lesquels vient buter toute analyse du Sujet-Nation, problèmes auxquels le critique doit nécessairement se confronter. D'abord, la question de l'affect. En second lieu, le problème de l'approche, des bords de cette psyché dite nationale dès lors qu'elle est, comme celle du sujet individuel, clivée. En troisième lieu, la syntaxe de l'oubli qui déforme les figures du Sujet-Nation et ne permet leur repérage qu'au prix d'un véritable travail, d'une reconstruction dans la lecture.

---

13. D'Alain Finkielkraut (*La Défaite de la pensée*, Gallimard, 1987) à Todorov (*Nous et les Autres*, Seuil, 1989) et à Kristeva (*Étrangers à nous-mêmes*, Fayard, 1988).

Premier point, la question de l'affect. Il est difficile de ne pas remarquer à quel point le Sujet-Nation est un objet de savoir ambivalent, suscitant des sentiments complexes, aussi bien la haine que l'amour-propre chez le sujet individuel qui s'y investit. Ces affects touchant des sentiments d'appartenance (*belonging*) [14] ont aussi à voir avec ce qui donne forme et contour, enveloppe, protection et défense au sujet (*bordering*); le plus souvent, ils se manifestent comme écran à toute analyse concernant le Sujet-Nation. Par-delà les effets discursifs ou les valeurs idéologiques, ce sont peut-être ces affects en formation, cherchant précisément forme dans un récit, qui sont les plus intéressants parce qu'ils tentent de traduire le sens des limites du sujet (liminalité, marges, frontières), mais c'est aussi cette dimension affective du Sujet-Nation qui le rend suspect. Ce soupçon est en partie lié à la connotation archaïque de totalité, mauvais concept par excellence qui s'attache toujours plus ou moins à l'idée de nation, mais il est aussi tributaire de la double articulation constitutive de la nation, telle que la formule par exemple Geoffrey Bennington dans une argumentation largement inspirée de celle de Derrida :

> L'origine de la nation n'est jamais simple, mais toujours dépendante d'une différenciation des nations qui a toujours déjà commencé. [...] Pour pouvoir instituer un nom, une frontière et une histoire qui pourront être racontés au centre, l'État-Nation doit être constitutivement imparfait. La clôture de l'État-Nation devient la frontière de la nation et [...] cette frontière implique qu'il y a plus d'une nation [15].

« Cette complication, ajoute-t-il, n'est pas un accident qui surviendrait pour altérer la pureté idéale de l'État-Nation, elle est originaire [16]. » Selon cette conception, le Sujet-Nation, loin d'être clos sur lui-même, est au contraire toujours ouvert à ses autres, ses bords travaillés par eux :

> Il ne se constituerait même que dans cette ouverture à l'Autre, en principe violente. Le statut de la nation individuelle et, à l'intérieur de celle-ci, du citoyen individuel, est dérivé de cette violence primaire « globale » [...]. Face à cette situation, la nation a recours à une narration d'un genre ou d'un autre, et elle procède dans une sorte « d'après-coup » (*Nachträglichkeit*) constitutif des institutions en

---

14. Voir à ce sujet l'excellent article de Timothy Brennan, « The National Longing for Form » (dans *Nation and Narration, op. cit.*, p. 44-70), qui explore quelques-uns des mythes associés à la « nationness » et qui suscitent, à cause de connotations totalitaires, une « dépression » quant à cette notion, empêchant souvent de percevoir ses aspects créateurs.
15. Geoffrey Bennington, « Postal Politics and the Institution of the Nation », *Nation and Narration, op. cit.*, p. 122, 130. Nous traduisons.
16. *Ibid.*, p. 130.

général. [...] La nation raconte le moment fondateur et produit ses effets de légitimation à travers la répétition [17].

Voilà pourquoi, entre autres raisons, l'idée de la nation est indissolublement liée à sa narration : c'est en élaborant ses fictions identitaires, de l'intérieur vers l'extérieur, du centre vers ses marges, du coup de force qui préside le plus souvent à ses origines à la « constitution » qui la légitime après-coup, que la nation, dans un processus aussi interminable que pour le sujet individuel, (se) construit une identité.

Ceci nous amène au deuxième problème méthodologique, celui des bords de cette psyché nationale : comment concevoir cette psyché ? Comment l'aborder ? Dans la description de Geoffrey Bennington que nous venons de citer, on aura peut-être remarqué qu'une relation d'homologie est supposée relier le Sujet-Nation et le sujet individuel, comme dans le jeu des poupées gigognes, sans gains ni pertes significatifs dans le détail et la complexité. Et pourtant, ne sommes-nous pas ici devant une analogie, c'est-à-dire une construction elle-même de part en part métaphorique, plutôt que devant une véritable homologie ? Quel est, au juste, le rapport entre un sujet individué et une macro-entité telle que le Sujet-Nation ? Admise, même à reculons, sur le plan cognitif (on en fait usage, même si elle est jugée périmée ou dangereuse), on sait que la notion d'inconscient collectif par exemple n'est pas pour autant légitimée sur le plan théorique, et ce, à partir déjà de la formulation ambiguë, conflictuelle, dont elle fera l'objet en psychanalyse et qui donnera lieu à une double version divisée et agonistique, celle de Freud et celle de Jung, qui se transmettra telle quelle, pour ainsi dire, jusqu'à nous, sans être vraiment repensée dans toutes ses conséquences [18]. Comment nous représenter cette macro-entité, si nous acceptons que, comme le sujet individuel, celle-ci soit clivée, joue à la fois de la dissociation, de la séparation et de l'articulation, et pas seulement sur son versant extérieur, par rapport aux autres nations, mais également de l'intérieur, dans une division qui l'éloigne constitutivement de toute adéquation pleine avec elle-même ? Autrement dit, comment concevoir le clivage du Sujet-Nation, ce processus de doublure et de division par lequel le Sujet-Nation s'écrit ?

Tout le problème consistera ici pour le critique à dénouer ces instances toujours transformées, déformées, par le texte littéraire, nouant des entités de grandeurs différentes (individu, groupe, famille, ethnie, nation, inter-nation), sans les réduire à une même échelle.

---

17 *Ibid.*, p. 131-132.
18. Nous avons développé ailleurs cet aspect théorique de la question, touchant la notion problématique d'inconscient collectif. Voir « Transfert et refoulement dans la théorie psychanalytique. À propos de la notion d'inconscient collectif », *Études littéraires* (Québec), vol. XXII, n° 2, automne 1989, p. 53-71.

Problème de taille, si j'ose dire, si comme le souligne Sherry Simon : « Toute entreprise critique qui s'engage dans l'étude de l'identitaire doit faire face au caractère contradictoire et mouvant du rapport entre les réalités hypostasiées du discours social et l'indétermination des identités subjectives [19]. »

Dans un article paru dans *Le Monde*[20] à l'occasion d'un débat sur l'intégration de l'immigration en France, Julia Kristeva synthétisait une définition de la nation, dont elle développait, dans son ouvrage *Étrangers à nous-mêmes*, la généalogie jusqu'aux Grecs et jusqu'à l'inquiétante étrangeté de Freud. Selon cette conception, en partie empruntée à la pensée psychanalytique, Kristeva définissait l'idée nationale française, outre son caractère contractuel et juridique, par deux qualités la rendant singulièrement actuelle : elle est transitionnelle et culturelle, disait-elle. Culturelle d'abord, parce que la nation est définie non comme une réserve archaïque de traits typiques ou archétypiques (cela, c'est le modèle allemand, qui plonge ses racines dans le sol et la loi du sang), mais comme une série de différences, où l'emporte la mise en valeur des droits particuliers (des individus, aux familles, aux groupes, aux ethnies, etc.). La nation est ici pensée comme une « *série d'ensembles* qui, de l'individu à la famille, du pays à l'Europe et au monde, respecte le particulier si, et seulement si, il s'intègre dans un autre particulier, de grandeur supérieure, mais qui à la fois garantit l'existence du précédent et l'élève au respect des nouvelles différences qu'il aurait tendance à censurer sans cette logique [21] ». Mais c'est le deuxième aspect de la définition de Kristeva qui est surtout intéressant pour notre propos, d'autant qu'il est transposé ici en termes psychanalytiques : la nation sera un objet transitionnel, « objet-fétiche " indispensable " à tout enfant [...] qui condense sa propre image en devenir avec celle de sa génitrice dont il commence à se détacher [22] ». Cette zone de jeu, de liberté et de création garantit notre accès en tant que sujet à la parole, aux désirs et aux savoirs ; dans le cas de l'écrivain, cette zone de jeu transitionnelle prend la forme de l'espace de représentation de l'œuvre littéraire.

Cette hypothèse de la nation comme objet transitionnel est intéressante à plus d'un titre : elle offrirait, selon Kristeva, un espace identitaire transitif et transitoire, ouvert et créateur, aux contours mobiles, labiles, permettant des identifications plutôt qu'une identité, pour la

---

19. Sherry Simon, « Espaces incertains de la culture », dans *Fictions de l'identitaire au Québec*, de Sherry Simon, Pierre L'Hérault, Robert Schwartzwald et Alexis Nouss, Montréal, XYZ, coll. « Études et documents », 1991, p. 24.
20. Julia Kristeva, « La nation pour inclure ou exclure ? Une idée fragile et libre », *Le Monde*, 29 mars 1991, p. 21.
21. *Ibid.*
22. *Ibid.* « Il existe des mères (mais aussi des « matries » ou des « patries ») qui empêchent la création d'un objet transitionnel ; il y a des enfants qui ne peuvent pas s'en servir », ajoute Kristeva. La remarque est peut-être particulièrement pertinente pour le cas du Sujet-Nation québécois.

constitution de sujets modernes, c'est-à-dire des citoyens susceptibles de devenir des individus cosmopolites en puissance. Par ailleurs, l'analogie qu'elle établit ici avec la psychanalyse lui permet également de poser le problème de la nation en reconnaissant « la violence des pulsions identitaires qui s'étayent sur la pulsion de mort [23] » (l'effondrement du sujet dans la folie chez Ferron par exemple pourrait être exploré comme la perte de la mise en forme et de la mise en pensée des pulsions identitaires, comme la perte de toute distance œuvrant une voie vers la sublimation): il y va toujours d'une violence dans le désir de différence, surtout dans le cas des nationalismes blessés [24].

Enfin, le troisième et dernier point, concernant la syntaxe de l'oubli inhérente à tout récit du Sujet-Nation, problème qui est soulevé dans la définition fondatrice que donnera Renan de la nation dans sa conférence de 1882, « Qu'est-ce qu'une Nation ? » Renan écrit en effet que «l'oubli, et je dirai même l'erreur historique, sont un facteur essentiel de la formation d'une nation», « l'essence d'une nation est que tous les individus aient beaucoup de choses en commun et aussi que tous aient oublié bien des choses. Aucun citoyen français ne sait s'il est Burgonde, Alain, Taïfale, Visigoth. Tout citoyen français doit avoir oublié la Saint-Barthélémy, les massacres du Midi au XIIIe siècle [25] ». Cette conception de la nation comme communauté d'oubli — oubli non pas par décision rationnelle mais par quelque chose qui s'apparente à l'amnésie et qui ne peut que faire retour, précisément, dans les retours du refoulé — éclaire aussi la scène d'écriture de la nation, les rapports ambigus, tendus, de la nation et de la narration, sous le rapport de la mémoire dite collective ou de ce que Régine Robin a récemment mieux désigné par le terme de «roman mémoriel [26] ». Ce n'est jamais qu'à travers des figures déformées, défigurées, travaillées par la forme littéraire que les fragments d'une textualité inconsciente du Sujet-Nation peuvent émerger. Il faudra s'intéresser ici à la double écriture, à la « dissémiNation », pour reprendre un titre lui-même emprunté à Derrida par Homi Bhabha, pour aller lire ce qui s'écrit de *l'intérieur* même des limites du Sujet-Nation qui, comme le sujet individuel, n'établit jamais son rapport à l'Autre en dehors [27], à l'extérieur ou au-delà, mais au moment où la limite se retourne de l'extérieur vers l'intérieur, émerge de l'intérieur, quand nous pensons que nous parlons en toute intimité, entre nous.

(*Université de Montréal*)

---

23. *Ibid.*
24. *Ibid.*
25. Ernest Renan, « Qu'est-ce qu'une Nation ? », 1882, p. 18 et 9, cité par Jean-Jacques Guinchard, « Le national et le rationnel », *Communications*, n° 45, « Éléments pour une théorie de la nation », 1987.
26. Régine Robin, *Le Roman mémoriel*, Longueuil, le Préambule, 1990.
27. Homi K. Bhabha, « Introduction: Narrating the Nation », *loc. cit.*, p. 4.

Poétiques de la langue et stratégies textuelles

Lise Gauvin

La recherche qui m'occupe poursuit une réflexion amorcée dans les années 1970 dans le cadre d'un ouvrage sur *Parti pris* et de travaux sur la langue d'écriture [1]. Cette recherche a un double objectif. Le premier est d'ordre théorique. Il s'agit de clarifier un certain nombre de notions concernant les rapports entre langue et littérature. S'il est assez facile en effet de s'entendre sur des notions comme celles de diglossie, de bilinguisme ou de multilinguisme social, le repérage des mêmes phénomènes aux plans littéraire et textuel est beaucoup plus complexe. Il en va de même du phénomène de transcription et de translittération de l'oralité qui donne lieu, lorsqu'il s'agit du roman notamment, à de nombreux cas de figure. D'autres questions concernent le statut de littérature mineure, de littérature nationale, et l'autonomie institutionnelle de l'une ou de l'autre en regard de son fonctionnement.

Le deuxième objectif veut rendre compte, dans une perspective diachronique, des transformations de la littérature québécoise. Depuis que celle-ci existe ou s'interroge sur son existence, critiques et écrivains entretiennent un métadiscours sur la langue. Des oscillations de ce discours dépend en grande partie l'évolution de cette littérature. La question n'a cessé d'apparaître au cours des époques, comme le lieu de convergence de plusieurs problématiques, comme un catalyseur de discours littéraires et comme la mise en scène et en mots de positions idéologiques spécifiques. L'interrogation sur la

---

1. *Parti pris littéraire*, Montréal, Presses de l'Université de Montréal, 1975; « Littérature et langue parlée au Québec », *Études françaises* (Montréal), vol. X, n° 1, février 1974, p. 79-119; « Problématique de la langue d'écriture au Québec de 1960 à 1975 », *Langue française*, n° 31, septembre 1976, p. 74-90; « L'écrivain et la langue au Québec », *Europe*, n° 731, mars 1990, p. 4-13.

langue d'écriture, toujours doublée d'un commentaire plus global sur le statut de la langue ou d'un diagnostic sur l'état de la langue parlée, est l'histoire d'une suite de déplacements qui conditionnent ou modifient les grandes options de la littérature québécoise. Il s'agit là d'une scène particulière, révélatrice d'un procès littéraire plus important que les procédés qu'elle met en jeu. Une scène propre à l'exhibition du littéraire mais aussi à la constitution de poétiques particulières. C'est ce que j'appelle la surconscience linguistique de l'écrivain québécois, surconscience partagée, mais de manière différente, par des écrivains de la francophonie, ainsi que par d'autres en situation de « littérature mineure [2] ».

Rappelons les principaux jalons de cette *surconscience*. Dès les commencements de la littérature au Canada, Crémazie, dans un texte percutant, situe, à travers la question de la langue, la position que s'attribue alors la littérature « canadienne », soit une littérature marginale de langue française. Le débat est lancé. Comment, se demandent les uns, conquérir reconnaissance et légitimité face à la littérature-mère ? Comment, se demandent les autres, accéder au statut de « littérature nationale » ? Le projet de faire « canadien » entraîne-t-il nécessairement la création d'une langue nouvelle ? Faut-il se contenter d'un usage modéré de vocables locaux ? Quels sont les modes de « littérarisation » possibles de la parole ? Et pour qui écrit-on ? Quel est le public visé ? Toutes questions abordées par les rédacteurs des revues *Le Terroir* et *Le Nigog* et par les essayistes Camille Roy, Albert Pelletier, Claude-Henri Grignon; l'un signalant une situation de diglossie entre le langage littéraire, ce « français fictif » dont parle Renée Balibar, et la langue de tous, l'autre revendiquant une parlure originale. Dans cette première phase d'autonomisation, des institutions se créent, telle la Société du parler français au Canada (1902) dont le mandat est de favoriser la connaissance du vocabulaire canadien. Mais la problématique de la langue véhiculée par les écrivains se définit toujours en termes de norme et d'écart par rapport à des modèles plus ou moins présents et prégnants. Accentuer l'écart, n'est-ce pas aussi choisir de faire jouer l'exotisme, moyen fort sûr d'attirer l'attention « du vieux monde » ? Mis à part les contes, qui miment le discours oral, la prose narrative, jusqu'à la première moitié du XXe siècle, fait encore un usage timide des particularismes

---

2. Pour reprendre l'expression célèbre de Kafka; c'est-à-dire une littérature qu'une minorité fait dans une langue majeure, littérature dont la langue est affectée d'un fort coefficient de déterritorialité (voir G. Deleuze et F. Guattari, *Kafka. Pour une littérature mineure*, Minuit, 1975, p. 33). Les autres caractéristiques de la littérature mineure sont le branchement de l'individuel sur l'immédiat politique et l'agencement collectif d'énonciation. On sait aussi que « mineur » signifie « les conditions révolutionnaires de toute littérature au sein de celle qu'on appelle grande ou établie ».

langagiers. Les romanciers, fidèles à l'esthétique réaliste, se contentent de manier les niveaux de langue dans les dialogues et les discours rapportés, enchâssant certains mots par des guillemets ou utilisant l'italique.

La revendication des années 1960 est plus totale. Des écrivains dénoncent, dans la revue *Liberté*, la fatigue culturelle et la situation d'infériorité des Canadiens français, ainsi que leur langue humiliée. Dans les pages de la revue *Parti pris*, la chose littéraire n'est plus pensée comme un système clos mais comme une institution greffée sur les autres systèmes symboliques. Tout en proposant la nouvelle dénomination « littérature québécoise » pour remplacer la double altérité que représente, en 1960, la désignation de « littérature canadienne-française », on ne pense plus le champ littéraire en dehors du contexte socio-politique qui en conditionne l'existence. Au « pour qui » et au « comment » s'ajoute le « pourquoi écrire ». Dans une situation de domination ou de demi-colonialisme, est-ce que la pratique de l'écriture ne sert pas de caution aux autres structures plus englobantes ? Quelle est la position de classe de l'écrivain ? Remettant en cause la fonction esthétique de la littérature et la qualité de reflet du texte, négligeant le vieux dilemme de savoir s'il faut écrire en canadien, en « canayen » ou en français de France, certains écrivains de *Parti pris*, s'engagent dans une pratique volontariste et provocante du joual.

Depuis *Parti pris*, et pendant un temps, le débat semblait à peu près clos. L'identification d'une littérature québécoise, en même temps qu'elle passe par la question de la langue, la dépasse, dans la mesure où cette littérature a acquis un niveau d'autonomie suffisant pour éviter la cristallisation et légitimer ses propres usages. Dans les années 1970, brouillage des voix et carnavalisation contextualisent autrement le rapport à la langue. L'écrivain s'engage dans une pratique libre, voire libertaire et éminemment ludique, du lexique québécois. Pourtant, au cours des années 1980, le statut de la langue inquiète de nouveau et on assiste à une nouvelle thématisation du sujet. Plusieurs revues y vont de leurs numéros spéciaux, tandis que plusieurs écrivains, de plus en plus nombreux semble-t-il, avouent s'adresser à un double public. Rassurée dans son existence, confirmée dans ses usages, la littérature québécoise se diversifie tout en installant la problématique de la langue au cœur de ses fictions et de ses poèmes. « Quand on a une langue, on peut aller à Rome », déclarent Louise Dupré et Normand de Bellefeuille (*La Nouvelle Barre du Jour*, 1986). De nouveaux enjeux apparaissent, liés à la traversée d'autres langues par des écrivains d'origines diverses en même temps que la traduction, comme thème, prend de plus en plus d'importance.

À quoi renvoie cette surconscience linguistique ? C'est ce que je me propose de repérer aussi bien au niveau des poétiques que des stratégies textuelles. Car, aux positions explicites exprimées par les écrivains s'ajoutent les propositions véhiculées par les textes eux-mêmes. Dans les œuvres choisies, je cherche à percevoir comment le texte *parle la langue*, soit à la façon d'une isotopie distincte, soit par une série de procédés qui vont d'un système de représentation plus ou moins mimétique, stylisée ou fantasmée, de l'oralité des langages sociaux à un multilinguisme tendant à l'intégration festive des langages. Je tente ainsi de dévoiler la « nature ontologiquement langagière des textes », ce que Jean Bernabé a baptisé « glottocritique[3] ».

Deux phrases illustrent nos postulats, et la nécessité pour l'écrivain, qu'il soit du Québec ou d'ailleurs, de trouver sa langue dans la langue : « Écrire une langue, c'est s'éloigner d'une langue. C'est la transposer. C'est ce qui fait notre utilité à nous, écrivains. On existe pour filtrer » (Michel Tremblay)[4] ; « Toute langue est étrangère à celui qui l'écrit » (Yves Laplace)[5]. Notre enquête a, jusqu'à maintenant, consisté à repérer dans les revues québécoises, de *Parti pris* à *Vice Versa*, les positions des écrivains, de façon à identifier une ou des idéologies, littéraire(s), sociale(s) ou politique(s), de la langue[6]. Au cours des trois dernières décennies, quelles représentations s'est-on fait du rapport de forces entre les langues ? Qu'entend-on par langue québécoise ? Langue maternelle, natale, vernaculaire ou mythique, celle-ci semble tour à tour affectée des prestiges les plus fabuleux ou des symptômes les plus aliénants. Correspond-elle toujours à cette désignation que lui donnait Jean-Pierre Faye d'« inconnue énigmatique[7] » ?

Dans les revues examinées — les analyses n'ont pas encore été faites sur les revues de critique littéraire —, on constate que la question du statut politique du français est au centre des préoccupations. La majorité des intellectuels et écrivains qui prennent la parole militent en faveur du français comme langue de l'État et sont d'accord pour une législation claire dans ce sens. Par contre, la fameuse équation « État-Langue-Nation » est souvent discutée. André Belleau constate « que le monolinguisme social, en soi, n'est pas un avantage ni un mal ». Au Québec, il milite « pour un unilinguisme antinationaliste ». Belleau tentera de dédouaner la langue face au nationalisme. À la défense de la Loi 101, il déclare : « Nous n'avons pas besoin de parler

---

3. Jean Bernabé, « Contribution à une approche glottocritique de l'espace littéraire antillais », *La Linguistique*, vol. XVIII, fasc. 1, 1982.
4. Entrevue accordée à Lise Gauvin, *Possibles*, printemps 1987.
5. « Écrire les langues françaises », *La Quinzaine littéraire*, 16 mars 1985.
6. Recherche subventionnée par le Conseil de recherches en sciences humaines du Canada. Y collaborent Rainer Grutman, Alexandra Jarque, Suzanne Martin et Anchère Nzabatsinda.
7. Préface à Michèle Lalonde, *Défense et illustration de la langue québécoise*, Seghers/Laffont, coll. « Change », 1979, p. 6.

français, nous avons besoin du français pour parler. » Il énonce en outre quelques formules lapidaires: « La vérité, c'est que les langues sont des guidounes et non des reines »; « Une langue, c'est un dialecte qui s'est doté un jour d'une armée, d'une flotte et d'un commerce extérieur[8]. » Cet exemple parmi d'autres montre bien que le discours sur la langue des intellectuels québécois n'a rien des réductions caricaturales qu'on veut parfois lui faire subir. Ce fameux discours de l'homogénéité qu'on présente souvent comme symptomatique de la pensée québécoise n'existe pas dans les revues examinées, où la discussion sur la langue est toujours présentée dans le contexte d'un système plus complexe. Le Québec n'y est pas perçu comme une société homogène et nostalgique de ses origines mais comme une société pluraliste qui souhaite la reconnaissance politique de sa majorité. La différence est de taille. Dans la revue *Maintenant*, Fernand Dumont associe le destin du français au Québec à un processus de prolétarisation: « Faire un Québec français [...] ce n'est point d'abord enjeu de bourgeoisie en mal de nationalisme, mais une façon de bloquer la prolétarisation des plus démunis de pouvoir et, par conséquent, de parole. Ici la langue est au commencement[9]. »

Une position fort différente est véhiculée par *Vice versa*, magazine transculturel publié en trois langues, qui s'oppose à toute législation restreignant la pleine liberté d'expression. Dans « Nonobstant la langue 2 », on lit, en éditorial: « Je me demande si la langue française a avantage à se vouloir officielle, étatique, ou bien, tout en étant protégée, dans les écoles, et au travail, être libre et promue fortement dans la création et l'expression d'idées et de valeurs autres. » On ne précise pas en quoi pourrait consister cette protection. À l'instar des autres revues, *Vice Versa* fait une large place au débat sur la langue, mais semble s'intéresser davantage au traitement littéraire des langues qu'à la question politique.

On aura compris que les écrivains qui publient dans les revues québécoises ne sauraient envisager une *politique* de la langue sans accompagner leur réflexion d'une *poétique*. De *Parti pris* à *Vice versa*, si les esthétiques varient, le commun dénominateur n'en reste pas moins la revendication de la liberté du créateur et une méfiance totale envers toute poétique fondée sur la langue comme seul critère de différentiation. L'usage du joual proposé par les écrivains de *Parti pris* est transitoire et éloigné de tout populisme facile. Ces écrivains pratiquent une écriture de la parole qui ne se propose pas en littérature. Saison de l'inconfort, s'il en est. Quand, quelques années plus tard, Victor-Lévy Beaulieu tentera de se faire le promoteur d'un système littéraire fondé

---

8. *Liberté*, n° 146, avril 1983. La dernière formule est empruntée au linguiste W. A. MacKay.
9. *Maintenant*, n° 125, avril 1973.

sur l'idéologie jouale, les opposants seront nombreux[10]. Dans *Maintenant*, Miron précisera: « Mais une œuvre, si géniale soit-elle, ou un ensemble d'œuvres qui relèvent de critères esthétiques et où viennent se greffer des structures de la langue littéraire, ne sauraient être La langue commune[11]. » Godbout pour sa part avoue se situer « entre l'Académie et l'Écurie » et craint par-dessus tout la folklorisation toujours possible et le marquage régionaliste, ce qu'il appelle « le cycle du sirop d'érable[12] ». Il clame le droit de l'écrivain de dire qu'il n'est pas de la famille et qu'il est un étranger.

À *La Barre du Jour*, puis à *La Nouvelle Barre du Jour*, on revendique la transgression en pratiquant une écriture subversive et un chambardement des règles grammaticales. Écriture largement promue par les femmes écrivains qui ont voulu produire une nouvelle pratique du langage. Les poétiques s'appuient sur le désir de revoir la grammaire et son idéologie implicite, de fissurer les codes et les genres. Là encore, on éprouve le besoin de « penser la langue ». À *Vice versa*, l'exemple des autres littératures mondiales est systématiquement convoqué pour analyser celle des écrivains immigrants. La notion kafkaïenne de « littérature mineure » fonde plusieurs réflexions. Les poétiques s'orientent vers le multilinguisme ou le plurilinguisme textuel.

L'élément le plus significatif de cet examen des revues est le *sentiment de la langue* qui s'exprime à travers les voix des écrivains. En même temps que les jugements portés sur le français parlé au Québec évoluent de la dépréciation à la fierté, du négatif à l'affirmatif (« On est beaux, stie! », lit-on dans un des derniers numéros de *Parti pris*), le concept de « langue punie » disparaît pour faire place à la constatation de parler une variante américaine du français (Michèle Lalonde). Le sentiment de la langue fait suite à la passion d'hier, c'est-à-dire quelque chose de plus secret, de plus intime, de plus nécessaire, passible de déviance, de délinquance, mais aussi d'impertinence et de jeu. On passe « du bruit au bruissement ». Une enquête effectuée sous ce titre pour la revue *Possibles* auprès d'un certain nombre d'écrivains a révélé une « bonne dose d'ambivalence, d'émerveillement et de fascination » (Nicole Brossard), mais aussi la posture contradictoire de l'écrivain qui, tel Chamberland, doit continuer à défendre l'unilinguisme francophone et « refuser la condition pathologique de diglossie », mais sait également que l'écrivain « s'il en est un, détourne

---

10. Je renvoie aux textes de Pierre Vadeboncœur, de Michèle Lalonde, d'Hubert Aquin et de Gaston Miron (immédiatement cité) dans *Maintenant* (*ibid.*).
11. *Vice versa*, n° 28, mars-avril 1990, p. 4.
12. Voir, dans *Le Réformiste. Textes tranquilles*, « Entre l'Académie et l'Écurie » et « Or, le cycle du sirop d'érable dure donc » (Montréal, Quinze, 1975, p. 174-188 et 192-198).

l'usage de la langue [...]. En regard du même, qu'est la bonne communication, l'écriture n'est pas sûre, l'écrivain est suspect. Écrire, ça ne peut être défendre ni illustrer une " langue nationale "[13] ».

De tout cela, je conclus, ou plutôt je propose comme hypothèse que le sentiment de la langue s'est peu à peu modifié à cause d'une nouvelle distribution des fonctions du langage dans la société québécoise. C'est-à-dire qu'en même temps que la langue se reterritorialise, l'écriture se déterritorialise et prend des distances avec la problématique identitaire. Le mouvement des années 1960 est à comprendre comme une réponse à la difficulté de faire du français, dans la situation québécoise, une langue moderne, urbaine, une langue de société et d'État. En somme, pour reprendre le schéma de Gobard[14], je dirais que le véritable enjeu n'était pas entre des variétés du français, ou dans un désir exacerbé de distinction par rapport au modèle français, mais dans la volonté de donner au français un statut de langue véhiculaire. Le débat se situait moins entre le vernaculaire québécois et le français châtié ou académique (langue référentiaire) qu'entre le français et l'anglais, alors utilisé comme langue véhiculaire, du moins dans les grands centres urbains comme Montréal. D'où le militantisme, d'où le joual comme dénonciation d'un *no man's langue* ou d'une contamination involontaire. Une fois le statut accordé au français, la distribution s'est modifiée. Non seulement les attitudes des écrivains changent, mais l'opposition entre français vernaculaire et français référentiaire tend à disparaître également. L'intervention d'autres langues devient possible, tant sur le mode mythique que réaliste. Le multilinguisme est moins vécu sous forme de tension que de polysémie verbale et textuelle.

On peut suivre cette évolution dans les stratégies textuelles adoptées par les écrivains, et particulièrement les romanciers. C'est là l'autre orientation de ma recherche. De *Parti pris* à Michel Tremblay, de Réjean Ducharme aux romanciers des années 1980 et aux écrivains dont le parcours passe par l'expérience d'autres langues, je tente de retracer les manifestations du jeu des langues. Manifestations qui peuvent prendre aussi bien l'aspect de ruptures diglossiques que d'un bilinguisme ou colinguisme plus ou moins tranquille, comme c'est le cas chez Poulin le traducteur, ou d'une polyphonie narrative liée à l'art du roman[15]. Mais le carnavalesque et la joyeuse relativisation

---

13. « Du bruit au bruissement: à propos de langue et d'écriture », enquête réalisée par Lise Gauvin auprès de dix-sept écrivains, *Possibles*, printemps 1987. Cette attitude trouve écho dans les pages de *Vice versa*, où Régine Robin parle du nomadisme essentiel de l'écrivain et où Jean Jonassaint, Antonio d'Alfonso, Marco Micone et Fulvio Caccia témoignent de la complexité de leur rapport aux langues.
14. Henri Gobard, *L'Aliénation linguistique*, Flammarion, 1976, 298 p.
15. J'ai examiné récemment le parcours de Michel Tremblay qui, du théâtre au roman, n'a cessé d'inventer de nouvelles tactiques pour en venir à une légitimation de

des langages que l'on attribue au roman québécois sont-ils exempts de tensions? Dans le paysage des années 1970-1990, le « cas » Ducharme est hautement exemplaire. Plus qu'un simple matériau de fiction, la langue devient, à la limite, le sujet même de l'œuvre ducharmien. Titres, noms de personnages, figures et références intertextuelles témoignent d'une impertinence qui n'a d'égale que la liberté avec laquelle le romancier traite la ou les langues dont il use. On a dit de ses livres qu'« ils poussent la langue québécoise au-delà d'elle-même [16]. » Un autre exemple intéressant est celui de *La Mauvaise Foi* de Gérard Tougas, roman quasi entièrement fondé sur la question du statut des langues et sur l'interaction — difficile, douloureuse, perfide et diglossique — entre le français, l'anglais, le vernaculaire québécois et le latin d'église. Ce roman, qui met en scène la situation des francophones du Manitoba, est à plus d'un titre hautement significatif. Dans les écritures migrantes — ceci est une catégorie commode, qui peut prendre une extension très large et s'appliquer à tout acte d'écriture —, on perçoit également une thématisation de la langue qui n'est pas celle que l'on retrouve dans plusieurs autres œuvres québécoises. Là encore, le texte parle la langue, soit à la façon d'un discours explicite, soit comme parcours, trace ou cicatrice inscrits dans la ou les langages du roman [17].

En somme, les questions posées aux textes et aux formes gravitent autour des quelques problèmes suivants: comment la scène romanesque en arrive-t-elle à reproduire ou à dépasser les figures de la diglossie ou de la tétraglossie à l'œuvre dans le corps social? Ou encore, comment le modèle romanesque proposé par Bakhtine de polysémie narrative, d'hybridation et de multilinguisme, s'accommode-t-il des effets de langue observables dans le roman? Comment, enfin, en arriver à une typologie des narrateurs fondée sur l'accueil qu'ils font au discours intratextuel d'autrui (ainsi que le souhaite André Belleau)? Quelles images du ou des narrataires sont projetées dans les textes? Jusqu'à quel point le fait de s'adresser à divers publics influence-t-il les stratégies ou procédés choisis? Plus largement encore, sur quelles représentations de l'écriture ces stratégies sont-elles fondées [18]?

---

l'usage québécois, tout en mettant en place une *architexture* langagière et en pratiquant une hybridation proche de ce que Bakhtine désigne comme la place du marché romanesque.
16. J'en suis maintenant à examiner comment la représentation des langages sociaux et la tension entre divers codes linguistiques se trouvent résolues dans cette œuvre qui s'offre à la lecture comme un vertige polysémique.
17. Voir, ici même, la réflexion de Maïr Verthuy et de Lucie Lequin [N.D.E.].
18. Cette recherche se fait dans une perspective comparatiste amorcée dans Lise Gauvin et Jean-Marie Klinkenberg (dir.), *Trajectoires. Littérature et institutions au Québec et en Belgique francophone* (Bruxelles/Montréal, Labor/Presses de l'Université de Montréal, 1983), puis dans *Écrivain cherche lecteur*, « L'écrivain

J'espère que nous pourrons ainsi jeter quelque éclairage sur un phénomène que l'on a eu trop tendance à identifier comme celui des langues en conflit et que l'on souhaiterait remplacer, du moins en domaine littéraire, par l'expression « des langues en contact ».

(Université de Montréal)

---

francophone et ses publics » (rencontres de Royaumont, Créaphis, 1991). Elle s'est poursuivie dans le numéro de la revue *Études françaises* (« L'Amérique entre les langues », Montréal, vol. XXVIII, n°s 2-3, automne 1992-hiver 1993), préparé en collaboration avec Jean Jonassaint. Ce numéro porte sur le conflit des codes et les tensions linguistiques tels qu'ils se manifestent dans quelques littératures américaines, et d'autres littératures francophones, à l'intérieur desquelles l'écrivain pratique ce qu'Édouard Glissant appelle une « stratégie du recours et du détour » (*ibid.*). Car la surconscience linguistique qui affecte l'écrivain francophone et qu'il partage, jusqu'à un certain point, avec d'autres minoritaires, l'installe d'emblée dans l'univers du relatif, de l'a-normatif : elle lui fait prendre conscience de la langue comme d'un laboratoire de possibles.

L'écriture des femmes migrantes au Québec *

Maïr Verthuy et Lucie Lequin

Nous avons retenu, pour cette recherche [1], le terme migrant parce qu'il met en évidence le mouvement, l'exil, la dérive, le métissage, et permet d'inclure, à côté des « vrais » immigrés, les écrivains — nous nous attachons ici exclusivement à l'écriture des femmes — de la génération suivante, celles qui, de parents immigrés, sont nées au Québec, mais aussi les Amérindiennes. Dans tous les cas, nous nous intéressons à la question de la double (voire à la triple) appartenance dans les textes que nous étudions.

Dans la perspective de la lecture féministe qui est la nôtre, notre première hypothèse est que, dans l'ensemble, les écrivains masculins, des deux derniers siècles surtout, « décrivent leur mère ». Cela veut dire que, dans le tableau qu'ils brossent de la société, des femmes, des rapports entre les personnages, ils ont tendance à reproduire davantage le monde de leur enfance que le monde dans lequel ils vivent. Les femmes en revanche mettraient plus facilement à nu les rouages humains de leur propre société.

Ainsi, dans le roman québécois de 1945 à 1951, il semble que ce soit surtout le roman féminin qui montre une société en voie de changement: des femmes — et des hommes — qui secouent déjà le carcan traditionnel, l'intégration parfois difficile des immigrés, la question occultée des autochtones [2]. Tout se passe comme si les auteurs envisagés,

---

* Dans l'ensemble du volume, les éditeurs emploient génériquement les termes « auteur » et « écrivain ». Cette cohérence est donc respectée par eux dans l'article de mesdames Verthuy et Lequin.
1. Ce projet est financé par le fonds Seagram de l'Université Concordia. Les auteurs sont toutes deux rattachées à l'Institut Simone-de-Beauvoir.
2. Voir la thèse de Lucie Lequin, *De la femme patriarcale à la femme sujète* [sic] *dans le roman québécois de 1945 à 1951.*

constatant que seul le concept « homme » circule dans les discours sur l'aliénation collective, entreprenaient d'y faire également « circuler le féminin [3] ». Leurs œuvres dessinent des femmes plurielles qui tentent de reconnaître et d'exprimer leur « moi » profond en dehors des prescriptions idéologiques les plus manifestes. Plus l'écrivain d'après-guerre s'éloigne de l'image figée de la femme, plus elle/il révèle les attentes des femmes, leurs angoisses, leur désir d'appropriation et plus elle/il élargit le territoire du féminin. Par là s'engage une réflexion plus ample sur la notion d'hétérogène [4].

Les écrivains (hommes et femmes) de cette période qui circulent ainsi entre l'univers féminin et l'univers masculin nous ont permis d'identifier un lien entre femmes et immigrés; leurs œuvres sont traversées de silhouettes d'immigrés, ce qui témoigne sans doute d'un rapport au réel positif, mais cette inclusion dérange, dans la mesure où elle met en doute le monolithisme traditionnel. Cette constatation engendrait une deuxième hypothèse, que nous formulerons elle-même en deux temps: premièrement, il existait probablement depuis plusieurs décennies une production littéraire immigrée, voire autochtone, tant masculine que féminine, quelque peu passée sous silence; deuxièmement, à l'intérieur de cette production, les textes de femmes seraient particulièrement révélateurs de la société québécoise.

Une troisième hypothèse concernait la critique officielle. Maïr Verthuy a montré de son côté, seule ou avec Jennifer Waelti-Walters, à quel point la critique semble démunie devant des textes qui ne correspondent pas à ses cases préétablies, et paraît se laisser gouverner par l'ensemble du déjà-dit.

La moitié des auteurs de notre corpus sont originaires de France ou de Belgique. Quelques-unes sont nées au Québec de parents immigrés ou ont une ascendance culturelle diversifiée: un parent immigré et un parent québécois de souche; un parent blanc et un parent amérindien (c'est le cas de Virginie Bordeleau) ou encore deux parents immigrés d'origine différente. Quant aux autres, ou bien leur langue maternelle n'est pas le français, ou le français a été pour elles une langue imposée. C'est le cas des écrivains amérindiennes et des écrivains originaires d'Afrique du Nord. Parmi les premières, Éléonore Sioui et An Antane Kapesh ont publié au moins un livre; quatre autres ont publié des contes ou des poèmes dans des revues de langue française. Neuf auteurs viennent d'Europe de l'Est et huit d'Afrique du Nord, cinq d'Amérique du Sud (Uruguay, Pérou, Chili) et enfin

---

3. Irma Garcia, *Promenades femmilières*, tome II, Des femmes, 1981, p. 206.
4. Patricia Smart abonde dans le même sens à la fin de son étude, *Écrire dans la maison du père. L'émergence du féminin dans la tradition littéraire du Québec*, Québec/Amérique, 1988. C'est aussi le point de vue de Gabrielle Poulin, *Romans du pays, 1968-1979*, Montréal, Bellarmin, 1980, p. 35.

quatre sont originaires des Antilles (trois d'Haïti). À quoi s'ajoutent quelques auteurs d'origines diverses, notamment australienne, américaine, iranienne.

Nous nous proposons d'analyser dans un deuxième temps ces variantes d'origine, de langue maternelle réelle et également de période et de mode de contact avec la société québécoise blanche. Ces variantes jouent à la fois, selon nous, dans la perception qu'ont les écrivains de la société du pays hôte ou du groupe dominant ainsi que dans celle qu'elles ont du pays ou du groupe d'origine. Elles influencent également l'interaction entre la critique et les œuvres migrantes et éclairent la place ou l'absence de place de cette production dans la littérature québécoise. À titre d'exemple, nous présenterons ici trois auteurs pour qui le français est une langue seconde: Éléonore Sioui, Amérindienne de la nation huronne, Mona Latif Ghattas, originaire d'Égypte et Nadia Ghalem, d'Algérie.

On notera d'abord, dans les trois cas, l'importance qu'elles donnent aux odeurs de la nature, et pour Mona Latif Ghattas et Nadia Ghalem, aux odeurs d'épices, de miel et de nourriture en général. La mémoire olfactive serait-elle particulièrement présente et agissante chez les auteurs immigrées lorsque le lieu d'origine investit encore l'univers de leur écriture? La présence d'une odeur provoque la mémoire, mais la mémoire entraîne aussi le rappel des odeurs. Chez Éléonore Sioui, cette mémoire joue moins pour les odeurs alimentaires, qui sont pour elle indigènes, mais celles de la nature peu apprivoisée, non abîmée par le «progrès», ont un rôle similaire. Ces trois écrivains se rejoignent aussi par leur exploration des thèmes du déracinement, de l'exil et de l'altérité. Elles se préoccupent de l'accueil et du respect de l'autre et s'interrogent sur le racisme que Mona Latif Ghattas définit comme «une sorte de haine indéfinie, une haine, comme on dirait, épidermique, épidémique, qui peut même devenir contagieuse». Nous retiendrons ici plutôt les concepts de déracinement et de brouillage culturel présents dans chacune des œuvres.

Pour reprendre les expressions d'Éléonore Sioui, nous voulons un peu «sauvagiser» (p. 29)[5] la littérature québécoise, explorer un espace où «l'étreinte accueillant à la fois le même et l'autrui[6]» peut advenir et écouter «les mots [...] jetés comme des ponts entre les corps étrangers au-dessus des ronds dans l'eau[7]». Éléonore Sioui n'a pas, quant à elle, à s'interroger sur son appartenance culturelle: le territoire et la nature qu'elle chante et qu'elle pleure lui appartiennent. N'est-elle pas, comme les autres Amérindiens, «l'Enfant naturel de

---

5. Éléonore Sioui, *Andatha*, Val d'Or, Éditions Hyberborée, 1985, 76 p. Toutes les références paginées renvoient à cette édition.
6. Mona Latif Ghattas, *Le Double Conte de l'exil*, Montréal, Boréal, 1990, p. 11.
7. Nadia Ghalem, *La Villa Désir*, Montréal, Guérin littérature, 1988, p. 10.

l'Amérique passée aux mains de l'Étranger » (p. 47) ? Ce sentiment de « naturalité » (p. 47) lui confère le droit et l'autorité de parler de l'Amérique sans que les frontières des Blancs interviennent; ainsi les Caraïbes lui sont proches (p. 21). Elle comprend l'oppression et les ruptures de destins autres. La cause autochtone s'entrelace, par exemple, à celle des Haïtiens. Dans le poème « Citadelle » (p. 34), elle trace en quelques lignes l'histoire du drame haïtien. C'est la complicité du roi nègre et de l'argent américain qui rend cette terre maudite. Au Québec, c'est autrefois « L'EAU-DE-VIE » des Blancs qui a entraîné la destruction des peuples amérindiens. Aujourd'hui le « danger de mort », c'est l'hydro-électricité, « L'EAU DE MORT », dit-elle (p. 28). La présence des Blancs dans le destin des Amérindiens est une intrusion, une infiltration génocide. Pourtant, à la période de contact, les Hurons, les Algonquins et d'autres ont tracé les portages et offert leurs richesses aux étrangers « venant de pays inconnus » (p. 38). Si la mémoire joue un rôle important dans la poésie d'Éléonore Sioui, elle n'en reste cependant pas prisonnière, elle veut plutôt vivre le présent : « Seul aujourd'hui existe que je dois partager » (p. 23). Elle rêve d'un « nouvel ordre [de] fraternité mondiale » (p. 27). Dans sa poésie s'enchevêtrent l'écologie, la solidarité, la cause autochtone, l'amour, la tendresse, la spiritualité et les « larmes de lune » (p. 60).

Andatha, c'est-à-dire « là où tout converge », est écrit en français, mais une des langues mohawks traverse le recueil. Les titres des poèmes sont en langue autochtone ponctuant ainsi la différence, l'altérité. Ce qui pose indirectement le problème de la langue étrangère, le français, qu'on a imposée à son peuple, qui même a fait mourir (ou presque) la langue et le peuple hurons. Ce qui invite aussi à la migration, celle de la Blanche et du Blanc francophones, vers la culture de « l'enfant naturel » qu'on a occultée et que l'on nie toujours. Mettre ainsi en lumière la périphérie, c'est également pour les autochtones, un appel à la fierté et à la « re-naissance, [au] re-boisement » (p. 29). Éléonore Sioui veut ainsi dénouer la voix de ses « frères muselés », donner la parole « à celles qui se sont tues » (p. 53). Ce français, langue étrangère, mais aussi langue d'usage, elle tente de le manipuler, de le déranger, de se l'approprier. Elle invente des mots : « sauvagiser », « naturalité » pour nommer la spécificité amérindienne, « dépiluler », « marionnetter » pour dénoncer les tares contemporaines, mais écrivant en français, elle rend accessible au groupe dominant une partie d'une culture qui est restée profondément étrangère à celui-ci, malgré des siècles d'interférences et de frottements culturels. Lorsqu'elle dit son peuple, elle se situe avant tout comme Amérindienne : le peuple compte davantage que le sexe puisque hommes et femmes partagent un même destin empêché. Mais elle parle aussi en tant que femme et rejoint alors les femmes blanches qui dévoilent leur solitude, leurs désirs de femme ou de mère, mais s'éloigne de celles qui rejettent la maternité : « Quelques pilules inoffensives [...] les femmes peuvent travailler en paix, sans responsabilité, sans inquiétude, sans sens, sans bon sang, sans rien [...]. On est égales hein ! et complètes sans être complétées, dans ce BRAVE NEW WORLD » (p. 30). Malgré la dénonciation du sort fait aux siens et de l'« agglomération cynique de blancheur à la M. Net » (p. 29), et malgré une certaine tristesse, l'amour de la vie domine chez elle. La poète demeure accueillante et prête à donner à l'autre, qu'il soit homme ou femme, Amérindien, Blanc, Noir ou Jaune :

> Je ramasse tout près d'elle [la mer]
> Toutes sortes d'herbes
> Et j'en fais des bouquets
> Pour offrir à ceux
> Qui peut-être
> Viendront m'aimer (p. 67)[8].

Nadia Ghalem nous plonge dans un tout autre univers avec son livre, *La Villa Désir*[9], qui se situe entre Montréal, Rome, l'Algérie, la Louisiane, la mémoire et l'anticipation, la culture arabe et la culture occidentale. Les interférences culturelles se vivent au quotidien dans un monde marqué par les odeurs, les couleurs et les sons. Les bougainvilliers et la neige cohabitent sans que l'on plonge dans l'incongru. Comme chez Éléonore Sioui, les frontières entre les pays disparaissent, non pas cette fois, à cause de la « naturalité », mais parce que les bruits du monde sont audibles de partout, parce que les altérités et les groupes repoussés vers les périphéries tendent vers la convergence. Les bruits d'Alger et de la Nouvelle-Orléans s'entendent de Montréal, se confondent, s'expliquent :

> Il y avait ce jeune Noir du Mississipi qui hurlait, murmurait son blues. Cinq siècles de tragédie et l'Afrique « bluese » sa douleur. Tout un continent sur quelques notes [...]. La Nouvelle-Orléans résonne des hululements du blues noir comme Alger du you-you des femmes pour la peine et pour la joie, pour le rythme des jours et le souffle des émotions [10].

Selma, le personnage principal se déplace dans le temps et l'espace. Elle refuse toute contrainte : « Elle s'était octroyé la liberté comme point de départ et d'arrivée, de la même façon que d'autres se constituent un capital de sécurité [11]. » Elle réinvente même le temps : « Son ignorance de l'histoire libérait son imagination et elle s'appliquait à recréer le fabuleux passé, un peu comme Nora écrivait ses

---

8. Éléonore Sioui a également publié *Femmes de l'île. Sur le dos de la tortue*, Rilleux, 1990, et *Corps à cœur*, Val d'Or, D'ici et d'ailleurs, coll. « Signes du ciel », 1992.
9. Nadia Ghalem, *op. cit.* Les autres titres de l'auteur sont *Exil*, 1980 ; *Les Jardins de cristal*, 1981 ; *L'Oiseau de fer*, 1981 ; *La Nuit bleue*, 1991.
10. *Ibid.*, p. 19.
11. *Ibid.*, p. 21.

dialogues de films: à partir de bribes de conversations, d'images ou de sons [12]. » Comédienne, elle aime se couler dans les personnages qu'elle joue, habiter ce monde étranger où elle est appelée à vivre le temps d'un film. Elle aime frôler la folie et fragiliser les frontières entre le réel et le jeu. Selma vit aussi dans la dissonance, la recherche même par le jeu. Ancrée dans la liberté, mais aussi coupée de ses racines, elle s'imagine des rôles, en particulier celui de Martha, héroïne de *La Cité interdite*, film dont le scénario, écrit en italique, s'emboîte dans *La Villa Désir*.

Cette cité interdite nommée Vagda anticipe la déshumanisation de notre civilisation, sans âme, sans odeur. C'est un univers de science-fiction où tout est réglé, contrôlé et uniformisé, les autorités ayant inventé une menace d'invasion de la part des « Forains ». En se risquant dans le rôle de Martha, Selma apprend l'espoir d'avoir à changer de monde malgré sa peur, puisque la surdité la guette. Elle craint « la transition, celle qui consistait à s'accoutumer à regarder encore et encore, à percevoir avec toute l'énergie de son corps les bruits, les mots [13] ». Cet exil entraîné par la surdité n'est-il pas semblable au cas de celui ou celle qui, immigrant, doit apprendre une nouvelle culture, parfois une nouvelle langue? Selma sait aussi que sa mémoire viendra interpréter de nouveaux signes, que l'amour / amitié adoucira l'exil dans le silence: « Elle pourrait cacher sa tête fatiguée dans les bras de l'amour et sentir sous sa main les palpitations du cœur qu'elle n'entend plus [14]. » Comme Éléonore Sioui, Nadia Ghalem termine son livre par l'amour et le partage. Malgré la folie qui rôde et la peur qui guette dans cet univers éclaté, l'espoir de l'unité et de l'appartenance vit. Tout tend vers le besoin de retrouver un centre, un point d'ancrage.

L'on retrouve le thème de l'exil dans *Le Double Conte de l'exil* de Mona Latif Ghattas[15], qui relate la rencontre et l'amour de deux êtres blessés par l'histoire: Manitakawa et Fêve. Manitakawa, devenue Madeleine, vit « au neutre » depuis qu'un Blanc l'a violée dans sa jeunesse. Elle veut oublier son sang amérindien et se mêler aux Blancs. Elle y perd sa langue, ses coutumes, sa beauté. Lui vient d'Anatolie où la guerre a détruit sa maison et ses biens. Il n'a même plus d'identité dans son propre pays où on lui a ordonné de changer de couleur pour obtenir des papiers [16].

---

12. *Ibid.*, p. 28.
13. *Ibid.*, p. 30
14. *Ibid.*, p. 104.
15. M. Latif Ghattas, *op. cit.* Les autres titres de l'auteur sont *Nicolas le fils du Nil*, 1985; *Les Chants du Karawane*, 1985; *Quarante Voiles pour un exil*, 1986; *Les Voix du jour et de la nuit*, 1988.
16. Nous avons parlé plus longuement de ce livre dans un article, « Sous le signe de la pluralité », à paraître dans *Francographie*, actes du colloque de l'université Fordham, vol. XI, p. 259-266.

Mona Latif Ghattas a écrit le roman avant la crise amérindienne au Québec, avant le durcissement de l'immigration canadienne face aux immigrés clandestins, mais chaque page renvoie indirectement à la situation actuelle: la vie empêchée de Manitakawa, enfant, et son choix de l'intégration aliénante, devenue jeune femme, la vie de peur et de rejet de Fêve, peur de la guerre dans son pays d'origine, peur de ne pas pouvoir s'intégrer à une nouvelle société. Double récit, double fin. Pour Fêve, la déportation, mais pour Manitakawa, le désir de vivre et de quitter le silence, le désir de raconter la douleur de Fêve qui lui a permis de renaître: «Elle le perpétuera en l'appelant, relatant son passage pour que son souvenir hante la nuit de ceux qui n'ont pas su discerner le vrai du faux. Elle le perpétuera en l'appelant, en attendant que tourne la saison [17]. »

Remarquons encore chez les trois auteurs l'omniprésence de la neige. Outre sa réalité dans la vie québécoise, la neige ne peut pas ne pas signifier la froidure morale, la blancheur ou l'absence de couleur, la «lissité» (pourrait-on dire) ou l'absence de différence. Le Québec serait donc plutôt «incolore et inodore», et à ce pays apparemment sans saveur, les trois livres semblent opposer l'affect, la mémoire, l'histoire. Contrairement à nos paysages de neige, urbains ou ruraux, les pays ancestraux, celui des Amérindiens, le Maghreb ou l'Anatolie représentent la chaleur, physique et/ou morale, l'amour, la passion, la nature vivante, les odeurs... La société dominante leur paraît être une société sans mémoire. Dans le cas des Amérindiens, cela s'expliquerait par le fait que la mémoire sur ce continent, c'est eux, et qu'eux seuls ici en seraient les gardiens. Dans le cas des immigrés, la mémoire est évidemment l'ailleurs, leur lieu d'origine ou de naissance, le lieu qui précède celui où ils se trouvent. Mais une société sans mémoire est également une société anhistorique. Encore une fois, il faut comprendre que, pour les Amérindiens, les Blancs représentent le présent de ce continent et non le passé. Ce présent est anhistorique parce qu'il n'est pas un temps fléché permettant de concevoir un progrès ou un avenir pour les populations amérindiennes; il serait plutôt perçu comme un obstacle à surmonter ou à ôter du chemin.

L'attitude des immigrés n'est guère différente. Leur histoire est souvent plus longue que celle à laquelle pourrait prétendre ce nouveau monde. De leurs écrits se dégage parfois l'impression que l'histoire dans les pays d'origine des immigrés, remonte au commencement du temps. Remarquons pourtant qu'elle n'est pas non plus nécessairement fléchée ou linéaire. Ghalem, par exemple, ne semble pas se rappeler un temps d'avant les Arabes au Maghreb. Il s'agirait

---

17. Mona Latif Ghattas, *op. cit.*, p. 11.

plutôt d'un temps présent, obstacle à l'épanouissement, superposé à un temps passé porteur de vie, mais pas toujours d'avenir, et auquel il a fallu tourner le dos.

    La lecture de ces migrantes nous paraît donc intéressante à plus d'un point de vue. L'hétérogène est normalement perçu et défini à partir du centre. Nous avons voulu, nous, regarder du point de vue de l'Autre, c'est-à-dire remplacer tant soit peu le discours *sur* l'Autre par un discours *par* l'Autre, ce qui permet de constater que le centre, ce pays du centre et sans doute les pays du centre, ne sont souvent, malgré les avantages certains, surtout matériels, voire politiques, qu'ils offrent, que neige, absence, menace aux yeux de ceux et celles qui ne font pas partie de la société dominante. Le portrait n'est pas cependant que négatif. Sioui et Lattif Ghattas semblent présenter le retour, qui aux sources amérindiennes, qui au pays d'origine, comme seule solution possible, toujours nécessaire — même quand elle est imposée. Ghalem ne laisse prévoir une solution plus positive que dans le temps de l'anticipation. Toutes trois pourtant, tout en procédant à une mise en cause absolue de l'Occident actuel, laissent entrevoir la possibilité d'insuffler la vie à cet Occident par le biais de l'amour.

(Université Concordia)

Bibliographie [1]

I. Traduction et représentation identitaire (études citées)

BENOÎT, R.-Albert, « L'influence de la traduction sur notre parler », *Le Canada français*, vol. VIII, n° 4, 1922, p. 253-271.

BORGES, J. L., « Pierre Ménard, auteur du *Quichotte* », *Fictions*, Gallimard, coll. « Folio », 1980 [1956].

BOUDREAULT, Marcel, *La Qualité de la langue. Synthèses réalisées pour le compte de la Commission d'enquête sur la situation de la langue française et sur les droits linguistiques au Québec* (Commission Gendron), 1973.

BRAULT, Jacques, *Poèmes des quatre côtés*, Saint-Lambert (Montréal), Le Noroît, 1975.

CACCIA, Fulvio, « Notes sur la transculture », *Le Devoir* (Montréal), 28 juillet 1986.

CHARBONNEAU, Robert, *La France et nous*, Montréal, Éditions de l'Arbre, 1947.

HAREL, Simon, *Le Voleur de parcours. Identité et cosmopolitisme dans le roman québécois contemporain*, Longueuil, Le Préambule, 1989.

HAREL, Simon (dir.), « La traduction inachevée », *L'Étranger dans tous ses états*, Montréal, XYZ, 1992.

JAMESON, Fredric, *Postmodernism or the Cultural Logic of Late Capitalism*, Caroline du Nord, Duke University Press, 1990.

LEMOYNE, Jean, *Convergences*, Montréal, HMH, coll. « Constantes », 1961.

NEPVEU, Pierre, *L'Écologie du réel*, Montréal, Boréal, 1988.

OUELLET, Pierre, *Chutes*, Montréal, l'Hexagone, 1990.

RAYMOND, Louis-Marcel, « Présentation », *La Nouvelle Relève*, vol. V, n° 6, 1947, p. 497-505

ROBIN, Régine, *Le Roman mémoriel*, Longueuil, Le Préambule, 1990.

ROY, Gabrielle, *La Détresse et l'enchantement*, Montréal, Boréal Express, 1984.

---

1. Paris lieu d'édition est omis.

SIMON, Sherry, Pierre L'HÉRAULT, Robert SCHWARTZWALD et Alexis NOUSS, *Fictions de l'identitaire au Québec*, Montréal, XYZ, 1991.

SMART, Patricia, *Écrire dans la maison du père*, Montréal, Québec/Amérique, 1988.

SCARPETTA, Guy, *Éloge du cosmopolitisme*, Fayard, 1980.

Sherry Simon

SIXIÈME PARTIE

Corps, rythme, pulsions

Introduction :
Lecture kleptomane

Pierre Bayard

Le premier réflexe du voyageur perdu en terre étrangère, face aux textes d'une culture qu'il connaît mal, est de se rassurer en cherchant sur les poteaux indicateurs des noms familiers. Ainsi reconnaît-il ici au passage, outre celui de Freud — fréquemment cité —, des noms de psychanalystes français comme ceux de Green, de Guillaumin, d'Anzieu ou de Viderman. Il identifie également quelques théoriciens célèbres, comme Benveniste, Ricœur ou Kristeva. Il croise enfin des écrivains connus, comme Deguy ou Leiris, et d'autres qui le sont moins.

Cette présence de références familières ne rend que plus patente l'absence d'un nom — cité une seule fois au détour d'un texte —, celui de Lacan. Une telle remarque risque d'apparaître comme la marque d'une prétention à lire les autres au crible des grands auteurs français et justifier pleinement le reproche parfois adressé à la langue française d'être homogénéisante et dominatrice. Elle ne nous paraît cependant pas négligeable, à condition d'entendre Lacan moins comme un nom propre que comme un *nom commun*, désignant un ensemble articulé de problématiques; et cela pour situer à quel point nous nous trouvons ici dans un autre *paradigme* (au sens de Kuhn) que celui qui a dominé en France pendant trente années, et dont le principe était l'intrication du langage et du sujet. Théorie bien connue qui, en différenciant l'Imaginaire du Symbolique et le Moi du Sujet — réduit à un battement entre des signifiants —, place le langage au cœur de la réflexion sur l'inconscient.

Une des conséquences de la mise à l'écart de ce paradigme (qui s'opère soit par contournement, soit par dépassement) est le retour en force de deux éléments dont il est traditionnellement admis que la théorie lacanienne, à défaut de les exclure, en relativise l'importance.

Le premier est le *corps*, auquel Simon Harel par exemple, confère toute sa place. Corps thématique de l'*Olympia* de Leiris, corps de l'œuvre — au sens qu'Anzieu donne à cette expression —, corps de la mère, dans sa portée kleinienne, comme lieu d'un terrible combat fantasmatique dont toute entreprise de création tenterait ensuite, inlassablement, de panser les cicatrices. Le deuxième retour est celui de l'*affect*, présent aussi bien chez Simon Harel que chez Patrick Mahony. Ginette Michaud, réfléchissant sur la nation, remarque qu'elle est un objet de savoir ambivalent, suscitant aussi bien des affects de haine que d'amour-propre: convoquant des sentiments d'appartenance, supportant des connotations archaïques de totalité, elle met en cause ou en péril ce qui donne forme et contour au sujet [1].

La présence de ces deux dimensions a partie liée avec un certain style conceptuel, parfois lié aux auteurs cités. En effet, si le corps et l'affect circulent dans les textes comme des thèmes théoriques, ils fonctionnent aussi, de manière plus discrète, mais aussi plus profonde, comme de véritables embrayeurs de métaphores. Ainsi rencontrera-t-on des expressions comme le « narcissisme-cadre » (Green), le « retournement projectif du corps » du créateur et la « topique externe » (Guillaumin), le « moi-peau » ou le « miroir sonore » (Anzieu), la « scène d'écriture », les « bords » ou l'« espace transitionnel » de la nation, la « peau » de l'écriture, l'« enveloppe psychique », etc.: toute une série de notions qui opèrent comme des images sensibles, puisent dans les expériences primitives du corps et ses affects insaisissables, et essaient de dire — *sans* ou *en deçà du* langage — ce qui advient dans les bords, les limites, les entre-deux, les interfaces... Entre la névrose — surtout hystérique — qui fonde la psychanalyse freudienne et la psychose — principalement paranoïaque — qui forme l'horizon des catégories lacaniennes, c'est plutôt cet ensemble mal défini des états limites (ou pathologies du narcissisme) qu'on sentirait ici le plus apte à penser tous ces *troubles de la frontière* que ces textes mettent en travail.

Enfin et surtout, si l'on veut prendre toute la mesure du déplacement de paradigme, on pourrait dire que le couple *sujet/langage* est remplacé par cet autre couple: *identité/langage*. Substitution qui permet d'enrichir la catégorie du sujet d'un ensemble plus large de déterminations collectives, et qui, de surcroît, ne laisse pas identique à soi le mot « langage » dans les deux cas. Ainsi peuvent travailler ensemble les trois registres de l'*hétéroglossie* (diversité des langues), de l'*hétérophonie* (diversité des voix) et de l'*hétérologie* (diversité des langages sociaux).

---

1. Cette introduction, centrée sur le rapport de la psychanalyse à la littérature, renvoie nécessairement le lecteur à quelques contributions de la section immédiatement antécédente « Langue et fiction identitaire », qu'elle ferme en ouvrant celle-ci [N.D.E.].

Cette *question de l'identité*, à des degrés divers, est présente chez Patrick Mahony lorsqu'il interroge l'identité du psychanalyste, comme chez Simon Harel qui fait retour au corps morcelé de la mère. Cette importance de l'identité est redoublée par celle de l'histoire, évoquée soit directement soit en filigrane. Histoire collective d'abord, et histoire personnelle ensuite: les analyses de Leiris ouvrent l'hypothèse d'un parcours fantasmatique, dont ses textes porteraient les marques (Harel); les lectures de Freud sont ancrées dans son itinéraire entre plusieurs langues et ses relations avec sa fille (Mahony).

Double identité donc: transversale — par rapport au groupe, à la culture, à la nation; génétique — par rapport à la biographie. Or c'est en cela précisément que les textes ici réunis rendent un son nouveau. Curieusement, et même si cela peut sembler un comble dans le domaine de la psychanalyse, l'identité n'est pas véritablement une question essentielle dans la psychanalyse française. Soutenir ce paradoxe, ce n'est pas oublier l'importance des travaux qui se fondent sur la psychogénèse — la critique littéraire a eu assez de mal à se sortir de la psychobiographie —, c'est seulement remarquer que toute réflexion centrée sur les phénomènes de l'autre axe — celui du sujet collectif — se trouve relativisée, sinon déconsidérée. Il suffirait de rechercher les travaux portant sur l'immigration maghrébine ou la constitution de l'Europe, pour prendre la mesure, à de rares exceptions près, de l'indifférence des psychanalystes à toute approche suggérant que l'inconscient ne concerne pas que la sphère privée.

Il y a plusieurs raisons à cela, mais l'une est sans doute, précisément, l'importance donnée à la notion de sujet, qui interdit la prise en compte du collectif. La théorie lacanienne selon laquelle il n'y a pas de sujet théorique d'énonciation interdirait complètement par exemple l'idée d'un sujet-nation. Ginette Michaud pose très bien le problème épistémologique, en essayant de mettre en rapport le sujet individué et cette macro-entité qu'est le sujet-nation, et en se rendant compte que l'on retrouve vite la notion d'inconscient collectif, jugée illégitime par beaucoup. Or il y a sans doute bien un clivage du sujet collectif, nation ou autre, mais nous ne disposons pas des moyens théoriques pour le penser. En France, le lacanisme n'a pas donné lieu à l'équivalent des grands textes freudiens sur la foule. Et il n'est pas étonnant que ce qui ne s'est pas élaboré là ait finalement fait retour de façon massive avec les effets de secte des dernières années.

De ce fait, c'est toute la question du *politique*, au sens étymologique, qui se trouve mise de côté dans le champ de la psychanalyse française, et dont les textes réunis ici nous désignent la place vide. Sur tous les phénomènes qui agitent la société française la psychanalyse n'intervient que très peu. Par rapport à l'immense arsenal théorique dont elle s'est munie pour réfléchir sur la psyché individuelle, les carences sont immenses dès que l'on rentre dans la sphère du collectif. Carence qui se redouble dans la pratique de la cure, puisque c'est l'ensemble du système d'accueil et d'écoute de l'analyste qui dévoile ses insuffisances face à ce que la *part publique* du sujet exigerait.

D'une manière générale, il est frappant de remarquer que ces contributions appliquent peu la psychanalyse à la littérature, au sens de la tradition française de la lecture interprétative. Aucune, à proprement parler, ne cherche à dégager un sens inconscient qui se dissimulerait derrière le texte manifeste. C'est dire que le modèle du rêve — avec tout ce qu'il implique de prééminence du symbolisme — n'est pas ici dominant. Le rapport entre littérature et psychanalyse est bien davantage un rapport de jeu, de croisement, de réflexion réciproque, voire d'enseignement mutuel. Même le texte de Simon Harel, le plus interprétatif peut-être, sort très vite d'une problématique de l'application. L'analyse du texte de Leiris est pour lui l'occasion de réfléchir sur les apories de la théorie kleinienne de la réparation et de montrer qu'elle implique, en mettant en valeur le projet mélancolique d'une recréation de l'objet total, une vision rédemptrice de l'art. Plus originale encore, la démarche de Patrick Mahony, qui ouvre la voie à ce que l'on pourrait appeler une *psychopathologie de la vie théorique*. Que la théorisation ne soit pas un lieu indemne de la vie inconsciente est une évidence admise, bien au-delà des sphères freudiennes. Mais là où Mahony fait un pas essentiel, c'est en montrant à l'œuvre cette place du sujet dans la conceptualisation, par le biais d'une sorte de *stylistique freudienne*, attentive à la lettre de l'écriture théorique, et y mettant en valeur la circulation du prénom d'Anna (« Anna » dans *Thanatos*), la construction grammaticale d'un fragment de lettre, l'analyse d'une anacoluthe ou d'une conjonction de subordination, l'utilisation de formules qui anticipent ou rétrogradent — mimant le mouvement même de la pulsion qu'elles décrivent, etc.; ainsi s'agit-il davantage chez lui d'une écoute littéraire de la psychanalyse que de psychanalyse appliquée.

Il est certes question de langage et d'inconscient dans tous ces articles, mais au crible d'une interrogation sur ce qu'est l'*habitation* d'une culture. Et il y a sans doute une logique entre cette importance de la question de l'identité et la façon dont ces textes procèdent dans leur style propre: en interprétant peu, en associant, en opérant des glissements qui ne figent pas la signification. Une certaine polyphonie finit par gagner le pôle de l'énonciation théorique, l'étranger étant davantage ici ce qui parle que ce que les textes cherchent à comprendre et résoudre. Loin de ce que Bakhtine appelle l'un, l'immobile ou l'homogène, bien plutôt du côté du conflictuel, du non conforme, de l'ouvert. Ainsi nos auteurs ont-ils eu la sagesse, en lisant les auteurs étrangers, de ne pas faire du terme à terme, mais de s'approprier le meilleur. Comme dans ce passage de Kostolany (cité par Régine Robin dans un ouvrage à paraître), où l'on voit un traducteur profiter du transport d'une langue à l'autre pour faire disparaître un certain nombre d'objets. Lorsqu'il voit quinze chandeliers dans le texte original, il n'en restitue que trois dans la traduction, se gardant pour lui le reste: pratique répétée de la kleptomanie qui le met bientôt en possession d'un véritable trésor.

(Université de Paris VIII)

Champs d'exploration dans le texte freudien

Patrick Mahony

Une récente enquête démontre que Freud est actuellement l'auteur le plus fréquemment cité dans les sciences sociales, les arts et les humanités [1]. On peut dire alors que personne, pas même ceux qui sont parmi les plus hostiles à la psychanalyse, ne peut nier l'influence primordiale de Freud en ce siècle. Un second fait concernant la place unique de Freud est encore plus étonnant: la documentation abondante à son sujet est la plus précise et pénétrante qui ait été assemblée sur aucun individu. Cependant, beaucoup est encore à dire quant à la nature de son œuvre. La plupart des écrits intimes de Freud et de sa correspondance privée n'ont pas encore été publiés. À ce jour, on remarque que les critiques textuelles ont été faites, presque en totalité, par des psychanalystes qui, comme l'a dit un éminent critique littéraire américain, sont généralement formés à une bonne écoute, pas nécessairement à une bonne lecture [2]. Néanmoins, il ne suffit pas d'expliquer par un manque de formation à l'étude exégétique le fait que les analystes ne font généralement pas une lecture adéquate de Freud; il faut chercher aussi des explications qui se trouvent au niveau de l'histoire de la psychanalyse elle-même. En dépit d'une multitude d'affirmations quant au fait général considérant la science comme impersonnelle, la psychanalyse est bien « liée au développement personnel de Freud d'une façon qui est rarement le fait des doctrines scientifiques en relation avec la vie intime de leur fondateur [3] ». Il y a lieu de souligner ici les phénomènes suivants: la profession analytique, plus que toute autre, est

---

1. Allan Megill, *Journal of the History of Ideas*, 1987, n° 48, p. 117-141, voir surtout p. 121, n. 13 et p. 139.
2. Steven Marcus, *Freud and the Culture of Psychoanalysis*, Boston, George Allen, 1984, p. 164.
3. Reiff, *Freud, the Mind of a Moralist*, New York, Viking Press, 1959, p. 59.

marquée par les problèmes d'identité, et elle n'a pas tout à fait accepté la mort de Freud[4]. La disparité intellectuelle entre Freud et ses disciples a certainement contribué au deuil inachevé de ceux-ci. De plus, la nature dominatrice, voire même castratrice de la personnalité de Freud a eu un impact néfaste. Signalons à cet effet que Freud a tenté de fonder son Association internationale sur des mesures despotiques alarmantes; à ma connaissance, il n'existe aucune autre discipline fondée au XXe qui ait connu une telle dictature à ses débuts.

Pour donner une idée de l'étendue de cette aide possible et de la recherche qui reste à faire, je me limiterai à un commentaire stylistique et thématique de textes clés et d'événements clés au cœur même de l'histoire de la psychanalyse. Je commencerai par une critique syntactique de deux passages du corpus freudien. S'ils sont parmi les plus connus, ils sont aussi les plus méconnus, conservant encore leur riche mystère à être révélé. Le premier passage, assez court, est tiré des souvenirs les plus importants que Freud ait conservés dans son enfance : la vue de sa mère alors qu'elle était nue.

Les uns après les autres, les commentateurs ont examiné ce passage décrivant ce souvenir relaté dans une lettre de Freud à Fliess. Ils ont souvent relevé le fait que Freud a décrit défensivement cette scène en n'utilisant pas l'allemand mais le latin, *matrem nudam*. Toutefois, si nous observons le texte de plus près, nous remarquons que, dans l'édition définitive de la lettre, les deux mots sont séparés par deux lignes de texte[5]. En fait, donc, l'opération défensive de Freud présentait deux volets : le recours à une langue plus ou moins morte, et la rupture de contiguïté entre *matrem* et *nudam* : syntactiquement parlant, *matrem* est restée vêtue de deux lignes de texte avant d'être dénudée.

J'ai choisi comme deuxième exemple syntactique une narration historiquement beaucoup plus importante, l'analyse de Freud de son rêve d'Irma. Avec cette analyse, Freud le soutient, il découvrit le secret des rêves. Encore une fois, un examen syntactique révélera un sens profond de ce rêve qui a attiré l'attention à la façon d'un rituel, de tout étudiant en psychanalyse. On rappelle que, dans le rêve de Freud, les symptômes somatiques d'Irma, une amie de la famille, poussent l'analyste à remettre en question ses habiletés d'analyste. À un moment donné, il y a un court dialogue, et la façon dont la hiérarchie sexuelle transparaît dans l'échange est remarquable. Voici ce dialogue :

---

4. Thomä et Kachele, *Psychoanalytic Practice*, Berlin, Springer Verlag, 1985, p. XVIII.
5. Sigmund Freud, *Briefe an Wilhelm Fliess*, 3 octobre 1897, p. 288.

Freud — Si tu éprouves encore des douleurs, ce n'est réellement que ta faute.
Irma — Si tu savais ce que j'ai à présent comme douleurs... ça m'étrangle.

J'aimerais remarquer à quel point la domination mâle se cache dans la formation grammaticale correspondant en français au texte original allemand. Considérons d'abord la structure de la phrase de Freud. C'est une phrase complète avec un ordre logique de conditions et de conséquences: « Si tu as des douleurs, c'est ta faute. » Irma, par contre, ne parle pas suivant cette séquence logique. Elle utilise ce qu'on appelle en rhétorique une anacoluthe, une tournure dans laquelle, commençant par une construction, on finit par une autre: « Si tu savais... ça m'étrangle. » En d'autres mots, dans son rêve chauviniste, Freud, le mâle, peut s'exprimer dans une séquence logique alors que la femme ne peut le faire: elle ne peut que commencer par une idée, pour terminer par une autre. Mais l'aspect idéologique le plus subtil du dialogue réside dans ce premier mot prononcé par Freud et Irma. Ils disent tous deux « si ». Je concède qu'il y a répétition, une répétition identique. Pourtant, là où il y a « identité », il y a la plus grande différence. Le « si » de Freud est une pseudo-supposition, car il affirme un fait. Ainsi Freud dit: « Si tu as des douleurs, étant donné le fait que tu as des douleurs, c'est ta faute. » Par contre, le « si » d'Irma n'exprime pas un fait mais un souhait désespéré: « Si tu savais (mais tu ne pourrais jamais savoir ni comprendre)... ça m'étrangle. » Donc, du côté de l'autorité mâle médicale, il y a l'assurance du fait, il y a expression logique et même accusatrice, alors que du côté de la femme, il y a désir irréalisable, rupture de l'expression logique, souffrance et autodéfense.

En bref, dans la syntaxe mâle marquant deux passages capitaux dans l'histoire de la psychanalyse, nous avons vu deux gestes antipodaux: la rupture défensive de *matrem nudam*, d'une part, et la pseudo-identité masquée dans une condensation répétée d'autre part.

Quittons la syntaxe pour aborder la thématique fictive, un autre domaine psychanalytique qui reste, dans une large mesure, à explorer. Commençons par une histoire totalement loufoque qui est peu connue. En juillet 1911, Ferenczi prit en analyse Elma Vacos, la fille de son amante qui était une ancienne patiente. Assez vite, Ferenczi devint amoureux de sa nouvelle patiente, la demanda en mariage. Il réalisa qu'il se trouvait dans une situation impossible et, bientôt, envoya la jeune femme à Vienne afin qu'elle soit analysée par Freud. À Vienne, l'analyse se poursuivit du début de l'année 1912 à Pâques de la même année. Durant ce temps, Freud communiquait par lettres et de vive voix avec Ferenczi, l'informant des révélations les plus intimes d'Elma et de la nature de son amour. Entre temps, l'analysante Elma, soupçonneuse, écrivait à Ferenczi pour lui demander ce que Freud lui révélait de son analyse. Réalisant sa situation impossible,

Freud mit fin abruptement à l'analyse et renvoya Elma à Ferenczi, qui la reprit en analyse et qui à son tour interrompit le traitement [6]. Ce que je veux retenir de cette histoire, c'est que, durant cette période où il analysait la pauvre Elma, Freud travaillait à la rédaction d'un article sur la technique dans laquelle il énonça pour la seule fois que l'analyste devait se conduire strictement comme un miroir pour le patient et éviter toute attitude d'intimité [7].

D'un point de vue textuel, ce récit, comprenant un énoncé qui a été maintes fois répété par les psychanalystes, démontre l'écart incroyable entre le Freud privé et le Freud public. Dans d'autres exemples, on peut en être sûr, la fiction du Freud public n'émane pas seulement de son propre gré, mais aussi de la complicité silencieuse de ses éditeurs psychanalytiques. Tournons-nous maintenant vers un contraste encore plus compliqué entre le Freud public et le Freud privé. Il s'agit de l'histoire de son analyse de sa fille. Cette histoire démontre également à quel point la nature stylistique et performative du texte de Freud a tellement besoin d'être investiguée.

À peine un mois avant de prendre sa fille en traitement, Freud a écrit un article préconisant que l'analyse devait être conduite dans la privation et l'abstinence [8]. Entre temps cependant, le Freud public allait s'engager dans une aventure constituant un *acting in* œdipien se passant aux deux extrémités du divan analytique. Un dérivé de l'analyse d'Anna était sa publication intitulée « Fantasmes et rêveries de punitions corporelles », une autobiographie non avouée des fantaisies masturbatoires et masochistes d'une jeune femme. La communication servit aussi de présentation à son élection à la Société psychanalytique de Vienne. Je donnerais à la présentation de cette communication inaugurale l'appellation de « Viennagate ».

Le fait qu'Anna livra son rapport œdipien quelque six mois avant de commencer à recevoir des patients elle-même révèle l'aspect unique de sa performance: peut-être est-ce pour la première fois, et la seule et unique fois, que le texte de qualification du candidat était — malgré les énoncés contraires — basé sur sa propre analyse, avec comme président honoraire de l'Assemblée de la Société nul autre que son analyste et père. Une caractéristique frappante du texte d'Anna est qu'il est fondé à la fois sur les interprétations de son père durant l'analyse et sur l'article de celui-ci « On bat un enfant », en partie basé sur l'analyse familiale. En ce sens, la communication d'Anna pour son élection à la Société de psychanalyse était à la fois

---

6. André Haynal, *Controversies in Psychoanalytic Method*, University of New York Press, 1988, p. 35 et *sqq*.
7. *Standard Edition of the Complete Psychological Books of Sigmund Freud*, vol. XII, p. 118.
8. *Ibid.*, vol. XVII, p. 162-163.

une version du texte de son père-écrivain-fantôme et du récit biographique qu'il a livré de sa fille. Un autre rejeton de cette analyse était un essai écrit à cette même époque: l'essai le plus remarquable de Freud, *Au-delà du principe de plaisir*.

Dans le développement défensif du texte, Freud se retrancha dans une perspective distante où les explications ultimes remplacent les plus immédiates, phénoménologiques, et où les forces cosmiques d'Éros et Thanatos mettaient en scène les relations humaines en rapport avec les motivations intimes sexuelles et agressives. Rappelons-nous que, plusieurs années avant *Au-delà du principe de plaisir*, Freud avait, dans une communication privée, identifiée Anna avec la déesse de la mort[9]. Or, c'était la déesse-mort qu'il a prise en traitement. Durant ce traitement, les fantaisies violentes et même meurtrières d'Anna étaient contre-balancées par l'opinion de son père qui se disait convaincu que sa mort seule pourrait apporter solution aux conflits de sa fille.

Comme on le sait, dans ce traité, Freud a inséré cet épisode maintenant très bien connu au sujet de son petit-fils Ernst Halberstadt. Dans cet épisode, on se souvient que le petit Ernst, alors âgé de dix-huit mois, joue avec une bobine qu'il lance au loin en disant « *fort* », et la retire ensuite en disant « *da* », utilisant les mots par lesquels on fera allusion à cette anecdote par référence aux mots de l'enfant: « *fort-da* », qui étaient répétés compulsivement. Cet épisode clinique constitue la pièce de résistance d'un traité par ailleurs beaucoup plus théorique que la plupart des œuvres de Freud. Il prend un sens particulier en raison de son protagoniste, Ernst, qui avait été le protégé d'Anna et qui était même le reflet avoué de celle-ci. Freud vit la compulsion à répéter dans le jeu d'Ernst comme un moyen visant à composer avec l'absence de sa mère. Mais le jeu enregistré « *fort-da* » d'Ernst, représentant Anna, témoigne aussi de la propre compulsion de Freud à répéter son drame familial en analysant Anna. La lecture du texte allemand nous démontre comment, en plus, le texte de Freud répète le motif qui réunit trois générations puisqu'on y retrouve son nom et celui d'Anna inscrit dans le récit du jeu d'Ernst. Ainsi, il nous est permis de lire que l'exclamation « joyeuse » (*freudig*) à la réapparition du jouet constituait par le jeu un préliminaire à un retour « joyeux » (*erfreulich*) de sa mère.

Il se trouve un autre fait frappant au sujet de cette œuvre, c'est que, bien qu'il mentionne Éros à plusieurs reprises, Freud n'utilise jamais Thanatos pour la pulsion de mort; et il ne faut pas oublier que le noyau phonétique de Thanatos est le palindrome d'an(n)a. De cette

---

9. Sigmund Freud, *Letters (1873-1939)*, rééd. Ernst Freud, Londres, Hogarth, 1961, p. 307.

façon, le signifiant Thanatos est tabou, il est absent dans *Au-delà du principe de plaisir* et, comme le dit Freud dans d'autres textes, l'absence n'est-elle pas un représentant premier de la mort...

Allons plus loin encore. Un trait particulier de *Au-delà du principe de plaisir* est un certain mimétisme. Freud a présenté le tableau de la pulsion de mort comme une tentative de retourner à un état de choses antérieur, alors qu'il considérait le but d'Éros comme produisant un mouvement vers l'avant. Ces pulsions d'orientation opposée trouvent leur imitation dans la prose de Freud par laquelle il expose sa pensée avec ses références fréquentes anticipatoires et rétrogressives à son sujet. Nulle part ailleurs dans l'œuvre de Freud ne se trouvent répétés ces mouvements discursifs avec autant d'insistance. Les mouvements discursifs de *Au-delà du principe du plaisir* sont reliés mimétiquement à l'absence du point nodal, le palindrome Anna. En somme, nous rencontrons un geste quasi phobique et contraphobique d'une économie textuelle extraordinaire: Anna, un signifiant qui affirme son sens à travers l'absence, et pourtant omniprésente en tant que principe structurel à l'intérieur de l'exposition textuelle de Thanatos.

La relation compulsive entre Freud et sa fille a émergé quand Anna est revenue à lui pour une seconde tranche. Durant cette même période, Freud a écrit l'essai « Quelques conséquences psychiques des différences anatomiques entre les sexes », essai partiellement basé sur l'analyse d'Anna. Le caractère performatif de cette étude est révélé par certains de ses thèmes: les femmes sont inférieures aux hommes en termes de justice, d'épreuve de la réalité et de contrôle émotionnel. Trois mois après la fin de cette tranche, pendant la convalescence de son père, c'est Anna elle-même qui a livré cet essai autodépréciatif au Congrès international de psychanalyse. Un fait historique à retenir est que l'auditoire avait été agréablement impressionné par la conviction avec laquelle Anna avait livré la conférence. *Quod erat demonstratum.*

Pour terminer, je m'adresserai maintenant à l'histoire de ce cas. C'est à cause des complications cognitivo-affectives que l'on a souvent considéré l'histoire de cas comme le genre psychanalytique le plus difficile et à rédiger et à bien lire. Les histoires de cas de Freud donnent lieu à des considérations stimulantes. Prenons par exemple le cas de Dora. La littérature récente a été littéralement inondée de publications critiquant la façon maladroite (j'oserais dire grotesque) dont Freud a conduit ce cas. Historiquement toutefois, le cas de Dora, publié pour la première fois en 1905, n'a pas fait l'objet de critique pendant plus d'un demi-siècle. Dans les années cinquante, Eric Erickson, dans une adresse présidentielle à l'Association psychanalytique américaine, a lancé une attaque au récit. Pourquoi ce cas a-t-il été reçu favorablement pendant aussi longtemps? Nous voudrions affirmer que les lecteurs-analystes ont cédé aux pressions institutionnelles, mais que dire des non-analystes? On voudrait donner comme réponse que, durant les premières décades de ce siècle, le mouvement féministe n'était pas encore très cohérent ni assez fort pour étaler au public la nature préjudiciable des stratégies interprétatives de Freud. À mon avis, une telle explication n'est que très partiellement satisfaisante, car elle n'explique pas pourquoi les cas des hommes qui furent les patients de Freud ont également échappé à la critique générale.

Prenons par exemple L'Homme aux loups qui a d'abord été publié en 1918. D'après la fameuse reconstitution de Freud, le patient eut l'expérience suivante alors qu'il était encore au berceau: ainsi va le texte décrivant un enfant de dix-huit mois se réveillant un après-midi alors qu'il se trouve en plein accès de fièvre due à la malaria, et très attentivement, observant ses parents dans un coït *a tergo* répété trois fois. Pendant ce temps, l'enfant remarquait les organes génitaux de ses parents, la respiration haletante de son père et l'expression de jouissance sur la figure de sa mère. Ce bébé, autrement généralement passif, aurait eu recours au passage d'une selle pour avoir l'excuse de crier, interrompant ainsi les parents dans leurs élans amoureux. Ce n'est qu'en 1974, toutefois, que certains aspects ridicules de la reconstitution de Freud furent soulignés. Que pouvait observer un enfant atteint de la malaria alors qu'il se trouvait dans un état de prostration dû à la fièvre? Combien de temps pouvait prendre une scène de coït répété à trois reprises? Et un enfant pouvait-il, durant tout ce temps, dans un accès de fièvre, affaibli, avec un sensorium perturbé, être en état d'observer, avec une « attention soutenue » et sans pleurer? Et ensuite de passer une selle, ceci lui donnant « l'excuse pour pleurer »?

Une autre difficulté de la reconstruction de Freud tient à l'insistance avec laquelle il décrit la scène primitive dans la position de *coitus a tergo*, parce que ce serait, la « seule position qui offre au spectateur la possibilité d'inspecter les organes génitaux[10] ». Cette position ridicule de Freud n'a pas été contestée avant 1977 lorsque Viderman écrivit:

> La position *a tergo more ferarum*, contrairement à ce qu'il [Freud] pense, est la moins favorable à la vue des organes génitaux féminins, à moins d'accorder aussi à l'enfant la position stratégique la mieux choisie pour l'observation: ni devant, ni derrière les protagonistes, où il n'y verrait goutte, mais exactement à la jonction des deux[11].

---

10. Sigmund Freud, *Gesamette Werke*, vol. XII, p. 89; Standard Edition..., vol. XVII, p. 59.
11. Viderman, *Le Céleste et le sublunaire*, Presses universitaires de France, 1977, p. 306.

Ce pourrait être le cauchemar des psychanalystes que de réaliser qu'une fois dans l'histoire de la psychanalyse un collègue a soulevé l'objection évidente touchant l'impossibilité physique pour l'enfant de percevoir la scène comme Freud l'avait fait, que cet enfant souffre ou non de malaria. Dans la reconstruction de Freud, on retrouve une scène qui nécessite des acrobaties perceptuelles qui pourraient être dignes de pretzels animés, mais impossibles pour les corps humains.

En conclusion, je crois que les histoires de cas de Freud sont aussi ses propres narrations symptomatiques, et la lecture subséquente qu'on en fait a souvent tendance à être une lecture symptomatique. Peut-être que dans l'avenir, se trouvera-t-il quelqu'un qui fera une étude intitulée « La psychologie et la psychopathologie de la lecture psychanalytique de tous les jours ». Les différentes façons de lire les textes de Freud, incluant ses histoires de cas, pourraient ainsi être divisées en lecture hystérique, obsessionnelle, paranoïde, etc. De tels résultats pourraient démontrer que la lecture de Freud nécessite l'analyse de son propre contre-transfert à l'auteur aussi bien qu'à ses inscriptions textuelles de ses lecteurs analystes et non-analystes, parfois lecteurs compétents, parfois lecteurs non-compétents. En lisant Freud, on doit toujours essayer de voir comment il nous lit.

(Université de Montréal)

Le derme de l'écrit

Simon Harel

Leiris écrit dans le recueil *Haut Mal* :

> La mère en deuil, c'est la mort qui attend au bord du fossé où se reflètent les nuages troubles —, c'est les obsèques du père un matin d'hiver (les panaches noirs frissonnent, un vent mauvais s'abat, épaissit les doigts des porteurs, couleur de gros vin rouge).
>
> La mère en noir, mauve, violet — voleuse des nuits — c'est la sorcière dont l'industrie cachée vous met au monde, celle qui vous berce, vous choie, vous met en bière, quand elle n'abandonne pas — ultime joujou — à vos mains qui le posent gentiment au cercueil, son corps recroquevillé [1].

Je me propose d'interroger le statut de l'impossible écriture réparatrice dans une perspective qui intègre le statut de la mélancolie et du travail du deuil au cœur du processus créateur. Cette « impossible écriture réparatrice » fait appel chez Michel Leiris à la représentation d'un corps textuel qui permet le passage de l'unité au morcellement. En somme, l'impossible écriture réparatrice dans l'œuvre de Michel Leiris contribue à faire de l'image textualisée du corps l'équivalent de la structure psychique du sujet créateur. Le morcellement de l'œuvre créée, l'altération du cadre énonciatif, la généralisation d'une structure parataxique favorisent un travail de destruction où le créateur symbolise « hors de soi » une expérience de dépersonnalisation qu'il transforme en œuvre.

Je souligne d'abord que les hypothèses de travail que j'avance sont pour la plupart tributaires d'un cadre de pensée psychanalytique fortement influencé par les travaux de Melanie Klein et de Hanna Segal [2], car pour celles-ci, l'établissement d'une relation d'objet par le jeu de la

---

1. Michel Leiris, « La mère », *Haut Mal* suivi de *Autres Lancers*, Gallimard, 1988 [1943 et 1969], p. 94.
2. Si l'expression « désir de restaurer » (soulignée par Melanie Klein) apparaît en 1927 (*Essais de psychanalyse*, Payot, p. 238) dans « Stages of Œdipus Complex », la

projection et de l'introjection permet de structurer les modalités de rencontre du monde extérieur. On peut à cet égard parler d'une écriture réparatrice, processus qui fait référence à la configuration labile de l'œuvre de création. Réparer (dans une perspective psychanalytique qui a été amplement développée par Melanie Klein) supposerait que le créateur puisse transformer l'informe, l'incréé de façon à ce que «le corps de l'œuvre» trouve place. Réparer impliquerait qu'une fragmentation agissante soit éprouvée sur le corps-substitut qu'est l'œuvre de création de l'écrivain, agression violente et mortifère qui permet cependant d'éviter la désintrication pulsionnelle que représenterait, par exemple, l'entrée dans la psychose ou l'autisme.

Jean-Michel Petot note que le concept de réparation est directement associé, dans le système kleinien, à la théorie de la sublimation[3]. C'est que la sublimation, pour Melanie Klein, n'est plus un processus primaire, situé dans le prolongement direct de la construction de l'image du corps — nous retrouvons ici les idées de Ferenczi — mais un processus secondaire par rapport à l'investissement agressif. Suite à l'introduction de la notion de réparation en 1927, l'accent est mis sur la défaillance de la capacité sublimatoire du sujet. L'investissement agressif s'adresse alors de façon prioritaire à l'objet, perçu comme externe, qui suscite en retour l'angoisse du talion et la crainte d'une destruction du sujet par déflection des pulsions agressives. L'atténuation de l'angoisse du talion permet donc de réparer fantasmatiquement les objets externes blessés par le sadisme archaïque. Pour Melanie Klein, cette réconciliation avec l'objet est le fondement de la sublimation: la réparation est en somme un mécanisme de défense qui coïncide avec la position dépressive et qui permet d'atténuer une angoisse archaïque de destruction du schéma corporel.

Les travaux de Hanna Segal ont permis d'interroger le statut de la réparation dans une perspective littéraire. Segal tente d'isoler, notamment dans «A Psycho-analytical Approach to Aesthetics[4]», comment s'effectue la réception esthétique, critique ou publique, de l'œuvre d'art. L'art authentique ne peut naître, pour Segal, que d'une perlaboration complète de la position dépressive. Ayant résumé les théories kleiniennes afférentes à ce procès, elle érige Proust en exemplum de l'artiste réussi: «This wish to restore and re-create is the basis of later sublimation and creativity[5].» En somme, l'art «authen-

---

notion de réparation sera explicitement thématisée dans « Les situations d'angoisse de l'enfant et leur reflet dans une œuvre d'art et dans l'élan créateur », (ibid., p. 254-262).
3. Jean-Michel Petot, *Melanie Klein: premières découvertes et premier système, 1919-1932*, Dunod, coll. « Psychismes », 1979.
4. Hanna Segal, « A Psycho-analytical Approach to Aesthetics », *International Journal of Psycho-Analysis*, n° 33, 1952, p. 196-207.
5. *Ibid.*, p. 197.

tique », selon cet auteur, est une re-création du monde interne disloqué de la position schizo-paranoïde. La notion de réparation est dès lors liée de façon décisive à l'achèvement de la position dépressive et à la mise en œuvre réussie d'un travail du deuil[6].

On retrouve donc au cœur de la problématique réparatrice l'aveu d'une détresse vécue sous le mode de l'agression. Melanie Klein théorisera en effet la notion de réparation en mettant l'accent sur le rôle des fantasmes destructeurs qui caractérisent le primat de la position paranoïde-schizoïde. Le discours kleinien fait donc toujours référence à un objet psychique maternel qui contribue à métaboliser la sexualisation des pulsions destructrices. L'interrogation que je soumets aujourd'hui a trait au statut de la créativité, tel qu'il peut être entrevu dans une perspective psychanalytique. N'y a-t-il pas, au cœur même de l'idée de réparation, le fantasme d'un colmatage de l'inconscient comme s'il était possible de juguler les pulsions agressives, d'atténuer le pouvoir de la pulsion de mort? En somme l'achèvement de la position dépressive qui détermine dans la pensée kleinienne la reconnaissance de l'objet total n'inaugure-t-il pas une définition rédemptrice de l'art et de la créativité?

La réparation serait donc l'expression d'une monumentalité morale préservant des effritements catastrophiques de l'inconscient. L'art aurait alors une fonction rédemptrice, réconciliatrice qui permettrait, par le recours au fantasme, d'assouplir la force rigide des pulsions agressives. De même, une esthétique de la répétition serait au cœur de la théorisation du concept de réparation. La reconstruction du corps maternel, obéissant aux modalités de l'envie et de la gratitude, permettrait en somme de fonder une psyché qui échappe à l'aliénation de l'imaginaire et qui justifie l'introjection d'un bon objet interne sans que l'on sache vraiment si ce dernier est un fantasme ou plutôt la répétition mimétique de l'objet externe. Il est vrai que la notion de réparation peut laisser entendre une finalité ou une transcendance qui va à l'encontre de la perméabilité de l'appareil psychique. On parlera à ce sujet d'une culture de la rédemption dont Leo

---

6. De nombreux auteurs se sont intéressés depuis Segal à cette question. On notera, de Nicolas Abraham et Maria Torok, *L'Écorce et le noyau* (Aubier-Flammarion, 1978), notamment les articles « Maladie du deuil et fantasme du cadavre exquis » et « Deuil *ou* mélancolie, Introjecter-incorporer ». Voir aussi Joseph Westlund, *What Comedy Can Do for Us: Reparation and Idealization in Shakespeare's Comedies*, Maurice Charney et Joseph Reppen (dir.), *Psychoanalytic Approaches to Literature and Film*, Rutherford (États-Unis), Londres, Mississauga (Ontario), Fairleigh Dickinson University Press et Associated University Press, 1987, p. 83-95. Enfin de Angela Moorjani, *Käthe Kollwitz on Sacrifice. Mourning, and Reparation: An Essay in Psychoaesthetics*, dans *Modern Language Notes. Comparative Literature*, Johns Hopkins University Press, 1986, 101 (5), p. 1110-1134.

Bersani[7] retrouve la forme achevée chez Proust : reconstruction de la réalité interne qui peut aller jusqu'à nier l'existence de la réalité externe. C'est du moins, me semble-t-il, l'enjeu de la position dépressive chez Klein. La notion de réparation, nous l'avons vu, s'inscrit à la suite des réflexions de Klein sur le deuil et les structures maniaco-dépressives. La reconquête de l'objet total, la différenciation relative des réalités interne et externe, l'introjection de l'objet total — associé à des valeurs de gratitude — qui serait dès lors attribué à un dédicataire maternel non altéré, autant de caractéristiques de la notion de réparation.

Mais n'est-ce pas une culture de la mélancolie qui sous-tend la fonction du processus réparateur. S'il y a réparation, n'est-ce pas — désillusion lourde de conséquences — dans un mouvement d'après-coup parce qu'il n'est plus possible de reconquérir un objet psychique primitif. Je propose en somme que l'élaboration de la position dépressive est constamment battue en brèche par la mélancolie innommable d'un corps à corps avec la mère ; objet qui est métabolisé sous la forme de l'union et de la destruction. Il me semble que la créativité — notamment littéraire — peut permettre l'irruption de cette violence associée au destinataire maternel. J'ajoute que la mélancolie du sujet à l'égard de cet objet psychique originaire, dont n'est pas exclue la violence paranoïde-schizoïde, fait de la réparation un enjeu impossible dont la temporalité même est tissée de ce décentrement. Pour résumer, il n'y a de réparation, avec le sentiment de culpabilité qui en est la conséquence directe, que pour un projet mélancolique qui souhaite faire de l'objet total le substitut parfait d'une réalité dégradée. Dans une telle perspective, l'art représenterait, chez Klein et aussi chez Segal, cette visée rédemptrice que Bersani retrouve présente dans l'œuvre de Proust.

Voici donc l'aporie majeure de la pensée kleinienne. La positivité du système kleinien propose un destinataire omnipotent, ubiquiste, dont la seule véritable caractéristique est son absence, angoissante pour l'enfant qui doit alors subir les conséquences d'une perte de l'objet. Mais ce destinataire omnipotent peut à la fois disparaître et réapparaître. L'assomption de la position dépressive coïncide justement avec cette présence incarnée de la mère qui peut alors être vue — contemplée ? — à distance. À cet égard les propositions d'André Green énoncées dans *Narcissisme de vie, narcissisme de mort* m'apparaissent pertinentes dans la mesure où elles permettent, à la suite des travaux de Bion, d'Esther Bick, et aussi de Winnicott[8], de

---

7. Leo Bersani, « The Culture of Redemption : Marcel Proust and Melanie Klein » *Critical Inquiry*, Chicago, University of Chicago Press, hiver 1986, vol. XII, n° 2, p. 399-422.
8. Wilfred R. Bion, « A Theory of Thinking », *Second Thoughts*, Heinemann, 1962, p. 110-119 ; « Attacks on Linking », *ibid.*, p. 93-109. Esther Bick, « The Experience

percevoir ce qui est en jeu dans cette inscription dynamisante de la psyché maternelle. André Green parlera sur ce point de représentations-cadres qui métabolisent l'absence sous la forme de cette représentation psychique qu'est l'hallucination négative; la réparation intervenant à partir du moment où cette « représentation-cadre » a pu être élaborée par le sujet.

La remarque d'André Green rejoint les propos de Jean Guillaumin[9] pour lequel le retournement projectif du corps du créateur (et singulièrement de son Moi-peau) permet de fonder une surface psychique sur laquelle l'écrivain pourra instaurer son œuvre. Ce retournement projectif s'apparente encore une fois à la mise en scène de l'hallucination négative de la mère dont l'absence signe la production de l'œuvre. D'une certaine manière, l'enveloppe psychique qui est la structure-encadrante (pour reprendre l'expression d'André Green) de toute élaboration créatrice fait appel à l'hallucination négative. Créer, dans cette perspective, ne consisterait plus à réparer selon le modèle d'une métaphysique de la présence. Plutôt faut-il imaginer, à la suite de Green, un corps à corps avec la mère qui suppose une mobilité dont la définition de l'aire de jeu (à propos de l'objet transitionnel), telle que circonscrite par Winnicott, est peut-être le plus bel exemple.

À cet égard, les écrits de Michel Leiris m'apparaissent particulièrement exemplaires puisque l'activité réparatrice sous-jacente est constamment confrontée à un «travail du trépas» (pour reprendre l'expression de Michel de M'Uzan) qui fait de l'élaboration de l'œuvre un enjeu symptomatique. C'est que le processus créateur, présenté dans les divers livres de Leiris, souscrit à une problématique pour laquelle le détachement impossible à l'égard d'un dédicataire maternel est douloureusement répété.

Un passage du *Ruban au cou d'Olympia* est à ce sujet pertinent:

Dernier obstacle à la nudité totale, compte non tenu du bijou au poignet et des mules déjà prêtes à quitter les pieds: le ruban au cou — presque ficelle — dont le nœud, aussi pimpant que celui qui scelle un paquet renfermant un cadeau, forme au-dessus de la fastueuse offrande des deux seins une double boucle apparemment facile à défaire rien qu'en tirant un bout.

Plutôt qu'un ornement, cette babiole, qui peut-être n'était pour Manet qu'un noir au dessin capricieux tranchant sur la blancheur du nu, est pour nous le détail sans nécessité qui accroche et fait

---

of the Skin in Early-Relations», *International Journal of Psycho-Analysis*, nº 49, 1968, 484. D. W. Winnicott, *Playing and Reality*, Tavistock, 1971.

9. Jean Guillaumin, « La peau du centaure. Le retournement projectif de l'intérieur du corps dans la création littéraire », *Corps et création: entre lettres et psychanalyse* (Jean Guillaumin, dir.), Lyon, Presses Universitaires de Lyon, 1980, p. 227-269.

> qu'Olympia existe. De même, l'objet qui, corps étranger adjoint au corps vivant dont il renforce la présence, fait bander le fétichiste [10].

La remarque de Leiris est explicite: « fétichisme », dit-il, à propos de la contemplation de ce « corps étranger » qui octroie un supplément de vérité à la nudité d'Olympia. Il est juste d'ailleurs de croire que l'œuvre même de Leiris suppose cette contemplation d'un corps féminin toujours fragmenté. Comme s'il était possible de rêver d'un objet total des plus ambivalents: le phallus maternel, cet impossible organe qui dénie tout provisoirement la différence des sexes et qui ordonnerait la contemplation amoureuse du corps maternel sans la présence menaçante de Laïos. Cette contemplation, à l'encontre de la crainte du châtiment qui obsède le narrateur de *L'Âge d'homme*, pourrait mettre un terme à la certitude de la mort de soi qui hante, chez Leiris, le projet autobiographique. Michel Leiris, dans *Le Ruban au cou d'Olympia*, propose donc le modèle d'une corporéité féminine mise à distance, puisque contemplée magiquement, et maniaquement réparée par l'ornement [11] qui la pare.

> Couper les mains, couper les pieds, voire couper les oreilles ou le nez, peut se faire sans que cela entraîne la mort. Mais pas couper le cou, trancher le pédoncule relativement gracile qui relie la tête au torse. Particulièrement émouvant [...] sera donc l'ornement du cou, et plus encore si, ruban d'un souple tissu et non collier aux durs éléments minéraux, il apparaît propre à masquer et discrètement réparer une légère mais cruelle blessure qui aurait entamée le cou [12].

La formulation de Leiris est sur ce point explicite. S'il est possible, sans dommages irréversibles, de couper certaines parties du corps, ce démembrement implique une perte de figurabilité (l'anatomie devenant ainsi morcelée) que seul l'ornement pourra, écrit Leiris, « discrètement réparer ». Il s'agit donc d'une oscillation qui, du masquage à la réparation, permet de vêtir le corps, de l'habiter. D'autant que l'ornement conjugue la minéralisation et, ajoutera Leiris, la souplesse du tissu. Comme s'il fallait que « l'objet » choisi, dont la fonction est ici réparatrice, tienne à la fois de l'animé et de l'inanimé, qu'il apparaisse comme la figuration d'une mort en suspens puisque la vie ne s'en est jamais absentée.

La référence à l'œuvre de Marcel Duchamp, dans *Le Ruban au cou d'Olympia*, n'est pas fortuite. On retrouve en effet exposée chez

---

10. Michel Leiris, *Le Ruban au cou d'Olympia*, Gallimard, 1981, p. 193. Nous soulignons.
11. On lira avec profit sur cette problématique de l'ornement chez Michel Leiris et du « parergon » tel qu'analysé par Derrida dans *La Vérité en peinture*, l'article de Adelaïde M. Russo, « An Exchange of Tokens: Michel Leiris, Marcel Duchamp and Jacques Derrida », *Criticism History and Intertextuality*, Bucknell University Press, 1988, p. 77-97.
12. Michel Leiris, *op. cit.*, p. 268.

Duchamp, dans la perspective adoptée par Leiris, l'alternative du faux-semblant et de la présence dite « authentique » de l'objet [13]. Chez Duchamp, le mannequin d'une femme nue dont le spectateur ne peut voir le corps que partiellement est allongé dans un décor construit de toutes pièces, d'où ressort la présence insolite d'une lampe allumée tenue par cette femme. En somme, l'artificialité de l'objet (son caractère inanimé) est mis en relief par ce qui pourrait lui octroyer un supplément de vie. Leiris ajoutera, commentant l'installation de Marcel Duchamp:

> Ce n'est pas, ici, un ruban noir cernant le cou mais un détail singulier, le vrai luminaire tenu de la main gauche, *qui confère une présence désarmante à ce mannequin grandeur nature* dont ni tête ni pieds ne sont montrés, puisque soustraits au regard par la partie intacte de la muraille dégradée à travers quoi le spectateur se présente. Figure, donc, dédoublement tronquée et qui, fragmentaire comme un torse gisant dans un champ de ruines, est ainsi affirmée objet de pure adoration physique [14].

Les propositions de Leiris — comme celles de Duchamp — sont somme toute assez traditionnelles. Elles reviennent à faire du corps féminin un « objet de perspective » à partir duquel la création sera possible. Cet objet ne peut qu'être partiel, démembré. La configuration du corps féminin suppose une activité de synthèse induite par les motifs de la blessure (chez Leiris), de la troncature (chez Duchamp). Il faudra en somme réparer ce corps afin de lui octroyer un semblant de vérité. Là réside sans doute l'ambiguïté de l'activité réparatrice dans l'œuvre de Michel Leiris. Celle-ci n'est possible qu'au prix de la pétrification, ou encore de la minéralisation de l'image du corps dont Maurice Nadeau et J.-B. Pontalis ont noté la persistance dans l'œuvre. Ce qui justifie la fascination exercée par le travail de Duchamp, Leiris notant ce « détail singulier [le luminaire réel] qui confère une présence désarmante à ce mannequin grandeur nature ». Car la mise à nu est aussi l'équivalent d'une mise à mort dont l'imminence redoutée devra cependant être ignorée. Le ruban noir qui camoufle cette « légère mais cruelle blessure » permet donc de cacher le trouble ressenti devant cette manifestation désarmante de la féminité.

Si ce ruban noir voile une blessure, dont le décollement semble être le motif dominant (« Couper les mains, couper les pieds, voire couper les oreilles, ou le nez peut se faire sans que cela entraîne la mort »), c'est que la crainte d'un débordement hémorragique est ici anxieusement mise à l'écart. Qu'est-ce en effet que le ruban au cou d'Olympia sinon une fragile pellicule protectrice, l'esquisse rudimentaire d'un

---

13. Leiris fait ici référence à un montage de Marcel Duchamp, *Étant donnés*: 1. La chute d'eau ; 2. Le gaz d'éclairage.
14. Michel Leiris, *op. cit.*, p. 198. Nous soulignons.

Moi-peau qui a pour rôle particulier de masquer le secret insupportable d'une blessure. Le corps d'Olympia qui, dans sa somptuosité est offert au regard, déploie une plaie qu'il faut à tout prix colmater. La profusion des artifices (le recours à l'objet-simulacre chez Leiris et Duchamp), la représentation statufiée de la femme chez Leiris, la fétichisation du fragment corporel, autant de motifs qui renvoient à une inscription problématique de l'image du corps.

Lorsque Leiris revendique dans Le Ruban au cou d'Olympia une esthétique symptomatique qui permettrait de « dégager ce qui serait à cette portion de siècle ce qu'est le ruban grâce auquel Olympia apparaît nue [15] », il tient un discours lourd de présupposés. Car le dévoilement d'Olympia implique simultanément l'inscription d'une trace qui fera office de Loi. Leiris ne s'y trompe pas lorsqu'il parle de « pièce à conviction, symptôme, empreinte dénonciatrice [16] ». Le supplément de vérité attribué à cette figure emblématique qu'est Olympia introduit la nécessité d'une scarification dont le symptôme, comme empreinte, dans les écrits de Leiris, est peut-être la figure la plus appropriée. Mais si ce symptôme, tel le corps nu d'Olympia marqué du ruban noir, est offert au lecteur, que devons-nous en conclure ?

Tout d'abord que le derme de l'écrit suppose chez Leiris l'hallucination négative de la présence maternelle. On parlera à ce sujet, suivant les propositions d'André Green, de narcissisme-cadre qui fournit un espace psychique propice aux premières représentations de chose. On ajoutera que les multiples images de blessure dans l'œuvre de Leiris ont peut-être une fonction de scénario-écran où le deuil impossible de la figure maternelle est douloureusement répété. Dans le poème « La Néréide de la mer Rouge », ce sont les entrailles qui sont dénudées comme si l'absence de paroi protectrice — de symptôme — laissait jouer une image du corps défaillante. Cette angoisse d'éventration — qu'on se remémore la fascination leirisienne pour la tauromachie —, je propose qu'elle rappelle les traces archaïques d'un corps à corps violent avec la mère et de sa mort fantasmée dont le deuil, par l'écriture, serait l'aboutissement rêvé. En somme, la blessure — discrète — au cou d'Olympia est peut-être un compromis acceptable qui permet à la fois de réparer et de fracturer une enveloppe psychique particulièrement perméable. Leiris le mentionne bien en faisant valoir que la blessure qu'il imagine au cou d'Olympia est ténue. Le processus réparateur s'apparente dès lors à la cicatrisation infructueuse de ce derme. La blessure au cou d'Olympia est en effet symptomatique parce que l'effraction ainsi tracée sur le corps féminin demeure discrète et que le ruban voile tout débordement hémorragique. En somme l'écriture de Leiris fait du corps à corps

---

15. *Ibid.*, p. 221.
16. *Ibid.*, p. 228.

avec un destinataire maternel l'enjeu d'une impossible écriture réparatrice où il s'agit simultanément de détruire et de formuler l'unité de l'image du corps. Or, il me semble que l'écriture de Leiris, face à un tel projet, préfère s'en tenir au constat d'une effraction superficielle d'un derme tenant lieu d'enveloppe psychique. C'est que la blessure peut alors être circonscrite et maîtrisée.

Faudrait-il donc, pour créer, ainsi que semble le proposer Leiris, jouir du deuil impossible d'une mère faisant office de table d'écriture ? Se soumettre à l'angoisse du Talion qui fait de la mort de la féminité la source d'une survie problématique ? L'écrivain serait alors ce personnage mélancolique, contemplant, sous la blessure superficielle d'Olympia, la rage de son propre désir matricide. Ainsi le poème « La Néréide de la mer Rouge », influencé par les toiles d'André Masson, rappelle selon Renée-Riese Hubert « la blessure et l'acte de blesser, en premier lieu le corps ouvert, privé de sa paroi protectrice, révélant dans la souffrance, sinon dans la honte un univers dorénavant impossible à cacher [17] ». Cet évidement des entrailles (viscères et organes confondus) est en effet un des motifs de « La Néréide ». D'autres poèmes, dont « La mère », peuvent aussi être lus selon la perspective théorique soumise par Jean Guillaumin. Car les notions de retournement projectif — ou de topique externe — permettent de comprendre selon quelles modalités le Moi-peau n'est pas simplement une enveloppe psychique ayant une fonction de contenance. Le retournement projectif suppose, dans l'esprit de Guillaumin, que le créateur puisse en quelque sorte mettre à nu la face cachée de son Moi-peau qui le lie de façon indissoluble à l'hallucination négative de la présence maternelle.

Les écrits de Leiris auxquels j'ai eu recours tentent en vain de circonscrire un espace plein, fortement investi des signes d'une corporéité représentée sous un mode traumatique. Car l'image du corps dans l'œuvre de Leiris est l'objet de fortes angoisses de fragmentation et de démembrement. Ce qui explique peut-être le statut quelque peu distancié du narrateur qui nomme avec une volonté d'objectivité une détresse psychique en la restreignant à sa localisation corporelle. Voilà sans doute ce qui définit la richesse — et la complexité paradoxale — de l'œuvre de Leiris. On peut penser à cet égard que la nomination exacerbée de l'image du corps féminin que l'on retrouve dans cette œuvre met à distance l'angoisse d'une perte de sens, la crainte psychique d'un morcellement. Le recours au regard, à la métaphore de l'espace pictural ou théâtral justifie la figuration d'une féminité blessée. Le souci de former un espace corporel illustratif serait alors assez semblable à ce que Freud a pu retrouver dans la fonction du souvenir-écran. Sous l'évidence illustrative se cacherait

---

17. Renée-Riese Hubert, « L'image poétique de Michel Leiris », *French Forum*, vol. I, n° 1, 1976, p. 74.

en effet le détail insignifiant mais riche d'implications qui cerne avec exactitude un portrait de la psyché du narrateur. Ainsi ces images de femmes scarifiées et marquées par la Loi (Olympia, Judith, Lucrèce) offriraient, sous un mode projectif, la composition d'une corporéité démembrée et incessamment reconstruite qui permet au narrateur de mettre à distance sa propre angoisse de morcellement. Un passage du « Point cardinal » m'apparaît à cet égard particulièrement significatif:

> Je m'attendais à ce que le rideau tombât sur cette apothéose, dérobant les interprètes à l'enthousiasme indiscret de la foule, mais je fus surpris de constater que mon pronostic, pourtant si simple, ne s'était pas réalisé. La toile resta levée, à jamais levée, tandis que la scène devenait obscure, comme si l'écran du néant s'était abattu devant elle, substituant le noir à tout décor, derrière la rampe allumée comme un balcon sur un abîme [18].

La scène théâtrale, décrite par Leiris, permet d'observer un corps féminin dont les contours sont problématiques. C'est que, pour reprendre les mots de Leiris, « la scène devenait obscure, comme si l'écran du néant s'était abattu devant elle [19] ». Cet écran du néant serait-il à sa manière l'équivalent d'une hallucination négative qui voile le corps féminin alors que le narrateur cherche à le contempler ? Et si Leiris utilise l'expression « écran du néant », pour qualifier cette difficile perception de l'image du corps, on ne sera pas surpris de retrouver des expressions relativement semblables chez Crevel et Antonin Artaud. *L'Ombilic des limbes* est peut-être la plus belle formulation de ce dilemme puisque la quête d'une origine perceptive est chez Artaud d'emblée désavouée. Alors que Crevel, de son côté, fera appel à « l'élan mortel » (parodie de l'élan vital bergsonien) afin de contester l'utilisation d'une métaphore organiciste lorsqu'il s'agit de décrire la structuration de la psyché.

Le théâtre chez Leiris est donc la peau de l'écriture. C'est le cas de *L'Âge d'homme* où l'inscription théâtrale est clairement désignée comme enjeu de l'investigation autobiographique. La description du trauma suppose en effet un environnement qui met en valeur une blessure psychique (narcissique?) ou corporelle. L'espace théâtral est peut-être la métaphore leirisienne qui décrit avec le plus d'acuité le projet autobiographique. Car souligner narrativement traumatismes psychiques et corporels, c'est d'une certaine manière avouer le désir de recomposer une autobiographie. C'est aussi tenter d'esquisser les contours d'une enveloppe psychique (l'œuvre entre corps et langage) qui pourrait accueillir cette énonciation d'un trauma dont l'inconscient (comme objet psychique manquant) est peut-être l'énigme.

(Université du Québec à Montréal)

---

18. Michel Leiris, « Le point cardinal », *Mots sans mémoire*, Gallimard, 1989, p. 27-28.
19. *Ibid.*, p. 29.

La critique au féminin

Louise Dupré

Rappelons d'abord que la critique au féminin est une approche très jeune. Au Québec, elle existe depuis moins de quinze ans si on considère qu'une des premières manifestations d'envergure regroupant un certain nombre de femmes écrivains et de critiques a eu lieu en 1978, à Ottawa. Ce n'est pas un hasard si cette « Conférence des femmes-écrivains des Amériques » a été organisée par une universitaire ontarienne, Patricia Smart. L'événement en dit long sur les conditions d'émergence d'un discours sur le féminin au Québec, qui s'est développé en étroite collaboration avec des chercheuses anglophones travaillant dans des universités canadiennes; ce qui ne veut pas dire que la théorie dont s'est inspirée la critique québécoise au féminin est d'abord anglophone. On peut affirmer que les Québécoises se sont nourries principalement des théories françaises. Au centre des influences, Simone de Beauvoir, bien sûr, mais aussi des psychanalystes ou des littéraires, Hélène Cixous, Catherine Clément, Béatrice Didier, Irma Garcia, Luce Irigaray et Julia Kristeva, pour ne citer que quelques noms. Par leurs collègues canadiennes, les Québécoises ont aussi bénéficié de l'apport des théoriciennes américaines, de Shoshana Felman, de Alice Jardine ou de Teresa de Lauretis, toutes trois au croisement des cultures française et américaine, ou encore des femmes comme Mary Daly, Adrienne Rich et Elaine Showalter.

Au carrefour des cultures, la critique québécoise au féminin s'est développée dans l'hétérogène, dans le passage entre les langues et les littératures nationales, les théories sur le féminin, mais aussi dans un aller-retour entre les approches. Car si la psychanalyse a été au centre des disciplines, la sociologie de la littérature, l'histoire littéraire, la linguistique et les études sémiotiques ont également permis à la critique de se donner des fondements méthodologiques.

Il serait cependant faux de prétendre que la critique au féminin s'est constituée comme une « école ». Marginale à l'intérieur des institutions universitaires, sauf à l'Institut Simone de Beauvoir de l'Université Concordia [1], elle est restée le fait de femmes isolées qui ont tenté de mettre au point leur propre méthode, à partir de la vision qui était la leur. L'éclectisme (le terme ici n'est pas employé péjorativement) ne me semble pas étranger à cet état de fait. En se rangeant du côté de l'« impureté », cette critique est allée, jusqu'à un certain point, à l'encontre des tendances critiques des dernières années.

Présupposés critiques

On a d'abord voulu dégager la théorie du féminin de tout savoir déjà codifié qui se servirait des textes comme démonstration de ses propres avancées. Posture d'autant plus séduisante que dans la pratique, le sujet doit se rattacher à un certain savoir. Mais on n'a pas voulu que ce savoir devienne dogme, vérité incontournable qui empêche de progresser. On a cherché à transformer le savoir en connaissance pour quitter la ligne droite du progrès et accomplir ainsi un parcours fragmenté qui rejoindrait plutôt la ligne brisée.

Il convient donc de distinguer cette critique au féminin entreprise par les Québécoises d'une critique d'inspiration principalement américaine qui s'est appuyée sur la théorie féministe pour faire une lecture de textes d'hommes autant que de textes de femmes. Sans renier le féminisme, la critique au féminin a tenté cependant de s'en distancier en partant du principe que, si la textualité est le produit de l'Histoire, elle reste le lieu d'un travail de la *sémiosis* par lequel le sujet, soumis à sa petite histoire, se déconstruit tout en se reconstruisant. Lieu de la signifiance plutôt que de la signification, le texte multiplie les couches de sens et, par là même, entre dans le travail de l'idéologie, et le questionne. Par un parcours allant de la pratique à la théorie et de la théorie à la pratique, on a voulu revenir sur les présupposés féministes, les décentrer, non pour les nier, mais pour les porter plus loin, les faire avancer.

On risquait de tomber dans l'excès inverse, et c'était là un deuxième écueil: redouter toute théorisation dans la peur d'énoncer une parole sclérosée. Le danger, qui n'a pas toujours su être contourné, était de produire un discours qui, dans la crainte de trahir son objet, mime celui-ci jusqu'à l'identification, un discours cherchant lui-même à devenir un texte susceptible de provoquer une autre parole critique, point de départ d'un autre texte. À l'infini. Critique qui cherche à devenir littérature, qui risque de tourner rapidement à la tautologie.

Les femmes ont donc ressenti la nécessité de se placer à la fois dans la proximité et la distance. On a voulu travailler « avec » le texte

---

1. Voir la contribution de Maïr Verthuy et de Lucie Lequin [N.D.E.].

plutôt que « sur » le texte, selon la formule de Suzanne Lamy[2]. Il s'agissait de comprendre comment, à partir des théories existantes, on pouvait « parler un texte » autant que le laisser parler, c'est-à-dire voir les zones où la théorie et la fiction se recouvrent, mais aussi celles où elles se manquent, faire en sorte que les grilles d'analyse ne deviennent pas des « grillages », opérer un déplacement entre la pseudo-objectivité de la théorie et la subjectivité avouée de la fiction. Sans oblitérer la subjectivité d'une parole critique qui refuse de se masquer tout en refusant de masquer le texte sous son propre dire. La critique au féminin a en effet voulu mettre l'accent sur l'énonciation, en rappelant constamment la singularisation de l'énoncé de tout locuteur, de sorte que l'énoncé n'apparaisse plus comme une donnée extérieure au sujet, coupée de lui. Tributaire de tout le questionnement épistémologique lié à la féminité, la critique a participé à la remise en question de la neutralité des codes, elle a posé désormais comme sexué un discours culturel soumis au logos masculin, elle a cherché une forme de pensée relevant d'une altérité susceptible de nommer le féminin sans pour autant le codifier.

Définir le féminin

Malgré les percées de la recherche, peut-on définir le féminin ? Il est beaucoup plus facile de poser ce qu'il n'est pas que ce qu'il est. La difficulté reste celle-ci : comment articuler une critique qui, sans nier le doute, sans refuser une constante remise en question de ses *a priori*, en vienne pourtant à se donner une certaine assurance, nécessaire à la recherche ? Il semble bien que l'on doive, pour le moment, se contenter d'hypothèses toujours reformulables, d'un parcours incessant entre le particulier et le général.

Proximité et distance, donc, d'autant plus nécessaires que la théorie au féminin s'est faite, au Québec, à partir d'une remise en question des genres littéraires et des discours. Elle n'a pas été prise en charge que par des universitaires, mais aussi par des écrivains femmes. Elle nous vient en partie d'auteurs (Louky Bersianik, Nicole Brossard, Madeleine Gagnon, Carole Massé et France Théoret) qui en ont fait un de leurs axes de recherche en intégrant bien souvent un discours théorique à l'intérieur même de la fiction. Le même fait s'est d'ailleurs produit au Canada anglais (Daphne Marlatt, Gail Scott, Betsy Warland).

Si on peut affirmer aujourd'hui, après Danielle Sallenave[3], que la fiction pense, la littérature aura beaucoup pensé au Québec ces

---

2. Suzanne Lamy, « Liminaire », *Féminité, subversion, écriture*, Montréal, Éditions du Remue-ménage, 1983, p. 5. Voir aussi *D'elles*, Montréal, l'Hexagone, 1979 et *Quand je lis je m'invente*, Montréal, l'Hexagone, 1984.
3. Danielle Sallenave, *Le Don des morts. Sur la littérature*, Gallimard, 1991.

dernières années. Dans les œuvres de toute une génération de femmes écrivains, la théorie n'a pas tenté de se dégager de la fiction; toutes deux se sont faites ensemble dans la rencontre du particulier et de l'universel, dans leur choc. D'où l'intérêt, pour la critique, de ces œuvres hybrides qu'on ne sait pas trop comment classer, qu'on a parfois nommées « fictions-théories » ou « théories-fiction » tout en les associant à la parole poétique, à une poésie en prose revenant sans cesse sur ses prémisses.

Et cette poésie impure a élaboré sa propre pensée, une pensée-femme traversant la conceptualisation pour ouvrir dans la théorie un espace métaphorique qui attire l'attention sur l'indicible inhérent à la parole des femmes, sur l'irreprésentable. Cet espace devient un autre mode de préhension du réel, une façon de repenser un certain discours théorique qui tend à séparer le rationnel du pulsionnel, le dicible de l'indicible. Il se donne comme une stratégie de la pensée.

Ces œuvres demandent donc à la critique d'opérer un déplacement dans la lecture. On pourrait dire que la critique au féminin a tenté de se définir à la manière de la fiction sur laquelle elle s'est penchée. Les textes critiques portant sur l'œuvre de Gabrielle Roy ou de Anne Hébert, deux écrivains dont les romans n'abordent aucune dimension théorique, ne peuvent être semblables à ceux portant sur l'œuvre de Nicole Brossard ou de France Théoret, chez qui le travail de théorisation est omniprésent. Si la critique peut, dans le premier cas, établir sa lecture à partir de la fiction, elle doit, dans le second cas, confronter constamment la théorie développée dans l'œuvre à la fiction. Il faut donc opérer une double vision, lire au second degré, distinguer entre ce que le texte prétend réaliser et ce qu'il réalise vraiment, entre ce qu'il dit et ce qu'il fait, pour employer le vocabulaire d'Austin[4], porter un regard critique sur la théorie, en essayant de la déporter, de la décentrer. Or, si la poétique nous a appris que le texte est un lieu de chocs, de tensions entre les différents niveaux de signifiance, on a peu étudié jusqu'à maintenant les tensions existant dans une œuvre entre le point de vue théorique et le travail fictif, ce qui est primordial non seulement pour les écritures actuelles de femmes mais aussi pour toute la modernité.

La pragmatique ouvre des pistes intéressantes non seulement pour repenser le travail du texte, mais aussi la théorie, car le texte fait bien peu souvent ce qu'il prescrit. Entre le dire et le faire s'établit un conflit certain. On pourrait affirmer que, le plus souvent, ces textes sont le lieu du paradoxe, de l'aporie généralisée où les forces en présence, théorie et fiction, jouent à se déconcerter. C'est précisément là qu'il me semble intéressant de travailler en considérant le texte littéraire

---

4. J. L. Austin, *Quand dire c'est faire*, Seuil, 1970.

moins comme une forme que comme un jeu de forces agissantes, comme le lieu de ratage de tout discours qui tente de créer un sens univoque. Lieu d'une polyphonie, traversé par des voix qui ne s'écoutent pas toujours, voix de la conscience féministe, voix de la tradition littéraire, voix de la doxa, voix de l'inconscient. Parole déchirée, trouée.

Le féminin de l'écriture

Proximité et distance donc, même dans le texte. Proximité puisque la critique au féminin se reconnaît dans ce désir de théorisation qui est aussi le sien, distance nécessaire puisque cette théorisation est déconcertée par le texte. Et cela ne concerne pas seulement les théories du féminin, mais aussi, à un autre niveau, les théories de l'écriture au féminin. En ce sens, il faut réaffirmer la fonction d'une lecture à la fois exigeante et créatrice, résistant à la tentation d'une vision qui se prétendrait totalisante: lire, c'est-à-dire à chaque fois recommencer, lire moins pour déconstruire les discours que pour les ramener à leurs frontières, faire qu'ainsi ils puissent être débordés. S'il est bien un fait que doit éviter la critique au féminin, c'est de vouloir se reconnaître comme la gardienne d'un sens, du Sens donné comme origine de la signification. Devenant ainsi réductrice, elle supposerait qu'il soit possible d'énoncer une vérité du féminin de l'écriture.

Or, qu'est-ce qu'une écriture au féminin? On a dit que le texte au féminin se développait de façon spiralique plutôt que linéaire, que la temporalité y était cyclique, l'espace, à la fois ouverture et enfermement, que les frontières étaient absentes entre le dedans et le dehors, que l'écriture trouvait ses racines dans le corps, qu'elle avait souvent une forme litanique, qu'elle était un flot qui se formait à mesure en refusant toute maîtrise, qu'elle échappait à la logique binaire en pensant ensemble les contradictions. On a mentionné qu'elle n'était pas seulement le fait des femmes mais aussi de certains hommes. Hélène Cixous nommait Jean Genet. Au Québec on pense à Philippe Haeck.

Toutes ces constatations constituent des éléments de réponses. Si importantes qu'elles soient cependant pour établir les bases d'une théorie de l'écriture, il n'en reste pas moins qu'il s'agit d'un point de départ qu'il faut interroger. Est-il exact, par exemple, que la notion de maîtrise soit mise en veilleuse dans les textes de femmes? Nous appuyant sur les recherches bakhtiniennes, ne nous faut-il pas constater que le texte littéraire échappe toujours, d'une certaine façon, au projet initial de l'auteur et que c'est justement en cela qu'il réussit, en ce qu'il tient d'un renoncement, d'une mort à soi pour que le projet prenne forme? Ce fait est d'ailleurs démontré par les recherches les plus récentes de la génétique littéraire. Il devient donc urgent de questionner la notion de maîtrise, moins en l'opposant à son contraire qu'en examinant si ce déplacement de la maîtrise qui constitue le processus de tout mouvement d'écriture se joue de la même façon chez les hommes et chez les femmes, s'il y a matière à généralisation dans certains contextes socio-culturels.

Sortir des modèles binaires

La question de la maîtrise ne constitue qu'un exemple. On pourrait continuer à interroger les traits de l'écriture au féminin. Mais ce qui importe, c'est d'articuler une vision du féminin qui en vienne à élaborer une théorie sortant des modèles binaires. Or, une des premières tâches de la théorie spécifiquement féministe a été de mettre en lumière la non-neutralité des grands systèmes d'oppositions qui ont construit la culture, les oppositions culture/nature, activité/passivité, esprit/corps, logos/pathos, forme/matière, même/autre, intellect/sentiment [5].

La théorie féministe a voulu reconnoter ces caractéristiques associées au féminin pour penser une culture-femme en dehors des assises patriarcales. Les femmes se sont associées elles-mêmes à la nature, au corps, au sentiment, aux forces de vie, ce qui a créé un sentiment d'appartenance, bien sûr, mais ce qui a pu, jusqu'à un certain point, censurer l'imaginaire, ce dont s'est ressentie l'écriture. Ainsi Denise Desautels écrivait-elle dans un de ses derniers recueils de poésie: « Longtemps j'ai censuré la mort en moi parce qu'elle me semblait masculine [6]. » Ce constat, qui pourrait être repris par plusieurs écrivains québécoises, montre à quel point la théorie, face à laquelle on ne prend pas suffisamment de distance, peut avoir des effets sur l'écriture.

Si je donne cet exemple, c'est qu'il n'est pas sans effet sur la critique. Il est bien tentant, en effet, de ne voir dans les textes de femmes que des forces de vie, d'ouverture, de partage, en niant ce qui appartiendrait tout simplement à la *psyché*. N'a-t-on pas déjà entendu mentionner un peu vite que certaines femmes écrivent comme des hommes, supposant qu'il n'y ait qu'un rapport possible pour les femmes à un féminin du langage? Cette question en recouvre une autre: le féminin n'appartiendrait-il qu'aux femmes? L'écriture, comme les arts, n'est-elle pas précisément ce lieu où, aussi bien pour les femmes que pour les hommes, s'exercerait un féminin dans la circulation entre les langues, une langue féminine, glossolalique,

---

5. Ce que soutient Alice A. Jardine dans *Gynesis. Configurations of Woman and Modernity*, Ithaca et Londres, Cornell University Press, 1985, p. 72.
6. Denise Desautels, *Mais la menace est une belle extravagance*, Saint-Lambert (Montréal), Le Noroît, 1989, p. 42.
7. Julia Kristeva, *La Révolution du langage poétique*, Seuil, 1974, p. 30-70.

héritée de la mère selon Kristeva[7], et la langue articulée, paternelle? Il s'agirait de réévaluer la place que prend la différence sexuelle dans l'écriture où, justement, cette notion est rendue problématique, le texte étant la mise en scène d'une crise identitaire du sujet.

Il n'est pas question pourtant de nier toute différence sexuelle dans la textualité (et les avancées de la psychanalyse sont là pour nous le démontrer), mais plutôt de mieux voir comment le discours théorique est débordé dans la fiction, comment le sujet est ramené à un en deçà du savoir sur son propre sexe. Écrire au féminin, ne serait-ce pas, comme le précise Françoise Collin:

> Écrire au plus près de soi-même, d'un soi-même toujours inconnu, et par là-même accepter de perdre figure? Le féminin ne désignerait pas alors l'un des termes d'une opposition (masculin/féminin, hommes/femmes) mais ce qui en eux ou à partir d'eux — incontournable — les transgresse. Moment parmi d'autres moments, et qui n'efface pas ces autres moments, mais qui sans les abolir les descelle[8].

Cette réflexion me rejoint. Pratiquer une critique au féminin, ce serait peut-être, plus que jamais aujourd'hui, travailler dans une perspective déviante, adopter un angle de vision qui, loin des certitudes, ramène la théorie à ses limites, montre ce qui demeure non théorisable, sauf à modifier la conception même des champs théoriques, c'est-à-dire que toute théorie produit inévitablement des restes dont il ne faudrait pas se débarrasser trop vite, mais qu'il faudrait plutôt apprendre à *recycler*. Accepter, dans la vision textuelle de l'unique, la déception d'une pensée englobante. Et ultimement, voir la critique au féminin comme une façon de repenser la critique.

(Université du Québec à Montréal)

---

8. F. Collin, « Voyage à Lausanne ou la marque et la trace », dans « Penser au féminin », *Cahiers internationaux de symbolisme*, nos 65-67, 1990, p. 53.

Le temps du rythme

Lucie Bourassa

Une expérience, simple, de lecteur est à la source des problèmes de rythme et de temporalité qui seront abordés ici. Certains textes — les poèmes en particulier — dérangent et multiplient « le comprendre » et suscitent autant l'épreuve du sens que son intelligence. Si le discours ne reposait sur un substrat matériel si mince, on pourrait supposer que cette épreuve soit de l'ordre du sensible. Mais évoquer le sensible à propos du langage risque de renvoyer à une problématique de l'expressivité, ou à une croyance en la substitution, grâce à des processus d'évocation, des rapports intelligibles du sens par des sensations immédiates [1]. Ceci conduirait à isoler la poésie des autres discours, et à la reléguer dans l'irrationnel, hors de la pensée et de toute dimension critique. Pourtant, plusieurs poètes affirment l'indissociabilité du sens et du sensible, que l'on songe à la langue « résumant tout: sons, parfums, couleurs » de Rimbaud ou à la « matière-émotion » de Char. Comment l'entendre, sans tomber dans une poétique sensualiste ou émotionnaliste? Si la matière fait défaut dans le langage, Michel Deguy dit que le poète doit « la redonner, pétrie de temporalité devenue allégorie du défaut de musique et de l'absence de temps [2] ». Plutôt que du sensible au sens strict, le discours mettrait en œuvre un « jeu de tensions intérieures qui répondent à des différences formelles ou s'élaborent à partir d'elles [3] ». En usant ici d'une formule qui paraîtra tautologique, mais ne le sera qu'en apparence, on pourrait dire que, par certaines dispositions de ses composantes, le discours éveillerait notre sensibilité à son égard même, faisant appel à notre mémoire du langage, à notre « savoir-parler [4] ». Et à travers ce jeu de

---

1. Ainsi que le fait justement remarquer Laurent Jenny, *La Parole singulière*, Belin, 1990, p. 61.
2. Michel Deguy, *Choses de la poésie et affaire culturelle*, Hachette, 1986, p. 46.
3. Laurent Jenny, *op. cit.*, p. 61.
4. Michel Deguy, *op. cit.*, p. 46.

tensions internes, c'est un mode de temporalité particulier qu'il produit, et par conséquent une manière particulière d'appréhender le sens.

Les familiers de l'article de Benveniste qui retrace l'historique de la notion de rythme auront reconnu ici une paraphrase de l'expression « manière particulière de fluer », par laquelle Benveniste « traduit » l'acception pré-socratique de *rhuthmos*[5]. Si j'ai choisi, dans la première étape de recherches qui se poursuivront[6], d'essayer de décrire les modes de signification de la poésie contemporaine par le biais du rythme, c'est que celui-ci me paraît lié à ce « sens sensible », qui passe par une entente de l'organisation du discours, de sa dynamique « pétrie de temporalité ». Je propose de remplacer le terme sensible par celui d'*esthésis*, en référence au sens grec du mot *aisthêsis*, qui désigne ensemble les facultés de perception et d'aperception, sans les dissocier[7]. Si j'ai voulu, réciproquement, mieux comprendre le rythme du discours par la poésie, ce n'est pas qu'elle en détiendrait l'exclusivité, mais plutôt parce qu'elle est une concentration des ressources du langage. Les poésies contemporaines non métriques ont une valeur heuristique, parce que plusieurs d'entre elles accordent une attention particulière à la diversification des modes de signifier, et imposent (en l'absence de repères d'égalité) le recours à une définition du rythme qui excède le retour du même. En cessant, suite notamment à la critique d'Henri Meschonnic[8], d'en faire un concept strictement formel et identitaire, et en le repensant, depuis la mise au point de Benveniste, comme « manière particulière de fluer », « telle qu'elle se présente aux yeux[9] », c'est-à-dire non plus comme une loi antérieure à toute manifestation, mais comme phénomène concomitant de l'apparaître, et, pour le discours, inséparable de la production du sens, le rythme peut aider à mieux comprendre les processus signifiants propres aux œuvres littéraires, qu'elles soient métriques ou amétriques.

Meschonnic reprend la définition pré-socratique du rythme retracée par Benveniste, « disposition, configuration du mouvement », pour le concevoir comme « organisation des marques par lesquelles les signifiants [...] produisent une sémantique spécifique, distincte du

---

5. Voir « La notion de "rythme" dans son expression linguistique, *Problèmes de linguistique générale*, tome I, Gallimard, coll. « Tel », 1966 [1951], p. 333.
6. Amorcées à l'occasion d'une thèse, *Rythme et sens: des processus rythmiques en poésie contemporaine* (Université de Montréal, 1991), ces recherches se poursuivront dans le cadre d'une étude de *La Temporalité discursive dans la prose*.
7. Voir la définition de Bailly: « Faculté de percevoir par les sens, sensation [...]; faculté de percevoir par l'intelligence, action de s'apercevoir ».
8. Henri Meschonnic, *Critique du rythme. Anthropologie historique du langage*, Lagrasse, Verdier, 1982.
9. Émile Benveniste, *op. cit.*, p. 332.

sens lexical, [...] la signifiance, c'est-à-dire les valeurs propres à un discours et à un seul », ajoutant que les marques peuvent « se situer à tous les "niveaux du langage" » et qu'« elles constituent ensemble une paradigmatique et une syntagmatique qui neutralisent [...] la notion du niveau [10] ». Il donne ainsi du rythme une définition sérielle et non plus métrique (identitaire et numérique), qui permet de le comprendre comme « organisation du sens » résultant de l'activité énonciative d'un sujet, produisant un système de valeurs qui lui est propre. Mais si ce n'est une mesure qui impose une régulation au mouvement, en vertu de quoi celui-ci acquiert-il une configuration ? Comment faire le lien, non explicite chez Meschonnic, entre l'« organisation des marques » par laquelle il définit le rythme et la « forme du mouvement » de Benveniste, sur laquelle il s'appuie pour échapper au cadre métrique et fonder sa propre définition ? L'une des formulations du linguiste, déjà citée, soit la « manière particulière de fluer » « telle qu'elle se présente aux yeux » ou, ajouterais-je, aux autres sens et à l'intelligence, pourrait nous aider à définir un certain nombre de propriétés du rythme, non pas dans l'absolu, mais pour le problème qui nous occupe, celui du discours. Cette formulation invite à comprendre le rythme à la fois comme condition de l'apparaître d'un mouvement et comme ce qui lui donne sa configuration particulière. Pour avoir forme, le mouvement doit être différencié par des points qualifiés, des éléments contrastifs — comme, par exemple, dans le discours, les accents et les pauses — à partir desquels se forment divers niveaux de groupements; pour revêtir une configuration spécifique, il faut qu'on puisse en comparer les moments, que des rapports s'établissent entre certaines marques et certains groupes. Pour paraphraser Valéry, le rythme introduit « du simultané dans la succession ».

Comprendre le rythme comme une dynamique contrastive et comparative des unités de sens, c'est donc l'inscrire dans une problématique de la temporalité. Cette temporalité ne sera ni celle des durées quantifiables, ni celle d'une représentation téléologique ou chronologique. L'épreuve du temps qui s'expose à travers la « forme du mouvement » du discours serait à rapprocher de l'expérience augustinienne de la *distentio*; c'est-à-dire de cette expérience du temps comme « extension » de l'esprit, qui est à la fois, selon les termes de Ricœur, passivité de l'*affectio* déchirée entre l'avant (image vestigiale) et l'après (image anticipante), et l'activité de l'*intentio*, de l'« esprit tendu en des directions opposées » qui « abrège l'attente » et « allonge la mémoire [11] ». Passé et avenir cessent, dans cette dynamique, d'être conçus comme des représentations objectivées sur une ligne, par rapport à un présent abstrait dont Augustin avait déjà pressenti qu'il était sans étendue,

---

10. Henri Meschonnic, *op. cit.*, p. 217.
11. Paul Ricœur, *Temps et récit*, tome I, Seuil, 1983, p. 37-38.

pour devenir l'extension du présent, présent du passé et du futur, ou pour accéder, comme le dit Garelli, au statut de « structures intentionnelles », qu'il rapproche de celles de Husserl, rétention et protention. L'explication par les structures intentionnelles n'est pourtant pas suffisante — pour réfléchir sur le rythme et la temporalité du discours — si on la comprend comme un dedans, une subjectivité toute psychologique, coupée de tout dehors. C'est, ainsi que nous le rappellent justement Ricœur et Meschonnic, à travers l'expérience de la parole, de la diction d'un vers, qu'Augustin trouve les solutions aux questions sur l'être et la mesure du temps qui le tenaillent. Ces deux poéticiens, dans des travaux aux visées par ailleurs fort différentes, soulignent l'importance de mettre en relation le problème de la *distentio* avec l'intuition de Benveniste selon laquelle la temporalité n'est pas « un cadre inné de la pensée », mais qu'elle est produite « dans et par l'énonciation [12] ». À cause de cela, l'expérience temporelle d'Augustin est irréductible à une représentation linéaire: « Dans la perspective augustinienne, le rapport de succession est étranger aux notions de présent, de passé et de futur, et donc à la dialectique d'intention et de distension qui se greffe sur ces notions [13]. » Ricœur voit par ailleurs une série de discordances dans la solution apportée par Augustin aux problèmes du temps — discordances entre l'activité et la passivité, et entre les deux passivités — ce qui selon lui confère un caractère aporétique à cette spéculation.

Aux diverses apories qu'il repère (non seulement chez Augustin, mais aussi chez Husserl et Heidegger par exemple) dans la réflexion philosophique sur le temps, Ricœur montre que la narration constitue la réponse humaine par excellence, grâce à « la fonction référentielle de l'intrigue ». Mais, comme il le dit, l'intrigue « refigure » l'expérience: elle inscrit la temporalité dans une représentation à même de ressaisir ce qui, dans la *distentio*, était faille, déchirement entre les « présent[s] », en redisposant passé, présent et avenir dans la succession, bien que celle-ci puisse être perturbée dans sa présentation en récit. On peut émettre l'hypothèse qu'une autre forme de temporalité est présente dans les œuvres littéraires, qui serait, cette fois, non plus celle de l'intrigue, de l'histoire (au sens de Benveniste), mais celle du discours, celle, plus précisément, du rythme, qui n'aurait pas, comme la première, tendance à « répliquer » à la « rumination inconclusive » de la spéculation sur le temps, mais à exposer le double mouvement d'intention et de distension. Selon Michel Deguy:

> Le poème interfère, il distend les éléments sonores et les pauses, il entrouvre mots, syllabes, phonèmes. [...] C'est comme si par là l'*âme* entrait au-dedans de sa propre *distentio*, l'âme qui n'a pas

---

12. Émile Benveniste, *op. cit.*, tome II, 1974, p. 84.
13. Paul Ricœur, *op. cit.*, tome III, 1985, p. 30-31.

d'autre « substance » de sa temporalité que cette entente poétique de son élément langagier. Le rythme serait donc ce qui lui procure l'expérience de sa *distentio*[14].

Alors que la temporalité de l'intrigue tendrait à recomposer un mouvement que j'appellerais *prosa*, « qui va droit devant » — si troublée fût-elle par les analepses et prolepses du récit —, la temporalité du rythme serait plutôt celle du *versus*, des « retours » sur elle-même ou des « projections » au-delà, des replis ou des élans, des perturbations de l'avancée[15]. Un texte de prose peut, dans son organisation discursive, faire intervenir le *versus*; et un poème versifié peut raconter une « histoire » qui, reléguant les faits passés derrière elle, instaure une dimension *prosa* dans l'œuvre. *Versus* et *prosa* peuvent bien entendu coexister dans la même œuvre, sur deux plans différents.

Le rythme comme mode de mouvement, révélateur d'une temporalité subjective, à la fois *intentio* et *distentio*, conditionne notre appréhension du discours, contribue à sa spécificité signifiante, parce qu'il crée d'autres relations, entre les unités de sens, que celles de la linéarité, parce qu'il suscite, à travers une série de différences et de retours, des tensions qui pluralisent le sens, instaurant un système de valeurs propre à telle ou telle œuvre. La notion de rythme, ainsi définie, vise, dans le discours, une vaste dynamique relationnelle et tensionnelle[16], dont l'analyse doit essayer de montrer le fonctionnement. Il faudrait établir une typologie des diverses tensions que la disposition des unités de sens peut instaurer, à la fois pour préciser cette notion de tension et pour montrer comment une œuvre peut créer une « forme-sens du temps[17] » qui lui est propre, et peut devenir un point de contact entre deux expériences temporelles, celles de l'énonciation et de la réénonciation.

---

14. Michel Deguy, *op. cit.*, p. 31.
15. J'emploie ici *prosa* et *versus* dans leur sens ancien, pour désigner deux formes distinctes de temporalité, l'une liée à l'irréversibilité (et qui est nécessairement *représentée*), l'autre liée aux retours, sans les confondre avec vers et prose. La réflexion suivante de Meschonnic invite aussi à distinguer le *versus* du vers : « Glissement du je, le rythme est un présent du passé, du présent et du futur. Il est et n'est pas dans le présent. Il est toujours un retour. En quoi c'est le poème, et non le vers, qui est *versus* » (*op. cit.*, p. 87).
16. D'autres recherches ont commencé à montrer ce caractère tensionnel du rythme. Claude Zilberberg, dans la perspective d'une sémiotique greimassienne, développe une réflexion sur les «modalités tensives» du sens et du rythme. Claude Filteau identifie des mécanismes tensionnels dans certains poèmes de la modernité. Henri Meschonnic dit, à propos des relations entre rythme et mètre, qu'elles sont une «tension entre le sémantique et le sémiotique» (*op. cit.*, p. 667) et que le rythme est «continu-discontinu» (p. 225). Laurent Jenny parle de «tensions» à propos de l'expérience temporelle que procure la phrase. Voir la bibliographie en fin de section.
17. Henri Meschonnic, *op. cit.*, p. 224-225.

Une telle typologie a été amorcée, à partir de plusieurs analyses d'œuvres contemporaines [18]. Elle est provisoire et ne vise qu'à baliser des pistes pour décrire les processus rythmiques des œuvres: à partir des différents niveaux discursifs (syntaxe, phonétique, sémantique, disposition graphique, etc.) qui sont des constituants du rythme, ont été identifiés divers types de tensions entre contrastes et retours, continu et discontinu, proximité et éloignement, achèvement et inachèvement. Cette typologie ne constitue pas une formalisation, parce que différentes formes de tensions peuvent se recouper dans certains cas, et parce que leur dynamique opère à plusieurs niveaux du discours et entre ces niveaux, diversement selon les textes. On ne saurait donc ici donner un modèle achevé des tensions, ni même exposer dans son ensemble la typologie déjà élaborée, dont les dimensions déborderaient notre cadre. On ne peut non plus présenter les analyses approfondies qui seraient nécessaires à l'appréhension de l'indissociabilité de la «mise en rythme» et de la «mise en sens» dans une œuvre particulière. On tentera simplement, pour mieux comprendre ce qui est en jeu dans cette dynamique temporelle, d'en montrer le fonctionnement à l'aide de quelques exemples tirés d'analyses d'*Arbitraires Espaces* de Jean Tortel (1986).

L'une des tensions importantes du mouvement rythmique se joue entre les contrastes et les retours. J'ai, ci-dessus, proposé que la reconnaissance d'un mode de mouvement suppose un double processus de différenciation et de comparaison, qui implique d'un côté la présence d'éléments contrastifs et de l'autre l'établissement de rapports entre marques et groupes. Les marques sont déterminées par divers facteurs: accents (de fins de groupe, initiaux, contre-accents), itérations (phonétiques et lexicales), fins de vers ou de segments graphiques. La différenciation et la comparaison ne sont pas des processus isolés: elles font toutes deux appel, dans les processus associatif et syntagmatique du discours, aux contrastes et aux retours. Des rapports s'établissent entre les unités de sens marquées, et surtout entre les *rappels* — phonèmes, lexèmes, «paradigmes rythmiques» (Meschonnic) — transversalement, en-dehors de la succession des éléments, créant un fonctionnement associatif. Dans la syntagmatique, des relations, de ressemblance ou de contraste, s'établissent entre les différents groupes. Grâce à un processus de «rétentions» (comme l'appelle Garelli, qui s'inspire de Husserl), on entend une séquence en la comparant avec la précédente [19]. Plusieurs

---

18. Celles de A. du Bouchet, J. Tortel, M. van Schendel, P.-M. Lapointe, F. Charron. Pour un exposé plus développé de cette typologie et pour les analyses de ces œuvres, voir mes travaux mentionnés en bibliographie.
19. L'emploi fait ici des concepts de rétention et de protention sera métaphorique par rapport à leur sens husserlien, puisqu'ils désigneront des mouvements de la temporalité, des «formes-sens» déterminées par l'*organisation du texte* qui

paramètres permettent cette comparaison: longueur (nombre approximatif), configuration accentuelle, qualité suspensive ou conclusive du segment, etc. Beaucoup de théories métriques postulent, comme fondement du rythme, une dialectique « même-autre », une tension entre un élément récurrent et des éléments de variation. La perspective adoptée ici est différente: la tension entre contrastes et retours ne se limite pas, contrairement à la dialectique du même et de l'autre de la métrique, à une opposition de type « mètre (contraint)/rythme (libre) », opposition linéaire et séquentielle. Elle est plutôt vue comme un système à plusieurs dimensions, paradigmatique et syntagmatique, dans lequel des ressemblances (récurrences de divers ordres, pas forcément métriques) entrent en tension avec des différences. Par ailleurs, le jeu des contrastes et des retours, pour qualifier le mouvement de la parole, se conjugue la plupart du temps avec une autre catégorie des tensions énumérées plus haut: inachèvement et achèvement, continu et discontinu, proximité et éloignement.

Dans le vers d'*Arbitraires Espaces*, une tension très apparente entre le continu de la syntaxe et le discontinu du vers instaure une série de discordances et crée des tensions entre contrastes et retours. Cette parole semble continuellement décalée d'elle-même. Sur le plan de la disposition des groupes accentuels dans le vers (mots phonologiques et fragments de mots phonologiques délimités par les extrémités des lignes), le poème donne l'impression de défaire constamment ce qu'il installe. Les décalages sont produits en particulier par la conjugaison des figures de rejet (donnant souvent la séquence « court-long » : « [...] / *Les yeux obscurs je suis. / Là sans halètement ni fatigue.* [...] », p. 20[20]), de contre-rejet (donnant souvent une figure inverse, « long-court »: « [...] / *Qui nous autorisa dès que / Nous avons su que nous étions. /* [...] », p. 46), avec les vers où une unité syntaxique se termine (dans laquelle les groupes peuvent se répartir différemment: « *Non pesante ni dessinée. /* [...] », p. 17). C'est évidemment ici le vers comme retour (avec, la reprise systématique de la majuscule initiale, du point final et l'absence de toute ponctuation à l'intérieur de la ligne), qui, même en l'absence de métrique organisée, permet ces contrastes. La présence de paradigmes rythmiques (approximatifs, puisque leur structure syllabique n'est pas toujours identique) qui jalonnent l'ensemble du recueil grâce à l'emploi récurrent de deux figures syntaxiques, les redoublements d'une catégorie grammaticale (juxtapositions):

---

deviennent, selon la formule de Meschonnic, des « formes-sens du temps pour le sujet » (*op. cit.*).
20. Toutes les références paginées renvoient à l'édition de Jean Tortel, *Arbitraires Espaces*, Flammarion, 1986. Je souligne.

⏑ ⏑ — ⏑ ⏑ —

Il y a *les jalons les distances*. (p. 12)

⏑ — (⏑)⏑ ⏑ —

Donner *la forme la raison*. (p. 25)

⏑ — (⏑)⏑ ⏑ —

Chevelures penchées *le calme le séjour*.

⏑ ⏑ — ⏑ ⏑ —

Les sables aussi *les fumées les cailloux*. (p. 50)[21]

et les coordinations :

⏑ (—) ⏑ ⏑ ⏑ —

Du jour et de la nuit la manifeste. [...]

⏑ (—) ⏑ ⏑ ⏑ —

Les vides et les volumes sans.

⏑ (—) ⏑ ⏑ —

Que je désigne *un centre ou des bords*. (p. 15)

créent une autre forme de retours, instaurent une mémoire, des « images-empreintes » que les nouvelles occurrences rappellent et déplacent. Alors que les redoublements relèvent le plus souvent d'une logique énumérative, les coordinations procèdent très souvent d'une logique de la contrariété ou du paradoxe, qui est centrale dans cette poésie, non seulement du strict point de vue sémantique, mais dans l'ensemble de l'organisation du sens, y compris dans la dynamique rythmique, ce que les autres tensions montreront plus nettement.

La tension entre continuité syntaxique et discontinuité graphique, conjuguée aux divers jeux de décalages, de rappels et de contrastes à plusieurs niveaux, suscite des réajustements constants dans la lecture, provoque des processus de *distentio*. Les ruptures de limites de vers, notamment lorsqu'elles scindent un mot phonologique (*a fortiori* après un clitique), ont une valeur protentionnelle importante et manifestent avec acuité ce que Tortel appelle l'« abîme du blanc [22] » :

---

21. Les signes — et ⏑ désignent respectivement un accent de fin de mot phonologique en acte (fin de groupe rythmique) et une inaccentuée ; le signe (—) désigne une fin de mot phonologique en puissance (fin de groupe rythmique virtuel) et le signe (⏑), une syllabe inaccentuée tombant sur un *e* instable qui pourrait être élidé. Pour les notions de mots phonologiques en acte et en puissance, voir Jean-Claude Milner et François Regnault, *Dire le vers. Court traité à l'intention des acteurs et amateurs d'alexandrins*, Seuil, 1987. C'est moi qui souligne les expressions qui forment des paradigmes rythmiques.
22. Répondant à une question de Henri Deluy sur la majuscule initiale de vers qu'il respecte dans presque tous ses recueils, Tortel définit le vers ainsi : « Chacune de ces unités verbales qui nous provoquent est une phrase, concrète, d'une autre

> L'espace étonne dès lors.
> Que le soleil conducteur.
> Le contredit dans chacune.
> Des inventions que le trajet.
> Monotone astral imprime.
> Au sol entaché de quelque.
> Souffle renouvelant ce.
> Sur quoi le marcheur s'appuie.
> Et son regard et la.
> Certitude que c'est bien là.
> Que nous divaguons avec lui.

Le contre-rejet a, comme toute discordance « vers-syntaxe », une forte valeur protentionnelle, mais il oblige souvent le lecteur à revenir en arrière. Il suscite un retour vers le passé lorsqu'on croyait une séquence logique inachevée alors qu'il survient pour annoncer que quelque chose de nouveau s'amorce, par exemple par un accord grammatical incompatible avec ce qui précède : « [...] / Beaucoup de souffles soulevés s'apaisent. / Sur des objets *différentes*[23]. / Qualités d'ensoleillement spirales. / [...] » (p. 18).

À l'inverse, il arrive que la fin de vers semble marquer un achèvement et que la suite provoque la relecture de ce qui a précédé comme inachevé : « C'est un grand rond la terre. / *Horizontale*[24] en attente. » La relation continu-discontinu, mise en rapport cette fois avec le couple proximité-éloignement, permet d'identifier, dans cette poésie, deux tensions, entre contiguïté spatiale et discontinuité syntaxique d'une part, et entre dépendance syntaxique et discontinuité ou éloignement graphique d'autre part. Elle montre exemplairement que le propre de l'organisation rythmique est de créer entre les unités signifiantes d'autres liens que ceux de la phrase grammaticale. Le vers, que Tortel appelle une « phrase d'une autre nature », juxtapose graphiquement certains éléments, entre lesquels s'instaurent des relations signifiantes, malgré les « agrammaticalités » qui résultent parfois de leur rapprochement. Ces contaminations de sens peuvent être favorisées par la présence de figures phonétiques (une forme de retours, donc, qui introduira un autre continu que celui de la contiguïté spatiale).

Dans l'exemple suivant : « [...] / Averse et chose chevelure. / Éparse ou continue » (p. 16), une figure d'écho consonantique relie tout le vers et fait apparaître « chevelure » comme épithète de « chose » (par une translation au sens de Tesnière) alors que, syntaxiquement,

---

nature donc, et organisée par sa propre matière verbale, arrêtée sur l'abîme du blanc, comme la phrase grammaticale se termine sur l'absence de dimension qu'est le point » (« Entretien avec Henri Deluy », *Action poétique*, nos 96-97, 1984, p. 163).
23. Je souligne.
24. Je souligne.

l'analyse donnerait plutôt: « averse et chose, chevelure éparse... ». « Éparse » vient ensuite faire écho à « averse » ([epaRS], [avɛRs]), le qualifiant tout autant que « chevelure », qui lui-même se rapproche d'ailleurs d'« averse » par l'écho [v.R.], pouvant ainsi apparaître comme une sorte de « déterminant » de tout le syntagme coordonné « Averse et chose ». Dans ce poème:

> Soulève ignorante le vent.
> Qui la figure et nue.
> Les corps sont épars traversent.
> On dirait un grand jeu rêvé.
> Au-delà des barrières pour être.
> Là de jour tout est réel.
> De ce qu'expose un corps problématique.
> Immobile et furieux. (p. 21)

l'antécédent de « la », qui régit « ignorante » et « nue », n'apparaît pas. On peut lire ce pronom, par analogie avec les poèmes précédents qui commencent en qualifiant « la chose », comme anaphore de ce substantif, qui renvoie souvent lui-même à « espace », mais n'en devient pas un synonyme exact, et ouvre des possibilités de lecture. La disposition rythmique des trois premiers vers est telle que ce qui, syntaxiquement et sémantiquement, est lié au substantif féminin non exprimé et ce qui est lié au « corps » s'entrecroise. L'hyperbate qui déplace « et nue » dans le second vers, loin du premier qualifiant, « ignorante », avec lequel il est pourtant coordonné, crée un écho interne dans les deux premiers vers ([sulɛviμ Rãt ( ) l vã]; [kilafigyReny]). Elle rapproche aussi « nue » de « les corps » et de « figure ». Il est dit que le vent « figure » la chose, qu'il la représente, peut-être, sous une forme apparente. Mais « figure », par sa proximité avec « nue » et « les corps » (pris dans le sens humain) évoque aussi la « figure » comme visage. Ou encore, par un renvoi implicite à la chose comme espace et le lien avec les corps (objets matériels), « figure » peut prendre un sens géométrique. Grâce à la disposition rythmique, aux tensions continu-discontinu, proximité-éloignement, s'entrelacent, à propos du substantif féminin non exprimé, des significations se rapportant à l'humain et d'autres se rapportant au dehors et à ce qui le compose. Il y a ici échange entre dedans et dehors, entre monde perçu et sujet percevant, qui maintient la tension du rapport sujet-monde inhérente au projet de « parler l'espace » propre à cette poésie [25].

Arbitraires Espaces permet aussi d'illustrer un type d'une autre catégorie de tensions, qui se joue dans le rapport entre achèvement et inachèvement. Cette dernière — qui est encore une fois étroitement liée à la tension la plus évidente du recueil (continu de la syntaxe/ discontinu du vers) — imprime une temporalité propre aux poèmes

---

25. Voir le « prière d'insérer » d'*Arbitraires Espaces*.

du recueil et contribue à susciter les paradoxes et contradictions qui les traversent. Le vers constitue une entité graphique dont la délimitation — bien marquée par la majuscule, le point, l'absence de toute autre ponctuation et l'interligne large — affiche l'autonomie, la «finitude» ainsi que le statut de corps et de nouvelle phrase que lui confère Tortel [26]. Cet achèvement est contesté par une syntaxe qui en dépasse les bornes et qui, en pluralisant les relations entre les différentes unités (par l'absence de ponctuation interne au vers, les nombreuses possibilités de double rections syntaxiques, etc.) semble se dérouler, elle, à l'«infini». Si on considère le poème dans son entier, la phrase syntaxique apparaît alors généralement comme achevée, résolue avec le dernier point, alors que la «phrase-vers» au contraire apparaît comme instable, inachevée, avec les «abîmes» syntaxiques de ses débuts et fins, qui mettent en question l'assurance des limites initiales et finales affichée par la majuscule et le point.

Ces exemples, destinés d'abord ici à illustrer diverses formes de tensions à même de caractériser une «manière particulière de fluer», devraient aussi montrer que la prise en compte du rythme et de la temporalité discursive d'une œuvre peut aider à en décrire les modes de signification, les valeurs spécifiques. Dans l'œuvre de Tortel, on voit à quel point l'art des vers n'est pas du tout un simple artifice formel, mais une manière d'approfondir par la parole la relation perceptive et désirante du sujet au monde qui est au cœur de cette poésie [27]. Les diverses tensions de ce discours valorisent une sémantique du paradoxe, du différé, de la mutation, soulignant ce qu'il y a, pour le poète, d'«insituable» dans ces *Arbitraires Espaces* qui se forment à travers le rapport entre un vivant et son entour, et qui motive le travail sans cesse recommencé de la parole et du *versus*, qui ne se fixe pas.

(Université Laval)

---

26. « Il est donc vrai que le vers est de la nature du corps qui, lui aussi, " se situe dans les logiques que de lui-même il instaure " [Tortel reprend ici des propos de Henri Deluy]. Je crois que l'essentiel se trouve là. Ou tout contre. Contre le corps. » Et encore: « Quant à mon propre vers [...] s'il est, dans sa structure, affecté de mutations successives, c'est sans doute pour la même raison, et parce que le corps est la chose vivante soumise à l'action désirante. Si le vers en est un, ses ruptures sont, en quelque sorte, naturelles. Peut-être que la poésie nouvelle insiste sur celles-ci, pour mieux signaler, serait-ce arbitrairement, qu'il s'agit, en effet, d'un phénomène corporel. Et peut-être que ceci constitue sa découverte spécifique. » (« Entretien avec Henri Deluy », *loc. cit.*, p. 165).
27. Ainsi qu'en témoigne, par exemple, le titre (emprunté à Maurice Scève) d'un recueil de proses, *Le Discours des yeux*, qui suggère qu'il ne s'agit pas de parler sur les yeux, mais de dire ce que ces derniers disent.

Conclusion :
Poétique et philosophie

Henri Meschonnic

Quelle poétique ? Quelle philosophie ? Toute l'histoire de la philosophie est lue par la poétique, et toute l'histoire de la poétique est lue par la philosophie. Ce qui pose immédiatement la question de la situation du questionneur. Selon l'écrivain de cette histoire, ce ne seront ni les mêmes questions, ni la même histoire.

Les interactions y sont de plusieurs ordres : de la poétique avec la théorie du langage, et de la philosophie avec la théorie du langage, ou des négations et dénégations variables de cette même interaction ; de la poétique avec l'activité des œuvres, et de la philosophie avec l'activité des œuvres, soit dans les œuvres mêmes des poètes et des écrivains, soit dans la réflexion des philosophes, ou des linguistes, et de ceux qui participent à la fois de ces modes d'activité. Autant de relectures critiques à faire.

Ces relectures ne viennent pas d'elles-mêmes. Car la philosophie, de sa propre histoire, de sa postulation essentielle d'universalité tendue à travers la spécificité d'une langue, grecque ou allemande ou autre mais toujours censée transparente, n'incline guère à cette critique d'elle-même que la théorie du langage lui présente comme nécessaire.

Il y a ainsi une poétique de la philosophie que la philosophie ne fait pas, et que seule la poétique peut faire, et doit faire. Comme il y a une philosophie de la poétique, et la poétique formelle ne la fait pas, je veux dire la poétique structurale et poststructuraliste, qui pour beaucoup encore passe pour *la* poétique. Double refus, double retard. Cette observation revient aussitôt à définir les conditions de la critique, pour qu'une telle interaction soit possible, et, par là-même, définir l'intérêt, et pour qui, de faire ou de ne pas faire cette critique de la philosophie par la poétique, de la poétique par la philosophie.

Je pose comme hypothèse de travail que les relations entre la poétique et la philosophie seront ce qu'en fera leur relation à la théorie du langage, *leur* théorie du langage. C'est la question du poème au signe : montrez-moi ce que vous faites du poème, je vous dirai, et je dirai à tout le monde, ce que vous faites du langage. Question réversible : à qui se déclare dans la poésie, montrez, mais de toute façon vous montrez, ce que vous faites du langage dit ordinaire, et on verra ce que vous faites réellement de la poésie.

Cette histoire commence avec la philosophie. Surtout quand, tautologiquement comme d'habitude, on définit la philosophie comme et par la philosophie grecque. La poétique commence dans la philosophie. Mais elle commence mal. Parce qu'elle commence, ses lacunes mises à part, comme une taxinomie des genres incluse dans la rhétorique, c'est-à-dire dans une logique de l'action et de l'efficacité, chez Aristote, déductive, normative, logico-naturaliste. La question esthétique de la valeur y est résolue avant d'être posée, et résolue par l'éthique et la rhétorique plus que selon une considération d'historicité et de spécificité impensées chez Aristote, et qui continuent d'être impensées par l'esthétique autant que par l'herméneutique, et pas plus par la phénoménologie que par le marxisme, ni davantage par le formalisme contemporain, non plus que par le psychologisme académique (la psychanalyse appliquée ne fait pas mieux) ou le sociologisme militant. Mais la pratique réflexive discontinue de quelques poètes, de longtemps ébauche ce que tout du signe empêche de penser. Où la philosophie, complice et bénéficiaire du signe, paradoxalement, impense. Sans le savoir.

La poétique commence, chez Aristote, dans des confusions originelles qui font tout pour être constantes. Pourtant, en distinguant les mètres et les rythmes, Aristote critique ce que Platon a fait du rythme, et réserve le rythme dans la prose, mais avec l'ambiguïté maintenue d'une distinction et d'une confusion entre la poésie et le vers. C'est déjà la question obscure d'une pensée poétique, d'Aristote à Baudelaire en passant par Gœthe, et que nous ne savons toujours pas penser.

La poétique commence dans la tension irrésolue entre une notion péjorative-formelle de la poésie comme ambiguïté-masquage du rien à dire (*Rhétorique*, livre III, 1407 a 34) et une « chose divine », *entheon gar he poiesis* (1408 b 19) ; selon une définition de la poésie par la métaphore et, contradictoirement, l'appartenance de la métaphore au langage que tout le monde se parle ; dans le flou conceptuel de *logos*, *logoi* et *lexis*, qui va du vers à la prose ; jusque dans l'*écart* entre le parlé-prose et le rare, l'étranger-poème, où la rhétorique néoclassique et la stylistique contemporaine peuvent trouver leur départ et leur autorité, même au prix d'une continuité spécieuse entre un essentialisme de l'écart et, chez Aristote, une apologétique d'Homère démunie de moyens historiques, et qui ne prétendait pas à la généralisation dogmatique qui fait le cercle vicieux et la pauvreté heuristique propres à l'absolutisation de l'écart. On peut se demander, jusqu'à travers la valorisation surréaliste de la métaphore, si une pensée et pratique non-aristotéliciennes de la poésie sont possibles, et si la poétique peut être autre chose que le commentaire ou la paraphrase indéfinie d'Aristote.

La poétique commence dans la philosophie et elle y commence bien. C'est plus tard qu'elle a mal tourné. Elle commence bien parce qu'elle est, chez Aristote, une pièce de sa cohérence, dont elle a toute sa force: précisément parce qu'elle est inséparable de la rhétorique, de l'éthique et du politique. En ce sens, chez Aristote, la poétique n'est pas incluse dans la philosophie comme la phénoménologie et l'herméneutique et Heidegger et les heideggérisés se l'incluent, ni comme elle a été incluse dans la linguistique structurale, incluse dans la rhétorique néo-classique qui passe aujourd'hui pour la poétique aux yeux de ceux qui n'ont pas encore vu que le structuralisme était fini et n'a fait qu'une longue trahison de Saussure.

Ainsi, ce qui définit la poétique formelle contemporaine depuis le structuralisme et même chez les formalistes russes, c'est l'oubli de l'éthique et du politique, et d'une certaine façon aussi l'oubli de ce qu'était la rhétorique chez Aristote. Le paradoxe de cet oubli est que c'est l'absence de l'éthique et du politique qui désigne l'absence de la théorie du langage, l'absence d'une théorie d'ensemble, qui définit l'impossibilité de la critique. D'où le caractère régional de la théorie, les pseudo-technicisations, dont le scientisme fait école, et le ludique, où le verbalisme a réponse à tout avant même les questions.

Il ressort de cet oubli que la nécessité d'une théorie critique est identique à son utopie. Cette nécessité définit la poétique comme l'étude de ce qui est révélé du langage par la littérature et de la littérature par le langage, où la poétique se fond avec la théorie du langage en une seule et même théorie, par qui toutes les approches régionales de la littérature, et les savoirs du sujet et de la société auront à passer et à repasser, pour leurs rapports ou leurs non-rapports à l'éthique, au politique, au langage, et l'effet de ces rapports et non-rapports sur leurs concepts, sur leurs pouvoirs de découverte, mettant ainsi à découvert leur historicité, et leurs limites.

(Université de Paris VIII)

Bibliographie[1]

I. Le temps du rythme

Action poétique, nos 96-97, « Jean Tortel », 1984.

BENVENISTE, Émile, *Problèmes de linguistique générale*, tomes I et II, Gallimard, 1966 et 1974.

BOURASSA, Lucie, *Rythme et sens; des processus rythmiques en poésie contemporaine*, thèse de doctorat, Université de Montréal, 1991.

———, « Tensions et rythme », *Voix et Images* (Montréal), vol. XVI, n° 3, printemps 1991 [numéro consacré à François Charron], p. 430-444.

——— (éd.), « Rythmes », et « Rythme et sens dans un poème de Paul-Marie Lapointe », *Protée* (Chicoutimi), vol. XVIII, n° 1, hiver 1990, p. 29-36.

COLLOT, Michel, « Rythme et mètre: entre identité et différence », *Protée*, vol. XVIII, n° 1, hiver 1990, p. 75-80.

DEGUY, Michel, *Choses de la poésie et affaire culturelle*, Hachette, 1986.

FILTEAU, Claude, « Rythme de tensions et rythme d'intention. À propos du lyrisme moderne », *Protée*, vol. XVIII, n° 1, hiver 1990, p. 11-19.

GARELLI, Jacques, « Discontinuité poétique et énergétique de l'être », *La Liberté de l'esprit*, n° 14, « Qu'est-ce que la phénoménologie ? », Hachette, hiver 1986-1987, p. 25-53.

———, *Le Temps des signes*, Klincksieck, 1983.

JENNY, Laurent, *La Parole singulière*, Belin, coll. « L'extrême contemporain », 1990.

MESCHONNIC, Henri, *Le Langage Heidegger*, Presses universitaires de France, coll. « Écriture », 1990.

———, *Critique du rythme. Anthropologie historique du langage*, Lagrasse, Verdier, 1982.

---

1. Paris lieu d'édition est omis.

MILNER, Jean-Claude et François REGNAULT, *Dire le vers. Court traité à l'intention des acteurs et amateurs d'alexandrins*, Seuil, 1987.

RICŒUR, Paul, *Temps et récit*, tomes I et III, Seuil, coll. « L'ordre philosophique », 1983 et 1985.

ROUBAUD, Jacques, *La Vieillesse d'Alexandre. Essai sur quelques états récents du vers français*, Ramsay, 1988 [Maspero, 1978].

TORTEL, Jean, *Arbitraires Espaces*, Flammarion, 1986.

———, *Le Discours des yeux*, Marseille, Éditions Ryôan-Ji, 1982.

ZILBERBERG, Claude, « Relativité du rythme », *Protée*, vol. XVIII, n° 1, hiver 1990, p. 37-46.

———, *Raison et poétique du sens*, Presses universitaires de France, 1988.

Lucie Bourassa

SEPTIÈME PARTIE

Savoirs, transferts

Introduction

Michel Pierssens

Avec quels concepts et quels outils procéder à l'analyse des relations entre les différents composants des grands ensembles culturels? Telle est la question qu'abordent, chacune à sa façon, les quatre contributions qui suivent. Jean-Claude Guédon cherche ainsi à saisir, dans le cas particulier du Québec, ce que la littérature, quand elle évoque les sciences, désigne d'un rendez-vous manqué entre une société et son désir de modernisation. Sur un plan plus philosophique, Christie McDonald s'interroge sur les « opérateurs de novation » que sont les transferts entre disciplines, depuis le XVIIIe siècle. Walter Moser, de son côté, s'efforce de mettre en place un cadre global permettant de décrire la logique des « recyclages culturels » et de leurs effets. Michel Pierssens, enfin, esquisse une réflexion permettant de préciser les objets et les méthodes d'une enquête sur les rapports de la culture scientifique et de la culture littéraire.

Jean-Claude Guédon part d'une série d'observations historiques. D'une part, malgré des efforts répétés, le Québec n'est parvenu à créer une institution francophone consacrée à la formation des ingénieurs que très tardivement. D'autre part, il apparaît que la littérature au Québec n'a jamais abordé que sous une forme très limitée des figures de savants ou d'ingénieurs, tout en renvoyant tout ce qui relève de la modernité technique à une mythologie exclusivement «américaine». Pour J.-C. Guédon, il y a là plus que des contingences historiques propres au Québec. C'est d'une manière beaucoup plus globale, selon lui, qu'il faut comprendre ces phénomènes, révélateurs en fait d'une logique propre aux sociétés dominées, où le rapport manqué à la science et à la technique ferait dès lors figure de trait symptomatique. D'où les notions avancées de « déport » et de « porte-à-faux », destinées à construire un modèle de la relation entre l'individu et son histoire collective. Par-delà s'ouvre une réflexion sur les effets (individuels et collectifs) de la perte du sentiment de centralité sur une culture en déport — ce qui pourrait être aussi, selon J.-C. Guédon, le cas de la société française actuelle.

Christie McDonald s'intéresse plus généralement à ce qui constitue «le changement dans la pensée», renvoyé aux effets des «transferts discursifs» d'un domaine à un autre. Ses deux points d'appui pour une analyse qui se concentre avant tout sur les transferts entre philosophie et littérature, sont les xviiie et xxe siècles, dans la mesure où des enjeux communs y apparaissent, en particulier la question des femmes et de la famille. Ainsi espère-t-elle mettre au jour la manière « dont les valeurs transmises se transforment par des textes ou événements qui mettent en question cette même transmission ».

En visant les « recyclages culturels », Walter Moser souligne qu'il s'agit là d'« un phénomène à la fois très général et d'une grande variété, propre à beaucoup d'époques et à des régimes culturels variés ». L'étude de ce phénomène possède cependant une pertinence particulière aujourd'hui, dans la mesure où il prend une dimension programmatique dans le postmodernisme. Walter Moser se livre donc à un tour d'horizon très complet de la terminologie et des différents visages historiques et théoriques pris par ce phénomène. Étude soustendue par la conviction que « nous ne saurions nous comprendre — historiquement et culturellement — qu'en effectuant un détour par l'altérité d'objets distants ». L'un des thèmes qui concentrent de la façon la plus claire l'ensemble des déterminants des pratiques transculturelles est ainsi celui du baroque, privilégié par la culture postmoderne parmi les « matériaux recyclables ». Comment les processus de recyclage opèrent-ils leurs « prélèvements », leurs transferts, leurs « réinsertions » ? Telles sont quelques-unes des questions très concrètes qu'engage cette recherche.

Michel Pierssens, quant à lui, s'interroge sur la façon dont peuvent se lire, dans la littérature, les traces d'une négociation globale entre culture littéraire et culture scientifique, à des moments et dans des situations déterminées. Le travail de l'« épistémocritique » tente ainsi de désigner des formations, des objets, des figures, présents dans les textes, et dont le sens ne peut s'éclairer que si l'on cherche à comprendre d'abord l'interaction critique entre écriture et savoirs.

Sans qu'il y ait là un projet commun au sens précis et fort du terme, on constatera néanmoins que le même souci s'exprime, chez ces quatre chercheurs: celui d'échapper aux problématisations étroitement « littéraires » et formelles. L'histoire — et singulièrement l'histoire intellectuelle — prend ici une place nouvelle, déterminante, non pas simplement comme mise en ordre du passé, mais bien plutôt comme effort pour lier les crises contemporaines aux crises du passé, dans un rapport d'intelligibilité réciproque. Par là, les enjeux ne sont pas simplement académiques, mais plus généralement sociaux et politiques. Peut-être faut-il y voir une incidence de l'environnement nord-américain sur une recherche qui, même lorsqu'elle se propose des objets européens, se trouve marquée par les débats intellectuels qui font rage dans le monde anglo-saxon et que la France ignore à peu près totalement. C'est là l'un des avantages qu'il y a à travailler dans une société, le Québec, dont la crise culturelle permanente ainsi que les déchirements entre l'ancien et le nouveau, le français et l'anglais, la modernité technique et la tradition humaniste, font un site particulièrement approprié pour éprouver les effets positifs des métissages caractéristiques du monde postmoderne.

(Université de Montréal)

Sciences, techniques et littérature au Québec : entre le déport et le porte-à-faux

Jean-Claude Guédon

Une question hante l'histoire des francophones en Amérique et ne cesse de s'interposer dans les recherches les plus diverses sur cette culture : il s'agit de l'identité québécoise. En effet, l'histoire du Canada, puis du Canada français, puis, enfin, du Québec[1], se thématise largement sur la base d'une quête de survie, d'un désir de perdurer malgré tout, désir qui, précisément, cherche à s'ancrer dans la constitution d'une spécificité, à se défendre dans la préservation d'une tradition réappropriée où une certaine idée de la France et du catholicisme se conjuguent de façon originale.

Cette question, gigantesque, ne trouvera pas ici de réponse, mais plus modestement, l'esquisse d'une hypothèse partielle. Il se trouve que le type de regard que permet l'étude des rapports entre littérature et science, offre la possibilité, dans une certaine mesure, de revoir la question de l'identité sous un angle particulier et, jusqu'ici, me semble-t-il, largement négligé[2].

Le thème principal de cette présentation repose sur deux mots que j'annonce d'entrée de jeu, façon d'abattre les cartes franchement et de susciter ainsi le plus large débat possible : *déport* et *porte-à-faux*. Le premier terme, me paraît-il, agit comme leitmotiv implicite

---

1. Ce changement de vocabulaire correspond aussi au changement de nom que portent les anglophones : les Anglais, puis les Canadiens anglais qui, en anglais, ne s'appellent jamais autrement que des *Canadians*.
2. Cette réflexion s'inscrit au sein d'une recherche où l'on retrouve également les efforts et travaux de Michel Pierssens et de Jean-François Chassay. Chacun de nous poursuit en effet un aspect du projet épistémocritique que Michel Pierssens a esquissé de son côté.

de l'histoire canadienne-française ou québécoise. Il est aussi lié, bien sûr, au thème de la domination, toujours présent dans l'histoire des Canadiens français.

Le déport n'est pas qu'un décalage entre les mots et les gestes et il ne renvoie pas non plus au fait que le sujet collectif canadien-français ou québécois, dans ses tentatives de s'approprier un certain nombre d'éléments culturels essentiels pour sa vie, sa survie et ses tentatives de piloter son histoire, rencontrerait souvent l'échec. Vu sous cet angle, le déport ne ferait que constater — triste banalité — tout ce qu'il y a d'énigmatique dans les processus historiques dès lors qu'ils sont perçus par leurs agents monadiques. Le déport dresse donc bien plus que le bilan des erreurs historiques d'un sujet historique collectif.

La notion de déport vise plutôt à mettre en évidence un deuxième degré dans cette relation entre l'individu et son histoire collective, deuxième degré où l'ignorance se love sur fond surabondant d'interprétations en porte-à-faux, deuxième terme-clef de ce tableau brossé à grands traits. Le déport, c'est donc plus que le constat, encore une fois banal, que tout horizon perçu à travers une grille interprétative est condamné à se voir faussé. En fait, la grille apparaît dans le geste même qu'accomplit l'acteur historique; le sujet s'autodéporte dans la tentative même de l'action. Le déport se marque au moment même où le sujet dominé, singulier ou collectif, cherche précisément à renverser cette domination. Le déport vise en fait à comprendre pourquoi et comment l'énergie des sujets dominés semble toujours marquée au coin de l'inefficacité, au mieux, de l'autodestruction, au pire, et de la reconduction des mécanismes de domination dans presque tous les cas.

En d'autres mots, le déport ne naît pas de la contrainte directe de quelque force extérieure, même s'il nous paraît le plus souvent lié à des situations travaillées de part en part par le pouvoir. Quant à la perversité des mécanismes de domination, elle n'apparaît qu'aux yeux des historiens. En effet, quand le dominé, qu'il s'agisse d'un groupe ou d'un individu, est amené, à son insu, à concevoir et à engendrer ses propres déports, ce comportement s'inscrit dans la logique même de la domination. Côté dominants, le comportement déporté permet de justifier le *statu quo* et toutes les arrogances voulues; côté dominés, le déport confirme l'assignation (sentie et subie) au rôle dévalorisé. Il engendre alors toute une série d'autonarrations en porte-à-faux. Ce sursaut interprétatif s'accompagne également de la dénégation constante du porte-à-faux, et c'est alors que deux autres termes importants pour l'interprétation culturelle du Québec surgissent: le silence et la substitution.

Ces propos un peu abstraits seront illustrés par des exemples historiques qui vont, après quelques détours, me ramener vers les rapports entre littérature et science au Québec. De la formation d'un enseignement pour les ingénieurs au rôle joué par la vulgarisation scientifique, en poursuivant par l'image techniciste que projettent les États-Unis dans la littérature québécoise, nous aurons ample matière pour lancer l'exploration des phénomènes de déport. Côté sciences, les Canadiens français, en dépit de quelques cours scientifiques offerts au séminaire de Québec puis à l'Université Laval, n'ont réellement commencé à se préoccuper de ce champ d'études que vers l'époque de la Confédération, soit autour de 1860[3]. Il n'y a rien de surprenant dans ce fait, car ces dates correspondent aux débuts de l'industrialisation du Canada. L'irruption du nouvel ordre industriel fit rapidement entrevoir et deviner l'imminence de transformations profondes dans l'ordre social, ainsi que des déplacements importants dans les structures de pouvoir. Certains Canadiens-français, tel le premier ministre de la province, P.-J.-O. Chauveau[4], angoissés par l'hémorragie démographique qu'entraînait l'émigration intense des familles canadiennes-françaises en direction des États-Unis, ont vite compris les implications de ce processus[5]. L'émigration, en fait, répondait de manière désespérée au manque d'emplois et de métiers dans le pays. L'agriculture, d'un côté, et les grandes professions (droit, médecine et prêtrise) de l'autre, ne suffisaient plus à fournir une façon décente de vivre à une jeunesse pléthorique. Chauveau et quelques autres cherchèrent donc à corriger cette situation en ouvrant de nouvelles possibilités de travail à leurs compatriotes. Dans ce but, on envisagea de créer l'embryon d'un enseignement technique d'un niveau aussi élevé que possible pour former des ingénieurs.

Une première illustration du déport apparaît de manière particulièrement nette dans ce contexte, comme le montre bien la schématisation de la chronologie relative à la fondation de ce qui allait

---

3. Paul Carle, *Le Cabinet de physique du séminaire de Québec (1668-1900): éléments pour une histoire de l'enseignement, de la culture scientifique et des instruments scientifiques au Canada français*, thèse de doctorat non publiée, Université de Montréal, 1986.
4. Sur Chauveau, voir de L.-P. Audet, « P.-J.-O. Chauveau et l'éducation », *Mémoires de la Société royale du Canada*, 4ᵉ série, nᵒ 4 (juin 1966), p. 13-40 ; « P.-J.-O. Chauveau, ministre de l'Instruction publique, 1867-1873 », *ibid.*, 4ᵉ série, nᵒ 5 (juin 1967), p. 171-184 ; « Le premier ministère de l'Instruction publique au Québec, 1867-1875 », *ibid.*, 1967, p. 171-185. Voir aussi K. D. Hunte, *The Ministry of Public Education in Quebec, 1867-1875: An Historical Study*, thèse de doctorat non publiée, Université McGill, 1961 ; Maurice Lebel, « P.-J.-O. Chauveau, humaniste du XXᵉ siècle », *Revue de l'Université Laval*, vol. XVII, nᵒ 1, septembre 1962, p. 32-42 ; Arthur Maheux, « P.-J.-O. Chauveau, promoteur des sciences », *Mémoires de la Société royale du Canada*, 4ᵉ série, section 1, 1 (1963), p. 87-103.
5. Yolande Lavoie, *L'Émigration des Canadiens aux États-Unis avant 1930*, Montréal, Presses de l'Université de Montréal, 1972. Gilles Paquet, « L'émigration vers la Nouvelle-Angleterre, 1870-1910 », *Recherches sociographiques*, vol. V, nᵒ 3, 1964, p. 319-370.

rapidement être connu sous le nom d'École polytechnique de Montréal[6]. Premier mouvement, Chauveau, en observant le programme de formation d'ingénieurs que l'Université McGill relançait après une interruption de quelques années, s'adressa à l'Université Laval pour lui demander d'héberger ce nouveau secteur d'enseignement. Chauveau disposait certainement d'une connaissance intime de sa société et de ses ressorts puisqu'il était premier ministre. C'était aussi un homme cultivé, un auteur et un observateur astucieux de l'éducation. Or, il offre le spectacle surprenant de quelqu'un qui a profondément sous-évalué le contexte institutionnel et intellectuel de l'Université Laval, de quelqu'un qui sous-estime de façon ruineuse le point de vue d'une université catholique totalement centrée sur les humanités classiques. Vu de l'Université, l'enseignement technique paraissait en effet de bien peu de valeur, en tout cas difficilement réconciliable avec les tâches d'une institution chargée de former les élites nationales. À côté des prêtres, médecins et avocats, les ingénieurs ne pouvaient guère prétendre à d'autre statut que celui des gens de métier. Professionnels, ils n'étaient pas, et il faudra environ cinquante ans pour que le statut professionnel se définisse et s'impose au Canada en général et au Québec en particulier. S'ajoutaient à cela des considérations sur l'autonomie institutionnelle de l'Université: l'argent qu'offrait le gouvernement pouvait, selon certains responsables, dissimuler des liens ou contraintes et ainsi engager à long terme la liberté de l'université. Bref, elle refusa poliment l'offre de Chauveau qui découvrit ainsi qu'entre le désir de créer un enseignement technique de niveau universitaire et la réalité, il y avait des obstacles que l'argent et la bonne volonté ne suffisaient pas à résoudre. Il venait aussi de découvrir que ce que la population anglophone arrivait à mettre sur pied en collaborant financièrement avec l'Université McGill, ne se laissait pas si facilement transposer en milieu francophone.

Deuxième mouvement. C'est ici que le processus de déport commence à se déployer. Le successeur de Chauveau à la tête du gouvernement du Québec, Gédéon Ouimet, poursuivit les efforts de son prédécesseur, mais de manière tout à fait curieuse. Il négocia en effet l'hébergement de cet enseignement technique, censément de niveau supérieur, avec la Commission des écoles catholiques de Montréal. Or, cette commission gérait essentiellement un réseau d'écoles élémentaires et de quelques académies commerciales qui formaient des étudiants en sept ou huit années d'études dans les meilleurs cas. Le niveau le plus élevé qu'offrait cette Commission des écoles catholiques

---

6. Sur les débuts de l'École polytechnique de Montréal, voir L.-P. Audet, «La fondation de l'École polytechnique de Montréal», *Cahier des dix*, n° 30, 1965, p. 149-192.

correspondait à ce que l'on pourrait appeler de façon légèrement anachronique, le « primaire supérieur ». L'École polytechnique de Montréal fut installée comme couronnement de cet enseignement primaire, ce qui revient à dire qu'un étudiant sortant de Polytechnique au tout début, avait étudié en tout et pour tout onze ou douze ans selon les cas de figures à l'entrée.

Arrêtons-nous un instant ici pour bien fixer la notion de déport. Que le gouvernement du Québec ait voulu fonder une école d'ingénieurs dans un tel contexte institutionnel, montre bien sa méconnaissance profonde des exigences propres à ce type de formation, telles qu'elles se précisaient en Amérique anglophone à la même époque. Que les responsables de la Commission des écoles catholiques aient accepté d'héberger cette école montre, symétriquement, leur profonde innocence en matière d'enseignement technique. Mais ce n'est pas tout. Que l'on ait rapidement nommé cette école « École polytechnique de Montréal », montre que l'on visait un modèle prestigieux et étranger sans bien comprendre de quoi il retournait. Non seulement le niveau de l'institution montréalaise n'avait rien à voir avec celui de son homonyme parisien, mais même le préfixe « poly » était mal compris. Loin de conduire à une sorte de maîtrise abstraite et théorique des techniques, l'école montréalaise offrait une formation limitée au génie civil. Et quand on parle de génie civil, il faut être attentif: divers indices montrent en effet que, par moments, l'École a été tentée de dériver vers un enseignement de l'arpentage, tentation que l'on peut interpréter comme la difficulté de dépasser le stade du *métier* et l'impossibilité d'accéder à celui de la *profession*. La notion de déport s'enrichit encore si l'on considère que l'École polytechnique de Montréal, en dépit de son nom, va assez rapidement reprendre comme modèle lointain l'École centrale des arts et manufactures de Paris. En d'autres mots, l'institution montréalaise se nomme incorrectement deux fois.

Sans vouloir nous comporter en historien des sciences, d'autres facettes du déport peuvent être illustrées par quelques touches empruntées à la suite de l'histoire de l'École polytechnique. Ainsi, en 1878, lors de l'Exposition universelle de Paris, l'École voulu se faire valoir en y participant. Elle y gagne un prix de consolation que l'on appelle une médaille d'argent. Tout le monde s'en réjouit à Montréal, tout en se gardant de mentionner qu'il s'agissait d'une médaille pour travaux d'élèves, et décernée dans le cadre d'une évaluation d'institutions secondaires, et non universitaires. Une quête de visibilité mal conçue, suivie d'un déni ou même d'un silence, tels sont les signes irréfutables d'un comportement déporté.

De même, en 1876, le gouvernement du Québec, en décrétant par ordre en Conseil que les diplômes de l'École étaient de niveau universitaire, démontre son ignorance du fait que la garantie juridique d'un diplôme ne suffit pas à en asseoir la valeur professionnelle. L'autonomie universitaire s'accompagne d'une construction lente et délibérée de la légitimité et du prestige et aucune traverse législative ne pourra jamais accélérer ce processus à moins de créer en même temps un monopole pour l'institution. Le seul résultat du *fiat* gouvernemental fut de susciter une violente réaction de la part des anglophones, réaction qui contribua largement à discréditer le diplôme de l'École chez les Canadiens anglais pendant des décennies [7]. Du même coup, l'École fut coupée du marché du travail industriel largement dominé, justement, par les anglophones. Symétriquement, la sortie anglophone fut accueillie par le silence, autre signe indubitable d'un déport reconnu dans le malaise et le refoulement.

Tout se passa donc comme si, dans la tentative de lancer un enseignement technique supérieur, le gouvernement québécois, en donnant le coup d'envoi, n'avait pu s'empêcher d'ajouter un « effet » à son effort, effet qui contribua à déporter la trajectoire de l'institution et à l'orienter dans une direction étrange. Il faudra à l'École polytechnique de Montréal plus de soixante-dix ans d'efforts et deux guerres mondiales pour s'aligner enfin sur les modèles nord-américains d'écoles ou de facultés d'ingénieurs. Plus important encore, et c'est ici que la notion de déport prend toute son importance, tous ces obstacles, détours et culs-de-sac culturels apparaissent inévitables car ils venaient non pas d'une pression extérieure, mais bien d'une énergie intérieure à la collectivité canadienne-française. En cherchant à recréer au sein de leur collectivité un enseignement technique supérieur, les Canadiens français n'avaient finalement d'autre choix que de produire des agents sociaux — des ingénieurs — déportés par rapport à la culture industrielle en voie de constitution au Canada [8].

Côté vulgarisation scientifique, un phénomène analogue est intervenu. Dans les premières sociétés européennes, tôt industrialisées, la vulgarisation scientifique a rapidement accompagné et nourri l'extension toujours plus grande des activités scientifiques et techniques [9]. Les enjeux de cette activité vulgarisatrice peuvent être ambigus, ainsi que

---

7. En 1963, Alice Parizeau sentait encore le besoin de lutter contre cette image dans « Polytechnique : le mythe de l'incompétence est mort », *La Presse* (Montréal), 2 mars 1963.
8. Pour une autre interprétation, plus liée aux thèses de Bourdieu, et qui complète utilement la nôtre, voir Yves Gingras et Robert Gagnon, « Engineering Education and Research in Montreal: Social Constraints and Opportunities », *Minerva*, vol. XXVI, n° 1, printemps 1988, p. 53-65.
9. Je parle, effectivement, de la période industrielle et postérieure. Il serait en effet fallacieux d'aligner, dans une continuité historique quelconque, les pratiques de diffusion des connaissances propres au règne d'une philosophie naturelle inévitable et celles liées à l'émergence des disciplines et de leurs relations avec l'ordre de la production, ce que, depuis David Landes au moins, on appelle la seconde révolution industrielle.

l'ont montré bien des chercheurs, mais un fait demeure: la vulgarisation scientifique suit ou, au mieux, accompagne le mouvement scientifique général. Ce n'est qu'exceptionnellement qu'elle y participe.

Au Québec, il ne serait pas faux de dire qu'à l'inverse de ce qui s'est passé en Europe, et même aux États-Unis, la vulgarisation scientifique [10] a précédé le mouvement scientifique, d'où une nouvelle illustration de la notion de déport. En effet, lorsque monseigneur Laflamme [11], dans des conférences publiques données dans le cadre de l'Université Laval, présente diverses merveilles techniques récentes comme le téléphone, ou parle de cosmologie, loin de contribuer à un mouvement secondaire de diffusion des sciences, il présente ces données comme substitut d'une véritable activité scientifique. En d'autres mots, il dédouane son université et l'Église de l'accusation possible et dommageable d'obscurantisme en occupant, par la vulgarisation scientifique, le créneau de l'enseignement et de la recherche scientifiques. Or, si on définit la culture scientifique comme rapport qu'une population peut entretenir avec les sciences, on peut aisément juger à quel point il est faussé dans ce cas précis puisque aux activités centrales de la science s'est substituée une vague collection de conférences publiques censées tenir le public éclairé au courant de ce que les autres font, et censées faire croire à ce même public que la société canadienne-française participe pleinement à ce mouvement scientifique.

Le déport s'intensifie ensuite, puisque la lutte pour la formation d'un réel enseignement scientifique, accompagnée de recherches originales, va largement se passer, elle aussi, sur la scène de la vulgarisation scientifique. En effet, le frère Marie-Victorin, va tenter d'infléchir la trajectoire déportée des sciences au Québec en opposant à la tradition des conférences scientifiques publiques une sorte de vulgarisation participante. Spécifiquement, cette opposition s'est manifestée par une critique virulente des programmes de l'Institut scientifique franco-canadien, tandis que se développaient les expéditions des Cercles des jeunes naturalistes ou, littéralement, des milliers de jeunes ont été initiés aux rudiments d'herborisations pratiquées un peu partout au Québec et au-delà. L'intéressant dans cet exemple, c'est que la dynamique déportée de l'appropriation des sciences au

---

10. Voir mes articles: « Du bon usage de la vulgarisation: le cas de Marie-Victorin », *Questions de culture*, vol. I, n° 1, 1981, p. 81-112; et « La vulgarisation scientifique selon l'Institut scientifique franco-canadien », *Protée* (Chicoutimi), vol. XVI, n° 3, automne 1988, p. 67-75; Paul Carle et Jean-Claude Guédon, « Vulgarisation et développement des sciences et des techniques: le cas du Québec (1850-1950) », Bernard Schiele et Daniel Jacobi (dir.), *Vulgariser la science: le procès de l'ignorance*, Champ Vallon, 1988, p. 192-219.
11. Sur la pratique scientifique de Mgr Laflamme, voir Paul Carle, *op. cit.*, et Yves Gingras, « La réception des rayons X au Québec: radiographie des pratiques scientifiques », *Science et Médecine au Québec. Perspectives sociohistoriques*, Québec, Institut québécois de recherche sur la culture, 1987, p. 69-86.

Québec conduit à déplacer les luttes propres à ce secteur dans le champ, non pas d'institutions scientifiques — il n'y en avait guère — mais bien dans celui de la vulgarisation scientifique. Ici le déport conduit à renverser l'ordre d'émergence des pratiques scientifiques puisque la vulgarisation scientifique précède l'activité scientifique et non l'inverse [12].

Ce qui nous amène, enfin, à la littérature. Je rappelle d'abord que j'ai défini la culture scientifique comme le rapport qu'une société entretient avec la sphère des sciences et des techniques. Or, la littérature, par sa façon de thématiser les sciences et les techniques, contribue à sa manière à fixer des éléments importants de ce rapport. Présence, absence, valorisation, dévalorisation, et bien d'autres traits contribuent à préciser les éléments de ce rapport, à en montrer l'insertion dans des ensembles textuels plus vastes (politiques, philosophiques) et à en révéler l'évolution.

Là encore, le déport apparaît et éclaire les difficultés déjà rencontrées par les Canadiens français du côté des sciences et des techniques. En fait, le déport de la culture scientifique, telle que celle-ci se manifeste au travers de la littérature, apparaît essentiellement comme, encore une fois, un geste de substitution. De science et de technique dans la littérature d'expression française au Canada, il n'y en a essentiellement pas, et les quelques exceptions que l'on peut mentionner ne font que confirmer la règle. En revanche, apparaît de façon beaucoup plus fréquente une image très différente, un peu inattendue à première vue, mais facilement compréhensible au deuxième regard: il s'agit des États-Unis. À la suite de la guerre de sécession, les États-Unis ont connu une rapide croissance industrielle et économique. En quête de héros nouveaux, et surtout neutres, ils ont transformé l'ingénieur et la technique en emblèmes nationaux. De cette époque datent en effet tous les poncifs sur la puissance, la richesse et l'efficacité américaines. De cette époque aussi naissent tous les clichés sur les talents techniques de la nation américaine. Et la littérature américaine reflète cette tendance très clairement, tant par ses thèmes que par le vocabulaire qu'elle emploie et les visions qu'elle met en œuvre. Même les œuvres qui, en apparence, s'opposent à ce vaste mouvement d'industrialisation accélérée où tous les anciens cadres de vie se trouvent bouleversés, abritent des indices insidieux de ce « nouveau monde » en construction.

---

12. On peut aussi lire ce renversement comme préservation de l'ordre cognitif qui dominait partout avant l'avènement de la science expérimentale et de la montée de l'instrument scientifique comme pièce fondamentale du nouveau dispositif cognitif que l'on appelle communément science. L'ancien ordre cognitif ne différenciait pas les configurations discursives de la philosophie, de la science et de la vulgarisation.

Or, côté canadien, les États-Unis représentaient plutôt la menace de disparition dans la mesure où des centaines de milliers de Canadiens français, et pas seulement eux, ont franchi la frontière pour trouver les emplois introuvables dans leur pays d'origine. Les États-Unis sont donc apparus comme une figure d'assimilation, comme destin funeste et menaçant pour la collectivité canadienne-française. Pas n'importe quels États-Unis : il s'agissait bien du pays récemment couvert d'usines, celui qui modifiait profondément les échelles de production, qui bouleversait les rythmes de travail et, du même coup, qui offrait de nouvelles perspectives de richesses (mais aussi de pauvreté). La caractérisation implicite du pays voisin comme incarnation de la technicité commercialisée a donc permis au regard littéraire de se détourner d'étrange manière puisque, de ce fait, il ne nomme pratiquement jamais la technique ou la science, mais plutôt, et à leur place, les États-Unis. Le détournement du regard signale le déport du geste.

Ce mouvement de transposition, ce remplacement déporté des sciences et des techniques par la république américaine qui en incarnerait en quelque sorte l'essence, a entraîné des effets en retour. L'instauration d'une pratique scientifique et technique au Québec a dû s'effectuer à l'écart des pratiques américaines. Ceci explique pourquoi les ingénieurs de l'École polytechnique ont si longtemps projeté une image qui se voulait européenne, quelle que soit par ailleurs la réalité de la chose. Ils cherchaient à s'incorporer aux élites canadiennes-françaises qui, justement, résistaient de toutes leurs forces aux influences américaines. Ceci explique pourquoi, accessoirement, cette même École polytechnique ait abrité et protégé l'Institut scientifique franco-canadien alors que le frère Marie-Victorin tirait à boulets rouges sur cette institution qu'il rejetait, précisément parce qu'il la percevait comme élitiste et, simultanément, inefficace. Inversement, Marie-Victorin, incarnant en quelque sorte le ressac de ce mouvement anti-américain, s'est au contraire profondément appuyé sur des autorités de McGill et de Harvard. À tel point qu'il faudra bien, un jour, tenter d'expliquer comment le rôle subalterne et dominé des Frères des écoles chrétiennes dans l'Église et ses hiérarchies, a contribué à faciliter les contacts entre le Québec et le reste de l'Amérique. Marie-Victorin dirigea systématiquement ses étudiants vers Harvard et Cornell, et non vers Paris ou Fribourg.

Le déport repéré au sein de la littérature, déport qui se signale par la substitution de la figure américaine à celle des sciences et des techniques, produit un déport second dans le développement des sciences et des techniques, déport qui ne sera contesté qu'à partir des années 1920 et surtout 1930, par Marie-Victorin. Le Québec ne s'est doté que tardivement d'institutions scientifiques et, quand il le fit, au lieu de s'alimenter aux modèles locaux, facilement accessibles, et certainement crédibles, il s'est alimenté au contraire exclusivement à des sources européennes et, bien entendu, catholiques.

Voilà donc, brossé à grands traits, un panorama en forme d'hypothèse globale. Au total, l'étude des rapports entre littérature et science dans le cas du Québec, me paraît particulièrement intéressante pour mettre en évidence cette notion (et non pas concept) que j'ai nommée « déport » et pour montrer aussi qu'il naît de l'intérieur et non de l'extérieur. C'est bien d'autodéport qu'il s'agit, comme si des conditions initiales de domination et de périphéralisation suffisaient ensuite à créer des visions et comportements qui, par rapport aux enjeux, visées et visions du centre, paraissent toujours étranges, curieux, en porte-à-faux en quelque sorte.

Cette hypothèse trouve son origine dans un pari et débouche sur une piste supplémentaire. Le pari, c'est d'avoir poursuivi une question aux apparences peu encourageantes puisque sciences et techniques apparaissent si peu dans la littérature d'expression canadienne-française au Canada. L'hypothèse plus générale, c'est qu'en étudiant, de plus haut, les rapports entre sciences et littérature, on peut imaginer, peut-être, la possibilité de repérer et de jauger le degré de déport d'une société alors qu'elle tente de se rapprocher de sa propre vision du centre. En d'autres mots, dès qu'une société ne se sent plus centrale, sa culture scientifique, c'est-à-dire encore une fois les rapports qu'elle entretient avec les sciences et les techniques, telle qu'elle se manifeste dans sa littérature, en contribuant à mettre au jour des phénomènes de déport, contribue du même coup à mettre en lumière les difficultés identitaires et historiques de cette société. Il y a là un ordre de questions extrêmement riches pour le Québec, mais pas seulement pour le Québec. En effet, dans la mesure où la France, par exemple, ne constitue plus un pôle tout à fait central dans l'échiquier du monde, dans la mesure où elle se marginalise, elle abrite certainement déjà des formes de déport que sa littérature peut contribuer à mettre au jour et à analyser. Peut-être en voit-on déjà des traces, on a pu le suggérer, dans l'œuvre de Jules Verne ou dans *L'Ève future* de Villiers de l'Isle Adam.

(Université de Montréal)

Les transferts discursifs comme opérateurs de changement

Christie McDonald

Je formulerai quelques questions concernant le changement, questions déjà posées pour l'invention dans un numéro récent de la revue *Études françaises* publié sous ma direction [1]: qu'est-ce qui constitue le changement dans la pensée? Comment des idées neuves émergent-elles et s'intègrent-elles dans les savoirs hérités du passé (Schlanger)? Comment penser le changement, qui peut être conçu à partir de procédés inconnus, expériences nouvelles ou résultats jusque-là ignorés? Quelles sont les conditions individuelles ou collectives qui favorisent (ou freinent) le changement? Or, nous savons que ces questions risquent de ne trouver que des réponses fragmentaires pour le présent, et encore moins claires pour l'avenir. Seule peut-être la lecture, ou la relecture, du passé nous permet de mieux comprendre les enjeux actuels du changement. Ce qui nous intéresse à l'intérieur de notre projet, c'est le transfert des domaines très divers, qui opère le changement en en montrant la dimension plurielle. Des exemples abondent: la sémiologie musicale, l'anthropologie médicale, le couplage récent de la jurisprudence et de la critique littéraire, et, couple plus ancien, la philosophie et la littérature. Ce sont ces deux derniers qui retiennent tout particulièrement notre attention.

Notre programme de recherche vise à dégager en deux volets historiques la pensée littéraire et philosophique sur la question du changement: la deuxième moitié du XVIIIe siècle, en France et en Angleterre; la période de l'après-guerre, au XXe siècle, en Europe et en Amérique du Nord. Au XVIIIe siècle, le passage de la philosophie rationaliste à la philosophie expérimentale crée un modèle de réflexion qui permet de penser le rapport entre le vécu individuel et le défi collectif

---

1. « L'invention », *Études françaises* (Montréal), vol. XXVI, n° 3, hiver 1990, 119 p.

qui s'impose, soit l'instauration d'un nouvel ordre à la Révolution française. Au XXe siècle, l'avènement du poststructuralisme effectue un changement de pensée qui ouvre les questions sociales et politiques à des analyses philosophiques et littéraires. Il s'agit d'analyser, à partir du siècle des Lumières, les modèles de pensée épistémologique et éthique à l'œuvre dans la littérature et la théorie critique récentes. Notre hypothèse est qu'une reconfiguration discursive de l'individu, de la famille et de la société au XVIIIe siècle anticipe des problèmes posés au XXe siècle par la littérature et la philosophie et vécus dans l'interrelation entre le social et le politique.

Comment les transferts entre discours et disciplines deviennent-ils opérateurs de novation pour la littérature et la critique littéraire ? Depuis au moins le travail de Roland Barthes, nous savons que le travail interdisciplinaire implique bien plus que l'analyse d'un objet à travers plusieurs disciplines telles qu'on les a traditionnellement conçues, soit sociologique, psychologique, historique ou philosophique, pour n'en nommer que quelques-unes. Bien au contraire, l'interdisciplinarité déplace la fragmentation du savoir dans des catégories spécialisées pour marquer les contours de la pensée autrement. La transposition d'idées et de croyances d'une culture à une autre, les emprunts d'une discipline à une autre, le retour à des formes et à des discours anciens, créent la possibilité de l'innovation et du changement. Et souvent, lorsqu'une discipline s'épuise, ne trouvant plus le renouvellement dans ses propres traces, elle peut se ressourcer à partir de la novation dans d'autres domaines — on pense à la biologie comme discipline motrice aujourd'hui. Mais l'interdisciplinarité (qui se nomme souvent « humanités », plus récemment encore « études et pratiques culturelles » sur le continent américain) fonctionne autant comme une prise de position théorique que comme un champ de travail relativement nouveau.

Il est vrai qu'il y a eu d'importants changements dans les sciences sociales et humaines depuis les trente dernières années, ainsi que des tentatives interdisciplinaires fortes, tant dans le travail des intellectuels que dans les institutions universitaires (les centres interdisciplinaires et culturels, les *women's studies* en sont des exemples). Mais ces changements, et la résistance qu'ils ont provoquée, ont amené les sciences humaines à une crise de définition: remise en question des modes de pensée ainsi que des frontières disciplinaires. Alors que ce travail semblait établi durant les années quatre-vingt, plus récemment les effets du changement au niveau intellectuel (travail interdisciplinaire) et institutionnel (programmes) se trouvent détournés, aux États-Unis par exemple, à des fins politiques à travers une turbulence discursive: *political correctness*. Loin d'ouvrir des horizons neufs, le changement de langage risquerait de couper la parole de l'autre, telle est en tout cas la stratégie de l'argument, et d'enfreindre les droits du premier amendement de la constitution américaine — le droit à la liberté de parole. Quant à la frénésie qui entoure les débats concernant le statut de l'humain (dans les arguments sur les technologies de la reproduction, l'avortement et la maternité de substitution, par exemple), ils montrent à quel point manque une philosophie du sujet, ou même un consensus sur une définition pratique du sujet socio-politique.

Le structuralisme européen des années soixante, le poststructuralisme sur le continent nord-américain dans la période suivante, se sont fondés pour une large part sur une critique des conceptions classiques du sujet et de l'histoire. Or, dans les analyses structuralistes, et même poststructuralistes, il y a toujours un sujet à l'œuvre. Comment convient-il de penser les conditions et les conséquences de la question du sujet — pour la mesurer, l'interroger et la comprendre dans le contexte actuel? Faut-il que le « retour » à une pensée du sujet se présente comme réactionnaire — au figural pour le pictural, au récit pour la littérature, aux récits de vie traditionnels pour la biographie, l'histoire et la sociologie, etc.? Quelles sont les alternatives? Qu'ont à en dire les diverses disciplines où la question se trouve posée et qui révisent aujourd'hui leurs principaux présupposés?

Perspectives théoriques

Nous privilégions le côté différentiel et polémique de la pensée, tout en reprenant la question de l'actualité des cas, des textes et des événements, et leur inscription dans une théorie générale qui ne se réclame pas du seul rationnel. Dans cette approche, la littérature révèle de manière privilégiée des contradictions, des lieux aporétiques du discours, et, par là, les limites de la raison. La critique littéraire permet d'analyser les opérateurs du changement afin de modifier certains modèles de pensée à l'œuvre dans les humanités aujourd'hui, mais à condition de garder sa souplesse, de ne pas retomber dans l'exigence de systèmes rigides et totalisants. La littérature peut elle-même être catalyseur de changement, en accompagnant le discours philosophique ou anthropologique comme lieu d'expérimentation.

La critique du binarisme et de la logique de la représentation situe notre projet dans la conjoncture critique qui relie le discours de la fin du XXe siècle à celui de la fin du XVIIIe. Il y va d'une pensée du multiple ou du pluriel concernant la définition du sujet. Nous analyserons comment certains mouvements de pensée (la déconstruction, le féminisme et le nouvel historicisme américain) sont révélateurs des limites de la pensée opératoire dans les autres et montrent la nécessité d'examiner les lieux de résistance. Le féminisme, par exemple, soupçonne la théorie posthumaniste, fondée sur le langage, de laisser de côté un problème urgent: la question des valeurs et de l'action. Pour celle-ci, le recours à l'expérience humaine, si important pour le féminisme, ne peut donner accès au fondement de la pensée puisque l'expérience (individuelle) ne fonctionne que comme effet ou conséquence. Le nouvel historicisme permet de remettre en question ces limites par la réévaluation de définitions et de textes, et dans l'établissement d'un réseau entre le texte littéraire, les documents historiques, le contexte de l'époque. Nous retiendrons de ce dernier mouvement la nécessité de juxtaposer des textes littéraires et non littéraires, et nous visons la question des investigations historico-empiriques pour la question des états de transition, c'est-à-dire d'un travail pas à pas pour réajuster une théorie selon les contraintes d'une matière donnée. Nous partons de la prémisse que la littérature est le lieu où s'articule le particulier.

Le travail se situera dès lors à deux niveaux: 1. la juxtaposition de textes littéraires et non littéraires afin de dégager le discours sur le sujet et le langage, la famille et la société, la fonction du texte littéraire; 2. l'analyse du transfert des discours émanant de disciplines différentes afin de tracer l'émergence d'une pensée sur le changement.

Cadre des connaissances et recherches actuelles

Premier volet: un travail important s'est effectué depuis une décennie sur la Révolution française, qui a abouti à la publication de nombreux textes durant le bicentenaire en 1989. Un débat s'est engagé à partir de la contestation de l'interprétation marxiste de la Révolution (Furet), qui rend problématique le concept du changement. Parallèlement, un travail important s'est également développé sur les droits et le rôle de la femme au XVIIIe siècle. Il s'agit d'examiner en bénéficiant de ces travaux la question de la légitimation du sujet dans la période qui précède et inaugure la Révolution française. Nous analyserons le discours sur la famille et l'éducation comme promesse de stabilité dans une société en branle. En juxtaposant textes fictifs, autobiographiques, traités socio-politiques et écrits journalistiques de l'époque, nous bénéficierons de l'intérêt qui règne dans le milieu des historiens pour les questions concernant la famille comme noyau où le privé et le public se rejoignent.

Deuxième volet: après l'épuisement du structuralisme, qui se préoccupait des aspects généralisables de la signification, le post-structuralisme des années soixante-dix et quatre-vingt, en Amérique du Nord, a mis l'accent sur le rapport du particulier aux théories générales et aux systèmes. Mais ces deux mouvements sont fondés sur le rejet des conceptions classiques de la subjectivité et de l'histoire. Or, on le savait sans en tenir compte, il y avait toujours eu un certain sujet à l'œuvre. Y revenir nécessite une réflexion sur les conditions de possibilité de la pensée du sujet qui ne rejette ni ne valide péremptoirement cette notion, mais l'interroge autant dans ses effets que dans ses définitions afin de comprendre le contexte contemporain. L'analyse du parcours de ce qu'autrefois on appelait « l'âme », et ce qu'on pourrait aujourd'hui appeler « le sujet identitaire[2] », est de la plus grande importance, nous le croyons, pour l'avenir de la culture, de la planète, voire de l'espèce.

Nous examinerons le problème d'un agent humain (*agency*) dans des textes critiques et philosophiques qui permettent de poser la question d'une responsabilité qui dépendrait du choix individuel. Cette question fait l'objet d'analyses, dans la pensée féministe, depuis 1949, date de la publication du *Deuxième Sexe* de Simone de Beauvoir, œuvre qui innove en redéfinissant la nature et le rôle de la femme, et qui a formulé un programme et des principes pour le mouvement féministe de la deuxième moitié du XXe siècle. Le terme de « féminisme » recouvre ici un champ vaste et hétérogène; plutôt qu'un mouvement critique ou qu'une pensée politique ou philosophique unifiée, le féminisme en Amérique du Nord s'est constitué comme un champ discursif diversifié. Là où il y a un consensus, même si les avis diffèrent quant aux modalités, c'est dans la désignation de la famille, de la fonction reproductrice et parentale comme lieu de changement. Nous examinerons des textes littéraires, critiques et philosophiques qui permettent de poser la question du changement à travers le sujet.

Puisque la question du changement s'articule dans les interstices de l'événement ou du texte unique et des schèmes de pensée hérités du passé, notre projet vise à explorer un problème théorique qui ne peut se résoudre par la seule théorie: la manière dont les valeurs transmises se transforment par des textes ou événements qui mettent en question cette même transmission. Ainsi, si la question générale qu'on aborde est aussi vaste que la pensée elle-même, notre hypothèse est que, dans l'absence d'un métarécit et d'une métathéorie, c'est la reconstruction des cas et des événements particuliers, ainsi que celle des discours qui les sous-tendent, qui servira de révélateur des intérêts contingents. Que ces intérêts ne puissent fonder ni un système philosophique, ni un système politique n'invalide pas pour autant la possibilité, ou la nécessité, d'une responsabilité individuelle et collective. Une large part de notre travail actuel consiste à repérer et à constituer des cas qui servent d'échangeurs où se heurtent discours et schèmes de pensée hérités du passé dès lors inadéquats aux situations en transformation.

Pour ce faire, nous juxtaposons des textes non littéraires, en l'occurrence journalistiques: *Harpers*, *Ms. Magazine*, *The New*

---

2. On lira à ce propos, ici même, la section « Langue et fiction identitaire » [N.D.E.].

Republic, The New York Times, etc., relevant de l'actualité la plus courante de la vie quotidienne (tels les débats sur la responsabilité que confie la société à la femme quant à sa fonction reproductrice) aux textes littéraires et philosophiques afin d'y faire retour.

Au cours de cette recherche, nous comptons non seulement scruter la manière dont on pense le changement, mais aussi analyser comment des innovations empiriques effectuent un changement dans la pensée; comment l'événement ou le cas particulier peut, dans un contexte historique donné, mener à des discussions plus générales sur le changement; comment la spécificité du croisement entre littérature et philosophie, et les problèmes qu'elle traduit, transforme la pensée occidentale; et, finalement, pourquoi on doit relire pour changer, pour créer. Scruter les opérateurs du changement dans les deux volets de ce programme de recherche nous obligera à remettre en question à notre tour, et par là, croyons-nous, à rendre intelligible et à modifier un tant soit peu la fonction et la portée de certains modèles de pensée à l'œuvre dans les humanités actuelles. Ce travail devrait également mettre en relief le rôle essentiel des sciences humaines au milieu des révolutions technologiques (et autres) par les interconnexions de la pensée qu'elles s'obligent à maintenir.

(Université de Montréal)

Savoirs et littérature

Michel Pierssens

À côté des savoirs positifs, en liaison avec eux, mais sans la structure qui les organise ni les constructions proprement conceptuelles qui les articulent, des savoirs plus flous médiatisent pour nous un monde qu'ils rendent intelligible : savoirs diffus, partiellement apparentés aux savoirs compacts qui font les sciences.

L'épistémocritique doit avoir pour souci premier de comprendre ce qui fait de la littérature un opérateur cognitif et social capable, grâce à ces savoirs, de modéliser ordre et désordre en un seul monde fait de mots. En ce sens, agent transformateur des sujets comme des groupes, la littérature ne saurait être traitée comme un élément documentaire du « discours social » parmi d'autres, si du moins il s'agit de saisir à travers elle le procès du changement, la fabrication incessante de l'ancien comme du neuf. Comment la littérature enregistre-t-elle ces variations ? Comment en opère-t-elle la diffusion ? Mieux même : comment ensemence-t-elle parfois l'imaginaire commun de discours et de représentations qu'elle ne se contente plus de relayer, mais qu'elle invente ?

Répondre à ces questions supposerait que l'on puisse déterminer pour tout moment historique ce que sait tel ou tel (écrivain qui compte ou « Monsieur-Tout-le-monde » à l'identité exclusivement collective), comment il le sait, mais aussi de quoi il doute, et donc aussi comment il pense ou écrit avec (et malgré) ces certitudes et ces doutes. Une recherche inspirée par cette perspective devrait porter par conséquent tout autant sur les fractures problématiques, les moments de mise en crise, les lignes de partage, les points en débat que sur les régimes sereins et les redondances tranquilles. À la fois dictionnaire des idées reçues au sens de Flaubert et généalogie au sens de Nietzsche. Elle devrait être à la fois historique, sociologique, épistémologique, linguistique — encyclopédie et mot à mot.

Sous une forme moins ambitieuse et moins abstraite, la tâche, dans la mesure où elle touche la littérature, peut se reformuler ainsi : qu'est-ce que pense un texte, avec quoi, et comment cela se lit-il dans la texture même de ce qui s'écrit ? Dans la masse du pensé (ou du pensable), dans le répertoire du dicible, quel ensemble problématique un texte retient-il pour construire son univers sémantique propre comme son décor de représentations particulier ? Comment cela se repère-t-il dans la langue que parle le texte ? Où sont les *agents de transfert* venus des savoirs (positifs ou spéculatifs, structurés ou non, sanctionnés ou non, caducs ou non) ? Comment opèrent ces agents privilégiés que sont les *figures épistémiques* (comparaisons, métaphores dont le véhicule est extrait de la langue des savoirs) ? Mais aussi : quels aspects de la crise permanente des savoirs le travail de la fiction reprend-il à son compte pour élaborer ses univers spécifiques — irréels sans doute, mais où pourtant une époque peut reconnaître ses interrogations, entrevoir ce qu'elle peut apprendre ou ce qu'elle refuse de savoir, découvrir et situer ce qu'elle ignore encore ?

Dans ce procès, la littérature n'est ni le reflet passif de ce qui l'entoure et la porte, comme le voulait un certain marxisme, ni le conservatoire des sciences caduques comme le voudrait W. Lepenies, ni la traduction dans la langue des images d'un original écrit dans la pure langue des concepts, comme le disait naguère M. Serres. Elle est à sa façon aussi une *critique* — c'est-à-dire œuvre de connaissance et entreprise de déconstruction, machine à faire croire et scepticisme dévastateur. La démarche épistémocritique veut être attentive à ces deux réalités : les savoirs y sont une référence, mais une référence toujours contestée. C'est être fidèle à la leçon de Flaubert, telle qu'elle s'élabore dans *Bouvard et Pécuchet*, ou encore à celle de Musil dans *L'Homme sans qualités*.

Dans le programme de recherche qui nous réunit, Jean-François Chassay, Jean-Claude Guédon et moi-même[1], nous portons d'abord notre attention sur un certain nombre de thèmes présents dans les textes littéraires — thèmes issus des sciences, et dont la généalogie est sans ambiguïté. Mais il ne suffit évidemment pas d'en repérer l'apparition, sous peine de s'arrêter à une thématique très superficielle (du type : « X et la médecine », ou la chimie, ou la botanique, ou la physique quantique, etc.). Il importe bien plus d'étudier la mise en scène de leur nouveauté, la façon positive ou négative de les traiter, la manière ambiguë qu'ont les textes de les mêler à diverses questions politiques, morales ou esthétiques dans le dessein de les clarifier ou, parfois, dans l'espoir de les discréditer. Pour ne mentionner

---

1. « Savoirs et littérature », projet subventionné par le Conseil de recherches en sciences humaines du Canada.

qu'un seul thème de cet ordre (trop massif cependant parce qu'il en contient en réalité beaucoup d'autres) pensons par exemple à l'évolutionnisme, très étudié dans le domaine littéraire anglais, assez peu en revanche dans le contexte français.

Pensons aussi — encore superficiel, mais cependant instructif — aux diverses figures de « savant » dans le roman du XIXe siècle. Il est clair que la littérature a joué là à plein de sa capacité mythopoeïtique. Il devient très difficile, encore que passionnant, de démêler alors ce qui relève de la constitution d'un rôle social (avec ses aspects économiques, philosophiques, épistémologiques, politiques, etc.) et ce qui relève de la logique propre des fictions. Comment en outre évaluer et analyser les interactions entre fiction et vulgarisation scientifique ? Entre fiction et éducation, romantisme littéraire et apologétique scolaire ? Encore ne s'agit-il ici que d'une « figure » globale, qui devrait être différenciée: vrais et faux savants, autorités et garçons de laboratoire (ce qu'a étudié récemment Judith Schlanger), etc.

Toujours aussi concret en apparence, mais pourtant chargé d'arrière-plans plus complexes du point de vue épistémique: tout ce qui concerne la présentation et l'utilisation fictionnelle des objets techniques ou scientifiques. En étudiant la constitution textuelle de ces entités hybrides, faites de concret référentiel et de qualités inventées, nous entrons plus avant dans le travail même de la structuration imaginaire de la modernité: presses à imprimer de Balzac, machines à vapeur de Stendhal, machines d'Edison dans *L'Ève future*, appareils d'optique ou téléphone chez Proust — autant d'objets rien moins qu'objectaux. On ne saurait évidemment les prendre pour un donné: ils sont au contraire et par excellence du construit, et l'effort de l'écrivain qui les pense résume l'effort de toute une société pour produire une nouvelle ontologie, pour apprendre à vivre un monde peuplé sans cesse de substances nouvelles par un effet, tantôt angoissant et tantôt exaltant, de création continue.

Un peu plus subtils, nous rencontrons au-delà de ces matériaux en eux-mêmes assez évidents, des objets plus abstraits: modes de raisonnement, manières de constituer le réel pour les besoins d'un texte, modes d'instauration de l'autorité, de la vérité et de la preuve. Il s'agit ici de toute une dimension à proprement parler épistémologique sans laquelle aucune fiction ne saurait communiquer quoi que ce soit, ne saurait trouver l'adhésion d'une représentation. On ne saurait dans ce cas faire l'économie d'une étude très précise des textes et des contextes, de la formation intellectuelle des auteurs comme des effets de réception. Ce qui nous amène à toucher plus en profondeur la problématique plus générale de ce que nous appellerons des *transferts discursifs*, dont la constituante conceptuelle est naturellement décisive. Un seul exemple: tout ce qui s'est écrit au tournant du siècle sur la « quatrième dimension » pour tenter de tenir compte en littérature des conceptions nouvelles de l'espace et du temps, et forme une archive particulièrement intéressante et déjà assez largement étudiée dans le domaine anglo-américain (par K. Hayles entre autres). De même pour tous les bouleversements qu'a apportés la cybernétique (étudiés par David Porush).

Pour souligner le non-recouvrement des savoirs par les sciences, mentionnons encore que relève d'une analyse épistémocritique tout ce qui touche aux représentations de l'ordre social, dans la mesure où cet ordre se trouve paramétré par rapport aux savoirs. Il existe en effet, dans le réel comme dans la fiction, un accès différentiel au pouvoir, aux institutions, aux métiers — et donc des modes et des degrés d'accès très variés à la maîtrise des sciences et des techniques, à commencer par ce qui dépend du sexe. Cet enjeu mal compris de la fiction renvoie à la façon bien particulière qu'elle a d'intervenir dans la gestion sociale du désir : combien d'ingénieurs réels sont le produit d'ingénieurs imaginaires, par exemple ? L'interaction qui constitue cette figure double reste à décrire et à comprendre.

C'est pourquoi l'efficacité de cette recherche qui s'amorce dépendra pour beaucoup de l'inventaire que nous nous proposons d'élaborer de ce que l'on peut nommer des *instances de médiation*, propres aux différentes périodes et aux différents environnements qui nous intéressent : ouvrages de vulgarisation, revues, institutions littéraires et scientifiques, programmes d'enseignement, conférences publiques, musées scientifiques et techniques, etc.

Nous voulons à partir de là également mieux saisir (mais je ne fais que le mentionner) comment se modifie le statut social relatif de l'auteur littéraire et de l'auteur scientifique. La question est bien loin d'être claire, même si par ce biais nous retrouvons des domaines déjà bien étudiés, tels que le rôle des institutions dans la formation de ces statuts, le problème de la constitution des élites ou la question des métamorphoses des valeurs dans le temps.

Mais pourquoi, au fond, nous dira-t-on quand même, tant d'attention aux savoirs ? Ne pouvons-nous nous contenter de la littérature et d'elle seule ? Mais c'est que les savoirs eux-mêmes ne cessent de transformer les choses en vision et les visions en choses, en retravaillant les mots. Des mots, des discours qui se diffusent dans des publics toujours plus larges, avec toute la fécondité que peuvent avoir les transpositions mal contrôlées, les décalages et les contresens, sans compter les manipulations de tous ordres auxquelles les savoirs peuvent donner lieu. La littérature n'est nullement un partenaire mineur dans ces opérations tantôt occultes et tantôt manifestes, car la vie intellectuelle d'une culture n'est pas homogène, mais au contraire entretient des dénivellations, des tensions et des oppositions dont l'une des plus puissantes fait s'affronter imaginairement depuis le XIXe siècle *la* Science et *la* Littérature, le Savant et l'Écrivain, devenus des entités mythiques, des complexes de forces et de textes, et pour tout dire des empires totalisants sinon totalitaires — symbolisés, dans la cour même de la Sorbonne, par les statues jumelles de Pasteur et de Victor Hugo.

L'épistémocritique veut donc être une manière particulière de lire les textes dans le but de leur restituer une intelligibilité globale dans le procès de la culture — car ils sont eux-mêmes produits et producteurs de cette culture. Figures de l'intelligible et outils pour dégager les strates d'intelligibilité dans le chaos apparent des choses dites, conçues, imaginées, construites, élaborées, oubliées ou détruites. Projet à deux faces: d'un côté comprendre comment s'opère l'appropriation des savoirs (la fiction doit apprendre à parler leur langue, à développer leurs figures), mais de l'autre comprendre aussi que la littérature est l'occasion de leur mise en question, en leur restituant leur historicité et leur contingence énonciative, en même temps que leur lest libidinal ou politique (puisque à la *libido sciendi* est toujours associée une forme, collective ou privée, de *libido dominandi*). Ainsi s'explique que nous nous placions sous le patronage de Flaubert, grand constructeur d'objets complexes, grand broyeur de savoirs, grand destructeur des déchets de la culture (idées reçues, expressions toutes faites, croyances stupides, etc.), et qu'il n'aura guère de successeur dans ce rôle par la suite que chez Musil ou chez Duchamp.

(Université de Montréal)

Recyclages culturels.
Élaboration d'une problématique

Walter Moser

Nous appelons « recyclage culturel » la réutilisation d'un matériau culturel déjà disponible dans une nouvelle pratique, quelque différents que soient par ailleurs les matériaux et les pratiques en question quant à leur étendue, leur forme et leur domaine. Notre intérêt pour le phénomène est certainement lié à son actualité postmoderne, mais il découle également d'un travail plus ancien et plus sectoriel qui portait sur les dimensions intertextuelle et interdiscursive du texte littéraire. Par rapport au domaine restreint de la littérature, la prise en considération du domaine culturel représente un élargissement important de l'objet d'étude.

Terminologie: recyclage, réutilisation

Une brève discussion préalable sur « le nom à donner à la chose » s'impose. Le titre propose le terme « recyclage ». On peut songer à d'autres termes: reprise, réemploi, réécriture, citation, reconversion, restauration, réutilisation; ce qui reflète assez fidèlement la pluralité terminologique qui caractérise ce champ de recherche. Tous ces termes renvoient au même phénomène, mais chacun met un aspect particulier au premier plan. Pour désigner ce phénomène globalement, j'hésite entre recyclage et réutilisation. Le terme « recyclage » est aujourd'hui ancré dans le discours écologique. Le transférer au domaine culturel[1] implique des enjeux sémantiques importants qui, à moins d'être explicités, risquent de décider par voie de connotations de l'orientation de ces recherches. En partant du slogan écologiste —

---

1. Le titre du livre de Pierre Nepveu, *L'Écologie du réel. Mort et naissance de la littérature québécoise contemporaine* (Montréal, Boréal, 1988) montre un cas de transfert de l'écologie au domaine culturel.

dans sa version anglaise qui actualise la fonction poétique jakobsonienne — « *Reduce, reuse, recycle* », on est amené à voir une différence importante entre « réutiliser » (*reuse*) et « recycler » (*recycle*). Au sens technique du terme, « recycler » veut dire insérer un objet dans un nouveau cycle de production, ou l'insérer à nouveau dans le même cycle de production. Cette opération implique qu'on réduit l'objet à sa matérialité, qu'on en récupère ce qu'il contient en matière première. Le recyclage requiert donc la destruction de l'objet en question : la récupération de l'aluminium et du verre exige qu'on détruise les cannettes ou les bouteilles. De même quand on recycle du papier journal : le texte imprimé sera détruit, effacé lors du procédé de désencrage, puisqu'on ne s'intéresse dans ce processus qu'au support matériel — le papier. Dans le recyclage, la destruction nécessaire de l'objet a pour conséquence d'effacer également sa signification culturelle et historique. Plus la matière première est pure, moins elle comporte, inscrite en elle, les traces de ses utilisations antérieures, moins elle a de mémoire ou donne prise à la mémoire.

« Recycler » a de plus une connotation de cyclicité et pourrait nous induire à penser les processus historiques selon une temporalité cyclique. En régime mythique, une telle cyclicité peut être indiquée ou appropriée, mais en régime historique cette connotation est problématique [2]. Même si on analyse le recyclage de mythes en régime historique [3], l'usage du terme « recyclage » n'implique en aucune manière une affirmation indifférenciée de l'éternel retour [4].

Dans le slogan « *Reduce, reuse, recycle* », le deuxième terme renvoie à une pratique bien différente. L'impératif « réutilise ! » ou « réemploie ! » nous invite à une nouvelle utilisation et par là à une nouvelle mise en valeur d'un objet sans pour autant le détruire en le réduisant à son support matériel. L'objet en question aura été mis de côté et préservé dans un répertoire ou dans un dépôt — plus concrètement dans une bibliothèque, dans des archives, dans un grenier ou une cave, dans le bric-à-brac d'un brocanteur, dans une mémoire individuelle ou collective — où il aura peut-être vieilli. Dans ce cas l'objet reste intact. Il garde une certaine identité de matériau culturel, quelles que soient par ailleurs les transformations de forme, de fonction, de signification, etc., qu'il subit lors de l'opération de réinsertion dans un nouveau contexte. Et surtout la trace de son emploi antérieur reste inscrite en lui, ce qui donne à l'objet réutilisé le pouvoir d'activer

---

2. Ce qui rappelle les débats des années 1960 entre Lévi-Strauss et Ricœur.
3. Voir mes deux études « Le prince, le philosophe et la femme-statue. Une lecture de *La Dispute* de Marivaux » (étude de la réutilisation du mythe de Pygmalion au XVIIIe siècle, *Études littéraires*, vol. XXIV, n° 1, été 1991, p. 63-80) et « La réécriture des fables absurdes par les Lumières » (*Dædalus. Revue portugaise de littérature comparée*, 1991).
4. Voir Antoine Compagnon, *Cinq Paradoxes sur la modernité*, Seuil, 1990, p. 9.

notre mémoire culturelle et historique. L'interaction entre la mémoire de son ancien emploi et les conditions concrètes de son réemploi fait partie du processus historique, elle est peut-être à la base même du « travail de l'histoire[5] ». Sans préjuger de la manière dont nous concevons et articulons ce processus ou travail historique, le choix du terme « réutiliser » nous installe donc d'emblée dans un régime de type historique. Ce qui importe dans un tel régime, c'est qu'il exclut tout retour identique du même, car, quoique réutilisé, rien n'est jamais identique à soi.

Venant du domaine des études littéraires, et de l'analyse des discours, je suis sensible encore à un autre aspect du terme « réutiliser ». C'est sa connotation concrète, voire artisanale qui m'empêche d'« oublier » la matérialité des objets en question, quelle qu'en soit la nature précise. Cette connotation a d'ailleurs trouvé confirmation dans le travail d'anoblissement conceptuel que Lévi-Strauss a fait subir au terme « bricolage[6] ». Le terme « réutiliser » permet le maintien de cette connotation concrète qui nous rappelle le côté matériel des matériaux sémiotiques. Il comporte de la sorte une certaine garantie contre la tentation idéaliste ou idéalisante qui a si longtemps été dominante dans nos disciplines. Même s'il est question de la réutilisation d'idées ou de concepts, il s'agit donc de ne pas glisser vers l'histoire des idées, mais d'observer des pratiques qui impliquent toujours un support matériel et se déroulent dans des situations concrètes. Dans ce sens les connotations de « réutiliser » et « bricoler » rapprochent notre problématique de l'application herméneutique.

Les enjeux sémantiques des deux termes étant désormais explicites, je décide d'en faire un usage mixte. Ayant travaillé cette problématique dans un premier temps sous l'intitulé « La réutilisation comme procédé d'innovation », je retiens le syntagme « Recyclages culturels » pour désigner la prochaine étape. Je tiens en effet à maintenir la question programmatique que comportait le premier intitulé. Celui-ci renvoyait au débat modernité/postmodernité dans la mesure où la réutilisation est ouvertement affichée et pratiquée par les postmodernes tandis que la nouveauté et l'innovation sont des postulats clés du discours de la modernité.

---

5. C'est là une des traductions françaises pour le concept *Wirkungsgeschichte* que Hans-Georg Gadamer a élaboré dans *Vérité et Méthode*. Quant à l'opposition entre « régime mythico-cyclique » et « régime historique », on en trouve une articulation conflictuelle dans le récit « Le sacrifice du Nouvel An » de Lou Xun.
6. Voir René Thom à ce sujet : « Il ne faudrait pas croire que le terme "bricolage" entraîne nécessairement une connotation négative. Depuis que notre confrère Claude Lévi-Strauss a écrit que "les sociétés bricolent leurs mythes", que François Jacob a dit de l'évolution qu'elle bricole ses organogénèses, le bricolage a conquis ses lettres de noblesse épistémologiques. Ici, comme ailleurs, tout dépend des qualités d'esprit du bricoleur », dans « La méthode expérimentale : un mythe des épistémologues (et des savants) », *Le Débat*, n° 34, mars 1985, p. 16.

Problématique : intérêts, objectifs, étendue

Le complexe « connaissance-et-intérêt », tel qu'articulé par Habermas qui nous rappelle les interactions entre la « raison pure » et la « raison pratique », est un lieu de réflexion obligatoire pour quiconque se propose de produire « des connaissances » ou « du savoir ».

Tout chercheur a à mener une réflexion sur les intérêts qui le guident dans sa quête de connaissances. Une telle réflexion s'impose tout particulièrement lors de l'élaboration d'un projet ou programme de recherches. Le premier geste consiste à prendre du recul historique et culturel et d'ouvrir ainsi des espaces de comparaison. Il s'agit de faire le détour par des objets historiques, de donner de la profondeur historique à notre enquête, afin de mieux comprendre époque et pratiques contemporaines grâce à une réflexion qui pourra s'installer dans l'écart entre des moments et des situations historiques différents. Notre recherche actualise ainsi un principe herméneutique fondamental : nous ne saurions nous comprendre historiquement et culturellement — qu'en effectuant un détour par l'altérité d'objets distants.

Culturellement, il en découle une démarche comparative : c'est dans l'écart, et par conséquent dans le va-et-vient entre différentes cultures (ou sous-cultures) que le travail cognitif a le plus de chances de réussir et d'être productif, surtout s'il vise en dernière instance une connaissance de la propre culture. Le travail avec divers matériaux historiques permettra aussi d'éviter de réduire la postmodernité à une simple question de périodisation, de s'obstiner à vouloir fixer un seuil d'époque. Un des défis de la postmodernité consiste justement à ne plus penser l'histoire en une succession de blocs homogènes — qu'on les appelle époques, périodes, épistémès ou autres — entre lesquels se produisent des coupures ou ruptures nettes qui marquent chaque fois un nouveau commencement, l'émergence quelque peu miraculeuse de la nouveauté.

Les enjeux profonds du débat modernité/postmodernité sont également de nature épistémologique et culturelle. Épistémologique, parce qu'on peut définir comme postmoderne la position qui nous permet de poser la modernité en objet de connaissance sans pour autant postuler une extériorité par rapport à elle. Culturelle, parce qu'il s'agit de penser et de comprendre les profondes transformations dans les pratiques culturelles qui ont créé « la condition postmoderne ». Historique, épistémologique ou culturel : un enjeu commun consiste à penser et à connaître le changement. Non pas comme le simple constat que, un « après » étant différent d'un « avant », il y a eu, ou doit y avoir eu changement, mais comme la tentative de concevoir et de décrire le processus même du changement. Dans ce sens tout acte de réutilisation est, ou comporte, quelque chose comme l'unité minimale du processus de changement. Et chaque analyse concrète d'un cas de réutilisation deviendrait ainsi une micro-analyse du changement.

Un deuxième intérêt découle de ce que chaque cas de réutilisation met en œuvre à la fois répétition et différence. Et, selon la pensée de la différence, le défi consiste à articuler la combinaison de ces deux notions sans avoir recours au concept d'identité. Une autre formulation du même défi serait: faire un usage tel du concept d'identité qu'il se vide de son contenu substantialiste, métaphysique. La question du recyclage culturel comporte en son sein cet enjeu majeur: penser des objets non pas substantiels, intrinsèques, mais relationnels ou positionnels. Dans ce sens, un autre objectif de notre projet est de contribuer à un travail critique sur certains fondements conceptuels de nos disciplines, ne pas poser de nouveaux concepts fondateurs, mais travailler dans, avec et contre les concepts qui assument une fonction fondatrice depuis fort longtemps déjà.

Une des difficultés réside dans la tâche de délimiter un objet. D'une part, l'élargissement de l'objet « texte littéraire » à l'objet « pratique discursive », et de là jusqu'à « pratique culturelle », comporte un double dépassement des limites du champ objectal. D'autre part, sur le plan de la psychologie de la recherche, tout chercheur, pour peu qu'il puisse s'enthousiasmer pour son objet ou son problème, a tendance à le voir apparaître partout. Ainsi, le chercheur qui fait sa cueillette de données trouvera des recyclages culturels partout: dans la tradition formulaire en Chine, dans le style allusif au Japon, dans toute tradition orale où la réutilisation est une nécessité pour le maintien de la mémoire culturelle, sous le régime écrit et imprimé de l'imitation à la Renaissance, dans le romantisme qui déniait sa propre pratique recyclante, dans l'épigonisme du XIXe siècle, en situation postcoloniale, dans tous les arts du XXe siècle où montage et citation sont devenus des principes dominants de la création artistique.

Face à cette ubiquité du phénomène observé, force nous est d'abord d'admettre son statut transculturel. Il en découle l'obligation d'explorer, à un niveau très abstrait, ce que tous ces différents recyclages culturels partagent, d'élaborer un modèle d'intelligibilité commun. Ce travail dans le général construira la base de comparaison qui permettra d'aborder les objets les plus divers. Au niveau du concret et du local, par contre, il s'agit de bien délimiter l'objet, de choisir un corpus restreint et bien circonscrit. Au constat d'un phénomène presque illimité au niveau général, correspond donc une réutilisation restreinte au niveau des objets concrets; et ceci pour des raisons méthodologiques et heuristiques.

Ainsi ai-je commencé à travailler sur la question de la réutilisation postmoderne du baroque. Il s'agit là d'un projet particulier, bien délimité, sous le titre « Baroque, néobaroque, postmoderne ». Quelle que soit la définition du baroque — un style, une forme artistique, une époque, un régime culturel — il fait aujourd'hui l'objet d'un recyclage culturel intensifié. Trois niveaux sont à distinguer dans ce phénomène : 1. la « découverte » et la réhabilitation historique d'une époque baroque dans diverses traditions nationales (par exemple les interventions de W. Benjamin en Allemagne, de J. Rousset en France, de H. de Campos au Brésil); 2. le recyclage de matériaux baroques dans les pratiques culturelles contemporaines; 3. l'élévation du baroque à une catégorie générale avec des applications historiques ou typologiques (chez Buci-Glucksmann, Scarpetta, Deleuze, Calabrese, etc.). L'examen du phénomène intégrera ces trois niveaux afin de comprendre pourquoi la culture postmoderne privilégie le baroque parmi les matériaux recyclables. Hypothèse : la « déshistoricisation » — parfois militante — que subissent les matériaux dans ce processus est une condition de leur insertion active dans le travail contemporain de l'histoire.

Dialogue entre analyse et théorie

J'appellerai « analyse » le travail sur ce genre de corpus concret et particulier, tandis que je réserve le terme de théorie au travail qui consiste à élaborer la base de comparaison commune, c'est-à-dire à conceptualiser globalement le phénomène des recyclages culturels. Cependant, tout objet concret qu'on aborde soulève des questions d'ordre théorique et met potentiellement au défi l'appareil conceptuel qu'on y apporte. D'autre part le travail sur les concepts et leur articulation doit s'alimenter de l'observation des processus concrets. Si la présentation suit donc ici un ordre chronologique, ceci ne doit pas faire oublier les retours permanents de l'analyse à la théorie et vice versa.

Approche analytique

L'analyse porte soit sur des cas concrets de recyclages culturels [7], soit sur des procédés spécifiques [8]. Le travail sur ces cas ou procédés se fait sur la base d'un modèle d'intelligibilité commun. Devant

---

7. Un mythe, un modèle littéraire, une métaphore. Voir de Walter Moser, « Le prince, le philosophe et la femme-statue. Une lecture de *La Dispute* de Marivaux », *Études littéraires*, loc. cit.; « Die Wiederverwendung des romantischen Textes bei Christa Wolf », dans C. Klinger et R. Stäblein (dir.), *Identitätskrise und Surrogatidentitäten. Zur Wiederkehr einer romantischen Konstellation*, New York, Campus; Paris, Éd. de la Maison des Sciences de l'Homme, 1989, p. 129-160; « Der Varela-Effekt : Biologie und sozialer Körper. Zur sozialen Metaphorik in der Immunologie », dans *KultuRRevolution*, Bochum, 1992.
8. Montage et parodie par exemple. Voir W. Moser, « La réévaluation des procédés de réutilisation culturelle », *Actes du XIIIe congrès de l'A.I.L.C.*, Tokyo (1991), 1992. On trouvera une bibliographie plus complète en fin de section.

rendre compte d'une grande variété phénoménale de situations concrètes, ce modèle se situe à un niveau élevé d'abstraction et de simplification. Il articule l'opération recyclante en trois moments que l'analyse aura à considérer successivement sans pour autant perdre de vue l'opération complète.

Le prélèvement

Ce qui est réutilisé renvoie à un usage antérieur. Le lieu de cet usage peut-il être identifié ? Comment le matériau réutilisé a-t-il été découpé ? Souvent ce moment de prélèvement est perçu et représenté comme comportant la violence qui détruit un tout ou comme celle d'un délit de propriété, ce qui est surtout le cas du plagiat (Schneider). Le prélèvement opère une décontextualisation qui rend le matériau disponible, réutilisable — mais jamais au point d'effacer la trace de son premier usage.

La question du prélèvement peut être abordée de manière sémiotique (Compagnon, Genette), mais elle déborde une telle approche dans la mesure où elle implique et soulève des questions théoriques importantes: même avant le prélèvement, qu'est-ce qui préside à la sélection des matériaux à prélever ? Comment fonctionnent la mémoire, l'oubli, au niveau individuel ou collectif ? Comment sont gérés les processus de « tabouisation », de mémorisation et de remémoration ? Mais aussi: dans quelle mesure peut-on imputer au sujet qui réutilise conscience et contrôle de ses actes, et ceci dès la sélection de ses matériaux? Ainsi, parmi les matériaux réutilisables, faudrait-il distinguer entre trois catégories: 1. des matériaux qui relèvent d'un répertoire commun, d'une doxa, d'un fonds culturel qui s'impose et est imposé au sujet réutilisateur. La réutilisation de ces matériaux est constitutive du travail culturel et se déroule le plus souvent en dessous du niveau de conscience des sujets. Nous en activons l'aspect négatif en l'abordant par des phénomènes comme les idées reçues, les clichés et les stéréotypes. Dans ses analyses des « symboles collectifs », Jürgen Link fait apparaître l'aspect positif de ces matériaux en insistant sur leur fonction d'intégration sociale dans les pratiques discursives [9]; 2. des matériaux qui, faisant l'objet d'une censure ou d'un tabou, sont interdits; leur réactivation aura automatiquement une importance politique; 3. des matériaux qui sont neutres — ni prescrits ni interdits mais disponibles. C'est ici qu'il faut mentionner tous les matériaux devenus résiduels après avoir perdu leur fonctionnalité lors d'un changement de paradigme ou de régime [10].

---

9. *Elementare Literatur und Generative Diskursanalyse*, Munich, Fink, 1983.
10. La problématique du « résiduel » a été abordée par Raymond Williams dans *Marxism and Literature*.

Le transfert

Le fragment détaché est ensuite déplacé. À moins qu'il ne soit d'abord « entreposé », recueilli dans un répertoire (Lévi-Strauss) et même oublié (Thompson: la notion de *rubbish*, de déchet sans valeur). À ce sujet, se pose la question de savoir si la littérature, en général, ou sous certaines conditions, peut fonctionner comme un dépôt de matériaux discursifs non littéraires [11].

Il est important de distinguer différents types de transfert. La distance franchie peut séparer deux moments historiques (tous les cas où un élément résiduel ou désuet est réinséré et par là réactivé dans une pratique contemporaine; exemple: tous les mouvements dits primitivistes en art); deux cultures ou sous-cultures (on aborde ici le grand complexe des phénomènes d'acculturation, de transculturation [12], l'importation et l'exportation de produits culturels, le complexe des questions reliées à ce que Roberto Schwarz a appelé « *As idéias fora do lugar* », les idées en dehors de leur lieu propre, l'appropriation d'éléments d'une culture étrangère pour la constitution de sa propre tradition); deux niveaux de culture (phénomène devenu très actuel à cause de la forte circulation verticale postulée et pratiquée dans la culture postmoderne entre culture « élitaire » et culture populaire); deux types de discours (interdiscursivité); deux textes (intertextualité); deux registres sémiotiques (les adaptations de textes littéraires au cinéma, l'intérêt actuel pour les échanges entre texte verbal et texte pictural). Et plusieurs de ces types peuvent se combiner.

La réinsertion

Le matériau est finalement réinséré dans une nouvelle pratique. Ce qui demande d'abord une description minutieuse au niveau formel, qui peut profiter d'une approche sémiotique. Le matériau est alors réactivé et recontextualisé, ce qui ne va pas sans un nouveau moment de violence. Il y a conflit, implicite ou explicite, entre la mémoire de l'emploi antérieur et le réemploi. Celui-ci implique appropriation, déformation, transformation.

Un recyclage culturel peut être investi par toutes sortes de mobiles et d'énergies désirantes: égaler, dépasser (Bloom) ou même effacer le passé, assimiler l'altérité par une réinsertion qui effectue une « mise à mort », réactiver, au contraire, le potentiel critique d'un

---

11. Voir Wolf Lepenies, « Les fonctions conservatoires de la littérature », *Informations sur les sciences sociales*, vol. XVIII, n° 1, 1979; et Walter Moser, *Romantisme et crises de la modernité. Poésie et encyclopédie dans « Le Brouillon » de Novalis*, Longueuil, Le Préambule, coll. « L'univers des discours », 1989.
12. Voir « Le croisement des cultures », *Communications*, n° 43, 1986.

passé qui a été oublié, refoulé, ou simplement qui n'a pas encore été absorbé par le travail de l'histoire (par exemple, l'analyse que Bloch fait des survivances pré-capitalistes et de leur réinsertion dans des projets politiques durant les années 1920 en Allemagne). Les résultats de la réinsertion sont toujours hétéroclites. Ils nous imposent au niveau théorique de penser des ensembles ou des systèmes mixtes, ainsi que la logique de leur fonctionnement.

L'analyse des pratiques de recyclage culturel doit se doubler de l'analyse des discours que la société, et en particulier certaines de ses institutions, tiennent sur ces pratiques. Il s'agit de voir comment elles sont décrites, analysées, théorisées et contrôlées au niveau métadiscursif. On a vite fait de constater qu'à un même moment historique les pratiques de réutilisation culturelle et les descriptions et théorisation qui en sont proposées ne s'accordent pas toujours. Ainsi, les pratiques artistiques à l'époque romantique sont bien plus recyclantes que la théorie contemporaine ne l'admet. L'évolution de ces tensions est en elle-même un objet d'étude intéressant.

À ce niveau d'analyse, on s'intéressera en particulier à la conceptualisation ainsi qu'à la valorisation du phénomène. Ce métadiscours a subi des modifications radicales au courant du XXe siècle, en « fin de modernité [13] ». Une réévaluation majeure des pratiques recyclantes s'est opérée durant cette période. Elle va de pair avec une critique de l'appareil conceptuel de la modernité: la configuration moderne du sujet, le concept d'œuvre artistique, l'exigence historique de nouveauté et de progrès, l'exigence artistique d'originalité et d'authenticité. Et elle accorde une place centrale à des genres ou procédés comme le montage et la parodie. On étendra cette analyse à des époques plus éloignées afin d'en retracer l'évolution historique.

Un aspect particulier des métadiscours est l'appareil figural auquel ils font appel pour représenter les recyclages culturels. On en trouve des débuts d'analyse chez Schneider. Deux études y ont déjà été consacrées, l'une portant sur la figure de l'anthropophagie, l'autre sur la figure chimique [14]. Il faudra également revenir sur la tradition leibnizienne de la logique symbolique en tant qu'*Ars inveniendi* qui resurgit aujourd'hui sous la forme d'une figuration mathématique, sinon cybernétique du processus de création comme une combinatoire d'éléments prédonnés. Une analyse de la figure activant le

---

13. Voir Walter Moser, *loc. cit.*, note 8.
14. Voir Walter Moser, « L'Anthropophagie du Sud au Nord », dans Bernd et Peterson (dir.), *Possibilités de recherche comparatiste entre le Brésil et le Québec*, Candiac (Montréal), Éditions Balzac, 1992; et sur la figure chimique : « La révolution et la chimie des discours », dans *Mille sept cent quatre-vingt-neuf*, « Paragraphes », Publications du Département d'études françaises de l'Université de Montréal, vol. IV, 1990, p. 97-126, et *op. cit.* (note 11).

registre sémantique du « délit de propriété » est prévue. Elle ne manquera pas de révéler les imbrications qui existent entre la question des recyclages culturels et les domaines juridique et judiciaire, surtout dans le cas du plagiat. D'autres figures pourraient être considérées: le palimpseste, la greffe, le travail artisanal avec ciseaux et colle qui avait cependant un sens très littéral dans le cas des papiers collés des cubistes (Rodari).

Approche théorique

L'approche théorique doit explorer le soubassement conceptuel du travail analytique et articuler l'objet commun « recyclage culturel ». Dans une certaine mesure, cet objet est même à inventer théoriquement, étant donné sa grande dispersion en différents procédés et disciplines.

Ce travail est d'autant plus urgent que la nature des pratiques culturelles postmodernes met au défi les « grands récits » ou les oppositions conceptuelles auxquels nous avons appris à avoir recours pour connaître nos objets. L'intensification des recyclages culturels, d'une part, et la généralisation de concepts comme « intertexte » (Barthes, Kristeva) ou « citation » (Sartiliot) nous obligent à repenser notre appareil conceptuel qui distingue matériau et contexte, usage et mention, même et autre, propre et étranger, emploi premier et emploi second[15], pratique qui est insérée et pratique qui insère, etc. Nos habitudes de mise en ordre temporelle et historique des processus observés sont également ébranlées.

Beaucoup de paramètres constitutifs de l'objet culturellement recyclé sont donc à repenser et à articuler ensemble. L'espace limité de notre présentation n'en permet qu'un exposé succinct: le travail théorique le plus urgent doit porter sur le concept central de matériau d'une part, sur la temporalité et ses mises en ordre narratives et historiques de l'autre. La question du matériau se décompose en divers problèmes:

— *l'extension* du matériau couvre une gamme extrêmement vaste. Du côté des « unités minimales », il y a un seuil de pertinence: une syllabe n'est pas discursivement pertinente, ni, musicalement, un son. Plus les unités sont petites, plus leur

---

15. La question de la secondarité et du culturel au second degré constitue une problématique à l'articulation de laquelle ont déjà contribué des auteurs comme Bakhtine, *Esthétique de la création verbale* (voir sa distinction de genres premiers et genres seconds du discours, Gallimard, 1984, p. 278), Genette (voir le sous-titre de *Palimpsestes. La littérature au second degré*) et Virgil Nemoianu, *A Theory of the Secondary Literature. Progress and Reaction*, Baltimore, Johns Hopkins University Press, 1989.

réutilisation est incontournable, probable, inconsciente et peu signifiante. Plus elles sont grandes, par contre, plus leur réutilisation est volontaire, peu probable, consciente et significative. Ce serait le cas par exemple du projet de réécrire aujourd'hui — et « *verbalmente idéntico* », comme dit Borges dans « Pierre Ménard, autor del Quijote » — le *Don Quichotte*;

— *la nature* du matériau s'étend sur une gamme qui va du plus abstrait (on réutilise des concepts, des styles, des emblèmes, des *looks*, des énoncés, etc.) au plus concret (on réutilise des habits, des bancs d'église, un pissoir, etc.). Tous ces matériaux ont toujours un support matériel, sans pour autant être réductibles à leur matérialité;

— *l'« identité »* du matériau ne réside donc pas dans sa matérialité, ni dans sa substance. Il faudra faire appel aux acquis de la pensée de la différence (Deleuze par exemple: répétition et différence) et d'une logique constructiviste pour arriver à penser le matériau de manière positionnelle. En faire un objet relationnel, c'est en même temps le dynamiser et le rapprocher des concepts d'événement et de processus. L'orientation de cette réflexion aboutit à une critique de dichotomies fondamentales et fondatrices dans notre tradition philosophique, telles que forme/fond, sujet/objet;

— tout matériau porte la trace de ses usages antérieurs, mais cette trace a besoin d'une instance mémorisante pour être activée. C'est là une question pour le traitement de laquelle Bakhtine nous a déjà indiqué une voie. Un exemple seulement: la lecture fasciste de Nietzsche ne peut pas être effacée, même si elle n'est pas matériellement gravée sur le texte. Pour être activée, elle a cependant besoin de la mémoire culturelle de tout nouveau lecteur.

La question de la temporalité et de la mise en forme narrative et historique est capitale pour notre projet. Elle s'inscrit à plusieurs niveaux de la problématique:

— la pratique du recyclage culturel se déroule elle-même dans le temps et aura, par conséquence, tendance à être subsumée par une mise en ordre narrative et/ou historique qui change selon les régimes culturels (celle d'une société totémique est différente de celle qui découle du grand récit historique de la modernité);

— les métadiscours sur les recyclages culturels ont leur propre temporalité et « évolution ». Leur étude peut nous indiquer les périodicités ou les changements de régime dans la perception et dans le contrôle des pratiques recyclantes;

— selon quelle mise en ordre de la temporalité comprenons-nous nous-mêmes notre objet ? Les grands récits de la modernité [16] proposent une narration historique du temps qui a tendance à percevoir les recyclages culturels comme allant à contre-courant, comme étant régressifs et politiquement réactionnaires. Ou alors comme un désordre qu'il s'agit de réinsérer dans le processus historique par un travail dialectique. L'intensification des recyclages culturels, grâce aux technologies de la reproduction, a suscité le diagnostic plus radical d'une déshistoricisation (Jameson). La temporalité des recyclages culturels se trouverait ainsi dissociée de l'ordre historique tout court, comme dans un régime prémoderne. Ceci nous oblige à repenser la dimension temporelle de notre objet. La temporalité changerait-elle alors de statut épistémique et deviendrait-elle à son tour un matériau du travail recyclant ?

D'autres questions théoriques sont soulevées par l'exploration des recyclages culturels. Elles sont toutes d'envergure. Nous nous contenterons pour conclure de les esquisser sous une forme purement énumérative :

— la question de l'*authenticité* et de l'*originalité*, reliée à celle de la *propriété* artistique et intellectuelle est corollaire des notions d'œuvre et d'auteur. Ces questions sont ancrées dans le régime culturel de la modernité occidentale. Qu'arrive-t-il à l'issue de ce régime, quand ces notions deviennent dysfonctionnelles ? La juridiction réussit-elle à suivre et à refléter les pratiques ?

— la question de la *nouveauté* et de l'*invention* (Schlanger). Ces catégories sont également ancrées dans la modernité, surtout celle de la nouveauté. Le défi conceptuel consiste à dépasser l'opposition entre recyclage culturel et nouveauté, et ceci d'une manière plus que simplement démystificatrice comme c'est le cas chez Rosenberg ;

— la question des enjeux agonistiques : tout recyclage culturel implique force et pouvoir et comporte donc une dimension politique. Plus spécifiquement, toute lutte contre une pratique culturelle, surtout discursive, implique nécessairement une certaine reprise de cette pratique. Un régime à « éthos neutre » (Hutcheon), est-il concevable ? Quel serait le régime politique d'une « pensée faible » ?

— la question des *investissements désirants* : il faudra repenser la dimension psychologique et psychanalytique des recyclages

---

16. Avec leur arsenal conceptuel et figuratif bien connu : progrès, émancipation, utopie, marche de l'Esprit, téléologie historique, etc.

culturels. Doit-on les ramener à un conflit œdipal, comme le suggèrent Bloom et Schneider, ou y reconnaître le travail d'une mélancolie, ou d'une forme de nostalgie ?

— la question du *sujet réutilisateur*. Entre la version moderne d'un sujet autonome et unitaire et la version « poststructuraliste » d'un sujet qui ne serait que le relais, voire un effet des pratiques symboliques, il faudrait explorer la possibilité de penser le sujet comme un lieu mobile de calculs stratégiques;

— la question de la *valeur*. À partir de Thompson, il faudra aborder les processus de « création et destruction de valeur » lors du recyclage d'objets culturels concrets. Une tâche particulière consiste à explorer les relations entre les recyclages culturels et les processus économiques;

— la question du *rythme* et de la *vitesse*: l'observation des recyclages culturels permet-elle de repérer des rythmes ou des changements de vitesse de l'histoire, sans qu'on retombe dans la thèse de son accélération ?

— la question de *tabou, oubli* et *mémoire* et de leur gestion: qu'est-ce qui préside à la sélection des matériaux à recycler ? Comment la trace de leurs anciens emplois reste-t-elle vivante et peut-elle être activée ? Il s'agit d'un complexe de questions aujourd'hui très actuel en histoire et en anthropologie.

(Université de Montréal)

Question

Franc Schuerewegen

Les entreprises définitionnelles et notionnelles que l'on vient de lire mettent en cause la frontière entre discours et métadiscours. Présenter une recherche, quand dire c'est faire, est-ce faire de la recherche ? La difficulté, rhétorique, consiste à bien effectuer le passage du général au particulier, à rendre le propos *figuratif*.

L'idée centrale développée ici est que la littérature pense et que nous pensons avec elle, grâce à elle, à travers elle. Quant à la question de savoir « à quoi pense la littérature ? », les auteurs s'efforcent d'y répondre par l'interdiscursivité et le « transfert interdiscursif ». L'on pourrait dégager deux cas de figure, selon qu'on nous propose de *partir* de la littérature pour aller vers autre chose, ou de *revenir* à la littérature, après un détour en *terra incognita*. Il s'agit à chaque fois de privilégier la littérature en la présentant comme un « opérateur cognitif » par excellence.

Ne pourrait-on se faire l'avocat du diable en partant, fût-ce temporairement, d'un point de vue inverse ? Imaginons un instant, quitte à rejoindre l'autre camp après délibération, que la littérature serait ce lieu où l'on peut se permettre de dire n'importe quoi, que la littérature ne pense pas, ne fantasme pas. Le bénéfice « cognitif » de l'opération ne serait-il pas aussi important ?

(Universités d'Anvers et de Nimègue)

Bibliographies [1]

I. Transferts interdiscursifs

ARIÈS, Philippe, *L'Enfant et la vie familiale sous l'Ancien Régime*, Seuil, 1973.

ARMSTRONG, Nancy, *Desire and Domestic Fiction: A Political History of the Novel*, New York, Oxford University Press, 1982.

ATWOOD, Margaret, *The Handmaid's Tale*, Toronto, Seal Books, 1985.

BADINTER, Élisabeth, *L'Amour en plus: histoire de l'amour maternel*, Flammarion, coll. « Champs », 1980.

BADINTER, Robert et Élisabeth BADINTER (dir.), *La Correspondance inédite de Cordorcet et Madame Suard, 1771-1791*, Fayard, 1988.

BADIOU, Alain, *Manifeste pour la philosophie*, Seuil, 1989.

BAL, Mieke, *Femmes imaginaires*, Montréal, Hurtubise HMH, 1985.

———, *Death and Dissymmetry*, Chicago, University of Chicago Press, 1988.

BEAUVOIR, Simone de, *Le Deuxième Sexe*, 2 tomes, Gallimard, 1949.

———, *Une mort très douce*, Gallimard, 1964.

BORCH-JACOBSEN, *Le Sujet freudien*, Flammarion, 1982.

BRECHT, Bertolt, *Le Cercle de craie caucasien*, l'Arche, 1974.

BURGUIÈRE, GOODY, KLAPISCH-ZUBER, SEGALEN, ZONABE, *Histoire de la famille*, tome II, Armand Colin, 1986.

BURKE, Edmund, *Reflections on the French Revolution*, dans *Works*, 1803.

CHAWAF, Chantal, *Chair chaude*, Mercure de France, 1976.

CHODOROW, Nancy, *The Reproduction of Mothering*, Berkeley, University of California Press, 1978.

CIXOUS, Hélène, *Angst*, des Femmes, 1977.

---

1. Paris lieu d'édition est omis.

CONDILLAC, Étienne Bonnot de, *Œuvres philosophiques*, tomes I et II, Presses universitaires de France, 1947.

Condorcet lecteur des Lumières, Presses universitaires de France, 1985.

DAINARD, SHOWALTER (dir.), *La Correspondance de Madame de Graffigny*, Oxford, Voltaire Foundation.

DERRIDA, Jacques, *A Derrida Reader*, New York, Columbia University Press, 1991.

———, « Choreographies », entrevue de Christie McDonald, *Diacritics*, vol. XII, n° 2, été 1982. Traduit par É. Weber dans *Points de suspension. Entretiens Jacques Derrida*, Galilée, 1992.

———, *De la grammatologie*, Minuit, 1967.

———, *Limited Inc.*, Evanston (Illinois), Northwestern University Press, 1988.

———, *Mémoires pour Paul de Man*, Galilée, 1988 [Columbia University Press, 1986]. Traduction française d'un chapitre de « Like The Sound of The Sea Deep Within a Shell, Paul de Man's "War" », *Critical Inquiry*, vol. XIV, n° 3, printemps 1988.

DESCOMBES, Vincent, *Philosophie par gros temps*, Minuit, 1989.

DIDEROT, Denis, *Œuvres complètes*, p.p. Dieckmann et Varloot, Hermann, 1984.

———, *Le Supplément au voyage de Bougainville*, U.G.E., coll. « 10/18 », 1966.

DINNERSTEIN, Dorothy, *The Mermaid and the Minotaur*, New York, Harper Colophon Books, 1977.

DURAS, Marguerite, *Barrage contre le Pacifique*, Gallimard, 1950.

———, *Le Vice-consul*, Gallimard, 1966.

———, *L'Amant*, Minuit, 1984.

ESCHYLE, *The Oresteia*, Chicago, University of Chicago Press, 1947.

FIRESTONE, Shulamith, *The Dialectic of Sex: The Case for Feminist Revolution*, New York, William Morrow, 1979.

FLANDRIN, Jean-Louis, *Familles: parenté, maison, sexualité dans l'ancienne société*, Seuil, 1984.

———, *Le Sexe et l'Occident. Évolution des attitudes et des comportements*, Seuil, 1976.

FRANKLIN, Benjamin, *The Papers of Benjamin Franklin*, New Haven, Yale University Press, 1961.

FURET, François, *Penser la Révolution française*, Gallimard, 1978.

GILLIGAN, Carol, *In a Different Voice*, Cambridge, Harvard University Press, 1982.

———, *Woman's Place in Man's Life Cycle*, Cambridge, Harvard University Press, 1983.

GRIMSHAW, Jean, *Philosophy and Feminist Thinking*, Minneapolis, University of Minnesota Press, 1986.

HYVRARD, Jeanne, *Mère la mort*, Minuit, 1976.

IRIGARAY, Luce, *Et l'une ne bouge pas sans l'autre*, Minuit, 1979.

———, *Sexes et Parentés*, Minuit, 1987.

KAMUF, Peggy, *Fictions of Feminine Desire*, Lincoln, University of Nebraska Press, 1982.

KOFMAN, Sarah, *Le Respect des femmes*, Galilée, 1982.

KRISTEVA, Julia, *Histoires d'amour*, Denoël, 1983.

LANDES, Joan, *Women and the Public Sphere in the Age of the French Revolution*, Ithaca, Cornell University Press, 1988.

LASLETT, Peter, *The World We Have Lost*, New York, Scribner's Sons, 1965.

LESPINASSE, Julie de, *Lettres à Condorcet*, Desjonquères, 1990 [1887].

MILLER, Nancy, *Subject to Change*, New York, Columbia University Press, 1988.

———, *The Heroine's Text: Readings in the French and English Novel, 1722-1782*, New York, Columbia University Press, 1988.

——— (dir.), *The Poetics of Gender*, New York, Columbia University Press, 1986.

MIRABEAU, *Discours et Opinions*, 1820.

OBRIAN, Mary, *The Politics of Reproduction*, Londres, Routledge and Kegan Paul, 1981.

POSTER, Mark, *Critical Theory of the Family*, New York, Seabury Press, 1079.

RAWLS, John, *A Theory of Justice*, Cambridge, Harvard University Press, 1971.

RICCOBONI, Marie-Jeanne Laboras de Mézières, *Lettres de Milady Juliette Gatesby à Milady Henriette Compley*, Desjonquères, 1983 [1759].

RICH, Adrienne, *Of Women Born*, New York, Bantam, 1976.

RICHARDSON, Samuel, *Clarissa*, New York, Everyman Edition, 1962.

RICŒUR, Paul, *Soi-même comme un autre*, Seuil, 1990.

ROBESPIERRE, *Discours*, U.G.E., coll. « 10/18 », 1965.

ROCHEFORT, Christiane, *Les Petits Enfants du siècle*, Grasset, 1961.

RORTY, Richard, *Contingency, Irony and Solidarity*, Cambridge, Cambridge University Press, 1989.

——, *Consequences of Pragmatism*, Minneapolis, University of Minnesota Press, 1982.

ROUSSEAU, Jean-Jacques, *Œuvres complètes*, Gallimard, 1959.

SADE, Marquis de, *La Philosophie dans le boudoir*, U.G.E., coll. « 10/18 », 1972.

SAINT-JUST, Louis Antoine de, *Œuvres complètes*, Éditions Michèle Duval, Lebovici, 1984.

SARRAUTE, Nathalie, *Enfance*, Gallimard, 1983.

SCHLANGER, Judith, *L'Invention intellectuelle*, Fayard, 1983.

SCHOR, Naomi, *Breaking the Chain*, New York, Columbia University Press, 1985.

——, *Reading in Detail*, New York, Methuen, 1987.

SMITH, Paul, *Discerning the Subject*, Minneapolis, University of Minnesota Press, 1988.

SPIVAK, Gayatri Chavorky, *In Other Worlds: Essays in Cultural Politics*, New York, Routledge, 1987.

STAËL, Madame de, *De la littérature*, dans *Œuvres complètes*, Genève, Slatkine Reprints, 1967.

——, *Considérations sur la Révolution française*, p.p. Jacques Godechot, Tallandier, 1983.

STANWORTH, Michelle (dir.), *Reproductive Technologies*, Minneapolis, University of Minnesota Press, 1987.

STERNE, Laurence, *Tristram Shandy*, éd. par Melvyn New et Joan New, Floride, University of Florida Press.

STONE, Lawrence, *The Family, Sex and Marriage in England, 1500, 1800*, New York, Penguin, 1977.

TAYLOR, Mark C., *Deconstructing Theology*, New York, Scholars Press, 1982.

TAYLOR, Mark C., *Erring*, Chicago, University of Chicago Press, 1984.

WOLLENSTONECRAFT, Mary, *Défense des droits de la femme*, Payot, 1976.

Christie McDonald

II. Recyclages culturels
A. Bibliographie générale

BAKHTINE, Mikhaïl, *Esthétique de la création verbale*, Gallimard, 1984.

BARTHES, Roland, « Théorie du texte », *Encyclopædia Universalis* [1973].

BENJAMIN, Walter, *Das Kunstwerk im Zeitalter seiner technischen Reproduzierbarkeit*, Francfort, Suhrkamp, 1974 [1936].

BLOCH, Ernst, *Erbschaft dieser Zeit*, Francfort, Suhrkamp, 1969 [1935].

BLOOM, Harold, *The Anxiety of Influence*, Oxford, Oxford University Press, 1973.

BÜRGER, Peter, *Theorie der Avantgarde*, Francfort, Suhrkamp, 1974.

CALABRESE, Omar, *La Cultura neobarocca*, Bari, Laterza, 1989.

« La citation », *Revue des sciences humaines*, n° 196, 1984-4.

« Collage », *Revue d'esthétique*, n°s 3-4, 1978.

« Le croisement des cultures », *Communications*, n° 43, 1986.

COMPAGNON, Antoine, *La Seconde Main ou le travail de la citation*, Seuil, 1985.

DE CAMPOS, H., *O Sequestro do barroco na formação da literatura brasileira*, Salvador, F.C.J.A., 1989.

DELEUZE, Gilles, *Différence et répétition*, Presses universitaires de France, 1969.

FERRET, Stéphane, « Du pareil au même. Identité et changement », *Philosophie*, n° 20, 1988, p. 73-94.

« Historische Analogien », numéro spécial de *KultuRRevolution*, n° 24, 1991.

HUTCHEON, Linda, *A Theory of Parody*, New York, Methuen, 1985.

GENETTE, Gérard, *Palimpsestes. La littérature au second degré*, Seuil, 1982.

JAMESON, Fredric, *Postmodernism or the Cultural Logic of Late Capitalism*, Durham, Duke University Press, 1991.

JULIEN, François, *La Valeur allusive*, École française d'Extrême-Orient [Paris], 1985.

KRAUSS, Rosalind, *The Originality of the Avant-Garde and Other Modernist Myths*, Cambridge, M.I.T. Press, 1985.

KRISTEVA, Julia, *Le Texte du roman*, La Haye, Mouton, 1970.

LEPENIES, Wolf, « Les fonctions conservatoires de la littérature », *Informations sur les sciences sociales*, vol. XVIII, n° 1, 1979.

LÉVI-STRAUSS, Claude, *La Pensée sauvage*, Plon, 1962.

« La mémoire et l'oubli », *Communications*, n° 49, 1989.

NEMOIANU, Virgil, *A Theory of the Secondary: Literature, Progress and Reaction*, Baltimore, Johns Hopkins University Press, 1989.

ROBERT, Philippe, *Reconversions. Adaptations. New Uses for Old Buildings*, éd. du Moniteur, 1989.

ROBIN, Régine, *Le Roman mémoriel*, Longueuil, Le Préambule, 1989.

RODARI, Florian, *Le Collage*, Genève, Skira, 1988.

ROSENBERG, Harold, *The Tradition of the New*, Chicago, University of Chicago Press, 1982 [1960].

SCHLANGER, Judith, *L'Invention intellectuelle*, Fayard, 1983.

SCHNEIDER, Michel, *Voleurs de mots*, Gallimard, 1985.

SCHWARZ, Roberto, « As idéias fora do lugar », dans *Ao vencedor as batatas*, Sao Paulo, Duas Cidades, 1977.

SERTILIOT, Claudette, « Citation and Modernity », thèse, Université de Berkeley, 1986.

THOMPSON, Michael, *Rubbish Theory. Creation and Destruction of Value*, Oxford, Oxford University Press, 1979.

WILLIAMS, Raymond, *Marxism and Literature*, Oxford, Oxford University Press, 1977.

B. Textes de Walter Moser

« L'anthropophagie du Sud au Nord », dans Bernd et Peterson (dir.), *Possibilités de recherche comparatiste entre le Brésil et le Québec*, Candiac (Montréal), Éditions Balzac, 1992.

« La réévaluation des procédés de réutilisation culturelle », *Actes du XIIIe congrès de l'A.I.L.C.*, Tokyo (1991), 1992.

« Der Varela-Effekt: Biologie und sozialer Körper. Zur sozialen Metaphorik in der Immunologie », *KultuRRevolution*, Bochum, 1992.

« Eigenschaftslos, charakterlos: von der Zitatenmontage zur Frage des Subjekts » dans Frank (dir.), *Montage als Kunstprinzip*, Berlin, Akademie der Künste, 1991.

« La fable apprivoisée. La réécriture des "discours absurdes" par les Lumières », *Dædalus. Revue portugaise de littérature comparée*, 1991.

« Le prince, le philosophe et la femme-statue. Une lecture de *La Dispute* de Marivaux », *Études littéraires* (Québec), vol. XXIV, n° 1, été 1991, p. 63-80.

« La Révolution et la chimie des discours », dans *Mille sept cent quatre-vingt-neuf*, « Paragraphes », Publications du Département d'études françaises de l'Université de Montréal, vol. IV, 1990, p. 97-126.

« Réflexion critique sur l'hétérogène », *Études littéraires* (Québec), vol. XXII, n° 2, automne 1989, p. 155-161 [en coll. avec Régine Robin].

« Le travail du non-contemporain. Historiophagie ou historiographie ? », *Études littéraires*, vol. XXII, n° 2, automne 1989, p. 25-41.

Romantisme et crises de la modernité. Poésie et encyclopédie dans « Le Brouillon » de Novalis, Longueuil, Le Préambule, coll. « L'univers des discours », 1989.

« Die Wiederverwendung des romantischen Textes bei Christa Wolf », dans C. Klinger et R. Stäblein (dir.), *Identitätskrise und Surrogatidentitäten. Zur Wiederkehr einer romantischen Konstellation*, New York, Campus; Paris, Éd. de la Maison des Sciences de l'Homme, 1989, p. 129-160.

« Intertextualité et interdiscursivité chez R. Musil », dans T. Franco Carvalhal (dir.), *Anais do lo congresso nacional da ABRALIC*, Porto Alegre, Universidade Federal do Rio Grande do Sul, vol. I, 1988, p 121-139.

Gianni Vattimo's « Pensiero debole » or Avoiding the Traps of Modernity, Minneapolis, University of Minnesota Press, C.H.S. Occasional Papers, 1987.

Walter Moser

HUITIÈME PARTIE

Littérature et cognition

Introduction :
La littérature comme
activité cognitive[1]

Pierre Ouellet

On parle abondamment de diverses méthodologies d'explication et d'interprétation du phénomène littéraire. Mais s'interroge-t-on sur l'objet même qu'est la « littérature », qui justifie qu'on en fasse l'objet de recherches théoriques et historiques ? Certains diront, éludant la question, que la littérature n'est rien que ce qu'on dit littérature, y compris le slogan publicitaire et la recette de cuisine s'il plaît à quelque instance de notre institution littéraire de les considérer tels. D'autres, escamotant la réponse, prétendront à une essence du littéraire, qui le distingue intrinsèquement de tout autre type de discours, de manière exclusive et cela de toute éternité. Ces deux attitudes, diamétralement opposées, répondent chacune, mais comme le réflexe est une réponse, irréfléchie, à la délicate question du statut ontologique de l'œuvre littéraire : quelle sorte de réalité est-elle ? Une collection infinie d'objets singuliers, irréductibles à quelque généralisation que ce soit, chacun incarnant un individu dont aucun prédicat n'est partagé de manière intrinsèque par tous, leur classe étant construite de manière contingente et arbitraire sur la base d'un « air de famille » qu'une communauté socio-historique donnée leur trouve ou leur invente ? Ou encore un objet idéal, à l'instar des êtres mathématiques, qui n'existe que dans un univers abstrait de formes platoniciennes ou de traits essentiels dont les textes manifestes ne seraient que la réalisation contingente ? Un relativisme nominaliste d'une part, qui est l'attitude générale de la plupart des approches extrinsèques de

---

[1]. Ces pages ne sont pas inédites. Une version légèrement différente est parue dans mon ouvrage *Voir et Savoir. La Perception des univers du discours*, Candiac (Montréal), Éditions Balzac, coll. « L'univers des discours », 1992, 539 p.

la littérature, sociologistes ou historicistes, et un universalisme idéaliste d'autre part, qu'endossent bon nombre d'approches intrinsèques, plus ou moins formalistes ou herméneutiques. Cette double croyance donne lieu, en corollaire, à deux conceptions de l'objet même sur lequel porte la littérature, qui est tantôt le réel, simulé avec plus ou moins de vraisemblance, tantôt quelque imaginaire, dont « l'illusion de réalité » ne serait qu'un cas, projetée de la langue du texte au même titre que les plus invraisemblables fictions.

Valéry disait, quant à lui, qu'un ouvrage littéraire « n'est ni une pseudo-réalité, ni une fantaisie[2] », il « se propose comme une spéculation linguistique[3] ». Il ajoute: « Il m'est devenu impossible de m'y tromper: c'est toujours un cas particulier du système *Langage-ordinaire*[4] » — cette dernière expression soulignée par lui, pour préciser bien avant Searle que la littérarité d'une œuvre, *À la recherche du temps perdu*, par exemple, ne réside pas dans les mots qui la composent. « Longtemps je me suis couché de bonne heure » comme « la marquise sortit à cinq heures » se trouvent sur toutes les lèvres, y compris celles de Monsieur Jourdain, tout comme, d'ailleurs, aucun mot d'« aboli bibelot d'inanité sonore » n'échappe à nos dictionnaires les plus communs. Tout Mallarmé est dans *Littré*, à quelque ptyx près. Si l'objet littéraire est d'ordre linguistique, sa langue est l'ordinaire, non pas quelque dialecte idéal qui ne se parlerait qu'en l'Éden ou le monde des essences qu'elle incarnerait. Mais si, bien tangible, l'œuvre littéraire est de cette langue dont on fait son pain quotidien, partagé avec tous, il n'en reste pas moins qu'elle est un «*cas particulier* du système Langage-ordinaire », précise Valéry (ici c'est moi qui souligne); elle n'est pas seulement linguistique, elle est *spéculation* linguistique. On sait que Valéry n'avait pas beaucoup d'estime pour la littérature considérée comme pur jeu de langage ou simple représentation du réel: « Je n'aime pas la littérature, dit-il, mais les actes et les exercices de l'esprit[5] » — ce qui lui fait dire, explicitement, qu'à l'œuvre littéraire le linguistique ne suffit pas, qui doit s'accompagner d'un acte de l'esprit, d'un exercice de la pensée, comme d'une ombre dont il est inséparable. Monsieur Teste se profile derrière Monsieur Jourdain; il lui tient secrètement la plume quand il s'agit de faire de la prose autre chose que quelques mots alignés dans un certain ordre, aussi perturbé soit cet ordre. La littérature n'est pas que langue, elle est esprit, *cosa mentale* disait Léonard à propos de la peinture, et l'objet langagier qu'elle incarne donne lui-même corps à un acte cognitif, qui est peut-être son seul véritable objet, que je vais tenter de définir ici.

---

2. *Cahiers I*, Gallimard, coll. « Bibliothèque de la Pléiade », 1973, p. 242.
3. *Ibid.*, p. 241.
4. *Ibid.*, p. 242.
5. *Ibid.*, p. 249.

L'objet et le phénomène

Mais, d'abord, la littérature est-elle vraiment un *objet* ? Ni idéal, ni singulier — ni *ousia* ni *hapax* — son statut ontologique, ni proprement réel ni vraiment imaginaire, ne relève peut-être pas tant, en fait, de son objectivité (texte ou contexte de réception, selon les points de vue) que de l'expérience perceptive et cognitive que cette objectivité sans objet propre rend à la fois possible et manifeste. Autrement dit, même si l'on admet que la littérature est objet, ne doit-on pas supposer du même coup qu'elle est objet *de quelque chose* — objet de lecture, bien sûr, ou d'écriture, mais plus profondément encore corrélat d'une expérience esthésique, ce dernier mot pris dans le sens du terme grec *aisthèsis* qui est « perception par les sens et aperception par l'intelligence [6] », c'est-à-dire activité combinée des sens externes et du sens interne, comme dirait Kant. Dès lors l'on comprend mieux qu'en plus d'être objet linguistique, la littérature soit un acte et un exercice, pour reprendre ici les termes de Valéry, qui ont à voir avec l'esprit — avec les processus mentaux, dirait-on aujourd'hui, parmi lesquels les actes d'aperception jouent un rôle fondamental, depuis leur dimension proprement sensorielle et motrice, jusqu'aux niveaux les plus abstraits de la reconnaissance des formes et de la perception sémantique [7]. Autrement dit, l'objet littéraire ne consiste pas tant dans l'œuvre singulière qu'incarne chaque texte devant l'histoire, ni dans la langue ou la sous-langue qui l'exprime, et encore moins dans quelques traits qui la définissent universellement en dehors de ses multiples manifestations possibles, mais dans la manière dont elle met en jeu, au sein de la langue et dans l'histoire dont la langue est chargée, les processus esthésiques d'ordre sensitif, affectif ou cognitif qui modalisent notre rapport au monde, en sa dimension spatiale et temporelle.

S'il y a une théorie et une histoire des objets littéraires à faire, il y a aussi à développer une théorie et une histoire des actes cognitifs et des processus esthésiques mis en œuvre dans l'exercice de la littérature aux différentes époques de son évolution. Une historiographie, donc, de l'expérience perceptive vécue dans un espace-temps donné, et dont les documents et monuments gisent dans les œuvres conçues non plus comme positivité objectale (en tant que formes linguistiques

---

6. A. Bailly, *Dictionnaire Grec-Français*, Hachette, 1950, art. « aisthèsis ».
7. Pour un survol des rapports entre la théorie littéraire et les sciences cognitives, qui postulent l'existence de processus mentaux sous-jacents aux opérations d'écriture et de lecture, voir entre autres Jerry R. Hobbs, *Literature and Cognition*, Menlo Park, Stanford, Palo Alto, « Center For the Study of Language and Information », *Lecture Notes*, n° 21, 1990, 180 p. Pour le problème plus spécifique de la « perception sémantique », voir notamment François Rastier, *Sémantique et recherches cognitives*, Presses universitaires de France, 1991, chap. VIII: « La perception sémantique », p. 205-223.

ou contenus thématiques) mais comme phénoménalité. Ni objectif, ni subjectif, le *phénomène* littéraire peut être dit, évitant de la sorte toute réduction empiriste ou mentaliste, proprement transsubjectif, dans la mesure où la littérature participe d'une *épochè* où l'existence positive de l'objet textuel en soi et du sujet psychologique individuel qu'incarnent l'auteur et le lecteur, est proprement mise entre parenthèse, suspendue, laissant place à la seule relation qui les unit en une même expérience phénoménale d'ordre perceptivo-cognitif, dont la nature transcende tout objet et tout sujet particuliers.

Mais que recouvre cette notion d'expérience esthésique, qui fonde l'existence de la littérature ? De quoi s'agit-il au juste ? Un détour s'avère ici nécessaire par les façons dont on a défini l'objet auquel on a longtemps réduit la littérature, soit le « texte ». Qu'en ont donc fait les théories littéraires ? Tantôt une suite de phrases, lorsqu'on s'est intéressé à la dimension stylistique ou poétique de l'œuvre, tantôt une suite de propositions, quand on s'est attaché à son contenu diégétique ou thématique. Pour ne pas parler de sa réduction à une structure narrative abstraite, qui n'est plus tout à fait un objet, c'est-à-dire un observable, un expérimentable, une donnée des sens ou un mode de l'apparence. Une forme phrastique et un contenu propositionnel peuvent, quant à eux, prétendre à une existence objective ou empirique plus ou moins tangible. La première est un corrélat perceptuel de nature linguistique (phonématique, prosodique, morpho-syntaxique) tandis que le deuxième est lui aussi une donnée des sens mais de nature mentale ou mondaine, psychologique ou physico-culturelle, dans la mesure où c'est le monde réel ou imaginé, actuel ou représenté à travers la mémoire et l'imagination, qui constitue le contenu sémantique perçu ou aperçu des propositions. Percevoir ou reconnaître un texte littéraire, c'est donc *voir double* : d'une part une réalité langagière, d'autre part une réalité mondaine, en apparence irréductibles l'une à l'autre. On dira que la première réalité saute davantage aux yeux dans « calme bloc ici-bas chu d'un désastre obscur », alors que c'est la deuxième qui s'impose dans « longtemps, je me suis couché de bonne heure » ou dans « la marquise sortit à cinq heures ». Mais en est-on sûr ? Entend-on plus la forme de la phrase qu'on en voit le contenu propositionnel dans le célèbre incipit de *Salammbô* : « C'était à Mégara, faubourg de Carthage, dans les jardins d'Hamilcar » ? Que perçoit-on de cet énoncé sinon une forme du monde représenté, bien sûr, mais visée par et à travers une forme du langage, c'est-à-dire une réalité extra-linguistique dont la condition d'observation est de nature langagière. Il y a une optique propre aux mondes fictionnels, dont les instruments, filtres, lunettes et loupes sont d'ordre discursif : nous n'avons accès aux états de fait mondains, constitutifs du contenu propositionnel des textes, que l'œil collé non pas tant aux mots et aux phrases qui tombent sous le regard à la lecture qu'aux formes mêmes des énoncés qui déterminent le mode sous lequel nous apparaît l'ordre des choses et des événements.

La littérature n'est pas plus à la surface des mots que dans la profondeur de leur sens. Figures et thèmes, qui en explorent respectivement la surface apparente et l'arrière-fond deviné, restent aveugles à ce qui frappe pourtant l'imagination du lecteur. Ce que l'on suit, lisant un texte, n'est pas qu'une suite de mots, un parcours narratif ou quelque itinéraire réel ou imaginaire dans l'espace et le temps, mais un *regard* aussi, et toute une activité sensorielle et perceptuelle attribuable aux personnages, bien sûr, mais au narrateur et à l'énonciateur également, qui s'imprime et laisse d'ineffaçables traces sur tout ce que l'on voit et peut se représenter mentalement. Les yeux de l'auteur sont partout sur ce qu'on lit: ils cadrent et colorent ce qu'ils nous montrent. Penché sur le monde qu'il nous fait voir sous la noirceur des mots, le regard de l'énonciateur, en soi invisible, projette une ombre claire qui accompagne chaque péripétie et le déploiement même des états de choses, sous l'apparence non pas d'un contenu propositionnel, purement sémantique, ni d'une forme phrastique, strictement syntaxique, mais d'une *forme de proposition*, qui incarne la manière dont la phrase garde la trace d'une activité perceptive dont son contenu sémantique est le corrélat.

Le texte: mode d'expérience perceptive

Ni apparence superficielle, ni contenu profond, quelles sont ces formes de proposition qui témoignent de l'activité perceptive sur laquelle la littérature se construit? Elles sont analogues au phénomène de la perspective en peinture. Il n'y a pas d'équivalent, en études littéraires, de l'histoire de la perspective en théorie de l'art, qui n'est pas l'histoire d'un thème (*Annonciation* ou *Nativité*, *Mars et Vénus* ou *Le peintre et son modèle*), ni non plus celle d'une forme (la figure du cercle ou du rectangle), mais l'historiographie même des modes sous lesquels nous sont donnés à voir et sous lesquels nous percevons effectivement ces formes et ces thèmes, c'est-à-dire l'histoire de l'organisation sensible du tableau conçue comme corrélat d'une expérience perceptive. La *forme propositionnelle* témoigne d'une telle organisation sensible dans la langue et le discours. De la même façon que la perspective, sous ses différentes formes, axiale, sphérique, aérienne, cavalière, anamorphique, etc., représente ou présente une expérience perceptive particulière d'un état de choses donné à travers l'organisation sensible du tableau, ce que j'appelle ici les formes propositionnelles du discours, qui comprennent l'ordre des mots et des syntagmes, la diathèse, la topicalisation, l'aspect, le mode, le temps, la deixis, etc., révèle dans le rendu sensible de la langue, à travers le perception que nous avons de l'organisation morpho-syntaxique et morpho-lexical des énoncés, la manière dont nous percevons et apercevons les états de choses dénotés. Ces formes renvoient proprement à l'expérience cognitivo-perceptive que nous avons des états de fait constitutifs des situations romanesques, expérience qui est ultimement l'«objet» même du discours littéraire, dont la matière est moins tel ou tel état de choses dénotés que la manière même dont il nous le donne à voir et à concevoir — là est le véritable enjeu de l'innovation en littérature. À l'instar de l'histoire et la philosophie des sciences, qui ne traitent pas l'activité scientifique comme un ensemble d'objets ou de thèmes mais comme un mode de connaissance, dont les textes et les théories scientifiques particuliers sont considérés comme le témoignage historique, ne faut-il pas, en histoire et en théorie de la littérature, cesser d'identifier la littérarité à une objectivité textuelle ou thématique pour la considérer plutôt sous l'angle du mode de connaissance ou d'expérience perceptivo-cognitive qu'elle incarne, et dont les formes et les thèmes observables des textes singuliers ne sont que le corrélat ? Tant que l'on s'en tient à une conception objectiviste ou positiviste de la littérature l'on ne quitte pas le dilemme entre une essence, toujours même, qui l'identifie, et les accidents qui sans cesse l'altèrent en l'incarnant dans l'histoire, c'est-à-dire l'opposition entre type et occurrence, qui nous fait voir le littéraire tantôt comme une propriété universelle, prédicable à une multiplicité d'individus dont l'existence historique est par conséquent contingente, accidentelle, tantôt comme un ensemble ouvert et non homogène d'objets auxquels on applique de manière plus ou moins fortuite, parce que historiquement déterminée, un ensemble de prédicats qui peuvent infiniment varier. Il faut réorienter la vision que nous avons du littéraire non plus sur son « objectalité » mais sur sa « phénoménalité », c'est-à-dire sur le fait que la littérature consiste en une donnée de l'expérience, dont les propriétés sensibles, objectives, révèlent à la subjectivité les propriétés mêmes de sa sensibilité.

Telle forme verbale, l'imparfait ou le conditionnel, par exemple — le premier omniprésent chez Proust, le deuxième, chez Duras —, renvoie, en tant que mode sous lequel nous apparaissent les différentes actions ou les divers états dénotés par les verbes auxquels elle s'applique, non pas tant à un état du monde ou à un événement objectif qu'à une forme de l'expérience sensible ou perceptive dans laquelle tel état de fait nous est donné à voir. Quand Proust écrit: « Parmi les chambres dont j'évoquais le plus souvent l'image dans mes nuits d'insomnie, aucune ne ressemblait moins aux chambres de Combray[8] », c'est pour parler, bien sûr, de ses chambres et de ses

---

8. Marcel Proust, *À la recherche du temps perdu*, tome I, Gallimard, coll. « Bibliothèque de la Pléiade », 1987, p. 376.

nuits, mais aussi et surtout d'une expérience perceptive ou esthésique doublement représentée par les lexèmes « évoquer » et « ressembler » et par le double morphème de l'imparfait de l'indicatif, qui fait voir ces deux événements esthésiques sous un *aspect* particulier — comme disent les grammairiens —, cet aspect nous les montrant sous l'angle de leur itérativité et de leur imperfectivité, en plus de les situer dans le passé, de telle sorte que nous les voyons rétrospectivement, et dans leur déroulement, sans commencement ni fin, en leur durée interne, *in medias res*, de même que dans leur répétition, c'est-à-dire dans leur retour plus ou moins régulier dans le temps. Ce qui fait voir en creux, sans qu'aucun lexème explicite ne la dénote, l'activité mnésique du narrateur et du personnage. La forme discursive de l'imparfait montre ainsi au lecteur la forme de sensibilité sous laquelle l'activité perceptive dénotée par le lexème *évoquer* nous est présentée, cette forme étant celle de la réminiscence. De même, quand Duras écrit: « Les acteurs regarderaient l'homme de l'histoire, quelquefois ils regarderaient la femme de l'histoire, mais cela ne se produirait jamais par hasard[9] », elle ne parle pas uniquement de l'activité perceptive de ses personnages, grâce au lexème verbal *regarder*, mais de sa propre activité perceptive et cognitive à elle comme énonciatrice et narratrice, à travers le morphème verbal « -rait » marquant le conditionnel, qui montre que la scène est imaginée par un sujet, c'est-à-dire supposée, par l'énonciatrice, dans une situation hypothétique ou un monde possible appartenant à l'ordre du probable [10].

Les paradigmes de la sensibilité

La littérature est une activité de représentation, certes, mais ce qu'elle représente n'est ni le monde réel en sa pure extériorité ni ses propres structures textuelles comme on l'a trop longtemps supposé, croyant qu'elle ne pouvait que se réfléchir elle-même; elle met plutôt en scène un ensemble de processus perceptivo-cognitifs qui, eux, ont

---

9. Marguerite Duras, *Les Yeux bleus cheveux noirs*, Minuit, 1986, p. 38.
10. Les travaux que je mène dans le cadre du groupe R.E.P.E.R. [Représentation de la perception dans le texte narratif québécois de 1918 à 1980] grâce à une subvention du Conseil de recherches en sciences humaines du Canada, visent précisément à mettre au jour cette dimension de l'activité perceptive représentée, dans la mesure justement où elle constitue, selon notre hypothèse, l'un des enjeux majeurs du phénomène littéraire, dont le statut épistémologique réside moins dans la représentation de savoirs informatifs que dans la mise en lumière des mécanismes mêmes de la perception-cognition, et dans la mesure aussi où les structures perceptuelles que le texte révèle nous informent sur la sensibilité et l'entendement romanesques d'une société et d'une époque données. Le corpus à partir duquel l'on tente cette mise au jour comprend une trentaine d'œuvres narratives québécoises qui s'échelonnent sur plus d'un demi-siècle, de 1918 à 1980.

pour objet le monde extérieur, comprenant le corps propre du sujet parlant et percevant, et s'inscrivent en creux dans les formes mêmes de la langue naturelle. Elle donne à voir et à savoir une manière propre de voir et de savoir — ce que Valéry appelle « spéculation linguistique », précisément, en donnant tout son sens au mot *spéculation*, lié doublement à la vue et à l'entendement. Considérer la littérature comme une activité cognitive, à l'instar de la science, par exemple, et non plus comme pur objet textuel ou simple épiphénomène d'un contexte sociohistorique donné, implique un changement de point de vue radical sur les manières de l'aborder. La théorie ou l'histoire littéraire à faire n'est plus celle d'un objet proprement dit, soit d'un thème, celui de la vue, ou d'une forme, tel ou tel type d'énoncés plus ou moins figé, mais celle d'une activité esthésique qui constitue un mode propre de connaissance ou d'expérience perceptivo-cognitive du monde, dont la manifestation varie comme celle de toute forme de connaissance, y compris la science, sans que l'on soit obligé pour autant d'en nier le caractère transsubjectif, c'est-à-dire saisissable de manière trans-historique. Que la forme de discours d'un Ptolémée ne soit pas celle d'un Galilée, et que toutes deux diffèrent de celle d'un Einstein, ou que le contenu théorique de chacun de ces discours varie dans des proportions qui laissent peu de place à une commune essence, pour ne manifester qu'un vague « air de famille » à la Wittgenstein, ne nous empêchent nullement de les inscrire dans une même histoire, à la condition, toutefois, d'être attentif aux mutations de la sensibilité scientifique, c'est-à-dire au mode de perception des contenus et des formes du discours de la science, aux manières dont l'univers de ce discours peut faire l'objet d'une expérience de la conscience et de la sensibilité, qui a bien sûr sa propre historicité, même si elle est ancrée dans les facultés anthropologiques, dirait Kant, qui elles peuvent prétendre à l'universalité au même titre que le contenu de vérité des savoirs eux-mêmes ou le fonctionnement propre de la rationalité scientifique.

Foucault a su dégager des *épistémè* dans l'histoire de la pensée ; il reste aux littéraires à mettre au jour ce qu'on pourrait appeler des « esthésies » dans l'histoire de la littérature — l'esthésie étant à la connaissance sensible ce que l'épistémè est au type d'entendement auquel renvoient les discours savants. Pour cela, la littérature doit être considérée comme une véritable activité cognitive, irréductible aux autres, et surtout irréductible aux textes et aux contextes singuliers qui permettent de l'appréhender dans ses diverses manifestations historiques. « Ni pseudo-réalité, ni fantaisie », dit Valéry, la littérature met en jeu la réalité même de notre activité perceptive et cognitive sur le mode de l'imagination ou de notre faculté de représentation, dont il faut pouvoir faire l'histoire et la théorie, au même titre que celles des œuvres et des institutions.

(Université du Québec à Montréal)

Progresser, comprendre: des régies de lecture[1]

Bertrand Gervais

La notion de régies de lecture, qui sera développée ici, s'intègre dans le modèle général d'une sémiotique de la lecture. Elle correspond, en fait, à la seconde de ses trois séries de variables, la première étant articulée sur la notion de processus de lecture, et la dernière sur celle du scalaire, soit d'une échelle à transition souple des degrés de complexité des textes lus[2].

La seconde variable, la notion de régies, repose sur l'hypothèse, simple en soi, que l'acte de lecture consiste à la fois à progresser et à comprendre et que la diversité de ses manifestations dépend de l'importance accordée à l'un ou l'autre de ces gestes. Leur complémentarité est un trait fondamental de la lecture et c'est elle qui dicte sa définition comme un acte dont la forme est liée à la tension entre deux économies, celle de la progression et celle de la compréhension. Deux variables sont en jeu. Je vais montrer d'abord comment elles ont été utilisées par le passé et comment elles peuvent servir à développer une conception plus dynamique.

Il semble bien que les définitions de l'acte de lecture soient le lieu d'un conflit, d'une opposition entre deux pratiques. L'une, habituellement jugée favorablement, où la lecture d'une œuvre est l'occasion d'un travail, de l'approfondissement d'un savoir et d'une érudition; et l'autre, jugée plutôt négativement, où elle est le lieu

---

1. Cette recherche a été rendue possible grâce à des subventions du Fonds pour la formation de chercheurs et l'aide à la recherche du Québec ainsi que du Conseil de recherches en sciences humaines du Canada.
2. Ce projet d'une sémiotique de la lecture est l'objet du programme de recherche de l'équipe du G.R.E.L. (Groupe de recherche en lecture), qui rassemble Gilles Thérien, Ghyslaine Guertin, Jean-Pierre Vidal et l'auteur à l'Université du Québec à Montréal.

d'un repos, d'un divertissement. Ces deux pratiques de lecture sont souvent décrites comme le résultat de procès de nature différente. La lecture comme travail est une activité dite de compréhension, tandis que la lecture comme repos est une activité de progression. L'une va en profondeur: elle est lente; l'autre reste en surface: elle est rapide. L'opposition est nette et les valeurs de chacune sont depuis longtemps clairement identifiées.

On trouve dans *Vie et opinions de Tristram Shandy*, de Laurence Sterne[3], publié entre 1759-1767, un merveilleux exemple de cette opposition entre les deux façons de lire. Le jugement du narrateur y est, comme toujours, implacable. L'exemple en question se présente au chapitre XX du premier volume. Le narrateur houspille sa lectrice en l'accusant de ne pas avoir lu avec attention le dernier chapitre. Il dit ainsi: « Comment avez-vous pu, madame, lire avec si peu d'attention le précédent chapitre ? Je vous y ai dit que ma mère n'était pas une papiste » (p. 71). La dame répond que non; il lui réplique que si, et finit même par lui imposer une relecture de ce chapitre soit-disant mal lu. Il s'explique par la suite, pendant la relecture de la dame, sur la sévérité de cette punition:

> Si j'ai imposé ce châtiment à ma lectrice, ce ne fut ni par tyrannie, ni par cruauté mais par le meilleur des motifs — je ne m'en excuserai donc pas à son retour. Je ne voulais que combattre le goût malsain qui s'est insinué dans son esprit et dans mille autres et qui les porte à lire tout d'un trait en se souciant davantage d'une péripétie que du savoir et de l'érudition profonde qu'un livre de ce genre, lu comme il le faudrait, leur ferait nécessairement acquérir. L'esprit devrait être accoutumé à faire en chemin de sages réflexions et des déductions curieuses.

> [...] C'est un grave malheur pour le présent livre, mais plus encore pour la République des Lettres (mon cas particulier se perdant dans l'ensemble), que cet uniforme et vil prurit d'aventures et de nouveautés en toutes choses: notre goût en est si profondément perverti et nous sommes devenus si impatients de satisfaire ainsi notre concupiscence que seule la part la plus grossière et la plus charnelle d'un ouvrage pénètre en nous: les suggestions subtiles et les secrets enseignements s'évaporent comme des esprits, les lourdes moralités se précipitent et nous échappent, les unes et les autres étant de la sorte aussi perdues pour le monde que si elles fussent restées au fond de l'encrier (p. 71-72).

Indépendamment de la dimension satirique de cette *Vie et opinions de Tristram Shandy*, et qui a été beaucoup commentée, on trouve articulée de façon précise l'opposition entre compréhension et progression, où le second terme est de toute évidence méprisé. Il y a

---

3. Laurence Sterne, *The Life and Opinions of Tristram Shandy*, Penguin Books, 1967. Nous utilisons la traduction de Charles Mauron (Flammarion, 1982).

une bonne façon de lire, liée au savoir, à l'interprétation, à la conservation d'un patrimoine, et une mauvaise, qui semble pourtant de plus en plus populaire, liée à l'aventure, à l'éphémère et au superficiel. La vraie lecture est l'apanage de la république des lettres, la fausse est « un goût malsain », « un grave malheur », un « uniforme et vil prurit d'aventures », un « goût perverti », une impatience à « satisfaire notre concupiscence », un intérêt pour « la part la plus grossière et la plus charnelle d'un ouvrage », etc. Si la bonne est une vertu, la mauvaise lecture a tous les traits du vice.

Mais qu'a fait la lectrice pour attirer ainsi l'ire du narrateur ? La réponse est simple : elle a fait mine de comprendre. Emportée par sa lecture et sa progression à travers le texte, elle ne s'est pas arrêtée à tirer toutes les conséquences de ce qu'elle avait lu. Elle a ainsi manqué une information jugée soudainement primordiale par le narrateur, d'où la semonce et la punition. Elle a été prise en flagrant délit de progression ! Le piège, il faut le dire, était beau... Le chapitre XIX, celui où la faute fut commise, venait à peine de se terminer — sur cette phrase : « Je jure que si jamais esprit malin fit son affaire et son plaisir de contrecarrer un mortel, ce dût être ici le cas et j'en ferais sur l'heure le récit au lecteur s'il n'était pas nécessaire que je fusse né avant d'être baptisé. » (p. 70) —, que déjà le narrateur accusait la lectrice de ne pas porter attention à ce qu'il disait car, si elle l'avait fait, elle aurait dû déjà savoir qu'il y avait déclaré que sa mère n'était pas une papiste. La lectrice proteste n'avoir rien lu de tel. Et de fait, il n'est jamais explicitement dit, dans ce chapitre, que la mère n'est pas une papiste. Ce qui est écrit, par contre, à la dernière ligne du chapitre, c'est qu'il lui fallait être né avant d'être baptisé. Or, cette condition, les papistes n'ont pas à la respecter quand un danger quelconque menace l'enfant lors de l'accouchement. En déclarant avoir été baptisé *nécessairement* après sa naissance, le narrateur implique donc que sa mère n'est pas une papiste. L'erreur de la lectrice aura été de ne pas faire l'inférence, et plus spécifiquement l'abduction (selon Charles S. Peirce) qui s'imposait. D'un résultat (il n'a pu être baptisé qu'après sa naissance), elle n'a pas su, à partir de la loi à l'œuvre (les papistes peuvent faire baptiser leurs enfants avant la naissance en cas de danger), retrouver le cas qui s'impose (sa mère et lui ne sont pas des papistes).

Une telle défaillance s'explique facilement par l'ignorance de la loi en jeu. C'est parce qu'elle ne connaît pas ou ne se souvient pas de ce point de théologie, que la lectrice ne saisit pas l'implication. Il semble par contre que la lectrice n'ait pas à se sentir seule dans son ignorance. La règle du baptême par injection apparaît à ce point subtile et obscure que le narrateur doit non seulement rédiger une importante note explicative, mais aussi transcrire le mémoire présenté aux docteurs de la Sorbonne sur ce sujet. Pourquoi une telle digression, en effet, si cette loi est du domaine public et si tous la connaissent ? Satire oblige, cette inférence immanquable était, finalement, tout ce qu'il y a d'improbable, sauf pour quelques docteurs en théologie ou quelques sages-femmes. Qu'à cela ne tienne, le narrateur voit là prétexte à leçon : « Espérons [...] que la leçon sera salutaire et que l'exemple enseignera à tous les bons lecteurs, mâles ou femelles, l'art de penser tout en lisant » (p. 72).

Cette dernière remarque du narrateur ne peut pas nous faire oublier que, depuis le début, l'erreur de lecture incombe à une lectrice plutôt qu'à tous les lecteurs, hommes ou femmes. Madame la lectrice fait des erreurs, ce que monsieur assurément ne fait pas. Son savoir à lui apparaît sans failles, tandis que le sien est constitutif d'un horizon de lecture limité, insuffisant, sujet aux pires déboires. La démonstration du narrateur repose sur un rapport entre les sexes, qui rappelle et reprend l'opposition fondamentale, et les valeurs qui y sont attachées, entre progression et compréhension. La lecture en compréhension semble être l'apanage d'une lecture masculine, tandis que la lecture en progression est celle d'une lecture féminine. Or, cette misogynie, ironique il va sans dire, est exploitée d'une façon particulière : elle est mise à contribution dans une argumentation qui, en faisant jouer un sexe contre l'autre, parvient à apostropher les deux : nous sommes tous aussi cette lectrice [4].

Pour ce qui est de l'acte de lecture, on trouve exprimés, dans ce texte de Sterne, certains de ses traits qui vont persister jusqu'au XXe siècle. Ces traits sont les suivants : 1. Il y a deux façons de lire : l'une bonne, l'autre mauvaise. La bonne est caractérisée par le fait de bien penser et de comprendre ce qui est écrit ; la mauvaise, par le fait de ne pas saisir ce qui est écrit et de faire mine de comprendre. 2. Penser en lisant, c'est faire le plus d'inférences possible. 3. Les inférences que font les lecteurs sont liées à leur savoir préalable (de telle sorte qu'en l'absence de ce savoir, les inférences ne sont pas faites). 4. Les lecteurs en progression, c'est-à-dire ceux qui lisent à la recherche d'aventures, ne font pas toutes les inférences souhaitées (ils ne

---

4. Comme le signale Alain Montandon, il ne faut pas se cacher ce fait « que nous sommes aussi tous cette " Madame ", que nous nous sentons tous interpellés, et d'une manière aussi subtile que complexe, puisque nous sommes interpellés en tant que lecteur dans notre acte de lecture, que nous sommes questionnés sur notre mauvaise lecture et notre autocensure, et que enfin cette agression est détournée en misogynie, faisant naître chez le lecteur féminin une certaine impatience et irritation qui est dans le même temps une provocation à la lecture, tandis que le lecteur masculin peut sourire de l'innocence naïve de la lecture féminine et se réjouir de sa position de lecteur perspicace pour lequel rien n'échappe, signe (ironique) d'une virilité par ailleurs fort problématique dans le monde shandéen » (« En guise d'introduction », A. Montandon (dir.), *Le Lecteur et la lecture dans l'œuvre*, actes du colloque international de Clermont-Ferrand, Clermont-Ferrand, Fascicule 15, 1982, p. 7).

pensent donc pas en lisant). 5. Il faut inciter les lecteurs en progression à faire les inférences qui s'imposent, sinon elles ne seront pas faites. Cela se fait habituellement par le biais de stratégies narratives et rhétoriques mais, comme avec ce texte de Sterne, cela peut se faire par une intervention directe du narrateur, un ordre.

La lecture extensive

Les propos de Shandy permettent de distinguer, en fait, deux modes de lecture. Or, ces modes ne semblent pas avoir la même ancienneté. La lecture de divertissement, dont il regrette qu'elle obtienne plus facilement les faveurs de la population lectrice, est un goût plutôt récent. Roger Chartier, dans un essai qui porte sur une histoire des pratiques de lecture[5], confirme cette observation. Il reprend à son compte la distinction de R. Engelsing[6], utilisée aussi par J. Hébrard, entre deux types de lecture, l'une intensive (l'ancien style) et l'autre extensive (le nouveau). Le passage de l'une à l'autre est une intériorisation de l'acte, une transition de la lecture oralisée et collective à la lecture silencieuse et privée. La lecture intensive correspond au bien lire de Tristram Shandy. C'est le mode de lecture des sociétés européennes jusqu'à la moitié du XVIIe siècle. Peu de livres sont disponibles (ce sont surtout la Bible, des ouvrages de piété, les almanachs, etc.), mais ils sont lus et relus, mémorisés, récités. Chartier décrit cette lecture comme un respect pour le livre, une révérence

> parce qu'il est rare, parce qu'il est chargé de sacralité, même lorsqu'il est profane, parce qu'il enseigne l'essentiel. Cette lecture intense produit l'efficace du livre, dont le texte devient une référence familière, dont les formules façonnent les manières de penser et de dire. Un rapport attentif et déférent lie le lecteur et ce qu'il lit, incorporant dans son être le plus intime la lettre de ce qui a été lu[7].

Une nouvelle façon de lire commence à s'imposer, par contre, entre 1750 et 1850. Elle est dite extensive, car elle est lecture de textes nombreux, lus silencieusement[8]. Un acte privé et, encore, un

---

5. Roger Chartier, « Du lire au livre », Roger Chartier (dir.), Pratiques de la lecture, Marseille, Rivages, 1985, p. 61-82.
6. R. Engelsing, Der Bürger als Leser. Lesergeschichte in Deutschland 1500-1800, Stuttgart, 1974. Cité par Chartier, « Du lire au livre », loc. cit.
7. Roger Chartier, ibid., p. 70.
8. C. Frier, citant les travaux de J. Hébrard (entre autres, « L'illettrisme, une émotion des classes cultivées », Bibliothèques publiques et Illettrisme, ministère de la Culture, 1983) tient des propos similaires: « La lecture du Moyen Âge, rumination laborieuse d'une sagesse, correspond à ce que J. Hébrard appelle la lecture intensive. Elle est réduite à quelques livres, dont le modèle est religieux. La lecture extensive, quant à elle, apparaît sous la Renaissance. On aborde ici une grande rupture dans l'histoire des pratiques de l'écrit, celle qui permet le passage d'une

acte laïcisé puisque émancipé des célébrations religieuses et ecclésiales. Chartier dira ainsi

> que se répand un rapport désinvolte à l'imprimé, qui passe d'un texte à l'autre, qui ne porte plus respect vis-à-vis des objets imprimés, froissés, abandonnés, jetés. Plus superficiel, ce nouveau style de lecture traduit un moindre investissement dans le livre, et sans doute une moindre efficace des textes autrefois maîtres de vie [9].

On reconnaît les termes de l'opposition initiale : la lecture intensive a comme modalité de base d'être un acte de compréhension du texte, et la lecture extensive d'être un acte de progression à travers celui-ci. Ces deux modalités, comme l'avait d'ailleurs compris Shandy, semblent s'exclure. Lire de façon extensive, c'est comprendre de façon superficielle. Lire de façon intensive, c'est rester éternellement sur un même texte. Ces deux modes de lecture, dont la distinction permet tout de même à Chartier et aux historiens des pratiques de lecture de différencier deux étapes de son évolution, sont encore de mise à notre époque. Deux façons de lire sont toujours identifiées, qui reprennent à peu de choses près les caractéristiques et les valeurs énoncées jusqu'à présent. Les termes varient mais ils semblent tous avoir comme dénominateur commun d'être soit un acte de compréhension, évalué positivement, soit un acte de progression, évalué négativement.

Les descriptions normatives de la lecture entérinent et reprennent continuellement cette opposition. Il en va de même pour la critique littéraire, bien que les attitudes y soient plus modérées, ainsi que pour les manuels d'apprentissage de la lecture. Catherine Frier dira, par exemple, que la lecture intensive a toujours été privilégiée par l'école, et avec elle une opposition manichéenne entre le bon et le mauvais lire :

> Ce qui peut nous paraître assez paradoxal aujourd'hui, c'est que l'école a toujours joué la carte de la lecture intensive contre celle de la lecture extensive. En effet, les différents prescripteurs de lecture (église, école, bibliothécaires) ont toujours favorisé l'idée qu'il y a de bonnes et de mauvaises lectures, qu'il faut lire lentement, souvent relire, etc. [10].

Quelques entreprises pédagogiques plus modernes de l'apprentissage de la lecture vont tenter de déconstruire ces valeurs, mais le

---

lecture à haute voix, pour les autres, à une lecture visuelle, intime, pour soi [...]. La généralisation de la lecture extensive [est] liée à l'accroissement des sources de lecture. Ainsi, dès le XVIIe siècle, les lettrés découvrent que l'on peut lire plusieurs livres en même temps, et, parallèlement, la production de livres s'accroît considérablement » (« Illettrisme : métissage culturel et rumeur sociale », R. Bouchard et al., *Regards sur la lecture : textes et images*, Grenoble, Ellug, 1989, p. 11-12).
9. Roger Chartier, « Du lire au livre », *loc. cit.*, p. 70.
10. C. Frier, *loc. cit.*, p. 12.

même présupposé est reproduit. Ainsi, dans un article de Alain Viala sur la rhétorique du lecteur, on retrouve la même opposition. Décrivant les deux jeux complémentaires de la lecture littéraire, qui visent à rendre le lecteur conscient de sa propre activité et responsable du déroulement de ses lectures, Viala écrit que « l'un a pour enjeu l'acquisition de savoirs: il vise à s'instruire en lisant. L'autre a pour enjeu la réalisation de plaisirs, l'exercice du goût. Et entre les deux, la relation alors instaurée est celle de l'esprit critique [11] ».

L'apprentissage de la lecture se fait donc en fonction d'une régie des deux tendances essentielles à la lecture: le goût et le savoir, le plaisir et l'information, la progression et la compréhension. S'il n'y a plus de bonne ou de mauvaise lecture, il y a pourtant encore une opposition simple entre deux pratiques, deux tendances. Et apprendre à lire, c'est non pas faire l'un ou l'autre, mais apprendre à passer de l'un à l'autre, du passif à l'actif.

Il ne s'agit pas de choisir, bien entendu, entre l'un des deux termes de l'opposition, entre compréhension et progression, exhaustivité et approximation, ni même d'accepter la distribution de ces valeurs. Malgré ce jeu des contraires, qui rend leur portrait presque caricatural, les deux positions présentent des pratiques bien réelles, qui font de la lecture un acte à la fois polysémique, polyvalent et polymorphe. En fait, et de façon peut-être à tenir compte d'une telle diversité, il faut non pas opposer progression et compréhension mais les décrire comme des économies complémentaires constitutives de l'acte de lecture. Lire, c'est progresser et comprendre, et l'importance accordée à l'une ou l'autre de ces économies dépend des objectifs du lecteur, de la régie de son acte, de ce qu'il veut faire ou peut faire avec ce qu'il lit. Les différences entre les actes de lecture sont fonction de la prépondérance de l'une ou l'autre de ces économies: comprendre mieux ou progresser plus avant.

On peut établir, à titre d'illustration, des scénarios de lecture dont la forme varie selon l'économie privilégiée. Une lecture en progression est un tel scénario où la progression est privilégiée au détriment bien souvent de la compréhension. C'est une telle lecture

---

11. Alain Viala, « L'enjeu en jeu: rhétorique du lecteur et lecture littéraire », dans Michel Picard (dir.), *La Lecture littéraire*, Clancier-Guénaud, 1987, p. 31. Viala ajoute que « pour tenter d'atteindre de tels objectifs, il nous faut déplacer l'enjeu. Non plus vouloir donner un savoir littéraire minimal ou faire servir la littérature à l'illustration d'autres savoirs. Mais donner à chaque lecteur les moyens de sa liberté face au texte, c'est-à-dire le rendre capable de choisir les textes qu'il lira, de choisir les formes de plaisir qu'il y cherchera, de découvrir cette altérité qu'est le texte et d'y réagir » (p. 31). Il dira ailleurs, dans son *Savoir-lire* (écrit avec M. P. Schmitt, Didier, 1982), qui se présente comme un ouvrage pédagogique sur la lecture: « Lire, c'est conquérir des savoirs. C'est aussi découvrir les plaisirs de la réflexion, de la curiosité, de l'émotion, du rire... » (p. 3).

que fait, par exemple, la lectrice du chapitre XIX de *Vie et opinions de Tristram Shandy* et qu'admoneste sous nos yeux le narrateur. Sa lecture en progression l'a empêché de comprendre tout ce qu'elle lisait, de tirer toutes les implications du texte et lui a fait manquer un sous-entendu. Madame a lu, mais elle a fait semblant de comprendre, elle s'est contentée d'une signification littérale, de celle, fonctionnelle, permettant la poursuite de son activité.

Un autre scénario est une lecture en compréhension, définie comme la recherche d'une plus grande maîtrise du texte, au détriment cette fois de la progression. C'est la régie qui est adoptée ici, dans ce texte-ci, puisque, en théorisant sur la lecture à partir de cet extrait de Sterne, on a arrêté de lire le roman pour se concentrer uniquement sur quelques paragraphes. On les comprend peut-être de mieux en mieux mais on reste sur place! Contrairement à la lectrice qui lisait sans tout comprendre, on lit en ne progressant plus.

Entre ces deux scénarios qui symbolisent les limites inférieure et supérieure de l'acte de lecture, il existe de nombreuses autres possibilités, des régies multiples. Ainsi, la lectrice de Sterne ne fait pas qu'une seule lecture du chapitre XIX, elle en fait deux. Elle lit et relit, et ces deux gestes correspondent à des régies totalement différentes. Si sa première lecture se caractérisait par une faible compréhension du texte, une saisie fonctionnelle du discours et de son implicite, il n'en est pas ainsi de sa seconde. C'est une lecture mandatée. Elle ne lit plus comme à l'accoutumée, en « extensif ». Elle lit en « intensif », pour accomplir une tâche, résoudre un problème, trouver le fin mot de l'énigme : où est-il écrit que la mère de Shandy n'est pas une papiste ? Sa lecture en progression s'est arrêtée quand le narrateur lui a posé une question, cherchant à vérifier sa compréhension. Aussi, quand elle retourne lire le chapitre mal lu, elle adopte une nouvelle régie, une lecture en compréhension, axée cette fois sur la recherche du mot perdu, d'une allusion échappée; et si elle ne trouve toujours pas, ce n'est pas faute de vouloir, mais faute de ne pas avoir en main les bons instruments, la loi du baptême par injection. Son retour est du temps perdu.

À la différence de la lectrice, qui change de régie pour passer d'un mode de compréhension à un autre, le lecteur mâle, lui, paradoxalement, passe d'un mode à l'autre sans changer de régie. Il n'est pas reporté à l'arrière, il n'a pas à relire, il continue simplement de progresser selon ses habitudes. C'est le texte, dans un moment métalinguistique ou encore un retournement méta-fictionnel, qui offre l'explication de son propre implicite. Le lecteur n'a pas à subir l'épreuve et se faire injecter de force le baptême de la relecture, il est amené à changer son mode de compréhension en douceur, sans la rupture brutale que doit subir la lectrice. Aucun nouveau mandat de lecture ne lui est proposé. C'est le texte qui se charge de lui faire mieux comprendre ce qui était écrit, et qui fait tout le travail, laissant l'autre progresser à sa guise.

Mais doit-on croire que ce lecteur avait compris le sous-entendu? On peut en douter. Les explications nombreuses fournies par le narrateur laissent croire que celui-ci était le seul à savoir de quoi il parlait. Pourtant, quoi qu'il en soit des résultats de sa lecture, le lecteur n'est pas encouragé à se dévoiler, au contraire. En caractérisant les sexes, le texte distribue des rôles. Et celui de l'homme est de faire lui aussi mine de comprendre, et d'attendre que l'information apparaisse pour simuler *a posteriori* sa science. Tout comme la lectrice, il peut avoir mal lu, mais il a le droit, lui, de feindre un savoir, jusqu'à ce que celui-ci le rattrape. Il n'est pas questionné. Il est relégué au rôle passif du spectateur qui assiste, impuissant, à un drame. Il est peut-être aux premières loges, interpellé par Shandy, mais il ne fait rien et rien ne lui est fait. Bien sûr, il aurait pu être lui, le lecteur puni. En fait, il a eu la chance d'arriver second, d'avoir lu plus lentement que la lectrice et d'atteindre à sa suite le chapitre XX. Son impunité lui vient de son retard, d'une régie de lecture un peu plus lente. Et, dans son cas, la leçon de Shandy a des implications différentes. Si, pour la lectrice prise en défaut, bien lire est l'art de penser tout en lisant; pour le lecteur, c'est aussi, sinon plus, l'art de bien feindre. À ces quatre scénarios de lecture s'ajoutent évidemment tous ceux auxquels on peut penser, de la lecture rapide à l'exégèse, tous ceux auxquels les lecteurs et leurs textes peuvent donner forme. Les régies de lecture sont multiples, elles sont, tout simplement, aussi nombreuses que les manifestations passées, présentes et à venir de la lecture.

(Université du Québec à Montréal)

Lecture, cognition, mémoire
(ou les cocotiers de Cicéron)

Gilles Thérien

> *Nunc ad thesaurum inventorum atque ad omnium partium rhetoricae custodem, memoriam, transeamus*[1].

Si, dans ce qui suit, il est surtout question de la mémoire dans ses rapports avec la lecture littéraire et la sémiotique, il importe en tout premier lieu de faire quelques mises au point. La première concerne la notion même de lecture. Le mot recouvre des réalités bien différentes selon les champs d'application où on le retrouve. Le mot « lecture », surtout lorsqu'il apparaît dans le voisinage de la cognition, renvoie presque exclusivement à la problématique de l'apprentissage. Il ne s'agit pas de lecture en tant qu'activité déjà constituée, professionnelle ou simplement ludique, mais plutôt de la façon dont est mis en place l'apprentissage de la lecture. On pense au domaine de l'alphabétisation, du passage de l'oral à l'écrit, ou encore aux différents niveaux de maîtrise de la capacité de lecture. C'est, en gros, l'affaire des psychologues et des éducateurs.

Lorsqu'on pense à la lecture dans le cadre de la littérature, c'est, il faut bien l'avouer, une perspective beaucoup plus récente qui se définit actuellement tant bien que mal en relation avec ce que l'on pensait traditionnellement de la lecture, c'est-à-dire le savoir-lire, le bien-lire, la culture du livre, et ce qui paraît aujourd'hui être un nouvel intérêt développé autour de la lecture et de ses rapports avec la cognition. Dans le premier cas, la lecture est une affaire de culture:

---

1. *Ad Herennium* [anonyme], III, XVI, 28, Loeb Classical Library, Londres, Harvard University Press, 1954, p. 204.

ce qu'on doit avoir lu, ce qu'il faut lire et ce qu'il faut penser de ce qu'on a lu. Plus, dans les développements théoriques contemporains en théorie littéraire, la lecture, en France en particulier, et surtout grâce aux travaux de Jean Ricardou, a été reprise sous l'angle de la poétique comme une réécriture du texte. On notera ici comme il est beaucoup plus satisfaisant pour l'ego de se trouver associé à l'auteur plutôt que d'être repoussé dans l'étrange position du lecteur, sorte de passivité opaque. Les théories de la réception ont en quelque sorte validé sur le plan de l'institution, les normes de la réception des œuvres, accordant ainsi un statut institutionnel au lecteur. Mais, ici aussi, nous demeurons insatisfaits. Toutes ces précautions pour ne pas trop humilier celui qui n'est que lecteur tiennent à un ensemble de présupposés idéologiques que l'on retrouve dans les théories de la réception. Ces présupposés qui accordent à la parole un pouvoir normatif méritent d'être nuancés et cela, selon les prérogatives de la lecture prise comme acte spécifique.

Ainsi, pour comprendre notre position, il faudra tenir compte de certaines particularités. La première est que l'acte de lecture est radicalement différent des actes de paroles[2]. Il se situe hors du champ de la communication et ne peut y être associé que de façon métaphorique. Quand je lis, je ne communique ni avec l'auteur ni avec le livre. Ce dernier, comme une partition musicale, me fournit des signes que j'interprète comme le musicien et ce, au niveau de performance dont je suis capable. La théorie littéraire demeure encore aujourd'hui trop tributaire de ces emprunts à une théorie de la communication dont on n'a pas suffisamment examiné le cadre épistémologique. De la même façon, il ne saurait être question d'assimiler l'acte de lecture à l'acte d'écriture. Ce dernier est un acte expressif qui suppose une compétence qui peut être reconnue, évaluée, un acte dirigé hors du sujet écrivant, un acte conduisant à la formation d'un objet matériel, le texte. Il ne faudrait pas pousser plus loin les jeux symétriques et affirmer que l'acte d'écriture est en fait un acte de re-lecture. Nous avons un avantage théorique très net à distinguer ces trois types d'actes et à ne pas les réduire à un seul, primitif, dont les autres découleraient.

La précision que nous faisons — et qui a été faite par d'autres[3] — à propos de la lecture littéraire n'est pas qu'un vague ornement. Il y a pour nous, sous cette description spécifique de la lecture, la reconnaissance de traits et de caractéristiques qui n'appartiennent qu'à la littérature et qui doivent donc nous forcer à revoir des notions universelles qui n'en sont pas comme la notion de discours. Si tout est

---

2. Voir mon article, « Pour une sémiotique de la lecture », *Protée* (Chicoutimi), vol. XVIII, n° 2, 1990, p. 67-80.
3. Voir les travaux de Michel Picard sur la lecture, *La Lecture comme jeu*, Minuit, 1986, et *Lire le temps*, Minuit, 1989.

discours, le discours n'est pas unique et on doit être capable de distinguer les divers types de discours non seulement en fonction de genres différents, la littérature par exemple et la science, mais aussi en fonction de l'épistémologie qui fonde la notion de discours. En cherchant ainsi à mieux définir la lecture littéraire, nous sommes forcés de regarder les divers modes de réalisation du discours. Pour l'instant, nous tenons à maintenir l'intégrité du discours littéraire de façon à en déterminer les caractéristiques profondes.

La seconde mise au point concerne la sémiotique. Il devient de plus en plus difficile de parler sémiotique sans avoir à décliner quelques bonnes adresses ou sans mettre ses cartes sur table. Il n'est pas question ici de référence à des sémiotiques structurales, d'inspiration saussurienne, hjemslevienne ou à leurs variantes plus modernes, structuralisme « phase deux » ou sémio-linguistique. Le signe linguistique, pris au sens strict, ne saurait en aucune façon servir d'unique base épistémologique à la notion de signe telle que celle-ci nous intéresse. Le signe linguistique n'est plus qu'un des modèles possibles. Il en va de même pour divers aspects de l'héritage saussurien comme les notions de signifiant et de signifié, commodes dans la conversation mais fort difficiles à intégrer à une dynamique sémiotique. L'équation posée entre signe et signe linguistique a perdu une partie de son efficacité d'autant que ces notions linguistiques ont aussi perdu de leur valeur dans le champ même de cette discipline qui se développe autrement et ailleurs.

Mais alors quelle sémiotique? Celle qui se construit actuellement, celle qui s'élabore à travers la réflexion sur la lecture et sur la nécessité d'apporter une attention plus grande au cadre épistémologique. On la trouvera d'inspiration peircienne certes mais, fidèle aux principes d'une théorie de la lecture. Il ne peut être question d'un Peirce « authentiquement XIXe siècle », mais bien d'une lecture actuelle, individuelle, moderne, des textes écrits à une autre époque par un certain Charles Saunders Peirce. Et encore, pas tout Peirce, mais uniquement ce qui fait encore l'affaire, c'est-à-dire la façon dont on rend compte de la fonction sémiotique chez ces individus que l'on nomme humains: une théorie de la relation qui permet de mettre en place des signes pendant que l'on absente le monde qu'ils servent à construire, à modéliser[4]. La sémiotique permet de poursuivre l'analyse de divers systèmes de signes pris dans des contextes pragmatiques différents. Ce sont ces contextes qui permettent d'élaborer un appareil notionnel qui cherche à rendre compte du caractère singulier, intime et complexe de l'acte de lecture plutôt que de le réduire à des actes posés comme primitifs et fondateurs par rapport à l'acte de lecture.

---

4. Voir mon article, « La sémiotique, les objets singuliers, la complexité », *Horizons philosophiques, Sémiotiques* (Montréal), vol. I, n° 2, 1991, p. 33-49.

Ces deux précautions prises, il est maintenant possible de s'aventurer dans les rapports que la lecture littéraire entretient avec la mémoire, cette « faculté » devenue l'oubliée des réflexions sémiotiques actuelles qui la réduisent à des rôles identifiables à ceux que l'on trouve dans une mémoire d'ordinateur joliment divisée en deux catégories, les mémoires vivantes, en fait celles qui ne durent pas, et les mémoires mortes, les plus importantes du système.

Il est important de noter que la faveur que connaît la perspective cognitive dans le champ large de la sémiotique ne peut que nous inciter à certaines prudences. On se souviendra comment la rencontre entre la linguistique et la sémiotique a été à sens unique et que, si certains sont satisfaits d'avoir pu expliquer, grâce à la scientificité de la linguistique, un certain nombre de données du discours, ce ne sont certes pas principalement les linguistes, occupés qu'ils sont à d'autres tâches. Aussi nous semble-t-il devoir être prudent face aux emprunts, encore une fois à sens unique, entre le domaine en plein développement qu'est la cognition — et j'entends sous ce terme générique à la fois la psychologie cognitive, les sciences cognitives et les problématiques de l'intelligence artificielle — et la sémiotique dont on peut dire, en toute humilité, qu'elle cherche encore à marquer ses frontières et ses méthodes. Pour illustrer ce doute, nous allons recourir au problème de la mémoire, question difficile à gérer tant en sémiotique que dans le domaine large de la cognition.

La mémoire est postulée à titre de complément, de substrat nécessaire aux diverses entreprises de la cognition [5]. Quelles que soient les théories en faveur, la mémoire est habituellement réduite à un rôle passif, à une fonction cérébrale générale, moins bien localisée que les régions du langage parce qu'elle englobe plus que ce dernier. Son rôle est d'encoder les informations, de les stocker et de les rappeler quand cela est nécessaire. Cette description, qui a l'air d'aller de soi, pose en fait beaucoup plus de problèmes qu'elle n'en résout. Qu'on songe simplement au transfert d'informations entre le monde extérieur et le monde cérébral, à la plus ou moins grande matérialité de ces informations, et il apparaît immédiatement que des décisions épistémologiques majeures sont prises selon que l'on opte pour tel ou tel type d'explications.

En fait, la mémoire est généralement perçue comme un vaste contenant. En anglais, on parlera de *store* dans lequel des souvenirs

---

5. Voir, entre autres, F. C. Bartlett, *Remembering*, Cambridge, Cambridge University Press, 1932, et *Thinking*, New York, Basic Books, 1958; Israel Rosenfield, *The Invention of Memory*, New York, Basic Books, 1988; John P. Houston, *Fundamentals of Learning and Memory*, New York, HarcourtBrace Jovanovitch, 1991; Anthony J. Sanford, *Cognition and Cognitive Psychology*, New York, Basic Books, 1985; Martin Donald, *Origins of the Modern Mind*, Cambridge, Harvard University Press, 1991.

sont emmagasinés alors que d'autres sont simplement disparus en cours de route, c'est-à-dire au moment de l'encodage et cela, sans trop que l'on sache pourquoi. La substance même des souvenirs est un vaste problème. Certains chercheurs admettent la matérialité des images mentales, d'autres estiment que la mémoire n'encode que du langage et rien qui ne soit d'abord transformé en langage. Cela est loin d'épuiser le sujet. Il faut parler des processus de stockage. On définit alors la mémoire à court terme, dont la durée de vie est très courte, quelques secondes, et la mémoire à long terme qui reçoit certaines données de la mémoire à court terme, et pas d'autres. Elle conserve ces données pour des périodes de très longue durée, des années par exemple sans que l'on sache trop pourquoi. Mais quelle est la règle du passage de la mémoire à court terme à la mémoire à long terme ? Pourquoi certains éléments sont-ils conservés et d'autres rejetés ? Pour répondre à cette difficile question, on fait appel à la notion de darwinisme biologique, c'est-à-dire une sélection d'éléments *versus* d'autres. Mais ces éléments sont-ils choisis parce qu'ils ont une prégnance plus grande que les autres ou parce qu'ils correspondent à un programme individuel en attente d'éléments qui lui conviennent ? Ou simplement par hasard ? Voilà qui n'est pas facile à décider. On peut ici reprendre la question depuis la théorie freudienne où la mémoire se partage entre l'inconscient et le préconscient, soit entre deux systèmes mnésiques dont l'un est moins accessible que l'autre. On retrouve ainsi à peu près la même distinction qu'entre mémoire à court terme et mémoire à long terme. La différence chez Freud semble surtout porter sur la nature même du souvenir qui n'est pas une image de la réalité encodée mais une trace déjà plus ou moins déformée.

Le recours à Freud nous ramène à la question de la méthode de rappel des souvenirs. Chez lui, on sait qu'il ne s'agit pas d'une chose facile. L'opération exige le recours aux rêves, aux associations libres et à la parole qui tisse un continuum entre ces diverses données. Dans le cadre de la cognition, une des théories du rappel repose sur un modèle de stockage en arbre des souvenirs de la mémoire. La rigidité de ce modèle fait bien penser à la rigidité des mémoires d'ordinateur qui ne donnent que ce qu'on y a mis et, au surplus, à condition d'aller puiser au bon endroit. La structure en arbre repose sur des parcours obligatoires. On peut chercher des modèles plus souples pour rendre compte de la façon dont le souvenir revient mais encore faudra-t-il tenir compte de toutes ces amnésies, partielles ou non, dont nous sommes faits, de ces trous de mémoire qui dirigent nos recherches. Borges, dans son « Funes le mémorieux [6] », nous a donné un bon exemple de celui qui n'est plus que mémoire, mémoire

---

6. Dans *Fictions*, Gallimard, 1965.

de tout, mémoire sans sélection qui, pour se rappeler une minute de vie, doit prendre une minute. La fable borgésienne se porte bien. La mémoire ne peut être en aucune façon ce monde des idées où tout se retrouve et où il suffit de retourner de temps en temps pour connaître l'étendue de ses souvenirs.

Mais alors, on peut se demander à quoi sert la mémoire dans la lecture littéraire ? Que faisons-nous quand nous lisons un livre ? Que veut dire retenir ? Si l'on pense aux diverses propositions des théories cognitives, on se trouve devant de multiples impasses. Si la mémoire est obligatoirement faite de langage, qu'arrive-t-il lorsqu'on lit *À la recherche du temps perdu* ou *Finnegans Wake* ? La capacité individuelle de rétention des mots est infiniment plus faible que la longueur des phrases d'un Proust par exemple (de neuf à onze mots contre une phrase qui fait facilement au-delà de cent mots). On doit donc imaginer un intermédiaire entre la mémoire à court terme trop courte et la capacité même de lire toute une phrase et de savoir que l'on est toujours dans la même phrase. Mais cela demeure nettement insuffisant en regard de la lecture littéraire. L'image mentale participe-t-elle de la lecture ? Certainement, mais comment en faire un principe cohérent de compréhension ? Comment concilier des images induites d'une situation romanesque ou d'un vers comme « La terre est bleue comme une orange » ? Quelle est la nature même de ces images mentales ? Ne peut-on pas traquer la mémoire à partir d'inférences que l'on pourrait reconstruire ? Les sciences cognitives, en particulier l'intelligence artificielle, ont bien insisté sur l'importance des inférences, et nous pouvons vérifier si quelqu'un a compris ce qu'il a lu en lui posant des questions ou en lui faisant résumer le texte que l'on pourrait comparer à un résumé idéal. Mais voilà, tout intéressant que cela soit, il est difficile d'appliquer ces méthodes à *Finnegans Wake* ou à un texte surréaliste. Alors, à quoi peut bien servir la mémoire dans la lecture littéraire ?

C'est à partir de ces diverses difficultés qui concernent le rapport mémoire-lecture qu'il nous semble que la constellation sémiotique-lecture-cognition doit être capable de mettre en doute ses propres postulats. Venons-en donc aux cocotiers de notre titre. Il s'agit d'une expérience qui nous a particulièrement frappé, ainsi décrite par Jean-Pierre Changeux :

> La matérialité de ces représentations est également illustrée de manière frappante par l'expérience d'exploration d'une île imaginaire récemment réalisée par Kosslyn (1980). Celui-ci demande d'abord à ses sujets de dessiner la carte d'une île, par exemple l'« Île au trésor », avec la plage, la hutte, le rocher, les cocotiers, le trésor, etc., disposés en des points précis de l'île. Puis il enlève la carte et demande au sujet d'effectuer « en imagination » une exploration de celle-ci. D'abord on se trouve sur la plage. L'expérimentateur énonce le mot

« cocotier ». Le sujet cherche mentalement sur la carte l'emplacement des cocotiers et appuie sur un bouton dès qu'il l'a trouvé. Le temps séparant la présentation du mot « cocotier » de la réponse « touché » est mesuré. On répète maintenant l'expérience avec la hutte, le trésor, et, à titre de contrôle, avec des emplacements qui ne se trouvaient pas sur la carte initiale. Fait remarquable, la durée de l'exploration mentale varie de manière linéaire avec les distances réelles des points marqués par le sujet sur la carte, de la plage au cocotier, à la hutte, au trésor. La carte mentale contient donc la même information sur la distance que la carte réelle [7].

Cette expérience est conduite par Kosslyn en 1978. Ce qui est intéressant, c'est la description qu'en donne Changeux. En effet, dans Kosslyn, la carte n'est pas dessinée par les sujets mais elle leur est plutôt présentée toute faite [8]. Ils ont un certain temps pour mémoriser les diverses localisations sur la carte qui est ensuite retirée. L'expérimentateur nomme deux objets, l'un à la suite de l'autre, non sans avoir prévenu les sujets qu'ils doivent imaginer un point noir qui va en ligne droite du premier objet au second et ainsi de suite. Chaque fois que le sujet atteint le nouvel objet nommé, il appuie sur un bouton. Le temps pris à parcourir la distance mentalement augmente lorsque la distance entre deux points sur la carte réelle est plus grande. La conclusion semblerait être que les images mentales existent bien et prennent un certain espace. Pour Changeux, la carte est celle de l'île au trésor. On peut penser que toute carte d'une île avec une hutte, des cocotiers et quelques autres objets représente certainement l'île de Robinson ou l'un quelconque de ses avatars. L'image ici mise en cause fait partie des clichés iconiques les plus répandus. Il me semble donc que l'expérience ne mesure pas que le temps de passage d'un objet à l'autre mais elle mesure en fait ce temps à partir d'un modèle mnémonique durablement éprouvé. D'où Cicéron. En fait, en s'appuyant sur un cliché comme celui de l'île, Kosslyn, et Changeux après lui, met, sans s'en rendre compte, l'accent sur les rapports définis par Cicéron comme les rapports entre la mémoire et la mémoire artificielle. Le sujet n'a pas à mémoriser la carte puisque l'île est déjà un *locus memoriæ* qu'il connaît et qu'il peut rappeler quand il veut. Comme la carte disperse les divers éléments sur sa surface, elle ne fait que mieux représenter l'île de Robinson. Nous pouvons poursuivre encore plus loin le recours à Cicéron ou à l'auteur anonyme du *Ad Herennium*. La mémoire décrite par Changeux et Kosslyn est la mémoire des choses définies à la fois dans le *Ad Herennium* et dans le *De Oratore*. Les lieux qui servent de support à la mémorisation doivent être choisis selon certaines règles. Ils doivent former une série ordonnancée, ils doivent

---

7. *L'Homme neuronal*, Fayard, 1983, p. 175.
8. Voir J. P. Houston, *op. cit.*, p. 328-329.

être suffisamment nombreux pour organiser l'ensemble des arguments, ils doivent être ni trop grands ni trop petits, et ils doivent être peu éloignés les uns des autres. Enfin, dans leur choix, on doit éviter les symétries qui ne peuvent engendrer que confusion. On croit rêver. C'est là l'essentiel du questionnement de nos modernes savants tel que posé avant Jésus-Christ. Mais il nous semble que la position ancienne va encore plus loin. La mémoire des choses par la méthode des lieux est mise en place pour fixer l'argumentation, donc le passage d'images mentales à des données abstraites qui permettent de dérouler analogiquement une chaîne de raisonnements. Ajoutons encore que cette chaîne n'a pas à être exhaustive mais seulement à contenir ce que l'invention aura défini comme contenu argumentatif.

La rhétorique ancienne ne fait que proposer un art de la mémoire utile aux débats juridiques qui s'élaborent. Si l'on retourne à notre exergue, force nous est de voir que la mémoire y joue un rôle général, non seulement comme une des cinq parties de la rhétorique, ce qui serait réduire son rôle, mais comme le support, le gardien, de tout le processus. Faut-il rappeler qu'à l'époque de Cicéron, les plaideurs ne se promenaient pas avec un porte-document sous le bras et que le problème de l'écriture était une tâche difficile dans sa réalisation matérielle. L'art de la mémoire des Anciens nous semble une façon astucieuse et commode de transporter et de gérer une écriture qui a d'abord lieu intérieurement. La mémoire, c'est à la fois la tablette de cire et les signes qui y sont inscrits. Et peut-être qu'à cette époque, l'image mentale faisait partie intégrante du système d'écriture, exactement comme l'enluminure fera partie du parchemin au Moyen Âge et l'illustration de la littérature depuis l'imprimerie. Le rhéteur grec ou romain lit sa mémoire comme un livre, la technique des lieux lui permet de savoir où il est rendu dans cette lecture. La mémoire est organisatrice. Elle n'est pas la servante passive de l'imagination créatrice qui, à l'époque, était plutôt la folle du logis avant d'être récupérée et transformée par le romantisme [8].

L'intérêt de ce questionnement, semble-t-il, vient de ce que nous pouvons nous poser de nouvelles questions sur ces arts de la mémoire qui, de l'Antiquité au XIXe siècle, ont été très importants. S'agit-il de mécaniques plus ou moins ésotériques qui servent à fixer les pensées ou ne sommes-nous pas en face de l'exploitation du véritable fonctionnement de la mémoire, c'est-à-dire de sa capacité d'inventer le monde. Si la mémoire est le support de toute la rhétorique, de la recherche des arguments jusqu'à leur complète mise en place comme l'indique l'auteur (oublié) de l'*Ad Herennium*, c'est moins comme une sorte d'artifice qui garantirait le rappel d'un savoir

---

9. Voir Mary Carruthers, *The Book of Memory*, Cambridge, Cambridge University Press, 1990; Frances Yates, *L'Art de la mémoire*, Gallimard, 1975.

organisé ailleurs — où ? — mais comme principe d'organisation du savoir. La mémoire n'est pas un réservoir de souvenirs mais un principe actif de construction du monde et les arts de la mémoire sont les divers modèles mis en place pour élaborer les diverses constructions possibles. Le raisonnement privilégié dans le rapport intelligence / mémoire est l'analogie qui permet d'étendre les constructions en se servant de divers éléments. On pourrait, en guise d'exemple, retourner utilement aux travaux du jésuite Athanase Kircher pour comprendre comment tout le savoir peut se reconstruire à partir de quelques principes analogiques.

Franchissons un autre pas. Ces arts de la mémoire, que sont-ils sinon des systèmes de signes, des réseaux signifiants capables d'engager la réflexion et le discours? Ce sont des systèmes sémiotiques à part entière. Ils sont, comme le propose la sémiotique de Peirce, des constructions qui permettent de rendre compte d'un monde que le signe absente. En somme, tous les systèmes de signes mis à notre disposition sont des *loci memoriæ* ordonnancés par ce qu'il est convenu aujourd'hui d'appeler des savoirs, des théories. Du langage au nombre, en passant par la notation musicale, tous ces modèles servent à construire des mondes pour lesquels on trouvera un sens et que l'on retiendra parce qu'ils ont un sens, inscription dans la cire ou mélange synesthésique d'images mentales et d'idées dans la caverne plus ou moins platonicienne de notre cerveau.

Le roman, le poème, ce sont d'abord des livres, c'est-à-dire du papier, des signes, un certain format, des livres muets tant qu'ils ne sont pas lus comme ces partitions qu'aucun musicien n'interprète. La mémoire de *À la recherche du temps perdu* ou de *Finnegans Wake*, ce n'est pas le vague souvenir que je peux en garder et que j'extirpe sous la question mais c'est, dans toute sa richesse, et dans toute son indicibilité, ce paquet de feuilles posé sur ma table de lecture.

Le retour à une réflexion sur la mémoire est d'une grande utilité dans une sémiotique de la lecture. Nous avons ailleurs[10], en parlant du narratif, préférer le classer sous l'argumentatif. La leçon rhétorique est la plus importante de toutes, que nous soyons dans des discours fictionnels ou des discours d'usage. Ce qui prime tout, c'est l'ordre dans lequel un discours se déroule. Peirce écrit:

> Toute pensée se produisant par des signes, la logique peut être comprise comme la science des lois générales des signes. Elle consiste en trois parties: 1. la grammaire spéculative, ou la théorie générale de la nature de la signification des signes, qu'il s'agisse d'icônes, d'indices ou de symboles; 2. la critique qui classifie les arguments et détermine la validité et le degré de force de chaque type d'argument;

---

10. Dans « Pour une sémiotique de la lecture », *loc. cit.* (note 2).

3. la méthodeutique qui étudie les méthodes à poursuivre pour la recherche, l'exposition et l'application de la vérité. Chaque partie dépend de celle qui précède [11].

Dans le langage souvent ésotérique de Peirce, la méthodeutique est sa conception nouvelle de la rhétorique.

Ces dernières réflexions nous permettront de comprendre que, dans le cadre d'une sémiotique de la lecture, les modèles sémiotiques sont des mémoires artificielles modernes qui permettent une plus ou moins grande saisie de divers aspects du discours. Ainsi, pour nous, les trente et une fonctions de Propp, le carré sémiotique de Greimas, la triade de Peirce sont aussi des arts de la mémoire, des modèles dont l'unique but est de créer un savoir, d'en organiser les parties en un ordre argumentatif repérable et d'appliquer le même modèle à diverses situations qui présentent des analogies avec celui-ci. Ce sont des modèles de lecture fondés sur la lecture d'un ou de quelques individus, modèles auxquels on donne une valeur la plus objective possible. Ce ne sont ni les seuls modèles ni les derniers. Pour notre part, dans notre recherche actuelle en lecture, tenant compte des diverses données à notre disposition, nous sommes à élaborer un autre art de la mémoire qui, comme l'ancien, place en son centre l'argumentation comme un jeu continuel entre ce qui se donne, des signes, et ce qui se dérobe, le sens.

(Université du Québec à Montréal)

---

11. *Collected Papers*, 1, 180-192.

Narration et cognition [1]

Jean-Guy Meunier

Quelques problèmes de la narratologie contemporaine

En dépit du succès probant de la problématique narrative, des critiques récentes n'ont pas manqué de relever son essoufflement. Et certains prévoient même qu'à moins d'un renouvellement important, elle est vouée à une mort prochaine. Les principales difficultés touchent entre autres la dominance de l'objectivisme formel et l'instabilité aléthique de même qu'un certain silence herméneutique.

Le reproche d'objectivisme formel fait aux théories narratologiques classiques comme celle de Greimas, Van Dijk, Genette et Dubois renvoie à la trop grande importance que ces théories donnent à la structure interne du récit. En effet, dans certaines présentations de modèles, la narration est trop souvent comprise comme un système différentiel et complexe d'énoncés, certes, mais néanmoins contrôlé par des règles. Pour certains, la narration est régie par une grammaire, sinon des programmes.

La critique d'instabilité aléthique renvoie pour sa part à la difficulté que les théories narratives soulèvent en regard du statut de vérité d'un récit. Confrontées à des théories épistémologiques qui proposaient des sémantiques extensionnelles fermes pour les discours scientifiques, les théories narratives cherchent, semble-t-il, mais sans succès, à leur opposer une sémantique dite fictionnelle qui reposerait sur une adaptation de la théorie logique des mondes possibles.

Enfin, pour plusieurs, la véritable cause des difficultés de la narratologie tiendrait à son silence herméneutique. Les théories narratives classiques auraient négligé la place du sujet-producteur et du sujet-lecteur dans le récit. Selon Mieke Bal[2], en donnant trop d'importance

---

1. Recherche subventionnée par le C.R.S.H. (Canada).
2. Mieke Bal, «Une ou deux choses...», *Protée* (Chicoutimi), vol. XIX, n° 1, hiver 1991, p. 51-59.

aux multiples distinctions fonctionnelles, que ce soit au niveau de la structure du récit ou encore des environnements structuraux de la production du récit, où on pose les narrateurs, personnages, narrataires, auteurs, etc., les théories narratives auraient négligé la compréhension de la véritable source de la signification qui se trouve essentiellement dans le noyau cognitivo-affectif du sujet parlant. Une narratologie qui n'est que fonctionnelle efface trop rapidement l'historique et le socio-linguistique. Bref, les théories narratives poseraient avant tout des questions de structure de récit, des problèmes de vérité ou, finalement, des problèmes de productions subjectives.

À première vue, ces trois critiques faites aux théories de la narration semblent sans lien et isolées. Mais à y regarder de près, elles apparaissent comme trois questions issues d'une même vision de la narration, à savoir que celle-ci est avant tout un *fait de langage*, entendu comme un fait de *langue*. En effet, il semble qu'on ait oublié que le paradigme théorique implicite de nombreuses théories narratives est d'ordre linguistique, l'objet d'étude n'étant cependant plus conçu comme une langue gérant les constituants d'une phrase, mais comme un système générant des relations entre les constituants de tout un texte ou, mieux, d'un discours. Dans cette optique, un récit apparaît alors comme un fait linguistique ou, plus précisément, comme une forme sémiotique présentant une structure régie par une grammaire, interprétable en regard d'un monde, énoncée par des sujets parlants en contexte. Autrement dit, le paradigme carnapien de la sémiotique, précisé syntaxiquement par Chomsky, sémantiquement par Montague et pragmatiquement par Habermas ou Apel, est toujours latent. Bien que le narratif ne soit pas le génératif, c'est-à-dire qu'il ne produit pas une « langue », il demeure dans ce paradigme un « acte de langage » présentant une syntaxe, une sémantique et une pragmatique que ces théories narratives tentent de cerner et de formuler, sinon de formaliser.

Ainsi, au niveau syntaxique, ces théories narratives chercheraient à définir la *compétence* d'un locuteur de récit narratif comme la capacité de produire une infinité d'énoncés à partir d'un certain nombre de propositions élémentaires portant sur les actants, les épreuves, les objets, etc.[3]. Au niveau sémantique, elles chercheraient à définir ce qui rend un récit vrai ou faux, fictif ou factuel, réel ou imaginaire[4]. Enfin, au niveau pragmatique, le récit serait vu comme l'énonciation

---

[3]. Algirdas J. Greimas, *Du Sens*, Seuil, 1983; W. Labov, *Le Parler ordinaire*, Minuit, 1978.
[4]. T. Pavel, « Possible Worlds in Literary Semantics », *The Journal of Esthetics and Art Criticism*, vol. XXXIV, n° 2, hiver 1976, p. 22-47; L. Dolozel, « Extensional and Intensional Worlds », *Poetics*, n° 8, 1979, p. 193-211; A. Danto, *La Transfiguration du banal*, Seuil, 1991.

d'un sujet parlant qui est déterminé soit par des fonctions communicatives[5], soit par des intentions individuelles ou sociales, culturelles ou idéologiques (Mieke Bal).

Dans cette perspective logico-linguistique, le narratif apparaîtrait dans la dynamique d'un récit comme l'analogue de la preuve dans une démonstration. Si prouver, c'est systématiser la présentation d'énoncés à des fins de conservation de la vérité, narrer, ce serait aussi systématiser des énoncés mais en regard de la conservation de la cohérence d'une description soit fictive, soit réelle. Mais, faut-il se demander, le narratif appartient-il vraiment à ce paradigme linguistique travaillé par l'horizon logique de type carnapien ? Le narratif est-il essentiellement un fait de langage ? Doit-il être étudié uniquement dans le cadre du paradigme logico-linguistique ? Certaines recherches actuelles semblent dire que non et proposent plutôt de se tourner vers un autre horizon, celui du cognitif. La réflexion que nous élaborons ici cherche à voir quels sont les concepts que les théories cognitives apportent effectivement à cette problématique de la narration.

Le tournant cognitif

Le recours à des théories narratives aux perspectives cognitives relève du rapprochement de plus en plus évident de ces théories avec la sémiotique. Il faut dessiner brièvement cet horizon. Rappelons par exemple comment la « Sloan Foundation », fameuse fondation américaine, a défini les sciences cognitives : « La science cognitive est l'étude des principes par lesquels des entités intelligentes interagissent avec leur environnement », et quelle orientation précise elle leur a donnée : « Découvrir les capacités représentationnelles et computationnelles de l'esprit et leur représentation structurale et fonctionnelle dans le cerveau[6]. » Dans cette perspective, tout organisme vivant qui doit s'adapter à son environnement doit le *représenter* par un système sémiotique, symbolique ou non : « Les théories modernes de la représentation conçoivent l'esprit comme ayant accès à un système interne de représentation. Les états mentaux sont caractérisés par l'assertion de ce que les représentations internes déterminent, et les processus mentaux par la manière dont ces représentations sont obtenues et interagissent[7]. »

---

5. Gérard Genette, « Récit fictionnel, récit factuel », *Protée*, vol. XIX, n° 1, hiver 1991, p. 9-18; Umberto Eco, *The Role of the Reader*, Bloomington, University of Indiana Press, 1979; J. Margolis, « Literature and Speech acts », *Philosophy and Literature*, n° 3, 1979, p. 39-52.
6. F. Machlup et U. Mansfred (dir.), *The Study of Information: Interdisciplinary Messages*, New York, John Wiley, 1983, p. 75.
7. D. Marr, Vision. *A Conputational Investigation into the Human Representation and Processing of Visual Information*, San Francisco, W. H. Freeman, 1982, p. 7.

Il existe évidemment tout un éventail de théories concernant la nature de cette représentation. La plus connue est celle défendue par les théories de l'intelligence artificielle [8]. Dans ce modèle, le cognitif est conçu essentiellement comme de nature symbolique.

Cette thèse remonte à Minsky et Papert [9]. Elle a été reprise par Newell et Simon, pour qui l'intelligence dite « artificielle » des ordinateurs apparaît essentiellement comme un système de traitement de symboles : « Les scientifiques de l'I[ntelligence] A[rtificielle] ont vu l'ordinateur comme des machines qui manipulaient des symboles. La grande chose, dirent-ils, est que toutes choses pouvaient être encodées dans des symboles, même les nombres [10]. »

Suivant cette perspective, un système cognitif de type artificiel manipule des symboles au même titre que l'agent humain. Car ce qui caractérise avant tout le fonctionnement d'un ordinateur réalisant artificiellement un comportement « intelligent », ce n'est ni les opérations et calculs d'ordre numérique, si complexes soient-ils, ni les manipulations mécaniques et électroniques sophistiquées. Un ordinateur « intelligent » est avant tout un système dit « rationnel » qui traite un type particulier de signes, à savoir des symboles. Une intelligence artificielle est une forme de machine « abstraite » qui manipule des symboles physiques. « À la racine de l'intelligence se trouvent les symboles avec leur puissance dénotative et leur possibilité d'être manipulés [...]. L'intelligence est l'esprit " implémenté " par une sorte de matière structurable [11]. »

L'une des conséquences les plus importantes de cette théorie cognitive dite symboliste ou sémiotique est qu'elle propose une modélisation non seulement de la forme de la représentation, mais des processus qui les manipulent. Dès lors, la théorie de la représentation ne nous apparaît plus dans une perspective strictement formelle mais comme une théorie du comportement ou des processus. La théorie dite computationnelle de la représentation en vient même à évoquer une théorie de l'esprit (*mind*) conçu comme « machine » à manipuler des symboles. Selon cette perspective, l'agent-interprète est essentiellement un « manipulateur de symboles ». « L'esprit est un système symbolique. Il peut construire des symboles et les manipuler dans divers processus cognitifs. Il peut relier les symboles résultants avec quelque chose dans le monde de même qu'on vérifie un symbole

---

8. Par Newell et Simon, Johnson Laird, Pylyshyn et surtout Fodor. On trouvera les références bibliographiques sur ces auteurs à la fin de la section.
9. M. L. Minsky et S. Papert, *Perceptions*, Cambridge, M.I.T. Press, 1969.
10. A. Newell, « Intellectual Issues in the History of Artificial Intelligence », dans F. Machlup et U. Mansfred, *op. cit.* (note 6).
11. H. A. Simon, « Cognitive Science : the Newest Science of the Artificial », *Cognitive Science*, vol. IV, 1980, p. 35.

dans une description. Les phénomènes mentaux dépendent du cerveau et s'expliquent mieux en termes de symboles [12]. »

Tous ne sont pas d'accord pour rendre compte de la fonction représentationnelle en termes purement symbolistes. Certains récusent une telle interprétation au profit de modèles dit a-symbolistes où la fonction représentationnelle apparaît avant tout comme une structure d'interconnexions associatives du type de celles que l'on rencontre dans les réseaux neuronaux.

Peu importe ici, cependant, que l'on accepte ou refuse cette théorie computationnelle, fonctionnaliste et même symboliste de l'agent cognitif. Il faut plutôt en voir le véritable impact. En effet, elle a mis en évidence la question de la représentation et du signe mais, surtout, elle l'a, d'une part, sortie d'un horizon purement logico-linguistique — cette sémiotique n'est pas avant tout conçue comme une langue — et, d'autre part, elle l'a posée en termes dynamiques. En effet, dans cet horizon, on cherche à comprendre par quel processus des organismes vivants utilisent des représentations pour leur permettre de *s'intégrer*, de *s'adapter* et de *se situer* dans leur environnement. Là est l'essence de la question cognitive. Car, en l'occurrence, ce qui nous intéresse, c'est de savoir comment un agent cognitif humain, reconnaît un signe, voire, le plus souvent, un système de signes, et en effectue l'interprétation. Une approche cognitive de la représentation se refuse à la traiter comme quelque chose d'indépendant de l'agent cognitif. Les sciences cognitives forcent la sémiotique à remettre en question le postulat implicite des modèles sémiologiques classiques, soit qu'il existe un agent abstrait universel et transcendantal capable de reconnaître et de manipuler les signes, signes dont la portée signifiante est autonome.

La narration comme mode d'adaptation

Une telle thèse a évidemment des répercussions importantes pour les théories narratives. En effet, dans ce cadre, la narration apparaît comme un mode représentationnel par lequel les individus comme la société organisent et interprètent leur propre position dans leur environnement. Elle est de plus le mode par lequel cette information est apprise, transmise et mémorisée de génération en génération. Pour reprendre la formulation piagétienne, le récit émerge alors comme un mode *d'adaptation et d'assimilation* de l'agent cognitif à son environnement.

Pour mieux comprendre cette fonction, il nous faut expliciter cette thèse de la représentation et préciser les sous-fonctions cognitives dans

---

12. P. N. Johnson-Laird, *The Computer and the Mind*, Cambridge, Harvard University Press, 1988, p. 34.

lesquelles elle se déploie. Pour ce faire, on dira que toute manipulation, production, reconnaissance de signes-signaux ou symboles exigera de l'agent cognitif qu'il possède au moins les six fonctions cognitives suivantes : perceptive, praxiologique, normative, épistémique, ipséique, didactique.

La fonction perceptive

Celle-ci consiste d'abord en une fonction de perception directe et immédiate réalisée par les détecteurs ou transducteurs de l'organisme. Ceux-ci sont les portes d'entrée de l'information environnementale. Pour simple que soit ce concept théorique de détecteurs, il faut voir qu'il suppose que les détecteurs sont des processeurs sélectifs, car ils opèrent de manière *spécifique et spécialisée*. Chez un agent cognitif minimal, par exemple une cellule synaptique, l'« appareil » sensitif ne réagit pas aux « objets » du monde, mais à des propriétés d'objets ou d'événements spécifiques de son environnement. L'œil humain ne « voit » jamais, à proprement parler, la lumière ni même le rayon lumineux. Ce sont en fait les cônes et les bâtonnets qui, dans l'appareil de vision, agissent comme des appareils de détection, et non pas l'« œil ». L'intrant de la vision humaine est spécifique. Il s'agit du chromatisme, de l'intensité, de l'angle d'incidence, etc. C'est dire que l'intrant pénètre toujours dans l'agent cognitif de manière spécifique. Tout arrive en pièces détachées. La conséquence théorique en est que la perception simple est le résultat d'un appareil spécialisé, « sélectionnant » les intrants. Les données premières sont filtrées par les limites physiques de l'agent cognitif et, en un sens, elles sont catégorisées d'entrée de jeu. La représentation qui se formera ultérieurement à partir de ces intrants est déjà marquée par cette catégorisation élémentaire sélective.

La seconde sous-fonction perceptive est de l'ordre de l'intégration. En effet, un agent cognitif le moindrement complexe ne peut pas opérer uniquement à partir de ce niveau élémentaire. L'information n'a de chances de monter au niveau d'une cognition supérieure que s'il existe une intégration des données de la perception première. Or, pour former une information complète, pour que l'œil identifie un objet complet, il faut un long processus d'intégration tant aux niveaux locaux qu'aux niveaux supérieurs du système nerveux. Mais, semble-t-il, cette intégration d'informations discrètes, se réalise hors de la portée de la conscience immédiate et thématisante. Une telle sous-fonction postule donc un ensemble d'opérations qui effectuent l'intégration des informations que chaque détecteur d'intrant avait saisies de manière isolée.

L'une des conséquences immédiates de la présence de ces deux types de fonctions perceptives chez un agent cognitif est que l'information perçue, bien que parcellaire au point de départ, est organisée très rapidement en des faisceaux intégrateurs. La représentation que l'organisme se construit au fur et à mesure de son action dans l'environnement est donc marquée par ce processus sélectif et structurant. Autrement dit, les unités d'informations, ou ce que l'on appelle les « primitifs de la représentation » qu'un agent cognitif se construit sur le monde environnant, ne sont pas des « photographies » ou des projections des objets du monde dans une « représentation » de ce monde, c'est-à-dire des isomorphies entre deux univers, celui du monde extérieur et celui de la représentation. D'emblée, on trouve des constructions complexes propres à l'organisme qui les a saisies et intégrées[13]. Dès le point de départ, un organisme construit sa manière de « voir » le monde.

Pour certaines théories linguistiques contemporaines[14], cette construction perceptive serait à la source de toute notre organisation langagière. Elle la traverserait de part en part. Toutes nos catégories sémantiques reposeraient sur un fond perceptif, voire, chez les tenants de l'hypothèse localiste, un fond perceptif spatialisant et visuel. Dans le cadre de la question de la narration, cette théorie signifierait que les « primitifs », c'est-à-dire les constituants premiers de toute narration — acteurs, obstacles, objets, événements, etc. —, ainsi que toutes les interrelations qu'ils entretiennent, seraient ultimement issus de ce processus organisateur et intégrateur du processus de perception sélective et intégrative. Autrement dit, vu la complexité de ce processus, la narration serait une manière parmi d'autres de fixer dans la mémoire individuelle ou collective des représentations englobantes et intégratives des «perceptions» complexes.

Les fonctions praxiologiques

Passons à la deuxième fonction, que nous dirons « d'action ». Les opérations auxquelles se livrent certains organismes vivants plus complexes, tels les animaux et les humains, ne consistent pas uniquement à recevoir des intrants informationnels et à les regrouper en informations plus complètes. Ils vont au-delà de la simple réaction aux stimuli extérieurs même complexes pour les insérer dans des stratégies d'action. Ils utilisent l'information recueillie dans la poursuite de buts. Certaines sont alors choisies, d'autres éliminées, d'autres enfin « remisées » en vue d'un usage ultérieur. Toutes les informations partielles ou intégrées assimilées sont soumises à des

---

13. Ceci ne signifie pas que les structures de la mémoire et de la culture passées de l'individu n'entrent pas en jeu dans cette construction.
14. R. W. Landgacker, *Foundations of Cognitive Grammar*, Stanford University Press, 1987; P. N. Johnson-Laird, *op. cit.* (note 12).

opérations directrices, c'est-à-dire à une dynamique d'action. Il y a une grande différence, par exemple, entre le processus cognitif qui permet au renard blanc de l'Arctique d'entendre les grattements d'un mulot sous la neige et le processus qui organise le saut et la saisie de cette proie en vue de satisfaire sa faim. Le premier est perceptif et porte sur les intrants sonores; l'autre exige une mise en relation complexe des représentations des stimuli sonores et visuels et des représentations d'événements futurs qui n'existent pas encore, à savoir apaiser sa faim, etc.

Une fonction de ce type suppose donc tout un ensemble de conditions spécifiques de réalisation très différentes de celles des fonctions du type précédent, quoi qu'elles ne soient pas sans lien avec elles. L'organisme doit, d'une part, posséder une représentation du but à atteindre, d'autre part, il doit pouvoir emmagasiner dans une mémoire cette représentation. Car la poursuite d'un but ne relève pas de la dynamique de perception, mais de la dynamique de la motivation. Les agents qui réalisent des actions possèdent ce qu'en philosophie il est convenu d'appeler une structure intentionnelle. Ils sont en mesure de disposer d'informations non seulement sur les objets qui leur sont présentés, mais aussi sur les objets ou événements qui n'existent pas encore mais qui pourraient survenir s'ils effectuaient telle ou telle action.

Ce deuxième type de fonction cognitive donne à la narration un rôle important. En effet, l'ensemble de ces actions ou interventions d'un agent cognitif exige qu'il possède non seulement des processus de perception, mais aussi des stratégies d'action. Son intervention dans le monde, qu'il s'agisse d'y vivre ou d'y survivre, exige des gabarits d'action qui recourent à des opérations sur des acteurs, des objets, des buts, des instruments des intentions, etc. Dans cette perspective, les modèles dits actantiels, tels ceux de Burkes ou de Greimas, sont les *templates* ou les *frames* de stratégies d'intervention d'un agent cognitif sur son monde extérieur ou intérieur. Il n'est pas non plus surprenant que, d'Aristote à Tesnières, et même Fillmore, l'analyse casuelle des verbes d'action retrouve ces catégories. Une telle analyse reprend pour chaque verbe, dans chaque phrase, le gabarit de l'action que toute intervention dans le monde met en jeu.

Pour les théories cognitives, le récit narratif apparaît alors comme le dépôt dans la mémoire d'un agent cognitif d'un gabarit de stratégies d'action. Sur le plan anthropologique, il assure ainsi la transmission de ce gabarit de génération en génération [15].

---

15. Ainsi, les tailleurs de pierres des cathédrales du Moyen Âge n'ont pu consolider et transmettre leurs pratiques, c'est-à-dire leurs stratégies d'actions, qu'en les déposant dans des récits techniques, certes, mais qui n'en sont pas moins narratifs.

Les fonctions de contrôle

Des agents capables de perception et d'actions complexes demeurent néanmoins sur le plan cognitif des acteurs relativement élémentaires. Il existe de nombreux jeux d'échecs sur ordinateur qui possèdent cette dernière fonction actantielle. On ne leur accorde pas pour autant le statut d'agent cognitif. Car l'action, même bien faite, peut n'être pas pertinente, tomber dans la répétition stérile et l'inefficacité. Il faut que l'action elle-même soit soumise à un contrôle externe à son gabarit, c'est-à-dire qu'un agent cognitif doit posséder non seulement des gabarits d'action, mais encore disposer de processus de contrôle sur le déroulement de l'action. Dans le langage de la théorie du traitement de l'information, ces processus sont des fonctions cognitives de types différents. Leur domaine d'opération ne sont pas les stimuli issus des objets ou des événements du monde extérieur non plus que les buts à atteindre, mais les processus internes à ces organismes eux-mêmes. Pour parler comme les logiciens, on dira que ces fonctions sont d'un ordre supérieur [16].

Ce qui caractérise avant tout ce troisième type de fonction ou de processus, c'est qu'il soumet l'action à entreprendre à une norme ou un « métagabarit » pour en voir soit la déviation, soit l'appariement. En effet, un agent cognitif supérieur sait non seulement *quoi faire dans une situation* mais aussi s'il *doit* le faire. Sur le plan cognitif, une telle habileté implique un degré supérieur de généralisation. Non seulement l'agent est capable de classer les diverses actions comme réalisant des gabarits, mais il est aussi en mesure de comparer une action particulière à toute une classe d'actions similaires. La norme est ainsi une généralisation économique pour un organisme. Elle n'est cependant pas régie par un absolu mais par une hiérarchisation des hypothèses d'action.

Suivant cette perspective, la narration aurait pour fonction non seulement de présenter les gabarits d'action mais aussi les normes auxquelles ils seraient soumis. L'intérêt de la fable du renard et du corbeau ne réside surtout pas dans les stratégies employées pour soutirer le fromage à un corbeau, mais dans sa « morale », c'est-à-dire dans la présentation du métagabarit de contrôle de l'action. Pour Bruner, ce serait là une des fonctions premières de la narration. Elle présenterait sous divers modes rhétoriques (métonymique, métaphorique, etc.) ce qui, dans une société, constitue les normes de l'action et les déviations qui en sont permises : « La fonction d'une histoire

---

16. En termes techniques, on dira que l'argument de ces fonctions, c'est-à-dire leur ensemble de départ, n'est pas une constante mais une autre fonction. En termes computationnels et informatiques, ces fonctions sont des programmes dont les intrants sont eux-mêmes des programmes et non des données externes.

est de trouver un état intentionnel qui amenuise ou tout au moins rende compréhensible la déviance d'un pattern canonique dans la culture [17]. »

Les fonctions épistémiques

Dans tout organisme complexe, il existe des possibilités d'erreurs dans la perception et le traitement de l'information. Un organisme supérieur ne fait pas que simplement réagir innocemment à ces stimuli, il est aussi en mesure de jauger la validité de ses perceptions. Il peut discriminer entre l'intrant vrai et l'intrant faux. Donc éliminer l'illusion. Là est, par exemple, la différence entre un chat et un oiseau. Le chat apprend vite que son image sur le miroir est illusion alors que la perruche se prend d'affection pour son image.

Pour réaliser cette discrimination, il faut supposer que l'organisme est capable non seulement de construire des représentations généralisantes sur ce que produisent ces multiples appareils de traitement d'information, mais il doit aussi être en mesure de juger la qualité de ces mêmes appareils : « D'un côté ces organismes possèdent une généralisation sur leur environnement, mais d'un autre ils possèdent aussi des généralisations sur les régularités au sein de leur environnement et qui persistent indépendamment de la perception de cet environnement [18]. »

Autrement dit, non seulement ces organismes possèdent une représentation du monde, c'est-à-dire une «base de connaissance» et des gabarits d'action et de contrôle, ils possèdent aussi un processus de généralisation qui reconnaît les conditions et les circonstances dans lesquelles une perception est fiable. Ces organismes sont donc en mesure de sonder les opérations de leurs propres détecteurs c'est-à-dire de porter un jugement sur la validité de leur fonctionnement. Ce type de fonction généralisante que l'on pourrait appeler ici d'ordre épistémique n'existe pas dans les organismes supérieurs uniquement par hasard. Au contraire, la possibilité d'erreur est une condition caractéristique essentielle du fonctionnement efficace et économique de leur mode de traitement de l'information. En effet, la seule autre façon dont un organisme pourrait procéder pour éviter l'erreur de manière assurée serait de posséder une base de données encyclopédique de tout ce qui existe, et surtout de tout ce qu'il a expérimenté ainsi que des règles d'application de ces connaissances à son environnement. L'instinct de certains insectes animaux primitifs est de ce

---

17. J. Bruner, *Acts of Meaning*, Cambridge, Harvard University Press, 1990, p. 47.
18. J. L. Pollock, *How to Build a Person : A Prolegomenon*, Cambridge, M.I.T. Press, 1989, p. 51.

type. Mais lorsqu'on monte dans l'échelle des organismes, la relation à l'environnement se complexifie et la mémoire atteint très rapidement un seuil de saturation. Aussi, pour être efficace, un organisme ne peut être constitué que d'une simple banque des connaissances assurées. Il doit en outre posséder une base de «croyances», c'est-à-dire un ensemble d'hypothèses acceptables sur le monde mais qui, contrairement à des «connaissances» assurées et fermes, négocient leur condition de fiabilité ou d'acceptabilité.

On peut voir ici encore la fonction cognitive du récit narratif, et encore plus du récit de fiction qui apparaît, dans cet horizon, comme le dépôt en mémoire des croyances et des hypothèses sur les objets et surtout sur les événements d'un monde réel ou possible. L'importance du récit n'est pas tellement d'être vrai ou d'être faux, mais de soulager la mémoire individuelle ou collective et d'en augmenter l'efficacité. Il sert ainsi à déposer sous formes sémiotiques simples des hypothèses ou des croyances pertinentes sur le monde. Évidemment cette efficacité imposera un prix à payer: le processus est moins fiable, et l'erreur sera possible. Mais dans de nombreux cas, l'apprentissage compensera, et l'état des croyances atteindra un seuil de stabilité qui sera suffisant pour l'intégration dans l'environnement.

Les fonctions ipséiques

L'un des défis les plus stimulants des recherches contemporaines en intelligence artificielle est de construire des machines qui présenteraient la caractéristique la plus saillante des organismes humains, à savoir la conscience de soi. En effet, ces organismes, outre leur capacité d'être informés par le monde extérieur, de contrôler leur action, de la normer, de la juger, doivent aussi posséder des processus qui les tournent vers eux-mêmes, c'est-à-dire qui identifient sous une forme ou une autre leur propre existence dans l'action. Traditionnellement, cette fonction a toujours été conçue comme étant d'une essence métaphysique, mais dans une perspective cognitive, elle ne signifie rien d'autre que la capacité d'un organisme à pouvoir s'identifier comme un acteur ou un objet dans un processus.

En ce qui concerne la question narrative, un récit se voit confier aussi un rôle dans cette identification. Il permet en effet à l'agent cognitif la constitution de ce qui, traditionnellement, est appelé le *soi*. C'est la fonction ipséique. C'est-à-dire que le récit sert autant à constituer le sujet de la représentation qu'à représenter l'environnement. Le *Je*, *le sujet*, sont des termes qui, dans l'agent cognitif, désigne le pôle idiosyncratique constructeur de la représentation. Pour Bruner c'est effectivement dans la narration que se structure, se représente et se construit le moi.

Les fonctions didactiques

Outre ces cinq fonctions, un agent cognitif qui évolue dans le temps doit posséder des fonctions d'apprentissage, c'est-à-dire des fonctions qui sont en mesure de réaliser, étape par étape, l'adaptation du système à son environnement. Les fonctions cognitives ne sont pas données d'avance, elles s'acquièrent. Les théories cognitives récentes, telles celles du connexionnisme, s'opposent précisément aux modèles représentationnels classiques en ce que ceux-ci n'incluent pas facilement dans leur structure cette dimension dynamique où s'inscrit l'apprentissage. Ces modèles sont trop statiques: le contenu de connaissance est inné et non appris. Or l'une des conséquences immédiates de l'introduction de l'apprentissage dans les modèles cognitifs est le privilège qu'ils accordent à la structure associative de l'organisation de la mémoire. Selon cette perspective, la fonction d'apprentissage ne met pas en place une logique où dominent une grammaire, des algorithmes ou des règles, mais des associations. Si pour un agent cognitif un événement B est toujours lié à un événement A, ce ne sera que par associations renforcées et non par nécessité logique. Appliquée au récit, cette fonction d'apprentissage signifie que la narration a une fonction didactique (elle permet l'apprentissage), mais surtout que la *forme* de la narration est avant tout associative et non grammaticale. Dans cette mesure, le récit est l'organisation associative de thèmes et de propos et non le résultat d'une grammaire, et ceci malgré la présence de gabarits nucléaires sur la forme générale des actions. En cela, le récit ne peut jamais être une démonstration qui réalise des preuves. Tout au plus montre-t-il quelque chose du monde et de soi.

Une analyse plus serrée, tant sur le plan philosophique que sur le plan empirique pourrait assurément montrer que ces six fonctions sont globalisantes, et peut-être en existe-t-il d'autres. Nous ne contesterons point une telle remarque. Notre réflexion voulait surtout ici mettre en évidence le fait que les théories narratives — peu importe le nombre et les types de fonctions cognitives en jeu — donnent un rôle important à la narration. Dans ce paradigme, la narration apparaît comme un processus par lequel un agent cognitif fixe ses perceptions, les déploie dans des gabarits d'actions, les balise par des normes, en juge la validité et se situe lui-même comme entité. Tout ceci dans une historicité, une communauté et un apprentissage. En cela la narration, qu'elle prenne la forme de récits ou de tableaux, n'est ni une histoire, ni une image et encore moins une preuve ou une démonstration. Elle est véritablement une modalité symbolique originale d'adaptation et d'insertion d'un agent cognitif dans le monde, en regard des autres et de soi.

(Université du Québec à Montréal)

Sémiotique de la singularité

Georges Molinié

C'est d'un point de vue un peu déviant que je voudrais présenter quelques réflexions. Pour moi, la lecture est d'abord lecture de textes littéraires, ce qui situe évidemment d'emblée la question en termes de sémiostylistique. Or, par rapport à cette discipline, la lecture est construction, à part quasi égale avec la production émettrice, du texte, dans la mesure où la sémiostylistique est une stylistique fondamentalement de la réception. Le problème, car c'en est un, présente plusieurs enjeux. D'abord, celui de ce que j'appelle une sémiotique de second niveau; je crois que François Rastier, avec d'autres termes, insiste aujourd'hui sur la nécessité d'une étude de la valeur de représentativité idéologico-culturelle des formes d'art. En littérature, face à l'objet culturel qu'est le texte, la possibilité et la portée même de l'acte de lecture sont conditionnées, pour que nous puissions seulement le penser, par la constitution, à mon avis encore à venir, d'une telle branche de la sémiotique.

Un second enjeu — et je crois que je m'arrêterai là dans ce cadre — relève d'une véritable provocation, ou d'un paradoxe, d'une obligatoire quadrature du cercle. Une sémiotique de cet acte spécifique de réception d'un objet d'art qu'est la lecture d'un texte littéraire, devrait permettre de favoriser les moyens de penser « scientifiquement » le singulier. Il s'agit de concevoir les modèles interprétatifs en fonction desquels des données fixes et stables, la structure langagière du texte, sont analysables, à réception, comme un ensemble de corrélations fonctionnelles, doué d'un statut dynamique, non matériellement stable, saisissable à des régimes variables de valeur, de telle manière que l'on puisse concevoir, d'une part, des micro-singularités dans les suites textuelles, et, d'autre part, des micro-variations dans le ressentiment à réception des mêmes suites.

C'est une autre façon de poser la question de l'articulation du linguistique et du symbolique, sans les confondre ni les réduire.

(Université de Paris IV)

Bibliographie [1]

I. Narration et cognition

BAL, M., « Une ou deux choses... », *Protée* (Chicoutimi), vol. XIX, n° 1, 1991, p. 10-16.

BRUNER, J., *Acts of Meaning*, Cambridge, Harvard University Press, 1990.

BURKES, K., *A Grammar of Motives*, New York, Prentice Hall, 1945.

CARNAP, R., *Introduction to Semantics*, Cambridge, Harvard University Press, 1942.

COMMINGS, R., *Meaning and Mental Representation*, Cambridge, M.I.T. Press, 1989.

DANTO, J., « Speech Acts Theory and its Applications to the Study of Literature » dans R.W. BAILEY, L. MATEJKA et P. STEINER (dir.), *The Sign Semiotics Around the World*, Ann Arbor, p. 280-304.

DANTO, A., *La Transfiguration du banal*, Seuil, 1991.

DIJK, T. Van, *Text and Context*, Londres, Longman, 1977.

DOLOZEL, L., « Extensional and Intensional Worlds », *Poetics*, n° 8, 1979, p. 193-211.

ECO, U., *The Role of the Reader*, Bloomington, University of Indiana Press, 1979.

FODOR, J. A., *The Language of Thought*, New York, Crowell, 1975.

FODOR, J. A. et PYLYSHYN, Z. W., « Connectionism and Cognitive Architecture: A Critical Analysis », *Cognition*, vol. XXVIII, n°s 1-2, 1988, p. 3-71.

GENETTE, G., « Récit fictionnel, récit factuel », *Protée*, vol. XIX, n° 1, hiver 1991, p. 9-18.

GERVAIS, B., *Récits et action. Pour une théorie de la lecture*, Longueuil, Le Préambule, 1990.

GREIMAS, A. J., *Du Sens II*, Seuil, 1983.

JOHNSON-LAIRD, P. N., *The Computer and the Mind*, Cambridge, Harvard University Press, 1988.

---

[1]. Paris lieu d'édition est omis.

LABOV, W., *Le Parler ordinaire*, Minuit, 1978.

LANDGACKER, R. W., «An Introduction to Cognitive Grammar», *Cognitive Science*, vol. X, n° 1, 1986, p. 1-40.

LANDGACKER, R., *Foundations of Cognitive Grammar*, Stanford University Press, 1987.

MACHLUP, P. et U. MANSFRED (dir.), *The Study of Information: Interdisciplinary Messages*, New York, John Wiley, 1983.

MARGOLIS, J., «Literature and Speech Acts», *Philosophy and Literature*, n° 3, 1979, p. 39-52.

MARR, D., Vision. *A Computational Investigation into the Human Representation and Processing of Visual Information*, San Francisco, W. H. Freeman, 1982.

MINSKY, M. L. et S. PAPERT, *Perceptions*, Cambridge, M.I.T. Press, 1969.

NEWELL, A. et H. SIMON, *Human Problem Solving*, Englewood Cliffs (N. J.), Prentice Hall, 1972.

NEWELL, A. et H. SIMON, «Symbol Manipulation», *Encyclopedia of Computer Science*, New York, Petrocelli/Charter, 1976.

NEWELL, A., «Intellectual Issues in the History of Artificial Intelligence», dans MACHLUP et U. MANSFRED (dir.), *The Study of Information: Interdisciplinary Messages*, New York, John Wiley, 1983.

OUELLET, P., «Représentation et perception», *Protée*, vol. XVIII, n° 2, 1990, p. 55-64.

PAVEL, T., «Possible Worlds in Literary Semantics», *The Journal of Esthetics and Art Criticism*, vol. XXXIV, n° 2, hiver 1976.

POLLOCK, J., *Contemporary Theories of Knowledge*, Totowa, N. J. Rowman and Littlefield, 1987.

POLLOCK, J. L., *How to Build a Person: A Prolegomenon*, Cambridge, M.I.T. Press, 1989.

PYLYSHYN, Z. W., *Computation and Cognition. Towards a Foundation for Cognitive Science*, Cambridge, M.I.T. Press, 1984.

SEARLE, J., *Speech Acts: An Essay in the Philosophy of Language*, Cambridge, Cambridge University Press, 1969.

SIMON, H. A., «Cognitive Science: The Newest Science of the Artificial», *Cognitive Science*, vol. IV, 1980, p. 33-46.

SIMON, H. A. et A. KAPLAN, «Foundations of Cognitive Science», dans Michael I. POSER (dir.), *Foundations of Cognitive Science*, vol. II, 1989, p. 687-708.

SMOLENSKY, P., « On the Proper Treatment of Connectionism », *The Behavioral and Brain Sciences*, II, 1988, p. 1-74.

THÉRIEN, G., « Pour une sémiotique de la lecture », *Protée*, vol. XVIII, n° 2, 1990, p. 67-80.

VIGNAUX, G. et K. FALL, « Genèse et construction des représentations », *Protée*, vol. XVIII, n° 2, 1990, p. 33-45.

VIGNAUX, G., *Le Discours acteur du monde: énonciation, argumentation et cognition*, Orphrys, 1988.

WINOGRAD, T., *Understanding Natural Language*, New York, Academic Press, 1972.

Jean-Guy Meunier

*Cet ouvrage
composé en Trump Mediaeval corps 10 sur 11,5
a été achevé d'imprimer
en septembre mil neuf cent quatre-vingt-treize
sur les presses des Ateliers graphiques Marc Veilleux inc.,
Cap-Saint-Ignace (Québec).*

Ces dernières années, la recherche littéraire a connu un développement spectaculaire dans les universités du Québec.

Au confluent de deux réseaux critiques, américain et européen, en situation multiculturelle et en état de réflexion permanente sur le passé et l'avenir de sa propre littérature, le Québec a élargi le champ d'activité de la critique, ouvert des voies nouvelles pour la théorie littéraire, et mis à l'épreuve les méthodes d'analyse des textes.

Né d'un dialogue entre une quarantaine de chercheurs des deux continents, cet ouvrage esquisse la physionomie de cette recherche. Il présente un bilan des travaux en cours et les perspectives qui sont les leurs à l'orée du XXIe siècle.

Théorie et Littérature

CENTRE DE COOPÉRATION INTERUNIVERSITAIRE FRANCO-QUÉBÉCOISE

PRESSES UNIVERSITAIRES DE VINCENNES